政府采购培训丛书

政府采购法律法规

工作手册

（2012修订本）

财政部国库司（政府采购管理办公室）编

经济科学出版社

图书在版编目（CIP）数据

政府采购法律法规工作手册：2012 修订本／财政部国库司（政府采购管理办公室）编．—北京：经济科学出版社，2012.4

ISBN 978－7－5141－1801－8

Ⅰ.①政…　Ⅱ.①财…　Ⅲ.①政府采购法－汇编－中国　Ⅳ.①D922.209

中国版本图书馆 CIP 数据核字（2012）第 068180 号

责任编辑：殷亚红　刘　斌
责任校对：徐领弟
版式设计：代小卫
技术编辑：王世伟

政府采购法律法规工作手册
（2012 修订本）
财政部国库司（政府采购管理办公室）编
经济科学出版社出版、发行　新华书店经销
社址：北京市海淀区阜成路甲 28 号　邮编：100142
总编部电话：88191217　发行部电话：88191537
网址：www.esp.com.cn
电子邮件：esp@esp.com.cn
北京联兴盛业印刷股份有限公司印装
787×1092　16 开　41.75 印张　700000 字
2012 年 5 月第 1 版　2012 年 5 月第 1 次印刷
ISBN 978－7－5141－1801－8　定价：98.00 元
（图书出现印装问题，本社负责调换。电话：88191502）

编者序

《中华人民共和国政府采购法》颁布10年来，随着政府采购制度改革的深入发展和国际化进程的加快，政府采购在规范支出行为、源头治腐和宏观调控等方面发挥出越来越重要的作用。政府采购法制建设取得重大进展，以政府采购法为统领、以部门规章为依托的政府采购法律制度框架基本形成。政府采购政策功能不断拓展，促进节能减排的采购政策更加完善，支持中小企业发展等政策发布实施。加强政府采购科学化精细化管理的有关制度不断健全，预算及计划管理、信息统计、采购流程标准化建设等基础工作全面加强。社会各界，特别是从事政府采购工作的人员，迫切需要全面了解政府采购有关的法律、法规以及各项管理制度。为此，我们对于2008年3月出版发行的《政府采购法律法规工作手册》进行了修订，补录了近年来新出台的有关法规政策文件和国际协定。该手册（修订版）按照政府采购基本流程分为政府采购法律管理基本流程图、综合管理篇、政策功能篇、业务管理篇、监督检查篇、参考篇等六个部分，力争使读者能够对政府采购工作在法律政策层面上有一个全面而系统的了解，从而成为政府采购从业人员不可或缺的一本工具书。

财政部领导对本书的编纂工作非常重视，做了重要指示和具体指导。财政部政府采购管理办公室王瑛主任对全书做了总纂，国库司翟钢司长做了最后审定，国库司政府采购管理一处和二处承担了本书的编纂工作。

经济科学出版社为本书出版做了大量工作，谨此一并致谢。

编者

2012年5月

目录

一、政府采购法律管理基本流程图

二、综合管理篇

三、政策功能篇

四、业务管理篇

五、监督检查篇

六、参考篇

一、

政府采购法律管理基本流程图

确定政府采购组织形式流程图

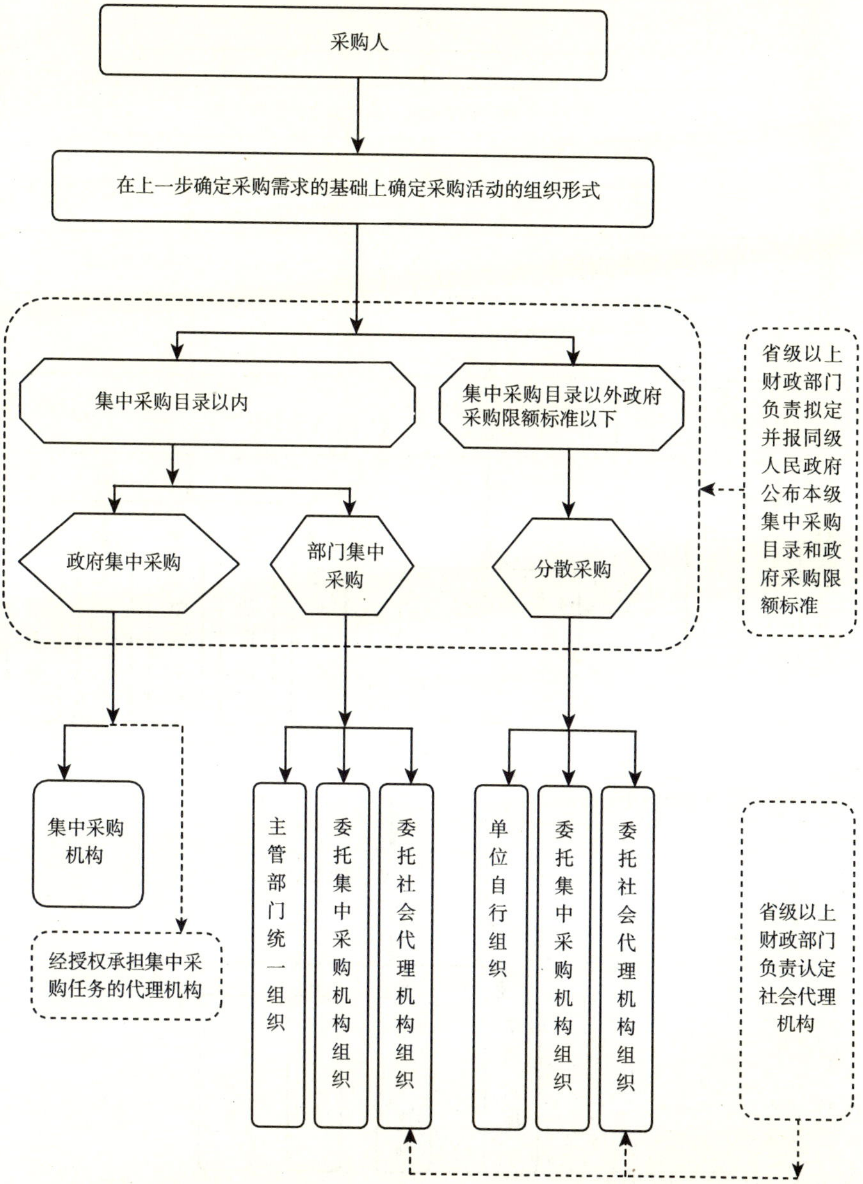

确定政府采购方式流程图

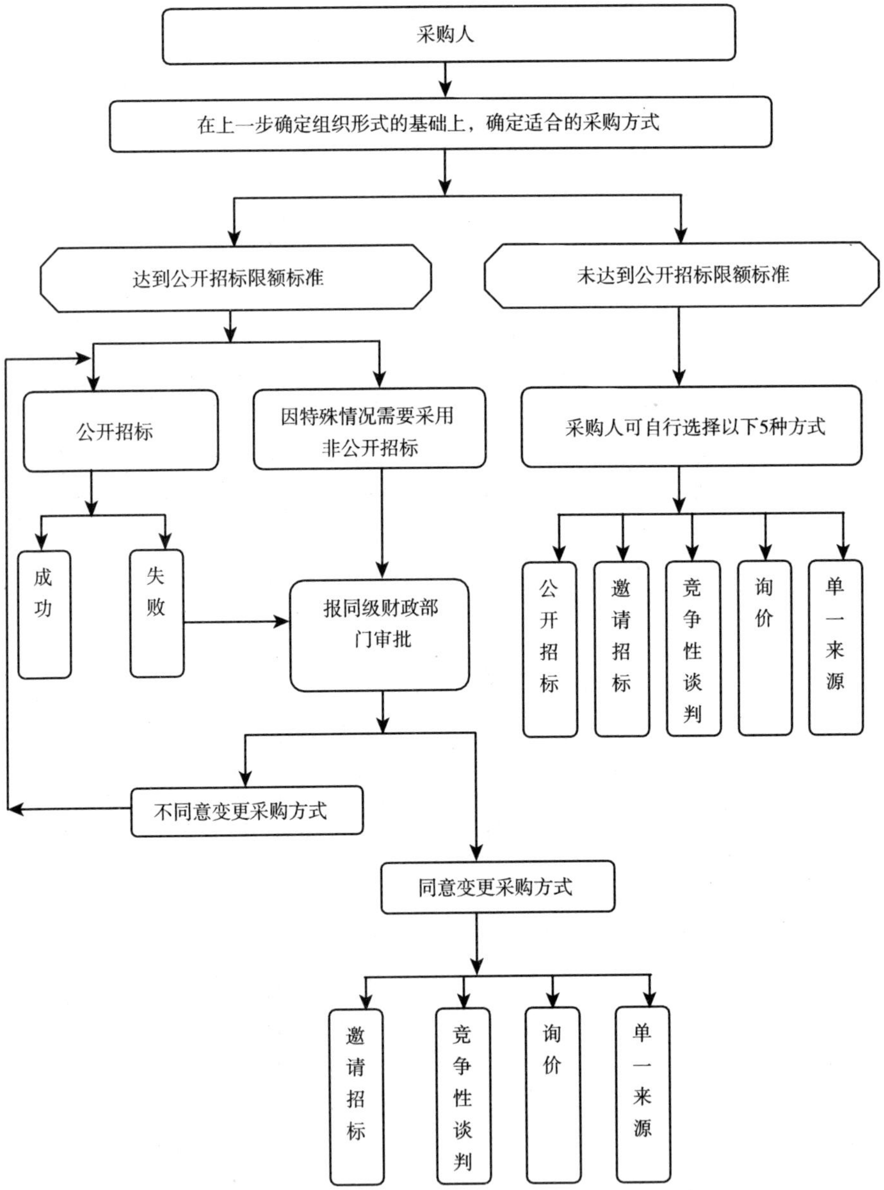

采购人 > 确定采购需求 > 确定组织形式 > 确定采购方式 > 公开招标

公开招标流程图

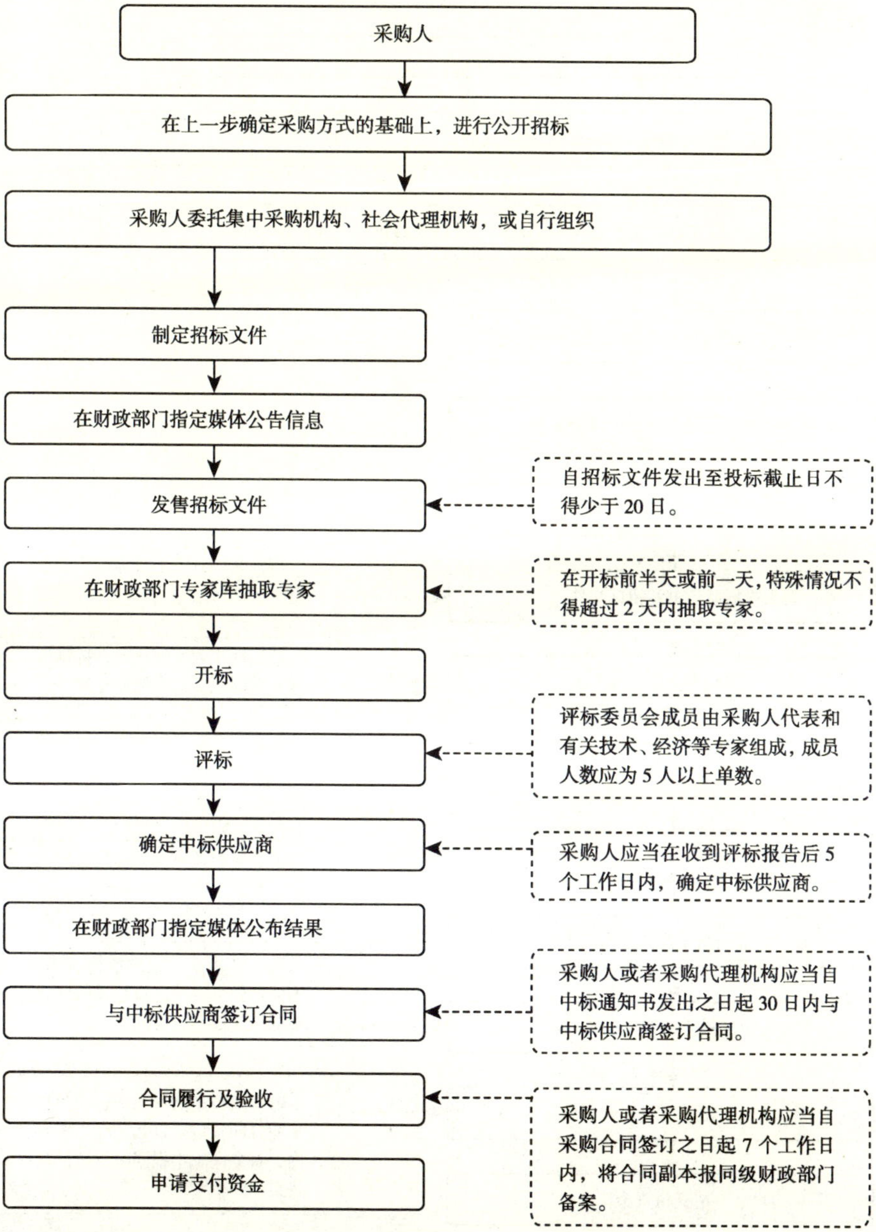

邀请招标流程图

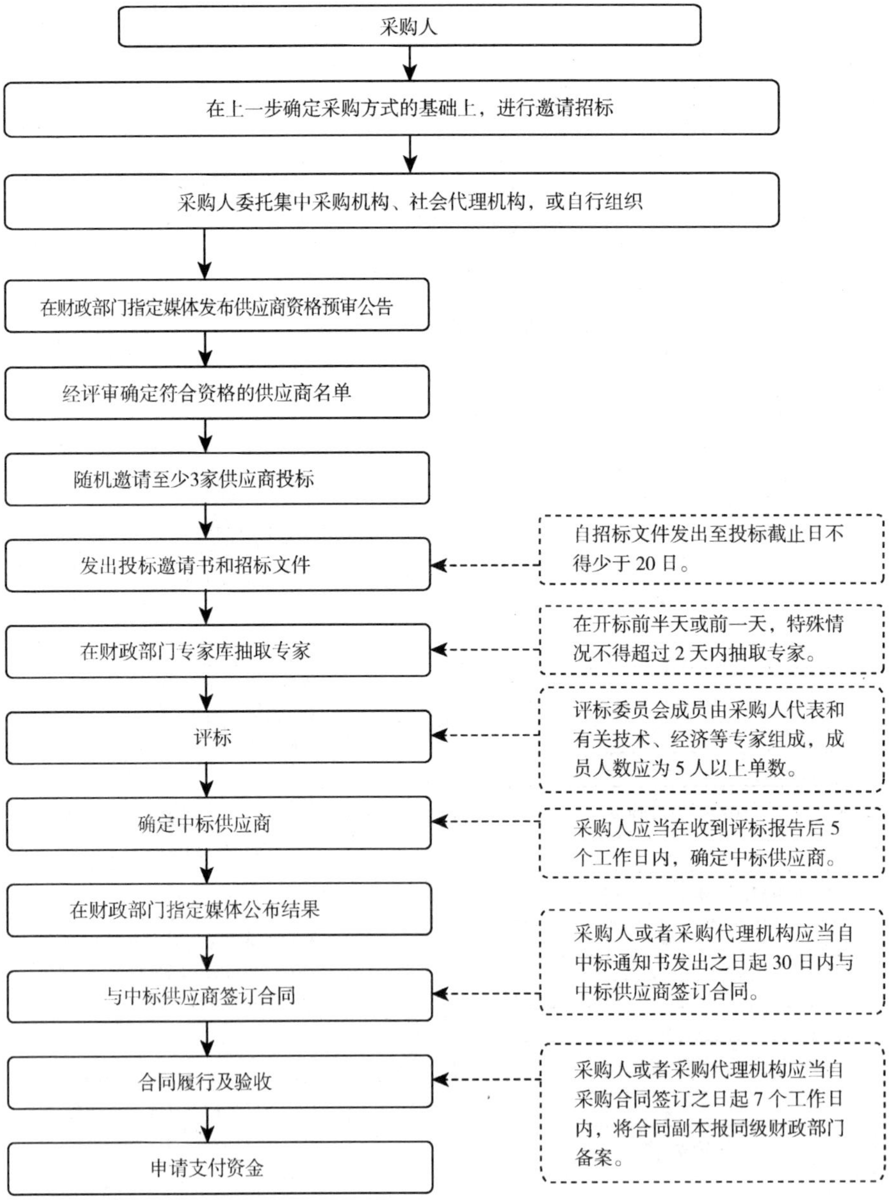
采购人
在上一步确定采购方式的基础上，进行邀请招标
采购人委托集中采购机构、社会代理机构，或自行组织
在财政部门指定媒体发布供应商资格预审公告
经评审确定符合资格的供应商名单
随机邀请至少3家供应商投标
发出投标邀请书和招标文件
自招标文件发出至投标截止日不得少于20日。
在财政部门专家库抽取专家
在开标前半天或前一天，特殊情况不得超过2天内抽取专家。
评标
评标委员会成员由采购人代表和有关技术、经济等专家组成，成员人数应为5人以上单数。
确定中标供应商
采购人应当在收到评标报告后5个工作日内，确定中标供应商。
在财政部门指定媒体公布结果
与中标供应商签订合同
采购人或者采购代理机构应当自中标通知书发出之日起30日内与中标供应商签订合同。
合同履行及验收
采购人或者采购代理机构应当自采购合同签订之日起7个工作日内，将合同副本报同级财政部门备案。
申请支付资金

采购人 > 确定采购需求 > 确定组织形式 > 确定采购方式 > 竞争性谈判

竞争性谈判流程图

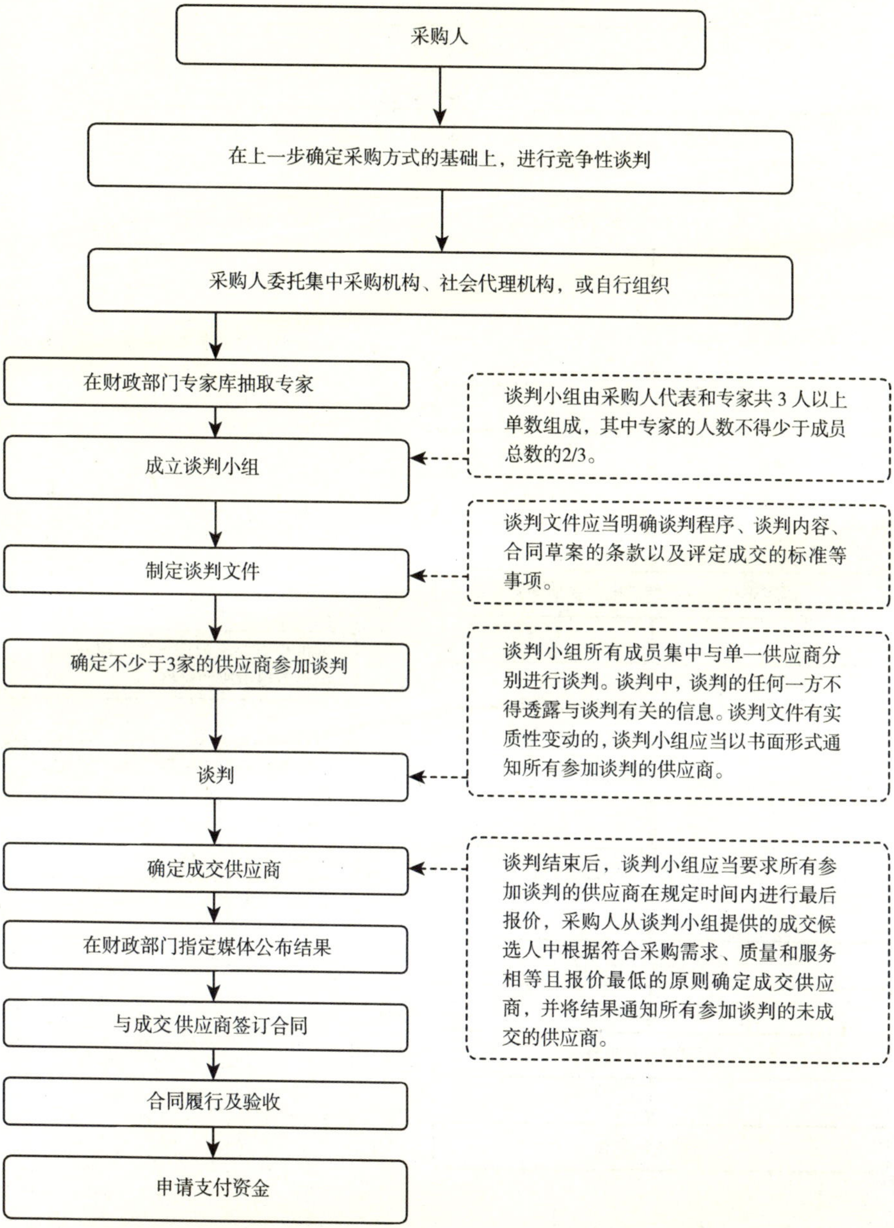

询价流程图

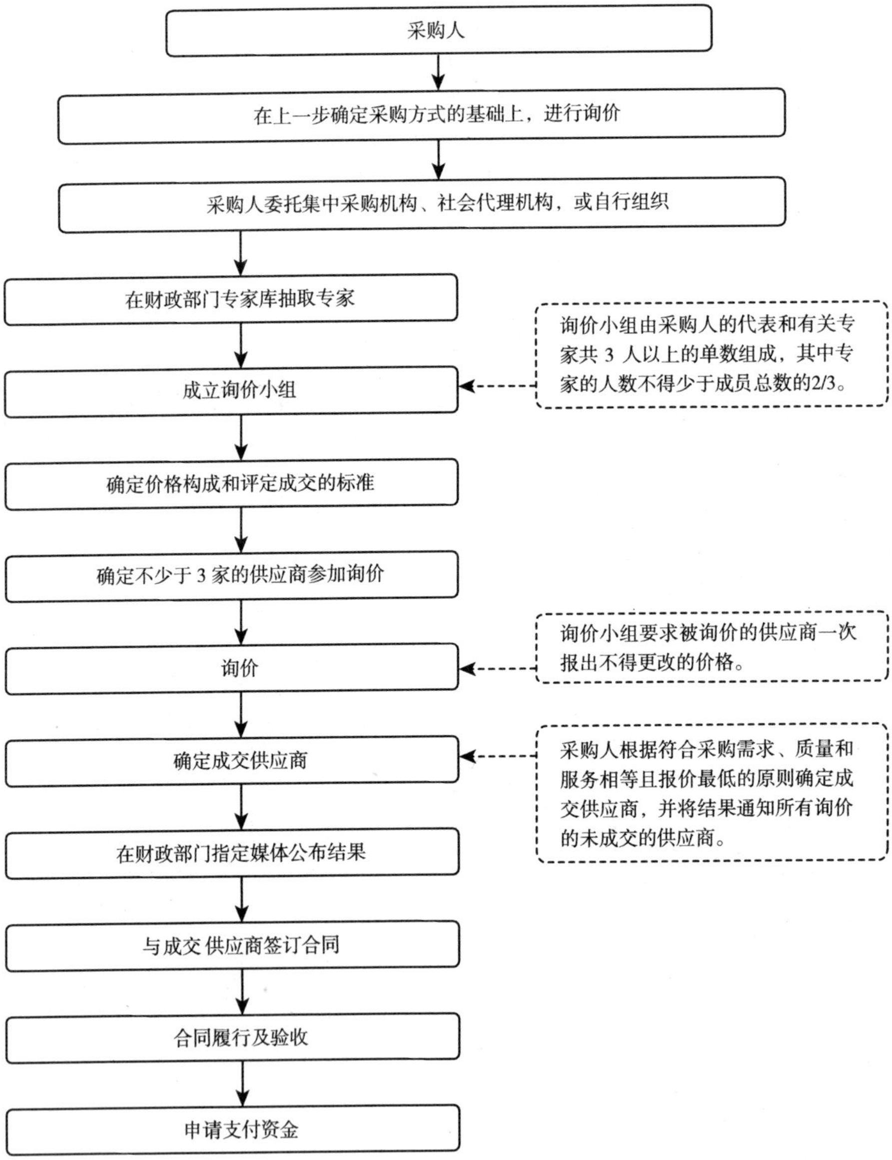
采购人
在上一步确定采购方式的基础上，进行询价
采购人委托集中采购机构、社会代理机构，或自行组织
在财政部门专家库抽取专家
成立询价小组
询价小组由采购人的代表和有关专家共 3 人以上的单数组成，其中专家的人数不得少于成员总数的2/3。
确定价格构成和评定成交的标准
确定不少于 3 家的供应商参加询价
询价
询价小组要求被询价的供应商一次报出不得更改的价格。
确定成交供应商
采购人根据符合采购需求、质量和服务相等且报价最低的原则确定成交供应商，并将结果通知所有询价的未成交的供应商。
在财政部门指定媒体公布结果
与成交供应商签订合同
合同履行及验收
申请支付资金

单一来源流程图

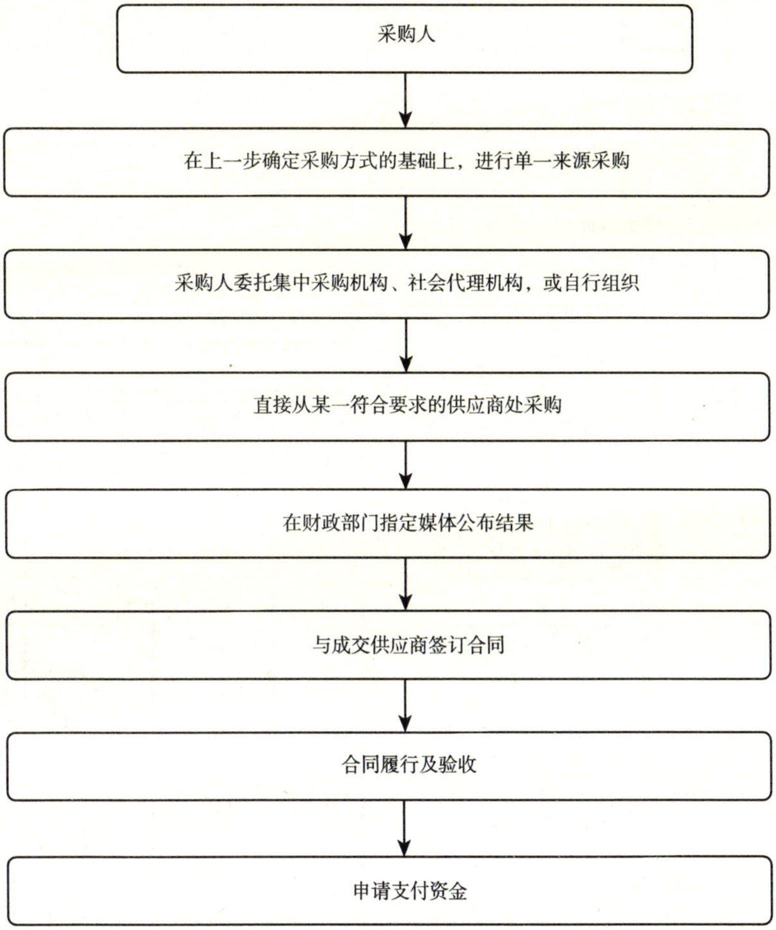
采购人
在上一步确定采购方式的基础上，进行单一来源采购
采购人委托集中采购机构、社会代理机构，或自行组织
直接从某一符合要求的供应商处采购
在财政部门指定媒体公布结果
与成交供应商签订合同
合同履行及验收
申请支付资金

政府采购质疑投诉流程图

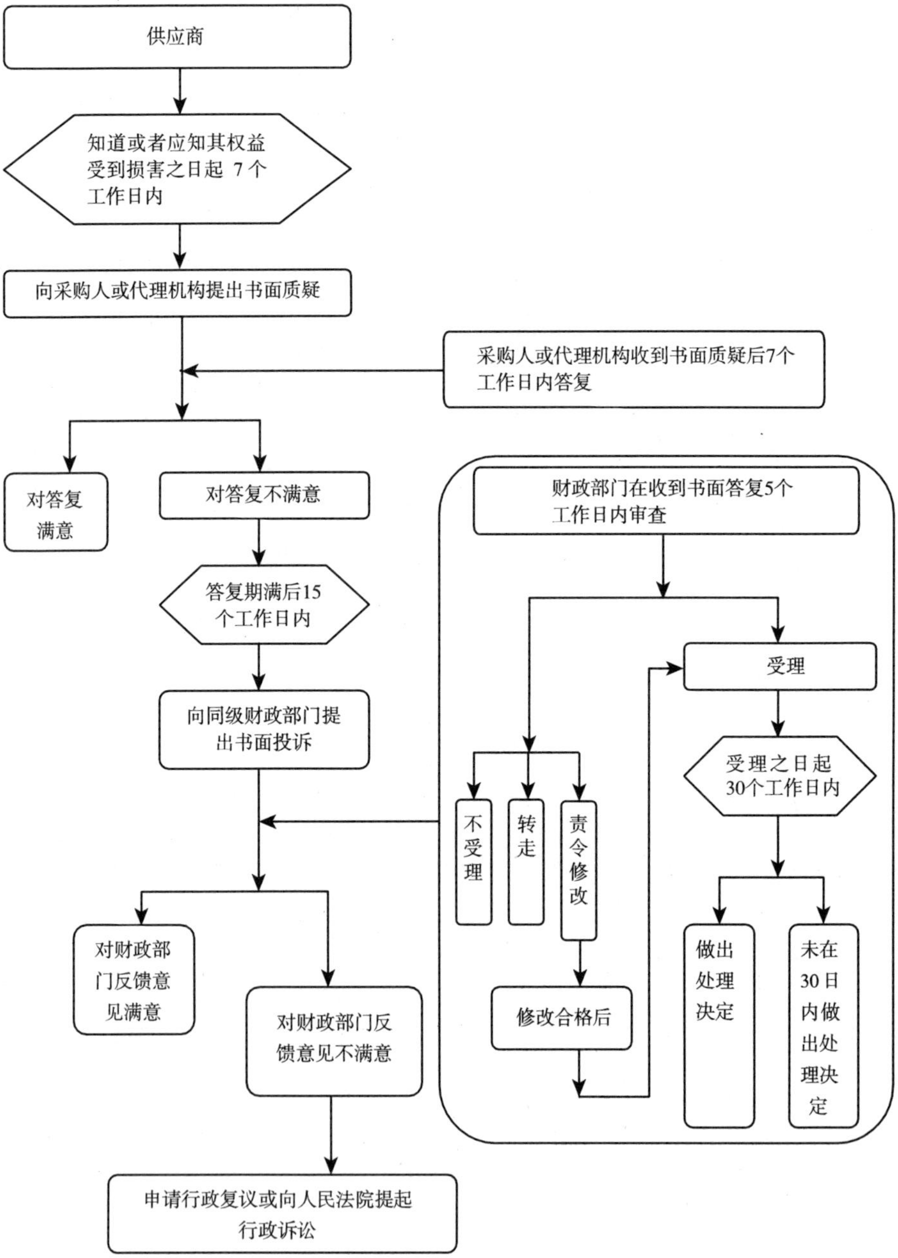

二、

综合管理篇

中华人民共和国政府采购法

（第九届全国人民代表大会常务委员会第二十八次会议通过　2002 年 6 月 29 日）

目　　录

第一章　总　　则

第一条　为了规范政府采购行为，提高政府采购资金的使用效益，维护国家利益和社会公共利益，保护政府采购当事人的合法权益，促进廉政建设，制定本法。

第二条　在中华人民共和国境内进行的政府采购适用本法。

本法所称政府采购，是指各级国家机关、事业单位和团体组织，使用财政性资金采购依法制定的集中采购目录以内的或者采购限额标准以上的货物、工程和服务的行为。

政府集中采购目录和采购限额标准依照本法规定的权限制定。

本法所称采购，是指以合同方式有偿取得货物、工程和服务的行为，包括购买、租赁、委托、雇用等。

本法所称货物，是指各种形态和种类的物品，包括原材料、燃料、设备、产品等。

本法所称工程，是指建设工程，包括建筑物和构筑物的新建、改建、扩建、装修、拆除、修缮等。

本法所称服务，是指除货物和工程以外的其他政府采购对象。

第三条 政府采购应当遵循公开透明原则、公平竞争原则、公正原则和诚实信用原则。

第四条 政府采购工程进行招标投标的，适用招标投标法。

第五条 任何单位和个人不得采用任何方式，阻挠和限制供应商自由进入本地区和本行业的政府采购市场。

第六条 政府采购应当严格按照批准的预算执行。

第七条 政府采购实行集中采购和分散采购相结合。集中采购的范围由省级以上人民政府公布的集中采购目录确定。

属于中央预算的政府采购项目，其集中采购目录由国务院确定并公布；属于地方预算的政府采购项目，其集中采购目录由省、自治区、直辖市人民政府或者其授权的机构确定并公布。

纳入集中采购目录的政府采购项目，应当实行集中采购。

第八条 政府采购限额标准，属于中央预算的政府采购项目，由国务院确定并公布；属于地方预算的政府采购项目，由省、自治区、直辖市人民政府或者其授权的机构确定并公布。

第九条 政府采购应当有助于实现国家的经济和社会发展政策目标，包括保护环境，扶持不发达地区和少数民族地区，促进中小企业发展等。

第十条 政府采购应当采购本国货物、工程和服务。但有下列情形之一的除外：

（一）需要采购的货物、工程或者服务在中国境内无法获取或者无法以合理的商业条件获取的；

（二）为在中国境外使用而进行采购的；

（三）其他法律、行政法规另有规定的。

前款所称本国货物、工程和服务的界定，依照国务院有关规定执行。

第十一条 政府采购的信息应当在政府采购监督管理部门指定的媒体上及时向社会公开发布，但涉及商业秘密的除外。

第十二条 在政府采购活动中，采购人员及相关人员与供应商有利害关系的，必须回避。供应商认为采购人员及相关人员与其他供应商有利害关系的，可以申请其回避。

前款所称相关人员，包括招标采购中评标委员会的组成人员，竞争性谈判采购中谈判小组的组成人员，询价采购中询价小组的组成人员等。

第十三条 各级人民政府财政部门是负责政府采购监督管理的部门，依法履行对政府采购活动的监督管理职责。

各级人民政府其他有关部门依法履行与政府采购活动有关的监督管理职责。

第二章　政府采购当事人

第十四条　政府采购当事人是指在政府采购活动中享有权利和承担义务的各类主体，包括采购人、供应商和采购代理机构等。

第十五条　采购人是指依法进行政府采购的国家机关、事业单位、团体组织。

第十六条　集中采购机构为采购代理机构。设区的市、自治州以上人民政府根据本级政府采购项目组织集中采购的需要设立集中采购机构。

集中采购机构是非营利事业法人，根据采购人的委托办理采购事宜。

第十七条　集中采购机构进行政府采购活动，应当符合采购价格低于市场平均价格、采购效率更高、采购质量优良和服务良好的要求。

第十八条　采购人采购纳入集中采购目录的政府采购项目，必须委托集中采购机构代理采购；采购未纳入集中采购目录的政府采购项目，可以自行采购，也可以委托集中采购机构在委托的范围内代理采购。

纳入集中采购目录属于通用的政府采购项目的，应当委托集中采购机构代理采购；属于本部门、本系统有特殊要求的项目，应当实行部门集中采购；属于本单位有特殊要求的项目，经省级以上人民政府批准，可以自行采购。

第十九条　采购人可以委托经国务院有关部门或者省级人民政府有关部门认定资格的采购代理机构，在委托的范围内办理政府采购事宜。

采购人有权自行选择采购代理机构，任何单位和个人不得以任何方式为采购人指定采购代理机构。

第二十条　采购人依法委托采购代理机构办理采购事宜的，应当由采购人与采购代理机构签订委托代理协议，依法确定委托代理的事项，约定双方的权利义务。

第二十一条　供应商是指向采购人提供货物、工程或者服务的法人、其他组织或者自然人。

第二十二条　供应商参加政府采购活动应当具备下列条件：

（一）具有独立承担民事责任的能力；

（二）具有良好的商业信誉和健全的财务会计制度；

（三）具有履行合同所必需的设备和专业技术能力；

（四）有依法缴纳税收和社会保障资金的良好记录；

（五）参加政府采购活动前三年内，在经营活动中没有重大违法记录；

（六）法律、行政法规规定的其他条件。

采购人可以根据采购项目的特殊要求，规定供应商的特定条件，但不得以不合理的条件对供应商实行差别待遇或者歧视待遇。

第二十三条 采购人可以要求参加政府采购的供应商提供有关资质证明文件和业绩情况，并根据本法规定的供应商条件和采购项目对供应商的特定要求，对供应商的资格进行审查。

第二十四条 两个以上的自然人、法人或者其他组织可以组成一个联合体，以一个供应商的身份共同参加政府采购。

以联合体形式进行政府采购的，参加联合体的供应商均应当具备本法第二十二条规定的条件，并应当向采购人提交联合协议，载明联合体各方承担的工作和义务。联合体各方应当共同与采购人签订采购合同，就采购合同约定的事项对采购人承担连带责任。

第二十五条 政府采购当事人不得相互串通损害国家利益、社会公共利益和其他当事人的合法权益；不得以任何手段排斥其他供应商参与竞争。

供应商不得以向采购人、采购代理机构、评标委员会的组成人员、竞争性谈判小组的组成人员、询价小组的组成人员行贿或者采取其他不正当手段谋取中标或者成交。

采购代理机构不得以向采购人行贿或者采取其他不正当手段谋取非法利益。

第三章　政府采购方式

第二十六条 政府采购采用以下方式：

（一）公开招标；

（二）邀请招标；

（三）竞争性谈判；

（四）单一来源采购；

（五）询价；

（六）国务院政府采购监督管理部门认定的其他采购方式。

公开招标应作为政府采购的主要采购方式。

第二十七条 采购人采购货物或者服务应当采用公开招标方式的，其具体数额标准，属于中央预算的政府采购项目，由国务院规定；属于地方预算的政府采购项目，由省、自治区、直辖市人民政府规定；因特殊情况需要采用公开招标以外的采购方式的，应当在采购活动开始前获得设区的市、自治州以上人民政府采购监督管理部门的批准。

第二十八条 采购人不得将应当以公开招标方式采购的货物或者服务化整为零或者以其他任何方式规避公开招标采购。

第二十九条 符合下列情形之一的货物或者服务，可以依照本法采用邀请招标方式采购：

（一）具有特殊性，只能从有限范围的供应商处采购的；

（二）采用公开招标方式的费用占政府采购项目总价值的比例过大的。

第三十条 符合下列情形之一的货物或者服务，可以依照本法采用竞争性谈判方式采购：

（一）招标后没有供应商投标或者没有合格标的或者重新招标未能成立的；

（二）技术复杂或者性质特殊，不能确定详细规格或者具体要求的；

（三）采用招标所需时间不能满足用户紧急需要的；

（四）不能事先计算出价格总额的。

第三十一条 符合下列情形之一的货物或者服务，可以依照本法采用单一来源方式采购：

（一）只能从唯一供应商处采购的；

（二）发生了不可预见的紧急情况不能从其他供应商处采购的；

（三）必须保证原有采购项目一致性或者服务配套的要求，需要继续从原供应商处添购，且添购资金总额不超过原合同采购金额百分之十的。

第三十二条 采购的货物规格、标准统一、现货货源充足且价格变化幅度小的政府采购项目，可以依照本法采用询价方式采购。

第四章 政府采购程序

第三十三条 负有编制部门预算职责的部门在编制下一财政年度部门预算时，应当将该财政年度政府采购的项目及资金预算列出，报本级财政部门汇总。部门预算的审批，按预算管理权限和程序进行。

第三十四条 货物或者服务项目采取邀请招标方式采购的，采购人应当从符合相应资格条件的供应商中，通过随机方式选择三家以上的供应商，并向其发出投标邀请书。

第三十五条 货物和服务项目实行招标方式采购的，自招标文件开始发出之日起至投标人提交投标文件截止之日止，不得少于二十日。

第三十六条 在招标采购中，出现下列情形之一的，应予废标：

（一）符合专业条件的供应商或者对招标文件作实质响应的供应商不足三家的；

（二）出现影响采购公正的违法、违规行为的；

（三）投标人的报价均超过了采购预算，采购人不能支付的；

（四）因重大变故，采购任务取消的。

废标后，采购人应当将废标理由通知所有投标人。

第三十七条 废标后，除采购任务取消情形外，应当重新组织招标；需要采取其他方式采购的，应当在采购活动开始前获得设区的市、自治州以上人民政府采购监督管理部门或者政府有关部门批准。

第三十八条 采用竞争性谈判方式采购的，应当遵循下列程序：

（一）成立谈判小组。谈判小组由采购人的代表和有关专家共三人以上的单数组成，其中专家的人数不得少于成员总数的三分之二。

（二）制定谈判文件。谈判文件应当明确谈判程序、谈判内容、合同草案的条款以及评定成交的标准等事项。

（三）确定邀请参加谈判的供应商名单。谈判小组从符合相应资格条件的供应商名单中确定不少于三家的供应商参加谈判，并向其提供谈判文件。

（四）谈判。谈判小组所有成员集中与单一供应商分别进行谈判。在谈判中，谈判的任何一方不得透露与谈判有关的其他供应商的技术资料、价格和其他信息。谈判文件有实质性变动的，谈判小组应当以书面形式通知所有参加谈判的供应商。

（五）确定成交供应商。谈判结束后，谈判小组应当要求所有参加谈判的供应商在规定时间内进行最后报价，采购人从谈判小组提出的成交候选人中根据符合采购需求、质量和服务相等且报价最低的原则确定成交供应商，并将结果通知所有参加谈判的未成交的供应商。

第三十九条 采取单一来源方式采购的，采购人与供应商应当遵循本法规定的原则，在保证采购项目质量和双方商定合理价格的基础上进行采购。

第四十条 采取询价方式采购的，应当遵循下列程序：

（一）成立询价小组。询价小组由采购人的代表和有关专家共三人以上的单数组成，其中专家的人数不得少于成员总数的三分之二。询价小组应当对采购项目的价格构成和评定成交的标准等事项作出规定。

（二）确定被询价的供应商名单。询价小组根据采购需求，从符合相应资格条件的供应商名单中确定不少于三家的供应商，并向其发出询价通知书让其报价。

（三）询价。询价小组要求被询价的供应商一次报出不得更改的价格。

（四）确定成交供应商。采购人根据符合采购需求、质量和服务相等且报价最低的原则确定成交供应商，并将结果通知所有被询价的未成交的供应商。

第四十一条 采购人或者其委托的采购代理机构应当组织对供应商履约的验收。大型或者复杂的政府采购项目，应当邀请国家认可的质量检测机构参加验收工作。验收方成员应当在验收书上签字，并承担相应的法律责任。

第四十二条 采购人、采购代理机构对政府采购项目每项采购活动的采购文件应当妥善保存，不得伪造、变造、隐匿或者销毁。采购文件的保存期限为从采购结束之日起至少保存十五年。

采购文件包括采购活动记录、采购预算、招标文件、投标文件、评标标准、评估报告、定标文件、合同文本、验收证明、质疑答复、投诉处理决定及其他有关文件、资料。

采购活动记录至少应当包括下列内容：

（一）采购项目类别、名称；

（二）采购项目预算、资金构成和合同价格；

（三）采购方式，采用公开招标以外的采购方式的，应当载明原因；

（四）邀请和选择供应商的条件及原因；

（五）评标标准及确定中标人的原因；

（六）废标的原因；

（七）采用招标以外采购方式的相应记载。

第五章 政府采购合同

第四十三条 政府采购合同适用合同法。采购人和供应商之间的权利和义务，应当按照平等、自愿的原则以合同方式约定。

采购人可以委托采购代理机构代表其与供应商签订政府采购合同。由采购代理机构以采购人名义签订合同的，应当提交采购人的授权委托书，作为合同附件。

第四十四条 政府采购合同应当采用书面形式。

第四十五条 国务院政府采购监督管理部门应当会同国务院有关部门，规定政府采购合同必须具备的条款。

第四十六条 采购人与中标、成交供应商应当在中标、成交通知书发出之日起三十日内，按照采购文件确定的事项签订政府采购合同。

中标、成交通知书对采购人和中标、成交供应商均具有法律效力。中标、成交通知书发出后，采购人改变中标、成交结果的，或者中标、成交供应商放弃中标、成交项目的，应当依法承担法律责任。

第四十七条 政府采购项目的采购合同自签订之日起七个工作日内，采购人应当将合同副本报同级政府采购监督管理部门和有关部门备案。

第四十八条 经采购人同意，中标、成交供应商可以依法采取分包方式履行合同。

政府采购合同分包履行的，中标、成交供应商就采购项目和分包项目向采购人负责，分包供应商就分包项目承担责任。

第四十九条 政府采购合同履行中，采购人需追加与合同标的相同的货物、工程或者服务的，在不改变合同其他条款的前提下，可以与供应商协商签订补充合同，但所有补充合同的采购金额不得超过原合同采购金额的百分之十。

第五十条 政府采购合同的双方当事人不得擅自变更、中止或者终止合同。

政府采购合同继续履行将损害国家利益和社会公共利益的，双方当事人应当变更、中止或者终止合同。有过错的一方应当承担赔偿责任，双方都有过错的，各自承担相应的责任。

第六章 质疑与投诉

第五十一条 供应商对政府采购活动事项有疑问的，可以向采购人提出询问，采购人应当及时作出答复，但答复的内容不得涉及商业秘密。

第五十二条 供应商认为采购文件、采购过程和中标、成交结果使自己的权益受到损害的，可以在知道或者应知其权益受到损害之日起七个工作日内，以书面形式向采购人提出质疑。

第五十三条 采购人应当在收到供应商的书面质疑后七个工作日内作出答复，并以书面形式通知质疑供应商和其他有关供应商，但答复的内容不得涉及商业秘密。

第五十四条 采购人委托采购代理机构采购的，供应商可以向采购代理机构提出询问或者质疑，采购代理机构应当依照本法第五十一条、第五十三条的规定就采购人委托授权范围内的事项作出答复。

第五十五条 质疑供应商对采购人、采购代理机构的答复不满意或者采购人、采购代理机构未在规定的时间内作出答复的，可以在答复期满后十五个工作日内向同级政府采购监督管理部门投诉。

第五十六条 政府采购监督管理部门应当在收到投诉后三十个工作日内，对投诉事项作出处理决定，并以书面形式通知投诉人和与投诉事项有关的当事人。

第五十七条 政府采购监督管理部门在处理投诉事项期间，可以视具体情况书面通知采购人暂停采购活动，但暂停时间最长不得超过三十日。

第五十八条 投诉人对政府采购监督管理部门的投诉处理决定不服或者政府采购监督管理部门逾期未作处理的，可以依法申请行政复议或者向人民法院提起行政诉讼。

第七章 监督检查

第五十九条 政府采购监督管理部门应当加强对政府采购活动及集中采购机构的监督检查。

监督检查的主要内容是：

（一）有关政府采购的法律、行政法规和规章的执行情况；

（二）采购范围、采购方式和采购程序的执行情况；

（三）政府采购人员的职业素质和专业技能。

第六十条 政府采购监督管理部门不得设置集中采购机构，不得参与政府采购项目的采购活动。

采购代理机构与行政机关不得存在隶属关系或者其他利益关系。

第六十一条 集中采购机构应当建立健全内部监督管理制度。采购活动的决策和执行程序应当明确，并相互监督、相互制约。经办采购的人员与负责采购合同审核、验收人员的职责权限应当明确，并相互分离。

第六十二条 集中采购机构的采购人员应当具有相关职业素质和专业技能，符合政府采购监督管理部门规定的专业岗位任职要求。

集中采购机构对其工作人员应当加强教育和培训；对采购人员的专业水平、工作实绩和职业道德状况定期进行考核。采购人员经考核不合格的，不得继续任职。

第六十三条 政府采购项目的采购标准应当公开。

采用本法规定的采购方式的，采购人在采购活动完成后，应当将采购结果予以公布。

第六十四条 采购人必须按照本法规定的采购方式和采购程序进行采购。

任何单位和个人不得违反本法规定，要求采购人或者采购工作人员向其指定的供应商进行采购。

第六十五条 政府采购监督管理部门应当对政府采购项目的采购活动进行检查，政府采购当事人应当如实反映情况，提供有关材料。

第六十六条 政府采购监督管理部门应当对集中采购机构的采购价格、节约资金效果、服务质量、信誉状况、有无违法行为等事项进行考核，并定期如实公布考核结果。

第六十七条 依照法律、行政法规的规定对政府采购负有行政监督职责的政府有关部门，应当按照其职责分工，加强对政府采购活动的监督。

第六十八条 审计机关应当对政府采购进行审计监督。政府采购监督管理部门、政府采购各当事人有关政府采购活动，应当接受审计机关的审计监督。

第六十九条 监察机关应当加强对参与政府采购活动的国家机关、国家公务员和国家行政机关任命的其他人员实施监察。

第七十条 任何单位和个人对政府采购活动中的违法行为，有权控告和检举，有关部门、机关应当依照各自职责及时处理。

第八章 法律责任

第七十一条 采购人、采购代理机构有下列情形之一的，责令限期改正，给予警告，可以并处罚款，对直接负责的主管人员和其他直接责任人员，由其行政主管部门或者有关机关给予处分，并予通报：

（一）应当采用公开招标方式而擅自采用其他方式采购的；

（二）擅自提高采购标准的；

（三）委托不具备政府采购业务代理资格的机构办理采购事务的；

（四）以不合理的条件对供应商实行差别待遇或者歧视待遇的；

（五）在招标采购过程中与投标人进行协商谈判的；

（六）中标、成交通知书发出后不与中标、成交供应商签订采购合同的；

（七）拒绝有关部门依法实施监督检查的。

第七十二条 采购人、采购代理机构及其工作人员有下列情形之一，构成犯罪的，依法追究刑事责任；尚不构成犯罪的，处以罚款，有违法所得的，并处没收违法所得，属于国家机关工作人员的，依法给予行政处分：

（一）与供应商或者采购代理机构恶意串通的；

（二）在采购过程中接受贿赂或者获取其他不正当利益的；

（三）在有关部门依法实施的监督检查中提供虚假情况的；

（四）开标前泄露标底的。

第七十三条 有前两条违法行为之一影响中标、成交结果或者可能影响中标、成交结果的，按下列情况分别处理：

（一）未确定中标、成交供应商的，终止采购活动；

（二）中标、成交供应商已经确定但采购合同尚未履行的，撤销合同，从合格的中标、成交候选人中另行确定中标、成交供应商；

（三）采购合同已经履行的，给采购人、供应商造成损失的，由责任人承担赔偿责任。

第七十四条 采购人对应当实行集中采购的政府采购项目，不委托集中采购机构实行集中采购的，由政府采购监督管理部门责令改正；拒不改正的，停止按预算向其支付资金，由其上级行政主管部门或者有关机关依法给予其直接负责的主管人员和其他直接责任人员处分。

第七十五条 采购人未依法公布政府采购项目的采购标准和采购结果的，责令改正，对直接负责的主管人员依法给予处分。

第七十六条 采购人、采购代理机构违反本法规定隐匿、销毁应当保存的采购文件或者伪造、变造采购文件的，由政府采购监督管理部门处以二万元以上十万元以下的罚款，对其直接负责的主管人员和其他直接责任人员依法给予处分；构成犯罪的，依法追究刑事责任。

第七十七条 供应商有下列情形之一的，处以采购金额千分之五以上千分之十以下的罚款，列入不良行为记录名单，在一至三年内禁止参加政府采购活动，有违法所得的，并处没收违法所得，情节严重的，由工商行政管理机关吊销营业执照；构成犯罪的，依法追究刑事责任：

（一）提供虚假材料谋取中标、成交的；

（二）采取不正当手段诋毁、排挤其他供应商的；

（三）与采购人、其他供应商或者采购代理机构恶意串通的；

（四）向采购人、采购代理机构行贿或者提供其他不正当利益的；

（五）在招标采购过程中与采购人进行协商谈判的；

（六）拒绝有关部门监督检查或者提供虚假情况的。

供应商有前款第（一）至（五）项情形之一的，中标、成交无效。

第七十八条 采购代理机构在代理政府采购业务中有违法行为的，按照有关法律规定处以罚款，可以依法取消其进行相关业务的资格，构成犯罪的，依法追究刑事责任。

第七十九条 政府采购当事人有本法第七十一条、第七十二条、第七十七条违法行为之一，给他人造成损失的，并应依照有关民事法律规定承担民事责任。

第八十条 政府采购监督管理部门的工作人员在实施监督检查中违反本法规定滥用职权，玩忽职守，徇私舞弊的，依法给予行政处分；构成犯罪的，依法追究刑事责任。

第八十一条 政府采购监督管理部门对供应商的投诉逾期未作处理的，给予直接负责的主管人员和其他直接责任人员行政处分。

第八十二条 政府采购监督管理部门对集中采购机构业绩的考核，有虚假陈述，隐瞒真实情况的，或者不作定期考核和公布考核结果的，应当及时纠正，由其上级机关或者监察机关对其负责人进行通报，并对直接负责的人员依法给予行政处分。

集中采购机构在政府采购监督管理部门考核中，虚报业绩，隐瞒真实情况的，处以二万元以上二十万元以下的罚款，并予以通报；情节严重的，取消其代理采购的资格。

第八十三条 任何单位或者个人阻挠和限制供应商进入本地区或者本行业政府采购市场的，责令限期改正；拒不改正的，由该单位、个人的上级行政主管部门或者有关机关给予单位责任人或者个人处分。

第九章 附 则

第八十四条 使用国际组织和外国政府贷款进行的政府采购，贷款方、资金提供方与中方达成的协议对采购的具体条件另有规定的，可以适用其规定，但不得损害国家利益和社会公共利益。

第八十五条 对因严重自然灾害和其他不可抗力事件所实施的紧急采购和涉及国家安全和秘密的采购，不适用本法。

第八十六条 军事采购法规由中央军事委员会另行制定。

第八十七条 本法实施的具体步骤和办法由国务院规定。

第八十八条 本法自 2003 年 1 月 1 日起施行。

国务院办公厅关于进一步加强政府采购管理工作的意见

国办发［2009］35号

各省、自治区、直辖市人民政府，国务院各部委、各直属机构：

近年来，各地区、各部门认真贯彻落实《中华人民共和国政府采购法》（以下简称《政府采购法》），不断加强制度建设、规范采购行为，政府采购在提高资金使用效益，维护国家和社会公益，以及防范腐败、支持节能环保和促进自主创新等方面取得了显著成效。但是，个别单位规避政府采购，操作执行环节不规范，运行机制不完善，监督处罚不到位，部分政府采购效率低价格高等问题仍然比较突出，一些违反法纪、贪污腐败的现象时有发生，造成财政资金损失浪费。为切实解决这些问题，全面深化政府采购制度改革，经国务院同意，现就进一步加强政府采购管理工作提出以下意见：

一、坚持应采尽采，进一步强化和实现依法采购

财政部门要依据政府采购需要和集中采购机构能力，研究完善政府集中采购目录和产品分类。各地区、各部门要加大推进政府采购工作的力度，扩大政府采购管理实施范围，对列入政府采购的项目应全部依法实施政府采购。尤其是要加强对部门和单位使用纳入财政管理的其他资金或使用以财政性资金作为还款来源的借（贷）款进行采购的管理；要加强工程项目的政府采购管理，政府采购工程项目除招标投标外均按《政府采购法》规定执行。

各部门、各单位要认真执行政府采购法律制度规定的工作程序和操作标准，合理确定采购需求，及时签订合同、履约验收和支付资金，不得以任何方式干预和影响采购活动。属政府集中采购目录项目要委托集中采购机构实施；达到公开招标限额标准的采购项目，未经财政部门批准不得采取其他采购方式，并严格按规定向社会公开发布采购信息，实现采购活动的公开透明。

二、坚持管采分离，进一步完善监管和运行机制

加强政府采购监督管理与操作执行相分离的体制建设，进一步完善财政部门监督管理和集中采购机构独立操作运行的机制。

财政部门要严格采购文件编制、信息公告、采购评审、采购合同格式和产品验收等环节的具体标准和程序要求；要建立统一的专家库、供应商产品信息库，逐步实现动态管理和加强违规行为的处罚；要会同国家保密部门制定保密项目采购的具体标准、范围和工作要求，防止借采购项目保密而逃避或简化政府采购的行为。

集中采购机构要严格按照《政府采购法》规定组织采购活动，规范集中采购操作行为，增强集中采购目录执行的严肃性、科学性和有效性。在组织实施中不得违反国家规定收取采购代理费用和其他费用，也不得将采购单位委托的集中采购项目再委托给社会代理机构组织实施采购。要建立健全内部监督管理制度，实现采购活动不同环节之间权责明确、岗位分离。要重视和加强专业化建设，优化集中采购实施方式和内部操作程序，实现采购价格低于市场平均价格、采购效率更高、采购质量优良和服务良好。

在集中采购业务代理活动中要适当引入竞争机制，打破现有集中采购机构完全按行政隶属关系接受委托业务的格局，允许采购单位在所在区域内择优选择集中采购机构，实现集中采购活动的良性竞争。

三、坚持预算约束，进一步提高政府采购效率和质量

各部门、各单位要按照《政府采购法》的规定和财政部门预算管理的要求，将政府采购项目全部编入部门预算，做好政府采购预算和采购计划编报的相互衔接工作，确保采购计划严格按政府采购预算的项目和数额执行。

要采取有效措施，加强监管部门、采购单位和采购代理机构间的相互衔接，通过改进管理水平和操作执行质量，不断提高采购效率。财政部门要改进管理方式，提高审批效率，整合优化采购环节，制定标准化工作程序，建立各种采购方式下的政府采购价格监测机制和采购结果社会公开披露制度，实现对采购活动及采购结果的有效监控。集中采购机构要提高业务技能和专业化操作水平，通过优化采购组织形式，科学制定价格参数和评价标准，完善评审程序，缩短采购操作时间，建立政府采购价格与市场价格的联动机制，实现采购价格和采购质量最优。

四、坚持政策功能，进一步服务好经济和社会发展大局

政府采购应当有助于实现国家的经济和社会发展政策目标。强化政府采购的政策功能作用，是建立科学政府采购制度的客观要求。各地区、各部门要从政府采购政策功能上支持国家宏观调控，贯彻好扩大内需、调整结构等经济政策，认真落实节能环保、自主创新、进口产品审核等政府采购政策；进一步扩大政府采购政策功能范围，积极研究支持促进中小企业发展等政府采购政策。加大强制采购节能产品和优先购买环保产品的力度，凡采购产品涉及节能环保和自主创新产品的，必须执行财政部会同有关部门发布的节能环保和自主创新产品政府采购清单（目录）。要严格审核进口产品的采购，凡国内产品能够满足需求的都要采购国内产品。财政部门要加强政策实施的监督，跟踪政策实施情况，建立采购效果评价体系，保证政策规定落到实处。

五、坚持依法处罚，进一步严肃法律制度约束

各级财政、监察、审计、预防腐败部门要加强对政府采购的监督管理，严格执法检查，对违法违规行为要依法追究责任并以适当方式向社会公布，对情节严重的要依法予以处罚。

要通过动态监控体系及时发现、纠正和处理采购单位逃避政府采购和其他违反政府采购制度规定的行为，追究相关单位及人员的责任。要完善评审专家责任处罚办法，对评审专家违反政府采购制度规定、评审程序和评审标准，以及在评审工作中敷衍塞责或故意影响评标结果等行为，要严肃处理。要加快供应商诚信体系建设，对供应商围标、串标和欺诈等行为依法予以处罚并向社会公布。要加快建立对采购单位、评审专家、供应商、集中采购机构和社会代理机构的考核评价制度和不良行为公告制度，引入公开评议和社会监督机制。严格对集中采购机构的考核，考核结果要向同级人民政府报告。加强对集中采购机构整改情况的跟踪监管，对集中采购机构的违法违规行为，要严格按照法律规定予以处理。

六、坚持体系建设，进一步推进电子化政府采购

加强政府采购信息化建设，是深化政府采购制度改革的重要内容，也是实现政府采购科学化、精细化管理的手段。各地区要积极推进政府采购信息化建设，利用现代电子信息技术，实现政府采购管理和操作执行各个环节的协调联动。财政部门要切实加强对政府采购信息化建设工作的统一领导和组

织，科学制订电子化政府采购体系发展建设规划，以管理功能完善、交易公开透明、操作规范统一、网络安全可靠为目标，建设全国统一的电子化政府采购管理交易平台，逐步实现政府采购业务交易信息共享和全流程电子化操作。要抓好信息系统推广运行的组织工作，制定由点到面、协调推进的实施计划。

七、坚持考核培训，进一步加强政府采购队伍建设

各地区、各部门要继续加强政府采购从业人员的职业教育、法制教育和技能培训，增强政府采购从业人员依法行政和依法采购的观念，建立系统的教育培训制度。财政部要会同有关部门研究建立政府采购从业人员执业资格制度，对采购单位、集中采购机构、社会代理机构和评审专家等从业人员实行持证上岗和执业考核，推动政府采购从业人员职业化的进程。集中采购机构要建立内部岗位标准和考核办法，形成优胜劣汰的良性机制，不断提高集中采购机构专业化操作水平。

各地区、各部门要全面把握新时期、新形势下完善政府采购制度的新要求，进一步提高对深化政府采购制度改革重要性的认识，切实加大推进政府采购管理工作的力度，加强对政府采购工作的组织领导，着力协调和解决政府采购管理中存在的突出问题，推进政府采购工作健康发展。

二〇〇九年四月十日

国务院办公厅转发财政部《关于全面推进政府采购制度改革意见》的通知

国办发［2003］74号

各省、自治区、直辖市人民政府，国务院各部委、各直属机构：

财政部《关于全面推进政府采购制度改革的意见》已经国务院同意，现转发给你们，请认真贯彻执行。

附件：关于全面推进政府采购制度改革的意见

二〇〇三年八月十八日

附件：

关于全面推进政府采购制度改革的意见

（财政部　二〇〇三年八月五日）

《中华人民共和国政府采购法》（以下简称《政府采购法》）已于2003年1月1日起施行。为确保《政府采购法》顺利实施，促进各地区、各部门进一步深化政府采购制度改革，规范政府采购行为，现提出以下意见：

一、进一步提高认识，稳步推进政府采购制度改革

政府采购制度改革是财政支出管理改革的重要内容，对提高财政资金使用效益，支持国内企业发展，从源头上防止和治理腐败，具有十分重要的意义。近年来，政府采购制度改革工作取得了较大进展，但也存在一些问题，主要是一些地区和部门对政府采购制度改革还存在观望态度，干预具体采购活动的现象时有发生，采购行为不够规范透明，采购程序不够科学严密，管理体制尚不健全，采购管理人员和执行人员素质有待进一步提高等。

政府采购制度改革工作涉及面广，政策性强，各地区、各部门要高度重视，加强组织领导，切实负起责任，狠抓落实。要进一步统一思想，树立依法采购观念，发挥政府采购制度作用。政府采购制度改革是一项复杂的系统工程，涉及到制度创新和观念转变，与管理规范化紧密相关，必须结合实际，研究制订相关管理办法和工作程序，做到既规范采购，又体现效率，确保《政府采购法》的顺利实施。

二、积极采取措施，突出重点，逐步扩大政府采购规模

要结合本地区实际情况，科学合理地制订政府集中采购目录和政府采购限额标准，逐步扩大政府采购实施范围，保证政府采购规模逐年增长。要全面编制政府采购预算，通过细化财政资金采购项目和编制年度政府集中采购计划，加强政府采购的计划性。已经实行部门预算改革的，要将政府采购预算纳入部门预算统一编制；没有实行部门预算改革的，要单独编制政府采购预算。

要积极推行政府采购资金财政直接支付办法，扩大直接支付规模。对单位分散采购活动，也要加强管理和监督。当前，应当通过政府采购，重点支

持我国办公软件、计算机和汽车行业的发展，增强国内企业竞争实力和发展后劲。

三、做好管理与执行机构分设工作，加快政府采购管理体制的建设

政府采购管理职能与执行职能分离，机构分别设置，是建立政府采购制度的客观要求。要科学界定监督管理职能和执行职能。政府采购监督管理部门要切实做好政府采购的政策制定、预算编制、资金支付、信息管理、聘用专家管理、供应商投诉处理、集中采购机构业绩考核和政府采购管理人员培训等监督管理工作。集中采购机构要接受委托，认真组织实施政府集中采购目录中的项目采购，制订集中采购操作规程，负责集中采购业务人员的培训。要建立管理机构与集中采购机构相互协调的工作机制。管理机构不得进入采购市场参与商业交易活动；集中采购机构作为执行机构，要严格执行有关政策，确保政府采购活动公开、公平、公正、高效。

要重点抓好集中采购机构的设置，充分发挥集中采购机构在全面推进政府采购制度改革中的重要作用。要按照法律规定和工作需要，独立设置与行政部门没有隶属关系和利益关系的集中采购机构。对已经设立的集中采购机构，要通过加强制度建设和完善监管机制，进一步规范管理。对不设置集中采购机构的，要因地制宜，积极探索提高政府采购资金效益的有效途径和办法。目前隶属于行政部门的集中采购机构，应于2003年年底以前与所属部门分离。

四、继续抓好制度建设，推进政府采购工作规范化管理

各地区、各部门要把加强制度建设摆在更加突出的位置。在国务院公布政府采购法实施细则前，各地区、各部门可以在法律规定的权限内，根据工作需要，制订配套的规章制度或过渡性办法，以指导和规范政府采购活动。现行规章制度中与《政府采购法》原则不相符的，要予以废止或修订。财政部要会同有关部门，按照法律要求，组织力量尽快研究起草政府采购法实施条例报国务院，并相应制订政府采购合同规范文本及有关货物和服务招投标、政府采购信息管理、政府采购专家管理、供应商投诉和集中采购机构考核等方面的管理办法。

要加大政府采购规范化管理力度。政府采购要坚持公开透明、公平竞争和公正原则，将公开招标作为主要的采购方式；进一步改进和完善采购程序，做到规范采购与简便高效相结合；建立科学、规范的政府采购聘用

专家管理办法，做到管理与使用适度分离；认真处理供应商投诉，促进供应商投诉处理工作制度化和规范化。要重视调查研究，解决政府采购改革中存在的突出问题。

五、开展监督检查，进一步完善政府采购监督体系

要建立以财政部门为主，监察、审计及其他有关部门共同配合的有效监督机制，充分发挥监察、审计等部门的监督职能，强化对政府采购行为的约束，确保各项政策的落实，防止和消除政府采购中的腐败现象及各种逃避政府集中采购的行为，坚决克服本位主义和地方保护主义。要重点抓好采购范围、采购方式、采购程序和集中采购目录执行情况的监督管理，切实做到严格执法。要协调好财政部门与其他政府部门之间的工作关系，形成综合管理与行业专业监督相结合的协作机制。要强化政府采购透明度建设，开辟社会监督渠道，发挥新闻媒介和社会公众的监督作用。

六、加强采购队伍建设，切实提高管理水平

政府采购是一项政策性和专业性较强的工作，建立一支高素质的专业化管理队伍是提高政府采购工作管理水平的重要保证。地方各级政府和财政部门要制订政府采购执行人员业务考核制度，提高政策水平、法律水平和专业水平，使政府采购管理人员和执行人员全面、准确掌握政府采购制度的各项规定，增强依法行政观念，从而建立一支德才兼备的政府采购管理队伍。

国务院办公厅关于印发《中央国家机关全面推行政府采购制度实施方案》的通知

国办发〔2002〕53号

国务院各部委、各直属机构：

《中央国家机关全面推行政府采购制度的实施方案》已经国务院同意，现印发给你们，请认真贯彻执行。

中央国家机关全面推行政府采购制度，对加强财政支出管理，提高财政资金使用效益，从源头上预防和治理腐败等具有十分重要的意义。各部门、各单位一定要提高认识，加强领导，积极支持搞好这项改革。有关部门要加强对政府采购工作的管理、监督和检查，积极研究制定配套实施办法，逐步使政府采购工作走上规范化、制度化轨道。有关单位要不断改进工作，完善服务，提高工作效率。要密切注意实施中可能出现的问题，及时采取措施，认真加以解决。

附件：中央国家机关全面推行政府采购制度的实施方案

二〇〇二年十月七日

附件：

中央国家机关全面推行政府采购制度的实施方案

根据《中华人民共和国政府采购法》和国务院有关决定精神，在总结三年来中央国家机关政府采购试点工作经验的基础上，现就中央国家机关全面推行政府采购制度，提出如下实施方案：

一、总体目标和原则

中央国家机关全面推行政府采购制度的总体目标是：建立符合社会主义市场经济体制要求和中央国家机关实际的政府采购管理体制，规范采购行为，强化财政支出管理，提高财政资金使用效益，维护国家利益和社会公共利益，促进廉政建设。

中央国家机关全面推行政府采购制度遵循以下原则：

（一）合理分工、相互制衡，政府采购管理部门与集中采购机构分开、集中采购机构与项目采购部门分开。

（二）兼顾效益与效率，合理确定集中采购与自行分散采购的范围。集中采购机构的采购活动，应当符合采购价格低于市场平均价格、采购效率更高、采购质量优良和服务良好的要求。

（三）公开、公平、公正，严格工作程序，规范采购行为，建立健全监督机制。

（四）分步实施，先易后难，稳步推进，逐步扩大实施范围。

二、管理与组织实施

中央国家机关政府采购工作实行统一管理，分类组织实施。

（一）政府采购管理。

财政部是中央国家机关政府采购工作的监督管理部门，主要履行下列职责：制定中央国家机关政府采购管理规章制度；编制政府采购计划；拟定政府集中采购目录、集中采购限额标准和公开招标数额标准（不包括工程公开招标），报国务院批准公布；负责集中采购资金的缴拨管理；负责从事中央国家机关政府采购业务的社会招标代理机构的登记备案；负责集中采购机构的业绩考核；管理政府采购信息的统计和发布工作；负责政府采购管理人员的培训；按法律规定权限受理政府采购活动中的投诉事项；办理其他有关政府采购管理事务。

（二）集中采购的组织实施。

纳入中央国家机关集中采购目录的项目，应当实行集中采购。

设立中央国家机关政府采购中心，接受委托组织实施中央国家机关集中采购目录中的项目采购。该中心为财政全额拨款的事业单位，由国务院办公厅委托国务院机关事务管理局管理。其主要职责是：受中央国家机关各部门、各单位（以下统称“各部门”）委托，制定集中采购的具体操作方案并组织实施；直接组织招标活动；根据各部门委托的权限签订或组织签订采购合同并督促合同履行；制定集中采购内部操作规程；负责各部门集中采购操作业务人员的培训；接受各部门委托，代理中央国家机关集中采购目录以外项目的采购；办理其他采购事务。

（三）各部门自行采购的组织实施。

中央国家机关集中采购目录以外的采购项目，由各部门按照法律和有关规定自行组织采购，可以实行部门集中采购或分散采购，具体办法另行制定。部门集中采购可以由部门自行组织，也可以委托中央国家机关政府采购中心或政府采购社会招投标代理机构采购。

各部门要加强本部门政府采购的管理，制定本部门政府采购管理办法；按照规定编报政府采购年度预算；组织实施部门集中采购，指导二级预算单位或基层单位进行分散采购。

三、政府采购方式

政府采购采用以下方式：公开招标、邀请招标、竞争性谈判、询价、单一来源采购和财政部确定的其他采购方式。

中央国家机关政府采购中心和各部门的集中采购活动要按有关法律规定确定采购方式，达到公开招标数额标准以上的要实行公开招标采购，其中采购货物和服务达到公开招标数额但由于特殊情况需要采用其他方式采购的，要报财政部批准。公开招标要执行有关法律、法规和部门规章的规定。对需委托政府采购社会招投标代理机构办理招标事务的，要报财政部备案。

四、集中采购工作程序

（一）编制政府采购预算。

各部门编制政府采购预算，列明采购项目及资金预算，并按照预算管理权限汇总上报财政部审核。

（二）制定政府采购计划。

财政部依据批复的部门预算，汇总编制各部门当年政府采购计划（主要包括政府采购项目和实施要求），下达给各部门执行，并抄送中央国家机关政府采购中心。

（三）组织采购。

各部门根据财政部下达的政府采购计划，一般于一个月内将列入集中采购目录的采购项目向中央国家机关政府采购中心报送采购清单，其主要内容包括采购项目名称、技术规格、数量、使用要求、配送单位名单和交货时间等。中央国家机关政府采购中心根据各部门报送的采购清单制定具体操作方案并报财政部备案。

各部门与中央国家机关政府采购中心应当签订委托代理协议，确定委托代理事项，约定双方的权利和义务。

中央国家机关政府采购中心实施公开招标采购的，应当在有关部门指定媒体上公布招标信息，随机确定评标专家，按程序进行评标、签订合同。

（四）履行合同。

采购合同签订后，当事人应当按照合同规定履行各自的权利和义务。中央国家机关政府采购中心或采购部门负责验收，需要时应请质检部门或其他有关单位参加验收。

（五）支付采购资金。

根据政府采购计划，属于财政直接支付资金的采购项目，采购部门应按照签订的合同和财政部有关规定，填报采购资金支付申请书并报财政部。财政部审核无误后，按合同约定将资金支付给供应商；不属于财政直接支付的采购项目，由采购部门按现行资金管理渠道和合同规定付款。

五、监督检查

财政部负责对中央国家机关政府采购中心和采购当事人执行有关政府采购的法律、法规和规章的情况进行监督检查，并按法律规定受理政府采购活动中的投诉。对中央国家机关政府采购中心的采购价格、资金节约效果、服务质量、信誉状况、有无违规行为等进行考核，并定期公布结果。对违规行为予以通报批评，情节严重的按有关规定给予处理。

监察部负责对政府采购监督管理和具体操作活动以及政府采购工作人员在采购活动中出现的违反有关法律、法规和徇私舞弊的行为进行查处。

审计署负责对政府采购活动的真实、合法、效益情况进行审计监督。

采用招标方式采购的，对招投标活动的监督按照《国务院办公厅印发国务院有关部门实施招标投标活动行政监督的职责分工意见的通知》（国办发［2000］34 号）的规定，由有关部门分工负责。政府采购工程进行招标投标的，适用《中华人民共和国招标投标法》。

中央国家机关政府采购中心和各部门要加强内部规章制度建设和工作队伍建设，实行项目责任制度、人员轮岗制度和回避制度，建立健全内部监督制约机制。

任何单位和个人都有权检举和控告政府采购活动中的违法违纪行为。

六、实施步骤

原则为分步实施、先易后难、积极稳妥，逐步扩大中央国家机关政府采购范围。

（一）单位范围。2003 年所有在京中央国家机关（包括国务院各部委、各直属机构、办事机构、直属事业单位、有关人民团体）必须实行政府采购制度，2004 年扩大到中央国家机关的所有二级预算单位，2005 年全面实行。

各部门可以根据实际情况，提前全面实行政府采购制度。

（二）资金范围。2003 年上述单位用预算内资金和预算外资金安排的采购项目要实行政府采购，2004 年扩大到其他配套资金。

（三）项目范围。用上述资金采购的货物、工程和服务都要纳入政府采购。从 2003 年开始国务院每年公布中央国家机关集中采购目录和集中采购限额标准。

七、配套措施

（一）进一步深化财政管理制度改革，加大实行部门预算和国库集中支付工作力度。进一步细化部门预算项目，提高政府采购预算的可操作性，扩大采购资金财政直接支付的规模。

（二）积极做好政府采购的基础性工作，加强相关规章制度建设。要建立政府采购专家信息库和供应商信息库，完善政府采购信息公告制度，研究制定办公设备和家具的配备标准、公务用车配备管理办法等。

（三）打破部门、行业垄断和地区封锁，积极创造条件形成国内政府采购统一市场。

财政部关于印发《中央单位政府采购管理实施办法》的通知

财库［2004］104号

党中央有关部门，国务院各部委、各直属机构，有关人民团体，全国人大办公厅，全国政协办公厅，高法院，高检院，新疆生产建设兵团：

为了推进和深化中央单位政府采购制度改革，建立和规范中央单位政府采购运行机制，财政部依据《中华人民共和国政府采购法》，制定了《中央单位政府采购管理实施办法》，现印发给你们，请认真执行。

附件：中央单位政府采购管理实施办法

二〇〇四年七月二十三日

附件：

中央单位政府采购管理实施办法

第一章 总 则

第一条 为了加强中央单位政府采购管理，建立和规范中央单位政府采购运行机制，根据《中华人民共和国政府采购法》，制定本办法。

第二条 中央单位政府采购适用本办法。

本办法所称中央单位，是指与财政部发生预算缴款、拨款关系的国家机关、事业单位和社会团体。

中央单位按预算管理权限和经费领报关系，分为主管预算单位（主管部门）、二级预算单位和基层预算单位。

第三条 中央单位政府采购是指中央单位按照政府采购法律、行政法规和制度规定的方式和程序，使用财政性资金（预算资金、政府性基金和预算外资金）和与之配套的单位自筹资金，采购国务院公布的政府集中采购目录内或者采购限额标准以上的货物、工程和服务的行为。

第四条 中央单位政府采购组织形式分为政府集中采购、部门集中采购和单位自行采购。

政府集中采购，是指中央单位将属于政府集中采购目录中的政府采购项目委托集中采购机构代理的采购活动。

部门集中采购，是指主管部门统一组织实施部门集中采购项目的采购活动。

单位自行采购，也称分散采购，是指中央单位实施政府集中采购和部门集中采购范围以外、采购限额标准以上政府采购项目的采购活动。

第五条 财政部是中央单位政府采购的监督管理部门，履行全面的监督管理职责。国务院其他有关部门依法履行与政府采购活动有关的监督管理职责。

中央单位（含部门集中采购机构）是采购人，负责本部门、本系统政府采购的组织和实施工作。集中采购机构（不包括部门集中采购机构，下同）是政府集中采购的代理机构，负责承办中央单位政府集中采购操作事务。

第六条 财政部的主要职责是：依法制定中央单位政府采购政策及管理制度；编制审核政府采购预算和计划；拟定中央单位政府集中采购目录、部门集中采购项目、采购限额标准和公开招标数额标准，报国务院批准；审批政府采购方式；建立和管理中央单位政府采购评审专家库；协调处理各中央单位以及中央单位与集中采购机构之间的工作关系；监督检查中央单位、集中采购机构和经财政部确认或审批资格的其他政府采购代理机构的政府采购活动；考核集中采购机构业绩；处理供应商对中央单位政府采购活动的投诉事宜。

第七条 主管部门的主要职责是：制定本部门、本系统政府采购实施办法；编制本部门政府采购预算和政府采购实施计划；协助实施政府集中采购；统一组织实施部门集中采购项目；按规定权限对所属单位的政府采购活动实施管理；推动和监督所属单位政府采购工作；统一向财政部报送本部门、本系统有关政府采购的审批或备案文件、执行情况和统计报表。

第八条 二级预算单位和基层预算单位的主要职责是：严格执行各项政府采购规定；完整编制政府采购预算并逐级报送主管部门审核汇总；向上级主管部门提供政府采购的实施计划及有关资料；组织实施单位自行采购工作；依法签订和履行政府采购合同；编报本单位政府采购信息统计报表。

第九条 集中采购机构的主要职责是：接受中央单位委托，组织实施政府集中采购目录中的项目采购；直接组织招标活动；负责集中采购业务人员培训；接受委托代理其他政府采购项目的采购。

第十条 中央单位政府采购工作应当实行内部统一管理，建立和完善内部监督制约机制。主管部门的财务（资金）管理机构具体负责本部门、本系统政府采购的执行性管理。

第十一条 中央单位政府采购管理的主要内容是：政府集中采购目录和部门集中采购项目及采购限额标准的确定；政府采购预算的编制；政府采购实施计划的制订；采购组织形式和采购方式的确定；采购活动的实施；中标或成交供应商的确定；采购合同的签订和履约验收；采购资金的支付与结算；采购文件的保存以及采购统计的编报等。

第十二条 中央单位达到公开招标数额标准的采购项目，应当采用公开招标采购方式。因特殊情况需要采取公开招标以外的邀请招标、竞争性谈判、询价和单一来源等采购方式的，应当在采购活动开始前报财政部批准。

第十三条 中央单位政府采购信息应当按照法律、行政法规和财政部有关规定，首先在财政部指定的政府采购信息发布媒体上公告。必须公告的政府采购信息包括：招标公告、中标或成交结果，主管部门制定的政府采购实施办法，集中采购机构承办的招标公告、中标或成交结果和有关操作性文件。

第十四条 政府采购的评审专家的确定，应当按照《政府采购评审专家管理办法》规定，从财政部建立的中央单位政府采购评审专家库中抽取。

第二章 备案和审批管理

第十五条 政府采购备案和审批管理，是指财政部对中央单位、集中采购机构及其他采购代理机构按规定以文件形式报送备案、审批的有关政府采购文件或采购活动事项，依法予以备案或审批的管理行为。

财政部负责政府采购工作的机构具体办理政府采购备案和审批事宜。

第十六条 除财政部另有规定外，备案事项不需要财政部回复意见。

下列事项应当报财政部备案：

（一）主管部门制定的本部门、本系统有关政府采购的实施办法；

（二）部门预算追加应当补报的政府采购预算、已经批复政府采购预算的变更；

（三）政府采购实施计划、主管部门增加的部门集中采购项目；

（四）经财政部批准，采用公开招标以外采购方式的执行情况；

（五）集中采购招标公告、集中采购机构制定的采购项目操作方案，以及集中采购机构组织的协议供货、定点采购协议书副本；

（六）政府采购项目的合同副本；

（七）法律、行政法规规定其他需要备案的事项。

第十七条 审批事项应当经财政部依法批准后才能组织实施。

下列事项应当报财政部审批：

（一）因特殊情况对达到公开招标数额标准的采购项目需要采用公开招标以外的采购方式的；

（二）因特殊情况需要采购非本国货物、工程或服务的；

（三）集中采购机构组织实施协议供货采购、定点采购，其实施方案、招标文件、操作文件、中标结果、协议内容需要变更的；

（四）集中采购机构制定的操作规程；

（五）政府集中采购的协议供货协议书、定点采购协议书和财政直接支付项目采购合同的变更，涉及支付金额的；

（六）法律、行政法规规定其他需要审批的事项。

第十八条 备案和审批事项由主管部门、集中采购机构或其他政府采购代理机构依照有关规定向财政部报送。

第十九条 在备案和审批管理中，财政部可以根据管理需要，将对二级预算单位和基层预算单位的备案或审批管理权限授予其主管部门办理，但法律、行政法规规定应当由财政部负责备案和审批的事项除外。

第三章 政府采购预算和计划管理

第二十条 中央单位在编制下一财政年度部门预算时，应当将该财政年度政府采购项目及资金预算在政府采购预算表中单列，按程序逐级上报主管部门。主管部门审核汇总后报财政部。

年度政府采购项目按国务院颁发的年度中央预算单位政府集中采购目录及采购限额标准执行。

第二十一条 财政部对部门预算中的政府采购预算进行审核，并随部门预算批复各主管部门执行。

第二十二条 主管部门应当按照财政部批复的部门预算，分别制定政府集中采购、部门集中采购实施计划。

政府集中采购实施计划，是指主管部门将本部门、本系统属于政府集中采购目录中的采购项目，按照项目构成、使用单位、采购数量、技术规格、使用时间等内容编制的具体采购计划。

部门集中采购实施计划，是指主管部门根据部门集中采购项目和本部门实际，依法制定的部门集中采购项目的具体采购计划。

第二十三条 主管部门应当自接到财政部下达的部门预算之日起 40 个工作日内，将政府集中采购实施计划和部门集中采购实施计划报财政部备案，并将政府集中采购实施计划抄送集中采购机构组织采购。

第二十四条 中央单位按照预算管理程序调整或补报政府采购预算的，应当及时调整政府集中采购实施计划或部门集中采购实施计划。

第二十五条 未列入政府采购预算、未办理预算调整或补报手续的政府采购项目，不得实施采购。

第四章 政府集中采购管理

第二十六条 中央单位应当将属于政府集中采购目录内的项目，委托集中采购机构代理采购。

第二十七条 中央单位与集中采购机构应当在集中采购开始前签订委托代理协议，明确委托的事项、双方的权利与义务。委托代理协议应当具体确定双方在编制采购文件、确定评标办法与中标标准、组建评标委员会、评标、定标等方面的权利和义务。

中央单位按照自愿原则，可就确定中标人、签订合同、验收等事项委托集中采购机构办理。

集中采购委托代理协议可以按项目签订，也可以按年度签订一揽子协议，具体项目有特殊要求的，再另行签订补充协议。

第二十八条 在政府集中采购实施过程中，集中采购机构应当按照有关规定和委托代理协议约定开展采购活动。

第二十九条 集中采购机构应当坚持规范与效率相结合原则，做好代理采购项目的具体采购工作。其工作人员不得参与、干预或影响具体评标、谈判和询价工作。

第三十条 集中采购机构应当自接到中央单位项目委托后40日内确定中标、成交供应商。经财政部批准采用非招标采购方式进行的紧急采购，应当在15日内确定中标、成交供应商。

第三十一条 协议供货采购、定点采购的采购结果（包括中标产品、配置及价格等），应当在财政部指定的政府采购信息发布媒体上公告，同时以文件形式印发各委托采购的中央单位。

协议供货采购、定点采购应当在投标截止日期后10个工作日内完成中标结果公告和文件印发工作。

第三十二条 中央单位采购协议供货或定点采购项目，一次性采购批量较大的，应当与中标供应商就价格再次谈判或询价。

第三十三条 政府集中采购应当遵循以下工作程序：

（一）编制计划。主管部门接到财政部下达的部门预算后在规定时间内，编制集中采购实施计划并委托负责本部门、本系统政府集中采购的集中采购机构实施采购。

（二）签订委托协议。主管部门与集中采购机构签订委托代理协议，确定委托代理事项，约定双方的权利与义务。

（三）制定操作方案。集中采购机构汇总各中央单位政府集中采购实施计划，并与委托方协商后，制定具体操作方案，包括协议供货采购、定点采购方案。

（四）组织采购。集中采购机构采用公开招标方式或财政部批准的其他采购方式，按照经备案或审批的操作方案开展采购活动。

（五）确定中标、成交结果。集中采购机构被授权确定中标或成交结果的，应当在集中采购工作完成后3个工作日内，将中标结果通知委托方，并发出中标或成交通知书，同时发布中标或成交公告。

集中采购机构不承办确定中标或成交结果事项的，应当在评标、谈判或询价工作完成后，将采购结果报委托方，由委托方确定中标或成交供应商，并发中标或成交通知书和公告。

（六）中央单位应当自中标、成交通知书发出30日内，与中标、成交供应商签订采购合同。

第五章 部门集中采购管理

第三十四条 中央单位的部门集中采购项目，应当实行部门集中采购。主管部门负责部门集中采购的组织实施，部门集中采购事务可以由财务（资金）管理机构具体负责办理，也可以另行明确一个机构具体负责办理。部门集中采购项目的招投标事务，可以委托集中采购机构或其他政府采购代理机构承办。

第三十五条 部门集中采购的评审专家应当从财政部建立的中央单位政府采购评审专家库中抽取，本部门的工作人员不得以评审专家身份参加本部门政府采购项目的评标、谈判或询价工作。

第三十六条 部门集中采购应当遵循以下工作程序：

（一）细化部门集中采购项目。主管部门接到财政部下达的部门预算后，应当进一步明确本部门、本系统实行部门集中采购的项目范围，逐级下达到二级预算单位和基层预算单位。

（二）编制计划。二级预算单位和基层预算单位根据主管部门要求，编制部门集中采购实施计划报主管部门。

（三）制订方案。主管部门汇总所属单位上报的部门集中采购实施计划后，制定具体操作方案。

（四）实施采购。主管部门依法采用相应的采购方式组织采购活动。委托集中采购机构或其他政府采购代理机构代理采购的，应当签订委托代理协议。

（五）采购活动完成后，应当及时确定中标、成交供应商，向其发出中标或成交通知书，同时发布中标、成交公告。

（六）主管部门及其所属单位要在中标、成交通知书发出30日内，与中标、成交供应商签订采购合同。主管部门应当组织采购合同履行及验收工作。

第六章 单位自行采购与其他事项管理

第三十七条 单位自行采购可以由项目使用单位自行组织采购，也可以委托集中采购机构或其他政府采购代理机构代理采购。

第三十八条 单位自行采购应当依据法定的采购方式和程序开展采购活

动，完整保存采购文件。

第三十九条 单位自行采购应当按照本办法规定实行备案和审批管理。

第四十条 政府采购应当签订书面合同。采购合同应当由项目使用单位与中标、成交供应商签订，也可以根据具体组织形式委托主管部门、集中采购机构或其他政府采购代理机构与中标、成交供应商签订。

由主管部门、集中采购机构和其他政府采购代理机构与中标、成交供应商签订合同的，应当在合同条款中明确各自的权利和义务。

第四十一条 政府采购合同应当自签订之日起7个工作日内，将合同副本报财政部备案。

第四十二条 中标、成交通知书发出时间超过30日，中央单位或中标、成交供应商任何一方拒绝签订合同的，违约一方应当向对方支付采购文件中规定的违约金。

第四十三条 中央单位、集中采购机构和其他政府采购代理机构应当按照合同约定，对履约情况进行验收。重大采购项目应当委托国家专业检测机构办理验收事务。

履约验收应当依据事先规定的标准和要求，不得增加新的验收内容或标准。凡符合事先确定标准的，即为验收合格。当事人对验收结论有异议的，应当请国家有关专业检测机构进行检测。

第四十四条 政府采购合同订立后，不得擅自变更、中止或者终止。经合同双方当事人协商一致的，可以依法变更合同。

第四十五条 中央单位应当按合同约定及时支付采购资金。实行国库集中支付试点改革的部门，按国库集中支付规定程序办理资金支付；未实行国库集中支付改革试点的部门，按现行办法由中央单位负责支付。

第四十六条 中央单位应当加强政府采购基础管理工作，建立采购文件档案管理制度。

第七章 监督检查

第四十七条 财政部对中央单位政府采购活动实行经常性监督检查制度，依法对中央单位、集中采购机构、其他政府采购代理机构执行政府采购法律、行政法规和规章制度情况进行监督检查。

第四十八条 财政部对中央单位政府采购活动进行经常性监督检查的主要内容是：

（一）政府采购预算和政府采购实施计划的编制和执行情况；

（二）政府集中采购目录和部门集中采购项目的执行情况；

（三）政府采购备案或审批事项的落实情况；

（四）政府采购信息在财政部指定媒体上的发布情况；

（五）政府采购有关法规、制度和政策的执行情况；

（六）内部政府采购制度建设情况；

（七）政府采购合同的订立、履行、验收和资金支付情况；

（八）对供应商询问和质疑的处理情况；

（九）财政部授权事项落实情况；

（十）法律、行政法规和制度规定的其他事项。

第四十九条 财政部对集中采购机构政府采购活动进行经常性监督检查的主要内容是：

（一）内部制度建设和监督制约机制落实情况；

（二）政府集中采购目录执行情况；

（三）政府采购备案审批事项落实情况；

（四）政府采购评审专家抽取和使用情况；

（五）政府采购信息在财政部指定发布媒体上的公告情况；

（六）政府采购工作效率、采购价格和资金节约率情况；

（七）服务质量和信誉状况；

（八）对供应商询问、质疑处理情况；

（九）有关政府集中采购规定和政策执行情况；

（十）法律、行政法规和制度规定的其他事项。

第五十条 主管部门应当对本部门、本系统政府采购工作情况实施监督检查。

第五十一条 集中采购机构应当加强内部管理，建立内部监督制约机制，全面、规范地做好中央单位委托的集中采购事务。

第五十二条 供应商应当依法参加政府采购活动。

财政部对中标供应商履约实施监督管理，对协议供货或定点采购的中标供应商进行监督检查。

第五十三条 供应商对中央单位政府采购活动事项的询问、质疑和投诉，以及对询问、质疑和投诉的答复、处理，按照有关政府采购的法律、行政法规和规章的规定进行。

第五十四条 财政部、监察部和审计署等部门对中央单位政府采购活动中的违法行为，应当按照各自职责依法予以处理。

第八章 附 则

第五十五条 主管部门应当按照本规定制定具体实施办法。

第五十六条 军队武警系统政府采购管理实施办法由其另行制定。

第五十七条 本办法自2004年9月1日起施行。财政部2001年4月9日颁布的《中央单位政府采购管理实施办法》(财库［2001］30号)同时废止。

财政部关于中央单位政府采购工作中有关执行问题的通知

财办库［2003］56号

党中央有关部委办公厅（室），国务院各部委、各直属机构办公厅（室），全国人大常委会办公厅、全国政协办公厅、高法院、高检院、各人民团体办公厅（室），新疆生产建设兵团财务局：

为了促进《政府采购法》的贯彻实施和中央单位政府采购工作的顺利开展，我部印发了《财政部关于进一步做好中央单位2003年政府采购工作有关问题的通知》（财库［2003］19号），现就执行中有关具体问题通知如下。

一、关于政府集中采购实施计划问题

为认真贯彻落实国务院办公厅颁布的中央预算单位2003年政府集中采购目录，各中央单位要制定本部门的政府集中采购实施计划，确保集中采购活动的有效实施。因此，各中央预算单位要对纳入政府集中采购目录的项目，根据部门预算或政府采购预算编制2003年政府集中采购实施计划，按月报送本系统的政府集中采购机构。政府集中采购实施计划主要内容是政府集中采购项目的技术规格、数量、预算金额、采购时间要求等。具体实施办法由中央各系统的政府集中采购机构制定。

二、关于政府采购资金和单位范围问题

按照《政府采购法》和财政部财库［2003］19号文件规定，国家机关、事业单位和社会团体使用财政性资金购买货物、服务和工程的活动，都应实行政府采购制度。其中，财政性资金由财政预算资金和预算外资金组成，财政预算资金是指国家财政以各种形式划拨的资金；预算外资金是指单位通过各种行政事业性收费、政府采购性基金、政府间捐赠资金等获得的收入，不包括单位各种其他事业收入。但既有财政性资金又有部门其他资金的配套采购项目，或者有财政拨款或财政补助收入的事业单位和社会团体，也要实行政府采购制度。自收自支事业单位或者完全实行企业化管理的单位，

可以不实行政府采购制度。

三、关于集中采购实施问题

按财政部财库［2003］19号文件规定，中央单位的集中采购活动原则上按系统实施归口管理。中央各单位应当按照政府集中采购管理机构制定的基本工作流程，政府集中采购委托协议内容及签订方式，政府集中采购实施计划编报方式及要求等具体操作办法执行。

政府集中采购机构代理的采购事项，其采购资金支付应当由财政部国库司或相关中央单位负责，凡因不执行采购合同规定或无故拖延付款给供应商造成经济损失的，要承担相应的责任。

四、关于部门政府采购工作管理问题

为有利于政府采购各项工作的协调与落实，各中央主管部门应当明确政府采购牵头单位或归口管理单位，负责政府采购预算编制、制定有关实施办法、资金财务管理、统一组织、协调、监督或者实施本部门、本系统的政府采购工作，逐步建立内部政府采购的管理执行机制。

中央各部门应当根据本部门的实际情况，制定本部门集中采购项目和范围，并加以实施。实行部门集中采购确实有困难或近期内难于实施的，可以暂下放到所属单位执行，但要做好采购项目文件备案和统计工作。

五、关于政府采购执行情况统计问题

政府采购信息统计工作是政府采购制度管理的组成部分，是我们制定政策规定的依据，也是考核和反映政府采购制度改革情况的需要，因此，各中央单位要注意日常采购文件的搜集、记录和管理工作，尤其是政府采购工程项目和分散采购情况，为年终编报政府采购信息报表打好基础。

六、关于政府采购报批和备案管理问题

需要报财政部批准或备案的工作主要有：

1. 按月或随时补报政府采购预算。

2. 政府集中采购机构和主管部门组织的招标采购项目，其公告应当在发布前报财政部国库司审核。

3. 因特殊情况，采用公开招标以外其他采购方式的，属于政府集中采购机构和主管部门组织的采购项目，应当在采购活动开始前，按照规定格式（附件1）报财政部国库司审批。其他采购项目应当报主管部门审批。主管

部门审批确有困难的，可以采取由采购单位事后以采购清单的形式将采购结果报主管部门备案。

4. 凡政府采购货物、工程和服务采购金额分别达到150万元、300万元、100万元以上的，以及国库改革非试点部门政府采购直接拨付项目，其采购合同及相关采购文件应当在采购完毕后报财政部备案。其中，政府采购协议供货制度的采购合同，由政府集中采购机构报财政部备案。

七、关于部门自行组织招标问题

根据有关规定，中央单位公开招标采购活动原则上应当以委托执行为主，委托范围为已经财政部确认登记备案的政府采购业务代理机构（见财政部财办库［2003］47号）和政府集中采购机构。中央单位确实具备编制招标文件和组织评标等自行招标的能力和条件，其人员构成、工作业绩、评标专家组成符合政府采购法和招标投标法规定的，可以自行组织招标活动。自行组织招标的中央部门，其标书应当免费，或者按照弥补制作标书的成本确定标书价格。招标过程中所发生的有关费用支出，由招标单位在不违反现行财务制度前提下，自行解决。

八、关于政府采购资金财政直接支付问题

凡已经纳入财政国库支付改革试点范围的部门，其资金支付按照国库管理制度改革办法执行。非国库支付试点部门的政府采购资金直接支付范围，由财政部确定并通知有关部门。

九、关于政府采购信息披露媒体问题

在财政部指定政府采购信息披露媒体刊登招标信息和招标结果，既是法律规定，也是落实公开、公正、公平原则的具体要求，各中央单位必须认真执行。为了做好这项工作，财政部各指定媒体免费刊登中央单位的所有招标信息和招标结果。

十、其他有关问题

1. 凡是以政府采购协议供货制度形式进行的政府采购项目，其适用范围为所有中央单位。

2. 中央单位在编制政府集中采购实施计划或组织采购工作中，除有特殊要求采购外，原则上不得指定采购项目的品牌，更不得采购组装的机器设备。

3. 财政部财库［2003］19号文件附件中规定公告成交结果，主要是指达到公开招标数额，但未采用公开招标方式而采用其他方式采购的项目，其采购结果要公告。至于直接采用其他采购方式的，其采购结果是否公告可自定。

附件：中央单位政府采购方式申报表

二〇〇三年六月十一日

附件：

中央单位政府采购方式申报表

编号：

单位名称（章）： 年 月 日

采购项目名称		项目概算	
拟采用采购方式	1. 邀请招标________ 2. 竞争性谈判________ 3. 询价________ 4. 单一来源________		
改变采购方式的特殊情形	1. 具有特殊性，只能从有限范围供应商处获得________ 2. 采用公开招标方式费用与项目总价值比例过高________ 3. 技术复杂或者性质特殊，难以确定详细规格或者具体要求________ 4. 采用公开招标不能满足用户紧急需要________ 5. 不能事先计算出价格总额________ 6. 只能从唯一供应商处采购________ 7. 发生不可预见紧急情况不能从其他供应商处采购________ 8. 与原项目配套，需从原供应商处添购不足原合同的10%________ 9. 货物规格、标准单一，现货充足，价格变化幅度小________ 10. 废标后重新采购________ 11. 重新采购未能成立________ 12. 其他________		
改变采购方式的简要理由			

经办人： 联系电话： 传真：

填报说明：1. 单项申报的，对拟用采购方式和改变采购方式理由加对号；按清单申报的，注明项目编号。

2. 单位章为部门或司（局）印章。

财政部关于加强汶川地震救灾采购管理的紧急通知

财库［2008］43号

国务院各部委，各直属机构，新疆生产建设兵团，各省、自治区、直辖市、计划单列市财政厅局：

为了保障汶川地震救灾工作的顺利进行，确保采购资金的安全和使用效益，根据《中华人民共和国政府采购法》和《中华人民共和国突发事件应对法》等法律法规规定，经商中央纪委、监察部、审计署同意，现就有关问题通知如下：

一、在汶川地震救灾应急救援和灾后恢复重建工作中，各级国家机关、事业单位和团体组织（以下简称采购单位），在中华人民共和国境内使用财政性资金（含政府部门获得的捐赠资金）采购货物、工程和服务的行为，按本通知的要求执行。

本通知所称政府部门获得的捐赠资金，是指政府采购法规定的各级国家机关、事业单位和团体组织获得的各类捐赠资金，以及以中国政府部门名义获得的国外政府和非政府机构捐赠的资金。

二、在汶川地震灾害应急救援和灾后恢复重建工作中，涉及灾民紧急救治、安置、防疫和临时性救助的采购活动可以作为紧急采购项目，在保证采购货物、工程和服务质量的前提下，由采购单位自行以合理的价格向一个或多个供应商直接购买。

三、各采购单位在实施上述采购活动中，要以保证国家利益、灾区人民群众利益和捐赠人的意愿为宗旨，充分考虑灾区救灾和恢复重建的实际需要，合理规划和公平、公正地组织开展采购活动。

紧急采购活动完成后，其采购项目的品种、数量、单价等结果应当在财政部门指定的政府采购信息披露媒体或其他媒体上公布，接受社会监督。

四、采购单位应当指派专人负责采购活动，并落实采购人员工作岗位责任制。

采购人员应当严格遵守国家有关法律法规，恪尽职守，廉洁奉公，认真做好采购工作。

紧急采购项目的采购应当由两名以上采购人员组织实施。采购人员及供应商必须在发票等购买凭据上背书签字。

五、采购单位应当对所采购的货物、工程和服务进行查收，办理查收和交接手续，确保其种类和数量准确无误。

所采购货物、工程和服务的种类和数量出现问题的，应当由采购单位及其采购人员承担相应责任。

所采购货物、工程和服务的质量出现问题的，应当由供应商承担相应责任；涉及采购单位及其采购人员的，依法从严追究责任。

六、各采购单位应当加强救灾采购项目采购文件和凭据的管理，特别是要保存好紧急采购项目的有关采购文件或凭据，并对采购情况进行统计汇总，以备财政、审计、监察等部门检查。

七、各级财政部门要加强对本办法规定的救灾采购工作的监督管理。各级审计、监察等部门要根据各自职责，加强对救灾采购工作的监督检查。

八、任何单位和个人发现采购单位及采购人员存在徇私舞弊等违法违纪行为的，应当及时向同级财政部门或有关部门举报。

九、各级财政部门应当建立救灾采购举报登记处理制度，依法开展有关工作，并将处理情况向有关当事人作出答复；发现采购单位或采购人员有严重违法违纪行为的，应及时移交纪检监察或司法机关处理。

十、除本通知第二条规定的紧急采购项目外，发生货物、工程和服务采购行为，应当按照政府采购法的有关规定组织实施。

十一、依法成立的以发展公益事业为宗旨的基金会、慈善组织等社会团体，用所获捐赠资金采购救灾货物、工程和服务的行为，可参照本通知执行。

二〇〇八年五月二十九日

三、

政策功能篇

（一）节能产品管理

国务院办公厅关于开展资源节约活动的通知

国办发［2004］30号

各省、自治区、直辖市人民政府，国务院各部委、各直属机构：

为深入贯彻落实党的十六大和十六届三中全会精神，加快建设资源节约型社会，推动循环经济发展，解决全面建设小康社会面临的资源约束和环境压力问题，保障国民经济持续快速协调健康发展，经国务院同意，2004年至2006年在全国范围内组织开展资源节约活动，全面推进能源、原材料、水、土地等资源节约和综合利用工作。现就有关问题通知如下：

一、充分认识开展资源节约活动的重要意义

能源、原材料、水、土地等自然资源是人类赖以生存和发展的基础，是经济社会可持续发展的重要物质保障。我国人均资源占有量不足，耕地、淡水、森林、石油、天然气和煤炭等资源的人均占有量远低于世界平均水平，铁、铜、铝等重要矿产的国内保障程度低。资源供给不足已经成为经济社会发展和实现全面建设小康社会目标的重要制约因素。同时，由于我国许多行业和地区资源利用效率低、浪费大、污染重，目前我国单位国内生产总值能源、原材料和水资源消耗大大高于世界平均水平。靠大量消耗资源支撑经济增长，不仅使资源约束矛盾更加突出，环境压力加大，也制约了经济增长质量和效益的进一步提高。

组织开展资源节约活动，推进资源节约工作，加快建设资源节约型社

会，是缓解资源瓶颈制约，实现国民经济持续快速协调健康发展的有效途径；是转变经济增长方式，走新型工业化道路，实现全面建设小康社会目标的重要措施；是落实全面协调可持续的科学发展观、促进人与自然和谐发展的必然要求。各地区、各部门特别是各级领导干部，要从战略和全局的高度，充分认识开展资源节约活动的重要意义，牢固树立和落实科学的发展观和正确的政绩观，采取有效措施，扎扎实实地推进资源节约工作。

二、资源节约活动的目标和基本要求

（一）目标：经过三年努力，使全民特别是各级领导干部的资源意识和节约意识显著增强，部分行业盲目发展、低水平重复建设和严重浪费资源现象得到有效遏制，资源节约技术和管理水平有较大提高，资源节约政策、法规和标准不断完善并得到较好实施，市场配置资源的基础性作用进一步发挥，资源利用效率明显提高，万元国内生产总值能耗下降5%，万元国内生产总值取水量下降10%，水的重复利用率提高5个百分点，再生资源回收利用率显著提高，耕地减少趋势得到遏制，资源瓶颈制约得到有效缓解，全社会自觉节约资源的机制初步形成，建设资源节约型社会迈出坚实步伐。

（二）基本要求：一是开展资源节约活动要与转变经济增长方式、提高经济增长质量和效益相结合。在研究制定“十一五”国民经济和社会发展规划、确定土地利用总体规划、城市总体规划和重大项目等各项工作中，要按照转变经济增长方式，走资源消耗低、环境污染少、经济效益好的新型工业化道路的要求，把节约资源、降低消耗放在突出位置，全面推行清洁生产，加快循环经济发展。二是开展资源节约活动要与调整经济结构相结合。加快发展高新技术产业和服务业；抓紧完善并严格执行钢铁、电解铝、水泥等行业准入条件，坚决制止盲目投资和低水平重复建设；完善产业政策，扶优扶强，促进优胜劣汰。三是开展资源节约活动要与技术进步相结合。要推动资源节约科技开发，加快科技成果转化，组织实施资源节约重大技术示范，推广应用先进高效的节能、节水设备和器具，运用高新技术和先进适用技术改造传统产业，提高资源节约的整体技术水平。四是开展资源节约活动要与缓解经济社会发展面临的资源瓶颈制约相结合。要优化电力生产调度，加强电力需求侧管理，以高耗能行业为重点，在强化负荷管理的同时，大力节约用电；加快大型灌区和北方缺水城市节水工程和城市污水再生利用设施建设，加大企业节水技术改造力度，推进城市节约用水。加快土地管理体制改革，实施最严格的耕地保护制度并采取有效的节地措施。

三、采取综合措施，扎实推进资源节约工作

（一）建立健全资源节约责任制。各级政府、各有关部门、各单位要从树立和落实科学发展观和政绩观的高度，明确责任。要建立健全资源节约责任制，明确一位领导干部负责资源节约工作。要完善能源、水、原材料使用的计量、记录、报告、奖惩等管理制度，把资源节约的责任纳入各工作岗位的职责之中，纳入各单位日常管理和工作考核之中，做到层层有责任，逐级抓落实。政府机构要在资源节约活动中发挥表率作用，制订节能实施方案和能耗水耗定额、支出标准，深化政府采购制度改革，降低费用支出，带头节约资源。

（二）加强规划指导，完善法规标准。发展改革委要会同有关部门抓紧编制节能、节水、资源综合利用等专项规划，提出目标、发展重点和政策措施。要抓紧完善资源节约法规和规章，完善节能节水配套法规，制订汽车燃油经济性标准和设备能效标准、重点行业取水定额标准，修订节能设计规范。扩大节能节水产品认证范围，建立强制性能效标识制度，把好市场准入关。各地区、有关部门要结合本地区、本行业实际，抓紧制订配套法规和相关规划。

（三）研究制订财政、税收、价格等激励政策。发展改革委要会同财政、税务部门抓紧制订并不断完善节能、节水设备（产品）目录，并研究采取优惠政策，鼓励生产、销售和使用节能、节水设备（产品），鼓励开发和利用可再生能源。要充分运用价格调节机制，促进节能、节水、节约原材料和资源综合利用。各级财政要支持资源节约和资源综合利用，并将节能、节水设备（产品）纳入政府采购目录。有关部门和地方各级政府要对重大节能技术开发、示范和改造项目加大投资力度。

（四）加快资源节约技术的开发和推广应用。各地区、有关部门要重点支持一批资源节约和综合利用技术开发、技术改造项目，通过发布目录、组织现场会、举办展览、技术交流等方式，加快先进成熟技术的推广应用；重点推广洁净煤，节约和替代石油，高效节能锅炉、风机、水泵、电动机及拖动系统调速和建筑节能技术；推广空调节电技术、绿色照明和高耗能行业能量系统优化技术；推广农业节水灌溉技术、废水资源化和“零”排放技术、中水回用和海水利用技术；推广“三废”综合利用、再生资源回收利用技术、新能源和可再生能源利用技术。

（五）推行适应市场经济要求的节约新机制。建立信息发布制度，及时发布国内外各类能耗、水耗、先进技术和管理信息，加快资源节约新技术、

新设备、新产品的推广应用；推行合同能源管理、节能融资担保等新机制，培育和发展节能节水技术服务体系，为企业提供节能节水技术服务；推行综合资源规划和需求侧管理方法，引导资源合理配置和利用；积极稳妥地推进供热和物业管理体制改革，努力降低资源费用支出。

（六）组织资源节约专项检查。发展改革委要会同有关部门，组织对严重缺电、缺水地区，重点城市、重点行业和企业节能、节水情况的监督检查。各地发展改革委（经贸委）要会同有关部门，依法组织节能、节水执法和监测机构，对本地区煤炭、电力、钢铁、有色、石化、建材、化工、造纸等高耗能（水）企业以及宾馆、商厦、写字楼等公共设施节能、节水情况进行检查；对能效标准、高耗电产品限额标准、建筑节能标准及行业节能设计规范执行情况进行检查；对固定资产投资项目可行性研究报告增列节能篇（章）的规定执行情况进行检查。对检查中发现的问题，要采取措施及时整改。坚决关闭或淘汰技术落后、浪费资源、污染严重的企业或项目。

四、加强组织领导，加大宣传教育力度

（一）加强资源节约活动的组织领导。开展资源节约活动要明确各方责任，中央制定原则，地方负责落实，部门指导协调，加强监督检查，共同做好工作。地方人民政府要积极贯彻落实资源节约活动的工作部署和各项要求，结合本地区实际，制订方案，扎实推进。有关部门要合理分工，加强协调，督促检查。发展改革委要会同教育部、科技部、财政部、国土资源部、建设部、水利部、农业部、商务部、国资委、税务总局、工商总局、质检总局、环保总局、广电总局、法制办、全国总工会、共青团中央等部门和单位，建立资源节约活动协调机制，研究制订政策措施，协调、指导和推动资源节约工作的深入开展。

（二）做好资源节约的教育培训工作。各地区、有关部门要将资源节约纳入中小学教育、高等教育、职业教育和技术培训体系，制订培训规划，编写培训教材，加强资源节约教育；要对企事业单位负责人、节能节水管理人员进行不同层次的教育和培训，并加强节能节水执法监督人员和检测机构人员的培训工作，不断提高资源节约的技术水平、执法监督和服务水平。

（三）广泛开展对全社会的资源节约宣传。各地区、有关部门要组织开展形式多样的宣传活动。新闻出版、广播影视、文化等部门和社会团体要广泛宣传我国资源形势，宣传节约资源、建立节约型社会的重要意义，宣传国家资源节约法律法规和方针政策，弘扬先进典型，曝光资源浪费行为，倡导节俭文明的生活方式，形成“节约光荣，浪费可耻”的良好社会风尚，不

断提高公众的资源忧患意识和节约意识。共青团组织要在青少年中开展资源节约宣传和实践活动，教育青少年从小养成节约资源的良好习惯。大力开展群众性的资源节约合理化建议、技术革新等活动。在每年夏季用电高峰，积极组织开展全国节能宣传周活动。

二〇〇四年四月一日

财政部　国家发展改革委关于印发《节能产品政府采购实施意见》的通知

财库［2004］185 号

各省、自治区、直辖市、计划单列市财政厅（局）、发展改革委（计委）、经贸委（经委），新疆生产建设兵团财务局、发展改革委，党中央有关部门，国务院各部委、各直属机构，全国人大常委会办公厅，全国政协办公厅，高法院，高检院，有关人民团体：

为贯彻落实《国务院办公厅关于开展资源节约活动的通知》（国办发［2004］30 号），发挥政府机构节能（含节水）的表率作用，根据《中华人民共和国节约能源法》和《中华人民共和国政府采购法》，财政部、国家发展和改革委员会制定了《节能产品政府采购实施意见》。现印发给你们，请遵照执行。

附件：节能产品政府采购实施意见

二〇〇四年十二月十七日

附件：

节能产品政府采购实施意见

为贯彻落实《国务院办公厅关于开展资源节约活动的通知》（国办发［2004］30号），发挥政府机构节能（含节水，下同）的表率作用，根据《中华人民共和国节约能源法》和《中华人民共和国政府采购法》，现就推行节能产品政府采购提出如下意见。

一、采购节能产品对于降低政府机构能源费用开支，节省财政资金，推动企业节能技术进步，扩大节能产品市场，提高全社会的资源忧患意识，节约能源，保护环境，实现经济社会可持续发展，具有十分重要的意义。各地区、各部门要高度重视，加强组织管理和监督，确保节能产品政府采购工作落到实处。

二、各级国家机关、事业单位和团体组织（以下统称“采购人”）用财政性资金进行采购的，应当优先采购节能产品，逐步淘汰低能效产品。

三、财政部、国家发展和改革委员会综合考虑政府采购改革进展和节能产品技术及市场成熟等情况，从国家认可的节能产品认证机构认证的节能产品中按类别确定实行政府采购的范围，并以“节能产品政府采购清单”（以下简称“节能清单”）的形式公布。

节能清单中新增节能认证产品，将由财政部、国家发展和改革委员会以文件形式确定，公布并适时调整。

四、中国政府采购网（http：//www. ccgp. gov. cn/）、中国环境资源信息网（http：//www. cern. gov. cn/）、中国节能节水认证网（http：//www. cecp. org. cn/）为节能清单公告媒体。为确保上述信息的准确性，未经财政部、国家发展和改革委员会允许，不得转载。

五、节能清单中的产品有效时间以国家节能产品认证证书有效截止日期为准，超过认证证书有效截止日期的自动失效。

六、政府采购属于节能清单中产品时，在技术、服务等指标同等条件下，应当优先采购节能清单所列的节能产品。

七、在政府采购活动中，采购人应当在政府采购招标文件（含谈判文件、询价文件）中载明对产品的节能要求、合格产品的条件和节能产品优先采购的评审标准。

八、采购人或其委托的采购代理机构未按上述要求采购的，有关部门要按照有关法律、法规和规章予以处理，财政部门视情况可以拒付采购资金。

九、本意见采取积极稳妥、分步实施的办法，逐步扩大到全国范围。2005 年在中央一级预算单位和省级（含计划单列市）预算单位实行，2006 年扩大到中央二级预算单位和地市一级预算单位实行，2007 年全面实行。在实施中，各级政府和预算单位可以根据实际情况，提前执行本意见相关要求。

附件：节能产品政府采购清单（略）

国务院办公厅关于建立政府强制采购节能产品制度的通知

国办发［2007］51 号

各省、自治区、直辖市人民政府，国务院各部委、各直属机构：

《国务院关于加强节能工作的决定》（国发［2006］28 号）和《国务院关于印发节能减排综合性工作方案的通知》（国发［2007］15 号）提出，为切实加强政府机构节能工作，发挥政府采购的政策导向作用，建立政府强制采购节能产品制度，在积极推进政府机构优先采购节能（包括节水）产品的基础上，选择部分节能效果显著、性能比较成熟的产品，予以强制采购。经国务院同意，现就有关问题通知如下：

一、充分认识建立政府强制采购节能产品制度的重要意义

近年来，各级国家机关、事业单位和团体组织（以下统称政府机构）在政府采购活动中，积极采购、使用节能产品，大大降低了能耗水平，对在全社会形成节能风尚起到了良好的引导作用。同时也要看到，由于认识不够到位，措施不够配套，工作力度不够等原因，在一些地区和部门，政府机构采购节能产品的比例还比较低。目前，政府机构人均能耗、单位建筑能耗均高于社会平均水平，节能潜力较大，有责任、有义务严格按照规定采购节能产品，模范地做好节能工作。建立健全和严格执行政府强制采购节能产品制度，是贯彻落实《中华人民共和国政府采购法》以及国务院加强节能减排工作要求的有力措施，不仅有利于降低政府机构能耗水平，节约财政资金，而且有利于促进全社会做好节能减排工作。从短期看，使用节能产品可能会增加一次性投入，但从长远的节能效果看，经济效益是明显的。各地区、各部门和有关单位要充分认识政府强制采购节能产品的重要意义，增强执行制度的自觉性，采取措施大力推动政府采购节能产品工作。

二、明确政府强制采购节能产品的总体要求

各级政府机构使用财政性资金进行政府采购活动时，在技术、服务等指标满足采购需求的前提下，要优先采购节能产品，对部分节能效果、性能等

达到要求的产品，实行强制采购，以促进节约能源，保护环境，降低政府机构能源费用开支。建立节能产品政府采购清单管理制度，明确政府优先采购的节能产品和政府强制采购的节能产品类别，指导政府机构采购节能产品。

采购单位应在政府采购招标文件（含谈判文件、询价文件）中载明对产品的节能要求、对节能产品的优惠幅度，以及评审标准和方法等，以体现优先采购的导向。拟采购产品属于节能产品政府采购清单规定必须强制采购的，应当在招标文件中明确载明，并在评审标准中予以充分体现。同时，采购招标文件不得指定特定的节能产品或供应商，不得含有倾向性或者排斥潜在供应商的内容，以达到充分竞争、择优采购的目的。

三、科学制定节能产品政府采购清单

节能产品政府采购清单由财政部、发展改革委负责制订。列入节能产品政府采购清单中的产品由财政部、发展改革委从国家采信的节能产品认证机构认证的节能产品中，根据节能性能、技术水平和市场成熟程度等因素择优确定，并在中国政府采购网、发展改革委门户网、中国节能节水认证网等媒体上定期向社会公布。

优先采购的节能产品应该符合下列条件：一是产品属于国家采信的节能产品认证机构认证的节能产品，节能效果明显；二是产品生产批量较大，技术成熟，质量可靠；三是产品具有比较健全的供应体系和良好的售后服务能力；四是产品供应商符合政府采购法对政府采购供应商的条件要求。

在优先采购的节能产品中，实行强制采购的按照以下原则确定：一是产品具有通用性，适合集中采购，有较好的规模效益；二是产品节能效果突出，效益比较显著；三是产品供应商数量充足，一般不少于5家，确保产品具有充分的竞争性，采购人具有较大的选择空间。

财政部、发展改革委要根据上述要求，在近几年开展的优先采购节能产品工作的基础上，抓紧修订、公布新的节能产品政府采购清单，并组织好节能产品采购工作。

四、规范节能产品政府采购清单管理

节能产品政府采购清单是实施政府优先采购和强制采购的重要依据，财政部、发展改革委要建立健全制定、公布和调整机制，做到制度完备、范围明确、操作规范、方法科学，确保政府采购节能产品公开、公正、公平进行。要对节能产品政府采购清单实行动态管理，定期调整。建立健全专家咨询论证、社会公示制度。采购清单和调整方案正式公布前，要在中国政府采购网等指定的媒体上对社会公示，公示时间不少于 15 个工作日。对经公示确实不具备条件的产品，不列入采购清单。建立举报制度、奖惩制度，明确举报方式、受理机构和奖惩办法，接受社会监督。

五、加强组织领导和督促检查

各有关部门要按照职责分工，明确责任和任务，确保政府强制采购节能产品制度的贯彻落实。财政部、发展改革委要加强与有关部门的沟通协商，共同研究解决政策实施中的问题。要完善节能产品政府采购信息发布和数据统计工作，及时掌握采购工作进展情况。要加强对节能产品政府采购工作的指导，积极开展调查研究，多方听取意见，及时发现问题，研究提出对策。要督促进入优先采购和强制采购产品范围的生产企业建立健全质量保证体系，认真落实国家有关产品质量、标准、检验等要求，确保节能等性能和质量持续稳定。质检总局要加强对节能产品认证机构的监管，督促其认真履行职责，提高认证质量和水平。国家采信的节能产品认证机构和相关检测机构应当严格按照国家有关规定，客观公正地开展认证和检测工作，并对纳入政府优先采购和强制采购清单的节能产品实施有效的跟踪调查。对于不能持续符合认证要求的，认证机构应当暂停生产企业使用直至撤销认证证书，并及时报告财政部和国家发展改革委。

各级财政部门要切实加强对政府采购节能产品的监督检查，加大对违规采购行为的处罚力度。对未按强制采购规定采购节能产品的单位，财政部门要及时采取有效措施责令其改正。拒不改正的，属于采购单位责任的，财政部门要给予通报批评，并不得拨付采购资金；属于政府采购代理机构责任的，财政部门要依法追究相关单位和责任人员的责任。

二〇〇七年七月三十日

财政部　发改委关于调整公布第十一期节能产品政府采购清单的通知

财库［2012］9号

党中央有关部委，国务院各部委、各直属机构，全国人大常委会办公厅，全国政协办公厅，高法院，高检院，有关人民团体，各省、自治区、直辖市、计划单列市财政厅（局）、发展改革委（计委）、经贸委（经委），新疆生产建设兵团财务局、发展改革委、经委：

为了加大节能产品政府采购工作力度，根据《国务院办公厅关于建立政府强制采购节能产品制度的通知》（国办发［2007］51号）和财政部、发展改革委发布的《节能产品政府采购实施意见》（财库［2004］185号）的规定，我们对已发布的“节能产品政府采购清单”（以下简称节能清单）进行了调整。现将调整后的第十一期节能清单印发给你们，并将有关事项通知如下：

一、第十一期节能清单中的空调机、照明产品、电视机、电热水器、计算机、打印机、显示器、便器、水嘴等九类产品为政府强制采购节能产品（以“★”标注）。

二、相关企业应当保证节能清单所列型号/系列的产品在本期节能清单有效期内稳定供货，凡发生制造商及其代理商不接受参加政府采购活动邀请、列入节能清单的产品无法正常供货以及其他违反《承诺书》内容情形的，采购人及其他相关当事人应当及时将有关情况向财政部反映，财政部经核实，根据具体违规情形，对制造商做出列入不良供应商行为记录、暂停列入节能清单三个月至两年的处理，并在中华人民共和国财政部网站（http：//www.mof.gov.cn）、中国政府采购网（http：//www.ccgp.gov.cn/）、国家发展改革委网站（http：//hzs.ndrc.gov.cn/）和中国质量认证中心网站（http：//www.cqc.com.cn/）上公告。

三、第十一期节能清单自发布之日起执行。在此之后开展的政府采购活动，应当执行第十一期节能清单，不再执行此前公布的节能清单。未列入本期节能清单的产品不属于政府优先采购和强制采购的范围。凡违反上述规定的，财政部门将依照有关规定予以处理。

四、已经确定实施的政府集中采购协议供货产品涉及节能清单产品类别的，集中采购机构应当按照本期节能清单重新组织协议供货活动或进行调整。

五、政府采购工程项目应当严格执行节能产品政府优先采购和强制采购制度。在确定工程总包单位时，采购人及其委托的采购代理机构应当明确落实节能产品政府采购政策要求。

六、节能清单在中华人民共和国财政部网站、中国政府采购网、国家发展改革委网站和中国质量认证中心网站上发布，请各采购当事人到上述网站查阅、下载。

七、节能清单中产品的相关销售渠道和联系方式将在上述网站公布。

八、节能清单将于2012年7月再次调整并公布，财政部将会同国家发展改革委对2012年5月31日前取得节能认证证书的产品进行审核和公示。

请遵照执行。

附件：节能产品政府采购清单（第十一期）（略）

（包含节能产品政府采购清单（第十一期）、第十一期节能产品政府采购清单固定联络人名单）

二○一二年一月二十日

（二）环境标志产品管理

国务院关于加快发展循环经济的若干意见

国发［2005］22号

各省、自治区、直辖市人民政府，国务院各部委、各直属机构：

改革开放以来，我国在推动资源节约和综合利用，推行清洁生产方面，取得了积极成效。但是，传统的高消耗、高排放、低效率的粗放型增长方式仍未根本转变，资源利用率低，环境污染严重。同时，存在法规、政策不完善，体制、机制不健全，相关技术开发滞后等问题。本世纪头20年，我国将处于工业化和城镇化加速发展阶段，面临的资源和环境形势十分严峻。为抓住重要战略机遇期，实现全面建设小康社会的战略目标，必须大力发展循环经济，按照“减量化、再利用、资源化”原则，采取各种有效措施，以尽可能少的资源消耗和尽可能小的环境代价，取得最大的经济产出和最少的废物排放，实现经济、环境和社会效益相统一，建设资源节约型和环境友好型社会。为此，提出如下意见。

一、发展循环经济的指导思想、基本原则和主要目标

（一）指导思想。以邓小平理论和“三个代表”重要思想为指导，树立和落实科学发展观，以提高资源生产率和减少废物排放为目标，以技术创新和制度创新为动力，强化节约资源和保护环境意识，加强法制建设，完善政策措施，发挥市场机制作用，促进循环经济发展。

（二）基本原则。坚持走新型工业化道路，形成有利于节约资源、保护

环境的生产方式和消费方式；坚持推进经济结构调整，加快技术进步，加强监督管理，提高资源利用效率，减少废物的产生和排放；坚持以企业为主体，政府调控、市场引导、公众参与相结合，形成有利于促进循环经济发展的政策体系和社会氛围。

（三）发展目标。力争到2010年建立比较完善的发展循环经济法律法规体系、政策支持体系、体制与技术创新体系和激励约束机制。资源利用效率大幅度提高，废物最终处置量明显减少，建成大批符合循环经济发展要求的典型企业。推进绿色消费，完善再生资源回收利用体系。建设一批符合循环经济发展要求的工业（农业）园区和资源节约型、环境友好型城市。

（四）主要指标。力争到2010年，我国消耗每吨能源、铁矿石、有色金属、非金属矿等十五种重要资源产出的GDP比2003年提高25%左右；每万元GDP能耗下降18%以上。农业灌溉水平均有效利用系数提高到0.5，每万元工业增加值取水量下降到120立方米。矿产资源总回收率和共伴生矿综合利用率分别提高5个百分点。工业固体废物综合利用率提高到60%以上；再生铜、铝、铅占产量的比重分别达到35%、25%、30%，主要再生资源回收利用量提高65%以上。工业固体废物堆存和处置量控制在4.5亿吨左右；城市生活垃圾增长率控制在5%左右。（注：上述有关指标将根据“十一五”规划作相应调整）

二、发展循环经济的重点工作和重点环节

（五）重点工作。一是大力推进节约降耗，在生产、建设、流通和消费各领域节约资源，减少自然资源的消耗。二是全面推行清洁生产，从源头减少废物的产生，实现由末端治理向污染预防和生产全过程控制转变。三是大力开展资源综合利用，最大程度实现废物资源化和再生资源回收利用。四是大力发展环保产业，注重开发减量化、再利用和资源化技术与装备，为资源高效利用、循环利用和减少废物排放提供技术保障。

（六）重点环节。一是资源开采环节要统筹规划矿产资源开发，推广先进适用的开采技术、工艺和设备，提高采矿回采率、选矿和冶炼回收率，大力推进尾矿、废石综合利用，大力提高资源综合回收利用率。二是资源消耗环节要加强对冶金、有色、电力、煤炭、石化、化工、建材（筑）、轻工、纺织、农业等重点行业能源、原材料、水等资源消耗管理，努力降低消耗，提高资源利用率。三是废物产生环节要强化污染预防和全过程控制，推动不同行业合理延长产业链，加强对各类废物的循环利用，推进企业废物“零排放”；加快再生水利用设施建设以及城市垃圾、污泥减量化和资源化利

用，降低废物最终处置量。四是再生资源产生环节要大力回收和循环利用各种废旧资源，支持废旧机电产品再制造；建立垃圾分类收集和分选系统，不断完善再生资源回收利用体系。五是消费环节要大力倡导有利于节约资源和保护环境的消费方式，鼓励使用能效标识产品、节能节水认证产品和环境标志产品、绿色标志食品和有机标志食品，减少过度包装和一次性用品的使用。政府机构要实行绿色采购。

三、加强对循环经济发展的宏观指导

（七）把发展循环经济作为编制有关规划的重要指导原则。各级政府及有关部门要用循环经济理念指导编制“十一五”规划和各类区域规划、城市总体规划，以及矿产资源可持续利用、节能、节水、资源综合利用等专项规划，对资源消耗、节约、循环利用、废物排放和环境状况作出分析，明确目标、重点和政策措施。

（八）建立循环经济评价指标体系和统计核算制度。发展改革委要会同统计局、环保总局等有关部门加快研究建立循环经济评价指标体系，逐步纳入国民经济和社会发展计划，并建立循环经济的统计核算制度。地方各级人民政府有关部门要积极开展循环经济的统计核算，加强对循环经济主要指标的分析。

（九）制定和实施循环经济推进计划。地方各级人民政府要组织发展改革（经贸）、环境保护等有关部门，根据本地区实际，制定和实施循环经济发展的推进计划。国务院有关部门要研究制定矿产资源集约利用、能源和水资源节约利用、清洁生产，以及重点行业、重点领域发展循环经济的推进计划。

（十）加快经济结构调整和优化区域布局。加强宏观调控，遏制盲目投资、低水平重复建设，限制高耗能、高耗水、高污染产业的发展。大力发展高技术产业，加快用高新技术和先进适用技术改造传统产业，淘汰落后工艺、技术和设备，实现传统产业升级；推进企业重组，提高产业集中度和规模效益；大力发展集约化农业。发展改革委要抓紧制定《产业结构调整暂行规定》、《产业结构调整指导目录》以及加快服务业发展的指导意见，推进产业结构优化升级。同时，要根据资源环境条件和区域特点，用循环经济的发展理念指导区域发展、产业转型和老工业基地改造。开发区和重化工业集中地区，要按照循环经济要求进行规划、建设和改造，对进入的企业要提出土地、能源、水资源利用及废物排放综合控制要求，围绕核心资源发展相关产业，发挥产业集聚和工业生态效应，形成资源高效循环利用的产业链，提高资源产出效率。

四、加快循环经济技术开发和标准体系建设

（十一）加快循环经济技术开发。国务院有关部门和地方各级人民政府有关部门要加大科技投入，支持循环经济共性和关键技术的研究开发。积极引进和消化、吸收国外先进的循环经济技术，组织开发共伴生矿产资源和尾矿综合利用技术、能源节约和替代技术、能量梯级利用技术、废物综合利用技术、循环经济发展中延长产业链和相关产业链接技术、“零排放”技术、有毒有害原材料替代技术、可回收利用材料和回收处理技术、绿色再制造技术以及新能源和可再生能源开发利用技术等，提高循环经济技术支撑能力和创新能力。

（十二）抓紧制定循环经济技术政策。发展改革委要会同科技、环保等有关部门研究制定发展循环经济的技术政策、技术导向目录，以及国家鼓励发展的节能、节水、环保装备目录。支持引进国外发展循环经济的核心技术，加快新技术、新工艺、新设备的推广应用。

（十三）建立循环经济技术咨询服务体系。各地区、各部门要积极支持建立循环经济信息系统和技术咨询服务体系，及时向社会发布有关循环经济技术、管理和政策等方面的信息，开展信息咨询、技术推广、宣传培训等。充分发挥行业协会、节能技术服务中心、清洁生产中心等中介机构和科研单位、大专院校的作用。

（十四）制定和完善促进循环经济的标准体系。要加快制定高耗能、高耗水及高污染行业市场准入标准和合格评定制度，制定重点行业清洁生产评价指标体系和涉及循环经济的有关污染控制标准。加强节能、节水等资源节约标准化工作，完善主要用能设备及建筑能效标准、重点用水行业取水定额标准和主要耗能（水）行业节能（水）设计规范。建立和完善强制性产品能效标识、再利用品标识、节能建筑标识和环境标志制度，开展节能、节水、环保产品认证以及环境管理体系认证。

五、建立和完善促进循环经济发展的政策机制

（十五）加大对循环经济投资的支持力度。各级投资主管部门在制定和实施投资计划时，要加大对发展循环经济的支持。对发展循环经济的重大项目和技术开发、产业化示范项目，政府要给予直接投资或资金补助、贷款贴息等支持，并发挥政府投资对社会投资的引导作用。各类金融机构应对促进循环经济发展的重点项目给予金融支持。

（十六）利用价格杠杆促进循环经济发展。调整资源性产品与最终产品的比价关系，理顺自然资源价格，逐步建立能够反映资源性产品供求关系的价格机制。发展改革委要积极调整水、热、电、天然气等价格政策，促进资源的合理开发、节约使用、高效利用和有效保护。逐步提高水利工程供水价格；完善农业水费计收办法；调整城市供水价格，合理确定再生水价格，大力推进阶梯式水价、超计划、超定额用水加价制度。扩大峰谷电价和丰枯电价执行范围，拉大差价，在有条件的地区加快实行尖峰电价和季节电价；对高耗能行业中淘汰类、限制类项目，严格执行按国家产业政策制定的差别电价政策。加大供热体制和供热价格改革力度，逐步建立基本热价和计量热价共同构成的热价形成机制，实行差别热价和煤热联动政策。逐步理顺天然气与其他产品的比价关系，建立天然气价格与可替代能源价格挂钩的机制。地方各级人民政府价格主管部门要研究制定并落实各项促进循环经济发展的价格政策。

（十七）制定支持循环经济发展的财税和收费政策。财政部门要积极安排资金，支持发展循环经济的政策研究、技术推广、示范试点、宣传培训等，并会同有关部门积极落实清洁生产专项资金。各级财政和环保部门要安排排污资金，加大对企业符合循环经济要求的污染防治项目的投入力度。有关部门要加快研究建立促进节能、节水产品和节能环保型汽车、节能省地型建筑推广的鼓励政策。继续完善资源综合利用的税收优惠政策，调整和完善有利于促进再生资源回收利用的税收政策，加快建立大宗废旧资源回收处理收费制度。适时出台燃油税，完善消费税制。积极研究以资源量为基础的矿产资源补偿费征收办法，进一步扩大水资源费征收范围并适当提高征收标准，优先提高城市污水处理费征收标准，全面开征城市生活垃圾处理费。研究完善限制国内紧缺资源及高耗能产品出口的政策。在理顺现有收费和资金来源渠道的基础上，积极探索建立和完善企业生态环境恢复补偿机制。政府采购目录要优先考虑节能、节水和环保认证产品。

六、坚持依法推进循环经济发展

（十八）加强法规体系建设。要结合我国国情，加快研究建立和健全循环经济的法律法规体系。当前要抓紧制定节能、节水、资源综合利用等促进资源有效利用以及废旧家电、电子产品、废旧轮胎、建筑废物、包装废物、农业废物等资源化利用的法规和规章。研究建立生产者责任延伸制度，明确生产商、销售商、回收和使用单位以及消费者对废物回收、处理和再利用的法律义务。

（十九）加大依法监督管理的力度。各地区、各部门要认真贯彻落实《中华人民共和国节约能源法》、《中华人民共和国可再生能源法》、《中华人民共和国清洁生产促进法》、《中华人民共和国固体废物污染环境防治法》和《中华人民共和国环境影响评价法》等有关法律法规。依法加强对矿产资源集约利用、节能、节水、资源综合利用、再生资源回收利用的监督管理工作，引导企业树立经济与资源、环境协调发展的意识，建立健全资源节约管理制度。各级环境保护部门要将发展循环经济与环境保护工作紧密结合，严格执行环境影响评价和“三同时”制度，逐步实行排污许可证制度；严格控制污染物排放总量，加强对企业废物排放和处置的监督管理，降低排放强度；鼓励有条件的企业在自愿的基础上，开展环境管理体系认证。

（二十）依法推行清洁生产。认真实施《中华人民共和国清洁生产促进法》，加快企业清洁生产审核，积极实施清洁生产审核方案。对污染物排放超过国家和地方规定的标准或者总量控制指标的企业，以及使用有毒、有害原料进行生产或者在生产中排放有毒、有害物质的企业，要依法强制实施清洁生产审核，监督实施清洁生产方案。发展改革委、环保总局要在全国范围内组织开展创建清洁生产先进企业、环境友好企业活动，引导企业加快实施清洁生产。

七、加强对发展循环经济工作的组织和领导

（二十一）加强组织领导。各地区、各部门要从战略和全局的高度，充分认识发展循环经济的重大意义，增强紧迫性和责任感，结合本地区、本部门实际，抓紧制定具体的实施方案，采取切实有效措施，加快推进循环经济发展。发展改革委牵头，会同环保总局等有关部门建立健全推进循环经济发展的协调工作机制，做好组织协调和指导推动工作，及时解决推进循环经济发展中遇到的重大问题。有关部门要在各自的职责范围内积极落实各项政策措施，加快推动循环经济发展。地方各级人民政府要确定一位领导同志负责循环经济发展工作，明确有关部门的职责分工，做到层层有责任、逐级抓落实。

（二十二）开展循环经济示范试点。发展改革委要会同环保总局等有关部门和省级人民政府，在重点行业、重点领域、产业园区和城市组织开展循环经济试点工作，探索发展循环经济的有效模式。通过试点，提出发展循环经济的重大技术和项目领域，进一步完善促进再生资源循环利用、降低污染排放强度的政策措施，提出按循环经济模式规划、建设、改造工业园区以及建设资源节约型、环境友好型城市的思路，树立一批先进典型，为加快发展

循环经济提供示范。

（二十三）加强宣传教育和培训。各地区、各部门要动员社会各方面力量，大力开展形式多样的节约资源和保护环境的宣传活动，提高全社会对发展循环经济重大意义的认识，把节约资源、保护环境变成全体公民的自觉行为。要将树立资源节约和环境保护意识的相关内容编入教材，在中小学中开展国情教育、节约资源和保护环境的教育。要组织开展相关管理和技术人员的知识培训，增强意识，掌握相关知识和技能。编写消费行为导则和资源节约公约，引导合理消费，规范消费行为，开展多种形式的实践活动，逐步形成节约资源、保护环境的消费方式。

发展改革委要会同环保总局等有关部门，对各地推进循环经济发展的情况进行监督检查，重要情况要及时向国务院报告。

国务院

二〇〇五年七月二日

国务院关于落实科学发展观加强环境保护的决定

国发［2005］39 号

各省、自治区、直辖市人民政府，国务院各部委、各直属机构：

为全面落实科学发展观，加快构建社会主义和谐社会，实现全面建设小康社会的奋斗目标，必须把环境保护摆在更加重要的战略位置。现作出如下决定：

一、充分认识做好环境保护工作的重要意义

（一）环境保护工作取得积极进展。党中央、国务院高度重视环境保护，采取了一系列重大政策措施，各地区、各部门不断加大环境保护工作力度，在国民经济快速增长、人民群众消费水平显著提高的情况下，全国环境质量基本稳定，部分城市和地区环境质量有所改善，多数主要污染物排放总量得到控制，工业产品的污染排放强度下降，重点流域、区域环境治理不断推进，生态保护和治理得到加强，核与辐射监管体系进一步完善，全社会的环境意识和人民群众的参与度明显提高，我国认真履行国际环境公约，树立了良好的国际形象。

（二）环境形势依然十分严峻。我国环境保护虽然取得了积极进展，但环境形势严峻的状况仍然没有改变。主要污染物排放量超过环境承载能力，流经城市的河段普遍受到污染，许多城市空气污染严重，酸雨污染加重，持久性有机污染物的危害开始显现，土壤污染面积扩大，近岸海域污染加剧，核与辐射环境安全存在隐患。生态破坏严重，水土流失量大面广，石漠化、草原退化加剧，生物多样性减少，生态系统功能退化。发达国家上百年工业化过程中分阶段出现的环境问题，在我国近 20 多年来集中出现，呈现结构型、复合型、压缩型的特点。环境污染和生态破坏造成了巨大经济损失，危害群众健康，影响社会稳定和环境安全。未来 15 年我国人口将继续增加，经济总量将再翻两番，资源、能源消耗持续增长，环境保护面临的压力越来越大。

（三）环境保护的法规、制度、工作与任务要求不相适应。目前一些地

方重 GDP 增长、轻环境保护。环境保护法制不够健全，环境立法未能完全适应形势需要，有法不依、执法不严现象较为突出。环境保护机制不完善，投入不足，历史欠账多，污染治理进程缓慢，市场化程度偏低。环境管理体制未完全理顺，环境管理效率有待提高。监管能力薄弱，国家环境监测、信息、科技、宣教和综合评估能力不足，部分领导干部环境保护意识和公众参与水平有待增强。

（四）把环境保护摆上更加重要的战略位置。加强环境保护是落实科学发展观的重要举措，是全面建设小康社会的内在要求，是坚持执政为民、提高执政能力的实际行动，是构建社会主义和谐社会的有力保障。加强环境保护，有利于促进经济结构调整和增长方式转变，实现更快更好地发展；有利于带动环保和相关产业发展，培育新的经济增长点和增加就业；有利于提高全社会的环境意识和道德素质，促进社会主义精神文明建设；有利于保障人民群众身体健康，提高生活质量和延长人均寿命；有利于维护中华民族的长远利益，为子孙后代留下良好的生存和发展空间。因此，必须用科学发展观统领环境保护工作，痛下决心解决环境问题。

二、用科学发展观统领环境保护工作

（五）指导思想。以邓小平理论和“三个代表”重要思想为指导，认真贯彻党的十六届五中全会精神，按照全面落实科学发展观、构建社会主义和谐社会的要求，坚持环境保护基本国策，在发展中解决环境问题。积极推进经济结构调整和经济增长方式的根本性转变，切实改变“先污染后治理、边治理边破坏”的状况，依靠科技进步，发展循环经济，倡导生态文明，强化环境法治，完善监管体制，建立长效机制，建设资源节约型和环境友好型社会，努力让人民群众喝上干净的水、呼吸清洁的空气、吃上放心的食物，在良好的环境中生产生活。

（六）基本原则。

——协调发展，互惠共赢。正确处理环境保护与经济发展和社会进步的关系，在发展中落实保护，在保护中促进发展，坚持节约发展、安全发展、清洁发展，实现可持续的科学发展。

——强化法治，综合治理。坚持依法行政，不断完善环境法律法规，严格环境执法；坚持环境保护与发展综合决策，科学规划，突出预防为主的方针，从源头防治污染和生态破坏，综合运用法律、经济、技术和必要的行政手段解决环境问题。

——不欠新账，多还旧账。严格控制污染物排放总量；所有新建、扩建和改建项目必须符合环保要求，做到增产不增污，努力实现增产减污；积极解决历史遗留的环境问题。

——依靠科技，创新机制。大力发展环境科学技术，以技术创新促进环境问题的解决；建立政府、企业、社会多元化投入机制和部分污染治理设施市场化运营机制，完善环保制度，健全统一、协调、高效的环境监管体制。

——分类指导，突出重点。因地制宜，分区规划，统筹城乡发展，分阶段解决制约经济发展和群众反映强烈的环境问题，改善重点流域、区域、海域、城市的环境质量。

（七）环境目标。到2010年，重点地区和城市的环境质量得到改善，生态环境恶化趋势基本遏制。主要污染物的排放总量得到有效控制，重点行业污染物排放强度明显下降，重点城市空气质量、城市集中饮用水水源和农村饮水水质、全国地表水水质和近岸海域海水水质有所好转，草原退化趋势有所控制，水土流失治理和生态修复面积有所增加，矿山环境明显改善，地下水超采及污染趋势减缓，重点生态功能保护区、自然保护区等的生态功能基本稳定，村镇环境质量有所改善，确保核与辐射环境安全。

到2020年，环境质量和生态状况明显改善。

三、经济社会发展必须与环境保护相协调

（八）促进地区经济与环境协调发展。各地区要根据资源禀赋、环境容量、生态状况、人口数量以及国家发展规划和产业政策，明确不同区域的功能定位和发展方向，将区域经济规划和环境保护目标有机结合起来。在环境容量有限、自然资源供给不足而经济相对发达的地区实行优化开发，坚持环境优先，大力发展高新技术，优化产业结构，加快产业和产品的升级换代，同时率先完成排污总量削减任务，做到增产减污。在环境仍有一定容量、资源较为丰富、发展潜力较大的地区实行重点开发，加快基础设施建设，科学合理利用环境承载能力，推进工业化和城镇化，同时严格控制污染物排放总量，做到增产不增污。在生态环境脆弱的地区和重要生态功能保护区实行限制开发，在坚持保护优先的前提下，合理选择发展方向，发展特色优势产业，确保生态功能的恢复与保育，逐步恢复生态平衡。在自然保护区和具有特殊保护价值的地区实行禁止开发，依法实施保护，严禁不符合规定的任何开发活动。要认真做好生态功能区划工作，确定不同地区的主导功能，形成各具特色的发展格局。必须依照国家规定对各类开发建设规划进行环境影响评价。对环境有重大影响的决策，应当进行环境影响论证。

（九）大力发展循环经济。各地区、各部门要把发展循环经济作为编制

各项发展规划的重要指导原则，制订和实施循环经济推进计划，加快制定促进发展循环经济的政策、相关标准和评价体系，加强技术开发和创新体系建设。要按照“减量化、再利用、资源化”的原则，根据生态环境的要求，进行产品和工业区的设计与改造，促进循环经济的发展。在生产环节，要严格排放强度准入，鼓励节能降耗，实行清洁生产并依法强制审核；在废物产生环节，要强化污染预防和全过程控制，实行生产者责任延伸，合理延长产业链，强化对各类废物的循环利用；在消费环节，要大力倡导环境友好的消费方式，实行环境标识、环境认证和政府绿色采购制度，完善再生资源回收利用体系。大力推行建筑节能，发展绿色建筑。推进污水再生利用和垃圾处理与资源化回收，建设节水型城市。推动生态省（市、县）、环境保护模范城市、环境友好企业和绿色社区、绿色学校等创建活动。

（十）积极发展环保产业。要加快环保产业的国产化、标准化、现代化产业体系建设。加强政策扶持和市场监管，按照市场经济规律，打破地方和行业保护，促进公平竞争，鼓励社会资本参与环保产业的发展。重点发展具有自主知识产权的重要环保技术装备和基础装备，在立足自主研发的基础上，通过引进消化吸收，努力掌握环保核心技术和关键技术。大力提高环保装备制造企业的自主创新能力，推进重大环保技术装备的自主制造。培育一批拥有著名品牌、核心技术能力强、市场占有率高、能够提供较多就业机会的优势环保企业。加快发展环保服务业，推进环境咨询市场化，充分发挥行业协会等中介组织的作用。

四、切实解决突出的环境问题

（十一）以饮水安全和重点流域治理为重点，加强水污染防治。要科学划定和调整饮用水水源保护区，切实加强饮用水水源保护，建设好城市备用水源，解决好农村饮水安全问题。坚决取缔水源保护区内的直接排污口，严防养殖业污染水源，禁止有毒有害物质进入饮用水水源保护区，强化水污染事故的预防和应急处理，确保群众饮水安全。把淮河、海河、辽河、松花江、三峡水库库区及上游，黄河小浪底水库库区及上游，南水北调水源地及沿线，太湖、滇池、巢湖作为流域水污染治理的重点。把渤海等重点海域和河口地区作为海洋环保工作重点。严禁直接向江河湖海排放超标的工业污水。

（十二）以强化污染防治为重点，加强城市环境保护。要加强城市基础设施建设，到2010年，全国设市城市污水处理率不低于70%，生活垃圾无害化处理率不低于60%；着力解决颗粒物、噪声和餐饮业污染，鼓励发展节能环保型汽车。对污染企业搬迁后的原址进行土壤风险评估和修复。城市建设应注重自然和生态条件，尽可能保留天然林草、河湖水系、滩涂湿地、自然地貌及野生动物等自然遗产，努力维护城市生态平衡。

（十三）以降低二氧化硫排放总量为重点，推进大气污染防治。加快原煤洗选步伐，降低商品煤含硫量。加强燃煤电厂二氧化硫治理，新（扩）建燃煤电厂除燃用特低硫煤的坑口电厂外，必须同步建设脱硫设施或者采取其他降低二氧化硫排放量的措施。在大中城市及其近郊，严格控制新（扩）建除热电联产外的燃煤电厂，禁止新（扩）建钢铁、冶炼等高耗能企业。2004 年年底前投运的二氧化硫排放超标的燃煤电厂，应在 2010 年底前安装脱硫设施；要根据环境状况，确定不同区域的脱硫目标，制订并实施酸雨和二氧化硫污染防治规划。对投产 20 年以上或装机容量 10 万千瓦以下的电厂，限期改造或者关停。制订燃煤电厂氮氧化物治理规划，开展试点示范。加大烟尘、粉尘治理力度。采取节能措施，提高能源利用效率；大力发展风能、太阳能、地热、生物质能等新能源，积极发展核电，有序开发水能，提高清洁能源比重，减少大气污染物排放。

（十四）以防治土壤污染为重点，加强农村环境保护。结合社会主义新农村建设，实施农村小康环保行动计划。开展全国土壤污染状况调查和超标耕地综合治理，污染严重且难以修复的耕地应依法调整；合理使用农药、化肥，防治农用薄膜对耕地的污染；积极发展节水农业与生态农业，加大规模化养殖业污染治理力度。推进农村改水、改厕工作，搞好作物秸秆等资源化利用，积极发展农村沼气，妥善处理生活垃圾和污水，解决农村环境“脏、乱、差”问题，创建环境优美乡镇、文明生态村。发展县域经济要选择适合本地区资源优势和环境容量的特色产业，防止污染向农村转移。

（十五）以促进人与自然和谐为重点，强化生态保护。坚持生态保护与治理并重，重点控制不合理的资源开发活动。优先保护天然植被，坚持因地制宜，重视自然恢复；继续实施天然林保护、天然草原植被恢复、退耕还林、退牧还草、退田还湖、防沙治沙、水土保持和防治石漠化等生态治理工程；严格控制土地退化和草原沙化。经济社会发展要与水资源条件相适应，统筹生活、生产和生态用水，建设节水型社会；发展适应抗灾要求的避灾经济；水资源开发利用活动，要充分考虑生态用水。加强生态功能保护区和自然保护区的建设与管理。加强矿产资源和旅游开发的环境监管。做好红树林、滨海湿地、珊瑚礁、海岛等海洋、海岸带典型生态系统的保护工作。

（十六）以核设施和放射源监管为重点，确保核与辐射环境安全。全面加强核安全与辐射环境管理，国家对核设施的环境保护实行统一监管。核电发展的规划和建设要充分考虑核安全、环境安全和废物处理处置等问题；加强在建和在役核设施的安全监管，加快核设施退役和放射性废物处理处置步伐；加强电磁辐射和伴生放射性矿产资源开发的环境监督管理；健全放射源安全监管体系。

（十七）以实施国家环保工程为重点，推动解决当前突出的环境问题。国家环保重点工程是解决环境问题的重要举措，从“十一五”开始，要将国家重点环保工程纳入国民经济和社会发展规划及有关专项规划，认真组织落实。国家重点环保工程包括：危险废物处置工程、城市污水处理工程、垃圾无害化处理工程、燃煤电厂脱硫工程、重要生态功能保护区和自然保护区建设工程、农村小康环保行动工程、核与辐射环境安全工程、环境管理能力建设工程。

五、建立和完善环境保护的长效机制

（十八）健全环境法规和标准体系。要抓紧拟订有关土壤污染、化学物质污染、生态保护、遗传资源、生物安全、臭氧层保护、核安全、循环经济、环境损害赔偿和环境监测等方面的法律法规草案，配合做好《中华人民共和国环境保护法》的修改工作。通过认真评估环境立法和各地执法情况，完善环境法律法规，作出加大对违法行为处罚的规定，重点解决“违法成本低、守法成本高”的问题。完善环境技术规范和标准体系，科学确定环境基准，努力使环境标准与环保目标相衔接。

（十九）严格执行环境法律法规。要强化依法行政意识，加大环境执法力度，对不执行环境影响评价、违反建设项目环境保护设施“三同时”制度（同时设计、同时施工、同时投产使用）、不正常运转治理设施、超标排污、不遵守排污许可证规定、造成重大环境污染事故，在自然保护区内违法开发建设和开展旅游或者违规采矿造成生态破坏等违法行为，予以重点查处。加大对各类工业开发区的环境监管力度，对达不到环境质量要求的，要限期整改。加强部门协调，完善联合执法机制。规范环境执法行为，实行执法责任追究制，加强对环境执法活动的行政监察。完善对污染受害者的法律援助机制，研究建立环境民事和行政公诉制度。

（二十）完善环境管理体制。按照区域生态系统管理方式，逐步理顺部门职责分工，增强环境监管的协调性、整体性。建立健全国家监察、地方监管、单位负责的环境监管体制。国家加强对地方环保工作的指导、支持和监督，健全区域环境督查派出机构，协调跨省域环境保护，督促检查突出的环境问题。地方人民政府对本行政区域环境质量负责，监督下一级人民政府的环保工作和重点单位的环境行为，并建立相应的环保监管机制。法人和其他组织负责解决所辖范围有关的环境问题。建立企业环境监督员制度，实行职业资格管理。县级以上地方人民政府要加强环保机构建设，落实职能、编制和经费。进一步总结和探索设区城市环保派出机构监管模式，完善地方环境管理体制。各级环保部门要严格执行各项环境监管制度，责令严重污染单位限期治理和停产整治，负责召集有关部门专家和代表提出开发建设规划环境影响评价的审查意见。完善环境犯罪案件的移送程序，配合司法机关办理各类环境案件。

（二十一）加强环境监管制度。要实施污染物总量控制制度，将总量控制指标逐级分解到地方各级人民政府并落实到排污单位。推行排污许可证制度，禁止无证或超总量排污。严格执行环境影响评价和“三同时”制度，对超过污染物总量控制指标、生态破坏严重或者尚未完成生态恢复任务的地区，暂停审批新增污染物排放总量和对生态有较大影响的建设项目；建设项目未履行环评审批程序即擅自开工建设或者擅自投产的，责令其停建或者停产，补办环评手续，并追究有关人员的责任。对生态治理工程实行充分论证和后评估。要结合经济结构调整，完善强制淘汰制度，根据国家产业政策，及时制订和调整强制淘汰污染严重的企业和落后的生产能力、工艺、设备与产品目录。强化限期治理制度，对不能稳定达标或超总量的排污单位实行限期治理，治理期间应予限产、限排，并不得建设增加污染物排放总量的项目；逾期未完成治理任务的，责令其停产整治。完善环境监察制度，强化现场执法检查。严格执行突发环境事件应急预案，地方各级人民政府要按照有关规定全面负责突发环境事件应急处置工作，环保总局及国务院相关部门根据情况给予协调支援。建立跨省界河流断面水质考核制度，省级人民政府应当确保出境水质达到考核目标。国家加强跨省界环境执法及污染纠纷的协调，上游省份排污对下游省份造成污染事故的，上游省级人民政府应当承担赔付补偿责任，并依法追究相关单位和人员的责任。赔付补偿的具体办法由环保总局会同有关部门拟定。

（二十二）完善环境保护投入机制。创造良好的生态环境是各级人民政府的重要职责，各级人民政府要将环保投入列入本级财政支出的重点内容并逐年增加。要加大对污染防治、生态保护、环保试点示范和环保监管能力建设的资金投入。当前，地方政府投入重点解决污水管网和生活垃圾收运设施的配套和完善，国家继续安排投资予以支持。各级人民政府要严格执行国家定员定额标准，确保环保行政管理、监察、监测、信息、宣教等行政和事业经费支出，切实解决“收支两条线”问题。要引导社会资金参与城乡环境保护基础设施和有关工作的投入，完善政府、企业、社会多元化环保投融资机制。

（二十三）推行有利于环境保护的经济政策。建立健全有利于环境保护的价格、税收、信贷、贸易、土地和政府采购等政策体系。政府定价要充分考虑资源的稀缺性和环境成本，对市场调节的价格也要进行有利于环保的指导和监管。对可再生能源发电厂和垃圾焚烧发电厂实行有利于发展的电价政策，对可再生能源发电项目的上网电量实行全额收购政策。对不符合国家产业政策和环保标准的企业，不得审批用地，并停止信贷，不予办理工商登记或者依法取缔。对通过境内非营利社会团体、国家机关向环保事业的捐赠依法给予税收优惠。要完善生态补偿政策，尽快建立生态补偿机制。中央和地方财政转移支付应考虑生态补偿因素，国家和地方可分别开展生态补偿试点。建立遗传资源惠益共享机制。

（二十四）运用市场机制推进污染治理。全面实施城市污水、生活垃圾处理收费制度，收费标准要达到保本微利水平，凡收费不到位的地方，当地财政要对运营成本给予补助。鼓励社会资本参与污水、垃圾处理等基础设施的建设和运营。推动城市污水和垃圾处理单位加快转制改企，采用公开招标方式，择优选择投资主体和经营单位，实行特许经营，并强化监管。对污染处理设施建设运营的用地、用电、设备折旧等实行扶持政策，并给予税收优惠。生产者要依法负责或委托他人回收和处置废弃产品，并承担费用。推行污染治理工程的设计、施工和运营一体化模式，鼓励排污单位委托专业化公司承担污染治理或设施运营。有条件的地区和单位可实行二氧化硫等排污权交易。

（二十五）推动环境科技进步。强化环保科技基础平台建设，将重大环保科研项目优先列入国家科技计划。开展环保战略、标准、环境与健康等研究，鼓励对水体、大气、土壤、噪声、固体废物、农业面源等污染防治，以及生态保护、资源循环利用、饮水安全、核安全等领域的研究，组织对污水深度处理、燃煤电厂脱硫脱硝、洁净煤、汽车尾气净化等重点难点技术的攻关，加快高新技术在环保领域的应用。积极开展技术示范和成果推广，提高自主创新能力。

（二十六）加强环保队伍和能力建设。健全环境监察、监测和应急体系。规范环保人员管理，强化培训，提高素质，建设一支思想好、作风正、懂业务、会管理的环保队伍。各级人民政府要选派政治觉悟高、业务素质强的领导干部充实环保部门。下级环保部门负责人的任免，应当事先征求上级环保部门的意见。按照政府机构改革与事业单位改革的总体思路和有关要求，研究解决环境执法人员纳入公务员序列问题。要完善环境监测网络，建设“金环工程”，实现“数字环保”，加快环境与核安全信息系统建设，实行信息资源共享机制。建立环境事故应急监控和重大环境突发事件预警体系。

（二十七）健全社会监督机制。实行环境质量公告制度，定期公布各省（区、市）有关环境保护指标，发布城市空气质量、城市噪声、饮用水水源水质、流域水质、近岸海域水质和生态状况评价等环境信息，及时发布污染事故信息，为公众参与创造条件。公布环境质量不达标的城市，并实行投资环境风险预警机制。发挥社会团体的作用，鼓励检举和揭发各种环境违法行为，推动环境公益诉讼。企业要公开环境信息。对涉及公众环境权益的发展规划和建设项目，通过听证会、论证会或社会公示等形式，听取公众意见，强化社会监督。

（二十八）扩大国际环境合作与交流。要积极引进国外资金、先进环保技术与管理经验，提高我国环保的技术、装备和管理水平。积极宣传我国环保工作的成绩和举措，参与气候变化、生物多样性保护、荒漠化防治、湿地保护、臭氧层保护、持久性有机污染物控制、核安全等国际公约和有关贸易与环境的谈判，履行相应的国际义务，维护国家环境与发展权益。努力控制温室气体排放，加快消耗臭氧层物质的淘汰进程。要完善对外贸易产品的环境标准，建立环境风险评估机制和进口货物的有害物质监控体系，既要合理引进可利用再生资源和物种资源，又要严格防范污染转入、废物非法进口、有害外来物种入侵和遗传资源流失。

六、加强对环境保护工作的领导

（二十九）落实环境保护领导责任制。地方各级人民政府要把思想统一到科学发展观上来，充分认识保护环境就是保护生产力，改善环境就是发展生产力，增强环境忧患意识和做好环保工作的责任意识，抓住制约环境保护的难点问题和影响群众健康的重点问题，一抓到底，抓出成效。地方人民政府主要领导和有关部门主要负责人是本行政区域和本系统环境保护的第一责任人，政府和部门都要有一位领导分管环保工作，确保认识到位、责任到位、措施到位、投入到位。地方人民政府要定期听取汇报，研究部署环保工作，制订并组织实施环保规划，检查落实情况，及时解决问题，确保实现环境目标。各级人民政府要向同级人大、政协报告或通报环保工作，并接受监督。

（三十）科学评价发展与环境保护成果。研究绿色国民经济核算方法，将发展过程中的资源消耗、环境损失和环境效益逐步纳入经济发展的评价体系。要把环境保护纳入领导班子和领导干部考核的重要内容，并将考核情况作为干部选拔任用和奖惩的依据之一。坚持和完善地方各级人民政府环境目标责任制，对环境保护主要任务和指标实行年度目标管理，定期进行考核，并公布考核结果。评优创先活动要实行环保一票否决。对环保工作作出突出贡献的单位和个人应给予表彰和奖励。建立问责制，切实解决地方保护主义干预环境执法的问题。对因决策失误造成重大环境事故、严重干扰正常环境执法的领导干部和公职人员，要追究责任。

（三十一）深入开展环境保护宣传教育。保护环境是全民族的事业，环境宣传教育是实现国家环境保护意志的重要方式。要加大环境保护基本国策和环境法制的宣传力度，弘扬环境文化，倡导生态文明，以环境补偿促进社会公平，以生态平衡推进社会和谐，以环境文化丰富精神文明。新闻媒体要大力宣传科学发展观对环境保护的内在要求，把环保公益宣传作为重要任务，及时报道党和国家环保政策措施，宣传环保工作中的新进展新经验，努力营造节约资源和保护环境的舆论氛围。各级干部培训机构要加强对领导干部、重点企业负责人的环保培训。加强环保人才培养，强化青少年环境教育，开展全民环保科普活动，提高全民保护环境的自觉性。

（三十二）健全环境保护协调机制。建立环境保护综合决策机制，完善环保部门统一监督管理、有关部门分工负责的环境保护协调机制，充分发挥全国环境保护部际联席会议的作用。国务院环境保护行政主管部门是环境保护的执法主体，要会同有关部门健全国家环境监测网络，规范环境信息的发布。抓紧编制全国生态功能区划并报国务院批准实施。经济综合和有关主管部门要制定有利于环境保护的财政、税收、金融、价格、贸易、科技等政策。建设、国土、水利、农业、林业、海洋等有关部门要依法做好各自领域的环境保护和资源管理工作。宣传教育部门要积极开展环保宣传教育，普及环保知识。充分发挥人民解放军在环境保护方面的重要作用。

各省、自治区、直辖市人民政府和国务院各有关部门要按照本决定的精神，制订措施，抓好落实。环保总局要会同监察部监督检查本决定的贯彻执行情况，每年向国务院作出报告。

二〇〇五年十二月三日

财政部　环保总局关于环境标志产品政府采购实施的意见

财库［2006］90 号

党中央有关部委，国务院各部委、各直属机构，全国人大常委会办公厅，全国政协办公厅，高法院，高检院，有关人民团体，各省、自治区、直辖市、计划单列市财政厅（局）、环保局（厅），新疆生产建设兵团财务局：

为贯彻落实《国务院关于加快发展循环经济的若干意见》（国发［2005］22 号），积极推进环境友好型社会建设，发挥政府采购的环境保护政策功能，根据《中华人民共和国政府采购法》和《中华人民共和国环境保护法》，现就推行环境标志产品政府采购提出如下意见。

一、采购环境标志产品对于树立政府环保形象，提高全社会的环保意识，推动企业环保技术进步，保护环境和人体健康，节约能源，促进资源循环利用，实现经济社会可持续发展，具有十分重要的意义。各地区、各部门要高度重视，加强组织管理和监督，确保环境标志产品政府采购工作落到实处。

二、各级国家机关、事业单位和团体组织（以下统称采购人）用财政性资金进行采购的，要优先采购环境标志产品，不得采购危害环境及人体健康的产品。

三、财政部、国家环境保护总局综合考虑政府采购改革进展和环境标志产品技术及市场成熟等情况，从国家认可的环境标志产品认证机构认证的环境标志产品中，以“环境标志产品政府采购清单”（以下简称清单）的形式，按类别确定优先采购的范围。

财政部、国家环境保护总局将适时调整清单，并以文件形式公布。

四、中国政府采购网（http：//www. ccgp. gov. cn/）、国家环境保护总局网（http：//www. sepa. gov. cn/）、中国绿色采购网（http：//www. cgpn. cn/）为清单的公告媒体。为确保上述信息的准确性，未经财政部、国家环境保护总局允许，不得转载。

五、清单中的产品有效时间以中国环境标志产品认证证书有效截止日期为准，超过认证证书有效截止日期的自动失效。

六、采购人采购的产品属于清单中品目的，在性能、技术、服务等指标同等条件下，应当优先采购清单中的产品。

七、在政府采购活动中，采购人或其委托的采购代理机构应当在政府采购招标文件（含谈判文件、询价文件）中载明对产品（含建材）的环保要求、合格供应商和产品的条件，以及优先采购的评审标准。

八、采购人或其委托的采购代理机构未按上述要求采购的，有关部门要按照相关法律、法规和规章予以处理，财政部门视情况可以拒付采购资金。

九、本意见采取积极稳妥、分步实施的办法，逐步扩大到全国范围。2007 年 1 月 1 日起在中央和省级（含计划单列市）预算单位实行，2008 年 1 月 1 日起全面实行。

附件：环境标志产品政府采购清单（略）

二〇〇六年十月二十四日

财政部　环境保护部关于调整公布第九期环境标志产品政府采购清单的通知

财库［2012］8号

党中央有关部委，国务院各部委、各直属机构，全国人大常委会办公厅，全国政协办公厅，高法院，高检院，有关人民团体，各省、自治区、直辖市、计划单列市财政厅（局）、环保局（厅），新疆生产建设兵团财务局、环保局：

为加大环境标志产品政府采购工作力度，我们对已发布的“环境标志产品政府采购清单”（以下简称环保清单）进行了调整。现将调整后的第九期环保清单印发给你们，并将有关事项通知如下：

一、采购人购买的产品属于政府强制采购节能产品范围的，应当按照《国务院办公厅关于建立政府强制采购节能产品制度的通知》（国办发［2007］51号）和财政部、发展改革委公布的第十一期“节能产品政府采购清单”，在强制采购节能产品范围内购买。对于同时列入环保清单和“节能产品政府采购清单”的产品，应当优先于只获得其中一项认证的产品。

二、相关企业应当保证环保清单所列型号的产品在本期环保清单有效期内稳定供货，凡发生制造商及其代理商不接受参加政府采购活动邀请、列入环保清单的产品无法正常供货以及其他违反《承诺书》内容情形的，采购人及其他相关当事人应当及时将有关情况向财政部反映，财政部经核实，根据具体违规情形，对制造商作出列入不良供应商行为记录、暂停列入环保清单三个月至两年的处理，并在中华人民共和国财政部网站（http：//www. mof. gov. cn）、中国政府采购网（http：//www. ccgp. gov. cn/）、中华人民共和国环境保护部网站（http：//www. zhb. gov. cn）、中国绿色采购网（http：//www. cgpn. org/）上公告。

三、第九期环保清单自发布之日起执行。在此之后开展的政府采购活动，应当执行第九期环保清单，不再执行此前公布的环保清单。未列入本期环保清单的产品不属于政府优先采购的环境标志产品范围。凡违反上述规定的，财政部门将依照有关规定予以处理。

四、政府采购工程项目应当严格执行环境标志产品政府优先采购制度。在确定工程总包单位时，采购人及其委托的采购代理机构应当明确落实环境标志产品政府采购政策要求。

五、环保清单在中华人民共和国财政部网站、中国政府采购网、中华人民共和国环境保护部网站、中国绿色采购网上发布，请各采购当事人到上述网站查阅、下载。

六、环保清单中产品的相关销售渠道和联系方式将在上述网站公布。

七、环保清单将于2012年7月再次调整并公布，财政部将会同环境保护部对2012年5月31日前取得环境标志认证证书的产品进行审核和公示。

请遵照执行。

附件：环境标志产品政府采购清单（第九期）（略）

（包含环境标志产品政府采购清单（第九期）、环境标志产品政府采购清单销售联系表（第九期））

二〇一二年一月十九日

（三）进口产品管理

财政部关于印发《政府采购进口产品管理办法》的通知

财库［2007］119号

党中央有关部门，国务院各部委、各直属机构，全国人大常委会办公厅，全国政协办公厅，高法院，高检院，有关人民团体，各省、自治区、直辖市、计划单列市财政厅（局），新疆生产建设兵团财务局，各集中采购机构：

为了贯彻落实《国务院关于实施〈国家中长期科学和技术发展规划纲要（2006—2020年）〉若干配套政策的通知》（国发［2006］6号），推动和促进自主创新政府采购政策的实施，规范进口产品政府采购行为，根据《中华人民共和国政府采购法》和有关法律法规，财政部制定了《政府采购进口产品管理办法》。现印发给你们，请遵照执行。

附件：政府采购进口产品管理办法

二〇〇七年十二月二十七日

附件：

政府采购进口产品管理办法

第一章 总 则

第一条 为了贯彻落实《国务院关于实施〈国家中长期科学和技术发展规划纲要（2006—2020 年）〉若干配套政策的通知》（国发［2006］6 号），推动和促进自主创新政府采购政策的实施，规范进口产品政府采购行为，根据《中华人民共和国政府采购法》等法律法规规定，制定本办法。

第二条 国家机关、事业单位和团体组织（以下统称采购人）使用财政性资金以直接进口或委托方式采购进口产品（包括已进入中国境内的进口产品）的活动，适用本办法。

第三条 本办法所称进口产品是指通过中国海关报关验放进入中国境内且产自关境外的产品。

第四条 政府采购应当采购本国产品，确需采购进口产品的，实行审核管理。

第五条 采购人采购进口产品时，应当坚持有利于本国企业自主创新或消化吸收核心技术的原则，优先购买向我方转让技术、提供培训服务及其他补偿贸易措施的产品。

第六条 设区的市、自治州以上人民政府财政部门（以下简称为财政部门）应当依法开展政府采购进口产品审核活动，并实施监督管理。

第二章 审核管理

第七条 采购人需要采购的产品在中国境内无法获取或者无法以合理的商业条件获取，以及法律法规另有规定确需采购进口产品的，应当在获得财政部门核准后，依法开展政府采购活动。

第八条 采购人报财政部门审核时，应当出具以下材料：

（一）《政府采购进口产品申请表》（详见附 1）；

（二）关于鼓励进口产品的国家法律法规政策文件复印件；

（三）进口产品所属行业的设区的市、自治州以上主管部门出具的《政府采购进口产品所属行业主管部门意见》（详见附 2）；

（四）专家组出具的《政府采购进口产品专家论证意见》（详见附3）。

第九条 采购人拟采购的进口产品属于国家法律法规政策明确规定鼓励进口产品的，在报财政部门审核时，应当出具第八条第（一）款、第（二）款材料。

第十条 采购人拟采购的进口产品属于国家法律法规政策明确规定限制进口产品的，在报财政部门审核时，应当出具第八条第（一）款、第（三）款和第（四）款材料。

采购人拟采购国家限制进口的重大技术装备和重大产业技术的，应当出具发展改革委的意见。采购人拟采购国家限制进口的重大科学仪器和装备的，应当出具科技部的意见。

第十一条 采购人拟采购其他进口产品的，在报财政部门审核时，应当出具第八条第（一）款材料，并同时出具第（三）款或者第（四）款材料。

第十二条 本办法所称专家组应当由五人以上的单数组成，其中，必须包括一名法律专家，产品技术专家应当为非本单位并熟悉该产品的专家。

采购人代表不得作为专家组成员参与论证。

第十三条 参与论证的专家不得作为采购评审专家参与同一项目的采购评审工作。

第三章 采购管理

第十四条 政府采购进口产品应当以公开招标为主要方式。因特殊情况需要采用公开招标以外的采购方式的，按照政府采购有关规定执行。

第十五条 采购人及其委托的采购代理机构在采购进口产品的采购文件中应当载明优先采购向我国企业转让技术、与我国企业签订消化吸收再创新方案的供应商的进口产品。

第十六条 采购人因产品的一致性或者服务配套要求，需要继续从原供应商处添购原有采购项目的，不需要重新审核，但添购资金总额不超过原合同采购金额的10%。

第十七条 政府采购进口产品合同履行中，采购人确需追加与合同标的相同的产品，在不改变合同其他条款的前提下，且所有补充合同的采购金额不超过原合同采购金额的10%的，可以与供应商协商签订补充合同，不需要重新审核。

第十八条 政府采购进口产品合同应当将维护国家利益和社会公共利益作为必备条款。合同履行过程中出现危害国家利益和社会公共利益问题的，采购人应当立即终止合同。

第十九条 采购人或者其委托的采购代理机构应当依法加强对进口产品的验收工作，防止假冒伪劣产品。

第二十条 采购人申请支付进口产品采购资金时，应当出具政府采购进口产品相关材料和财政部门的审核文件。否则不予支付资金。

第四章 监督检查

第二十一条 采购人未获得财政部门采购进口产品核准，有下列情形之一的，责令限期改正，并给予警告，对直接负责的主管人员和其他直接责任人员，由其行政主管部门或者有关机关给予处分，并予通报：

（一）擅自采购进口产品的；

（二）出具不实申请材料的；

（三）违反本办法规定的其他情形。

第二十二条 采购代理机构在代理政府采购进口产品业务中有违法行为的，给予警告，可以按照有关法律规定并处罚款；情节严重的，可以依法取消其进行相关业务的资格；构成犯罪的，依法追究刑事责任。

第二十三条 供应商有下列情形之一的，处以采购金额5‰以上10‰以下的罚款，列入不良行为记录名单，在1～3年内禁止参加政府采购活动，有违法所得的，并处没收违法所得，情节严重的，由工商行政管理机关吊销营业执照；涉嫌犯罪的，移送司法机关处理：

（一）提供虚假材料谋取中标、成交的；

（二）采取不正当手段诋毁、排挤其他供应商的；

（三）与采购人、其他供应商或者采购代理机构恶意串通的；

（四）向采购人、采购代理机构行贿或者提供其他不正当利益的；

（五）在招标采购过程中与采购人进行协商谈判的；

（六）拒绝有关部门监督检查或者提供虚假情况的。

供应商有前款第（一）至（五）项情形之一的，中标、成交无效。

第二十四条 专家出具不实论证意见的，按照有关法律规定追究法律责任。

第五章 附 则

第二十五条 采购人采购进口产品的，应当同时遵守国家其他有关法律法规的规定。涉及进口机电产品招标投标的，应当按照国际招标有关办法执行。

第二十六条 本办法未作出规定的，按照政府采购有关规定执行。

第二十七条 涉及国家安全和秘密的项目不适用本办法。

第二十八条 本办法自印发之日起施行。

附：1. 政府采购进口产品申请表

2. 政府采购进口产品所属行业主管部门意见

3. 政府采购进口产品专家论证意见

附 1：

政府采购进口产品申请表

申请单位	
申请文件名称	
申请文号	
采购项目名称	
采购项目金额	
采购项目所属项目名称	
采购项目所属项目金额	
项目使用单位	
项目组织单位	
申请理由	盖 章 年　　月　　日

附 2：

政府采购进口产品所属行业主管部门意见

一、基本情况	
申请单位	
拟采购产品名称	
拟采购产品金额	
采购项目所属项目名称	
采购项目所属项目金额	
二、申请理由	
□1. 中国境内无法获取	
□2. 无法以合理的商业条件获取：	
□3. 其他。	
原因阐述：	
三、进口产品所属行业主管部门意见	
盖 章 年 月 日	

附 3：

政府采购进口产品专家论证意见

一、基本情况	
申请单位	
拟采购产品名称	
拟采购产品金额	
采购项目所属项目名称	
采购项目所属项目金额	
二、申请理由	
□1. 中国境内无法获取	
□2. 无法以合理的商业条件获取：	
□3. 其他。	
原因阐述：	
三、专家论证意见	
专 家 签 字 年 月 日	

关于政府采购进口产品管理有关问题的通知

财办库［2008］248号

各省、自治区、直辖市、计划单列市财政厅（局）、新疆生产建设兵团财务局，党中央有关部门办公厅（室），国务院各部委、各直属机构办公厅（室），全国人大常委会办公厅秘书局，全国政协办公厅机关事务管理局，高法院办公厅，高检院办公厅，有关人民团体办公厅（室）：

财政部于2007年12月印发了《政府采购进口产品管理办法》（财库［2007］119号）。该办法印发后，各地采取措施贯彻落实，对规范政府部门采购进口产品行为发挥了积极作用。但在实际工作中，也反映了一些具体操作性问题，经与海关总署研究，现就进口产品采购中有关问题规定如下：

一、关于办法适用范围

根据《中华人民共和国政府采购法》的规定，财库［2007］119号文件的适用范围为，各级国家机关、事业单位和团体组织使用财政性资金采购省级以上人民政府公布的政府集中采购目录以内或者采购限额标准以上的进口产品。

二、关于关境和海关特殊监管区域产品认定

根据《中华人民共和国海关法》（以下简称海关法）的规定，我国现行关境是指适用海关法的中华人民共和国行政管辖区域，不包括香港、澳门和台湾金马等单独关境地区。

保税区、出口加工区、保税港区、珠澳跨境工业区珠海园区、中哈霍尔果斯国际边境合作中心中方配套区、综合保税区等区域，为海关特殊监管区域，这些区域仅在关税待遇及贸易管制方面实施不同于我国关境内其他地区的特殊政策，但仍属于中华人民共和国关境内区域，由海关按照海关法实施监管。因此，凡在海关特殊监管区域内企业生产或加工（包括从境外进口料件）销往境内其他地区的产品，不作为政府采购项下进口产品。对从境外进入海关特殊监管区域，再经办理报关手续后从海关特殊监管区进入境内其他地区的产品，应当认定为进口产品。

三、关于已在境内多次流转进口产品认定

对经过多次流转、无法提供报关单证的产品，应按照以下方法进行查证：

（一）通过正常渠道进口的产品，无论在境内流转多少次，尽管中间商业环节没有保留进口报关单证，但通过层层倒推，最终可以找到进口代理商或者进口收货人，从而可以向海关查询进口报关记录。这种方法一般适用于生产设备、机械、汽车等大宗商品。

（二）通过走私违法方式进口的产品，由于未进行进口申报，不存在进口报关记录，因此，应当通过商品或者其包装上的原产地标识等其他证据来间接证明其为境外生产的产品。

四、关于行业主管部门意见

财库［2007］119号文件规定的国家限制进口产品，是指商务部、发展改革委、科技部等部门制订的相关目录。采购人采购产品属于国家限制进口产品时，除需要向设区的市、自治州以上人民政府财政部门（以下简称财政部门）出具专家论证意见外，还要同时出具产品所属行业主管部门的意见，其中，产品属于国家限制进口的重大技术装备和重大产业技术的，应当出具发展改革委的意见；属于国家限制进口的重大科学仪器和装备的，应当出具科技部的意见。当采购人的行政主管部门也是采购产品所属行业主管部门时，以产品所属行业主管部门出具意见。当采购人的行政主管部门与采购产品所属行业主管部门不一致时，仍以产品所属行业主管部门出具的意见为有效意见。

五、关于采购执行问题

采购人采购进口产品时，必须在采购活动开始前向财政部门提出申请并获得财政部门审核同意后，才能开展采购活动。在采购活动开始前没有获得财政部门同意而开展采购活动的，视同为拒绝采购进口产品，应当在采购文件中明确作出不允许进口产品参加的规定。未在采购文件中明确规定不允许进口产品参加的，也视为拒绝进口产品参加。采购活动组织开始后才报经财政部门审核同意的采购活动，属于违规行为。

财政部门审核同意购买进口产品的，应当在采购文件中明确规定可以采购进口产品，但如果因信息不对称等原因，仍有满足需求的国内产品要求参与采购竞争的，采购人及其委托的采购代理机构不得对其加以限制，应当按照公平竞争原则实施采购。

六、关于政府集中采购执行

对于实行协议供货的政府集中采购目录产品，集中采购机构在组织采购时，可以不限制进口产品入围，但采购人在采购入围进口产品前，需要报经财政部门审核同意。对于非协议供货的政府集中采购目录产品，采购人没有出具财政部门同意采购进口产品审核意见的，集中采购机构一律不得为其组织采购进口产品。

对于政府集中采购目录内的、采购量小且采购次数多的经常性产品，可以实行批量审核，即采购人向财政部门提出一揽子采购进口产品清单的申请、所需证明材料和采购计划，经财政部门审核同意后，在本年内随时按规定组织购买，无需再逐一申请报批。

七、关于论证专家问题

进口产品专家论证意见原则上由采购人自行组织，其论证专家应当是熟悉该产品，并且与采购人或采购代理机构没有经济和行政隶属等关系。因进口产品论证与采购文件评审不同，进口产品论证专家可以不从财政部门建立的专家库中抽取专家作为进口产品论证专家，凡从财政部门专家库中抽取的专家，应当告知被抽取专家其论证内容和相应的责任。财政部门应当制定相应的论证专家考核标准和监督办法，加强对论证专家的管理，确保论证意见科学准确，原则上不得承担或组织其专家论证工作。

八、关于资金支付问题

采购人向财政部门申请支付政府采购进口产品资金时，应当提供财政部门审核同意文件、采购合同和产品报关单等材料，以确保所采购的产品规格、数量金额等与审批或采购文件规定的一致，否则不予支付。

九、关于文件执行时间衔接

财库［2007］119号文件规定，自2007年12月27日印发之日起施行。对于在该日期前已经通过公开招标等方式确定采购货物涉及进口产品的，在该日期前采购程序已经启动或启动后采购项目经财政部门批准需重新招标或采用其他采购方式的，不需要办理进口产品审核手续。

二〇〇八年七月九日

（四）信息安全

质量监督检验检疫总局　财政部
国家认证认可监督管理委员会
关于调整信息安全产品强制性
认证实施要求的公告

2009年第33号

国家质量监督检验检疫总局、国家认证认可监督管理委员会2008年第7号公告中涉及的信息安全产品强制性认证的强制实施时间延至2010年5月1日，在政府采购法规定的范围内强制实施。

特此公告。

附件：信息安全产品强制性认证实施规则（共13份）

1. 安全操作系统产品强制性认证实施规则
2. 安全隔离与信息交换产品强制性认证实施规则
3. 安全路由器产品强制性认证实施规则
4. 安全审计产品强制性认证实施规则
5. 安全数据库系统产品强制性认证实施规则
6. 反垃圾邮件产品强制性认证实施规则
7. 防火墙产品强制性认证实施规则
8. 入侵检测系统产品强制性认证实施规则
9. 数据备份与恢复产品强制认证实施规则
10. 网络安全隔离卡与线路选择器产品强制性认证实施规则
11. 网络脆弱性扫描产品强制性认证实施规则

12. 网站恢复产品强制性认证实施规则

13. 智能卡 cos 产品强制性认证实施规则

二〇〇九年四月二十七日

财政部　工业和信息化部　质检总局　认监委　关于信息安全产品实施政府采购的通知

财库［2010］48号

党中央有关部委，国务院各部委、各直属机构，全国人大常委会办公厅，全国政协办公厅，高法院，高检院，有关人民团体，各省、自治区、直辖市、计划单列市财政厅（局）、工业和信息化主管部门、质量技术监督局，各直属检验检疫局，新疆生产建设兵团财务局、信息化工作办公室、质量技术监督局：

根据《中华人民共和国政府采购法》，现就贯彻落实质检总局、财政部、认监委《关于调整信息安全产品强制性认证实施要求的公告》（2009年第33号）的规定通知如下：

一、各级国家机关、事业单位和团体组织（以下统称采购人）使用财政性资金采购信息安全产品的，应当采购经国家认证的信息安全产品。

二、在政府采购活动中，采购人或其委托的采购代理机构按照政府采购法的规定，在政府采购招标文件（包括谈判文件、询价文件）中应当载明对产品获得信息安全认证的要求，并要求产品供应商提供由中国信息安全认证中心按国家标准认证颁发的有效认证证书。

三、对采购人或其委托的采购代理机构未按上述要求采购的，有关部门要按照有关法律、法规和规章予以处理，财政部门视情况可以拒付采购资金。

二〇一〇年四月二十八日

（五）中小企业

财政部　工业和信息化部关于印发《政府采购促进中小企业发展暂行办法》的通知

财库［2011］181号

党中央有关部门，国务院各部委、各直属机构，全国人大常委会办公厅，全国政协办公厅，高法院，高检院，有关人民团体，各省、自治区、直辖市、计划单列市财政厅（局）、工业和信息化主管部门，新疆生产建设兵团财务局、工业和信息化主管部门：

为贯彻落实《国务院关于进一步促进中小企业发展的若干意见》（国发［2009］36号），发挥政府采购的政策功能，促进中小企业发展，根据《中华人民共和国政府采购法》和《中华人民共和国中小企业促进法》，财政部、工业和信息化部制定了《政府采购促进中小企业发展暂行办法》。现印发给你们，请遵照执行。

附件：政府采购促进中小企业发展暂行办法

二〇一一年十二月二十九日

附件：

政府采购促进中小企业发展暂行办法

第一条 为了发挥政府采购的政策功能，促进符合国家经济和社会发展政策目标，产品、服务、信誉较好的中小企业发展，根据《中华人民共和国政府采购法》、《中华人民共和国中小企业促进法》等有关法律法规，制定本办法。

第二条 本办法所称中小企业（含中型、小型、微型企业，下同）应当同时符合以下条件：

（一）符合中小企业划分标准；

（二）提供本企业制造的货物、承担的工程或者服务，或者提供其他中小企业制造的货物。本项所称货物不包括使用大型企业注册商标的货物。

本办法所称中小企业划分标准，是指国务院有关部门根据企业从业人员、营业收入、资产总额等指标制定的中小企业划型标准。

小型、微型企业提供中型企业制造的货物的，视同为中型企业。

第三条 任何单位和个人不得阻挠和限制中小企业自由进入本地区和本行业的政府采购市场，政府采购活动不得以注册资本金、资产总额、营业收入、从业人员、利润、纳税额等供应商的规模条件对中小企业实行差别待遇或者歧视待遇。

第四条 负有编制部门预算职责的各部门（以下简称各部门），应当加强政府采购计划的编制工作，制定向中小企业采购的具体方案，统筹确定本部门（含所属各单位，下同）面向中小企业采购的项目。在满足机构自身运转和提供公共服务基本需求的前提下，应当预留本部门年度政府采购项目预算总额的30%以上，专门面向中小企业采购，其中，预留给小型和微型企业的比例不低于60%。

采购人或者采购代理机构在组织采购活动时，应当在招标文件或谈判文件、询价文件中注明该项目专门面向中小企业或小型、微型企业采购。

第五条 对于非专门面向中小企业的项目，采购人或者采购代理机构应当在招标文件或者谈判文件、询价文件中作出规定，对小型和微型企业产品的价格给予6%～10%的扣除，用扣除后的价格参与评审，具体扣除比例由采购人或者采购代理机构确定。

参加政府采购活动的中小企业应当提供本办法规定的《中小企业声明函》（见附件）。

第六条 鼓励大中型企业和其他自然人、法人或者其他组织与小型、微型企业组成联合体共同参加非专门面向中小企业的政府采购活动。联合协议中约定，小型、微型企业的协议合同金额占到联合体协议合同总金额30%以上的，可给予联合体2%～3%的价格扣除。

联合体各方均为小型、微型企业的，联合体视同为小型、微型企业享受本办法第四条、第五条规定的扶持政策。

组成联合体的大中型企业和其他自然人、法人或者其他组织，与小型、微型企业之间不得存在投资关系。

第七条 中小企业依据本办法第四条、第五条、第六条规定的政策获取政府采购合同后，小型、微型企业不得分包或转包给大型、中型企业，中型企业不得分包或转包给大型企业。

第八条 鼓励采购人允许获得政府采购合同的大型企业依法向中小企业分包。

大型企业向中小企业分包的金额，计入面向中小企业采购的统计数额。

第九条 鼓励采购人在与中小企业签订政府采购合同时，在履约保证金、付款期限、付款方式等方面给予中小企业适当支持。采购人应当按照合同约定按时足额支付采购资金。

第十条 鼓励在政府采购活动中引入信用担保手段，为中小企业在融资、投标保证、履约保证等方面提供专业化的担保服务。

第十一条 各级财政部门和有关部门应当加大对中小企业参与政府采购的培训指导及专业化咨询服务力度，提高中小企业参与政府采购活动的能力。

第十二条 各部门应当每年第一季度向同级财政部门报告本部门上一年度面向中小企业采购的具体情况，并在财政部指定的政府采购发布媒体公开预留项目执行情况以及本部门其他项目面向中小企业采购的情况。

第十三条 各级财政部门应当积极推进政府采购信息化建设，提高政府采购信息发布透明度，提供便于中小企业获取政府采购信息的稳定渠道。

第十四条 各级财政部门会同中小企业主管部门建立健全政府采购促进中小企业发展的有关制度，加强有关政策执行情况的监督检查。

各部门负责对本部门政府采购促进中小企业发展各项工作的执行和管理。

第十五条 政府采购监督检查和投诉处理中对中小企业的认定，由企业所在地的县级以上中小企业主管部门负责。

第十六条 采购人、采购代理机构或者中小企业在政府采购活动中有违法违规行为的，依照政府采购法及有关法律法规处理。

第十七条 本办法由财政部、工业和信息化部负责解释。

第十八条 本办法自2012年1月1日起施行。

附：中小企业声明函

附：

中小企业声明函

本公司郑重声明，根据《政府采购促进中小企业发展暂行办法》（财库［2011］181号）的规定，本公司为________（请填写：中型、小型、微型）企业。即，本公司同时满足以下条件：

1. 根据《工业和信息化部、国家统计局、国家发展和改革委员会、财政部关于印发中小企业划型标准规定的通知》（工信部联企业［2011］300号）规定的划分标准，本公司为________（请填写：中型、小型、微型）企业。

2. 本公司参加________单位的________项目采购活动提供本企业制造的货物，由本企业承担工程、提供服务，或者提供其他________（请填写：中型、小型、微型）企业制造的货物。本条所称货物不包括使用大型企业注册商标的货物。

本公司对上述声明的真实性负责。如有虚假，将依法承担相应责任。

企业名称（盖章）：

日　期：

财政部关于开展政府采购信用担保工作的通知

财库［2011］124号

为贯彻落实《国务院关于进一步促进中小企业发展的若干意见》（国发［2009］36号）及有关会议精神，支持和促进中小企业发展，进一步发挥政府采购政策功能作用，推进政府采购制度创新与诚信体系建设，财政部决定在中央本级和北京、黑龙江、广东、江苏、湖南、河南、山东、陕西等省（市）开展政府采购信用担保试点工作，现将有关事项通知如下：

政府采购信用担保，是将信用担保作为政策工具引入政府采购领域，由专业担保机构为供应商向采购人、代理机构、金融机构提供的保证，主要包括投标担保、履约担保、融资担保三种形式。作为一种有效风险分散、信用增级的市场化运作手段，政府采购信用担保有利于降低中小企业参与政府采购的成本，增加参与政府采购的机会和扩大融资渠道，优化中小企业发展环境。通过引入信用担保手段，能够在政府采购活动中形成一种市场化的利益、责任和制约机制，有助于完善政府采购的程序控制，丰富监管手段，防范政府采购风险、提高政府采购质量。

政府采购信用担保试点工作的试点时间暂定2年，从2012年1月1日始至2013年12月31日止。各试点地区和单位要高度重视该项工作，加强组织领导，指定专人负责，按照《财政部关于开展政府采购信用担保试点工作方案》（见附件）要求，认真研究落实措施。其中，各试点地区、中央集中和部门集中采购机构还应于2011年11月30日前，将本地区和本单位的试点工作实施方案报送财政部备案，集中采购机构的试点方案应列明对采购文件相关条款的修改情况。各试点地区和单位对试点中出现的有关情况和问题，要及时向财政部反馈，各试点地区、中央集中和部门集中采购机构还应于试点期间每半年形成试点工作报告报送财政部。财政部将择时组织工作小组，对试点地区和单位的试点工作进行评估。

试点地区和单位的政府采购活动，亦可使用银行保函，但出具保函的银行应当比照本通知对专业担保机构的要求提供相应服务。

联系电话：010－68552920；68552233（兼传真）；

附件：财政部关于开展政府采购信用担保试点工作方案

二〇一一年九月五日

附件：

财政部关于开展政府采购信用担保试点工作方案

为支持和促进中小企业发展，进一步发挥政府采购政策功能作用，深入推进政府采购管理制度改革，根据《国务院关于进一步促进中小企业发展的若干意见》（国发［2009］36号）及有关会议精神，制定本方案。

一、指导思想

以科学发展观为指导，深入贯彻落实国务院支持和促进中小企业发展有关文件和会议精神，紧紧围绕推进财政管理科学化、精细化目标，推动政府采购政策功能实施领域进一步扩展，政府采购服务中小企业能力进一步增强，政府采购监管体系进一步完善，政府采购诚信体系建设迈出实质步伐，中小企业参与政府采购能力显著提高。

二、基本原则和总体要求

（一）市场主导，财政引导。各试点地区财政部门应当充分发挥市场在配置资源中的主导作用，按照本方案的要求，积极做好引导和监管工作，不得参与政府采购信用担保市场交易的具体操作活动。

（二）自愿选择，因地制宜。各试点地区可以结合自身政府采购工作实际，自主选择本方案规定的投标、履约和融资三种担保形式的任何一种或几种进行试点；供应商可以根据自身情况，自行决定是否选择采用上述三种信用担保形式。

（三）多方参与，加强配合。采购人应当允许并接受供应商以专业担保机构出具的担保函的形式交纳保证金；采购代理机构应当在采购文件中列示可以以投标担保函形式缴纳保证金的相关内容，对于履约和融资担保项目，在现有条件下为专业担保机构提供有关供应商情况等信息便利。财政部门支持和鼓励供应商使用信用担保手段，专业担保机构对供应商进行资信审查后出具投标担保函的，采购人和采购代理机构不得再要求供应商提供银行资信证明等类似文件。

（四）先予偿付，再行追偿。除不可抗力外，无论基于何种原因，供应商一旦出现违约情形，承担保证责任的专业担保机构应当先行按照政府采购担保函及时进行偿付，偿付完成后，再按与供应商签订的协议约定内容进行追偿。

三、专业担保机构的选择及要求

为保障试点质量，应本着“严格把握”的原则，选择规模较大、资信优质、组织机构健全、行业经验丰富、具有融资性担保机构经营许可证的专业担保机构作为试点机构。为此，经财政部与中国投资担保有限公司协商，由中国投资担保有限公司作为中央本级和各试点地区的试点专业担保机构，各试点地区可以再择优选择一家满足本方案要求的当地专业担保机构进行协商，增列为本地区的试点专业担保机构。

试点专业担保机构应当建立满足政府采购工作需要的快捷通道，平等对待所有参与供应商，对符合申请条件的供应商，不得以任何理由设置障碍，试点期间担保费率由双方自行商定，但融资担保综合年费率最高不得超过中国人民银行公布的同期金融机构人民币贷款基准利率的50%；要对政府采购中小企业供应商融资需求给予费率优惠，对于同时采用投标、履约和融资担保的中小企业供应商，要免收投标担保费或进一步给予费率优惠，试点期间对于中央统一制定政策，涉及农业、教育、文化、社会保障、医疗卫生、科学技术、计划生育、环境保护、保障性住房和村级组织运转经费等民生项目，以及小型和微型企业的政府采购项目，担保费率应当适度下调；要建立相应网络跟踪服务平台，切实做好政府采购项目履约情况的跟踪服务，将有关情况及时向政府采购监督管理部门报告；要遵守《融资性担保公司管理暂行办法》（中国银行（2.91，0.00，0.00%）业监督管理委员会等七部委令2010年第3号），规范经营，符合行业监管要求。

四、信用担保试点的业务品种

（一）投标担保。

本方案所称的投标担保，是指由专业担保机构为供应商履行支付投标保证金的义务向采购人或者采购代理机构提供的保证担保。供应商在投标有效期内发生撤回投标文件，或中标后因自身原因不签署政府采购合同等行为而应实际支付保证金的，由专业担保机构按照担保函的约定履行担保责任。

采购人或者采购代理机构应当在招标文件中明确规定供应商可以以投标担保函的形式交纳投标保证金，并将政府采购投标担保函样本（见附件1）作为招标文件的附件。供应商可以自愿选择是否采取投标担保函的形式交纳投标保证金。

（二）履约担保。

本方案所称的履约担保，是指由专业担保机构为供应商支付履约保证金的义务向采购人提供的保证担保。供应商未按政府采购合同履行约定义务而应实际支付保证金的，由专业担保机构按照担保函约定履行担保责任。

采购人或者采购代理机构应当在采购文件中明确规定供应商可以以履约担保函的形式交纳履约保证金，并将政府采购履约担保函的样本（见附件2）作为采购文件的附件。供应商可以自愿选择是否采取履约担保函的形式交纳履约保证金。

（三）融资担保。

本方案所称的融资担保，是指专业担保机构为供应商向银行融资提供的保证担保。

供应商可以自愿选择是否采取融资担保的形式为政府采购项目履约进行融资。采购代理机构应当在招标文件中告知供应商可以选择是否采取融资担保的形式为政府采购项目履约进行融资，并附上试点专业担保机构的联系方式。

五、监督检查

财政部门要加强对试点各方当事人落实本方案要求情况的监督检查，对经沟通协调后仍拒不接受担保函的采购人，应当责令其改正，拒不改正的，可以暂停支付采购资金；对不按本方案要求开展试点工作的采购代理机构，应当督促改正，情节严重或拒不改正的，可以给予适当的行政处理；对违反本方案规定的专业担保机构，应当督促改正，情节严重的，取消试点资格，给采购人或供应商造成损失的，应当给予赔偿；对存在违规行为的政府采购供应商，应当及时依法作出处理。专业担保机构和供应商发生纠纷的，按有关法律处理。

附：1. 政府采购投标担保函项目用

2. 政府采购履约担保函项目用

附 1：

政府采购投标担保函（项目用）

编号：

（采购人或采购代理机构）：

鉴于（以下简称“投标人”）拟参加编号为的项目（以下简称“本项目”）投标，根据本项目招标文件，供应商参加投标时应向你方交纳投标保证金，且可以投标担保函的形式交纳投标保证金。应供应商的申请，我方以保证的方式向你方提供如下投标保证金担保：

一、保证责任的情形及保证金额

（一）在投标人出现下列情形之一时，我方承担保证责任：

1. 中标后投标人无正当理由不与采购人或者采购代理机构签订《政府采购合同》；

2. 招标文件规定的投标人应当缴纳保证金的其他情形。

（二）我方承担保证责任的最高金额为人民币元（大写），即本项目的投标保证金金额。

二、保证的方式及保证期间

我方保证的方式为：连带责任保证。

我方的保证期间为：自本保函生效之日起×个月止。

三、承担保证责任的程序

1. 你方要求我方承担保证责任的，应在本保函保证期间内向我方发出书面索赔通知。索赔通知应写明要求索赔的金额，支付款项应到达的账号，并附有证明投标人发生我方应承担保证责任情形的事实材料。

2. 我方在收到索赔通知及相关证明材料后，在个工作日内进行审查，符合应承担保证责任情形的，我方应按照你方的要求代投标人向你方支付投标保证金。

四、保证责任的终止

1. 保证期间届满你方未向我方书面主张保证责任的，自保证期间届满次日起，我方保证责任自动终止。

2. 我方按照本保函向你方履行了保证责任后，自我方向你方支付款项（支付款项从我方账户划出）之日起，保证责任终止。

3. 按照法律法规的规定或出现我方保证责任终止的其它情形的，我方在本保函项下的保证责任亦终止。

五、免责条款

1. 依照法律规定或你方与投标人的另行约定，全部或者部分免除投标人投标保证金义务时，我方亦免除相应的保证责任。

2. 因你方原因致使投标人发生本保函第一条第（一）款约定情形的，我方不承担保证责任。

3. 因不可抗力造成投标人发生本保函第一条约定情形的，我方不承担保证责任。

4. 你方或其他有权机关对招标文件进行任何澄清或修改，加重我方保证责任的，我方对加重部分不承担保证责任，但该澄清或修改经我方事先书面同意的除外。

六、争议的解决

因本保函发生的纠纷，由你我双方协商解决，协商不成的，通过诉讼程序解决，诉讼管辖地法院为法院。

七、保函的生效

本保函自我方加盖公章之日起生效。

保证人：（公章）

年　月　日

附 2：

政府采购履约担保函（项目用）

编号：

（采购人）：

鉴于你方与（以下简称供应商）于__年__月__日签定编号为__的《政府采购合同》（以下简称主合同），且依据该合同的约定，供应商应在__年__月__日前向你方交纳履约保证金，且可以履约担保函的形式交纳履约保证金。应供应商的申请，我方以保证的方式向你方提供如下履约保证金担保：

一、保证责任的情形及保证金额

（一）在供应商出现下列情形之一时，我方承担保证责任：

1. 将中标项目转让给他人，或者在投标文件中未说明，且未经采购人同意，将中标项目分包给他人的；

2. 主合同约定的应当缴纳履约保证金的情形：

（1）未按主合同约定的质量、数量和期限供应货物/提供服务/完成工程的；

（2）____。

（二）我方的保证范围是主合同约定的合同价款总额的____%数额为元（大写），币种为__。（即主合同履约保证金金额）

二、保证的方式及保证期间

我方保证的方式为：连带责任保证。

我方保证的期间为：自本合同生效之日起至供应商按照主合同约定的供货/完工期限届满后__日内。

如果供应商未按主合同约定向贵方供应货物/提供服务/完成工程的，由我方在保证金额内向你方支付上述款项。

三、承担保证责任的程序

1. 你方要求我方承担保证责任的，应在本保函保证期间内向我方发出书面索赔通知。索赔通知应写明要求索赔的金额，支付款项应到达的账号。并附有证明供应商违约事实的证明材料。

如果你方与供应商因货物质量问题产生争议，你方还需同时提供部门出具的质量检测报告，或经诉讼（仲裁）程序裁决后的裁决书、调解书，本保证人即按照检测结果或裁决书、调解书决定是否承担保证责任。

2. 我方收到你方的书面索赔通知及相应证明材料，在工作日内进行核定后按照本保函的承诺承担保证责任。

四、保证责任的终止

1. 保证期间届满你方未向我方书面主张保证责任的，自保证期间届满次日起，我方保证责任自动终止。保证期间届满前，主合同约定的货物/工程/服务全部验收合格的，自验收合格日起，我方保证责任自动终止。

2. 我方按照本保函向你方履行了保证责任后，自我方向你方支付款项（支付款项从我方账户划出）之日起，保证责任即终止。

3. 按照法律法规的规定或出现应终止我方保证责任的其它情形的，我方在本保函项下的保证责任亦终止。

4. 你方与供应商修改主合同，加重我方保证责任的，我方对加重部分不承担保证责任，但该等修改事先经我方书面同意的除外；你方与供应商修改主合同履行期限，我方保证期间仍依修改前的履行期限计算，但该等修改事先经我方书面同意的除外。

五、免责条款

1. 因你方违反主合同约定致使供应商不能履行义务的，我方不承担保证责任。

2. 依照法律法规的规定或你方与供应商的另行约定，全部或者部分免除供应商应缴纳的保证金义务的，我方亦免除相应的保证责任。

3. 因不可抗力造成供应商不能履行供货义务的，我方不承担保证责任。

六、争议的解决

因本保函发生的纠纷，由你我双方协商解决，协商不成的，通过诉讼程序解决，诉讼管辖地法院为法院。

七、保函的生效

本保函自我方加盖公章之日起生效。

保证人：（公章）

工业和信息化部　国家统计局
国家发展和改革委员会　财政部
关于印发中小企业划型
标准规定的通知

工信部联企业［2011］300号

各省、自治区、直辖市人民政府，国务院各部委、各直属机构及有关单位：

为贯彻落实《中华人民共和国中小企业促进法》和《国务院关于进一步促进中小企业发展的若干意见》（国发［2009］36号），工业和信息化部、国家统计局、发展改革委、财政部研究制定了《中小企业划型标准规定》。经国务院同意，现印发给你们，请遵照执行。

二〇一一年六月十八日

中小企业划型标准规定

一、根据《中华人民共和国中小企业促进法》和《国务院关于进一步促进中小企业发展的若干意见》(国发［2009］36号)，制定本规定。

二、中小企业划分为中型、小型、微型三种类型，具体标准根据企业从业人员、营业收入、资产总额等指标，结合行业特点制定。

三、本规定适用的行业包括：农、林、牧、渔业，工业（包括采矿业，制造业，电力、热力、燃气及水生产和供应业），建筑业，批发业，零售业，交通运输业（不含铁路运输业），仓储业，邮政业，住宿业，餐饮业，信息传输业（包括电信、互联网和相关服务），软件和信息技术服务业，房地产开发经营，物业管理，租赁和商务服务业，其他未列明行业（包括科学研究和技术服务业，水利、环境和公共设施管理业，居民服务、修理和其他服务业，社会工作，文化、体育和娱乐业等)。

四、各行业划型标准为：

（一）农、林、牧、渔业。营业收入20000万元以下的为中小微型企业。其中，营业收入500万元及以上的为中型企业，营业收入50万元及以上的为小型企业，营业收入50万元以下的为微型企业。

（二）工业。从业人员1000人以下或营业收入40000万元以下的为中小微型企业。其中，从业人员300人及以上，且营业收入2000万元及以上的为中型企业；从业人员20人及以上，且营业收入300万元及以上的为小型企业；从业人员20人以下或营业收入300万元以下的为微型企业。

（三）建筑业。营业收入80000万元以下或资产总额80000万元以下的为中小微型企业。其中，营业收入6000万元及以上，且资产总额5000万元及以上的为中型企业；营业收入300万元及以上，且资产总额300万元及以上的为小型企业；营业收入300万元以下或资产总额300万元以下的为微型企业。

（四）批发业。从业人员200人以下或营业收入40000万元以下的为中小微型企业。其中，从业人员20人及以上，且营业收入5000万元及以上的为中型企业；从业人员5人及以上，且营业收入1000万元及以上的为小型企业；从业人员5人以下或营业收入1000万元以下的为微型企业。

（五）零售业。从业人员300人以下或营业收入20000万元以下的为中小微型企业。其中，从业人员 50 人及以上，且营业收入 500 万元及以上的为中型企业；从业人员 10 人及以上，且营业收入 100 万元及以上的为小型企业；从业人员 10 人以下或营业收入 100 万元以下的为微型企业。

（六）交通运输业。从业人员 1000 人以下或营业收入 30000 万元以下的为中小微型企业。其中，从业人员 300 人及以上，且营业收入 3000 万元及以上的为中型企业；从业人员 20 人及以上，且营业收入 200 万元及以上的为小型企业；从业人员 20 人以下或营业收入 200 万元以下的为微型企业。

（七）仓储业。从业人员 200 人以下或营业收入 30000 万元以下的为中小微型企业。其中，从业人员 100 人及以上，且营业收入 1000 万元及以上的为中型企业；从业人员 20 人及以上，且营业收入 100 万元及以上的为小型企业；从业人员 20 人以下或营业收入 100 万元以下的为微型企业。

（八）邮政业。从业人员 1000 人以下或营业收入 30000 万元以下的为中小微型企业。其中，从业人员 300 人及以上，且营业收入 2000 万元及以上的为中型企业；从业人员 20 人及以上，且营业收入 100 万元及以上的为小型企业；从业人员 20 人以下或营业收入 100 万元以下的为微型企业。

（九）住宿业。从业人员 300 人以下或营业收入 10000 万元以下的为中小微型企业。其中，从业人员 100 人及以上，且营业收入 2000 万元及以上的为中型企业；从业人员 10 人及以上，且营业收入 100 万元及以上的为小型企业；从业人员 10 人以下或营业收入 100 万元以下的为微型企业。

（十）餐饮业。从业人员 300 人以下或营业收入 10000 万元以下的为中小微型企业。其中，从业人员 100 人及以上，且营业收入 2000 万元及以上的为中型企业；从业人员 10 人及以上，且营业收入 100 万元及以上的为小型企业；从业人员 10 人以下或营业收入 100 万元以下的为微型企业。

（十一）信息传输业。从业人员 2000 人以下或营业收入 100000 万元以下的为中小微型企业。其中，从业人员 100 人及以上，且营业收入 1000 万元及以上的为中型企业；从业人员 10 人及以上，且营业收入 100 万元及以上的为小型企业；从业人员 10 人以下或营业收入 100 万元以下的为微型企业。

（十二）软件和信息技术服务业。从业人员 300 人以下或营业收入 10000 万元以下的为中小微型企业。其中，从业人员 100 人及以上，且营业收入 1000 万元及以上的为中型企业；从业人员 10 人及以上，且营业收入 50 万元及以上的为小型企业；从业人员 10 人以下或营业收入 50 万元以下的为微型企业。

（十三）房地产开发经营。营业收入 200000 万元以下或资产总额 10000

万元以下的为中小微型企业。其中，营业收入1000万元及以上，且资产总额5000万元及以上的为中型企业；营业收入100万元及以上，且资产总额2000万元及以上的为小型企业；营业收入100万元以下或资产总额2000万元以下的为微型企业。

（十四）物业管理。从业人员1000人以下或营业收入5000万元以下的为中小微型企业。其中，从业人员300人及以上，且营业收入1000万元及以上的为中型企业；从业人员100人及以上，且营业收入500万元及以上的为小型企业；从业人员100人以下或营业收入500万元以下的为微型企业。

（十五）租赁和商务服务业。从业人员300人以下或资产总额120000万元以下的为中小微型企业。其中，从业人员100人及以上，且资产总额8000万元及以上的为中型企业；从业人员10人及以上，且资产总额100万元及以上的为小型企业；从业人员10人以下或资产总额100万元以下的为微型企业。

（十六）其他未列明行业。从业人员300人以下的为中小微型企业。其中，从业人员100人及以上的为中型企业；从业人员10人及以上的为小型企业；从业人员10人以下的为微型企业。

五、企业类型的划分以统计部门的统计数据为依据。

六、本规定适用于在中华人民共和国境内依法设立的各类所有制和各种组织形式的企业。个体工商户和本规定以外的行业，参照本规定进行划型。

七、本规定的中型企业标准上限即为大型企业标准的下限，国家统计部门据此制定大中小微型企业的统计分类。国务院有关部门据此进行相关数据分析，不得制定与本规定不一致的企业划型标准。

八、本规定由工业和信息化部、国家统计局会同有关部门根据《国民经济行业分类》修订情况和企业发展变化情况适时修订。

九、本规定由工业和信息化部、国家统计局会同有关部门负责解释。

十、本规定自发布之日起执行，原国家经贸委、原国家计委、财政部和国家统计局2003年颁布的《中小企业标准暂行规定》同时废止。

（六）科技创新

国务院关于印发实施《国家中长期科学和技术发展规划纲要（2006—2020年）》的若干配套政策的通知（节选）

国发［2006］6号

各省、自治区、直辖市人民政府，国务院各部委、各直属机构：

为实施《国家中长期科学和技术发展规划纲要（2006—2020年）》（国发［2005］44号，以下简称《规划纲要》），营造激励自主创新的环境，推动企业成为技术创新的主体，努力建设创新型国家，现将若干配套政策通知如下：

节略

四、政府采购

（二十二）建立财政性资金采购自主创新产品制度。建立自主创新产品认证制度，建立认定标准和评价体系。由科技部门会同综合经济部门按照公开、公正的程序对自主创新产品进行认定，并向全社会公告。财政部会同有关部门在获得认定的自主创新产品范围内，确定政府采购自主创新产品目录（以下简称目录），实行动态管理。

加强预算控制，优先安排自主创新项目。各级政府机关、事业单位和团体组织（以下统称采购人）用财政性资金进行采购的，必须优先购买列入目录的产品。采购人在编制年度部门预算时，应当标明自主创新产品。财政部门在预算审批过程中，在采购支出项目已确定的情况下，优先安排采购自主创新产品的预算。发挥财政、审计与监察部门的监督作用，督促采购人自觉采购自主创新产品。

国家重大建设项目以及其他使用财政性资金采购重大装备和产品的项目，有关部门应将承诺采购自主创新产品作为申报立项的条件，并明确采购自主创新产品的具体要求。在国家和地方政府投资的重点工程中，国产设备采购比例一般不得低于总价值的60%。不按要求采购自主创新产品，财政部门不予支付资金。

（二十三）改进政府采购评审方法，给予自主创新产品优先待遇。在政府采购评审方法中，须考虑自主创新因素。以价格为主的招标项目评标，在满足采购需求的条件下，优先采购自主创新产品。其中，自主创新产品价格高于一般产品的，要根据科技含量和市场竞争程度等因素，对自主创新产品给予一定幅度的价格扣除。自主创新产品企业报价不高于排序第一的一般产品企业报价一定比例的，将优先获得采购合同。以综合评标为主的招标项目，要增加自主创新评分因素并合理设置分值比重。

经认定的自主创新技术含量高、技术规格和价格难以确定的服务项目采购，可以在报经财政部门同意后，采用竞争性谈判采购方式，将合同授予具有自主创新能力的企业。

完善自主创新产品政府采购合同管理，拒绝接受或提供合同约定自主创新产品的，财政部门应责令其纠正，否则不予支付采购资金。

（二十四）建立激励自主创新的政府首购和订购制度。国内企业或科研机构生产或开发的试制品和首次投向市场的产品，且符合国民经济发展要求和先进技术发展方向，具有较大市场潜力并需要重点扶持的，经认定，政府进行首购，由采购人直接购买或政府出资购买。

政府对于需要研究开发的重大创新产品或技术，应当通过政府采购招标方式，面向全社会确定研究开发机构，签订政府订购合同，并建立相应的考核验收和研究开发成果推广机制。

（二十五）建立本国货物认定制度和购买外国产品审核制度。采购人应根据《中华人民共和国政府采购法》规定，优先购买本国产品。财政部会同有关部门制定本国货物认定标准。采购人需要的产品在中国境内无法获取或者无法以合理的商业条件获取的（在中国境外使用除外），在采购活动开始前，需由国家权威认证机构予以确认并出具证明。采购外国产品时，坚持有利于企业自主创新或消化吸收核心技术的原则，优先购买向我转让技术的产品。

（二十六）发挥国防采购扶持自主创新的作用。国防采购应立足于国内自主创新产品和技术。自主创新产品和技术满足国防或国家安全需求的，应优先采购。政府部门对于涉及国家安全的采购项目，应首先采购国内自主创新产品，采购合同应优先授予具有自主创新能力的企业或科研机构。

五、引进消化吸收再创新

（二十七）加强对技术引进和消化吸收再创新的管理。凡由国家有关部门和地方政府核准或使用政府投资的重点工程项目中确需引进的重大技术装备，由项目业主联合制造企业制定引进消化吸收再创新方案，作为工程项目审批和核准的重要内容，报请国家有关主管部门审批（核准）后实施。

加强对引进技术工作的咨询和评估。重大技术和重大装备的引进消化吸收和再创新方案须经有关部门联合组织的专家委员会进行咨询论证，明确消化吸收和再创新的计划、目标和进度。将通过消化吸收是否形成了自主创新能力，作为对引进项目验收和评估的重要内容。

（二十八）鼓励引进国外先进技术，定期调整鼓励引进技术目录。

对国内尚不能提供、且多家企业需要引进的重大装备，国家鼓励统一招标，引导外商联合国内企业投标；在进口装备的同时，应当引进先进设计制造技术，并支持国内企业尽可能多地参与分包和实现本地制造。

（五十八）要认真做好实施《规划纲要》、建设创新型国家的宣传工作。

（五十九）国务院各有关部门要依据本文件要求制定必要的实施细则。

（六十）各省、自治区、直辖市人民政府要结合本地实际，依照法定权限制定相应的具体政策措施。

二〇〇六年二月七日

财政部关于印发《自主创新产品政府首购和订购管理办法》的通知

财库［2007］120 号

党中央有关部门，国务院各部委、各直属机构，全国人大常委会办公厅，全国政协办公厅，高法院，高检院，有关人民团体，各省、自治区、直辖市、计划单列市财政厅（局），新疆生产建设兵团财务局，各集中采购机构：

为了贯彻落实《国务院关于实施〈国家中长期科学和技术发展规划纲要（2006—2020 年）〉若干配套政策的通知》(国发［2006］6 号)，发挥政府采购政策功能，鼓励、扶持自主创新产品的研究和应用，规范政府首购和订购活动，根据《中华人民共和国政府采购法》，财政部制定了《自主创新产品政府首购和订购管理办法》。现印发给你们，请遵照执行。

附件：自主创新产品政府首购和订购管理办法

二〇〇七年十二月二十七日

附件：

自主创新产品政府首购和订购管理办法

第一章　总　　则

第一条　为了贯彻落实《国务院关于实施〈国家中长期科学和技术发展规划纲要（2006—2020年）〉若干配套政策的通知》（国发［2006］6号），发挥政府采购政策功能，鼓励、扶持自主创新产品的研究和应用，规范政府首购和订购活动，根据《中华人民共和国政府采购法》，制定本办法。

第二条　国家机关、事业单位和团体组织（以下统称采购人）使用财政性资金开展首购、订购活动的，适用本办法。

第三条　本办法所称首购，是指对于国内企业或科研机构生产或开发的，暂不具有市场竞争力，但符合国民经济发展要求、代表先进技术发展方向的首次投向市场的产品（以下统称首购产品），通过政府采购方式由采购人或政府首先采购的行为。

第四条　本办法所称订购，是指对于国家需要研究开发的重大创新产品、技术、软科学研究课题等（以下统称订购产品），通过政府采购方式面向全社会确定研究开发和生产机构（以下统称订购产品供应商）的行为。

第五条　首购和订购的产品应当具有首创和自主研发性质。属于自主创新产品的，应当按照自主创新产品政府采购政策执行。

第六条　政府首购和订购活动应当遵循公开透明原则、公平竞争原则、公正原则和诚实信用原则。

第七条　各级人民政府财政部门和科技部门应当依法加强对政府首购和订购活动的监督管理。

第二章　首购管理

第八条　首购产品应当符合下列条件：

（一）属于国家认定的自主创新产品；

（二）符合国民经济发展要求，代表先进技术发展方向；

（三）生产和制造供应商为在中国境内具有中国法人资格的企业、事业单位；

（四）首次投向市场，尚未具备市场竞争力，但具有较大的市场潜力，需要重点扶持；

（五）具有潜在生产能力并质量可靠；

（六）符合国家法律、行政法规和政策规定。

第九条 首购产品的认定按照科技部、发展改革委、财政部联合制定的《国家自主创新产品认定管理办法（试行）》（国科发计字［2006］539 号）执行。

第十条 首购产品由财政部会同科技部等部门研究确定后纳入《政府采购自主创新产品目录》（以下简称《目录》）予以公布，在有效期内实行首购。

各地区、各部门可以按照有关规定向科技部推荐符合首购政策精神的产品，经科技部会同财政部等认定和评审后，可以补充进入《目录》。

第十一条 采购人采购的产品属于首购产品类别的，采购人应当购买《目录》中列明的首购产品，将政府采购合同授予提供首购产品的供应商。

第三章 订购管理

第十二条 订购产品应当符合下列条件：

（一）符合国家法律、行政法规，符合国家产业、技术政策和其他相关政策。

（二）属于国家需要研究开发的重大创新产品或技术，但目前尚未投入生产和使用。

（三）产品权益状况明确，开发完成后具有自主知识产权。

（四）创新程度高，涉及产品生产的核心技术和关键工艺；或者应用新技术原理、新设计构思，在结构、材质、工艺等方面对原有产品有根本性改进，能显著提高产品性能；或者能在国内外率先提出技术标准。

（五）具有潜在的经济效益和较大的市场前景或能替代进口产品。

第十三条 采购人应当通过政府采购方式，面向全社会确定订购产品供应商，签订订购产品政府采购合同，确保充分竞争。

政府订购活动应当以公开招标为主要采购方式。因特殊情况需要采用公开招标以外的采购方式的，按照政府采购有关规定执行。

第十四条 订购产品政府采购合同应当授予在中国境内具有中国法人资格的企业、事业单位。

第十五条 采购人及其委托的采购代理机构必须在采购文件的资格要

求、评审方法和标准中明确对订购产品供应商的具体要求、订购项目成果的详细技术要求，以及相关评分要素和具体分值等。

第十六条 采购人及其委托的采购代理机构应当根据项目需求合理设定订购产品供应商资格，包括技术水平、规模、业绩、资格和资信等，不得以不合理的要求排斥和限制任何潜在的本国供应商。

第十七条 以联合体参与投标的，投标供应商必须为在中国境内具有中国法人资格的企业、事业单位。

第十八条 政府订购合同不得分包或转包。

第十九条 订购产品政府采购合同应当约定考核验收、技术成果转化和应用推广等内容。

第二十条 政府订购产品的知识产权归属，按照国家有关规定执行。

第四章 监督检查

第二十一条 在首购、订购产品政府采购合同履行过程中，双方当事人依法变更合同条款或者签订补充合同的，不得违背促进自主创新的原则和首购、订购政策。

第二十二条 双方当事人依法变更首购、订购合同条款或者签订补充合同的，采购人或者其委托的采购代理机构应当将变更后的合同、补充合同副本以及变更、补充合同的理由报同级财政部门和有关部门备案。

第二十三条 采购人不执行政府首购、订购政策的，责令限期改正，并给予警告。财政部门视情况可以拒付采购资金。对直接负责的主管人员和其他直接责任人员，由其行政主管部门或者有关机关给予处分，并予通报。

第二十四条 采购代理机构在代理政府首购和订购业务中有违法行为的，给予警告，可以按照有关法律规定并处罚款；情节严重的，可以依法取消其进行相关业务的资格，涉嫌犯罪的，移送司法机关处理。

第二十五条 中标、成交供应商有下列情形之一的，给予警告，列入不良行为记录名单，并予以公告。财政部应当及时将相关产品和供应商信息反馈给科技部：

（一）获得政府首购、订购合同后将合同转包的；

（二）获得政府首购、订购合同后分包给其他供应商的；

（三）提供的政府首购产品质量不合格、影响正常使用，或者承担的研究开发任务不能按照采购文件和合同约定完成的。

供应商有前款情形之一，按照有关法律法规给予处罚；给他人造成损失的，应当按照有关民事法律规定和合同约定承担民事责任。

第五章　附　　则

第二十六条　对于符合政府首购基本条件的试制品的采购活动参照本办法执行。

第二十七条　本办法未作出规定的，应当按照政府采购有关规定执行。

第二十八条　首购产品公布前的政府采购合同继续执行，首购产品公布后的政府采购活动，应当按照政府首购政策执行。

第二十九条　涉及国家安全和秘密的项目不适用本办法。

第三十条　本办法自印发之日起施行。

（七）正版软件

国家版权局　信息产业部　财政部　国务院机关事务管理局关于政府部门购置计算机办公设备必须采购已预装正版操作系统软件产品的通知

国权联［2006］1号

各省、自治区、直辖市版权局、信息产业厅（局）、财政厅（局）、机关事务管理局，国务院各部委、各直属机构办公厅：

近年来，各级人民政府认真贯彻落实《国务院办公厅关于使用正版软件清理盗版软件的通知》（国办函［2001］57号）、《国务院办公厅关于地方人民政府使用正版软件的通知》（国办函［2004］41号）精神，积极推进政府部门软件正版化工作，并取得了显著成效。为进一步巩固政府部门软件正版化工作成果，建立使用正版软件的长效工作机制，营造良好的软件知识产权保护环境，维护计算机市场和软件市场秩序，根据《中华人民共和国著作权法》、《计算机软件保护条例》，以及《信息产业部　国家版权局　商务部关于计算机预装正版操作系统软件有关问题的通知》的规定，特通知如下：

一、今后各级政府部门在购置计算机办公设备时，必须采购预装正版操作系统软件的计算机产品。

二、各级政府部门购置计算机办公设备，必须提供必要的购买软件的配套资金。

三、各级人民政府的版权、信息产业和财政等部门要根据各自的职责，认真做好购置预装正版操作系统软件的计算机产品的资金保障、政府采购和监督检查工作，确保各级政府部门使用正版软件。

二〇〇六年三月三十日

国务院办公厅关于进一步做好政府机关使用正版软件工作的通知

国办发［2010］47号

各省、自治区、直辖市人民政府，国务院各部委、各直属机构：

党中央、国务院一直高度重视软件知识产权保护工作，从2001年起在政府机关全面推广使用正版软件，基本实现了中央、省、市（地）三级政府机关使用正版软件的工作目标。为巩固政府机关使用正版软件的工作成果，建立长效机制，经国务院同意，现就进一步做好使用正版软件工作通知如下：

一、进一步提高认识。各级政府机关带头使用正版软件，有利于在全社会形成尊重知识、保护知识产权的良好环境，对于树立政府机关良好形象，促进软件产业发展具有重要意义。各级政府机关工作人员要切实增强保护知识产权意识，自觉使用正版软件。

二、开展使用正版软件专项检查工作。各级政府机关要对本单位使用正版软件情况进行一次专项检查，重点检查办公软件、杀毒软件使用情况。新闻出版（版权）部门会同有关部门对部分地区、单位进行重点抽查。使用非正版软件的，要及时进行整改。对需要的正版软件，要安排必要的资金并按照政府采购相关规定购买。各单位购置、更换计算机办公设备必须同时安排必要的软件购置资金。要认真落实有关要求，将软件作为资产纳入部门资产管理体系，加强软件的资产管理。其他国家机关使用正版软件的检查和整改工作，参照上述要求执行。

三、切实落实预装正版操作系统软件的规定。各级政府机关购买的计算机办公设备必须符合预装正版操作系统软件的要求，各单位更新计算机操作系统软件必须使用正版产品。工业和信息化部门要加强计算机预装操作系统软件的监督管理工作。

四、落实政府机关使用正版软件管理监督责任。各级政府、各部门主要负责同志作为第一责任人，保证本单位软件使用正版化。各有关部门要密切合作，根据职责分工，切实做好使用正版软件工作。工业和信息化部门要加强软件产品质量管理，督促企业做好售后服务。新闻出版（版权）、工商、商务部门要根据各自职责维护好软件市场秩序，促进公平竞争。财政部门负责正版软件的资金保障，加强对软件资产管理的指导。新闻出版（版权）部门要会同工业和信息化、财政等部门做好使用正版软件的日常监管和督促检查工作，新闻出版总署（国家版权局）每年都要会同有关部门组织检查，并将年度检查情况报告国务院。

五、中央国家机关软件正版化专项检查和整改工作于2011年5月底前完成，省、市（地）、县级政府机关软件正版化专项检查和整改工作于2011年10月底前完成。各地区、各部门要将完成情况及时报送新闻出版总署（国家版权局），新闻出版总署（国家版权局）汇总后报国务院。

国务院办公厅

二〇一〇年十月十八日

财政部关于进一步做好政府机关使用正版软件工作的通知

财预［2010］536号

国务院各部委、各直属机构，各省、自治区、直辖市、计划单列市财政厅（局）：

今年以来，各地区、各部门认真贯彻落实《国务院办公厅关于进一步做好政府机关使用正版软件工作的通知》（国办发［2010］47号），积极进行软件使用清查、更换，促进了正版软件的推广使用。为继续做好政府机关使用正版软件工作，现将有关事项通知如下：

一、进一步提高认识。使用正版软件对于保护知识产权，维护软件市场正常秩序，推动我国软件产业加快发展至关重要。各地区、各部门要高度重视，采取措施，促进政府机关率先使用正版软件，各机关工作人员要增强保护知识产权意识，自觉使用正版软件。

二、加强经费保障工作。各级财政部门要采取措施，将政府机关需要采购的正版软件经费纳入预算。中央国家机关各部门所需软件采购经费，应通过公用经费、部门机动费、部门预算结余结转资金、信息化建设专项经费等渠道予以保障，上述渠道仍解决不了的，可申请财政专款解决。地方机关软件采购经费，由地方各级财政部门参照以上办法具体规定。

三、做好正版软件采购工作。采取切实措施，进一步加强政府采购过程中的知识产权审核管理，防止侵权仿冒商品进入政府采购渠道。对需要购置的纳入政府集中采购目录的正版通用软件，要按照《中华人民共和国政府采购法》的有关规定，实行政府集中采购，并对软件互相兼容、升级等售后服务提出具体要求，维护软件市场公平竞争秩序。

四、加强软件购置和使用管理。各部门、各单位更新、购置软件要从满足工作需要出发，坚持勤俭节约，防止损失浪费。对达到固定资产价值和使用年限的软件，要按照国家有关规定纳入固定资产进行核算管理。各级财政部门要认真做好监督检查工作。

二〇一〇年十二月二十二日

关于进一步规范和加强政府机关软件资产管理的意见

财行［2011］7号

党中央有关部门，国务院各部委、各直属机构，全国人大常委会办公厅，全国政协办公厅，高法院，高检院，有关人民团体，各省、自治区、直辖市、计划单列市财政厅（局），新疆生产建设兵团财务局：

为贯彻落实国务院关于加强软件资产管理和知识产权保护精神，扎实推进政府机关软件正版化工作，建立和完善软件资产管理长效机制，根据《国务院办公厅关于进一步做好政府机关使用正版软件工作的通知》（国办发［2010］47号）、《行政单位财务规则》（财政部令第9号）、《行政单位国有资产管理暂行办法》（财政部令第35号）等有关规定，现就进一步规范和加强政府机关软件资产管理有关事项通知如下：

一、充分认识规范和加强软件资产管理的重要意义

党中央、国务院高度重视软件知识产权保护工作。近年来，随着经济社会的快速发展和公共管理信息化水平的显著提升，各级政府机关拥有的软件资产规模迅速扩大，种类和数量快速增加，软件资产已经成为政府机关国有资产的重要组成部分。特别是随着软件知识产权保护力度的不断加大，软件使用逐步规范，对软件资产管理工作提出了更高的要求。对此，各地区、各部门要高度重视，充分认识规范和加强政府机关软件资产管理，对促进知识产权保护，提高政府机关国有资产管理水平，推动我国软件产业发展的重要意义，完善软件资产管理制度，不断规范和加强软件资产管理，促进软件市场公平竞争秩序，维护消费者合法权益。

二、进一步规范和完善软件资产管理重点环节

各级财政部门要采取措施，加强经费保障，将政府机关需要采购的正版软件经费纳入预算。与此同时，要进一步规范和加强软件资产管理。各单位要按照国务院要求加强软件的资产管理，制定软件配置、使用和处置等环节的具体管理办法。

（一）配置环节。政府机关更新、购置软件要从满足实际工作需要出发，坚持勤俭节约，从严控制，合理配置。要在全面掌握本部门软件资产情况、工作人员人数、配备各类计算机数以及需要更换和采购的软件数的基础上，区分操作系统软件、办公软件和杀毒软件以及国内企业软件和国外企业软件，细化软件配置需求，科学合理地确定软件配置计划，并将正版软件采购经费纳入预算管理和国有资产管理。

（二）使用环节。各级政府机关要加强软件使用的培训和管理，严格执行软件使用操作规程。进一步增强软件知识产权保护意识，明确正版软件使用管理责任，加强软件资产日常管理和维护，充分发挥软件资产的使用效益，形成自觉使用正版软件、杜绝盗版侵权的长效机制。要积极探索建立政府机关内部资产管理部门主导、技术管理等部门配合的软件资产使用管理制度。资产管理部门在统一管理软件资产，建立健全软件资产账卡的前提下，根据工作需要委托技术管理等部门具体管理部分软件资产，建立明确的软件资产使用管理责任制。

（三）处置环节。软件资产处置应当严格履行审批手续，坚持优先整合利用。对于确实无法整合利用的，经专业技术鉴定后，应当严格按照国有资产处置程序进行处置，并及时调整资产账卡。以授权形式购置的软件资产到期后，应当及时办理处置手续，停止使用。为专项工作开发或配发的软件在工作任务完成后，失去使用价值且确实无法整合利用的，应当及时进行处置。

三、建立健全软件资产分类核算管理工作机制

政府机关按照有关规定，通过各种方式形成的软件资产均属于国有资产，应当纳入部门资产管理体系，确保软件资产的安全完整。对达到固定资产价值和使用年限标准的软件，要按照中华人民共和国国家标准《固定资产分类与代码》（GB/T 14885－2010）等有关规定，纳入部门资产进行核算管理。在此基础上，根据不同软件资产的特点，区分情况，有针对性地开展软件资产管理工作。

（一）采购的商业软件。应当建立健全软件验收入库、保管和领用制度，建立软件资产账卡，规范软件资产财务入账等基础管理工作。要严格按照采购合同的约定，重点加强对软件授权证书或许可协议等核心资料的管理工作，确保软件资产安全，切实维护采购软件的知识产权。

（二）自行开发或升级的软件。要切实加强对自行开发、升级软件的财务核算、资产管理和知识产权管理工作。合理确定开发或升级过程中发生的

支出，加强软件资产价值核算，及时组织验收，建立或调整软件资产账卡。要加强对自行开发软件源代码、开发档案、验收文件等技术资料的归档管理，以及自主知识产权保密工作，妥善保管相关软件载体，确保软件资产安全保密。

（三）统一配发使用的软件。政府机关取得上级或同级部门基于特定工作需要统一配发，使用期限在一年以上的软件，应当视同无偿调拨的固定资产进行管理，建立软件资产卡片，加强对软件载体如光盘使用过程中的管理维护，确保相关工作任务的顺利完成。

四、切实加强正版软件采购工作

要严格执行软件正版化的有关规定，全面采购和使用正版软件。要进一步规范软件产品政府采购行为，建立健全相关工作机制，采取切实措施，加强采购过程中知识产权的审核管理，防止侵权仿冒商品进入政府采购渠道。对需要购置的纳入政府集中采购目录的软件资产，应当严格按照《中华人民共和国政府采购法》的有关规定，实行政府集中采购。对于达到公开招标数额标准以上的软件资产，应当严格履行公开招标程序。采购正版软件应当对软件互相兼容、授权方式、信息安全、升级等售后服务提出具体要求，维护软件市场公平竞争秩序。同时，要注意加强软硬件采购的衔接，确保采购的计算机办公设备符合预装正版操作系统软件的要求。

五、规范和加强软件资产管理工作要求

（一）加强组织领导，狠抓工作落实。各级政府机关要把加强软件资产管理作为完善部门国有资产管理体系，推进软件知识产权保护工作的关键环节抓紧落实。要紧密结合政府机关软件正版化专项检查和整改工作，对本单位软件情况进行全面、彻底的检查、清查，及时将仍在使用并在有效期内的软件资产全部纳入部门资产管理体系，不断完善软件资产配置、使用、处置等各环节管理，建立正版软件资产管理的长效机制。

（二）落实各方责任，建立联动机制。各级财政部门要认真落实国务院关于使用正版软件的要求，明确采购软件的经费渠道，确保软件采购经费的落实。同时，积极配合新闻出版（版权）、工业和信息化、审计等部门做好软件正版化和软件资产管理的有关工作。各级政府机关也应当尽快建立单位内部软件资产管理联动机制，加强资产部门、财务部门、技术部门的分工合作，确保软件资产管理工作有效运行。

（三）强化督促指导，加强考核评估。各级财政部门要加强对本级政府

机关软件资产管理工作的监督检查和指导工作，抓紧研究制定本级政府机关软件资产管理的具体办法，推进政府机关软件资产管理的规范化。要积极探索将软件资产管理纳入政府机关国有资产管理考核评价体系，及时总结经验，不断完善政策。

（四）加强审计监督，防止损失浪费。要充分发挥审计、财政监督等外部监管力量，切实将软件资产的财务核算、配置使用，以及软件正版化等情况纳入部门审计范围，确保软件资产管理规范工作有序推进。各级政府机关也要通过内部审计、财务检查等多种形式，自觉规范和加强单位内部软件资产管理和软件正版化工作，自觉保护软件知识产权，提高软件资产使用效益，防止损失浪费。

财政部

二〇一一年二月二十二日

（八）其他

财政部　国家发展改革委　信息产业部关于印发无线局域网产品政府采购实施意见的通知

财库［2005］366 号

党中央有关部门，国务院各部委、各直属机构，全国人大常委会办公厅，全国政协办公厅，最高人民法院，最高人民检察院，有关人民团体，新疆生产建设兵团，各省、自治区、直辖市、计划单列市财政厅（局）、信息产业厅（局），发展改革委：

为了保障国家信息安全，维护国家利益和社会公共利益，推进国民经济和社会信息化建设，根据《中华人民共和国政府采购法》，财政部、国家发展改革委、信息产业部制定了《无线局域网产品政府采购实施意见》，现印发给你们，请遵照执行。

附件：无线局域网产品政府采购实施意见

二〇〇五年十二月三十日

附件：

无线局域网产品政府采购实施意见

为了保障国家信息安全，维护国家利益和社会公共利益，推进国民经济和社会信息化建设，根据《中华人民共和国政府采购法》，现就推行无线局域网产品政府采购提出如下意见：

一、各地区、各部门要高度重视，加强组织管理和监督，确保无线局域网产品政府采购工作落到实处。

二、各级国家机关、事业单位和团体组织（以下统称采购人）用财政性资金采购无线局域网产品和含有无线局域网功能的计算机、通信设备、打印机、复印机、投影仪等产品的，应当优先采购符合国家无线局域网安全标准（GB 15629.11/1102）并通过国家产品认证的产品（以下简称认证产品）。其中，国家有特殊信息安全要求的项目必须采购认证产品。

三、财政部、国家发展改革委、信息产业部根据政府采购改革进展和无线局域网产品技术及市场成熟等情况，从国家指定的认证机构认证的生产厂商和产品型号中确定优先采购的产品，并以“无线局域网认证产品政府采购清单”（以下简称清单）的形式公布。

清单中新增认证产品厂商和型号，由财政部、国家发展改革委、信息产业部以文件形式确定、公布并适时调整。

四、中国政府采购网（http：//www.ccgp.gov.cn/）、国家发展改革委网（http：//www.ndrc.gov.cn）、信息产业部网（http：//www.mii.gov.cn）为认证产品清单公告媒体。为确保上述信息的准确性，未经财政部、国家发展改革委、信息产业部允许，不得转载。

五、采购人采购无线局域网产品和含有无线局域网功能的计算机、通信设备、打印机、复印机、投影仪等产品时，在政府采购评审方法中，应当考虑信息安全认证因素，优先采购清单中的产品。采用最低评标价法的采购项目，清单中的产品不是最低报价但不高于排序第一的一般产品报价一定比例的，应当将采购合同授予提供认证产品的投标人。采用综合评标法的采购项目，应当在评审总分基础上对清单中的产品合理加分。

六、在政府采购活动中，采购人应当在政府采购招标文件（含谈判文件、询价文件）中载明对产品的认证要求、合格产品的条件和认证产品优先采购的评审标准。

七、采购人或其委托的采购代理机构未按上述要求采购的，有关部门要按照有关法律、法规和规章予以处理，财政部门视情况可以拒付采购资金。

八、本意见由财政部负责解释。

九、本意见自 2006 年 2 月 1 日起施行。

附：无线局域网认证产品政府采购清单（略）

四、

业务管理篇

（一）品目目录管理

财政部关于印发《政府采购品目分类表》的通知

财库［2000］10号

国务院各部委、各直属机构，各中直机关，各人民团体，全国人大办公厅，全国政协办公厅，高法院，高检院，各省、自治区、直辖市、计划单列市财政厅（局），新疆生产建设兵团：

为了使政府采购工作范围清晰、分类科学，准确地反映我国政府采购工作的基本内容和发展方向，便于对政府采购信息进行统计加工和分类检索，同时，为编制年度政府采购目录和政府采购预算提供依据，我部制定了《政府采购品目分类表》，现印发给你们，请遵照执行。执行中发现问题，请及时函告我部。

附件：政府采购品目分类表

二〇〇〇年九月二十八日

附件：

政府采购品目分类表

序　号	品目名称	备　注
A	**货物类**	
A01	土地	
A02	建筑物	
A0201	办公用房	
A0202	宿舍用房	
A0299	其他建筑物	
A03	一般设备	
A0301	电器设备	
A030101	电视机	
A030102	电冰箱	
A030103	洗衣机	
A030104	吸尘器	
A030105	摄影、摄像器材	
A030106	空气调节设备	包括除湿设备
A030199	其他电器设备	
A0302	办公自动化设备	
A030201	计算机	
A030202	打印机	
A030203	电话机	
A030204	传真机	
A030205	复印机	
A030206	速印机	
A030207	碎纸机	
A030208	投影仪	
A030209	扫描仪	

续表

序　号	品目名称	备　注
A030299	其他办公自动化设备	
A0303	家具	
A030301	办公家具	
A030302	宿舍家具	
A030399	其他家具	
A04	办公消耗用品	
A0401	纸张	
A0402	信封	
A0403	档案夹	
A0404	软盘	
A0405	可写光盘	
A0406	硒鼓	
A0407	墨盒、墨粉	
A0408	色带	
A0499	其他消耗用品	
A05	建筑、装饰材料	
A0501	水泥	
A0502	木材	
A0503	板材	
A0504	金属材料	
A0505	瓷砖	
A0506	清洁用具	
A0507	玻璃	
A0508	油漆	
A0599	其他建筑、装饰材料	
A06	物资	
A0601	救灾物资	
A0602	防汛物资	
A0603	抗旱物资	
A0604	农用物资	
A0605	储备物资	包括粮食、糖、棉花等

续表

序　号	品目名称	备　注
A0606	燃料	
A0699	其他物资	
A07	专用材料	
A0701	药品及医疗耗材	
A0702	兽医用品	
A0703	图书资料	
A0704	实验室用品及小型设备	
A0705	胶片胶卷、录音录像带	
A0706	工具和仪器	指仪表、乐器等
A0707	艺术部门用材料和用品	反映演出用服装、道具等
A0708	军装、制服及劳保用品	
A0799	其他专用材料	
A10	专用设备	
A1001	通信设备	
A100101	移动通信设备	
A100102	电话通信设备	
A100199	其他通信设备	
A1002	印刷设备	
A1003	照排设备	
A1004	网络设备	
A100401	服务器	
A100402	路由器	
A100403	交换机	
A100404	调制解调器	
A100499	其他网络设备	
A1005	发电设备	
A1006	医疗设备、器械	
A1007	计划生育设备	
A1008	交通管理监控设备	
A1009	港口设备	
A1010	农用机械设备	

续表

序　号	品目名称	备　注
A1011	工程机械	
A1012	园艺机械	
A1013	消防设备	
A1014	道路清扫设备	
A1015	警用设备和用品	
A1016	保安设备	
A1017	军用设备和用品	
A1018	档案、保密设备	
A1019	教学设备	
A1020	实验室设备	
A1021	广播电视、影像设备	
A1022	灯光、音响设备	
A1023	文艺设备	
A1024	体育设备	
A1025	地震设备	
A1026	殡仪火化设备	
A1027	电梯和起重机	
A1028	炊事设备	
A1029	锅炉	
A1099	其他专用设备	
A11	交通工具	
A1101	汽车	
A110101	轿车	
A11010101	普通轿车	
A11010102	高级轿车	
A110102	越野汽车（吉普车）	
A110103	卡车	
A110104	载客汽车	
A11010402	旅行面包车	
A11010403	公共汽车	
A11010404	微型客车	

续表

序　号	品目名称	备　注
A11010499	其他载客汽车	
A110105	专用汽车	
A11010501	工程汽车	
A11010502	工具汽车	
A11010503	消防车	
A11010504	警车	
A11010505	救护车	
A11010506	通讯和广播用车	
A11010507	皮卡	
A11010508	洒水车	
A11010509	道路清扫车	
A11010510	垃圾车	
A11010599	其他专用汽车	
A110106	摩托车	
A110107	电车	
A1102	船只	
A1103	飞机	
A1199	其他交通工具	
A99	其他货物	
B	**工 程 类**	
B01	建筑物	
B0101	公用房建设	
B0102	住房建设	
B0103	其他用房建设	
B0104	文教、卫生、音乐、体育等公益设施建设	
B0105	纪念性建筑设施建设	
B0199	其他建筑设施建设	
B02	市政建设工程	
B0201	市政道路建设	
B0202	市政公用设施建设	
B0203	自来水输水工程	

续表

序　号	品目名称	备　注
B0204	集中供暖、供热、供气工程	
B03	环保、绿化工程	
B0301	污水处理	
B0302	市政垃圾处理	
B0303	园林绿化工程	
B0304	荒山绿化	
B0305	天然林保护	
B0306	防沙工程	
B04	水利、防洪工程	
B0401	河道疏浚工程	
B0402	大坝、水库、闸门、泄洪工程	
B0403	农田水利工程	
B0404	江河、湖泊治理工程	
B05	交通运输工程	
B0501	机场、航空工程	
B0502	港口工程	
B0503	铁路工程	
B0504	公路、桥梁、涵洞	
B06	油气工程	
B07	电力工程	
B08	电信工程	
B09	修缮、装饰工程	
B10	系统集成、网络工程	
B99	其他各类工程	
C	**服务类**	
C01	印刷、出版	
C02	专业咨询、工程监理、工程设计	
C03	信息技术、信息管理软件的开发设计	
C04	维修	
C0401	一般设备	
C0402	专用设备	

续表

序　号	品目名称	备　注
C0403	建筑物	
C0499	其他维修	
C05	保险	
C06	租赁	
C0601	办公用房	
C0602	宿舍用房	
C0603	仓库	
C0604	设备和机械	
C0699	其他租赁	
C0703	交通工具的维护保障	
C070301	车辆保险	
C070302	车辆加油	
C070303	车辆维修	
C08	会议	
C0801	大型会议	包括全国或区域党代会、人代会、政协会等大型会议
C0802	一般会议	包括各种会议，如研讨会、表彰会等
C09	培训	
C0901	国内培训	
C0902	国外培训	
C10	物业管理	
C99	其他服务	

国务院办公厅关于印发中央预算单位2011—2012年政府集中采购目录及标准的通知

国办发［2010］61号

国务院各部委、各直属机构：

《中央预算单位2011—2012年政府集中采购目录及标准》已经国务院同意，现印发给你们，请遵照执行。

二〇一〇年十二月五日

中央预算单位2011—2012年政府集中采购目录及标准

一、集中采购机构采购项目

（一）以下项目必须按规定委托集中采购机构代理采购：

目录项目	适用范围	备　注
一、货物类		
台式计算机		
便携式计算机		
计算机通用软件	京内单位	指直接从市场可以购买的标准软件等非定制开发的商业软件，不包括定制软件和对购买的标准软件再进行第二次开发的软件
服务器		
网络设备		指网络交换机、网络路由器、无线局域网产品、网络存储设备、网络测试设备、网络监控设备、网络安全产品、网络应用加速器
音视频会议设备	京内单位	
复印机		
文印设备		指速印机、胶印机、数码印刷机、装订机
多功能一体机		
打印机		
传真机		
扫描仪		
投影机		
碎纸机	京内单位	
摄像机	京内单位	指单台或批量金额在1万元以上
电视机	京内单位	
电冰箱	京内单位	
复印纸	京内单位	

续表

目录项目	适用范围	备　注
移动存储设备		指单项或批量金额在1000元以上
照相机		指单台或批量金额在1万元以上
汽车		指单价在5万元以上的轿车、越野汽车、面包车、大客车
电梯	京内单位	指单价在10万元以上
供暖锅炉	京内单位	
空调机		指除中央空调以外的空调
办公家具	京内单位	指单项或批量金额在2万元以上的木制或木制为主、钢制或钢制为主的家具
变配电设备	京内单位	
二、工程类		
统一组织的房屋（含宿舍）修缮、装修	京内单位	指用国务院机关事务管理局、中直管理局分配资金进行的房屋（含宿舍）修缮、装修的项目
三、服务类		
汽车维修	京内单位	
汽车保险		
汽车加油	京内单位	
印刷项目	京内单位	指单项或批量金额在2万元以上的本单位文印部门（含本单位下设的出版部门）不能承担的票据、证书、期刊、文件、公文用纸、资料汇编、信封等印刷业务
会议服务	京内单位	指单项会议金额在2万元以上
工程监理	京内单位	指对建设工程（包括建筑物和构筑物的新建、扩建、装修、拆除、修缮）的监理
机关办公场所物业管理	京内单位	指单项或批量金额在50万元以上，用于机关办公场所水电供应、设备运行、建筑物门窗保养维护、保洁、保安的项目

注：表中“适用范围”栏中未注明的，均适用所有中央预算单位

（二）列入财政部等有关部门印发的节能产品政府采购清单中的产品应当委托集中采购机构实行集中采购。

二、部门集中采购项目

以下项目原则上应当实行部门集中采购。部门集中采购由部门自行组织，可以委托集中采购机构采购，也可以委托社会采购代理机构采购。

（一）货物类。救灾物资、防汛物资、抗旱物资、农用物资、储备物资、医疗设备和器械、计划生育设备、交通管理监控设备、港口设备、农用机械设备、气象专用仪器设备、人工影响天气作业设备、测绘专业仪器设备、消防设备、警用设备和用品、专用教学设备、广播电视和影像设备及专业摄影器材、文艺设备、体育设备、海关专用物资设备、税务专用物资装备、边界勘界和联检专用设备、质检专用仪器设备、海洋专用仪器设备、金融系统专用设备及有价单证和凭证、救助船舶和直升机、执法船艇、检察诉讼设备、法庭内部装备、特种车辆（指事先在车内装有固定专用仪器设备，从事监测、消防、医疗、电视转播、雷达等专业工作的车辆）、缉私船、地震专用仪器设备、水利专用仪器设备（水保、水文专用仪器设备）。

（二）工程类。部门确定的本系统京内单位公用房建设及修缮和装修工程。

（三）服务类。本部门或本系统信息管理系统开发及维护项目，部门确定的其他有特殊要求的专用服务项目。

三、分散采购限额标准

除集中采购机构采购项目和部门集中采购项目外，各部门自行采购单项或批量金额达到50万元以上的货物和服务的项目、60万元以上的工程项目应执行《中华人民共和国政府采购法》和《中华人民共和国招标投标法》有关规定。

四、公开招标数额标准

政府采购货物或服务的项目，单项或批量采购金额一次性达到120万元以上的，必须采用公开招标方式。政府采购工程公开招标数额标准按照国务院有关规定执行，200万元以上的工程项目应采用公开招标方式。

（二）信息管理

政府采购信息公告管理办法

财政部第19号令

《政府采购信息公告管理办法》已经部务会议讨论通过，现予公布，自2004年9月11日起施行。

二〇〇四年八月十一日

附件：

政府采购信息公告管理办法

第一章 总 则

第一条 为了规范政府采购信息公告行为，提高政府采购活动透明度，促进公平竞争，根据《中华人民共和国政府采购法》（以下简称政府采购法），制定本办法。

第二条 政府采购信息，是指规范政府采购活动的法律、法规、规章和其他规范性文件，以及反映政府采购活动状况的数据和资料的总称。

政府采购信息公告，是指将本办法规定应当公开的政府采购信息在财政部门指定的政府采购信息发布媒体上向社会公开发布。

第三条 采购人、采购代理机构应当按照有关政府采购的法律、行政法规和本办法规定，公告政府采购信息。

前款所称采购代理机构，是指集中采购机构和依法经认定资格的其他采购代理机构。

第四条 政府采购信息公告应当遵循信息发布及时、内容规范统一、渠道相对集中，便于获得查找的原则。

第五条 县级以上各级财政部门负责对政府采购信息公告活动进行监督、检查和管理。但是，下列职责由省级以上财政部门履行：

（一）确定应当公告的政府采购信息的范围和内容；

（二）指定并监督检查公告政府采购信息的媒体。

第六条 财政部负责确定政府采购信息公告的基本范围和内容，指定全国政府采购信息发布媒体。

省级（含计划单列市，下同）财政部门负责确定本地区政府采购信息公告的范围和内容，可以指定本地区政府采购信息发布媒体。

除财政部和省级财政部门以外，其他任何单位和个人不得指定政府采购信息的发布媒体。

第七条 政府采购信息应当首先在财政部指定的政府采购信息发布媒体上公告。

地方的政府采购信息可以同时在其省级财政部门指定的政府采购信息发

布媒体上公告。

第二章　政府采购信息公告范围与内容

第八条　除涉及国家秘密、供应商的商业秘密，以及法律、行政法规规定应予保密的政府采购信息以外，下列政府采购信息必须公告：

（一）有关政府采购的法律、法规、规章和其他规范性文件；

（二）省级以上人民政府公布的集中采购目录、政府采购限额标准和公开招标数额标准；

（三）政府采购招标业务代理机构名录；

（四）招标投标信息，包括公开招标公告、邀请招标资格预审公告、中标公告、成交结果及其更正事项等；

（五）财政部门受理政府采购投诉的联系方式及投诉处理决定；

（六）财政部门对集中采购机构的考核结果；

（七）采购代理机构、供应商不良行为记录名单；

（八）法律、法规和规章规定应当公告的其他政府采购信息。

第九条　除本办法第八条规定内容外，省级以上财政部门可以根据管理需要，增加需要公告的政府采购信息内容。

第十条　公开招标公告应当包括下列内容：

（一）采购人、采购代理机构的名称、地址和联系方式；

（二）招标项目的名称、用途、数量、简要技术要求或者招标项目的性质；

（三）供应商资格要求；

（四）获取招标文件的时间、地点、方式及招标文件售价；

（五）投标截止时间、开标时间及地点；

（六）采购项目联系人姓名和电话。

第十一条　邀请招标资格预审公告应当包括下列内容：

（一）采购人、采购代理机构的名称、地址和联系方式；

（二）招标项目的名称、用途、数量、简要技术要求或招标项目的性质；

（三）供应商资格要求；

（四）提交资格申请及证明材料的截止时间及资格审查日期；

（五）采购项目联系人姓名和电话。

第十二条　中标公告应当包括下列内容：

（一）采购人、采购代理机构的名称、地址和联系方式；

（二）采购项目名称、用途、数量、简要技术要求及合同履行日期；

（三）定标日期（注明招标文件编号）；

（四）本项目招标公告日期；

（五）中标供应商名称、地址和中标金额；

（六）评标委员会成员名单；

（七）采购项目联系人姓名和电话。

第十三条 采购信息更正公告应当包括下列内容：

（一）采购人、采购代理机构名称、地址和联系方式；

（二）原公告的采购项目名称及首次公告日期；

（三）更正事项、内容及日期；

（四）采购项目联系人和电话。

第十四条 采购代理机构、供应商不良行为记录名单公告，应当包括当事人名称、事由、处理机关和处理结果等内容。

第十五条 投诉处理决定公告应当包括下列内容：

（一）采购人、采购代理机构名称；

（二）采购项目名称及采购日期；

（三）投诉人名称及投诉事项；

（四）投诉处理机关名称；

（五）处理决定的主要内容。

第三章 政府采购信息公告管理

第十六条 公告政府采购信息必须做到内容真实、准确可靠，不得有虚假和误导性陈述，不得遗漏依法必须公告的事项。

第十七条 在各政府采购信息指定发布媒体上分别公告同一政府采购信息的，内容必须保持一致。内容不一致的，以在财政部指定的政府采购信息发布媒体上公告的信息为准，但法律、行政法规另有规定的除外。

第十八条 在各政府采购信息指定发布媒体上公告同一政府采购信息的时间不一致的，以在财政部指定的政府采购信息发布媒体上最早公告信息的时间为公告时间和政府采购当事人对有关事项应当知道的时间。

第十九条 政府采购法律、法规、规章和其他规范性文件，集中采购目录、政府采购限额标准，公开招标限额标准等信息，由省级以上人民政府财政部门负责在政府采购信息指定发布媒体上公告。

第二十条 招标投标信息由采购人或者其委托的采购代理机构负责在政府采购信息指定发布媒体上公告。

第二十一条 对集中采购机构的考核结果以及采购代理机构、供应商不良行为记录名单等信息，由同级人民政府财政部门按照有关规定在政府采购信息指定媒体上公告。

第二十二条 本办法第十九条、第二十条和第二十一条规定以外的其他信息，属于政府采购监督管理方面的，由同级人民政府财政部门进行公告；属于采购业务方面的，由采购人或者其委托的采购代理机构进行公告。

第二十三条 采购人、采购代理机构需要公告政府采购信息的，应当以传真、电子邮件等快捷方式将信息提供给政府采购信息指定发布媒体，也可经同级人民政府财政部门提供给政府采购信息指定发布媒体。

第四章 政府采购信息指定媒体管理

第二十四条 政府采购信息指定发布媒体负责承办本办法规定的政府采购信息发布的具体事宜。

政府采购信息指定发布媒体发布政府采购信息，应当体现公益性原则。

第二十五条 政府采购信息指定发布媒体应当按照信息提供者提供的信息内容发布信息。但是，对信息篇幅过大的，政府采购信息指定发布媒体可以按照统一的技术要求进行适当的压缩和调整；进行压缩和调整的，不得改变提供信息的实质性内容。

第二十六条 政府采购信息指定发布媒体发现信息提供者提供的信息违反法律、法规、规章和本办法规定的，应当及时建议信息提供者修改；信息提供者拒不修改的，应当向信息提供者同级的人民政府财政部门报告。

第二十七条 财政部门指定的政府采购信息发布媒体中的网络媒体，应当在收到公告信息之日起 1 个工作日内上网发布；指定的报纸，应当在收到公告信息之日起 3 个工作日内发布；指定的杂志，应当及时刊登有关公告信息。

第二十八条 政府采购信息指定发布媒体应当对其发布的政府采购信息进行分类统计，并将统计结果按期报送同级人民政府财政部门。

第二十九条 政府采购信息指定发布媒体应当向社会公告本媒体的名称和联系方式。名称和联系方式发生变更的，应当及时向社会公告，并向负责指定其发布政府采购信息的财政部门备案。

第五章 法律责任

第三十条 采购人或者采购代理机构有下列情形之一的，由县级人民政府财政部门责令限期改正，给予警告；对直接负责的主管人员和其他直接责任人员，由其行政主管部门或者有关机关给予处分，并予通报：

（一）应当公告政府采购信息而未公告的；

（二）不首先在财政部指定的政府采购信息发布媒体上公告信息，或者不在财政部门指定的政府采购信息发布媒体上公告信息的；

（三）政府采购信息内容明显违反本办法规定的；

（四）在两个以上政府采购信息指定发布媒体上公告同一信息的实质内容明显不一致的；

（五）未按规定期限公告信息的。

第三十一条 采购人或者采购代理机构有下列情形之一的，采购无效，并由县级人民政府财政部门给予警告或者通报批评；属于政府采购代理机构责任且情节严重的，依法取消其进行相关业务资格：

（一）招标投标信息中以不合理条件限制或者排斥潜在投标人的；

（二）公告的信息不真实，有虚假或者欺诈内容的。

第三十二条 政府采购信息指定发布媒体有下列情形之一的，由省级以上人民政府财政部门给予警告；情节严重的，依法取消其政府采购信息指定发布媒体资格；造成经济损失的，依法承担相应的赔偿责任：

（一）违反事先约定收取或者变相收取信息发布费用的；

（二）无正当理由拒绝发布信息提供者提供信息的；

（三）无正当理由延误政府采购信息发布时间的；

（四）发布政府采购信息改变信息提供者提供信息实质性内容的；

（五）其他违反政府采购信息管理的行为。

第三十三条 任何单位和个人非法干预政府采购信息公告活动的，由省级以上人民政府财政部门责令限期改正，给予警告；拒不改正的，转送有关机关依法处理。

第三十四条 任何单位或者个人发现政府采购信息发布活动不符合本办法规定的，有权向同级人民政府财政部门控告和检举，有关财政部门应当依法予以处理。

第六章 附 则

第三十五条 省级财政部门可以根据本办法，制定具体实施办法。

第三十六条 本办法自 2004 年 9 月 11 日起施行。财政部 2000 年 9 月 11 日颁布实施的《政府采购信息公告管理办法》（财库［2000］7 号）同时废止。

财政部关于中国政府采购网有关管理问题的通知

财库［2000］28号

国务院各部委、各直属机构，各中直机关，各人民团体，全国人大办公厅，全国政协办公厅，高法院，高检院，解放军总后勤部，武警总部，各省、自治区、直辖市、计划单列市财政厅（局)，新疆生产建设兵团财务局：

为加强政府采购信息网络建设，在全国范围内建立起统一、规范的政府采购信息发布渠道，提高政府采购工作的公开性和透明度，财政部创办了“中国政府采购网”，并计划于2000年12月31日正式开通。现将有关网络管理事项通知如下：

一、“中国政府采购网”是财政部开发设计和主办的用于全国政府采购信息统一管理的专业网站。其国际互联网网址域名为中国政府采购的英文缩写：www. ccgp. gov. cn。“中国政府采购网”与财政部正在开发、建设中的基于政府采购业务的内部信息管理系统和包括在线招投标在内的电子商务系统共同组成中国政府采购信息网络系统。

二、为了做到网络互联互通、减少重复建设、降低网络建设和维护的费用支出、体现信息的规模优势，中国政府采购网实行“统一开发、统一管理、集中发布、分级维护”的管理体制。即由财政部统一负责网站的开发设计、域名注册、系统建设、宣传推广及日常运行等管理工作，各级政府采购管理部门和执行部门必须及时加载信息，按统一的域名使用并维护中国政府采购网。

三、“中国政府采购网”栏目设置主要有政策法规、理论园地、各地动态、经验交流、采购预告、招标公告、中标信息、专家库信息、供应商及商品信息等，在开通初期其主要功能是发布政府采购信息公告。随着基础条件的改善和互联网技术的发展，将开发设计标书下载、网上询价、电子投标、网上评标、网上支付等政府采购电子商务（G to B）系统。

四、为了加强网络统一管理，减少网络设备的重复购置，财政部将通过在“中国政府采购网”上建立虚拟主机的方式，为各地方政府采购部门分别设计风格统一的网页并注册域名（见附表）。各分网计划在2001年上半年全部开通，各分网为“中国政府采购网”的有机组成部分。

已经开通的有关政府采购网站，今后要继续使用的，请于2001年2月底前向财政部国库司提出申请，由财政部进行资格审查和认证后并入全国网络。今后有关单位拟单独建立政府采购网站的，应向财政部国库司申请，经批准后，按财政部统一要求和统一软件进行系统建设。

五、按照信息相对集中、受众分布合理的原则，财政部指定“中国政府采购网”为全国政府采购信息公告的网络媒介。根据网络实行分级维护的工作要求，各地方、各部门按规定应当公告的政府采购信息（如公开招标信息、中标信息、政策信息等）均应当在最短的时间内加载上网，具体方法和程序参照《政府采购信息公告管理办法》（财库［2000］7号）执行。

在网络开通初期，可将需要公告的信息通过信函、传真等方式上报财政部，由财政部信息网络中心集中加载。随着信息量的增加，将来可通过电子邮箱或采取由各地方、各部门通过网络在线直接录入的方法加载信息。

六、建立政府采购电子信息网络是衡量政府采购规范运作的重要标志，是落实和体现政府采购透明度原则的主要途径，也是各级政府采购工作的重要内容之一。各级政府采购管理部门和执行部门要加强对政府采购信息网络建设工作的领导，指定专人作为“中国政府采购网”通讯员（并于1月底前报上一级政府采购管理机关备案），负责相关信息加载和系统维护，充实网络内容，保证网络正常运行。

“中国政府采购网”联系方式：

地　　址：北京市西城区三里河南三巷（邮编：100820）
　　　　　财政部信息网络中心“中国政府采购网”

联系电话：010－68553153　传真：68553153　联系人：刘晓东
　　　　　财政部国库司政府采购处

联系电话：010－68551264　传真：68551214　联系人：高志刚

附表：中国政府采购网各分网域名一览表

二〇〇〇年十二月二十八日

附表：

中国政府采购网各分网域名一览表

域　　名	中文含义
ccgp. gov. cn	中国政府采购
ccgp - beijing. gov. cn	中国北京政府采购
ccgp - heilongj. gov. cn	中国黑龙江政府采购
ccgp - shanghai. gov. cn	中国上海政府采购
ccgp - jiangsu. gov. cn	中国江苏政府采购
ccgp - tianjin. gov. cn	中国天津政府采购
ccgp - hebei. gov. cn	中国河北政府采购
ccgp - shanxi. gov. cn	中国山西政府采购
ccgp - neimenggu. gov. cn	中国内蒙古政府采购
ccgp - liaoning. gov. cn	中国辽宁政府采购
ccgp - jilin. gov. cn	中国吉林政府采购
ccgp - zhejiang. gov. cn	中国浙江政府采购
ccgp - anhui. gov. cn	中国安徽政府采购
ccgp - fujian. gov. cn	中国福建政府采购
ccgp - jiangxi. gov. cn	中国江西政府采购
ccgp - shandong. gov. cn	中国山东政府采购
ccgp - henan. gov. cn	中国河南政府采购
ccgp - hubei. gov. cn	中国湖北政府采购
ccgp - hunan. gov. cn	中国湖南政府采购
ccgp - guangdong. gov. cn	中国广东政府采购
ccgp - guangxi. gov. cn	中国广西政府采购
ccgp - hainan. gov. cn	中国海南政府采购
ccgp - sichuan. gov. cn	中国四川政府采购

续表

域　　名	中文含义
ccgp - guizhou. gov. cn	中国贵州政府采购
ccgp - yunnan. gov. cn	中国云南政府采购
ccgp - xizang. gov. cn	中国西藏政府采购
ccgp - shanxi. gov. cn	中国陕西政府采购
ccgp - gansu. gov. cn	中国甘肃政府采购
ccgp - qinghai. gov. cn	中国青海政府采购
ccgp - ningxia. gov. cn	中国宁夏政府采购
ccgp - xinjiang. gov. cn	中国新疆政府采购
ccgp - chongqing. gov. cn	中国重庆政府采购
ccgp - ningbo. gov. cn	中国宁波政府采购
ccgp - xiamen. gov. cn	中国厦门政府采购
ccgp - shenzhen. gov. cn	中国深圳政府采购
ccgp - qingdao. gov. cn	中国青岛政府采购
ccgp - dalian. gov. cn	中国大连政府采购

关于加强中国政府采购网建设维护工作的通知

财办库［2009］277 号

各省、自治区、直辖市财政厅（局）：

为进一步加强中国政府采购网建设和维护工作，推动中国政府采购网全国范围内互联互通，促进政府采购信息化建设，现将有关问题通知如下：

一、高度重视中国政府采购网建设维护工作。中国政府采购网是财政部依法指定的唯一政府采购信息发布网络媒体，是面向全国的政府采购信息和专业服务平台，各地分网站是中国政府采购网的有机组成部分。实现中国政府采购网全国范围内互联互通，是政府采购公开透明的需要，是政府采购信息资源共享和电子化政府采购工作的内在要求。根据“统一开发、统一管理、集中发布、分级维护”的管理体制，各地财政部门要加强对中国政府采购网地方分网站的管理，科学合理使用中国政府采购网建设维护补助费，切实做好分网站建设维护工作。

二、严格执行中国政府采购网统一域名制度。根据《关于中国政府采购网有关管理问题的通知》（财库［2000］28 号）规定，各地分网站应使用财政部统一注册域名，此域名为中国政府采购网地方分网站的唯一指定域名。各地政府采购网站（包括自建网站和虚拟主机分网站）均应按照《关于中国政府采购网有关管理问题的通知》（财库［2000］28 号）规定的统一域名进行调整，不得采用其他域名。

三、认真做好政府采购信息发布工作。根据《关于中国政府采购网有关管理问题的通知》（财库［2000］28 号）规定，各地财政部门应当及时在中国政府采购网加载政府采购信息。2009 年底前，中国政府采购网将取消邮件、传真等信息发布方式，各地财政部门负责组织本地区采购人和采购代理机构，通过虚拟主机或者信息接口方式在中国政府采购网发布信息，并确保中国政府采购网信息发布的及时、全面和权威。财政部每年对各地分网站在中国政府采购网上发布的信息数量（采购公告信息）与政府采购项目实际数量进行统计，对信息发布率排名，对分网站维护业绩进行考核，并在中国政府采购网上公布相关情况。

四、进一步规范中国政府采购网管理工作。各地财政部门已自建政府采购网站的，应将网站建设情况报财政部（国库司）审查，审查通过后纳入中国政府采购网统一管理。今后拟单独建立政府采购网站的，应先向财政部（国库司）提出申请，经批准后，按财政部关于全国电子化政府采购业务平台建设的统一要求进行建设，纳入中国政府采购网统一管理。

二〇〇九年九月十六日

（三）代理机构管理

政府采购代理机构资格认定办法

财政部令第61号

《政府采购代理机构资格认定办法》已经财政部部务会议修订通过，现将修订后的《政府采购代理机构资格认定办法》公布，自2010年12月1日起施行。

二〇一〇年十月二十六日

政府采购代理机构资格认定办法

第一章 总 则

第一条 为了规范政府采购代理机构资格认定工作，加强政府采购代理机构资格管理，根据《中华人民共和国政府采购法》和国务院有关规定，制定本办法。

第二条 政府采购代理机构资格的认定适用本办法。

本办法所称政府采购代理机构，是指取得财政部门认定资格的，依法接受采购人委托，从事政府采购货物、工程和服务采购代理业务的社会中介机构。

各级人民政府设立的集中采购机构不适用本办法。

第三条 政府采购代理机构资格认定，应当遵循公开、公平、公正原则。

第四条 政府采购代理机构资格认定由财政部和省、自治区、直辖市人民政府财政部门（以下简称省级人民政府财政部门）依据本办法的规定实施。

第五条 代理政府采购事宜的机构，应当依法取得财政部或者省级人民政府财政部门认定的政府采购代理机构资格。

第六条 政府采购代理机构资格分为甲级资格和乙级资格。

取得甲级资格的政府采购代理机构可以代理所有政府采购项目。取得乙级资格的政府采购代理机构只能代理单项政府采购项目预算金额在一千万元人民币以下的政府采购项目。

第七条 政府采购代理机构甲级资格的认定工作由财政部负责；乙级资格的认定工作由申请人工商注册所在地的省级人民政府财政部门负责。

第八条 财政部或者省级人民政府财政部门应当向取得认定资格的政府采购代理机构颁发《政府采购代理机构资格证书》(以下简称《资格证书》)。

《资格证书》应当载明政府采购代理机构名称、代理业务范围、资格有效期限起止日期等事项，并加盖颁发证书的财政部门印章。

《资格证书》分为正本和副本，有效期为三年，持有人不得出借、出租、转让或者涂改。

第九条 政府采购代理机构可以在全国范围内依法代理政府采购事宜。任何单位和个人不得采取任何方式，阻挠和限制政府采购代理机构依法进入本地区或者本行业的政府采购市场。

政府采购代理机构拟在其工商注册地以外的省、自治区、直辖市开展业务的，应当持有效的企业法人营业执照、税务登记证副本、《资格证书》复印件向当地省级人民政府财政部门备案。

第十条 政府采购代理机构不得代理其本身或者与其有股权关系的自然人、法人或者其他组织作为直接或者间接供应商参加的政府采购项目。

第十一条 在政府采购代理业务中，政府采购代理机构应当向委托人提供合法、方便、优质、高效和价格合理的服务。

政府采购代理机构不得以不正当的手段承揽政府采购代理业务。

第十二条 政府采购代理机构代理政府采购事宜，按照国家有关规定收取代理服务费。

第十三条 财政部门在实施政府采购代理机构资格认定和对政府采购代理机构代理业务情况进行监督检查工作中，不得收取任何费用。

第二章 资格申请

第十四条 乙级政府采购代理机构应当具备下列条件：

（一）具有企业法人资格，且注册资本为人民币一百万元以上；

（二）与行政机关没有隶属关系或者其他利益关系；

（三）具有健全的组织机构和内部管理制度；

（四）有固定的营业场所和开展政府采购代理业务所需的开标场所，以及电子监控等办公设备、设施；

（五）申请政府采购代理机构资格之前三年内，在经营活动中没有因违反有关法律法规受到刑事处罚或者取消资格的行政处罚；

（六）有参加过规定的政府采购培训，熟悉政府采购法规和采购代理业务的法律、经济和技术方面的专职人员。母公司和子公司分别提出申请的，母公司与子公司从事政府采购代理业务的专职人员不得相同；

（七）专职人员总数不得少于十人，其中具有中级以上专业技术职务任职资格的不得少于专职人员总数的百分之四十；

（八）财政部规定的其他条件。

第十五条 甲级政府采购代理机构除应当具备本办法第十四条第二项至

第六项条件外，还应当具备下列条件：

（一）具有企业法人资格，且注册资本为人民币五百万元以上；

（二）专职人员总数不得少于三十人，其中具有中级以上专业技术职务任职资格的不得少于专职人员总数的百分之六十；

（三）取得政府采购代理机构乙级资格一年以上，最近两年内代理政府采购项目中标、成交金额累计达到一亿元人民币以上；或者从事招标代理业务二年以上，最近两年中标金额累计达到十亿元人民币以上；

（四）财政部规定的其他条件。

第十六条 申请政府采购代理机构乙级资格的，申请人应当向其工商注册所在地的省级人民政府财政部门提交资格认定申请书，并提供下列材料：

（一）有效的企业法人营业执照、税务登记证副本和社会保险登记证书复印件；

（二）经工商管理部门备案的《企业章程》复印件；

（三）与行政机关没有隶属关系和其他利益关系的书面声明；

（四）机构内部各项管理制度；

（五）有固定的营业场所和开展政府采购代理业务所需的开标场所、电子监控等办公设备、设施的相关证明材料。营业场所、开标场所为自有场所的提供产权证复印件；营业场所、开标场所为租用场所的提供出租方产权证以及租用合同或者协议的复印件；

（六）申请政府采购代理机构资格之前三年内，在经营活动中没有因违反有关法律法规受到刑事处罚或者取消资格的行政处罚的书面声明；

（七）专职人员的名单、中级以上专业技术职务证书、劳动合同、人事档案管理代理证明以及申请之前六个月或者企业成立以来缴纳社会保险费的证明（社会保险缴纳情况表或者银行缴款单据）复印件；

（八）母公司或者子公司已申请或者取得政府采购代理机构资格情况的说明；

（九）财政部规定的其他材料。

第十七条 申请政府采购代理机构甲级资格的，申请人应当向财政部提交资格认定申请书，并提供下列材料：

（一）本办法第十六条规定的材料；

（二）具备政府采购代理机构乙级资格的，提交乙级资格证书复印件；

（三）《政府采购代理有效业绩一览表》或者《招标代理有效业绩一览表》，以及与所列业绩相应的委托代理协议和采购人（招标人）确定中标、成交结果的书面通知复印件。

第十八条 申请人应当如实提交申请材料和反映真实情况，并对其申请材料实质内容的真实性负责。财政部或者省级人民政府财政部门不得要求申请人提供与政府采购代理机构资格认定无关的材料。

第十九条 申请人在递交申请材料复印件的同时，应当提交相应的原件，经财政部或者省级人民政府财政部门核对无误后予以退回。

申请人将申请材料中的复印件交由公证机构公证“与原件一致”后装订成册提交的，可以不提交复印件的原件。

第二十条 财政部或者省级人民政府财政部门对申请人提出的资格认定申请，应当根据下列情况分别作出处理：

（一）申请事项依法不属于本财政部门职权范围的，应当作出不予受理决定，并告知申请人向有关部门申请；

（二）申请材料存在可以当场更正的错误的，应当允许申请人当场更正；

（三）申请材料不齐全或者不符合本办法规定形式的，应当当场或者在五个工作日内一次告知申请人需要补正的全部内容，逾期不告知的，自收到申请材料之日起即为受理；

（四）申请事项属于本财政部门职权范围，申请材料齐全、符合本办法规定形式的，或者申请人已按要求提交全部补正申请材料的，应当受理资格认定申请。

第二十一条 财政部或者省级人民政府财政部门受理或者不予受理资格认定申请，应当出具加盖本财政部门专用印章和注明日期的书面凭证。

第二十二条 财政部或者省级人民政府财政部门应当对申请人提交的申请材料进行审查，并自受理资格认定申请之日起二十个工作日内，根据下列情况分别作出决定，二十个工作日内不能作出决定的，经本财政部门负责人批准，可以延长十个工作日，并应当将延长期限的理由告知申请人：

（一）申请人的申请符合本办法规定条件的，应当依法作出认定资格的书面决定，并向申请人颁发甲级或者乙级《资格证书》；

（二）申请人的申请不符合本办法规定条件的，应当依法作出不予认定资格的书面决定，并说明理由和告知申请人享有依法申请行政复议或者提起行政诉讼的权利。

财政部或者省级人民政府财政部门作出资格认定决定前，应当将拟认定资格的政府采购代理机构名单在指定的政府采购信息发布媒体上进行公示，公示期不得少于五个工作日。

第二十三条 乙级政府采购代理机构获得甲级政府采购代理机构资格

后，其原有的乙级政府采购代理机构资格自动失效。

第二十四条 财政部或者省级人民政府财政部门应当将获得认定资格的政府采购代理机构名单在指定的政府采购信息发布媒体上予以公告。

第二十五条 省级人民政府财政部门应当自批准乙级政府采购代理机构资格之日起三十日内，将获得资格的乙级政府采购代理机构名单报财政部备案。

第三章 资格延续与变更

第二十六条 政府采购代理机构需要延续依法取得的政府采购代理机构资格有效期的，应当在《资格证书》载明的有效期届满六十日前，向作出资格审批决定的财政部门提出申请。

第二十七条 乙级政府采购代理机构申请资格延续的，应当满足本办法第十四条规定的条件。

第二十八条 甲级政府采购代理机构申请资格延续的，应当满足下列条件：

（一）本办法第十五条规定的条件，但第三项除外；

（二）《资格证书》有效期内代理完成政府采购项目中标、成交金额一亿五千万元人民币以上。

第二十九条 申请人提出资格延续申请的，应当提交资格延续申请书，并提供下列材料：

（一）有效的企业法人营业执照、税务登记证副本和社会保险登记证书复印件；

（二）原《资格证书》复印件；

（三）营业场所、开标场所发生变动的，自有场所应当提供产权证复印件；租用场所应当提供出租方产权证以及租用合同或者协议的复印件；

（四）最近三年内在经营活动中没有因违反有关法律法规受到刑事处罚或者取消资格以上的行政处罚的书面声明；

（五）专职人员的名单、中级以上专业技术职务证书、劳动合同、人事档案管理代理证明以及申请之前六个月缴纳社会保险费的证明（社会保险缴纳情况表或者银行缴款单据）复印件；

（六）甲级政府采购代理机构提交《政府采购代理有效业绩一览表》以及证明所列业绩所需的相应委托代理协议和采购人确定中标、成交结果的书面通知复印件；

（七）财政部规定的其他材料。

第三十条 财政部或者省级人民政府财政部门在收到资格延续申请后，经审核申请材料齐全，符合法定形式和要求的，应当受理申请，依照本办法第十九条至第二十一条的规定进行审查，并在申请人的政府采购代理机构资格有效期届满前，根据下列情况分别作出决定：

（一）申请人的申请符合本办法规定条件的，应当作出延续政府采购代理机构资格的书面决定，并重新颁发《资格证书》；

（二）申请人的申请不符合本办法规定条件的，应当作出不予延续政府采购代理机构资格的书面决定，并说明理由和告知申请人享有依法申请行政复议或者提起行政诉讼的权利。

第三十一条 政府采购代理机构逾期不申请资格延续的，其《资格证书》自证书载明的有效期届满后自动失效。需要继续代理政府采购事宜的，应当重新申请政府采购代理机构资格。

第三十二条 政府采购代理机构《资格证书》记载事项依法发生变更的，应当自变更之日起二十日内提供有关证明文件并办理变更或者换证手续。但是，机构名称变更的，应当重新申请政府采购代理机构资格。

第三十三条 政府采购代理机构解散、破产或者因其他原因终止政府采购代理业务的，应当自情况发生之日起十日内交回《资格证书》，办理注销手续。

第三十四条 政府采购代理机构分立或者合并的，应当自情况发生之日起十日内交回《资格证书》，办理注销手续；分立或者合并后的机构拟从事政府采购代理业务的，应当重新申请政府采购代理机构资格。

第三十五条 政府采购代理机构发生本办法第三十二条至第三十四条规定情形，逾期未办理相关手续的，其政府采购代理机构资格自动失效。

第四章 监督检查

第三十六条 财政部应当加强对省级人民政府财政部门实施政府采购代理机构资格认定工作的监督检查，及时纠正和依法处理资格认定工作中的违法违规行为。

第三十七条 县级以上人民政府财政部门应当按照政府采购管理权限，对政府采购代理机构执行政府采购法律、法规的情况，包括采购范围、采购方式、采购程序、代理业绩以及政府采购代理机构人员的职业素质和专业技能等方面进行监督检查，加强监管档案管理，建立不良行为公告制度。

第三十八条 县级以上人民政府财政部门应当依法处理处罚政府采购代理机构的违法违规行为，并予以公告。但涉及政府采购代理机构甲级资格的行政处罚，应当由财政部作出；涉及乙级资格的行政处罚，应当由认定资格的省级人民政府财政部门或者财政部作出。

第三十九条 县级以上地方人民政府财政部门应当将政府采购代理机构违法违规行为的处理处罚结果，书面告知作出资格认定决定的财政部门。

第四十条 个人和组织发现政府采购代理机构违法代理政府采购事宜的，有权向财政部门举报。收到举报的财政部门有权处理的，应当及时核实、处理；无权处理的，应当及时移送有权处理的财政部门处理。

第五章 法律责任

第四十一条 申请人隐瞒有关情况或者提供虚假材料的，财政部和省级人民政府财政部门应当不予受理或者不予资格认定、延续，并给予警告。

第四十二条 申请人以欺骗、贿赂等不正当手段取得政府采购代理机构资格的，由作出资格认定决定的财政部门予以撤销，并收回《资格证书》；涉嫌犯罪的，移送司法机关处理。

第四十三条 政府采购代理机构有下列情形之一的，责令限期改正，给予警告；情节严重的，暂停其政府采购代理机构资格三至六个月；情节特别严重或者逾期不改正的，取消其政府采购代理机构资格，并收回《资格证书》；涉嫌犯罪的，移送司法机关处理：

（一）出借、出租、转让或者涂改《资格证书》的；

（二）超出授予资格的业务范围承揽或者以不正当手段承揽政府采购代理业务的；

（三）违反本办法第十条规定的；

（四）违反委托代理协议泄露与采购代理业务有关的情况和资料的；

（五）擅自修改采购文件或者评标（审）结果的；

（六）在代理政府采购业务中有《中华人民共和国政府采购法》第七十一条、第七十二条、第七十六条规定的违法情形的；

（七）法律、法规、规章规定的其他违法行为。

受到警告或者暂停资格处罚的政府采购代理机构，在被处罚后三年内再次有本条第一款所列情形之一的，取消其政府采购代理机构资格，并收回《资格证书》；涉嫌犯罪的，移送司法机关处理。

第四十四条 政府采购代理机构对财政部门的行政处理、处罚决定不服的，可以依法申请行政复议或者向人民法院提起行政诉讼。

第六章　附　　则

第四十五条　本办法所称专职人员是指与申请人签订劳动合同，由申请人依法缴纳社会保险费的在职人员，不包括退休人员。

第四十六条　政府采购代理机构资格认定和资格延续申请书的格式文本由财政部负责制定。

第四十七条　本办法自2010年12月1日起施行。2005年12月28日财政部发布的《政府采购代理机构资格认定办法》（财政部令第31号）同时废止。

财政部关于认真做好政府采购代理机构资格认定工作的通知

财库［2010］133号

各省、自治区、直辖市、计划单列市财政厅（局）：

为了进一步贯彻实施《政府采购代理机构资格认定办法》（财政部令第61号，以下简称《办法》），做好政府采购代理机构资格认定工作，现将有关事项通知如下：

一、严格按照《办法》及本通知要求做好相关工作

按照《办法》规定，甲级政府采购代理机构资格由财政部负责认定，乙级政府采购代理机构资格由申请机构工商注册所在地的省级财政部门负责认定。财政部和省级财政部门分别向获得甲级、乙级资格的政府采购代理机构颁发《中华人民共和国政府采购代理机构资格证书》（见附件1）。

省级财政部门要从依法行政的高度认识和重视《办法》的贯彻和落实，按照财政部统一要求制定具体的资格认定工作方法和程序，做好资质认定工作的布置和培训等工作，做到政策要求明确，认定程序清晰规范，组织工作高效。

二、资格认定工作的有关要求

（一）省级财政部门负责对京外申请甲级资格的机构是否具有固定营业场所进行确认审核，并向财政部出具审核意见。

（二）省级以上财政部门要定期向申请政府采购代理资格的机构人员进行培训，对通过培训的人员出具相关培训证明。

（三）甲级资格认定工作具体程序和要求按“甲级政府采购代理机构资格申报材料的具体要求”（见附件2）执行。乙级资格认定工作的具体程序和要求，由省级财政部门参照财政部“甲级政府采购代理机构资格申报材料的具体要求”确定。

（四）省级以上财政部门应当将审核通过拟认定资格的政府采购代理机构名单在其指定的政府采购信息发布媒体上公示，公示时间不得少于5个工

作日。省级财政部门应当在资格认定工作完成后及时将乙级政府采购代理机构名单报财政部备案。

拟认定资格机构公示无异议的，省级以上财政部门将分别颁发甲、乙级资格等级证书，同时在其指定的政府采购信息媒体上公告。

三、需要明确的几个问题

（一）政府采购代理机构资格代理的业务范围，是指政府采购法规定的货物、工程和服务的政府采购项目代理业务及政府采购咨询服务业务。

（二）甲级机构资格申请方式。申请甲级资格的机构需要登录中国政府采购网（www. ccgp. gov. cn）“资格申请”专栏，按照网上提示和要求完成申请程序及资料的申报。同时，将相同的书面申报材料加盖公章报送财政部。申请有效时间以收到书面材料时间为准。

（三）《办法》实施之后，财政部将定期集中对甲级机构进行资格审查认定，申报材料递交时间为每年6月1日、11月1日开始5个工作日内。2010年12月1日至2011年6月1日期间甲级资格证书到期的，财政部将继续接受资格申请，按《办法》进行资格审查认定。对乙级机构进行资格审查认定的时间，由省级财政部门根据具体情况自行决定。

（四）《办法》实施之后，已按原《政府采购代理机构资格认定办法》取得政府采购审批或确认资格的甲级机构，其证书在有效期内仍然有效，有效期结束后，符合《办法》规定申请甲级资格条件的，可以直接向财政部提出申请，不需要重新申请乙级资格。

（五）申请政府采购代理机构资格的单位，需填写政府采购代理机构承诺函（见附件3）。

（六）本通知自2010年12月1日起施行，原《财政部关于认真做好政府采购代理机构资格认定工作的通知》（财库［2006］13号）同时废止。

附件：1. 中华人民共和国政府采购代理机构资格证书（例样）（略）

2. 甲级政府采购代理机构资格申报材料的具体要求

3. 承诺函

二〇一〇年十一月二十五日

（四）采购方式管理

财政部关于印发《中央单位变更政府采购方式审批管理暂行办法》的通知

财库［2009］48号

党中央有关部门，国务院各部委、各直属机构，全国人大常委会
办公厅，全国政协办公厅，高法院，高检院，有关人民团体：

为了规范中央单位变更政府采购方式审批管理工作，加强中央单位政府采购管理，根据《中华人民共和国政府采购法》，财政部制定了《中央单位变更政府采购方式审批管理暂行办法》。现印发给你们，请遵照执行。

附件：中央单位变更政府采购方式审批管理暂行办法

二〇〇九年四月二十日

中央单位变更政府采购方式审批管理暂行办法

第一条 为了规范中央单位变更政府采购方式审批管理工作，加强中央单位政府采购管理，根据《中华人民共和国政府采购法》（以下简称政府采购法），制定本办法。

第二条 中央单位申请变更政府采购方式和财政部审批变更政府采购方式申请的，适用本办法。

本办法所称中央单位包括中央一级预算单位、中央二级预算单位和中央基层预算单位。

第三条 中央单位采购达到公开招标数额标准的货物或者服务的，应当采用公开招标方式采购。因特殊情况需要采用公开招标以外其他采购方式的，采购人应当在采购活动开始前，按照财政部规定要求将变更政府采购方式申请报财政部审批。

本办法所称公开招标以外其他采购方式，是指邀请招标、竞争性谈判、单一来源采购、询价以及财政部根据实际情况认定的其他采购方式。

第四条 变更政府采购方式申请应当由中央一级预算单位向财政部提出。

中央一级预算单位对其提交申报材料的真实性负责。财政部应当按照政府采购法和本办法规定的申报要素进行审批。

第五条 中央单位的申请和财政部的批复均必须以公文格式印发，财政部和中央单位不得以电话记录、会议记录、备案等材料代替批复公文。

第六条 因特殊情况需要采用公开招标以外其他采购方式的，申请公文中应当载明下列内容：

（一）项目情况说明及该项目预算金额。

（二）采购计划及预算批复文件。

（三）拟申请变更的采购方式和变更理由。

（四）供应商名称、代理机构名称、相关产品名称和该产品近1年内的市场价格。

（五）3位以上专家针对变更采购方式的理由，分别出具的手写意见原件。

（六）因采购任务紧急需变更采购方式的，中央单位应当提供项目紧急原因的说明材料。

（七）因采购任务涉及国家秘密需变更采购方式的，中央单位应当提供由国家保密机关出具的、证明本项目为涉密采购项目的文件。

（八）结合项目具体情况应当提供的其他证明材料。

（九）联系人及联系电话。

第七条 因公开招标采购失败或废标的，中央单位应当提供以下材料：

（一）项目情况说明及该项目预算金额。

（二）采购计划及预算批复文件。

（三）拟申请变更的采购方式和变更理由。

（四）相关产品的名称、供应商名称和前1年内的市场价格。

（五）在财政部指定政府采购媒体上发布的招标公告（复印件）。

（六）采购人和代理机构出具的采购过程和采购文件没有供应商质疑、投诉的证明材料。

（七）评审专家出具的招标文件没有歧视性、排他性条款的证明材料。

（八）其他相关证明材料。

（九）联系人及联系电话。

第八条 专家意见中应当载明专家姓名、工作单位、职称、职务、联系电话和身份证号码。专家原则上不能是本单位、本系统的工作人员。

专家意见应当具备明确性和确定性。意见不明确或者含混不清的，属于无效意见，不作为审批依据。

第九条 变更采购方式申请应当由中央一级预算单位负责政府采购管理工作的司局加盖公章。因采购任务紧急或者涉及国家秘密的采购项目，变更采购方式申请应当加盖中央一级预算单位公章。

第十条 对于采购情况特殊，邀请招标、竞争性谈判、单一来源采购、询价等采购方式无法满足或者无法全部满足采购需求的，财政部可以根据实际情况认定其他采购方式。

第十一条 财政部收到申请后应当及时审查，并按下列情形限时办结：

（一）变更政府采购方式申请的理由和申请材料符合政府采购法和本办法规定的，财政部应当在收到材料之日起，7个工作日内做出批复。

（二）申请材料不符合本办法规定的，财政部应当在5个工作日内通知中央单位修改补充。办结日期以财政部重新收到申报材料时算起。

（三）变更政府采购方式申请的理由不符合政府采购法规定的，财政部应当在收到材料之日起，7个工作日内做出批复，并将不予批复的理由告知中央单位。

第十二条 中央单位未收到财政部批复公文的，不得开展该项目的采购活动。中央单位未按本办法规定变更采购方式的，根据有关法律、行政法规和规章的规定追究单位和有关人员的法律责任。

第十三条 专家出具不实论证意见的，按照有关规定追究专家个人的法律责任。

第十四条 集中采购机构受中央单位委托，采购属于集中采购目录内产品的，由集中采购机构向财政部提交变更采购方式申请，按上述规定执行。

第十五条 本办法自印发之日起实施。

财政部关于对中央单位申请单一来源采购实行审核前公示相关问题的通知

财库［2011］130号

为规范政府采购行为，加强对政府采购活动的监督管理，根据《中华人民共和国政府采购法》和《中央单位变更政府采购方式审批管理暂行办法》（财库［2009］48号），财政部决定对中央单位申请单一来源采购实行审核前公示。现将有关事项通知如下：

一、本通知所称单一来源采购，是指采购人从某一特定供应商处采购货物和服务的政府采购方式。

中央单位申请单一来源采购，符合下列情形之一的，财政部在审核前应当进行公示：（一）达到公开招标限额以上，且采购人认为只能从唯一供应商处采购的；（二）公开招标失败或废标，符合专业条件或者对招标文件作出实质性响应的供应商只有一家的。

二、中央单位申请单一来源采购需要财政部在审核前公示的，应当由中央一级预算单位在向财政部报送采取单一来源采购申请的同时，按照统一格式提交公示文书。公示文书应当包括以下内容：

（一）采购人、采购项目名称和内容；

（二）采取单一来源采购的原因及相关说明；

（三）单一来源供应商名称及提供的货物或服务说明；

（四）专家论证意见及专家名单（含姓名、工作单位及职称）；

（五）评审专家和代理机构分别出具的招标文件无歧视性条款、招标过程未受质疑相关意见材料；

（六）征求意见的期限；

（七）中央一级预算单位联系地址、联系人和联系电话；

（八）财政部根据政府采购项目情况认为需要公示的其他事项。

三、财政部应当在收到中央一级预算单位报送的单一来源采购申请后2个工作日内将公示文书在中国政府采购网进行公示，公示期为5个工作日。供应商对公示的单一来源采购事项有异议的，应当在公示期满后2个工作日内将书面意见反馈给财政部和中央一级预算单位。

四、对公示期满并且潜在政府供应商有异议的单一来源采购申请，中央一级预算单位应当在收到潜在政府采购供应商书面意见后5个工作日内组织补充论证并重新提交申请文件。财政部应当根据相关制度规定进行审核。

五、本通知自发布之日起实行。

附件：公示文书格式（略）

二〇一一年九月二十九日

关于全面推进中央单位变更政府采购方式审批管理及进口产品审核系统的通知

财办库［2010］35号

为了进一步提高政府采购工作的科学化和精细化水平，财政部国库司开发了“中央单位变更政府采购方式审批及进口产品审核管理系统”（以下简称“方式审批及进口审核系统”），并定于2010年4月在所有中央单位范围内推广使用该系统。现将有关事项通知如下：

一、推行变更采购方式和进口产品网上报批的重要性

利用信息技术实行变更采购方式和进口产品网上报批，有利于改善和解决纸质文件申报效率低、申报流程和审批流程不规范等问题，方便中央单位与财政部门信息实时交流，增强基础数据采集和分析功能，对提高报批效率，加快采购执行进度，提升政府采购工作水平有着重要意义。

二、方式审批及进口审核系统的主要内容

方式审批及进口审核系统根据政府采购法、《财政部关于印发〈政府采购进口产品管理办法〉的通知》（财库［2007］119号）和《财政部关于印发〈中央单位变更政府采购方式审批管理暂行办法〉的通知》（财库［2009］48号）中关于变更采购方式审批和进口产品审核的规定进行设计，以中国政府采购网（www. ccgp. gov. cn）为依托，对申报材料格式、申报和批准流程标准化和规范化，提供网上变更采购方式审批和进口产品审核功能。

三、方式审批及进口审核系统的使用范围

中央单位采购达到公开招标数额标准的货物或服务，因特殊情况或者公开招标失败需采用公开招标以外采购方式的非涉密项目，以及所有需要采购进口产品的非涉密项目，应当在采购活动开始前，通过方式审批及进口审核系统向财政部进行申报。

四、方式审批及进口审核系统的申报主体

变更采购方式及进口产品申请应当由中央一级预算单位向财政部提出，所属基层预算单位均通过中央一级预算单位统一申报。申请应当以公文格式上报。中央一级预算单位对其提交的申报材料的真实性负责。

集中采购机构受中央单位委托，采购属于集中采购目录内产品的，由集中采购机构向财政部提交变更采购方式申请。

五、上线时间及准备

方式审批及进口审核系统将于2010年4月15日正式使用，中央一级预算单位要重点抓好所属基层预算单位变更采购方式和进口产品审核项目的汇总整理工作，制定科学规范的内部申报程序，加强业务培训，不断提高政府采购方式和进口产品管理工作水平。中央一级预算单位应当填写印鉴卡，报送至财政部国库司备案，并做好扫描仪配置等各项准备工作。

联系方式：

财政部国库司政府采购管理一处　薛　冰　010－68552233

中国政府采购网技术咨询　于东琦　010－63819298

附件：中央一级预算单位变更政府采购方式审批和进口产品审核印鉴卡

二〇一〇年三月十九日

附件：

中央一级预算单位变更政府采购方式审批和进口产品审核印鉴卡

单位预算编码		单位组织机构代码	
单位名称			
单位经办司处		司（局）长	
处长		经办人	
经办人电话		邮政编码	
单位地址			
印鉴	司（局）公章		

注：本印鉴卡财政部国库司和申请单位各一份。各栏必须填写齐全，如有变动，单位持便函更换。

（五）评审管理

政府采购货物和服务招标投标管理办法

财政部第18号令

《政府采购货物和服务招标投标管理办法》已经部务会议讨论通过，现予公布，自2004年9月11日起施行。

二〇〇四年八月十一日

附件：

政府采购货物和服务招标投标管理办法

第一章　总　　则

第一条　为了规范政府采购当事人的采购行为，加强对政府采购货物和服务招标投标活动的监督管理，维护社会公共利益和政府采购招标投标活动当事人的合法权益，依据《中华人民共和国政府采购法》（以下简称《政府采购法》）和其他有关法律规定，制定本办法。

第二条　采购人及采购代理机构（以下统称"招标采购单位"）进行政府采购货物或者服务（以下简称"货物服务"）招标投标活动，适用本办法。

前款所称采购代理机构，是指集中采购机构和依法经认定资格的其他采购代理机构。

第三条　货物服务招标分为公开招标和邀请招标。

公开招标，是指招标采购单位依法以招标公告的方式邀请不特定的供应商参加投标。

邀请招标，是指招标采购单位依法从符合相应资格条件的供应商中随机邀请三家以上供应商，并以投标邀请书的方式，邀请其参加投标。

第四条　货物服务采购项目达到公开招标数额标准的，必须采用公开招标方式。因特殊情况需要采用公开招标以外方式的，应当在采购活动开始前获得设区的市、自治州以上人民政府财政部门的批准。

第五条　招标采购单位不得将应当以公开招标方式采购的货物服务化整为零或者以其他方式规避公开招标采购。

第六条　任何单位和个人不得阻挠和限制供应商自由参加货物服务招标投标活动，不得指定货物的品牌、服务的供应商和采购代理机构，以及采用其他方式非法干涉货物服务招标投标活动。

第七条　在货物服务招标投标活动中，招标采购单位工作人员、评标委员会成员及其他相关人员与供应商有利害关系的，必须回避。供应商认为上述人员与其他供应商有利害关系的，可以申请其回避。

第八条　参加政府采购货物服务投标活动的供应商（以下简称"投标人"），应当是提供本国货物服务的本国供应商，但法律、行政法规规定外国供应商可以参加货物服务招标投标活动的除外。

外国供应商依法参加货物服务招标投标活动的，应当按照本办法的规定执行。

第九条 货物服务招标投标活动，应当有助于实现国家经济和社会发展政策目标，包括保护环境，扶持不发达地区和少数民族地区，促进中小企业发展等。

第十条 县级以上各级人民政府财政部门应当依法履行对货物服务招标投标活动的监督管理职责。

第二章 招　　标

第十一条 招标采购单位应当按照本办法规定组织开展货物服务招标投标活动。

采购人可以依法委托采购代理机构办理货物服务招标事宜，也可以自行组织开展货物服务招标活动，但必须符合本办法第十二条规定的条件。

集中采购机构应当依法独立开展货物服务招标活动。其他采购代理机构应当根据采购人的委托办理货物服务招标事宜。

第十二条 采购人符合下列条件的，可以自行组织招标：

（一）具有独立承担民事责任的能力；

（二）具有编制招标文件和组织招标能力，有与采购招标项目规模和复杂程度相适应的技术、经济等方面的采购和管理人员；

（三）采购人员经过省级以上人民政府财政部门组织的政府采购培训。

采购人不符合前款规定条件的，必须委托采购代理机构代理招标。

第十三条 采购人委托采购代理机构招标的，应当与采购代理机构签订委托协议，确定委托代理的事项，约定双方的权利和义务。

第十四条 采用公开招标方式采购的，招标采购单位必须在财政部门指定的政府采购信息发布媒体上发布招标公告。

第十五条 采用邀请招标方式采购的，招标采购单位应当在省级以上人民政府财政部门指定的政府采购信息媒体发布资格预审公告，公布投标人资格条件，资格预审公告的期限不得少于七个工作日。

投标人应当在资格预审公告期结束之日起三个工作日前，按公告要求提交资格证明文件。招标采购单位从评审合格投标人中通过随机方式选择三家以上的投标人，并向其发出投标邀请书。

第十六条 采用招标方式采购的，自招标文件开始发出之日起至投标人提交投标文件截止之日止，不得少于二十日。

第十七条 公开招标公告应当包括以下主要内容：

（一）招标采购单位的名称、地址和联系方法；

（二）招标项目的名称、数量或者招标项目的性质；

（三）投标人的资格要求；

（四）获取招标文件的时间、地点、方式及招标文件售价；

（五）投标截止时间、开标时间及地点。

第十八条 招标采购单位应当根据招标项目的特点和需求编制招标文件。招标文件包括以下内容：

（一）投标邀请；

（二）投标人须知（包括密封、签署、盖章要求等）；

（三）投标人应当提交的资格、资信证明文件；

（四）投标报价要求、投标文件编制要求和投标保证金交纳方式；

（五）招标项目的技术规格、要求和数量，包括附件、图纸等；

（六）合同主要条款及合同签订方式；

（七）交货和提供服务的时间；

（八）评标方法、评标标准和废标条款；

（九）投标截止时间、开标时间及地点；

（十）省级以上财政部门规定的其他事项。

招标人应当在招标文件中规定并标明实质性要求和条件。

第十九条 招标采购单位应当制作纸质招标文件，也可以在财政部门指定的网络媒体上发布电子招标文件，并应当保持两者的一致。电子招标文件与纸质招标文件具有同等法律效力。

第二十条 招标采购单位可以要求投标人提交符合招标文件规定要求的备选投标方案，但应当在招标文件中说明，并明确相应的评审标准和处理办法。

第二十一条 招标文件规定的各项技术标准应当符合国家强制性标准。

招标文件不得要求或者标明特定的投标人或者产品，以及含有倾向性或者排斥潜在投标人的其他内容。

第二十二条 招标采购单位可以根据需要，就招标文件征询有关专家或者供应商的意见。

第二十三条 招标文件售价应当按照弥补招标文件印制成本费用的原则确定，不得以营利为目的，不得以招标采购金额作为确定招标文件售价依据。

第二十四条 招标采购单位在发布招标公告、发出投标邀请书或者发出招标文件后，不得擅自终止招标。

第二十五条 招标采购单位根据招标采购项目的具体情况，可以组织潜在投标人现场考察或者召开开标前答疑会，但不得单独或者分别组织只有一个投标人参加的现场考察。

第二十六条 开标前，招标采购单位和有关工作人员不得向他人透露已获取招标文件的潜在投标人的名称、数量以及可能影响公平竞争的有关招标投标的其他情况。

第二十七条 招标采购单位对已发出的招标文件进行必要澄清或者修改的，应当在招标文件要求提交投标文件截止时间十五日前，在财政部门指定的政府采购信息发布媒体上发布更正公告，并以书面形式通知所有招标文件收受人。该澄清或者修改的内容为招标文件的组成部分。

第二十八条 招标采购单位可以视采购具体情况，延长投标截止时间和开标时间，但至少应当在招标文件要求提交投标文件的截止时间三日前，将变更时间书面通知所有招标文件收受人，并在财政部门指定的政府采购信息发布媒体上发布变更公告。

第三章 投 标

第二十九条 投标人是响应招标并且符合招标文件规定资格条件和参加投标竞争的法人、其他组织或者自然人。

第三十条 投标人应当按照招标文件的要求编制投标文件。投标文件应对招标文件提出的要求和条件作出实质性响应。

投标文件由商务部分、技术部分、价格部分和其他部分组成。

第三十一条 投标人应当在招标文件要求提交投标文件的截止时间前，将投标文件密封送达投标地点。招标采购单位收到投标文件后，应当签收保存，任何单位和个人不得在开标前开启投标文件。

在招标文件要求提交投标文件的截止时间之后送达的投标文件，为无效投标文件，招标采购单位应当拒收。

第三十二条 投标人在投标截止时间前，可以对所递交的投标文件进行补充、修改或者撤回，并书面通知招标采购单位。补充、修改的内容应当按招标文件要求签署、盖章，并作为投标文件的组成部分。

第三十三条 投标人根据招标文件载明的标的采购项目实际情况，拟在中标后将中标项目的非主体、非关键性工作交由他人完成的，应当在投标文件中载明。

第三十四条 两个以上供应商可以组成一个投标联合体，以一个投标人的身份投标。

以联合体形式参加投标的，联合体各方均应当符合政府采购法第二十二条第一款规定的条件。采购人根据采购项目的特殊要求规定投标人特定条件的，联合体各方中至少应当有一方符合采购人规定的特定条件。

联合体各方之间应当签订共同投标协议，明确约定联合体各方承担的工作和相应的责任，并将共同投标协议连同投标文件一并提交招标采购单位。联合体各方签订共同投标协议后，不得再以自己名义单独在同一项目中投标，也不得组成新的联合体参加同一项目投标。

招标采购单位不得强制投标人组成联合体共同投标，不得限制投标人之间的竞争。

第三十五条 投标人之间不得相互串通投标报价，不得妨碍其他投标人的公平竞争，不得损害招标采购单位或者其他投标人的合法权益。

投标人不得以向招标采购单位、评标委员会成员行贿或者采取其他不正当手段谋取中标。

第三十六条 招标采购单位应当在招标文件中明确投标保证金的数额及交纳办法。招标采购单位规定的投标保证金数额，不得超过采购项目概算的百分之一。

投标人投标时，应当按招标文件要求交纳投标保证金。投标保证金可以采用现金支票、银行汇票、银行保函等形式交纳。投标人未按招标文件要求交纳投标保证金的，招标采购单位应当拒绝接收投标人的投标文件。

联合体投标的，可以由联合体中的一方或者共同提交投标保证金，以一方名义提交投标保证金的，对联合体各方均具有约束力。

第三十七条 招标采购单位应当在中标通知书发出后五个工作日内退还未中标供应商的投标保证金，在采购合同签订后五个工作日内退还中标供应商的投标保证金。招标采购单位逾期退还投标保证金的，除应当退还投标保证金本金外，还应当按商业银行同期贷款利率上浮20%后的利率支付资金占用费。

第四章 开标、评标与定标

第三十八条 开标应当在招标文件确定的提交投标文件截止时间的同一时间公开进行；开标地点应当为招标文件中预先确定的地点。

招标采购单位在开标前，应当通知同级人民政府财政部门及有关部门。财政部门及有关部门可以视情况到现场监督开标活动。

第三十九条 开标由招标采购单位主持，采购人、投标人和有关方面代表参加。

第四十条 开标时，应当由投标人或者其推选的代表检查投标文件的密封情况，也可以由招标人委托的公证机构检查并公证；经确认无误后，由招标工作人员当众拆封，宣读投标人名称、投标价格、价格折扣、招标文件允许提供的备选投标方案和投标文件的其他主要内容。

未宣读的投标价格、价格折扣和招标文件允许提供的备选投标方案等实质内容，评标时不予承认。

第四十一条 开标时，投标文件中开标一览表（报价表）内容与投标文件中明细表内容不一致的，以开标一览表（报价表）为准。

投标文件的大写金额和小写金额不一致的，以大写金额为准；总价金额与按单价汇总金额不一致的，以单价金额计算结果为准；单价金额小数点有明显错位的，应以总价为准，并修改单价；对不同文字文本投标文件的解释发生异议的，以中文文本为准。

第四十二条 开标过程应当由招标采购单位指定专人负责记录，并存档备查。

第四十三条 投标截止时间结束后参加投标的供应商不足三家的，除采购任务取消情形外，招标采购单位应当报告设区的市、自治州以上人民政府财政部门，由财政部门按照以下原则处理：

（一）招标文件没有不合理条款、招标公告时间及程序符合规定的，同意采取竞争性谈判、询价或者单一来源方式采购；

（二）招标文件存在不合理条款的，招标公告时间及程序不符合规定的，应予废标，并责成招标采购单位依法重新招标。

在评标期间，出现符合专业条件的供应商或者对招标文件作出实质响应的供应商不足三家情形的，可以比照前款规定执行。

第四十四条 评标工作由招标采购单位负责组织，具体评标事务由招标采购单位依法组建的评标委员会负责，并独立履行下列职责：

（一）审查投标文件是否符合招标文件要求，并作出评价；

（二）要求投标供应商对投标文件有关事项作出解释或者澄清；

（三）推荐中标候选供应商名单，或者受采购人委托按照事先确定的办法直接确定中标供应商；

（四）向招标采购单位或者有关部门报告非法干预评标工作的行为。

第四十五条 评标委员会由采购人代表和有关技术、经济等方面的专家组成，成员人数应当为五人以上单数。其中，技术、经济等方面的专家不得少于成员总数的三分之二。采购数额在300万元以上、技术复杂的项目，评标委员会中技术、经济方面的专家人数应当为五人以上单数。

招标采购单位就招标文件征询过意见的专家，不得再作为评标专家参加评标。采购人不得以专家身份参与本部门或者本单位采购项目的评标。采购代理机构工作人员不得参加由本机构代理的政府采购项目的评标。

评标委员会成员名单原则上应在开标前确定，并在招标结果确定前保密。

第四十六条 评标专家应当熟悉政府采购、招标投标的相关政策法规，熟悉市场行情，有良好的职业道德，遵守招标纪律，从事相关领域工作满八年并具有高级职称或者具有同等专业水平。

第四十七条 各级人民政府财政部门应当对专家实行动态管理。

第四十八条 招标采购单位应当从同级或上一级财政部门设立的政府采购评审专家库中，通过随机方式抽取评标专家。

招标采购机构对技术复杂、专业性极强的采购项目，通过随机方式难以确定合适评标专家的，经设区的市、自治州以上人民政府财政部门同意，可以采取选择性方式确定评标专家。

第四十九条 评标委员会成员应当履行下列义务：

（一）遵纪守法，客观、公正、廉洁地履行职责；

（二）按照招标文件规定的评标方法和评标标准进行评标，对评审意见承担个人责任；

（三）对评标过程和结果，以及供应商的商业秘密保密；

（四）参与评标报告的起草；

（五）配合财政部门的投诉处理工作；

（六）配合招标采购单位答复投标供应商提出的质疑。

第五十条 货物服务招标采购的评标方法分为最低评标价法、综合评分法和性价比法。

第五十一条 最低评标价法，是指以价格为主要因素确定中标候选供应商的评标方法，即在全部满足招标文件实质性要求前提下，依据统一的价格要素评定最低报价，以提出最低报价的投标人作为中标候选供应商或者中标供应商的评标方法。

最低评标价法适用于标准定制商品及通用服务项目。

第五十二条 综合评分法，是指在最大限度地满足招标文件实质性要求前提下，按照招标文件中规定的各项因素进行综合评审后，以评标总得分最高的投标人作为中标候选供应商或者中标供应商的评标方法。

综合评分的主要因素是：价格、技术、财务状况、信誉、业绩、服务、对招标文件的响应程度，以及相应的比重或者权值等。上述因素应当在招标文件中事先规定。

评标时，评标委员会各成员应当独立对每个有效投标人的标书进行评价、打分，然后汇总每个投标人每项评分因素的得分。

采用综合评分法的，货物项目的价格分值占总分值的比重（即权值）为百分之三十至百分之六十；服务项目的价格分值占总分值的比重（即权值）为百分之十至百分之三十。执行统一价格标准的服务项目，其价格不列为评分因素。有特殊情况需要调整的，应当经同级人民政府财政部门批准。

评标总得分 $= F_1 \times A_1 + F_2 \times A_2 + \cdots + F_n \times A_n$

F_1，F_2，…，F_n 分别为各项评分因素的汇总得分；

A_1，A_2，…，A_n 分别为各项评分因素所占的权重($A_1 + A_2 + \cdots + A_n = 1$)。

第五十三条 性价比法，是指按照要求对投标文件进行评审后，计算出每个有效投标人除价格因素以外的其他各项评分因素（包括技术、财务状况、信誉、业绩、服务、对招标文件的响应程度等）的汇总得分，并除以该投标人的投标报价，以商数（评标总得分）最高的投标人为中标候选供应商或者中标供应商的评标方法。

评标总得分 $= B/N$

B 为投标人的综合得分，$B = F_1 \times A_1 + F_2 \times A_2 + \cdots + F_n \times A_n$，其中：$F_1$，$F_2$，…，$F_n$ 分别为除价格因素以外的其他各项评分因素的汇总得分；A_1，A_2，…，A_n分别为除价格因素以外的其他各项评分因素所占的权重($A_1 + A_2 + \cdots + A_n = 1$)。

N 为投标人的投标报价。

第五十四条 评标应当遵循下列工作程序：

（一）投标文件初审。初审分为资格性检查和符合性检查。

1. 资格性检查。依据法律法规和招标文件的规定，对投标文件中的资格证明、投标保证金等进行审查，以确定投标供应商是否具备投标资格。

2. 符合性检查。依据招标文件的规定，从投标文件的有效性、完整性和对招标文件的响应程度进行审查，以确定是否对招标文件的实质性要求作出响应。

（二）澄清有关问题。对投标文件中含义不明确、同类问题表述不一致或者有明显文字和计算错误的内容，评标委员会可以书面形式（应当由评标委员会专家签字）要求投标人作出必要的澄清、说明或者纠正。投标人的澄清、说明或者补正应当采用书面形式，由其授权的代表签字，并不得超出投标文件的范围或者改变投标文件的实质性内容。

（三）比较与评价。按招标文件中规定的评标方法和标准，对资格性检查和符合性检查合格的投标文件进行商务和技术评估，综合比较与评价。

（四）推荐中标候选供应商名单。中标候选供应商数量应当根据采购需要确定，但必须按顺序排列中标候选供应商。

1. 采用最低评标价法的，按投标报价由低到高顺序排列。投标报价相同的，按技术指标优劣顺序排列。评标委员会认为，排在前面的中标候选供应商的最低投标价或者某些分项报价明显不合理或者低于成本，有可能影响商品质量和不能诚信履约的，应当要求其在规定的期限内提供书面文件予以解释说明，并提交相关证明材料；否则，评标委员会可以取消该投标人的中标候选资格，按顺序由排在后面的中标候选供应商递补，以此类推。

2. 采用综合评分法的，按评审后得分由高到低顺序排列。得分相同的，按投标报价由低到高顺序排列。得分且投标报价相同的，按技术指标优劣顺序排列。

3. 采用性价比法的，按商数得分由高到低顺序排列。商数得分相同的，按投标报价由低到高顺序排列。商数得分且投标报价相同的，按技术指标优劣顺序排列。

（五）编写评标报告。评标报告是评标委员会根据全体评标成员签字的原始评标记录和评标结果编写的报告，其主要内容包括：

1. 招标公告刊登的媒体名称、开标日期和地点；

2. 购买招标文件的投标人名单和评标委员会成员名单；

3. 评标方法和标准；

4. 开标记录和评标情况及说明，包括投标无效投标人名单及原因；

5. 评标结果和中标候选供应商排序表；

6. 评标委员会的授标建议。

第五十五条 在评标中，不得改变招标文件中规定的评标标准、方法和中标条件。

第五十六条 投标文件属下列情况之一的，应当在资格性、符合性检查时按照无效投标处理：

（一）应交未交投标保证金的；
（二）未按照招标文件规定要求密封、签署、盖章的；
（三）不具备招标文件中规定资格要求的；
（四）不符合法律、法规和招标文件中规定的其他实质性要求的。

第五十七条 在招标采购中，有政府采购法第三十六条第一款第（二）至第（四）项规定情形之一的，招标采购单位应当予以废标，并将废标理由通知所有投标供应商。

废标后，除采购任务取消情形外，招标采购单位应当重新组织招标。需要采取其他采购方式的，应当在采购活动开始前获得设区的市、自治州以上人民政府财政部门的批准。

第五十八条 招标采购单位应当采取必要措施，保证评标在严格保密的情况下进行。

任何单位和个人不得非法干预、影响评标办法的确定，以及评标过程和结果。

第五十九条 采购代理机构应当在评标结束后五个工作日内将评标报告送采购人。

采购人应当在收到评标报告后五个工作日内，按照评标报告中推荐的中标候选供应商顺序确定中标供应商；也可以事先授权评标委员会直接确定中标供应商。

采购人自行组织招标的，应当在评标结束后五个工作日内确定中标供应商。

第六十条 中标供应商因不可抗力或者自身原因不能履行政府采购合同的，采购人可以与排位在中标供应商之后第一位的中标候选供应商签订政府采购合同，以此类推。

第六十一条 在确定中标供应商前，招标采购单位不得与投标供应商就投标价格、投标方案等实质性内容进行谈判。

第六十二条 中标供应商确定后，中标结果应当在财政部门指定的政府采购信息发布媒体上公告。公告内容应当包括招标项目名称、中标供应商名单、评标委员会成员名单、招标采购单位的名称和电话。

在发布公告的同时，招标采购单位应当向中标供应商发出中标通知书，中标通知书对采购人和中标供应商具有同等法律效力。

中标通知书发出后，采购人改变中标结果，或者中标供应商放弃中标，应当承担相应的法律责任。

第六十三条 投标供应商对中标公告有异议的，应当在中标公告发布之日起七个工作日内，以书面形式向招标采购单位提出质疑。招标采购单位应当在收到投标供应商书面质疑后七个工作日内，对质疑内容作出答复。

质疑供应商对招标采购单位的答复不满意或者招标采购单位未在规定时间内答复的，可以在答复期满后十五个工作日内按有关规定，向同级人民政府财政部门投诉。财政部门应当在收到投诉后三十个工作日内，对投诉事项作出处理决定。

处理投诉事项期间，财政部门可以视具体情况书面通知招标采购单位暂停签订合同等活动，但暂停时间最长不得超过三十日。

第六十四条 采购人或者采购代理机构应当自中标通知书发出之日起三十日内，按照招标文件和中标供应商投标文件的约定，与中标供应商签订书面合同。所签订的合同不得对招标文件和中标供应商投标文件作实质性修改。

招标采购单位不得向中标供应商提出任何不合理的要求，作为签订合同的条件，不得与中标供应商私下订立背离合同实质性内容的协议。

第六十五条 采购人或者采购代理机构应当自采购合同签订之日起七个工作日内，按照有关规定将采购合同副本报同级人民政府财政部门备案。

第六十六条 法律、行政法规规定应当办理批准、登记等手续后生效的合同，依照其规定。

第六十七条 招标采购单位应当建立真实完整的招标采购档案，妥善保管每项采购活动的采购文件，并不得伪造、变造、隐匿或者销毁。采购文件的保存期限为从采购结束之日起至少保存十五年。

第五章 法律责任

第六十八条 招标采购单位有下列情形之一的，责令限期改正，给予警告，可以按照有关法律规定并处罚款，对直接负责的主管人员和其他直接责任人员，由其行政主管部门或者有关机关依法给予处分，并予通报：

（一）应当采用公开招标方式而擅自采用其他方式采购的；

（二）应当在财政部门指定的政府采购信息发布媒体上公告信息而未公告的；

（三）将必须进行招标的项目化整为零或者以其他任何方式规避招标的；

（四）以不合理的要求限制或者排斥潜在投标供应商，对潜在投标供应商实行差别待遇或者歧视待遇，或者招标文件指定特定的供应商、含有倾向性或者排斥潜在投标供应商的其他内容的；

（五）评标委员会组成不符合本办法规定的；

（六）无正当理由不按照依法推荐的中标候选供应商顺序确定中标供应商，或者在评标委员会依法推荐的中标候选供应商以外确定中标供应商的；

（七）在招标过程中与投标人进行协商谈判，或者不按照招标文件和中标供应商的投标文件确定的事项签订政府采购合同，或者与中标供应商另行订立背离合同实质性内容的协议的；

（八）中标通知书发出后无正当理由不与中标供应商签订采购合同的；

（九）未按本办法规定将应当备案的委托招标协议、招标文件、评标报告、采购合同等文件资料提交同级人民政府财政部门备案的；

（十）拒绝有关部门依法实施监督检查的。

第六十九条 招标采购单位及其工作人员有下列情形之一，构成犯罪的，依法追究刑事责任；尚不构成犯罪的，按照有关法律规定处以罚款，有违法所得的，并处没收违法所得，由其行政主管部门或者有关机关依法给予处分，并予通报：

（一）与投标人恶意串通的；

（二）在采购过程中接受贿赂或者获取其他不正当利益的；

（三）在有关部门依法实施的监督检查中提供虚假情况的；

（四）开标前泄露已获取招标文件的潜在投标人的名称、数量、标底或者其他可能影响公平竞争的有关招标投标情况的。

第七十条 采购代理机构有本办法第六十八条、第六十九条违法行为之一，情节严重的，可以取消其政府采购代理资格，并予以公告。

第七十一条 有本办法第六十八条、第六十九条违法行为之一，并且影响或者可能影响中标结果的，应当按照下列情况分别处理：

（一）未确定中标候选供应商的，终止招标活动，依法重新招标；

（二）中标候选供应商已经确定但采购合同尚未履行的，撤销合同，从中标候选供应商中按顺序另行确定中标供应商；

（三）采购合同已经履行的，给采购人、投标人造成损失的，由责任人承担赔偿责任。

第七十二条 采购人对应当实行集中采购的政府采购项目不委托集中采购机构进行招标的，或者委托不具备政府采购代理资格的中介机构办理政府采购招标事务的，责令改正；拒不改正的，停止按预算向其支付资金，由其上级行政主管部门或者有关机关依法给予其直接负责的主管人员和其他直接责任人员处分。

第七十三条 招标采购单位违反有关规定隐匿、销毁应当保存的招标、投标过程中的有关文件或者伪造、变造招标、投标过程中的有关文件的，处以二万元以上十万元以下的罚款，对其直接负责的主管人员和其他直接责任人员，由其行政主管部门或者有关机关依法给予处分，并予通报；构成犯罪的，依法追究刑事责任。

第七十四条 投标人有下列情形之一的，处以政府采购项目中标金额千分之五以上千分之十以下的罚款，列入不良行为记录名单，在一至三年内禁止参加政府采购活动，并予以公告，有违法所得的，并处没收违法所得，情节严重的，由工商行政管理机关吊销营业执照；构成犯罪的，依法追究刑事责任：

（一）提供虚假材料谋取中标的；

（二）采取不正当手段诋毁、排挤其他投标人的；

（三）与招标采购单位、其他投标人恶意串通的；

（四）向招标采购单位行贿或者提供其他不正当利益的；

（五）在招标过程中与招标采购单位进行协商谈判、不按照招标文件和中标供应商的投标文件订立合同，或者与采购人另行订立背离合同实质性内容的协议的；

（六）拒绝有关部门监督检查或者提供虚假情况的。

投标人有前款第（一）至（五）项情形之一的，中标无效。

第七十五条 中标供应商有下列情形之一的，招标采购单位不予退还其交纳的投标保证金；情节严重的，由财政部门将其列入不良行为记录名单，在一至三年内禁止参加政府采购活动，并予以通报：

（一）中标后无正当理由不与采购人或者采购代理机构签订合同的；

（二）将中标项目转让给他人，或者在投标文件中未说明，且未经采购招标机构同意，将中标项目分包给他人的；

（三）拒绝履行合同义务的。

第七十六条 政府采购当事人有本办法第六十八条、第六十九条、第七十四条、第七十五条违法行为之一，给他人造成损失的，应当依照有关民事法律规定承担民事责任。

第七十七条 评标委员会成员有下列行为之一的，责令改正，给予警告，可以并处一千元以下的罚款：

（一）明知应当回避而未主动回避的；

（二）在知道自己为评标委员会成员身份后至评标结束前的时段内私下接触投标供应商的；

（三）在评标过程中擅离职守，影响评标程序正常进行的；

（四）在评标过程中有明显不合理或者不正当倾向性的；

（五）未按招标文件规定的评标方法和标准进行评标的。

上述行为影响中标结果的，中标结果无效。

第七十八条 评标委员会成员或者与评标活动有关的工作人员有下列行为之一的，给予警告，没收违法所得，可以并处三千元以上五万元以下的罚款；对评标委员会成员取消评标委员会成员资格，不得再参加任何政府采购招标项目的评标，并在财政部门指定的政府采购信息发布媒体上予以公告；构成犯罪的，依法追究刑事责任：

（一）收受投标人、其他利害关系人的财物或者其他不正当利益的；

（二）泄露有关投标文件的评审和比较、中标候选人的推荐以及与评标有关的其他情况的。

第七十九条 任何单位或者个人非法干预、影响评标的过程或者结果的，责令改正；由该单位、个人的上级行政主管部门或者有关机关给予单位责任人或者个人处分。

第八十条 财政部门工作人员在实施政府采购监督检查中违反规定滥用职权、玩忽职守、徇私舞弊的，依法给予行政处分；构成犯罪的，依法追究刑事责任。

第八十一条 财政部门对投标人的投诉无故逾期未作处理的，依法给予直接负责的主管人员和其他直接责任人员行政处分。

第八十二条 有本办法规定的中标无效情形的，由同级或其上级财政部门认定中标无效。中标无效的，应当依照本办法规定从其他中标人或者中标候选人中重新确定，或者依照本办法重新进行招标。

第八十三条 本办法所规定的行政处罚，由县级以上人民政府财政部门负责实施。

第八十四条 政府采购当事人对行政处罚不服的，可以依法申请行政复议，或者直接向人民法院提起行政诉讼。逾期未申请复议，也未向人民法院起诉，又不履行行政处罚决定的，由作出行政处罚决定的机关申请人民法院强制执行。

第六章 附 则

第八十五条 政府采购货物服务可以实行协议供货采购和定点采购，但协议供货采购和定点供应商必须通过公开招标方式确定；因特殊情况需要采用公开招标以外方式确定的，应当获得省级以上人民政府财政部门批准。

协议供货采购和定点采购的管理办法，由财政部另行规定。

第八十六条 政府采购货物中的进口机电产品进行招标投标的，按照国家有关办法执行。

第八十七条 使用国际组织和外国政府贷款进行的政府采购货物和服务招标，贷款方或者资金提供方与中方达成的协议对采购的具体条件另有规定的，可以适用其规定，但不得损害国家利益和社会公共利益。

第八十八条 对因严重自然灾害和其他不可抗力事件所实施的紧急采购和涉及国家安全和秘密的采购，不适用本办法。

第八十九条 本办法由财政部负责解释。

各省、自治区、直辖市人民政府财政部门可以根据本办法制定具体实施办法。

第九十条 本办法自2004年9月11日起施行。财政部1999年6月24日颁布实施的《政府采购招标投标管理暂行办法》(财预字［1999］363号)同时废止。

国务院办公厅关于进一步规范招投标活动的若干意见

国办发［2004］56号

各省、自治区、直辖市人民政府，国务院各部委、各直属机构：

2000年1月《中华人民共和国招标投标法》（以下简称《招标投标法》）实施以来，我国招投标市场发展总体是好的，招投标活动日趋普及，招投标领域不断扩大，已经成为经济生活的重要内容。但是，招投标活动中仍然存在一些不容忽视的问题，妨碍了《招标投标法》的实施，扰乱了市场经济秩序，滋生了腐败现象。为深入贯彻党的十六届三中全会精神，整顿和规范市场经济秩序，创造公开、公平、公正的市场经济环境，推动反腐败工作的深入开展，必须加强和改进招投标行政监督，进一步规范招投标活动。经国务院同意，现就有关工作提出以下意见：

一、充分认识进一步规范招投标活动的重要意义

进一步规范招投标活动，是完善社会主义市场经济体制的重要措施。当前，招投标活动中存在着严重问题，一些部门和地方违反《招标投标法》，实行行业垄断、地区封锁；少数项目业主逃避招标、虚假招标，不按照法定程序开标、评标和定标；有的投标人串通投标，以弄虚作假和其他不正当手段骗取中标，在中标后擅自转包和违法分包；有关行政监督部门对违法行为查处不力；工程建设招投标活动中存在行贿受贿、贪污腐败现象，一些政府部门和领导干部直接介入或非法干预招投标活动。这些问题需要通过健全制度、完善机制、强化监督、规范行为来切实加以解决。

进一步规范招投标活动，是维护公平竞争的市场经济秩序，促进全国统一市场形成的内在要求。规范的招投标活动有利于鼓励竞争，打破地区封锁和行业保护，促进生产要素在不同地区、部门、企业之间自由流动和组合，为招标人选择符合要求的供货商、承包商和服务商提供机会。

进一步规范招投标活动，是深化投资体制改革，提高国有资产使用效益的有效手段。在政府投资领域引入竞争机制，严格执行招投标制度，有助于提高投资决策的科学化和民主化水平，促使企业增强市场意识，改善经营管理，这对于保障国有资金有效使用，提高投资效益具有重要意义。

进一步规范招投标活动，是加强工程质量管理，预防和遏制腐败的重要环节。工程质量是百年大计，直接关系建设项目的成败和广大人民群众的生

命、财产安全。我国这些年来发生的重大工程质量事故和重大腐败案件，大多与招投标制度执行不力，搞内幕交易、虚假招标有关。认真贯彻《招标投标法》，严格规范招投标程序，将招投标活动的各个环节置于公开透明的环境，能够有效地约束招投标当事人的行为，从源头上预防和治理腐败，保证项目建设质量。

二、打破行业垄断和地区封锁，促进全国市场统一

招投标制度必须保持统一和协调。各地区、各部门要加快招投标规章和规范性文件的清理工作，修改或废止与《招标投标法》和《行政许可法》相抵触的规定和要求，并向社会公布。坚决纠正行业垄断和地区封锁行为，不得制定限制性条件阻碍或者排斥其他地区、其他系统投标人进入本地区、本系统市场；取消非法的投标许可、资质验证、注册登记等手续；禁止以获得本地区、本系统奖项等歧视性要求作为评标加分条件或者中标条件；不得要挟、暗示投标人在中标后分包部分工程给本地区、本系统的承包商、供货商。鼓励推行合理低价中标和无标底招标。

三、实行公告制度，提高招投标活动透明度

为保证投标人及时、便捷地获取招标信息，依法必须招标的工程建设项目的招标公告，必须严格按照《招标投标法》规定在国家或省、自治区、直辖市人民政府指定的媒介发布，在招标人自愿的前提下，可以同时在其他媒介发布。任何单位和个人不得违法指定或者限制招标公告的发布地点和发布范围。除国家另有规定外，在指定媒介发布依法必须招标项目的招标公告，不得收取费用。对非法干预招标公告发布活动的，依法追究领导和直接责任人责任。

加快招投标信息公开的步伐，提高政府监管和公共服务能力。要公布招标事项核准、招标公告、中标候选人、中标结果、招标代理机构代理活动等信息，及时公告对违规招投标行为的处理结果、招投标活动当事人不良行为记录等相关信息，以利于社会监督。

四、完善专家评审制度，提高评标活动公正性

加强对评标专家和评标活动的管理和监督，保证招投标活动的客观公正。为切实保证评标专家独立、公正地履行职责，要逐步对现有分散的部门专家库进行整合，吸纳一定比例的跨部门、跨地区的专家组建评标专家库，专家的抽取和管理按照《招标投标法》执行。

建立健全评标专家管理制度，严格评标专家资格认定，加强对评标专家的培训、考核、评价和档案管理，根据实际需要和专家考核情况及时对评标专家进行更换或者补充，实行评标专家的动态管理。严格执行回避制度，项目主管部门和行政监督部门的工作人员，不得作为专家和评标委员会成员参

与评标。严明评标纪律，对评标专家在评标活动中的违法违规行为，要严肃查处，视情节依法给予警告、没收收受的财物、罚款等处罚；情节严重的，取消其评标委员会成员资格，并不得参加任何依法必须进行招标项目的评标；同时建议主管单位给予相应的政纪处分，构成犯罪的，要依法追究刑事责任。

五、规范代理行为，建立招投标行业自律机制

依法整顿和规范招标代理活动。招标代理机构必须与行政主管部门脱钩，并不得存在任何隶属关系或者其他利益关系。凡违反《招标投标法》和《行政许可法》规定设立和认定招标代理机构资格的行为，一律无效。建立健全招标代理市场准入和退出制度。招标代理机构应当依法经营，平等竞争，对严重违法违规的招标代理机构，要取消招标代理资格。招标代理机构可以依法跨区域开展业务，任何地方和部门均不得以登记备案等方式变相加以限制。

建立和完善招投标行业自律机制，推动组建跨行业、跨地区的招标投标协会。由协会制定行业技术规范和行为准则，通过行业自律，维护招投标活动的秩序。

六、积极引入竞争，进一步拓宽招投标领域

按照深化投资体制改革的要求，逐步探索通过招投标引入竞争机制，改进项目的建设和管理。对经营性的、有合理回报和一定投资回收能力的公益事业、公共基础设施项目建设，以及具有垄断性的项目，可逐步推行项目法人招标制。进一步探索采用招标等竞争性方式选择工程咨询、招标代理等投资服务中介机构的办法。对政府投资的公益项目，可以通过招标选择项目管理单位对项目建设进行专业化管理。

大力推行和规范政府采购、科研课题、特许经营权、土地使用权出让、药品采购、物业管理等领域的招投标活动。

七、依法实施管理，完善招投标行政监督机制

有关行政监督部门应当严格按照《招标投标法》和国务院规定的职责分工，各司其职，密切配合，加强管理，改进招投标行政监督工作。

发展改革委要加强对招投标工作的指导和协调，加强对重大建设项目建设过程中工程招投标的监督检查和工业项目招投标活动的监督执法。水利、交通、铁道、民航、信息产业、建设、商务部门，应当依照有关法律、法规，加强对相关领域招投标过程中泄露保密资料、泄露标底、串通招标、串通投标、歧视和排斥投标等违法活动的监督执法。加大对转包、违法分包行为的查处力度，对将中标项目全部转让、分别转让，或者违法将中标项目的部分主体、关键性工作层层分包，以及挂靠有资质或高资质单位并以其名义

投标，或者从其他单位租借资质证书等行为，有关行政监督部门必须依法给予罚款、没收违法所得、责令停业整顿等处罚，情节严重的，由工商行政管理机关吊销其营业执照。同时，对接受转包、违法分包的单位，要及时清退。

有关行政监督部门不得违反法律法规设立审批、核准、登记等涉及招投标的行政许可事项；已经设定的一律予以取消。加快职能转变，改变重事前审批、轻事后监管的倾向，加强对招投标全过程的监督执法。项目审批部门对不依照核准事项进行招标的行为，要及时依法实施处罚。建立和完善公正、高效的招投标投诉处理机制，及时受理投诉并查处违法行为。任何政府部门和个人，特别是各级领导干部，不得以权谋私，采取暗示、授意、打招呼、递条子、指定、强令等方式，干预和插手具体的招投标活动。各级行政监察部门要加强对招投标执法活动的监督，严厉查处招投标活动中的腐败和不正之风。地方各级人民政府应当依据《行政许可法》的要求，规范招投标行政监督部门的工作，加强招投标监督管理队伍建设，提高依法行政水平。

各省、自治区、直辖市人民政府和国务院各有关部门要加强对招投标工作的领导，及时总结经验，不断完善政策，协调、处理好招投标工作中的新矛盾、新问题。

二〇〇四年七月十二日

财政部关于加强政府采购货物和服务项目价格评审管理的通知

财库［2007］2号

党中央有关部门，国务院各部委、各直属机构，全国人大常委会办公厅，全国政协办公厅，高法院，高检院，有关人民团体，各省、自治区、直辖市、计划单列市财政厅（局），新疆生产建设兵团财务局，中央国家机关政府采购中心，中直机关采购中心，全国人大机关采购中心：

为了加强政府采购货物和服务项目价格评审管理，规范评审行为，维护政府采购活动的公开、公正和公平，保护政府采购当事人合法权益，现就政府采购货物和服务项目价格评审有关事项通知如下：

一、充分认识价格评审的重要性

价格是政府采购货物和服务项目评审的重要因素，是评价采购资金使用效益的关键性指标之一，各地区、各部门在政府采购活动中，要严格执行《政府采购法》和《政府采购货物和服务招标投标管理办法》（财政部令第18号）的规定，科学选择评审方法，在满足需求的情况下，坚持低价优先、价廉物美的原则，加强价格评审管理，保护政府采购当事人的合法权益，切实提高采购资金的使用效益。

二、统一综合评分法价格分评审方法

政府采购货物和服务项目采用综合评分法的，除执行统一价格标准的服务项目外，采购人或其委托的采购代理机构应当依法合理设置价格分值。货物项目的价格分值占总分值的比重（权重）不得低于30%，不得高于60%；服务项目的价格分值占总分值的比重（权重）不得低于10%，不得高于30%。

综合评分法中的价格分统一采用低价优先法计算，即满足招标文件要求且投标价格最低的投标报价为评标基准价，其价格分为满分。其他投标人的价格分统一按照下列公式计算：

投标报价得分 =（评标基准价/投标报价）× 价格权值 ×100

采购人或其委托的采购代理机构对同类采购项目采用综合评分法的，原则上不得改变评审因素和评分标准。

三、统一竞争性谈判采购方式和询价采购方式评审方法

采购人或其委托的采购代理机构采用竞争性谈判采购方式和询价采购方式的，应当比照最低评标价法确定成交供应商，即在符合采购需求、质量和服务相等的前提下，以提出最低报价的供应商作为成交供应商。

四、公开评审方法和评审因素

采购人或其委托的采购代理机构采用综合评分法的，应当根据采购项目情况，在招标文件中明确合理设置各项评审因素及其分值，并明确具体评分标准。投标人的资格条件，不得列为评分因素。加分或减分因素及评审标准应当在招标文件中载明；采用竞争性谈判或询价采购方式的，应当在谈判文件或询价文件中载明“符合采购需求、质量和服务相等”的评审方法、最后报价时间等相关评审事项。

五、加强评审活动管理

采购人或其委托的采购代理机构在政府采购货物和服务项目评审之前，应当制定评审纪律和评审工作规则，但不得改变采购文件载明的评审方法和评审标准。评审纪律和评审工作规则在评审活动开始前印发各评审人员遵照执行。评审人员应当严格遵守评审纪律和评审工作规则，按照采购文件载明的评审方法、评审标准开展评审活动。

政府采购货物和服务项目评审过程中，不得去掉最低报价。

六、加强监督检查

采购人或采购代理机构在采购文件中未载明或未清晰载明评审方法及相关事项的，财政部门应当责令采购人或采购代理机构改正，限期修改采购文件，并延长投标截止期或谈判、询价日期。评审工作规则实质性改变采购文件载明的评审方法或评审标准的，以及评审人员未按照采购文件载明的评审方法、评审标准进行评审的，财政部门应当认定采购无效，责令重新开展采购活动，并视情况给予采购人、采购代理机构或相关评审人员警告或通报批评；情节严重的，应当取消相关评审人员资格并在财政部指定媒体上公告。

二〇〇七年一月十日

财政部关于信息系统建设项目采购有关问题的通知

财库［2011］59号

党中央有关部门 国务院各部委、各直属机构 全国人大常委会办公厅 全国政协办公厅　高法院 高检院 有关人民团体 各省、自治区、直辖市、计划单列市财政厅（局）新疆生产建设兵团财务局：

为规范政府采购行为，维护政府采购公平、公正，促进供应商公平竞争，根据《中华人民共和国政府采购法》的规定，现就信息系统建设政府采购有关问题通知如下：

在信息系统建设中，受托为整体采购项目或者其中分项目的前期工作提供设计、编制规范、进行管理等服务的供应商，对于理解及把握采购内容具有一定的优势，其再参加该项目的采购活动，存在违反公平竞争原则的可能性。为保证政府采购公平、公正，凡为整体采购项目提供上述服务的法人及其附属机构（单位），不得再参加该整体采购项目及其所有分项目的采购活动；凡为分项目提供上述服务的法人及其附属机构（单位），不得再参加该分项目的采购活动。但属于《中华人民共和国政府采购法》第三十一条规定的单一来源方式采购情形的，不适用本通知。

请各单位按照要求编制采购文件，办理采购事务，开展采购活动。

二〇一一年四月十三日

关于多家代理商代理一家制造商的产品参加投标如何计算供应商家数的复函

财办库［2003］38号

河北省财政厅：

《河北省财政厅关于多家代理商代理一家制造商的产品参加投标如何计算供应商家数的请示》（冀财采［2003］9号）已收悉，现答复如下：

根据国际惯例以及《政府采购法》的立法精神，公开竞争是政府采购的基石。政府采购的竞争是指符合采购人采购需求的不同品牌或者不同生产制造商之间的竞争，原则上同一品牌同一型号产品只能有一家投标人，但应当在招标文件中对此作出明确规定。如中央单位2002年实行的计算机、打印机和复印机协议供货制度，在招标文件中明确规定，只允许投标产品的生产制造商总部参加投标，或者由生产制造商总部全权委托一家代理商参加。否则，作无效标处理。

《政府采购法》实施后，为了避免同一品牌同一型号产品出现多个投标人的现象，应当在招标文件中明确规定，同一品牌同一型号产品只能由一家供应商参加。如果有多家代理商参加同一品牌同一型号产品投标的，应当作为一个供应商计算。公开招标以外采购方式以及政府采购服务和工程，也按此方法计算供应商家数。

二〇〇三年四月十四日

（六）专家管理

财政部　监察部关于印发《政府采购评审专家管理办法》的通知

财库［2003］119号

各省、自治区、直辖市、计划单列市财政厅（局）、监察厅（局），新疆生产建设兵团财务局、监察局，党中央有关部门，国务院各部委、各直属机构，各人民团体，全国人大常委会办公厅，全国政协办公厅，高法院，高检院：

为了加强对政府采购评审专家的管理，保证政府采购工作的公正、公平，根据《中华人民共和国政府采购法》和国务院办公厅转发《财政部关于全面推进政府采购制度改革意见》的通知精神（国办发［2003］74号），财政部和监察部制定了《政府采购评审专家管理办法》。现印发给你们，请遵照执行。

附件：政府采购评审专家管理办法

二○○三年十一月十七日

附件：

政府采购评审专家管理办法

第一章　总　　则

第一条　为加强对政府采购评审活动的管理，规范评审专家执业行为，提高政府采购工作质量，依据有关法律和国务院规定，制定本办法。

第二条　本办法所称政府采购评审专家（以下简称“评审专家”），是指符合本办法规定条件和要求，以独立身份从事和参加政府采购有关评审工作的人员。

评审专家从事和参加政府采购招标、竞争性谈判、询价、单一来源等采购活动评审，以及相关咨询活动适用本办法。

第三条　评审专家实行“统一条件，分级管理，资源共享，随机选取，管用分离”的管理办法。

第四条　评审专家资格由财政部门管理，采取公开征集、推荐与自我推荐相结合的方式确定。集中采购机构和经财政部门登记备案的政府采购业务代理机构（以下统称“采购代理机构”）可以按照本办法规定对自身管理的专家进行初审，并作为评审专家候选人报财政部门审核登记。

第五条　评审专家应当通过政府采购专家库进行管理。各级财政部门可以根据本地区实际和资源整合要求，统一建立政府采购专家库，也可以借助采购人、采购代理机构已有的专家资源建库。

第六条　评审专家名单必须在财政部指定的政府采购信息发布媒体上公告，也可以同时在省级财政部门指定的政府采购信息发布媒体上公告。

第七条　财政部门应当加强对评审专家的监督管理，切实规范专家执业行为。

第二章　评审专家资格管理

第八条　评审专家应当具备以下条件：

（一）具有较高的业务素质和良好的职业道德，在政府采购的评审过程中能以客观公正、廉洁自律、遵纪守法为行为准则；

（二）从事相关领域工作满 8 年，具有本科（含本科）以上文化程度，高级专业技术职称或者具有同等专业水平，精通专业业务，熟悉产品情况，在其专业领域享有一定声誉；

（三）熟悉政府采购、招标投标的相关政策法规和业务理论知识，能胜任政府采购评审工作；

（四）本人愿意以独立身份参加政府采购评审工作，并接受财政部门的监督管理；

（五）没有违纪违法等不良记录；

（六）财政部门要求的其他条件。

第九条 对达不到第八条第二款所列条件和要求，但在相关工作领域有突出的专业特长并熟悉商品市场销售行情，且符合专家其他资格条件的，可以经财政部门审核后，认定为评审专家。

第十条 凡符合本办法第八条和第九条规定的在职和离退休人员，均可向财政部门、采购人、采购代理机构自我推荐，也可以由所在单位或本行业其他专家推荐。自我推荐或推荐时应提供以下材料：

（一）个人文化及专业简历；

（二）文化及专业资格证书（原件及复印件）；

（三）个人研究或工作成就简况（包括学术论文、科研成果、发明创造等）；

（四）证明本人身份的有效证件；

（五）本人所在单位或行业组织出具的评荐意见。

第十一条 凡符合本办法规定条件的专家，可以从事政府采购评审工作，财政部门可以根据管理需要，颁发《政府采购评审专家证书》。

第十二条 财政部门应当对评审专家的条件每两年检验复审一次，符合条件的可以从事政府采购评审工作。

第十三条 评审专家资格检验复审工作应当包括以下内容：

（一）本人专业水平和执业能力是否能够继续满足政府采购评审工作要求；

（二）本人是否熟悉和掌握政府采购法律、法规、规章制度和方针政策方面的新规定，并参加必要的政府采购培训；

（三）本人在参加政府采购活动中是否严格遵守客观公正等职业道德规范，认真履行自己的职责；

（四）本人有无违反本办法规定或其他违纪违法不良记录；

（五）财政部门认为应当考核的其他内容。

第十四条 对在政府采购评审工作中有违规行为、不再胜任评审工作、检验复审不合格的，或者本人提出不再担任评审专家申请的，财政部门可以随时办理停止从事政府采购评审工作有关事宜。

第三章 评审专家的权利义务

第十五条 评审专家在政府采购活动中享有以下权利：

（一）对政府采购制度及相关情况的知情权；

（二）对供应商所供货物、工程和服务质量的评审权；

（三）推荐中标候选供应商的表决权；

（四）按规定获得相应的评审劳务报酬；

（五）法律、法规和规章规定的其他权利。

第十六条 评审专家在政府采购活动中承担以下义务：

（一）为政府采购工作提供真实、可靠的评审意见；

（二）严格遵守政府采购评审工作纪律，不得向外界泄露评审情况（不包括本条第四款内容）；

（三）发现供应商在政府采购活动中有不正当竞争或恶意串通等违规行为，应及时向政府采购评审工作的组织者或财政部门报告并加以制止；

（四）解答有关方面对政府采购评审工作中有关问题的咨询或质疑；

（五）法律、法规和规章规定的其他义务。

第十七条 财政部门、采购人和采购代理机构的有关工作人员应对评审专家的私人情况予以保密。

第四章 评审专家的使用与管理

第十八条 评审专家的管理与使用要相对分离。财政部门要建立专家库维护管理与抽取使用相互制约的管理制度，即政府采购专家库的维护管理与使用抽取工作分离。

第十九条 抽取使用专家时，原则上由采购人或采购代理机构的经办人在财政部门监督下随机抽取。特殊情况下，经采购人或采购代理机构同意，也可以由财政部门专家库维护管理人员从专家库中随机抽取后，推荐给采购人或采购代理机构。任何单位和个人都不得指定评审专家或干预评审专家的抽取工作。

第二十条 每次抽取所需评审专家时，应当根据情况多抽取两名以上候补评选专家，并按先后顺序排列递补。

评审专家抽取结果及通知情况应当场记录备案，以备后查。

第二十一条 遇有行业和产品特殊，政府采购专家库不能满足需求时，可以由采购人、采购代理机构按有关规定确定评审专家人选，但应当报财政部门备案。

第二十二条 评审专家的抽取时间原则上应当在开标前半天或前一天进行，特殊情况不得超过两天。

参加评审专家抽取的有关人员对被抽取专家的姓名、单位和联系方式等内容负有保密的义务。

第二十三条 财政部门统一建立的专家库必须公开向采购人、采购代理机构提供服务，不得有意隐瞒专家库资源。

第二十四条 评审专家原则上在一年之内不得连续三次参加政府采购评审工作。

第二十五条 评审专家应以科学、公正的态度参加政府采购的评审工作，在评审过程中不受任何干扰，独立、负责地提出评审意见，并对自己的评审意见承担责任。

第二十六条 评审专家不得参加与自己有利害关系的政府采购项目的评审活动。对与自己有利害关系的评审项目，如受到邀请，应主动提出回避。财政部门、采购人或采购代理机构也可要求该评审专家回避。

有利害关系主要是指三年内曾在参加该采购项目供应商中任职（包括一般工作）或担任顾问，配偶或直系亲属在参加该采购项目的供应商中任职或担任顾问，与参加该采购项目供应商发生过法律纠纷，以及其他可能影响公正评标的情况。

第二十七条 财政部门应建立政府采购评审专家信息反馈制度，听取有关各方对评审专家业务水平、工作能力、职业道德等方面的意见，核实并记录有关内容。定期组织专家进行政府采购法律法规和政策方面的学习。

第五章 违规处罚

第二十八条 评审专家有下列情况之一的，将作为不良行为予以通报批评或记录。

（一）被选定为某项目并且已接受邀请的评审项目专家，未按规定时间参与评审，影响政府采购工作的；

（二）在评标工作中，有明显倾向或歧视现象的；

（三）违反职业道德和国家有关廉洁自律规定，但对评审结果没有实质性影响的；

（四）违反政府采购规定，向外界透露有关评标情况及其他信息的；

（五）不能按规定回答或拒绝回答采购当事人询问的；

（六）在不知情情况下，评审意见违反政府采购政策规定的。

第二十九条 评审专家有下列情形之一的，将停止从事政府采购评审工作。

（一）故意并且严重损害采购人、供应商等正当权益的；

（二）违反国家有关廉洁自律规定，私下接触或收受参与政府采购活动的供应商及有关业务单位的财物或者好处的；

（三）违反政府采购规定向外界透露有关评审情况及其他信息，给招标结果带来实质影响的；

（四）评审专家之间私下达成一致意见，违背公正、公开原则，影响和干预评标结果的；

（五）以政府采购名义从事有损政府采购形象的其他活动的；

（六）弄虚作假获得从事政府采购评审工作条件的；

（七）评审意见严重违反政府采购有关政策规定的。

第三十条 评审专家在一年内发生两次通报批评或不良记录的，一到三年内不得从事政府采购评审工作，累计三次以上者将不得再从事评审工作。

第三十一条 各级监察机关要对属于行政监察对象的评审专家的个人行为加强监督检查，涉及有关违规违纪行为的，应当按照有关规定给予相关人员行政处分。

第三十二条 由于评审专家个人的违规行为给有关单位造成经济损失的，相关评审专家应当承担经济赔偿责任；构成犯罪的，将移送司法机关追究其刑事责任。

第三十三条 通报批评、不良记录和取消资格等对评审专家的处理结果，可以在财政部门指定的政府采购信息发布媒体上公告。

第三十四条 财政部门、采购人或采购代理机构在抽取评审专家工作中，违反操作要求予以指定或进行暗箱操作的，或故意对外泄露被抽取评审专家有关姓名、单位、联系方式等内容的，可根据具体情况，由其上级部门或监察机关给予相应的行政处分。

第三十五条 财政部门及其工作人员在对评审专家的管理工作中，有失职、渎职、徇私舞弊等行为，不正确履行职责，或借管理行为不正当干预政府采购工作的，要予以通报批评；情节严重的，由其上级部门或监察机关给予相应的行政处分。

第六章 附 则

第三十六条 各省、自治区、直辖市、计划单列市财政厅（局），可以根据本办法规定，制定具体实施办法。

第三十七条 本办法自发布之日起执行。

财政部关于中央单位政府采购评审专家库管理使用有关问题的通知

财办库［2004］80号

党中央有关部门办公厅（室），国务院各部委、各直属机构办公厅（室），全国政协办公厅秘书局，全国人大常委会办公厅联络局，高法院、高检院、有关人民团体办公厅（室），新疆生产建设兵团财务局，中央国家机关政府采购中心，中直机关集中采购办公室：

根据财政部、监察部印发的《政府采购评审专家管理办法》（财库［2003］119号）和财政部印发的《中央单位政府采购管理实施办法》（财库［2004］104号）有关规定，财政部建立了“中央单位政府采购评审专家库”（以下简称专家库），并定于2004年12月1日正式启用。现将有关事项通知如下：

一、专家库采用管用分离的原则。财政部负责专家库的建设和管理，为各采购单位、政府集中采购机构和其他采购代理机构提供专家资源平台。各采购单位、政府集中采购机构和其他采购代理机构负责专家的具体抽取工作。财政部国库司委托中国政府采购网站（www.ccgp.gov.cn）对专家库进行建设维护。

二、中央单位（包括一级预算单位、二级预算单位和基层预算单位）的政府采购项目（含政府集中采购、部门集中采购和分散采购）所需评审专家，都应当从专家库抽取。中央一级预算单位、中央政府集中采购机构从2004年开始执行本通知规定。中央二级预算单位和基层预算单位从2006年开始执行本通知规定。

三、评审专家原则上由各采购单位负责抽取。经各采购单位委托，由政府集中采购机构或者其他采购代理机构组织的采购项目，分别由政府集中采购机构和其他采购代理机构负责抽取评审专家。

四、评审专家必须在开标前或竞争性谈判、询价开始前两个工作日内抽取。

五、评审专家抽取采用网上远端抽取方式，需要抽取评审专家的单位，直接登录中国政府采购网“评审专家库”专栏进行专家抽取工作。抽取流程参照“中央单位政府采购评审专家抽取流程”（见附件）。

六、每个采购项目有三次专家抽取机会，第三次抽取后仍不能确认足够数量的专家参加评审活动的，应当报财政部国库司核实后增加一次抽取机会。在联系确认专家时，采购单位、政府集中采购机构和其他代理机构不得故意向待确认专家抬高评标难度，造成无人能评的情况。如果出现以上情况，经查实，财政部将对责任单位给予处罚。

七、专家库中没有采购单位所需专家时，或者专家数量达不到采购人所需数量时，经财政部国库司核实后，所需专家或者不足部分可以由采购单位、政府集中采购机构或者其他采购代理机构按照《政府采购评审专家管理办法》和《中央单位政府采购管理实施办法》的要求自行选择专家，但应当将参加该项目评审活动的专家名单报财政部国库司。财政部国库司审核后将合格的专家添入专家库。

八、采购单位、政府集中采购机构和其他采购代理机构应当按要求从专家库中抽取专家。

采购单位、政府集中采购机构未按本通知规定从专家库抽取专家，被发现3次以上，给予警告或通报批评，并在政府采购指定媒体予以公告。

其他采购代理机构未按本通知规定从专家库中抽取专家，被发现3次以上，停止政府采购业务代理资格。

九、采购单位、政府集中采购机构和其他采购代理机构应当建立评审专家抽取监督机制，做好保密工作。负责抽取专家的有关人员对被抽取专家的姓名和联系方式等内容负责。专家抽取过程中，如果出现专家信息泄露等问题由抽取单位自行负责。

十、如果所抽取专家在评标过程中有违规行为，采购当事人可以向财政部国库司举报，财政部国库司将根据《政府采购评审专家管理办法》对违规专家进行处罚。

十一、2004年12月1日到2005年6月1日为专家库试运行期，期间遇到的问题可以向财政部国库司和中国政府采购网反映。

联系人：财政部国库司　李承双　010－68552269
薛　冰　010－68552235
中国政府采购网　张　涛　010－63819308
010－63819289（Fax）

附件：中央单位政府采购评审专家抽取流程

二〇〇四年十月二十七日

附件：

中央单位政府采购评审专家抽取流程

一、流程图

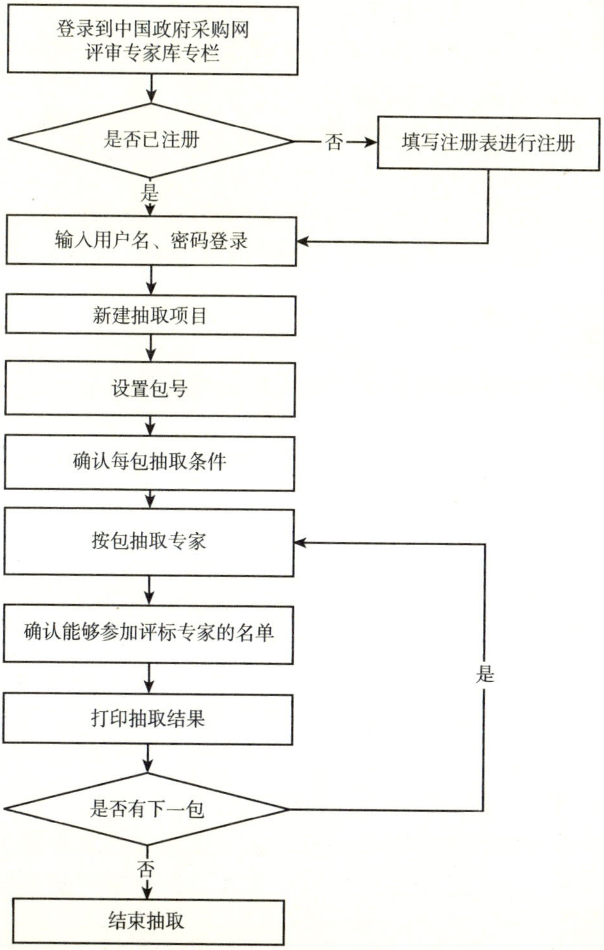

二、流程说明

1. 登录到中国政府采购网（www.ccgp.gov.cn）评审专家库专栏。

2. 首次登录抽取系统，应填写注册表，确定用户名和密码（6～20个英文字母或数字组合），注册成为中央单位政府采购评审专家库会员。同时打印注册表，盖章后传真至中国政府采购网以备注册审查，并将盖章原件报财政部国库司备案。

3. 输入用户名、密码进入专家抽取系统。

4. 录入采购项目信息，包括项目名称、项目预算、采购文件编号、项目主管部门、项目所属地区、采购组织形式、评标包数、采购方式、开标时间、项目联系人、联系电话等。

（1）项目名称，填写该采购项目的全称。

（2）项目预算，指财政部门批准采购单位用于该采购项目的预算金额或采购单位计划用于该采购项目的金额。

（3）采购文件编号、指标书编号、竞争性谈判文件编号或询价文件编号。

（4）项目主管部门，指项目使用单位的中央一级预算单位。

（5）项目所属地区，指项目建设或使用单位所在省市。

（6）采购组织形式，是指政府集中采购、部门集中采购或单位自行采购。

（7）评标包数，采购项目包含的评标包数，按包抽取专家，每一包抽取专家不得超过3次。

（8）采购方式，是指公开招标、邀请招标、竞争性谈判和询价，要按照实际采用的方式填写。

5. 输入包号。包号不能重复编制。

6. 确认每一包的专家抽取条件，包括评标品目和用户评委、经济类专家、技术类专家以及法律类专家各自人数。

（1）评标品目。根据财政部《关于印发〈政府采购品目分类表〉的通知》（财库[2000]10号）制定，共分货物、工程、服务三大类。要根据情况选定具体品目。

（2）用户评委人数，参加评标小组的用户代表人数。

（3）评审专家由经济类专家、技术类专家和法律类专家组成，评审专家总数不能少于评审小组成员总数的三分之二，评审专家可以全为技术类专家。

经济类专家人数，指熟悉评审项目市场行情和使用情况的专家数量。

技术类专家人数，指熟悉评审项目专业技术知识的专家数量。

法律类专家人数，指熟悉评审项目相关法律的专业人员数量。

（4）评审专家小组构成：

公开招标、邀请招标：用户评委+经济类+法律类+技术类≥5人（单数）。

竞争性谈判、询价：用户评委+经济类+法律类+技术类≥3人（单数）。

7. 每次抽取专家，系统会随机生成所需专家数量三倍的候选名单供选择。

8. 与专家电话联系，在能够参加评审活动的专家前打“√”，可多选两名专家作为候补。

9. 打印最终专家名单，抽取操作人员签字存档。

（七）预算执行

财政部关于印发《中央单位2002年政府采购预算编制的补充规定》的通知

财库［2001］52号

党中央有关部门，国务院各部委、各直属机构，全国人大常委会办公厅，全国政协办公厅，高检院，高法院，总参谋部，总政治部，总后勤部，武警总部，有关人民团体，中央有关企业集团，新疆生产建设兵团财务局：

政府采购预算是指列入部门预算中的有关政府采购项目的单列。政府采购预算的编制是促进预算编制细化、推动中央国家机关政府采购工作的有效措施。为了使中央各单位全面准确地编制2002年中央单位部门预算中的政府采购预算，现就有关问题作如下补充规定：

一、编报单位：编制部门预算的各中央预算单位，都应当编报政府采购预算。

二、表间关系：政府采购预算表中的各项预算支出是指部门预算表有关支出科目涉及本年政府采购的内容。

三、政府采购项目分类：政府采购分为货物、工程和服务3大类。其中，货物是指各种形态和种类的物品，包括原材料、设备、产品等；工程是指新建、改建、扩建、装修、拆除、修缮等各种建筑物和构筑物以及环保、绿化等建设项目；服务是指除货物和工程以外的其他采购项目。

如兼有货物、工程和服务二者以上难以认定其归属的项目，按占资金比例最高的确定类别。

四、科目名称（品目）：100 万元以上的专项采购项目，是指项目支出中资金超过 100 万元的专项，以及基本建设支出中超过 100 万元的货物或服务专项。

500 万元以上的新开工工程项目，是指 2002 年基本建设支出中预算在 500 万元以上的新开工工程项目，以及 2001 年安排的资金总额在 500 万元以上跨年度的工程项目。

经常性商品购置项目，是指用基本支出采购的通用商品。各品目中不包括已列入 100 万元以上专项采购项目及 500 万元以上新开工项目中的同类商品。经常性商品购置项目的可以重复，但必须要按类、款、项编报。

100 万元以上的专项、500 万元以上的新开工工程项目以及经常性商品购置项目，相互不交叉。

在上述类别或品目中，凡涉及国家安全或机密的，不在政府采购预算表中编报。

五、本年预算中的其他资金是指除财政预算内和预算外资金之外的采购资金，包括预算单位自有资金、贷款、捐赠等。全部用其他资金安排的采购项目应当编制政府采购预算，实施方式另行规定。

六、军队、武警以及企业集团 2002 年政府采购预算的实施方式，另行规定。

七、2002 年政府采购的联合集中采购目录与 2001 年相同（不含第六条规定的预算单位）。部门预算编制机构应当做好纳入联合集中采购目录的采购项目或品目采购清单的填报工作。

各单位在部门预算批复之前不得采购联合集中采购目录规定的项目（不包括 2001 年未完成项目）。因特殊情况急需采购的，要事先向财政部提出申请。

八、中央单位 2002 年政府采购财政直接拨付项目，将在 2002 年政府采购计划中作出具体规定。

九、各预算单位的主管部门应当尽快制定 2002 年的部门统一采购目录，并在预算编制期间要求所属预算单位做好部门统一采购目录采购清单的填报工作。

十、各预算单位可以就政府采购预算编制的有关问题，向财政部国库司及有关业务司咨询。国库司电话：68551214，68551264。

二〇〇一年九月六日

财政部关于做好2011年中央单位政府采购计划和执行编报工作的通知

财库［2011］18号

党中央有关部门，国务院各部委、各直属机构，全国人大常委会办公厅，全国政协办公厅，高法院，高检院，中央国家机关政府采购中心，中共中央直属机关采购中心，人大机关采购中心，各人民团体：

为进一步做好中央单位政府采购计划和执行情况编报工作，增强政府采购预算和计划的约束力，根据《中央单位政府采购管理实施办法》（财库［2004］104号）和《财政部关于进一步做好中央单位政府集中采购工作有关问题的通知》（财库［2009］101号）的文件精神，我们对2010年起实施的中央单位政府采购计划和执行情况编报工作有关内容和要求作了适当调整，现将有关事项通知如下：

一、各中央单位要充分认识政府采购计划和执行情况编报工作的重要性，高度重视组织落实工作，及时布置下达，积极做好相关协调和培训工作，明确职责分工，注意相互协调，确保本部门、本单位准时上报相关数据。

二、各中央单位应当按季度编报政府采购计划、计划执行情况和属地化采购执行情况等报表。计划类报表应当于每季度开始前报送至财政部，涉及集中采购的计划，由中央一级预算单位汇总后，抄送集中采购机构。执行情况类报表应当于每季度结束后15日内报送至财政部。同时，各中央单位应当按月编报下月的批量采购计划，并于当月15日前报送至财政部，同时抄报集中采购机构。

集中采购机构应当按季度编报批量采购执行情况、集中采购机构采购执行情况等报表，并于每季度结束后15日内报送至财政部。

三、自2011年起财政部对政府采购计划和执行情况编报作了部分调整，鉴于第一季度的政府采购计划已于2010年12月15日开始报送，请各中央单位在编制第二季度政府采购计划时按新的表格（附件1）编报。未按时报送第一季度政府采购计划的单位，仍须按照2010年的报表格式和要求补报第一季度政府采购计划。

四、编报工作仍然使用“政府采购信息统计及计划管理系统”，部分报表采用“政府采购执行情况基础数据”（附件2）录入方式。各编报单位要加强合同等基础数据的收集、整理，认真阅读《2011年政府采购计划及执行情况编报说明》（附件3），准确理解和掌握各项指标的内涵和口径，保证及时、准确上报有关数据。

五、批量采购计划的编报单位由在京中央单位扩展到所有中央单位。为解决批量采购需求难以汇总问题，财政部根据集中采购机构统计的中央单位采购计算机和打印机的普遍机型，制定了“2011年中央单位批量集中采购台式计算机和打印机基本配置参考”（以下简称“配置参考”，附件4）。各中央单位应当根据“配置参考”编制批量采购计划，按月逐级汇总上报至财政部，并抄报集中采购机构。如有特殊需求，中央一级预算单位也可以制定本部门统一的台式计算机和打印机的基本配置标准，并负责组织本部门所有单位根据本部门统一的台式计算机和打印机基本配置标准逐级编报批量采购计划。集中采购机构根据各中央单位报送的批量采购计划按月组织批量采购活动。

六、政府采购信息统计及计划管理系统仍分为网络版和单机版。中央一级预算单位和集中采购机构要求统一采用网络版填报，其他中央单位要求统一采用网络版客户端填报。关于单机版，在具备互联网连接的条件下，单机版可作为网络版客户端使用，即数据录入、报表生成等工作在本地计算机进行，数据上报时，身份验证后通过网络直接提交；在不具备互联网连接条件下，以数据盘形式（导出文件格式为*. cz文件）上报，使用单机版的用户可在中国政府采购网下载软件安装程序或到财政部国库司领取软件安装光盘。关于网络版，网络版用户登录中国政府采购网首页“政府采购信息统计及计划管理系统”在线进行编报。

七、各单位在编报时如遇口径等问题，请及时与财政部国库司政府采购管理一处联系。如遇系统软件操作问题，请及时与北京用友政务软件有限公司联系。

财政部国库司政府采购管理一处联系电话：

010－68552272；010－68552921；010－68552231

北京用友政务软件有限公司联系电话：

400－6550－933［分机号：33713、33714、33715、33716、33717、33718］；15712868936；15712868951

附件（略）：1. 2011年政府采购计划和执行情况编报表格

2. 2011年政府采购执行情况基础数据录入界面

3. 2011 年政府采购计划及执行情况编报说明

4. 2011 年中央单位批量集中采购台式计算机和打印机基本配置参考

二〇一一年一月二十七日

财政部关于做好2011年全国政府采购信息统计工作的通知

财库［2011］17号

党中央有关部门，国务院各部委、各直属机构，全国人大常委会办公厅，全国政协办公厅，高法院，高检院，中央国家机关政府采购中心，中共中央直属机关采购中心，人大机关采购中心，各人民团体，各省、自治区、直辖市、计划单列市财政厅（局），新疆生产建设兵团财务局：

建立统一、科学、规范的政府采购信息统计管理体系，是政府采购工作一项长期而重要的任务，也是国家制定宏观经济政策的需要。根据政府采购制度的有关规定，结合当前GPA研究和谈判的工作需要，现将2011年全国政府采购信息统计报表编报工作有关事项通知如下：

一、各编报单位要深刻认识政府采购信息统计编报工作的重要意义，高度重视组织落实工作，及时布置工作，加强培训宣传力度，明确职责分工，注意相互协调，确保本地区、本单位准时上报政府采购信息统计相关资料。

二、编报工作仍然使用“政府采购信息统计及计划管理系统”和采用“政府采购执行情况基础数据”录入方式。各编报单位要加强合同等基础数据的收集、整理和及时录入，认真阅读《2011年政府采购信息统计编报说明》，准确理解和掌握各项统计指标的内涵、编报方法和口径，保证政府采购信息统计和汇总工作不重不漏、内容完整、真实可靠。

三、政府采购信息统计及计划管理系统仍分为网络版和单机版，单机版在具备互联网连接的条件下，可作为网络版客户端使用，即数据录入、报表生成等工作在本地计算机进行，数据上报时，身份验证后通过网络直接提交；在不具备互联网条件下，以数据盘形式（导出文件格式为*. cz文件）上报。网络版用户登录中国政府采购网首页“政府采购信息统计及计划管理系统”在线进行编报。单机版（网络版客户端）用户可在中国政府采购网下载软件安装程序或到财政部国库司领取软件安装光盘。根据有关实际情况，要求各级政府采购监管机构、集中采购机构和中央一级预算单位使用网络版；其他单位使用单机版（网络版客户端）。

四、为满足GPA研究和谈判的需要，从今年开始，全国政府采购信息统计编报工作将完全自收自支的事业单位纳入统计范围，同时要增强政府采购信息统计的全面性与完整性，尤其是工程采购，凡是各级国家机关、事业单位和团体组织，使用财政性资金采购的工程，其采购程序无论适用政府采购法，还是适用招标投标法的，都要纳入信息统计范围。同时，各单位要加强数据的保密管理，建立保密责任制。

五、全国政府采购信息统计工作分为季报和年报，各省级财政部门和中央一级预算单位请于每个季度结束后15日内上报季报，于2012年1月31日内上报年报，并将年报的纸质报表和统计分析报告（省级财政部门加盖单位行政公章，中央一级预算单位加盖主管政府采购的司（局）公章）各1份报送至财政部国库司。

六、各编报单位要认真对统计数据进行对比和原因分析，撰写政府采购信息统计分析报告，准确揭示出政府采购活动的当前状况、存在问题及未来发展趋势，为政府采购制度改革和国家制定宏观经济政策提供真实、可靠的依据。

七、财政部国库司将分别对省级财政部门和中央一级预算单位2011年政府采购信息统计工作（结合统计基础工作、报表报送情况、报表质量、分析质量等因素）继续进行考核评比，对统计工作先进单位给予通报表扬。

八、在报表编报过程中，如遇统计编报口径等问题，请及时与财政部国库司政府采购管理一处联系。如遇统计软件操作问题，请及时与北京用友政务软件有限公司联系。

财政部国库司联系电话：

010－68552921 010－68552272 010－68552231

北京用友政务软件有限公司联系电话：

400－6550－933［分机号：33713、33714、33715、33716、33717、33718］；15712868936；15712868951

附件（略）：1. 2011年政府采购执行情况基础数据录入界面

2. 2011年政府采购信息统计报表

3. 2011年政府采购信息统计编报说明

二〇一一年一月二十七日

财政部关于进一步加强中央行政单位新增资产配置预算管理有关问题的通知

财行［2010］293号

党中央有关部门，国务院各部委、各直属机构，全国人大常委会办公厅，全国政协办公厅，最高人民法院，最高人民检察院，有关人民团体：

为了规范和加强中央行政单位新增资产配置预算管理工作，推进预算编制与资产管理、政府采购的有机结合，针对审计署对2009年度中央预算执行情况进行审计过程中所发现的问题，现将有关事项通知如下：

一、进一步规范中央行政单位资产配置管理工作

各部门应当认真落实《行政单位国有资产管理暂行办法》（财政部令第35号）等有关规定，不断完善相关制度，切实加强本部门行政单位资产配置管理。应根据工作需要，科学合理地编制配置规划或计划，充分发挥存量资产的作用，避免重复配置。对有规定配备标准的资产，应当严格按照标准进行配备；对没有规定配备标准的资产，应当从实际需要出发，从严控制，合理配备。推动部门内不同单位之间的资产调剂使用、共享共用机制，对临时需要且能够通过市场租用的资产，就不要重新配置，不断提高国有资产的使用效率。

二、切实做好中央部门新增资产配置预算工作

各部门应当按照部门预算编制的要求，认真做好本部门行政单位新增资产配置预算编报工作，提高新增资产配置预算编制的规范性和完整性，切实做到将所有使用财政性资金和其他资金购置车辆、单价200万元及以上大型设备纳入新增资产配置预算编报范围，并做到列入《中央行政事业单位新增资产配置预算表》的数据与部门基本支出、项目支出预算表中的相关数据一致。各部门要对内部各单位申报的资产配置项目按有关规定严格审核后报财政部审批。对属于财政部审批范围而未获批准的资产配置事项，一律不得列入部门预算，也不得列入单位经费支出。

三、加强新增资产配置预算与政府采购工作的衔接

各部门应当切实规范新增资产配置预算执行管理，强化新增资产配置与政府采购等环节的衔接。中央部门预算批复后，各部门应当严格按照财政部批复的资产购置计划，进行相关资产的购置或更新。对于纳入政府采购范围的资产，应当按照政府采购的有关规定执行。对属于财政部审批范围而未获批准的资产配置事项，一律不得安排进行政府采购。

中央行政单位新增资产配置预算是部门预算的重要组成部分。实现资产管理与预算管理的有机结合，是推进公共财政改革，实现财政管理科学化、精细化，建设节约型政府的必然要求。对此，各部门要高度重视，认真对待，建立并不断完善新增资产配置预算管理的工作机制，加强财务管理部门和资产管理部门的协调配合，推进预算管理水平的不断提高。

二〇一〇年九月一日

财政部关于印发《中央行政单位通用办公设备家具购置费预算标准（试行）》的通知

财行［2011］78号

党中央有关部门，国务院各部委、各直属机构，全国人大常委会办公厅，政协全国委员会办公厅，最高人民法院，最高人民检察院，有关人民团体，新疆生产建设兵团：

为加强中央行政单位通用办公设备家具购置管理，进一步推进部门预算管理制度改革，强化资产管理与预算管理的有机结合，提高预算编制的科学化、精细化水平，根据我部《中央本级项目支出定额标准体系建设实施方案》的总体部署，我们制定了《中央行政单位通用办公设备家具购置费预算标准（试行）》。现印发给你们，请遵照执行。执行中有何问题，请及时向我部反映。

附件：中央行政单位通用办公设备家具购置费预算标准（试行）

二〇一一年四月十三日

中央行政单位通用办公设备家具购置费预算标准（试行）

本标准基于编制预算的需要，结合工作实际，规定了中央行政单位通用办公设备家具的实物量标准和预算标准，是中央预算标准体系的重要组成部分，是部门编制预算和财政部门审核预算的相关依据。

第一条 本标准适用于中共中央直属机关，国务院各部委、直属机构、办事机构机关，全国人大常委会办公厅机关，全国政协办公厅机关，最高人民法院机关，最高人民检察院机关，各民主党派中央等（以下统称中央行政单位）。

中央垂直管理系统行政单位主管部门可参照本标准对本垂管系统（不含中央本级）制定具体标准，报财政部批准后执行。

第二条 本标准所称通用办公设备家具，是指满足中央行政单位行政办公基本需要的设备家具，包括通用办公设备、办公家具等，不含特殊需要的专业类办公设备家具。

对未列入本通知附件的其他通用办公设备家具，应当按照与中央行政单位履行职能需要相适应的原则，从严控制购置。

第三条 中央行政单位通用办公设备家具购置费预算标准包括实物量标准、价格上限标准以及使用年限标准三部分。

第四条 实物量标准实行双向控制：

（一）按工作人员级别和内设机构数设置标准。部级以上领导，按需要配备。其他工作人员按照司级和处级以下两个级别进行划分。

（二）按单位编制内实有人数设置标准。单位编制数是指独立核算行政单位的行政编制数（含参照公务员法管理的事业编制数）。

第五条 实物量标准是在兼顾各种需要情况下，购置通用办公设备家具的最高数量限制标准，不是必需达到的标准。购置具有日常办公功能的专业类办公设备家具的，应当相应减少通用办公设备家具的数量。

第六条 价格上限标准是购置通用办公设备家具的价格上限，应当在通用办公设备家具功能满足使用要求的前提下努力节约经费开支。

第七条 使用年限标准是通用办公设备家具的最低使用年限。已达到规定使用年限，但尚可继续使用的通用办公设备家具，应当继续使用，以充分发挥通用办公设备家具的使用效益。

第八条 通用办公设备家具满足下列条件之一，可以申请报废：

（一）已达到规定使用年限或规定技术指标无法使用的；

（二）因损坏无法修复或修复成本较大、无维修价值的；

（三）因设备老化、技术进步，使用成本过高，无继续使用价值的。

报废通用办公设备应当经单位内部有关技术部门鉴定。报废办公家具应当经单位内部资产管理部门鉴定。

报废通用办公设备家具，应当严格按照财政部资产处置有关规定办理审批（备案）手续。

第九条 中央行政单位购置通用办公设备家具，应当依照《中华人民共和国政府采购法》等国家有关规定执行。

第十条 中央行政单位购置通用办公设备家具，所需经费在部门（单位）公用经费等预算中列支。

新成立单位、新开展大型专项工作等特殊情况需要申请专项经费购置通用办公设备家具的，由财政部根据本标准审核后确定。

第十一条 本标准施行前已经超标购置且可以继续使用的资产，可继续使用。待正常报废到标准内时，方可按照本标准规定进行正常更新购置。

第十二条 违反本标准规定超标购置资产的，依照《财政违法行为处罚处分条例》（国务院令第427号）等国家有关规定追究法律责任。

第十三条 财政部将视经济社会发展水平、市场价格变化等因素，适时更新和调整本标准。

第十四条 参照公务员法管理的事业单位和执行行政单位财务和会计制度的其他中央事业单位和社会团体购置通用办公设备家具的，依照本标准执行。

驻外机构办公设备家具购置费预算标准另行制定。

第十五条 本标准自印发之日起施行。此前发布的有关中央行政单位通用办公设备家具购置费预算标准，凡与本标准相抵触的，以本标准为准。

第十六条 本标准由财政部负责解释。

附：1．通用办公设备购置费预算标准

2．办公家具购置费预算标准

附 1：

通用办公设备购置费预算标准

		实物量标准		价格上限标准	使用年限标准
台式电脑		1 台/人（涉密电脑、外网电脑经批准另行配备）	单位台式电脑总数不得超过单位编制内实有人数的 150%	6000 元/台	5 年
笔记本电脑		1 台/司级岗位；2 台/处（或 1 台/3 人，不足 3 人按 3 人计算）	总数不超过编制内实有人数的 50%。外勤单位可增加笔记本电脑数量，但应同时减少相应数量的台式电脑	10000 元/台	5 年
打印机（包括一体机）	A3	1 台/处	单位根据需要可以选择配备 A3、A4 打印机，但 A3 打印机不得超过单位编制内实有人数的 30%，打印机总数不得超过单位编制内实有人数的 100%	10000 元/台	5 年
	A4	1 台/司级岗位 其他 2 台/处（或 1 台/3 人，不足 3 人按 3 人计算）	单位根据需要可以选择配备 A3、A4 打印机，但 A3 打印机不得超过单位编制内实有人数的 30%，打印机总数不得超过单位编制内实有人数的 100%	2500 元/台	5 年
	其他：票据打印机	按需要配备		3000 元/台	5 年
中高速复印机		1 台/司	总数不得超过单位编制内实有人数的 5%，单位不足 20 人的，按 20 人计算	35000 元/台	5 年或复印 30 万张
传真机		1 台/司级岗位； 1 台/处	总数不得超过单位编制内实有人数的 30%	10000 元/台	5 年
扫描仪		按需要配备		普通平板扫描仪 2000 元/台、高速文档扫描仪 4000 元/台	5 年
电话机		按需要配备		200 元/台	长期使用
碎纸机		1 台/办公室	总数不得超过单位编制内实有人数的 40%	2000 元/台	5 年

注：1. 单位实有人数超过单位编制人数的，按编制人数计算。

2. 本表中所列通用办公设备不含特殊需要的专业类设备。

3. 本表中所列“长期使用”是指使用年限为 10 年以上；已达到规定使用年限，但尚可继续使用的，应当继续使用。

附 2：

办公家具购置费预算标准

	实物量标准	价格上限标准（元/台、套、件）	使用年限标准
办公桌椅	1 套/人	司级：6000 处级以下：3000	长期使用
沙发（含茶几）	1 组/司级办公室（包括一个三人沙发、两个单人沙发、一个大茶几，一个小茶几）； 1 组/处级以下办公室（包括两个单人沙发、一个小茶几）	司级：5000 处级以下：2500	长期使用
桌前椅	按需要配备，不分级别，总数不得超过单位编制内实有人数的 50%	600	长期使用
折叠椅	按需要配备，不分级别，总数不得超过单位编制内人数的 100%	120	长期使用
书柜	2 组/办公室	1500	长期使用
文件柜	按需要配备，不分级别	1000	长期使用
保密柜	按需要配备，不分级别	3000	长期使用
更衣柜	1 组/办公室	1000	长期使用
茶水柜	1 组/办公室	1000	长期使用
会议桌	根据会议室大小配备	1500/延米（超过 80 平米会议室，800/延米）	长期使用
会议椅	按需要配备	600	长期使用

注：本表中所列“长期使用”是指使用年限为 10 年以上：已达到规定使用年限，但尚可继续使用的，应当继续使用。

（八）集中采购

财政部关于印发《中央单位政府集中采购管理实施办法》的通知

财库［2007］3号

党中央有关部门，国务院各部委、各直属机构，全国人大常委会办公厅，全国政协办公厅，高法院，高检院，有关人民团体，新疆生产建设兵团，中央国家机关政府采购中心，中共中央直属机关采购中心，全国人大机关采购中心：

为了加强中央单位政府集中采购管理，规范集中采购行为，完善和规范中央单位政府集中采购运行机制，财政部依据《中华人民共和国政府采购法》和有关制度规定，制定了《中央单位政府集中采购管理实施办法》，现印发给你们，请认真执行。

附件：中央单位政府集中采购管理实施办法

二〇〇七年一月十日

附件：

中央单位政府集中采购管理实施办法

第一章 总 则

第一条 为了加强中央单位政府集中采购管理，完善和规范政府集中采购运行机制，根据《中华人民共和国政府采购法》(以下简称《政府采购法》）和有关制度规定，制定本办法。

第二条 中央单位实施纳入政府集中采购范围的采购活动，适用本办法。

政府集中采购范围，按照国务院颁布的年度“中央预算单位政府集中采购目录及标准”（以下简称目录及标准）执行。

第三条 政府集中采购组织形式分为集中采购机构采购和部门集中采购。

集中采购机构采购，是指集中采购机构代理目录及标准规定的政府集中采购目录中项目的采购活动。

部门集中采购，是指主管预算单位（主管部门）组织本部门、本系统列入目录及标准的部门集中采购项目的采购活动。

第四条 政府集中采购实行监督管理职能与操作执行职能相分离的管理体制。

财政部是中央单位政府采购工作的监督管理部门，负责政府集中采购活动中的各项监督管理职责。

中央单位和集中采购机构履行操作执行职能，接受财政部的监督管理。其中，中央单位作为采购人，应当依法实施集中采购。集中采购机构，作为采购代理机构和非营利事业法人，应当依法接受中央单位的委托办理集中采购事宜。

第五条 主管部门应当明确内设机构牵头负责政府采购工作。属于政府集中采购目录的项目，应当按照规定委托集中采购机构代理采购。属于部门集中采购项目，已经设立部门集中采购机构的，应当由部门集中采购机构具体组织实施；未设立的，可以委托集中采购机构或经财政部门认定资格的政府采购代理机构（以下简称社会代理机构）具体组织实施。

第六条 集中采购项目达到国务院规定的公开招标数额标准的，应当采用公开招标方式。因特殊情况需要采用邀请招标、竞争性谈判、询价或单一来源等采购方式的，中央单位应当在采购活动开始前报经财政部批准。

因废标需要采取其他采购方式采购的，应当在作出废标处理决定后由中央单位或集中采购机构报财政部审批。

第七条 政府集中采购信息应当按照财政部《政府采购信息公告管理办法》的规定，在财政部指定的政府采购信息发布媒体（以下简称指定媒体）上公告。

第八条 政府集中采购活动中所需评审专家应当按照财政部、监察部《政府采购评审专家管理办法》的规定，从财政部建立的中央单位政府采购评审专家库中抽取。

经抽取，专家库不能满足需要的，可以另行选取专家，但应当在评审工作结束后10日内，将评审专家名单报财政部。

第九条 政府集中采购活动中签订的合同应当使用财政部监制的政府采购格式合同文本，具体办法和实施步骤另行规定。

按照政府采购格式合同文本签订的合同是政府集中采购活动合法有效的证明文件和采购资金支付报销的有效凭证。

第十条 中央单位应当依据采购文件和政府采购合同约定，组织对供应商履约的验收，不得另行增加或者改变验收内容和标准。凡符合采购文件和政府采购合同约定的，即为验收合格。

第十一条 财政部负责政府集中采购活动中相关备案和审批事宜，其中，备案事项不需要财政部回复意见，审批事项应当经财政部依法批准后才能组织实施。

需要财政部审批的事项，中央单位应当提出书面申请。财政部应当在收到申请后15个工作日内批复。

第二章 预算和计划管理

第十二条 中央单位在编制下一财政年度部门预算时，应当在部门预算中单独列出该财政年度政府采购的项目及资金预算，按照程序逐级上报，由主管部门审核汇总后报财政部。

年度政府采购项目，是指目录及标准规定的项目。

第十三条 财政部对部门预算中政府采购的项目及资金预算进行审核，并批复各主管部门。

第十四条 主管部门应当自财政部批复部门预算之日起40个工作日内，

编制政府集中采购目录和部门集中采购项目的实施计划，报财政部备案，并将政府集中采购目录实施计划抄送集中采购机构。

政府集中采购目录实施计划，是指主管部门对部门预算中属于政府集中采购目录的项目，按照项目构成、使用单位、采购数量、技术规格、使用时间等内容编制的操作计划。

部门集中采购项目实施计划，是指主管部门对部门预算中属于部门集中采购项目和依本部门实际制定的部门集中采购项目编制的操作计划。

第十五条 在年度预算执行中，因未报、漏报和预算调整等增加政府采购项目预算的，中央单位应当在采购活动开始前报财政部备案。

第十六条 中央单位应当严格按照部门预算中编列的政府采购项目和资金预算开展政府集中采购活动。

第十七条 政府集中采购资金的支付按照财政国库管理制度相关规定执行。

第三章 目录及标准制订与执行

第十八条 目录及标准由财政部拟订，报国务院批准。

中央单位和集中采购机构应当按照目录及标准的规定执行。

第十九条 中央单位不得将集中采购机构代理的政府集中采购目录项目委托社会代理机构采购或者自行采购。

集中采购机构不得拒绝中央单位的委托，也不得将政府集中采购目录项目转委托或以其他方式转交给社会代理机构和人员采购。

第二十条 集中采购机构代理的政府集中采购目录项目，因特殊情况确需转为部门集中采购或分散采购的，中央单位或集中采购机构应当报经财政部批准。

第二十一条 中央单位和集中采购机构在执行目录及标准中遇到问题，应当及时向财政部反映，并由财政部按有关规定进行处理。

第二十二条 集中采购机构应当在目录及标准发布后20日内，按政府集中采购目录项目类别制订具体操作方案，并报财政部备案。

第四章 集中采购机构采购

第二十三条 集中采购机构采购活动应当包括以下基本工作程序：根据中央单位政府集中采购目录实施计划确定采购方式，办理委托代理事宜，制订采购文件，组织实施采购，提交中标或成交结果，确定中标或成交结果，签订政府采购合同，履约验收。

第二十四条 主管部门可以按照项目或者一个年度与集中采购机构签订委托代理协议。

主管部门所属各级预算单位就本单位政府集中采购项目与集中采购机构签订委托代理协议的，应当事先获得主管部门同意。

第二十五条 委托代理协议应当就下列事项明确中央单位与集中采购机构双方的权利和义务：

（一）采购需求和采购完成时间的确定；

（二）采购文件的编制与发售、采购信息的发布、评审标准的制订、评审专家的抽取、供应商资格的审查等；

（三）中标或成交供应商的确定和履约验收；

（四）询问或质疑的答复、申请审批或报送备案文件和双方违约责任及争议解决方式等；

（五）双方约定的其他事项。

因协议内容不清而无法确定权利和义务的，由中央单位承担责任。

第二十六条 中央单位在实施具体采购项目委托时，不得指定供应商或者品牌，不得在商务和技术等方面提出排他性要求。

第二十七条 集中采购机构应当坚持规范与效率相结合，做好代理采购项目的具体实施工作。

集中采购机构工作人员不得参与评审，不得干预或影响政府集中采购正常评审工作。

第二十八条 集中采购机构应当按照有关规定和委托代理协议的约定开展采购活动，并按照协议约定的时间发出中标或成交供应商通知书。中央单位应当在接到中标或成交供应商通知书后30日内，确定中标结果并与中标商或者成交商签订政府采购合同。

集中采购机构可以在不影响政府集中采购代理工作的前提下，接受中央单位委托，代理其他项目采购事宜。

第二十九条 集中采购机构应当在每个季度结束后10日内，向财政部报送政府集中采购项目季度执行情况。执行情况包括：目录及标准中各个项目执行的数量及规模，委托采购的单位及项目内容，采购计划完成情况，项目采购时间、采购方式和信息发布等执行情况，答复质疑情况等。

第三十条 在供应商签订政府采购合同并履约后，中央单位应当根据政府采购合同对供应商提供的产品及时组织验收，集中采购机构应当做好配合工作。

第三十一条 政府集中采购目录中规格及标准相对统一，品牌较多，日常采购频繁的通用类产品和通用的服务类项目，可以分别实行协议供货采购和定点采购。

第三十二条 在协议供货采购和定点采购工作中，财政部负责对协议供货或定点采购的管理、执行要求和处罚等作出规定。集中采购机构负责确定和公告协议供货和定点采购中标货物、服务项目目录和供应商名单。中央单位应当按照财政部规定和集中采购机构公告的协议供货和定点采购货物、服务项目目录和供应商名单实施采购。

第三十三条 集中采购机构应当在协议供货或定点采购活动开始前征求中央单位和供应商等方面的意见，制订采购方案。采购方案应当在确定货物、服务项目目录和供应商名单前报财政部备案。

采购方案包括：拟采用的采购方式、采购进度计划、供应商资格条件、评标或评审标准、中标或成交供应商数量或淘汰比例、服务承诺条件、协议有效期等内容。

第三十四条 中央单位执行协议供货或定点采购时，一次性采购金额达到公开招标限额标准的，可以单独委托集中采购机构另行组织公开招标采购。

第三十五条 协议供货或者定点采购的执行以财政部规定和指定媒体及相关媒体共同公告的货物、服务项目目录和供应商名单为准，媒体公告结果不一致时，以财政部指定媒体为准。中央单位因特殊原因确需采购协议供货或定点范围外产品或服务的，中央单位应当在采购前报财政部批准。

第三十六条 集中采购机构应当在投标截止日期后15个工作日内完成协议供货、定点采购的中标货物、服务项目目录和供应商名单公告工作，其中，应当在10个工作日内将中标货物、服务项目目录和供应商名单报财政部备案。

第三十七条 协议供货或定点采购实施中，集中采购机构应当根据协议约定对实施情况进行跟踪和市场调查，督促中标供应商按照协议规定履行价格和服务的承诺。

供应商违反协议或者不遵守中标承诺的，中央单位可以向集中采购机构反映，也可以向财政部反映。集中采购机构可以根据协议约定追究其违约责任。涉及对中标供应商处以罚款、禁止参加政府采购活动、列入不良行为记录名单等处罚的，应当由财政部依法作出决定。

第五章 部门集中采购

第三十八条 部门集中采购活动应当包括以下基本工作程序：根据部门

预算编制部门集中采购实施计划、制订采购方案、选择采购代理机构、组织实施采购、确定中标或成交结果、签订政府采购合同、履约验收、支付采购资金。

第三十九条 列入目录及标准的部门集中采购项目的，主管部门应当编制集中采购实施计划，并报财政部备案。

主管部门可以根据本部门、本系统的实际情况，增加实施部门集中采购的项目范围，报财政部备案。

第四十条 中央单位应当按照财政部批准的采购方式和规定的程序开展采购活动。对符合《政府采购法》规定情形的采购项目，需要采用公开招标以外采购方式的，应当在采购活动开始前，向财政部提出采购方式变更申请。

第四十一条 部门集中采购项目的招投标事务，中央单位可以自行选择采购代理机构（集中采购机构或社会代理机构）代理，并签订委托代理协议。

社会代理机构必须是获得财政部门颁发代理资格证书的社会中介机构。

第四十二条 中央单位应当在中标或者成交通知书发出之日起30日内，与中标或成交供应商签订政府采购合同。任何一方无故拒绝签订政府采购合同的，应当承担相应的违约责任。

第四十三条 主管部门应当在每个季度结束后10日内，向财政部报送部门集中采购项目季度执行情况。执行情况包括：各个采购项目执行的数量及规模，执行的单位范围及项目内容，项目采购时间、采购方式和信息发布等执行情况，答复质疑情况等。

第四十四条 在实施部门集中采购中，本部门、本系统的政府采购工作人员以及其他工作人员不得以评审专家身份参加本部门政府采购项目的评标、谈判或询价工作。

第六章 监督检查

第四十五条 财政部应当依法对中央单位、集中采购机构、供应商执行政府采购法律、行政法规和规章制度情况进行监督检查。

第四十六条 财政部对中央单位监督检查的主要内容是：

（一）政府采购预算编制情况；

（二）政府集中采购项目委托集中采购机构采购情况；

（三）政府采购审批或备案事项的执行情况；

（四）政府采购信息公告情况；

（五）政府采购方式、采购程序和评审专家使用情况；
（六）政府采购合同的订立和资金支付情况；
（七）对供应商询问和质疑的处理情况；
（八）有关政府采购的法律、行政法规和规章制度的执行情况。

第四十七条 财政部对集中采购机构监督检查的主要内容是：
（一）内部制度建设和监督制约机制落实情况；
（二）政府集中采购项目以及集中采购规定政策的执行情况；
（三）集中采购委托代理协议的签订和履行情况；
（四）政府采购审批或备案事项执行情况；
（五）政府采购信息公告情况；
（六）政府采购方式、采购程序和评审专家使用的情况；
（七）采购效率、采购价格和资金节约率情况；
（八）工作作风、服务质量和信誉状况；
（九）对供应商询问和质疑处理情况；
（十）有关政府采购的法律、行政法规和规章制度的执行情况。

第四十八条 财政部对社会代理机构监督检查的主要内容是：
（一）有关政府采购的法律、行政法规和规章制度执行情况；
（二）对供应商询问和质疑处理情况；
（三）服务质量和信誉状况；
（四）被投诉情况。

第四十九条 财政部应当加强采购资金支付管理。有下列情况之一的，属于不符合采购资金申请条件，财政部或者中央单位不予支付资金：
（一）未按规定在财政部指定媒体公告信息的；
（二）采购方式和程序不符合规定的；
（三）未使用财政部监制的政府采购合同标准文本的。

第五十条 主管部门应当对本部门、本系统政府集中采购工作情况实施监督检查。

第五十一条 集中采购机构应当加强内部管理，建立内部监督制约机制，规范高效地为中央单位做好集中采购项目的代理采购活动。

第五十二条 中央单位或供应商有违反政府采购法律、行政法规或者规章制度规定行为的，集中采购机构应当及时向财政部报告，由财政部依法予以处理。

第五十三条 财政部依法加强对供应商参与政府采购活动情况的监督管理，建立投诉处理报告制度，定期在指定媒体上公告投诉处理情况。供应商因违反规定受到财政部行政处罚的，列入不良行为记录名单。

第五十四条 财政部作出的投诉处理决定、对中央单位和集中采购机构违法行为的处理决定，在财政部指定政府采购信息指定媒体上公告。

第七章 附 则

第五十五条 主管部门可以按照本规定制定具体实施办法。

第五十六条 本办法自发布之日起施行。

财政部关于进一步做好中央单位政府集中采购工作有关问题的通知

财库［2009］101号

党中央有关部门，国务院各部委，各直属机构，全国人大常委会办公厅，全国政协办公厅，高法院，高检院，有关人民团体，中央国家机关政府采购中心，中共中央直属机关采购中心，全国人大机关采购中心：

为了进一步贯彻落实政府采购法，认真执行国务院办公厅印发的中央单位政府集中采购目录及标准和财政部有关规定，加强中央单位政府集中采购工作，促进政府采购制度改革的深化与发展，现就有关问题通知如下：

一、认真履行职责，增强集中采购目录执行的严肃性

按照国务院办公厅文件规定的属于集中采购机构采购的项目和对目录中部分细化品目（附件1），都应当由集中采购机构负责组织实施，包括海关总署机关、国家税务总局机关、中国人民银行总行机关等属于集中采购机构采购的项目。除此之外的采购项目，由中央单位按照政府采购规定自行组织实施采购，也可以委托集中采购机构或政府采购代理机构组织采购。

集中采购机构要在政府采购法管理范围内做好采购组织工作，不得拒绝属于集中采购机构采购范围的项目委托。对中央单位自愿委托集中采购机构采购目录范围外政府采购项目的，可以根据工作情况接受委托并组织实施。中央单位和集中采购机构在操作执行中有关集中采购范围和集中采购目录的问题，由财政部负责解释。

二、加强计划管理，规范政府集中采购程序

主管部门应按规定在财政部批复部门预算之日起40个工作日内编制年度政府采购实施计划（附件2）报财政部备案，并将属于集中采购机构组织实施的计划抄送集中采购机构。中央单位要统筹安排全年采购任务，并按规定将采购项目构成、使用单位、采购数量、技术规格、服务要求、使用时间、预算金额等内容编入政府采购实施计划。采购计划内容要具体明确，采购需求符合国家有关政策规定。对年度追加和调整部门预算的，要及时补编

政府采购预算和政府采购实施计划。没有政府采购预算或未编报政府采购实施计划的，应当按规定程序向财政部补报后开展采购活动。

集中采购机构及时汇总各中央单位报送的政府采购实施计划，制定实施方案，对计划内容不明确、采购需求不符合国家有关政策规定的，要与采购单位沟通，确保采购实施计划的准确性。对未编制政府采购实施计划的，集中采购机构应拒绝采购项目委托。

三、调整适用范围，进一步完善协议供货采购制度

政府集中采购目录中规格及标准相对统一，品牌较多，日常采购频繁的小额零星通用类产品和通用类的服务类项目，可以分别实行协议供货采购和定点采购，大额采购仍应当实行集中单独采购。中央单位若采购同一品牌型号、配置和服务相同的产品价格明显低于协议供货价格，在与协议供货商未达成低价购买的情况下，或者中央单位所在地无协议供货商的，可以委托集中采购机构进行网上竞价。超出协议供货产品型号和供应商范围，以及采购限额的采购项目，由集中采购机构另行组织，不得自行采购。

网上竞价实质是询价采购，适用于协议供货范围内项目采购或者货物规格、标准统一、现货货源充足且价格变化幅度小，金额在50万元以下的集中采购项目采购，网上竞价应由中央单位委托集中采购机构进行。集中采购机构接受委托后按照中央单位提交的具体采购需求，根据询价适用条件进行网上竞价，并将竞价结果通知采购委托单位。

四、实行项目归集，积极开展批量集中采购试点工作

为了充分体现集中采购规模优势和集中效益，对部分达到一定数额的采购项目不再执行协议供货，应报集中采购机构，由集中采购机构归集形成规模后统一组织集中招标采购，切实发挥集中采购的规模优势。中央单位要按照“中央单位批量集中采购试行方案”（附件4）的规定，认真做好采购项目批量集中采购试点工作，特别要做好采购实施计划提前编报工作。集中采购机构要在开展批量集中采购试点工作中，注意总结经验，逐步推广。

五、改进服务项目集中采购，中央驻京外县以下单位服务项目试行属地化采购

针对中央单位分布广、管理层次多，以及县以下中央定点供应商数量少、竞争不充分的情况，对定点服务项目实施中央集中采购与属地化采购相结合方式。中央驻京外县以下单位在执行中央集中采购定点服务项目时，如

果通过自行采购或当地政府采购的服务价格低于中央定点采购价格，或价格相同服务条款优于中央定点采购条款的，以及当地无中央定点服务商的，可以按照自行采购或当地政府采购结果执行，具体执行情况应当填报“中央单位属地化采购情况汇总表”（附件 3）报主管部门。主管部门于每季度结束 10 日内报财政部备案。

六、采取有效措施，加强协议供货和定点服务的监测与管理

集中采购机构要按照与供应商签订的采购协议内容，对协议产品价格、定点服务质量、供应商执行协议情况等进行检查和监测，并淘汰考评不合格的供应商，促进供应商提高履行协议规定的质量。同时，要鼓励供应商对集中采购活动进行监督，不得以任何理由阻止相关质疑和投诉，对违反协议规定的情况要及时解决和处理。集中采购机构作为采购活动的组织者，可以对违反采购协议规定的行为向社会进行公告，但对禁止评审专家和供应商参与政府采购活动、罚款等处罚，应当由财政部依法作出决定。

七、严格委托手续，加强确定中标（成交）结果管理

中央单位将采购项目委托集中采购机构组织实施时，应当按财政部有关规定签订委托协议，委托协议可以一年一签，也可以按项目一事一签。要加强委托协议责任追究管理，凡遇有质疑投诉或举报，涉及各方责任的，按委托协议规定内容处理；凡未签订委托协议或签订内容不清的，其责任由采购单位和集中采购机构共同承担。采购单位接到集中采购机构中标（成交）通知书后应当在规定时间内予以确认，并签订采购合同。采购单位在签订采购合同时必须按照中标（成交）的规模、数量和金额签订合同。超过规定时间未确认或签订采购合同而产生的后果由采购单位负责。

为了防止不按中标（成交）协议履行的不良行为，保证采购产品质量，采购单位要本着公正、客观的原则，严格按照采购文件规定做好验收工作。凡未经过验收或经过验收而又产生与验收有关联的问题，其责任由采购单位承担。

八、加强管理，推进部门集中采购工作规范化

设立部门集中采购机构的主管部门应加强对部门集中采购的领导和管理，认真编制部门集中采购目录，明确直属系统集中采购实施范围，制定具体实施方案，做好部门集中采购品目的实施工作。部门编制的部门集中采购目录应当报财政部备案。

严格和规范中央对地方专项补助资金的采购管理。按照政府采购管理体制要求，应当由地方实施政府采购的项目，原则上不得实行主管部门集中组织采购并确定结果，由地方单位执行和支付资金的方式。确因法律法规有明确规定或情况特殊需要对地方政府采购项目实行主管部门集中采购的，主管部门应当报财政部同意后实施。

九、强化监管，建立规范的监督管理工作机制

财政部文件规定需要审批或备案的事项，中央单位和集中采购机构必须严格按规定执行，其中涉及中央单位的协议供货和定点采购等集中采购方案应当报财政部同意后实施。

建立集中采购目录执行情况报告制度，集中采购机构和设置部门集中采购机构的主管部门应当在每季度结束10日内，分别向财政部报送上一季度“集中采购执行情况表”（附件5）和“部门集中采购执行情况表”（附件6）。年度终了，集中采购机构应当在次年一月底前将上一年度工作总结报财政部，财政部组成考核组对集中采购机构全年工作进行考评。

要充分发挥监察、审计的监督管理职责和监管优势，分别从各自职责加强对集中采购工作的监督。建立不良行为社会公告制度，对中央单位、集中采购机构、供应商和评审专家等在政府采购活动中的违法违规行为，要在财政部指定的政府采购信息披露媒体上公告。

附件（略）：1. 中央预算单位2009-2010年政府集中采购目录及标准有关集中采购机构采购项目的解释

2. 中央单位政府采购实施计划表

3. 中央单位属地化采购情况汇总表

4. 中央单位批量集中采购实行方案

5. 集中采购机构采购执行情况表（季度）

6. 部门集中采购执行情况表（季度）

二○○九年七月二十日

关于进一步推进中央单位批量集中采购试点工作的通知

财办库［2011］87号

为进一步规范政府采购行为，深化集中采购工作，根据中共中央办公厅、国务院办公厅关于党政机关厉行节约工作通知精神及《财政部关于进一步做好中央单位政府集中采购工作有关问题的通知》（财库［2009］101号）的有关要求，现将批量集中采购工作有关事项通知如下：

一、中央单位采购的台式计算机和打印机，原则上全部纳入今年批量集中采购试点范围，各主管部门要组织好批量采购计划汇总报送工作，集中采购机构要做好批量集中采购的招标等工作。

二、中央单位批量采购的办公用台式计算机、打印机配置标准原则上应当执行《2011年中央单位批量集中采购台式计算机和打印机基本配置参考》（财库［2011］18号）的规定。各主管部门也可根据实际工作需要，制定本部门统一的台式计算机和打印机配置标准。因特殊需要，中央单位台式计算机采购项目预算金额在50万以上，打印机采购项目预算金额在30万以上的，可以经主管部门同意后，确定本次采购项目的特殊配置标准。相关经费标准要执行财政部《中央行政单位办公设备家具购置费预算标准（试行）》（财行［2011］78号）的有关规定。

三、中央单位应当通过中国政府采购网“政府采购信息统计及计划管理系统”（www. ccgp. gov. cn）按月报送批量采购计划，批量采购计划具体包括基本配置、数量、服务期限、付款方式、配送地点、送货时间、联系人与联系电话等信息。各主管部门应当于每月5日前将下月的批量采购计划审核汇总后报送至财政部。财政部于每月10日前将各主管部门上报的批量采购计划汇总后送集中采购机构。集中采购机构根据批量采购计划按月组织批量集中采购，于30个工作日内完成采购组织活动，并在中国政府采购网公布采购结果。

四、集中采购机构应当根据每月批量采购计划选择相应的采购方式，要结合中央单位的特点，认真、高效地组织采购活动，批量集中采购执行情况要按季度报财政部备案。

五、中央单位应按当次批量集中采购确定的品牌、型号、价格、数量、服务、送货期限等内容，与中标人或授权供货商签订采购合同，合同获取、供货、验收及支付等具体操作方式可参照现行协议供货方式执行。没有按现行协议供货方式执行的，按采购文件规定执行。主管部门要组织好所属单位的合同签订、履约等相关工作，并统一协调处理相关违约事宜。

六、因时间紧急等特殊原因，不能参加批量集中采购的，各中央单位报经主管部门同意后，可以从协议供货渠道采购。主管部门应建立紧急采购或特殊需求采购内部审核管理制度，要将协议供货渠道采购的台式计算机和打印机数量控制在本部门上年同类采购品目总数的10%以内。

七、各中央单位要严格执行批量集中采购的有关规定，主管部门要切实加强对批量集中采购改革试点的组织管理，对超标准采购及规避批量采购行为等，应按中共中央办公厅、国务院办公厅通知要求追究责任人责任，财政部也将定期对各中央部门批量采购执行情况进行通报，对集中采购机构的批量采购工作进行考核。

八、本通知自2011年7月1日开始执行。各单位在编报时如遇口径等问题，请及时与财政部国库司政府采购管理一处联系。如遇系统软件操作问题，请及时与北京用友政务软件有限公司联系。

财政部国库司政府采购管理一处联系电话：

010－68552272；010－68552921；010－68552231

北京用友政务软件有限公司联系电话：

400－6550－933［分机号：33713、33714、33715、33716、33717、33718］

二〇一一年五月二十三日

五、

监督检查篇

政府采购供应商投诉处理办法

（财政部第20号令　2004年8月11日）

第一章　总　　则

第一条　为了防止和纠正违法的或者不当的政府采购行为，保护参加政府采购活动供应商的合法权益，维护国家利益和社会公共利益，建立规范高效的政府采购投诉处理机制，根据《中华人民共和国政府采购法》（以下简称政府采购法），制定本办法。

第二条　供应商依法向财政部门提起投诉，财政部门受理投诉、作出处理决定，适用本办法。

第三条　县级以上各级人民政府财政部门负责依法受理和处理供应商投诉。

财政部负责中央预算项目政府采购活动中的供应商投诉事宜。

县级以上地方各级人民政府财政部门负责本级预算项目政府采购活动中的供应商投诉事宜。

第四条　各级财政部门应当在省级以上财政部门指定的政府采购信息发布媒体上公告受理投诉的电话、传真等方便供应商投诉的事项。

第五条　财政部门处理投诉，应当坚持公平、公正和简便、高效的原则，维护国家利益和社会公共利益。

第六条　供应商投诉实行实名制，其投诉应当有具体的投诉事项及事实根据，不得进行虚假、恶意投诉。

第二章　投诉提起与受理

第七条　供应商认为采购文件、采购过程、中标和成交结果使自己的合法权益受到损害的，应当首先依法向采购人、采购代理机构提出质疑。对采购人、采购代理机构的质疑答复不满意，或者采购人、采购代理机构未在规定期限内作出答复的，供应商可以在答复期满后15个工作日内向同级财政部门提起投诉。

第八条　投诉人投诉时，应当提交投诉书，并按照被投诉采购人、采购代理机构（以下简称被投诉人）和与投诉事项有关的供应商数量提供投诉书的副本。

投诉书应当包括下列主要内容：

（一）投诉人和被投诉人的名称、地址、电话等；

（二）具体的投诉事项及事实依据；

（三）质疑和质疑答复情况及相关证明材料；

（四）提起投诉的日期。

投诉书应当署名。投诉人为自然人的，应当由本人签字；投诉人为法人或者其他组织的，应当由法定代表人或者主要负责人签字盖章并加盖公章。

第九条 投诉人可以委托代理人办理投诉事务。代理人办理投诉事务时，除提交投诉书外，还应当向同级财政部门提交投诉人的授权委托书，授权委托书应当载明委托代理的具体权限和事项。

第十条 投诉人提起投诉应当符合下列条件：

（一）投诉人是参与所投诉政府采购活动的供应商；

（二）提起投诉前已依法进行质疑；

（三）投诉书内容符合本办法的规定；

（四）在投诉有效期限内提起投诉；

（五）属于本财政部门管辖；

（六）同一投诉事项未经财政部门投诉处理；

（七）国务院财政部门规定的其他条件。

第十一条 财政部门收到投诉书后，应当在5个工作日内进行审查，对不符合投诉条件的，分别按下列规定予以处理：

（一）投诉书内容不符合规定的，告知投诉人修改后重新投诉；

（二）投诉不属于本部门管辖的，转送有管辖权的部门，并通知投诉人；

（三）投诉不符合其他条件的，书面告知投诉人不予受理，并应当说明理由。

对符合投诉条件的投诉，自财政部门收到投诉书之日起即为受理。

第十二条 财政部门应当在受理投诉后3个工作日内向被投诉人和与投诉事项有关的供应商发送投诉书副本。

第十三条 被投诉人和与投诉事项有关的供应商应当在收到投诉书副本之日起5个工作日内，以书面形式向财政部门作出说明，并提交相关证据、依据和其他有关材料。

第三章　投诉处理与决定

第十四条　财政部门处理投诉事项原则上采取书面审查的办法。财政部门认为有必要时，可以进行调查取证，也可以组织投诉人和被投诉人当面进行质证。

第十五条　对财政部门依法进行调查的，投诉人、被投诉人以及与投诉事项有关的单位及人员等应当如实反映情况，并提供财政部门所需要的相关材料。

第十六条　投诉人拒绝配合财政部门依法进行调查的，按自动撤回投诉处理；被投诉人不提交相关证据、依据和其他有关材料的，视同放弃说明权利，认可投诉事项。

第十七条　财政部门经审查，对投诉事项分别作出下列处理决定：

（一）投诉人撤回投诉的，终止投诉处理；

（二）投诉缺乏事实依据的，驳回投诉；

（三）投诉事项经查证属实的，分别按照本办法有关规定处理。

第十八条　财政部门经审查，认定采购文件具有明显倾向性或者歧视性等问题，给投诉人或者其他供应商合法权益造成或者可能造成损害的，按下列情况分别处理：

（一）采购活动尚未完成的，责令修改采购文件，并按修改后的采购文件开展采购活动；

（二）采购活动已经完成，但尚未签订政府采购合同的，决定采购活动违法，责令重新开展采购活动；

（三）采购活动已经完成，并且已经签订政府采购合同的，决定采购活动违法，由被投诉人按照有关法律规定承担相应的赔偿责任。

第十九条　财政部门经审查，认定采购文件、采购过程影响或者可能影响中标、成交结果的，或者中标、成交结果的产生过程存在违法行为的，按下列情况分别处理：

（一）政府采购合同尚未签订的，分别根据不同情况决定全部或者部分采购行为违法，责令重新开展采购活动；

（二）政府采购合同已经签订但尚未履行的，决定撤销合同，责令重新开展采购活动；

（三）政府采购合同已经履行的，决定采购活动违法，给采购人、投诉人造成损失的，由相关责任人承担赔偿责任。

第二十条　财政部门应当自受理投诉之日起 30 个工作日内，对投诉事项作出处理决定，并以书面形式通知投诉人、被投诉人及其他与投诉处理结果有利害关系的政府采购当事人。

第二十一条 财政部门作出处理决定，应当制作投诉处理决定书，并加盖印章。投诉处理决定书应当包括下列主要内容：

（一）投诉人和被投诉人的姓名或者名称、住所等；

（二）委托代理人办理的，代理人的姓名、职业、住址、联系方式等；

（三）处理决定的具体内容及事实根据和法律依据；

（四）告知投诉人行政复议申请权和诉讼权利；

（五）作出处理决定的日期。

投诉处理决定书的送达，依照民事诉讼法关于送达的规定执行。

第二十二条 财政部门在处理投诉事项期间，可以视具体情况书面通知被投诉人暂停采购活动，但暂停时间最长不得超过30日。

被投诉人收到通知后应当立即暂停采购活动，在法定的暂停期限结束前或者财政部门发出恢复采购活动通知前，不得进行该项采购活动。

第二十三条 财政部门应当将投诉处理结果在省级以上财政部门指定的政府采购信息发布媒体上公告。

第二十四条 投诉人对财政部门的投诉处理决定不服或者财政部门逾期未作处理的，可以依法申请行政复议或者向人民法院提起行政诉讼。

第四章 法律责任

第二十五条 财政部门在处理投诉过程中，发现被投诉人及其工作人员、评标委员会成员、供应商有违法行为，本机关有权处理、处罚的，应当依法予以处理、处罚；本机关无权处理的，应当转送有权处理的机关依法处理。

第二十六条 投诉人有下列情形之一的，属于虚假、恶意投诉，财政部门应当驳回投诉，将其列入不良行为记录名单，并依法予以处罚：

（一）一年内三次以上投诉均查无实据的；

（二）捏造事实或者提供虚假投诉材料的。

第二十七条 被投诉人的违法行为给他人造成损失的，应当依照有关民事法律规定承担民事责任。

第二十八条 财政部门工作人员在投诉处理过程中滥用职权、玩忽职守、徇私舞弊的，依法给予行政处分；构成犯罪的，依法追究刑事责任。

第五章 附　　则

第二十九条 财政部门处理投诉不得向投诉人和被投诉人收取任何费用。但因处理投诉发生的鉴定费用，应当按照“谁过错谁负担”的原则由过错方负担；双方都有过错的，由双方合理分担。

第三十条 财政部门应当建立投诉处理档案管理制度，并自觉接受有关部门依法进行的监督检查。

第三十一条 对在投诉处理过程中知悉的商业秘密及个人隐私，财政部门及知情人应当负保密责任。

第三十二条 本办法自2004年9月11日起施行。

财政部关于加强政府采购供应商投诉受理审查工作的通知

财库［2007］1号

党中央有关部门，国务院各部委、各直属机构，全国人大常委会办公厅，全国政协办公厅，高法院，高检院，有关人民团体，各省、自治区、直辖市、计划单列市财政厅（局），新疆生产建设兵团财务局：

为了规范政府采购供应商投诉及财政部门受理投诉行为，保护政府采购当事人合法权益，维护政府采购秩序，提高投诉处理效率，现就政府采购供应商投诉受理审查有关事项通知如下：

一、充分认识加强供应商投诉受理审查工作的重要性

供应商投诉是政府采购法赋予供应商的权利，是发挥供应商监督，促进政府采购活动公开、公正、公平，维护政府采购当事人合法权益的有效措施。各级财政部门要高度重视供应商投诉，不得阻碍供应商投诉，不得无故拒绝供应商投诉，要指导供应商投诉，及时办理受理审查工作，从源头上提高投诉处理工作效率。

二、不予受理的投诉要书面告知

财政部门经审查，有投诉人不是参加投诉项目政府采购活动的当事人、被投诉人为采购人或采购代理机构之外的当事人、所有投诉事项未经过质疑、所有投诉事项超过投诉有效期、以具有法律效力的文书送达之外方式提出的投诉等情形之一的，应当认定为无效投诉，不予受理，并及时书面告知投诉人不予受理的理由。

三、投诉书允许修改但要限定期限

财政部门经审查，有投诉书副本数量不足、投诉事项或投诉请求不清晰、相关依据或证明材料不全、投诉书署名不符合规定等情形之一的，应当及时告知投诉人限期补充或修改后重新投诉，逾期不予受理。

财政部门在投诉审查期间，认定投诉事项与采购人行为有关但采购人不

是被投诉人的，应当要求投诉人将采购人追加为被投诉人，并限期修改投诉书重新投诉，逾期不予受理。

财政部门经审查，供应商投诉事项与质疑事项不一致的，超出质疑事项的投诉事项应当认定为无效投诉事项，并告知投诉人撤回投诉书，对在质疑有效期内的未质疑事项进行质疑，或限期修改投诉书重新投诉，逾期不予受理。

四、涉密事项的投诉要提供依据

投诉事项属于有关法律、法规和规章规定处于保密阶段的事项，财政部门应当要求投诉人提供信息来源或有效证据，否则，应当认定为无效投诉事项。

五、严格执行受理审查程序

财政部门收到供应商投诉后，应当在5个工作日内完成审查工作。

在供应商投诉受理审查期间，相关信息或材料、文件的传递，财政部门、投诉人以及相关当事人应当采用书面形式，并办理签收手续。

二〇〇七年一月十日

财政部　监察部关于印发《集中采购机构监督考核管理办法》的通知

财库［2003］120号

各省、自治区、直辖市、计划单列市财政厅（局）、监察厅（局），新疆生产建设兵团财务局、监察局，党中央有关部门，国务院各部委、各直属机构，各人民团体，全国人大常委会办公厅，全国政协办公厅，高法院，高检院：

为正确开展对政府集中采购机构的监督考核工作，确保监督考核工作的规范性，促进集中采购机构工作质量的提高，根据《中华人民共和国政府采购法》有关规定，财政部和监察部制定了《集中采购机构监督考核管理办法》。现印发给你们，请遵照执行。

附件：集中采购机构监督考核管理办法

二〇〇三年十一月十七日

附件：

集中采购机构监督考核管理办法

第一章　总　　则

第一条　为了进一步加强对政府集中采购机构的监督管理，提高集中采购活动的效率，保障集中采购机构的工作服务质量，根据《中华人民共和国政府采购法》，制定本办法。

第二条　本办法所称集中采购机构，是指设区的市、自治州以上人民政府根据本级政府采购项目组织集中采购的需要设立的承担集中采购任务的专门机构。

各级政府采购监督管理部门（以下简称“财政部门”）对各级集中采购机构的监督考核工作按照本办法规定执行。

对县级政府因工作需要设置的集中采购机构，其监督考核工作按照本办法规定执行。

第三条　财政部门负责对集中采购机构的监督考核工作，监督考核结果应当在财政部门指定的政府采购信息媒体上公布。

监察部门要加强对集中采购机构及其工作人员的监察，同时对财政部门的监督考核工作实施监察。

第四条　集中采购机构监督考核工作，应当坚持依法办事、客观公正、实事求是、廉洁奉公的原则。

对集中采购机构考核实行定期和定项考核。定期考核原则上每半年进行一次。定项考核根据工作需要随机进行。

第五条　财政部门在考核工作中要做到“要求明确，事先通知，程序规范，考核认真”。

在监督考核工作中，财政部门与集中采购机构是监督与被监督关系，财政部门不得借监督考核干预集中采购机构的正常工作。

第二章　考核内容

第六条　集中采购机构执行政府采购的法律、行政法规和规章情况，有无违纪违法行为。

第七条 采购范围、采购方式和采购程序的执行情况。包括集中采购目录或计划任务的完成情况，是否按规定的采购方式执行，采购程序是否合理合法，接受采购人委托完成其他采购情况等。

第八条 集中采购机构建立和健全内部管理监督制度情况。包括是否建立岗位工作纪律要求，工作岗位设置是否合理，管理操作环节是否权责明确，是否建立内部监督制约体系。

第九条 集中采购机构从业人员的职业素质和专业技能情况。包括是否遵守有关法律、规章制度，是否开展内部培训和参加财政部门组织的培训等。

第十条 基础工作情况。包括日常基础工作和业务基础工作。日常基础工作有，政府采购文件档案管理制度是否规范有序，归档资料是否齐全、及时。业务基础工作有，招标公告和中标公告发布率，招标文件、招标结果和合同备案率，擅自改变采购方式率和质疑答复满意率，有关收费和资金管理情况，有关报表数据是否及时等。

第十一条 采购价格、资金节约率情况。包括实际采购价格是否低于采购预算和市场同期平均价格等。

第十二条 集中采购机构的服务质量情况。包括是否及时向采购人提供服务，是否在规定的时间内及时组织采购人和中标（成交）供应商签订采购合同；是否及时会同采购人对采购项目进行验收，采购人对集中采购机构服务态度和质量的满意度，是否公平公正对待参加采购活动的供应商等。

第十三条 集中采购机构及其从业人员的廉洁自律情况。包括是否制定廉洁自律规定，是否有接受采购人或供应商宴请、旅游、娱乐的行为，是否有接受礼品、回扣、有价证券的，是否在采购人或供应商处报销应该由个人负担的费用以及其他不廉洁行为等。

第三章 考核要求

第十四条 财政部门应当组织考核小组对集中采购机构进行考核，考核小组可以邀请纪检监察、审计部门人员参加。必要时邀请采购人和供应商参加。

第十五条 财政部门应当制定考核计划和考核方案，能采取量化考核的，要制定考核标准和打分方法，并在考核工作开始前15天以文件形式通知集中采购机构。

第十六条 对集中采购机构考核时，财政部门可向采购人、供应商征求对集中采购机构的意见，并作为考核参考依据。

第十七条 集中采购机构接到财政部门考核通知后，在一周内按考核要求进行自我检查，并形成自查报告。同时做好有关考核所需文件、数据及资料的整理工作，以备向考核小组提供。

第十八条 在考核工作中，集中采购机构对考核小组的考核意见有分歧时，应当进行协商。协商有困难的，应以书面形式将意见报财政部门。财政部门应当按规定予以答复或处理。

第十九条 财政部门根据考核中发现的问题，向集中采购机构提出改进建议。集中采购机构应当按照财政部门的建议进行整改。

第四章 考核方法

第二十条 定性与定量相结合的考核方式。对集中采购机构采购次数、金额和信息发布等进行定量考核，对采购质量、采购效率和服务水平进行定性综合考评。

第二十一条 自我检查与财政检查相结合的考核方式。财政部门要结合集中采购机构上报的自我检查报告进行考核。

第二十二条 定期与随机检查相结合的考核方式。除正常考核外，财政部门还可以根据实际情况，采取随机方式进行考核。

第二十三条 专项检查与全面检查相结合的考核方式。可对一个采购项目或事务进行专项考核，也可对一段时期采购执行情况开展综合考核。

第五章 考核结果及责任

第二十四条 考核小组要在考核工作结束五个工作日内形成书面考核意见。

书面考核意见应当由考核小组集体研究决定，重大事项和情况，可向财政部门请示或报告。

第二十五条 财政部门要综合考核小组意见和采购人、供应商的意见后作出正式考核报告。考核报告要报送同级人民政府，同时抄送集中采购机构。

第二十六条 对经考核，工作业绩优良的集中采购机构要给予通报表彰。

第二十七条 集中采购机构在考核中，虚报业绩，隐瞒真实情况的，或者无正当理由拒绝按照财政部门考核意见及时改进工作的，由财政部门或者同级人民政府给予警告或通报批评，情节严重的，可责令停止一至三个月的代理采购业务（此期间业务由采购人委托其他采购代理机构办理），进行内部整顿。其中涉及集中采购机构领导或工作人员的，监察机关对直接责任人员可根据情节给予行政处分。

第二十八条 集中采购机构发生下列情形，应当责令其限期改正，给予警告，对直接负责的主管人员和其他直接责任人，由其行政主管部门或监察机关给予行政处分。

（一）应当采取规定方式而擅自采取其他方式采购的；

（二）擅自提高采购标准的；

（三）以不合理条件对供应商实行差别待遇或歧视待遇的；

（四）在招标过程中违规与投标人进行协商谈判的；

（五）拒绝有关部门依法实施监督检查的。

第二十九条 集中采购机构发生下列情形的，应当给予警告；情节严重的，可责令停止一至三个月的代理采购业务，进行内部整顿。

（一）未按规定在财政部门指定媒体上发布政府采购信息的；

（二）按规定应当在财政部门指定媒体发布招标公告和中标公告而发布率不足95%的；

（三）按规定应当在财政部门备案的招标文件、招标结果和合同其备案率不足90%的；

（四）未经财政部门批准擅自改变采购方式的；

（五）质疑答复满意率、服务态度和质量满意度较低的；

（六）违反本办法规定的其他考核内容的。

第三十条 集中采购机构工作人员有下列情形的，将追究有关直接责任人的责任，并且视情节给予短期离岗学习、调离（辞退）、处分等处罚。构成犯罪的，依法追究刑事责任。

（一）与政府采购供应商恶意串通的；

（二）在采购过程中，接受贿赂或获取其他不正当利益的；

（三）违反政府采购及招标投标法律、法规、规章制度有关规定的；

（四）在有关部门依法实施监督检查中提供虚假情况的；

（五）由于个人工作失误，给采购人、供应商造成重大经济损失或不良影响的。

第三十一条 财政部门或考核小组在考核工作中违反本办法规定，弄虚作假、徇私舞弊或滥用职权的，要给予通报批评；情节严重的，由其上级部门或监察机关依法给予行政处分。构成犯罪的，依法追究刑事责任。

第六章　附　　则

第三十二条　各省、自治区、直辖市、计划单列市财政部门可根据当地实际情况，制定具体实施办法并报财政部备案。

第三十三条　本办法自发布之日起实施。

财政部关于印发《中央集中采购机构监督考核暂行办法》的通知

财库［2007］34号

中央国家机关政府采购中心，中共中央直属机关采购中心，全国人大机关采购中心，国家税务总局集中采购中心，海关总署物资装备采购中心，中国人民银行集中采购中心：

为做好中央集中采购机构的监督考核工作，促进中央集中采购机构提高工作质量，财政部依据《中华人民共和国政府采购法》和财政部、监察部印发的《集中采购机构监督考核管理办法》（财库［2003］120号），制定了《中央集中采购机构监督考核暂行办法》，现印发给你们，请遵照执行。

附件：中央集中采购机构监督考核暂行办法

二〇〇七年四月九日

附件：

中央集中采购机构监督考核暂行办法

第一条 为全面、规范地开展对中央集中采购机构的监督考核工作，促进中央集中采购机构提高工作质量与效率，根据《中华人民共和国政府采购法》和财政部、监察部《集中采购机构监督考核管理办法》（财库［2003］120号）的有关规定，制定本办法。

第二条 财政部对中央集中采购机构监督考核工作适用本办法。

本办法所称中央集中采购机构，是指中央机构编制委员会办公室根据中央单位集中采购任务的需要设立的专门机构，包括政府采购中心和部门采购中心。

第三条 中央集中采购机构的监督考核工作，应当坚持依法办事、客观公正、实事求是、廉洁奉公的原则。

第四条 财政部在对中央集中采购机构考核工作中要做到“要求明确，事先通知，程序规范，考核认真”。

在监督考核工作中，财政部与中央集中采购机构是监督与被监督关系，财政部不得借监督考核干预中央集中采购机构的正常工作。

第五条 对中央集中采购机构监督考核工作考核采取定性与定量、自查与核查相结合的方式。

第六条 对中央集中采购机构监督考核工作以定期考核为主，原则上每年进行一次。同时，财政部可以根据实际情况进行专项考核。

第七条 各中央集中采购机构应于每年3月底前按本办法要求就上一年度政府采购工作监督考核内容和要求逐项自查评议，将自查考核情况于4月10日前报送至财政部。

第八条 中央集中采购机构监督考核的核查程序如下：

（一）成立考核小组。由财政部依据实际情况确定考核工作人员，组成考核工作小组，考核小组可以邀请纪检监察、审计部门人员参加。必要时可邀请采购人和供应商参加。财政部也可委托财政部监督专员办事处进行监督考核。

（二）制定考核方案。财政部在每年的年初制定考核计划和考核方案，并在每次考核工作开始前15天以文件形式通知中央集中采购机构。

（三）收集基础材料。被考核的中央集中采购机构接到财政部的考核通知后，一周内按考核要求进行自查，并形成自查报告，同时做好有关考核所需文件、数据及资料的整理工作，以备向考核小组提供。考核小组应根据考核方案及时收集、整理与考核有关的文件、数据及资料。

（四）实施考核。考核小组根据被考核中央集中采购机构提供的文件及资料按规定程序依法实施考核。

（五）汇总及报告。考核小组应在考核工作结束五个工作日内形成书面考核报告。书面考核报告应当由考核小组集体研究决定，集体负责，重大事项和情况，应向财政部请示或报告。

在考核工作中，中央集中采购机构对考核小组的考核意见有分歧时，应当进行协商。协商有困难的，应以书面形式将意见报财政部。财政部应当按规定予以答复或处理。

（六）公布考核结果。财政部要综合考核小组意见、中央集中采购机构的自查报告和采购人、供应商的意见后作出正式考核报告。考核报告要报送国务院。考核的有关情况应当在财政部指定的政府采购信息媒体上公布。

（七）整改。财政部根据考核中发现的问题，向中央集中采购机构提出改进建议。中央集中采购机构应当按照财政部的建议进行整改。

第九条 财政部应当根据有关法律规定，对下列内容进行监督考核：

（一）定性指标。

1. 政府采购工作规范运作情况。

（1）执行政府采购的法律、行政法规和规章情况。是否因违反《政府采购法》及其国家政府采购的有关规定，被财政部、监察部及其他执法部门处理、处罚、处分过。

（2）政府采购范围。是否严格按照国务院颁布的中央预算单位政府集中采购目录规定的范围执行，是否擅自提高采购标准，是否擅自委托其他单位代理应由中央集中采购机构采购的项目。

（3）政府采购方式。是否按相关规定采取相应的采购方式，因废标需要采取其他采购方式采购并应当由中央集中采购机构负责报经财政部批准审批的，是否报经财政部审批。

（4）政府采购程序。是否坚持“公开、公平、公正”及诚信原则，采购程序是否合理合法，是否按规定制定集中采购的具体操作方案，是否与采购人签订委托代理协议（不包括部门采购中心），是否未经财政部批准擅自在招标文件增加政策性加分或特殊要求，是否在财政部专家库中抽取专家，是否存在歧视供应商或者差别待遇的行为，开标仪式是否合规、透明，是否密封评标。接受采购人委托完成其他采购情况等。

（5）政府采购文件归档及备案情况。政府采购文件档案管理制度是否规范有序，归档资料是否齐全、及时，需备案文件包括中央集中采购机构的集中采购操作方案、招标公告、协议供货和定点采购项目的评标办法、评分标准和协议书副本、应当由中央集中采购机构备案的未在财政部专家库中抽取的专家。

（6）政府采购信息反馈情况。是否在规定时间内向财政部报送政府集中采购项目相关执行情况。

（7）是否按照中央单位委托权限签订或组织签订采购合同并督促合同履行。

2. 政府采购工作效率。

（1）政府采购时效。是否在规定时间内完成中央单位委托的政府采购项目。

（2）评标时效。是否在规定时间内组织评审工作，并在财政部指定的政府采购信息发布媒体公布中标结果、成交结果。

3. 政府采购工作质量。

（1）资金节约率。实际采购价格是否高于市场平均价格，或中标合同价格是否超出采购开始前的预算。

（2）采购人满意度。是否及时向采购人提供优质服务，是否在规定的时间内及时组织采购人和中标（成交）供应商签订采购合同；重大项目是否按采购人要求及时会同采购人对采购项目进行验收；采购人是否存在对集中采购机构服务态度和质量不满意的情况。

（3）供应商满意度。是否公平公正对待参加政府采购活动的供应商，是否存在供应商对集中采购机构服务态度和质量不满意的情况。

（4）是否存在向供应商收取不合法、不合理、不合规费用等情况，财务资金管理是否规范，是否及时退还按政府采购规定应该退还的资金。

4. 建立、健全内部管理监督制度情况。包括是否建立岗位工作纪律，工作岗位设置是否合理，管理操作环节是否权责明确，是否建立内部监督制约体系。

5. 集中采购机构从业人员的培训情况。是否开展内部培训和参加过财政部组织的培训等。

6. 集中采购机构及其从业人员的廉洁自律情况。包括是否制定廉洁自律规定，是否有接受采购人或供应商宴请、旅游、娱乐的行为，是否有接受礼品、回扣、有价证券，是否在采购人或供应商处报销应该由个人支付的费用以及其他不廉洁行为等。

（二）定量指标。

1. 招标公告发布率、中标公告发布率。

$$招标/中标公告发布率=实际发布次数\div 应发布次数\times 100\%$$

2. 政府采购信息公开率。

应公开信息是指按照《政府采购法》及相关规定，应在财政部指定政府采购信息发布媒体上公开的信息。

$$政府采购信息公开率=实际公开信息条数\div 应公开信息条数\times 100\%$$

3. 协议供货、定点采购招标结果备案率。

$$协议供货、定点采购招标结果备案率=\frac{实际报财政部备案数}{应报财政部备案数}\times 100\%$$

4. 擅自改变采购方式率。

$$擅自改变采购方式率=\frac{擅自改变采购方式的次数}{应采用采购方式的总次数}\times 100\%$$

5. 质疑答复满意率。

$$质疑答复满意率=\frac{答复质疑后被投诉的次数}{被质疑的次数}\times 100\%$$

6. 被政府采购当事人投诉率。

$$被政府采购当事人投诉率=\frac{被政府采购当事人有效投诉的次数}{采购次数}\times 100\%$$

7. 实际采购价格低于采购预算和市场同期平均价格的比例。

（1）实际采购价格低于采购预算的比例＝实际采购价格低于采购预算的采购次数÷采购次数×100%

（2）实际采购价格低于市场同期平均价格的比例＝实际采购价格低于市场同期平均价格的采购次数÷采购次数×100%

8. 采购资金节约率。

$$采购资金节约率=节约额\div 采购预算\times 100\%$$

$$节约额=采购预算-实际采购金额$$

9. 评标专家随机抽取率。

$$评标专家随机抽取率=\frac{实际在评标专家库中随机抽取评标专家的次数}{应在评标专家库中随机抽取评标专家的次数}\times 100\%$$

10. 业务费使用效率。

$$\text{采购资金总使用效率}=\frac{\text{集中采购机构全年经费}}{\text{全年采购金额}}$$

$$\begin{array}{c}\text{公开招标项目的业务经费}\\\text{比例（除协议供货及定点采购）}\end{array}=\frac{\text{公开招标业务经费}}{\text{公开招标采购金额}}$$

$$\begin{array}{c}\text{协议供货及定点}\\\text{采购的业务经费比例}\end{array}=\frac{\text{协议供货及定点采购招标业务经费}}{\text{协议供货及定点采购金额}}$$

$$\text{非公开招标项目的业务经费比例}=\frac{\text{非公开招标业务经费}}{\text{非公开招标采购金额}}$$

第十条 中央集中采购机构监督考核得分由财政部依据定性指标和定量指标并结合实际考核情况进行综合评定，分为不合格、合格、良好和优秀。

不合格是指中央集中采购机构人员的政治、业务素质不能适应集中采购的工作要求。工作责任心不强，不能完成集中采购的业务代理工作。由于工作失职，给中央集中采购业务工作造成损失。

合格是指能基本完成中央单位的集中采购业务代理工作，但中央集中采购机构人员的政治、业务素质不能完全适应中央单位集中采购的业务代理要求，工作作风方面存在明显不足，自律意识差，完成集中采购业务代理工作的质量和效率不高，由于主观原因在集中采购业务代理工作中发生明显失误。

良好是指能贯彻执行《政府采购法》和国家颁布的政府采购的规章制度，比较熟悉中央单位集中采购业务代理工作，采购代理程序较为规范，能够较好地完成中央单位政府采购业务代理工作。

优秀是指能认真贯彻执行《政府采购法》和国家颁布的政府采购的规章制度，熟悉中央单位集中采购业务代理业务，很好地完成了中央单位集中采购业务代理工作，并且工作的质量和效率很高，中央集中采购业务代理工作取得突出成绩。

第十一条 对考核为不合格的中央集中采购机构，财政部应当责令其限期整改。有《集中采购机构监督考核管理办法》第二十七至三十条情况的中央集中采购机构，应视为考核不合格，应当责令其限期整改，并按相应条款给予处分。对综合得分优良以上的中央集中采购机构要给予表彰奖励。

第十二条 中央集中采购机构应积极配合考核小组的考核活动，不得提供虚假材料或者不配合考核小组的各项考核活动。

第十三条 中央集中采购机构考核小组成员不得参加与自身有利益冲突的中央集中采购机构的考核活动，如受到邀请或委托，应主动提出回避。

第十四条 本办法自印发之日起施行。

财政部关于明确政府采购保证金和行政处罚罚款上缴事项的通知

财库［2011］15号

党中央有关部门，国务院各部委、各直属机构，全国人大常委会办公厅，全国政协办公厅，高法院，高检院，有关人民团体，新疆生产建设兵团财务局，中央国家机关政府采购中心，中共中央直属机关采购中心，全国人大机关采购中心：

为了加强政府采购活动的监督管理，根据《中华人民共和国政府采购法》和《罚款决定与罚款收缴分离实施办法》（国务院令第235号）等有关规定，现就政府采购保证金和行政处罚罚款上缴渠道有关问题通知如下：

一、关于保证金的上缴

在中央政府采购活动中，供应商出现政府采购相关规定和采购文件约定不予退还保证金（投标保证金和履约保证金）的情形，由集中采购机构、采购人按照就地缴库程序，将不予退还的保证金上缴中央国库。

二、关于行政处罚罚款的上缴

在中央政府采购活动中，政府采购相关方违反政府采购有关规定被财政部处以罚款的行政处罚，由被处罚人按照就地缴库程序将所罚款项上缴中央国库。

三、关于就地缴库程序

上述资金的性质属政府非税收入，缴款人应根据属地原则到财政部驻该地区财政监察专员办事处领取《一般缴款书》，通过填写《一般缴款书》将资金缴入中央国库。一般缴款书的填写方式：预算科目名称填“其他一般罚没收入（103050199）”；收款单位一栏：财政机关填财政部，预算级次填中央级，收款国库填写实际收纳款项的国库名称（国家金库总库或国家金库××省分库）。

二〇一一年一月二十日

六、

参 考 篇

（一）国际协定

WTO《政府采购协议》（GPA）

WTO《政府采购协议》(1994版)

Parties to this Agreement (hereinafter referred to as "Parties") 本协议当事方(以下简称参加方):

Recognizing the need for an effective multilateral framework of rights and obligations with respect to laws, regulations, procedures and practices regarding government procurement with a view to achieving greater liberalization and expansion of world trade and improving the international framework for the conduct of world trade; 认识到需要就有关政府采购的法律、规章、程序和做法,建立一个有效的多边权利与义务框架,促进贸易的进一步自由化,扩大世界贸易,改善世界贸易行为的国际框架。

Recognizing that laws, regulations, procedures and practices regarding government procurement should not be prepared, adopted or applied to foreign or domestic products and services and to foreign or domestic suppliers so as to afford protection to domestic products or services or domestic suppliers and should not discriminate among foreign products or services or among foreign suppliers; 认识到有关政府采购的法律、规章、程序和做法,对国外或国内产品、服务及国内供应商,不应以保护国内产品、服务或国内供应商为目的而制定实施,也不应对不同的国外产品、服务或供应商造成歧视。

Recognizing that it is desirable to provide transparency of laws, regulations, procedures and practices regarding government procurement; 认识到应提高有关政府采购的法律、规章、程序和做法的透明度。

Recognizing the need to establish international procedures on notification, consultation, surveillance and dispute settlement with a view to ensuring a fair, prompt and effective enforcement of the international provisions on government procurement and to maintain the balance of rights and obligations at the highest possible level; 认识到有必要就通知、协商、监督及争端解决建立国际程序,确保有关政府采购的国际规定公平、及时和有效实施,并尽可能维持权利与义务之间的平衡。

Recognizing the need to take into account the development, financial and trade needs of developing countries, in particular the least-developed countries; 认识到应考虑发展中国家，尤其是最不发达国家的发展、财政及贸易需要。

Desiring, in accordance with paragraph 6（b）of Article IX of the Agreement on Government Procurement done on 12 April 1979, as amended on 2 February 1987, to broaden and improve the Agreement on the basis of mutual reciprocity and to expand the coverage of the Agreement to include service contracts; 期望按1987 年 2 月 2 日形成并于 1979 年 4 月 12 日修订的《政府采购守则》第九条第六款 b 项规定，在互惠基础上扩展和改善该协议，并将适用范围扩大到服务项目。

Desiring to encourage acceptance of and accession to this Agreement by governments not party to it; 鼓励未参加本协议的政府接受并加入本协议。

Having undertaken further negotiations in pursuance of these objectives; 依照上述目标开展进一步谈判。

Hereby agree as follows: 特此协议如下：

Article I Scope and Coverage 适用范围

1. This Agreement applies to any law, regulation, procedure or practice regarding any procurement by entities covered by this Agreement, as specified in Appendix I①. 本协议适用于有关本协议附录一所列采购实体所有采购遵循的法律、规章、程序或做法。

2. This Agreement applies to procurement by any contractual means, including through such methods as purchase or as lease, rental or hire purchase, with or without an option to buy, including any combination of products and services. 本协议适用于所有以合同形式进行的产品和服务任意组合的采购，包括购买及不论是否附带购买选择权的租赁或租购。

---

① For each Party, Appendix I is divided into five Annexes: 对参加方而言，附录一分为 5 个附件：

-Annex 1 contains central government entities. 附件一载明中央政府的采购实体；

-Annex 2 contains sub-central government entities. 附件二载明省级政府的采购实体；

-Annex 3 contains all other entities that procure in accordance with the provisions of this Agreement. 附件三载明适用本协议规定的其他采购实体；

-Annex 4 specifies services, whether listed positively or negatively, covered by this Agreement. 附件四以肯定或否定方式列举适用本协议的服务项目；

-Annex 5 specifies covered construction services. 附件五列举适用本协议的工程服务项目。

Relevant thresholds are specified in each Party's Annexes. 各参加方的附件中应标明有关适用范围的门槛价。

3. Where entities, in the context of procurement covered under this Agreement, require enterprises not included in Appendix I to award contracts in accordance with particular requirements, Article III shall apply mutatis mutandis to such requirements. 属于本协议的采购实体，要求未列入附录一的供应商按特殊要求授予合同时，执行第三条规定。

4. This Agreement applies to any procurement contract of a value of not less than the relevant threshold specified in Appendix I. 本协议适用于不低于附录一门槛价的采购项目。

Article II Valuation of Contracts 合同价值估算

1. The following provisions shall apply in determining the value of contracts① for purposes of implementing this Agreement. 本协议范围内的采购项目，按下列规定估算合同价值（注2）。

2. Valuation shall take into account all forms of remuneration, including any premiums, fees, commissions and interest receivable. 估算合同价值时，应考虑各种形式的酬金，包括溢价、费用、佣金及应收利息。

3. The selection of the valuation method by the entity shall not be used, nor shall any procurement requirement be divided, with the intention of avoiding the application of this Agreement. 各采购实体不得因刻意规避本协议有关规定而选择估算合同价值及分割采购合同的方法。

4. If an individual requirement for a procurement results in the award of more than one contract, or in contracts being awarded in separate parts, the basis for valuation shall be either. 采购实体将单一采购项目分为多个合同，或将其一部分分为多个合同，按下列方法估算合同价值：

(a) the actual value of similar recurring contracts concluded over the previous fiscal year or 12 months adjusted, where possible, for anticipated changes in quantity and value over the subsequent 12 months; 前一年财政年度或前12个月内重复签订类似合同的实际金额。如有可能，应按其后12个月内预计的数量和金额进行调整；

(b) the estimated value of recurring contracts in the fiscal year or 12 months

---

① This Agreement shall apply to any procurement contract for which the contract value is estimated to equal or exceed the threshold at the time of publication of the notice in accordance with Article IX. 本协议适用于按第九条发布公告时所有合同金额估价等于或高于门槛价的采购项目。

subsequent to the initial contract. 首次合同之后的财政年度或 12 个月内所有重复签订合同的估算金额。

5. In cases of contracts for the lease, rental or hire purchase of products or services, or in the case of contracts which do not specify a total price, the basis for valuation shall be: 租赁或租购合同，或对未列明总价值合同，其价值估算方法如下：

(a) in the case of fixed-term contracts, where their term is 12 months or less, the total contract value for their duration, or, where their term exceeds 12 months, their total value including the estimated residual value; 有效期为 12 个月或少于 12 个月的定期合同，应按照合同期内合同总金额计算；有效期超过 12 个月的，按照总金额加上估计的残值计算；

(b) in the case of contracts for an indefinite period, the monthly instalment multiplied by 48. 不定期合同按每月分摊金额乘以 48 计算。

If there is any doubt, the second basis for valuation, namely (b), is to be used. 存在异议的，按照上述第（b）项计算。

6. In cases where an intended procurement specifies the need for option clauses, the basis for valuation shall be the total value of the maximum permissible procurement, inclusive of optional purchases. 如果一预订采购列明需要附带购买选择权条款，应该按允许进行的最大限度采购的总价值估算。

Article III National Treatment and Non-discrimination 国民待遇和非歧视

1. With respect to all laws, regulations, procedures and practices regarding government procurement covered by this Agreement, each Party shall provide immediately and unconditionally to the products, services and suppliers of other Parties offering products or services of the Parties, treatment no less favourable than: 对于本协议适用范围内的有关政府采购的法律、规章、程序和做法，各参加方应立即无条件地向来自其他参加方的货物、服务及供应商，给予不低于下列条件的待遇：

(a) that accorded to domestic products, services and suppliers; and 向国内货物、服务及供应商提供的待遇；

(b) that accorded to products, services and suppliers of any other Party. 向其他参加方的货物、服务及供应商提供的待遇。

2. With respect to all laws, regulations, procedures and practices regarding

government procurement covered by this Agreement, each Party shall ensure: 本协议适用范围内有关政府采购的法律、规章、程序及做法，各参加方应确保：

(a) that its entities shall not treat a locally-established supplier less favourably than another locally-established supplier on the basis of degree of foreign affiliation or ownership; and 其采购实体不应对在当地设立的供应商以外资所占比例或所有制差别给予不同待遇；以及

(b) that its entities shall not discriminate against locally-established suppliers on the basis of the country of production of the good or service being supplied, provided that the country of production is a Party to the Agreement in accordance with the provisions of Article IV. 其采购实体不应以所提供的货物或服务的生产地，歧视在本地设立的供应商。生产地是指根据第四条规定的本协议参加方。

3. The provisions of paragraphs 1 and 2 shall not apply to customs duties and charges of any kind imposed on or in connection with importation, the method of levying such duties and charges, other import regulations and formalities, and measures affecting trade in services other than laws, regulations, procedures and practices regarding government procurement covered by this Agreement. 除本协议适用范围内有关政府采购的法律、规章、程序及做法外，上述第一、二款规定不适用于对进口或与进口有关征收的税费和相关的征管办法，以及影响服务贸易的其他进口规定、手续和措施。

Article IV Rules of Origin 原产地规则

1. A Party shall not apply rules of origin to products or services imported or supplied for purposes of government procurement covered by this Agreement from other Parties, which are different from the rules of origin applied in the normal course of trade and at the time of the transaction in question to imports or supplies of the same products or services from the same Parties. 各参加方不应对适用本协议的政府采购在采购从其他参加方进口的货物或服务时，采取有别于在交易时从同一参加方进口相同货物或服务适用的一般贸易的原产地规则。

2. Following the conclusion of the work programme for the harmonization of rules of origin for goods to be undertaken under the Agreement on Rules of Origin in Annex 1A of the Agreement Establishing the World Trade Organization (hereinafter referred to as "WTO Agreement") and negotiations regarding trade in services, Parties shall take the results of that work programme and those negotiations

into account in amending paragraph 1 as appropriate. 随着《建立世界贸易组织的协议》(以下简称《建立 WTO 的协议》附件一(1)中《原产地规则协议》有关货物原产地统一工作方案的达成,以及在服务贸易谈判结束后,各参加方应按工作方案及谈判结果对本条第一款规定进行适当修订。

Article V　Special and Differential Treatment for Developing Countries 对发展中国家的特殊及差别待遇

Objectives 目的

1. Parties shall, in the implementation and administration of this Agreement, through the provisions set out in this Article, duly take into account the development, financial and trade needs of developing countries, in particular least-developed countries, in their need to: safeguard their balance-of-payments position and ensure a level of reserves adequate for the implementation of programmes of economic development; 各参加方实施和执行本协议时,要切实考虑到发展中国家尤其是最不发达国家,在发展、财政及贸易方面的特殊情况,满足他们的下列需要:

(a) promote the establishment or development of domestic industries including the development of small-scale and cottage industries in rural or backward areas; and economic development of other sectors of the economy; 保障国际收支平衡,有足够外汇储备实施经济发展计划;

(b) promote the establishment or development of domestic industries including the development of small-scale and cottage industries in rural or backward areas; and economic development of other sectors of the economy; 促进国内产业的建立或发展,包括农村和落后地区的小型企业和家庭企业,以及其他经济部门的发展;

(c) support industrial units so long as they are wholly or substantially dependent on government procurement; and 扶持完全或主要依赖政府采购的产业机构;和

(d) encourage their economic development through regional or global arrangements among developing countries presented to the Ministerial Conference of the World Trade Organization (hereinafter referred to as the "WTO") and not disapproved by it. 通过向世界贸易组织(WTO)部长级会议提交且该会议对此不持异议的发展中国家间的区域或全球安排,鼓励其经济发展。

2. Consistently with the provisions of this Agreement, each Party shall, in the

preparation and application of laws, regulations and procedures affecting government procurement, facilitate increased imports from developing countries, bearing in mind the special problems of least-developed countries and of those countries at low stages of economic development. 在符合本协议规定情况下，各参加方在制定和实施影响政府采购法律、规章及程序时，应有利于增加从发展中国家的进口量，并考虑最不发达以及经济发展水平较低国家的特殊问题。

Coverage 适用范围

3. With a view to ensuring that developing countries are able to adhere to this Agreement on terms consistent with their development, financial and trade needs, the objectives listed in paragraph 1 shall be duly taken into account in the course of negotiations with respect to the procurement of developing countries to be covered by the provisions of this Agreement. Developed countries, in the preparation of their coverage lists under the provisions of this Agreement, shall endeavour to include entities procuring products and services of export interest to developing countries. 为了确保发展中国家在符合其发展、财政和贸易需要情况下遵守本协议，在与发展中参加方就适用本协议范围进行谈判时，应考虑本条第一款确定的目标。发达国家在拟定适用本协议的范围时，应尽量包括对采购发展中国家有出口利益的货物和服务的采购实体。

Agreed Exclusions 同意的例外项目

4. A developing country may negotiate with other participants in negotiations under this Agreement mutually acceptable exclusions from the rules on national treatment with respect to certain entities, products or services that are included in its coverage lists, having regard to the particular circumstances of each case. In such negotiations, the considerations mentioned in subparagraphs 1 (a) through 1 (c) shall be duly taken into account. A developing country participating in regional or global arrangements among developing countries referred to in subparagraph 1 (d) may also negotiate exclusions to its lists, having regard to the particular circumstances of each case, taking into account, inter alia, the provisions on government procurement provided for in the regional or global arrangements concerned and, in particular, products or services which may be subject to common industrial development programmes. 依据本协议谈判时，发展中国家可与其他参与方针对特殊情况，对列入适用范围清单的机构、产品或服务，就相互接受国民待遇例外的事项进行谈判。在谈判中，要考虑第 1 款第（a）至第（c）项有关规定。参加第 1 款第（d）项提出的区域性或全球性协议的发展中国家，

也可以针对特殊情况，在谈判其例外的适用范围时，应考虑区域性或全球性协议有关政府采购的规定，特别是属于共同产业发展规划中的货物和服务。

5. After entry into force of this Agreement, a developing country Party may modify its coverage lists in accordance with the provisions for modification of such lists contained in paragraph 6 of Article XXIV, having regard to its development, financial and trade needs, or may request the Committee on Government Procurement (hereinafter referred to as "the Committee") to grant exclusions from the rules on national treatment for certain entities, products or services that are included in its coverage lists, having regard to the particular circumstances of each case and taking duly into account the provisions of subparagraphs 1 (a) through 1 (c). After entry into force of this Agreement, a developing country Party may also request the Committee to grant exclusions for certain entities, products or services that are included in its coverage lists in the light of its participation in regional or global arrangements among developing countries, having regard to the particular circumstances of each case and taking duly into account the provisions of subparagraph 1 (d). Each request to the Committee by a developing country Party relating to modification of a list shall be accompanied by documentation relevant to the request or by such information as may be necessary for consideration of the matter. 本协议生效后，发展中参加方考虑到发展、财政和贸易需要，可以按照本协议第二十四条第6款有关修订清单的规定，修改其适用清单，或针对特殊情况，按照第一款（a）至（c）项规定，要求政府采购委员会（以下简称委员会）对其适用清单中所列的某些机构、货物或服务不执行国民待遇原则。发展中参加方在本协议生效后，还可以针对特殊情况，并考虑第一款第（d）项规定，按照其参加的区域性或全球性协议，要求委员会对其适用清单中的某些机构、货物或服务，给予国民待遇的例外。发展中参加方向委员会提出有关修改清单的请求时，应附有关文件或审查需要的有关资料。

6. Paragraphs 4 and 5 shall apply mutatis mutandis to developing countries acceding to this Agreement after its entry into force. 本条第4、5款规定在细节上作必要修改后，应适用于本协议生效后加入的发展中国家。

7. Such agreed exclusions as mentioned in paragraphs 4, 5 and 6 shall be subject to review in accordance with the provisions of paragraph 14 below. 上述第4、5、6款提到的例外，应按本条第14款规定进行审核。

Technical Assistance for Developing Country Parties 对发展中国家的技术援助

8. Each developed country Party shall, upon request, provide all technical assistance which it may deem appropriate to developing country Parties in resolving their problems in the field of government procurement. 发达参加方应按发展中参加方请求，向其提供适当的技术援助，解决发展中参加方在政府采购领域遇到的问题。

9. This assistance, which shall be provided on the basis of non-discrimination among developing country Parties, shall relate, inter alia, to: 按照非歧视原则对发展参加方提供的技术援助，应具有针对性：

——the solution of particular technical problems relating to the award of a specific contract; and 解决与授予一特定合同有关的特定技术方法；

——any other problem which the Party making the request and another Party agree to deal with in the context of this assistance. 提出请求的参加方与另一参加方同意通过援助处理的其他问题。

10. Technical assistance referred to in paragraphs 8 and 9 would include translation of qualification documentation and tenders made by suppliers of developing country Parties into an official language of the WTO designated by the entity, unless developed country Parties deem translation to be burdensome, and in that case explanation shall be given to developing country Parties upon their request addressed either to the developed country Parties or to their entities. 本条第8、9款所称技术援助，应包括将发展中参加方供应商的资格文件和投标文件翻译成采购实体指定的一种 WTO 官方语言，除非有关发达国家参加方认为翻译难以负担。在此情况下，发展中参加方向发达参加方或其采购实体提出请求时，应作出解释。

信息中心 Information Centres

11. Developed country Parties shall establish, individually or jointly, information centres to respond to reasonable requests from developing country Parties for information relating to, inter alia, laws, regulations, procedures and practices regarding government procurement, notices about intended procurements which have been published, addresses of the entities covered by this Agreement, and the nature and volume of products or services procured or to be procured, including available information about future tenders. The Committee may also set up an information centre. 发达参加方应单独或共同建立信息中心，满足发展中参加

方对信息的合理要求，特别是有关政府采购的法律、规章、程序和做法、招标邀请公告、适用本协议的采购实体地址、采购或拟采购的货物或服务的性质和数量，包括可获得的有关未来招标的信息。委员会也可以设立信息中心。

Special Treatment for Least-Developed Countries 对最不发达国家的特殊待遇

12. Having regard to paragraph 6 of the Decision of the CONTRACTING PARTIES to GATT 1947 of 28 November 1979 on Differential and More Favourable Treatment, Reciprocity and Fuller Participation of Developing Countries (BISD 26S/203-205), special treatment shall be granted to least-developed country Parties and to the suppliers in those Parties with respect to products or services originating in those Parties, in the context of any general or specific measures in favour of developing country Parties. A Party may also grant the benefits of this Agreement to suppliers in least-developed countries which are not Parties, with respect to products or services originating in those countries. 注意到“1947 年关贸总协议全体参加方 1979 年 11 月 28 日《对发展中参加方的差别及更优惠待遇、互惠和全面参与的决议》”第六款（见 BISD26S/203-205 页）规定，在对发展中参加方给予的一般或特定优惠措施中，应对最不发达参加方及货物或服务原产于最不发达参加方的供应商给予特殊待遇。参加方也可以对货物或服务原产于非本协议参加方的最不发达国家供应商，给予本协议的一切优惠。

13. Each developed country Party shall, upon request, provide assistance which it may deem appropriate to potential tenderers in least-developed countries in submitting their tenders and selecting the products or services which are likely to be of interest to its entities as well as to suppliers in least-developed countries, and likewise assist them to comply with technical regulations and standards relating to products or services which are the subject of the intended procurement. 发达参加方应按最不发达参加方请求，对最不发达参加方潜在投标供应商投标，以及在选择采购实体和最不发达国家供应商均可能有兴趣的货物或服务时，给予最不发达国家潜在投标供应商适当的援助，同时帮助他们遵循与采购项目有关的技术规定与标准。

Review 审查

14. The Committee shall review annually the operation and effectiveness of this Article and, after each three years of its operation on the basis of reports to be submitted by Parties, shall carry out a major review in order to evaluate its effects.

As part of the three-yearly reviews and with a view to achieving the maximum implementation of the provisions of this Agreement, including in particular Article III, and having regard to the development, financial and trade situation of the developing countries concerned, the Committee shall examine whether exclusions provided for in accordance with the provisions of paragraphs 4 through 6 of this Article shall be modified or extended. 委员会应对本条执行情况与效果作年度审查，并每隔3年根据各参加方提供的有关本条实施情况报告作一次全面审查，评估其效果。为促进本协议尤其是第三条各项规定的实施，考核发展中参加方的发展、财政和贸易状况，委员会在3年一次的全面审查中，应审核本条第四至六款规定的例外事项，并决定是否需要修改或延长。

15. In the course of further rounds of negotiations in accordance with the provisions of paragraph 7 of Article XXIV, each developing country Party shall give consideration to the possibility of enlarging its coverage lists, having regard to its economic, financial and trade situation. 在按第二十四条第七款规定继续谈判时，发展中参加方应依据其经济、财政及贸易状况，考虑扩大其适用范围的可能性。

Article VI Technical Specifications 技术规格

1. Technical specifications laying down the characteristics of the products or services to be procured, such as quality, performance, safety and dimensions, symbols, terminology, packaging, marking and labelling, or the processes and methods for their production and requirements relating to conformity assessment procedures prescribed by procuring entities, shall not be prepared, adopted or applied with a view to, or with the effect of, creating unnecessary obstacles to international trade. 技术规格是为了明确拟购货物或服务的特性，如质量、性能、安全、大小、符号、术语、包装、标志、标签或生产工艺与方法，以及采购实体规定的合格评定程序的有关要求，其制定、采用或实施不得以对国际贸易造成不必要的障碍为目的，也不得产生此种效果。

2. Technical specifications prescribed by procuring entities shall, where appropriate: 采购实体规定的技术规格，在适当时：

(a) be in terms of performance rather than design or descriptive characteristics; and 依照性能，而不是按设计或描述特征；并且

(b) be based on international standards, where such exist; otherwise, on national technical regulations[②], recognized national standards[③], or building codes. 根据现有国际标准，没有国际标准的按国家技术规定（注3）、公认的国家标准（注4）或建筑规定。

3. There shall be no requirement or reference to a particular trademark or trade name, patent, design or type, specific origin, producer or supplier, unless there is no sufficiently precise or intelligible way of describing the procurement requirements and provided that words such as "or equivalent" are included in the tender documentation. 不得要求或提出特定的商标或商品名称、专利、设计或型号以及特定来源地、生产者或供应者。但难以准确或清楚描述采购要求，且在招标文件中注明"或同等情况"等字样的例外。

4. Entities shall not seek or accept, in a manner which would have the effect of precluding competition, advice which may be used in the preparation of specifications for a specific procurement from a firm that may have a commercial interest in the procurement. 各采购实体在拟定技术规格时，不应向与该项采购有商业利益的供应商寻求或接受其有碍竞争的建议。

Article VII Tendering Procedures 招标程序

1. Each Party shall ensure that the tendering procedures of its entities are applied in a non-discriminatory manner and are consistent with the provisions contained in Articles VII through XVI. 各参加方应确保其采购实体的采取非歧视的招标程序，并符合第七条至十六条的规定。

---

② For the purpose of this Agreement, a technical regulation is a document which lays down characteristics of a product or a service or their related processes and production methods, including the applicable administrative provisions, with which compliance is mandatory. It may also include or deal exclusively with terminology, symbols, packaging, marking or labelling requirements as they apply to a product, service, process or production method. 本协议所称技术规定，是指说明产品或服务特点或其相关工艺与生产方法的文件，包括适用的强制性行政规定。这些文件也可以包括或单独说明适用产品、服务、工艺或生产方法的专门术语、符号、包装、标志或标签等要求。

③ For the purpose of this Agreement, a standard is a document approved by a recognized body, that provides, for common and repeated use, rules, guidelines or characteristics for products or services or related processes and production methods, with which compliance is not mandatory. It may also include or deal exclusively with terminology, symbols, packaging, marking or labelling requirements as they apply to a product, service, process or production method. 本协议所称标准，是指经过主管部门核准的文件中，对共同及经常性使用的产品、服务或相关工艺、生产方法规定的规则、准则或特征，但不具有强制性。标准还可以包括或单独说明适用产品、服务、工艺或生产方法的专门术语、符号、包装、标志或标签等要求。

2. Entities shall not provide to any supplier information with regard to a specific procurement in a manner which would have the effect of precluding competition. 各采购实体不应以足以妨碍竞争方式，对个别供应商提供特定采购有关的资料。

3. For the purposes of this Agreement：本协议所称：

(a) Open tendering procedures are those procedures under which all interested suppliers may submit a tender；公开招标程序是指所有潜在供应商均可以参与投标的一种采购方式；

(b) Selective tendering procedures are those procedures under which, consistent with paragraph 3 of Article X and other relevant provisions of this Agreement, those suppliers invited to do so by the entity may submit a tender；选择性招标程序是指采购实体按照第十条第三款及本协议其他有关规定，邀请供应商进行投标的一种采购方式；

(c) Limited tendering procedures are those procedures where the entity contacts suppliers individually, only under the conditions specified in Article XV. 限制性招标程序是指采购实体根据第十五条规定，与特定供应商进行协商的一种采购方式。

Article VIII Qualification of Suppliers 供应商资格

In the process of qualifying suppliers, entities shall not discriminate among suppliers of other Parties or between domestic suppliers and suppliers of other Parties. Qualification procedures shall be consistent with the following：各采购实体在审查供应商资格时，不应对不同参加方的供应商，或在国内与其他参加方供应商之间，实施差别待遇。资格预审程序应遵循下列规定：

(a) any conditions for participation in tendering procedures shall be published in adequate time to enable interested suppliers to initiate and, to the extent that it is compatible with efficient operation of the procurement process, complete the qualification procedures；所有参加投标的条件应予公告，并留给潜在供应商充足的响应时间，在不影响采购效率的前提下，完成资格审查程序；

(b) any conditions for participation in tendering procedures shall be limited to those which are essential to ensure the firm's capability to fulfil the contract in question. Any conditions for participation required from suppliers, including financial guarantees, technical qualifications and information necessary for establishing the financial, commercial and technical capacity of suppliers, as well as the verification of qualifications, shall be no less favourable to suppliers of other Parties than to domestic suppliers and shall not discriminate among suppliers of other Parties. The financial, commercial and technical capacity of a supplier shall be judged on the basis both of that supplier's global business activity as well as of its activity in the territory of the procuring entity, taking due account of the legal relationship between the supply organizations; 参加投标的条件应以确认供应商履行合同能力为主，包括资金保障、技术资格和确定其财务、商业与技术能力所需资料以及其他确认资格的证据。这些条件对国内和其他参加方供应商之间不应有宽严区别，也不应在其他参加方供应商之间实行差别待遇。供应商的资金、商业与技术能力，应根据该供应商的全球性商业活动及其在采购实体所在地的活动进行综合判断，并考虑供应组织之间的法律关系。

(c) the process of, and the time required for, qualifying suppliers shall not be used in order to keep suppliers of other Parties off a suppliers' list or from being considered for a particular intended procurement. Entities shall recognize as qualified suppliers such domestic suppliers or suppliers of other Parties who meet the conditions for participation in a particular intended procurement. Suppliers requesting to participate in a particular intended procurement who may not yet be qualified shall also be considered, provided there is sufficient time to complete the qualification procedure; 审查供应商资格的程序与时间，不得用来阻止其他参加方供应商进入合格供应商名单，或成为特定采购考虑的对象。凡是符合特定采购投标条件的国内或其他参加方供应商，均应认定为合格供应商。申请参加特定采购的投标，但未参加资格审查的供应商，在时间允许情况下，应对其进行资格审查。

(d) entities maintaining permanent lists of qualified suppliers shall ensure that suppliers may apply for qualification at any time; and that all qualified suppliers so requesting are included in the lists within a reasonably short time; 建立长期合格供应商库的采购实体，应确保供应商能够随时提出资格申请，随时进行审查，并将合格者列入合格供应商库。

(e) if, after publication of the notice under paragraph 1 of Article IX, a supplier not yet qualified requests to participate in an intended procurement, the entity shall promptly start procedures for qualification; 在第九条第 1 款规定的公告发布后，如有未取得资格的供应商要求参加投标的，采购实体应立即进行资格审查。

(f) any supplier having requested to become a qualified supplier shall be advised by the entities concerned of the decision in this regard. Qualified suppliers included on permanent lists by entities shall also be notified of the termination of any such lists or of their removal from them；各采购实体对审查合格的供应商，应将其决定通知这些供应商。采购实体终止使用合格供应商库，或将供应商从库中除名，均应通知有关供应商。

（g）each Party shall ensure that：各参加方应确保：

（i）each entity and its constituent parts follow a single qualification procedure，except in cases of duly substantiated need for a different procedure；and 采购实体及其所属单位应采用相同的资格审查程序，但经证实确需采用不同程序的除外；

（ii）efforts be made to minimize differences in qualification procedures between entities. 不同采购实体的资格审查程序存在差异的，应尽量趋同。

（h）nothing in subparagraphs（a）through（g）shall preclude the exclusion of any supplier on grounds such as bankruptcy or false declarations，provided that such an action is consistent with the national treatment and non-discrimination provisions of this Agreement. 上述第（a）至第（g）项的各项规定，在符合本协议的国民待遇及非歧视原则规定情况下，不禁止采购实体采取措施，排除破产或有弄虚作假行为的供应商。

Article IX Invitation to Participate Regarding Intended Procurement 招标邀请

1. In accordance with paragraphs 2 and 3，entities shall publish an invitation to participate for all cases of intended procurement，except as otherwise provided for in Article XV（limited tendering）. The notice shall be published in the appropriate publication listed in Appendix II. 除了第十五条（限制性招标）另有规定外，采购实体开展采购活动时，应根据第二款、第三款规定，在附录二所列刊物上发布招标邀请公告。

2. The invitation to participate may take the form of a notice of proposed procurement，as provided for in paragraph 6. 招标邀请公告应采用第六款规定的形式。

3. Entities in Annexes 2 and 3 may use a notice of planned procurement，as provided for in paragraph 7，or a notice regarding a qualification system，as provided for in paragraph 9，as an invitation to participate. 列入附件二、附件三的采购实体应按照第七款规定计划采购公告，或第九款规定的资格公告，作为

招标邀请公告。

4. Entities which use a notice of planned procurement as an invitation to participate shall subsequently invite all suppliers who have expressed an interest to confirm their interest on the basis of information which shall include at least the information referred to in paragraph 6. 采用计划采购公告作为招标邀请公告的采购实体，随后提供至少包括第六款在内的资料给潜在供应商。

5. Entities which use a notice regarding a qualification system as an invitation to participate shall provide, subject to the considerations referred to in paragraph 4 of Article XVIII and in a timely manner, information which allows all those who have expressed an interest to have a meaningful opportunity to assess their interest in participating in the procurement. This information shall include the information contained in the notices referred to in paragraphs 6 and 8, to the extent such information is available. Information provided to one interested supplier shall be provided in a non-discriminatory manner to the other interested suppliers. 采用资格公告作为招标邀请公告的采购实体，结合第十八条第四款规定，及时提供有关资料，让所有潜在供应商有条件自行评估其参与采购意向。这些资料包括第六款及第八款规定公告中应载明而且能够提供的信息。采购实体应按非歧视原则要求，将这些资料提供给所有潜在供应商。

6. Each notice of proposed procurement, referred to in paragraph 2, shall contain the following information: 本条第二款所述的公告，应载明下列事项：

(a) the nature and quantity, including any options for further procurement and, if possible, an estimate of the timing when such options may be exercised; in the case of recurring contracts the nature and quantity and, if possible, an estimate of the timing of the subsequent tender notices for the products or services to be procured; 采购性质与数量，包括购买选择权，如有可能，要预估实施选择权时间。如果是重复采购合同，应说明采购性质和数量，如有可能，预估后续采购公告时间；

(b) whether the procedure is open or selective or will involve negotiation; 采购方式是公开招标还是选择性招标，是否涉及谈判；

(c) any date for starting delivery or completion of delivery of goods or services; 开始交货或完成交货时间；

(d) the address and final date for submitting an application to be invited to tender or for qualifying for the suppliers' lists, or for receiving tenders, as well as the language or languages in which they must be submitted; 提交投标邀请或列

入合格供应商库申请书或接受投标文件的地址和最后期限，以及使用语言；

(e) the address of the entity awarding the contract and providing any information necessary for obtaining specifications and other documents；授予合同和提供技术规格资料及其他文件的机构地址；

(f) any economic and technical requirements, financial guarantees and information required from suppliers；要求供应商提供的经济、技术条件、资金保障及有关资料；

(g) the amount and terms of payment of any sum payable for the tender documentation；and 招标文件售价及付款方式；以及

(h) whether the entity is inviting offers for purchase, lease, rental or hire purchase, or more than one of these methods. 是对购买、租赁或租购的报价，还是对其中两种以上的报价。

7. Each notice of planned procurement referred to in paragraph 3 shall contain as much of the information referred to in paragraph 6 as is available. It shall in any case include the information referred to in paragraph 8 and：本条第三款所述的计划采购公告，应尽量载明第六款规定事项，而且必须包括第八项规定事项，同时应载明：

(a) a statement that interested suppliers should express their interest in the procurement to the entity；有兴趣供应商向采购实体表明其对采购意向的声明；

(b) a contact point with the entity from which further information may be obtained. 可获取进一步信息的采购实体的联系方式。

8. For each case of intended procurement, the entity shall publish a summary notice in one of the official languages of the WTO. The notice shall contain at least the following information：在采购活动开始前，采购实体均应以 WTO 官方语言之一发布至少包括下列信息的摘要公告：

(a) the subject matter of the contract；合同标的；

(b) the time-limits set for the submission of tenders or an application to be invited to tender；and 提交投标文件或投标邀请申请书的期限；

(c) the addresses from which documents relating to the contracts may be requested. 获得合同有关文件的联系方式。

9. In the case of selective tendering procedures, entities maintaining permanent lists of qualified suppliers shall publish annually in one of the publications listed in Appendix III a notice of the following：采用选择性招标程序的，对建立

长期合格供应商库的采购实体，应每年在本协议附录三所列刊物之一，公告下列事项：

(a) the enumeration of the lists maintained, including their headings, in relation to the products or services or categories of products or services to be procured through the lists；有关详细情况，包括通过该库中供应商采购的货物或服务的具体项目或类别；

(b) the conditions to be fulfilled by suppliers with a view to their inscription on those lists and the methods according to which each of those conditions will be verified by the entity concerned；供应商列入供应商库的条件以及采购实体审查这些条件的方法；

(c) the period of validity of the lists, and the formalities for their renewal；供应商库的有效时间及延期手续；

When such a notice is used as an invitation to participate in accordance with paragraph 3, the notice shall, in addition, include the following information：上述公告作为本条第三款规定的招标邀请公告时，应另行载明下列事项：

(d) the nature of the products or services concerned；有关货物或服务的性质；

(e) a statement that the notice constitutes an invitation to participate. 该公告构成邀请内容的声明。

However, when the duration of the qualification system is three years or less, and if the duration of the system is made clear in the notice and it is also made clear that further notices will not be published, it shall be sufficient to publish the notice once only, at the beginning of the system. Such a system shall not be used in a manner which circumvents the provisions of this Agreement. 然而，资格制度有效期为 3 年或不超过 3 年的，且该制度的有效期在公告中明确说明，同时公告中明确说明不再另行公告的，则只需在该制度开始实行时公告一次即可。这种资格制度不得用作规避本协议规定的方法。

10. If, after publication of an invitation to participate in any case of intended procurement, but before the time set for opening or receipt of tenders as specified in the notices or the tender documentation, it becomes necessary to amend or re-issue the notice, the amendment or the re-issued notice shall be given the same circulation as the original documents upon which the amendment is based. Any significant information given to one supplier with respect to a particular intended procurement shall be given simultaneously to all other suppliers concerned in adequate

time to permit the suppliers to consider such information and to respond to it. 招标邀请公告发布后，在公告或招标文件规定开标或在投标截止期前，需要修订或重新发布公告的，已作修订或重新发布公告范围应与据以修改的原文件公告范围相同，给予特定供应商的重要资料，亦应同时发送给其他所有供应商，并留足供应商作出反应的时间。

11. Entities shall make clear, in the notices referred to in this Article or in the publication in which the notices appear, that the procurement is covered by the Agreement. 采购实体在本条规定的公告中或刊登公告的刊物中，应注明该项目属于本协议范围的采购项目。

Article X Selection Procedures 选择性招标程序

1. To ensure optimum effective international competition under selective tendering procedures, entities shall, for each intended procurement, invite tenders from the maximum number of domestic suppliers and suppliers of other Parties, consistent with the efficient operation of the procurement system. They shall select the suppliers to participate in the procedure in a fair and non-discriminatory manner. 采用选择性招标程序的，为了确保最有效的国际竞争，在符合执行采购制度效率的条件下，采购实体应最大限度地邀请国内和其他参加方的供应商参加投标。各采购实体在选择供应商时，应坚持公平和非歧视原则。

2. Entities maintaining permanent lists of qualified suppliers may select suppliers to be invited to tender from among those listed. Any selection shall allow for equitable opportunities for suppliers on the lists. 建立长期合格供应商库的采购实体，可以从中挑选供应商并邀请其参加投标。在从库中挑选供应商时，应坚持机会均等原则。

3. Suppliers requesting to participate in a particular intended procurement shall be permitted to submit a tender and be considered, provided, in the case of those not yet qualified, there is sufficient time to complete the qualification procedure under Articles VIII and IX. The number of additional suppliers permitted to participate shall be limited only by the efficient operation of the procurement system. 尚未参加资格审查但要求参加采购活动的供应商，在有足够时间按照第八条、第九条规定完成资格审查的，应准许其投标并进行资格审查。准许额外参加投标的供应商的数量应限制在有效实施采购制度范围内。

4. Requests to participate in selective tendering procedures may be submitted by telex, telegram or facsimile. 参加选择性招标程序的供应商可以通过电传、

电报或传真方式表示意向。

Article XI Time-limits for Tendering and Delivery 投标与交货期

General 总则

1. (a) Any prescribed time-limit shall be adequate to allow suppliers of other Parties as well as domestic suppliers to prepare and submit tenders before the closing of the tendering procedures. In determining any such time-limit, entities shall, consistent with their own reasonable needs, take into account such factors as the complexity of the intended procurement, the extent of subcontracting anticipated and the normal time for transmitting tenders by mail from foreign as well as domestic points. 期限的确定应保证国内供应商和其他参加方供应商在投标截止日前，有充分时间准备和提交投标文件。采购实体在确定期限时，应考虑其本身的合理要求以及采购项目的复杂性、预期合同分包程度以及投标供应商从国内外邮寄投标文件需要的正常时间等因素。

(b) Each Party shall ensure that its entities shall take due account of publication delays when setting the final date for receipt of tenders or of applications to be invited to tender. 各参加方应保证其采购实体在确定投标和接受邀请投标申请书截止期时，适用考虑延误因素。

Deadlines 最后期限

1. Except in so far as provided in paragraph 3, 除第三条另有规定外，

(a) in open procedures, the period for the receipt of tenders shall not be less than 40 days from the date of publication referred to in paragraph 1 of Article IX; 公开招标的投标截止期应自第九条第一款规定的公告发布日期起，不少于40天；

(b) in selective procedures not involving the use of a permanent list of qualified suppliers, the period for submitting an application to be invited to tender shall not be less than 25 days from the date of publication referred to in paragraph 1 of Article IX; the period for receipt of tenders shall in no case be less than 40 days from the date of issuance of the invitation to tender; 在未涉及使用长期合格供应商库的邀请招标程序中，提交邀请投标申请书的时间，自第九条第一款规定的公告发布日期起，不少于25天；投标截止期自招标邀请书发出之日起，在任何情况下都不能少于40天；

(c) in selective procedures involving the use of a permanent list of qualified suppliers, the period for receipt of tenders shall not be less than 40 days from the date of the initial issuance of invitations to tender, whether or not the date of initial issuance of invitations to tender coincides with the date of the publication referred to in paragraph 1 of Article IX. 使用长期合格供应商库的选择性招标程序，投标截止期自首次发出招标邀请之日起不少于 40 天。首次发出招标邀请日期与第九条第一款规定不一致的，以前者为准。

3. The periods referred to in paragraph 2 may be reduced in the circumstances set out below：本条第二款规定的有关期限，在下列情况下可以缩短：

(a) if a separate notice has been published 40 days and not more than 12 months in advance and the notice contains at least：已另行公告了 40 天且不超过 12 月，公告中已经载明了下列事项：

(i) as much of the information referred to in paragraph 6 of Article IX as is available；第九条第六款规定；

(ii) the information referred to in paragraph 8 of Article IX；第九条第八款规定；

(iii) a statement that interested suppliers should express their interest in the procurement to the entity；and 有兴趣的供应商向采购实体表示参与意向的声明；

(iv) a contact point with the entity from which further information may be obtained，向采购实体进一步索取资料的联系方式，

the 40-day limit for receipt of tenders may be replaced by a period sufficiently long to enable responsive tendering, which, as a general rule, shall not be less than 24 days, but in any case not less than 10 days；符合上述条件的，投标截止期可由 40 天缩短到足以满足投标的期限，原则上不少于 24 天，但绝对不少于 10 天；

(b) in the case of the second or subsequent publications dealing with contracts of a recurring nature within the meaning of paragraph 6 of Article IX, the 40-day limit for receipt of tenders may be reduced to not less than 24 days；属于第九条第六款规定的重复采购项目第二次或后续公告，投标截止期可由 40 天缩短到不少于 24 天；

(c) where a state of urgency duly substantiated by the entity renders impracticable the periods in question, the periods specified in paragraph 2 may be reduced but shall in no case be less than 10 days from the date of the publication referred to in paragraph 1 of Article IX；or 采购实体确认的紧急采购无法按原定

期限实施，本条第二款规定期限可以缩短，但自第九条第一款规定的公告发布之日算起不能少于 10 天；

（d）the period referred to in paragraph 2（c）may, for procurements by entities listed in Annexes 2 and 3, be fixed by mutual agreement between the entity and the selected suppliers. In the absence of agreement, the entity may fix periods which shall be sufficiently long to enable responsive tendering and shall in any case not be less than 10 days. 列入附件二、附件三的采购实体，本条第二款（c）项规定的期限，可以与已选定的供应商协商确定。没有进行协商的，采购实体在能够充分满足供应商投标的情况下确定截止期限，但不能少于 10 天。

4. Consistent with the entity's own reasonable needs, any delivery date shall take into account such factors as the complexity of the intended procurement, the extent of subcontracting anticipated and the realistic time required for production, de-stocking and transport of goods from the points of supply or for supply of services. 在符合采购实体合理需要情况下，交货日期应考虑采购项目的复杂性、预期合同的分包程度以及生产、出货、货物运输或提供服务实际需要的时间等因素。

Article XII Tender Documentation 招标文件

1. If, in tendering procedures, an entity allows tenders to be submitted in several languages, one of those languages shall be one of the official languages of the WTO. 在招标程序中，采购实体允许几种语言投标的，其中应有一种 WTO 的官方语言。

2. Tender documentation provided to suppliers shall contain all information necessary to permit them to submit responsive tenders, including information required to be published in the notice of intended procurement, except for paragraph 6（g）of Article IX, and the following: 除第九条第六款（g）项规定外，招标文件中应载明供应商作出投标反应的必要事项，包括采购公告内容以及下列信息：

（a）the address of the entity to which tenders should be sent; 投标文件投送地址；

（b）the address where requests for supplementary information should be sent; 索要补充资料地址；

（c）the language or languages in which tenders and tendering documents must be submitted; 投标文件必须使用的一种或几种语言；

(d) the closing date and time for receipt of tenders and the length of time during which any tender should be open for acceptance; 投标截止日期和时间以及投标文件有效期;

(e) the persons authorized to be present at the opening of tenders and the date, time and place of this opening; 有权出席开标活动人员及开标日期、时间和地点;

(f) any economic and technical requirement, financial guarantees and information or documents required from suppliers; 供应商应具备的经济和技术条件、资金保障以及有关资料或文件;

(g) a complete description of the products or services required or of any requirements including technical specifications, conformity certification to be fulfilled, necessary plans, drawings and instructional materials; 采购项目有关要求的全面说明，包括技术规格、合格证明、必要的计划、图纸和说明书等;

(h) the criteria for awarding the contract, including any factors other than price that are to be considered in the evaluation of tenders and the cost elements to be included in evaluating tender prices, such as transport, insurance and inspection costs, and in the case of products or services of other Parties, customs duties and other import charges, taxes and currency of payment; 授予合同标准，包括除价格以外的评估因素以及价格的构成如运输费、保险费、检验费等，如果从其他参加方进口货物或服务，还要包括进口征收的税费以及支付的货币;

(i) the terms of payment; 支付条件;

(j) any other terms or conditions; 其他条款或条件;

(k) in accordance with Article XVII the terms and conditions, if any, under which tenders from countries not Parties to this Agreement, but which apply the procedures of that Article, will be entertained. 对来自非本协议参加方国家供应商的投标，符合第十七条规定的，应予以受理。

Forwarding of Tender Documentation by the Entities 采购实体提供招标文件

3. (a) In open procedures, entities shall forward the tender documentation at the request of any supplier participating in the procedure, and shall reply promptly to any reasonable request for explanations relating thereto. 在公开招标程序中，采购实体应按参加投标供应商要求，提供招标文件，并应对有关解释招标文件的合理要求，及时给予答复。

(b) In selective procedures, entities shall forward the tender documentation at the request of any supplier requesting to participate, and shall reply promptly to any reasonable request for explanations relating thereto. 在选择性招标程序中，采购实体应向所有申请参加投标的供应商提供招标文件，并且应对有关解释招标文件的合理要求，及时给予答复。

(c) Entities shall reply promptly to any reasonable request for relevant information submitted by a supplier participating in the tendering procedure, on condition that such information does not give that supplier an advantage over its competitors in the procedure for the award of the contract. 采购实体对参加招标程序供应商关于提供有关信息的合理要求，只要不因此增强该供应商在评标时的优势，应予以满足。

Article XIII Submission, Receipt and Opening of Tenders and Awarding of Contracts 投标、受标、开标和授予合同

1. The submission, receipt and opening of tenders and awarding of contracts shall be consistent with the following: 投标、受标、开标和授予合同均应符合下列规定：

(a) tenders shall normally be submitted in writing directly or by mail. If tenders by telex, telegram or facsimile are permitted, the tender made thereby must include all the information necessary for the evaluation of the tender, in particular the definitive price proposed by the tenderer and a statement that the tenderer agrees to all the terms, conditions and provisions of the invitation to tender. The tender must be confirmed promptly by letter or by the despatch of a signed copy of the telex, telegram or facsimile. Tenders presented by telephone shall not be permitted. The content of the telex, telegram or facsimile shall prevail where there is a difference or conflict between that content and any documentation received after the time-limit; and 投标文件一般应以书面形式直接或通过邮寄送递。允许使用电传、电报或传真的，其内容应包括评标需要的全部信息，特别是投标供应商的报价以及同意招标文件一切条件和所有规定的声明。投标供应商必须立即用信函或经签字的电传、电报或传真对其投标文件予以确认。供应商不能以电话形式进行投标。以电传、电报和传真等形式进行投标的，其内容与投标截止期后收到的任何文件的内容不相符或有抵触的，应以电传、电报或传真为准；以及

(b) the opportunities that may be given to tenderers to correct unintentional errors of form between the opening of tenders and the awarding of the contract shall not be permitted to give rise to any discriminatory practice. 在开标至合同授予期间，给予供应商更正因非故意造成形式上错误的机会，不得采取歧视性做法。

Receipt of Tenders 受标

2. A supplier shall not be penalized if a tender is received in the office designated in the tender documentation after the time specified because of delay due solely to mishandling on the part of the entity. Tenders may also be considered in other exceptional circumstances if the procedures of the entity concerned so provide. 投标文件因采购实体处理不当造成延误，在投标截止期后才送达到招标文件指定地址，该投标文件的供应商不应受到惩罚。采购实体另有规定的，也应在其他例外情况下接受投标文件。

Opening of Tenders 开标

3. All tenders solicited under open or selective procedures by entities shall be received and opened under procedures and conditions guaranteeing the regularity of the openings. The receipt and opening of tenders shall also be consistent with the national treatment and non-discrimination provisions of this Agreement. Information on the opening of tenders shall remain with the entity concerned at the disposal of the government authorities responsible for the entity in order that it may be used if required under the procedures of Articles XVIII, XIX, XX and XXII. 采购实体按公开招标程序或选择性招标程序收到的全部投标文件，在保证正常开标的程序和条件下，应予以接受和开标。受标和开标应符合本协议有关国民待遇和非歧视性规定。开标资料由有关机构保管，供上级主管机构在必要时依据本协议第十八条、第十九条、第二十条以及第二十二条规定使用。

Award of Contracts 授予合同

4. (a) To be considered for award, a tender must, at the time of opening, conform to the essential requirements of the notices or tender documentation and be from a supplier which complies with the conditions for participation. If an entity has received a tender abnormally lower than other tenders submitted, it may enquire with the tenderer to ensure that it can comply with the conditions of participation and be capable of fulfilling the terms of the contract. 采购合同应授予招标文件符合公告或招标文件规定的基本要求，并且符合投标资格的供应商。采购实体收到的投标文件报价，非正常地低于其他供应商的，应要求该供应商对遵守供应商资格条件及履行合同能力作出保证。

(b) Unless in the public interest an entity decides not to issue the contract, the entity shall make the award to the tenderer who has been determined to be fully capable of undertaking the contract and whose tender, whether for domestic products or services, or products or services of other Parties, is either the lowest tender or the tender which in terms of the specific evaluation criteria set forth in the notices or tender documentation is determined to be the most advantageous. 采购实体确定完全有能力履行合同，并且其提供的无论是国内还是其他参加方的货物或服务，报价最低，或根据公告或招标文件规定的评标标准，评定为最有利标的投标供应商，在不影响公共利益的前提下，应将采购合同授予该投标供应商。

(c) Awards shall be made in accordance with the criteria and essential requirements specified in the tender documentation. 授予合同应遵循招标文件规定的标准和要求。

Option Clauses 购买选择权条款

5. Option clauses shall not be used in a manner which circumvents the provisions of the Agreement. 购买选择权条款不得用来规避本协议的规定。

Article XIV Negotiation 谈判

1. A Party may provide for entities to conduct negotiations: 参加方在下列情况下可以允许采购实体采取谈判措施:

(a) in the context of procurements in which they have indicated such intent, namely in the notice referred to in paragraph 2 of Article IX (the invitation to suppliers to participate in the procedure for the proposed procurement); or 采购实体根据第九条第二款（邀请供应商参加采购程序）在公告中已经表达此种意向；或

(b) when it appears from evaluation that no one tender is obviously the most advantageous in terms of the specific evaluation criteria set forth in the notices or tender documentation. 根据公告或招标文件中规定的评标标准评标后，没有最有利标。

2. Negotiations shall primarily be used to identify the strengths and weaknesses in tenders. 谈判是为了鉴定各项投标的优缺点。

3. Entities shall treat tenders in confidence. In particular, they shall not provide information intended to assist particular participants to bring their tenders up to the level of other participants. 采购实体对所有投标文件应保密，尤其不得提供帮助个别供应商将投标提高到其他投标水平的任何信息。

4. Entities shall not, in the course of negotiations, discriminate between dif-

ferent suppliers. In particular, they shall ensure that：在谈判过程中，采购实体不得对不同的供应商实行歧视政策，特别应确保：

(a) any elimination of participants is carried out in accordance with the criteria set forth in the notices and tender documentation；按照公告或招标文件中规定的标准淘汰供应商；

(b) all modifications to the criteria and to the technical requirements are transmitted in writing to all remaining participants in the negotiations；有关对标准及技术规格的修订，应以书面形式通知所有参加谈判的供应商；

(c) all remaining participants are afforded an opportunity to submit new or amended submissions on the basis of the revised requirements；and 所有参加谈判的供应商都应有同等机会，按照采购实体修改后的需求，提交新的或修订后的谈判文件；

(d) when negotiations are concluded, all participants remaining in the negotiations shall be permitted to submit final tenders in accordance with a common deadline. 谈判结束后，应允许所有参加谈判的供应商在规定的截止日期之前提交最终的投标文件。

Article XV Limited Tendering 限制性招标

1. The provisions of Articles VII through XIV governing open and selective tendering procedures need not apply in the following conditions, provided that limited tendering is not used with a view to avoiding maximum possible competition or in a manner which would constitute a means of discrimination among suppliers of other Parties or protection to domestic producers or suppliers：第七条至第十四条有关公开和选择性招标程序的规定，在并非利用限制性招标妨碍最大限度竞争，或对参加方构成歧视，或作为保护国内供应商手段的前提下，不适用于下列情况：

(a) in the absence of tenders in response to an open or selective tender, or when the tenders submitted have been collusive, or not in conformity with the essential requirements in the tender, or from suppliers who do not comply with the conditions for participation provided for in accordance with this Agreement, on condition, however, that the requirements of the initial tender are not substantially modified in the contract as awarded；经公开或选择招标程序没有供应商投标，或有串通行为，或投标文件不符合招标文件的基本要求，或不符合根据本协议规定的参与条件，但条件是授予合同的要求未对原招标文件的规定作实质

性修改；

(b) when, for works of art or for reasons connected with protection of exclusive rights, such as patents or copyrights, or in the absence of competition for technical reasons, the products or services can be supplied only by a particular supplier and no reasonable alternative or substitute exists; 属于艺术品或涉及保护专利权如专利或版权，或因技术原因该货物或服务没有竞争，只能由某一特定供应商提供，并且没有其他合理的选择或替代；

(c) in so far as is strictly necessary when, for reasons of extreme urgency brought about by events unforeseeable by the entity, the products or services could not be obtained in time by means of open or selective tendering procedures; 发生了采购实体无法预见的非常紧急事故，所需货物或服务通过公开或选择招标程序难以及时获得；

(d) for additional deliveries by the original supplier which are intended either as parts replacement for existing supplies, or installations, or as the extension of existing supplies, services, or installations where a change of supplier would compel the entity to procure equipment or services not meeting requirements of interchange ability with already existing equipment or services④; 向原供应商的补充采购，作为现有货物或设施的更换零件，或因扩大现有货物、服务或设施的需要，更换供应商后，被迫采购不能满足与现有设备或服务存在互换性要求的设备或服务；

(e) when an entity procures prototypes or a first product or service which are developed at its request in the course of, and for, a particular contract for research, experiment, study or original development. When such contracts have been fulfilled, subsequent procurements of products or services shall be subject to Articles VII through XIV⑤; 采购实体为研究、实验、探索或原始开发目的，

---

④ It is the understanding that "existing equipment" includes software to the extent that the initial procurement of the software was covered by the Agreement. 本协议所称现有设备，包括首次采购就适用本协议的软件。

⑤ Original development of a first product or service may include limited production or supply in order to incorporate the results of field testing and to demonstrate that the product or service is suitable for production or supply in quantity to acceptable quality standards. It does not extend to quantity production or supply to establish commercial viability or to recover research and development costs. 首批产品或服务的原始开发，是指通过适量生产产品或提供服务，取得实地试验结果，并证明该产品或服务达到预定的质量标准，可以进入大量生产或提供阶段，但不包括以为提高商业活力或回收科研开发成本为目的的大量生产或提供。

采购特定原形或首次制造的产品或服务。当该项合同履行完毕后，继续采购此类产品或服务的，应执行第七条至第十四条的规定；

(f) when additional construction services which were not included in the initial contract but which were within the objectives of the original tender documentation have, through unforeseeable circumstances, become necessary to complete the construction services described therein, and the entity needs to award contracts for the additional construction services to the contractor carrying out the construction services concerned since the separation of the additional construction services from the initial contract would be difficult for technical or economic reasons and cause significant inconvenience to the entity. However, the total value of contracts awarded for the additional construction services may not exceed 50 percent of the amount of the main contract; 因不可预见情况新增的工程服务，未包括在原工程服务合同条款中，但仍属于原招标目的，采购实体为完成采购任务有必要由原承包商承办。否则，将新增工程服务从原合同中分离出来，存在技术或经济上的困难，给采购实体造成重大不便。但新增工程服务总值不得超过原主体合同金额的 50%；

(g) for new construction services consisting of the repetition of similar construction services which conform to a basic project for which an initial contract was awarded in accordance with Articles VII through XIV and for which the entity has indicated in the notice of intended procurement concerning the initial construction service, that limited tendering procedures might be used in awarding contracts for such new construction services; 根据第七条至十四条规定授予首批合同的采购项目出现的重复性相似工程服务的新增项目，采购实体在最初的工程服务采购公告中声明，今后在授予此类新增工程服务项目合同时，有可能采用限制性招标程序；

(h) for products purchased on a commodity market; 在商品市场采购货物；

(i) for purchases made under exceptionally advantageous conditions which only arise in the very short term. This provision is intended to cover unusual disposals by firms which are not normally suppliers, or disposal of assets of businesses in liquidation or receivership。It is not intended to cover routine purchases from regular suppliers; 在短期极为有利条件下的采购。该项规定是指供应商临时清仓或在清算或破产时非正常资产处理。不包括向一般供应商的正常采购；

(j) in the case of contracts awarded to the winner of a design contest provided that the contest has been organized in a manner which is consistent with the principles of this Agreement, notably as regards the publication, in the sense of Article IX, of an invitation to suitably qualified suppliers, to participate in such a contest which shall be judged by an independent jury with a view to design contracts being awarded to the winners. 将设计比赛合同授予优胜者。但该项赛事必须按照本协议原则组织举办，尤其是按第九条规定发布公告，邀请合格供应商参加竞争，并由独立的评审团裁定将合同授予优胜者。

2. Entities shall prepare a report in writing on each contract awarded under the provisions of paragraph 1. Each report shall contain the name of the procuring entity, value and kind of goods or services procured, country of origin, and a statement of the conditions in this Article which prevailed. This report shall remain with the entities concerned at the disposal of the government authorities responsible for the entity in order that it may be used if required under the procedures of Articles XVIII, XIX, XX and XXII. 采购实体应按照第一款规定，对每项合同写出书面报告。书面报告内容包括采购实体名称、采购货物或服务的金额、种类、原产地，并说明其适用本条的条款。书面报告由有关采购实体保管，在必要时供上级主管机构按照第十八条、第十九、第二十条及第二十二条规定使用。

Article XVI Offsets 补偿交易

1. Entities shall not, in the qualification and selection of suppliers, products or services, or in the evaluation of tenders and award of contracts, impose, seek or consider offsets⑥. 采购实体在审查供应商资格及选择供应商、货物或服务、或者在评标或授予合同时，不得强制性规定、寻求或考虑补偿交易条件。

2. Nevertheless, having regard to general policy considerations, including those relating to development, a developing country may at the time of accession negotiate conditions for the use of offsets, such as requirements for the incorporation of domestic content. Such requirements shall be used only for qualification to participate in the procurement process and not as criteria for awarding contracts.

---

⑥ Offsets in government procurement are measures used to encourage local development or improve the balance-of-payments accounts by means of domestic content, licensing of technology, investment requirements, counter-trade or similar requirements. 政府采购中的补偿交易，是指通过规定本国产品含量、技术许可、投资要求和反向贸易或类似要求，促进当地发展或者改善国际收支平衡的措施。

Conditions shall be objective, clearly defined and non-discriminatory. They shall be set forth in the country's Appendix I and may include precise limitations on the imposition of offsets in any contract subject to this Agreement. The existence of such conditions shall be notified to the Committee and included in the notice of intended procurement and other documentation. 尽管如此，基于包括与发展有关的一般政策考虑，发展中国家在加入本协议时，可以谈判使用补偿交易的条件，如增加国产含量等要求。此类要求只能用作对供应商的资格审查，不得用作授予合同的标准。有关补偿交易的条件应客观、明确，且不带歧视性。这些条件应在本协议附录一中列明，并可以包括受本协议约束的采购项目附加的补偿交易的具体要求。补偿交易条件应通知委员会，并列入采购公告及其他文件中。

Article XVII Transparency 透明度

1. Each Party shall encourage entities to indicate the terms and conditions, including any deviations from competitive tendering procedures or access to challenge procedures, under which tenders will be entertained from suppliers situated in countries not Parties to this Agreement but which, with a view to creating transparency in their own contract awards, nevertheless: 各参加方应鼓励采购实体说明对待非参加方供应商投标的各项条件，包括与竞争性招标程序和提出异议程序的不同之处。但为了提高双方合同授予的透明度，非参加方应做到：

(a) specify their contracts in accordance with Article VI (technical specifications); 按第六条规定（技术规格）明确合同内容；

(b) publish the procurement notices referred to in Article IX, including, in the version of the notice referred to in paragraph 8 of Article IX (summary of the notice of intended procurement) which is published in an official language of the WTO, an indication of the terms and conditions under which tenders shall be entertained from suppliers situated in countries Parties to this Agreement; 用 WTO 的一种官方语言发布第九条规定的采购公告，包括第九条第八款规定的采购摘要公告，明确受理本协议参加方供应商投标的条件；

(c) are willing to ensure that their procurement regulations shall not normally change during a procurement and, in the event that such change proves unavoidable, to ensure the availability of a satisfactory means of redress. 确保在采购期间一般不会改变采购规则；不可避免改变规则的，应保证有满意的补救方法。

2. Governments not Parties to the Agreement which comply with the condi-

tions specified in paragraphs 1 (a) through 1 (c), shall be entitled if they so inform the Parties to participate in the Committee as observers. 能够遵循第一款(a)至(c)项规定的非参加方政府，有权在通知各参加方后，以观察员身份参加委员会。

Article XVIII Information and Review as Regards Obligations of Entities 采购实体的信息提供和审查义务

1. Entities shall publish a notice in the appropriate publication listed in Appendix II not later than 72 days after the award of each contract under Articles XIII through XV。These notices shall contain：采购实体按照本协议第十三条至第十五条规定授予的采购合同，应在授予合同后 72 天内在附录二所列刊物上发布。公告说明下列事项：

(a) the nature and quantity of products or services in the contract award；合同项下货物或服务的性质和数量；

(b) the name and address of the entity awarding the contract；授予合同机构的名称和地址；

(c) the date of award；合同授予日期；

(d) the name and address of winning tenderer；中标供应商名称和地址；

(e) the value of the winning award or the highest and lowest offer taken into account in the award of the contract；合同金额或评标时考虑的最高报价和最低报价；

(f) where appropriate, means of identifying the notice issued under paragraph 1 of Article IX or justification according to Article XV for the use of such procedure；and 如有必要，查阅按第九条第一款规定发出的公告的方法，或执行第十五条有关规定的正当理由；

(g) the type of procedure used. 采用的招标程序。

2. Each entity shall, on request from a supplier of a Party, promptly provide：采购实体应参加方供应商要求，应及时提供：

(a) an explanation of its procurement practices and procedures；有关采购做法和程序的解释；

(b) pertinent information concerning the reasons why the supplier's application to qualify was rejected, why its existing qualification was brought to an end and why it was not selected；and 有关驳回供应商资格申请、终止现有资格以及未取得资格的原因；

(c) to an unsuccessful tenderer, pertinent information concerning the reasons why its tender was not selected and on the characteristics and relative advantages of the tender selected as well as the name of the winning tenderer. 有关供应商落标原因、中标供应商名称及其投标的特点和相对优势等资料。

3. Entities shall promptly inform participating suppliers of decisions on contract awards and, upon request, in writing. 采购实体应及时通知供应商关于定标的决定，要求以书面形式通知的，应采取书面通知。

4. However, entities may decide that certain information on the contract award, contained in paragraphs 1 and 2 (c), be withheld where release of such information would impede law enforcement or otherwise be contrary to the public interest or would prejudice the legitimate commercial interest of particular enterprises, public or private, or might prejudice fair competition between suppliers. 本条第一款及第二款（c）项有关信息，涉及妨碍法律的执行、违反公共利益或者影响特定公营或民营供应商合法商业利益的，或者损害供应商之间公平竞争的，采购实体应予保留。

Article XIX Information and Review as Regards Obligations of Parties 参加方的信息提供与审查义务

1. Each Party shall promptly publish any law, regulation, judicial decision, administrative ruling of general application, and any procedure (including standard contract clauses) regarding government procurement covered by this Agreement, in the appropriate publications listed in Appendix IV and in such a manner as to enable other Parties and suppliers to become acquainted with them. Each Party shall be prepared, upon request, to explain to any other Party its government procurement procedures. 参加方与本协议有关的政府采购的法律、规章、司法判断、通用的行政规定及程序（包括标准合同条款），应及时在附录四所列刊物上公布，便于其他参加方及其供应商了解有关内容。参加方应随时按其他参加方要求解释其政府采购程序。

2. The government of an unsuccessful tenderer which is a Party to this Agreement may seek, without prejudice to the provisions under Article XXII, such additional information on the contract award as may be necessary to ensure that the procurement was made fairly and impartially. To this end, the procuring government shall provide information on both the characteristics and relative advantages of the winning tender and the contract price. Normally this latter information may be dis-

closed by the government of the unsuccessful tenderer provided it exercises this right with discretion. In cases where release of this information would prejudice competition in future tenders, this information shall not be disclosed except after consultation with and agreement of the Party which gave the information to the government of the unsuccessful tenderer. 属于本协议参加方的落标供应商，其政府可在不影响第二十二条规定前提下，向采购方政府索取有关资料，确认该项采购的公平性和公正性。采购方政府应提供有关中标供应商投标的特点、相对优势及合同金额等资料。在通常情况下，这些资料由落标供应商政府决定是否公开，但该政府应谨慎地行使这种权利。公开这些资料有碍今后投标竞争的，未经提供这些资料的参加方同意，不得予以公开。

3. Available information concerning procurement by covered entities and their individual contract awards shall be provided, upon request, to any other Party. 应其他参加方请求，适用本协议的采购实体应提供的有关采购或特定合同授予资料。

4. Confidential information provided to any Party which would impede law enforcement or otherwise be contrary to the public interest or would prejudice the legitimate commercial interest of particular enterprises, public or private, or might prejudice fair competition between suppliers shall not be revealed without formal authorization from the party providing the information. 向任何参加方提供的机密资料，如有碍法律的执行、违背公共利益，或影响特定的公营或民营供应商的合法利益，或有损于供应商之间的公平竞争，未经提供这些资料的参加方正式授权，不得予以公开。

5. Each Party shall collect and provide to the Committee on an annual basis statistics on its procurements covered by this Agreement. Such reports shall contain the following information with respect to contracts awarded by all procurement entities covered under this Agreement: 各参加方应收集并向委员会提供有关适用本协议范围的采购的年度统计报告。统计报告应包括所有适用本协议的采购实体授予合同的下列资料：

(a) for entities in Annex 1, statistics on the estimated value of contracts awarded, both above and below the threshold value, on a global basis and broken down by entities; for entities in Annexes 2 and 3, statistics on the estimated value of contracts awarded above the threshold value on a global basis and broken down by categories of entities; 列入附件一的采购实体，在全球授予的在门槛价以上及以下的采购合同估算金额统计数，按机构列报；列入附件二和附件三的

采购实体，在全球授予的在门槛价以上的采购合同估算金额统计数，按机构类别列报；

（b）for entities in Annex 1, statistics on the number and total value of contracts awarded above the threshold value, broken down by entities and categories of products and services according to uniform classification systems; for entities in Annexes 2 and 3, statistics on the estimated value of contracts awarded above the threshold value broken down by categories of entities and categories of products and services; 列入附件一的采购实体授予的在门槛价以上的采购合同件数及总金额的统计资料，根据统一分类制度按采购实体、货物和服务分类列报；列入附件二和附件三的采购实体授予的在门槛价以上的采购合同估算金额的统计数，按照机构类别和货物或服务类别列报；

（c）for entities in Annex 1, statistics, broken down by entity and by categories of products and services, on the number and total value of contracts awarded under each of the cases of Article XV; for categories of entities in Annexes 2 and 3, statistics on the total value of contracts awarded above the threshold value under each of the cases of Article XV; and 列入附件一的采购实体，按第十五条每种情形授予采购合同的件数及总额的统计数，按机构、货物和服务分类列报；列入附件二、附件三的各类采购实体，按第十五条每种情形授予的在门槛价以上的采购合同总额的统计数；

（d）for entities in Annex 1, statistics, broken down by entities, on the number and total value of contracts awarded under derogations to the Agreement contained in the relevant Annexes; for categories of entities in Annexes 2 and 3, statistics on the total value of contracts awarded under derogations to the Agreement contained in the relevant Annexes. 列入附件一的采购实体，按有关附表载明的不适用本协议规定范围授予的采购合同件数及总额的统计数，按机构列报；列入附件二、附件三的各类采购实体，按有关附件载明的不适用本协议规定范围授予的合同件数及总额的统计数。

To the extent that such information is available, each Party shall provide statistics on the country of origin of products and services purchased by its entities. With a view to ensuring that such statistics are comparable, the Committee shall provide guidance on methods to be used. With a view to ensuring effective monitoring of procurement covered by this Agreement, the Committee may decide unanimously to modify the requirements of subparagraphs（a）through（d）as regards the nature and the extent of statistical information to be provided and the breakdowns and classifications to be used. 如能取得资料，各参加方应提供采购实体按货物和服务原产地分类的统计资料。委员会应制定统计方法的指导原则，确保统计口径的可比性。为了加强对适用本协议范围的采购进行监督，经委员会一致同意，可对本款第（a）至第（d）项提供的有关统计资料的性质和程度以及采用的分类方法进行修订。

Article XX Challenge Procedures 投诉程序

Consultations 磋商

1. In the event of a complaint by a supplier that there has been a breach of this Agreement in the context of a procurement, each Party shall encourage the supplier to seek resolution of its complaint in consultation with the procuring entity. In such instances the procuring entity shall accord impartial and timely consideration to any such complaint, in a manner that is not prejudicial to obtaining corrective measures under the challenge system. 供应商对违反本协议规定的采购提出投诉时，参加方应鼓励供应商与采购实体进行磋商，解决争议。采购实体在不妨碍按投诉程序采取纠正措施的前提下，应对投诉事件及时、公正地予以考虑。

Challenge 投诉

2. Each Party shall provide non-discriminatory, timely, transparent and effective procedures enabling suppliers to challenge alleged breaches of the Agreement arising in the context of procurements in which they have, or have had, an interest. 参加方应提供非歧视、及时、透明且有效的程序，便于供应商对采购活动中因违反本协议规定有损或曾经有损其利益的情况提出投诉。

3. Each Party shall provide its challenge procedures in writing and make them generally available. 参加方应以书面形式提供其投诉程序，并给予获取的便利。

4. Each Party shall ensure that documentation relating to all aspects of the process concerning procurements covered by this Agreement shall be retained for three years. 参加方应确保适用本协议的有关采购活动的全部文件，保留3年。

5. The interested supplier may be required to initiate a challenge procedure and notify the procuring entity within specified time-limits from the time when the basis of the complaint is known or reasonably should have been known, but in no case within a period of less than 10 days. 供应商应在知悉或应知悉投诉事项

起，在不少于10天内提起投诉，并通知采购实体。

6. Challenges shall be heard by a court or by an impartial and independent review body with no interest in the outcome of the procurement and the members of which are secure from external influence during the term of appointment. A review body which is not a court shall either be subject to judicial review or shall have procedures which provide that：投诉案件应由法院或与采购结果无关的独立且公正的审议机构审理。审议机构的参与审议的人员在审理案件期间应免受外界干扰。审议机构不是法院的，如不执行下列程序，审议结论应经法院审核：

(a) participants can be heard before an opinion is given or a decision is reached；在提出意见或作出决定前，要举行听证会，听取当事人的陈述；

(b) participants can be represented and accompanied；当事人可委托代表或请人陪同；

(c) participants shall have access to all proceedings；当事人应参与全过程；

(d) proceedings can take place in public；公开审理；

(e) opinions or decisions are given in writing with a statement describing the basis for the opinions or decisions；以书面形式提出意见或作出决定，并说明理由；

(f) witnesses can be presented；允许传唤证人；

(g) documents are disclosed to the review body. 向审议机构公开文件。

7. Challenge procedures shall provide for：投诉程序应规定：

(a) rapid interim measures to correct breaches of the Agreement and to preserve commercial opportunities. Such action may result in suspension of the procurement process. However, procedures may provide that overriding adverse consequences for the interests concerned, including the public interest, may be taken into account in deciding whether such measures should be applied. In such circumstances, just cause for not acting shall be provided in writing；采取果断措施，及时纠正违反本协议规定的行为，保全商业机会。这些措施可能导致采购活动的中止。程序中可规定，在决定是否采取此类措施时，应考虑避免对公共利益等有关利益产生重大不利后果。在此情况下，应书面说明未采取此类措施的正当理由；

(b) an assessment and a possibility for a decision on the justification of the challenge；对投诉事项的评估及作出决定的可能性；

(c) correction of the breach of the Agreement or compensation for the loss or damages suffered, which may be limited to costs for tender preparation or protest. 纠正违反本协议行为的措施，或对损失或损害的补偿。补偿仅限于对准备投标或提出投诉的费用。

8. With a view to the preservation of the commercial and other interests involved, the challenge procedure shall normally be completed in a timely fashion. 为了保全商业机会或其他有关利益，在通常情况下，应及时结束投诉程序。

Article XXI Institutions 机构

1. A Committee on Government Procurement composed of representatives from each of the Parties shall be established. This Committee shall elect its own Chairman and Vice-Chairman and shall meet as necessary but not less than once a year for the purpose of affording Parties the opportunity to consult on any matters relating to the operation of this Agreement or the furtherance of its objectives, and to carry out such other responsibilities as may be assigned to it by the Parties. 应设立政府采购委员会，委员由各参加方代表组成。委员会应自选主席和副主席，并视需要召开会议，每年至少 1 次，为各参加方提供机会，就本协议执行或促进本协议各项目标的实现等问题进行磋商，并履行全体参加方赋予的其他职责。

2. The Committee may establish working parties or other subsidiary bodies which shall carry out such functions as may be given to them by the Committee. 委员会可设立工作小组或其他附属机构，办理委员会交办事项。

Article XXII Consultations and Dispute Settlement 磋商与争端解决

1. The provisions of the Understanding on Rules and Procedures Governing the Settlement of Disputes under the WTO Agreement (hereinafter referred to as the "Dispute Settlement Understanding") shall be applicable except as otherwise specifically provided below. 应使用《WTO 协议》项下的《关于争端解决规则与程序的谅解》(下称《争端解决谅解》)，除以下另有规定外，应适用本协议。

2. If any Party considers that any benefit accruing to it, directly or indirectly, under this Agreement is being nullified or impaired, or that the attainment of any objective of this Agreement is being impeded as the result of the failure of another

Party or Parties to carry out its obligations under this Agreement, or the application by another Party or Parties of any measure, whether or not it conflicts with the provisions of this Agreement, it may with a view to reaching a mutually satisfactory resolution of the matter, make written representations or proposals to the other Party or Parties which it considers to be concerned. Such action shall be promptly notified to the Dispute Settlement Body established under the Dispute Settlement Understanding (hereinafter referred to as "DSB"), as specified below. Any Party thus approached shall give sympathetic consideration to the representations or proposals made to it. 如任何参加方认为由于另一个或多个参加方未能履行其在本协议项下的义务，或由于另一个或多个参加方实施无论是否违背本协议规定的任何措施，而使其在本协议项下直接或间接获得的利益丧失或减损，或阻碍本协议规定任何目标的实现，则该参加方为达成关于该事项的双方满意的解决办法，可向其认为有关的另一个或多个参加方提出书面交涉或建议。此种行动应迅速通知根据《争端解决谅解》设立的争端解决机构，如下所述。任何被如此接洽的参加方应积极考虑向其提出的交涉和建议。

3. The DSB shall have the authority to establish panels, adopt panel and Appellate Body reports, make recommendations or give rulings on the matter, maintain surveillance of implementation of rulings and recommendations, and authorize suspension of concessions and other obligations under this Agreement or consultations regarding remedies when withdrawal of measures found to be in contravention of the Agreement is not possible, provided that only Members of the WTO Party to this Agreement shall participate in decisions or actions taken by the DSB with respect to disputes under this Agreement. 争端解决机构有权成立专家组，通过专家组和上诉机构报告，对有关事项提出建议或作出裁决，监督裁决和建议的执行，并授权中止本协议项下的减让和其他义务，或在不可能撤消与本协议有抵触的措施时，授权就补救措施进行磋商。但只有属于 WTO 的本协议参加方，可参加争端解决机构就本协议项下的争端所作出的决定或采取的行动。

4. Panels shall have the following terms of reference unless the parties to the dispute agree otherwise within 20 days of the establishment of the panel: 除争端当事方在专家组成立 20 天内另有协议外，专家组应履行下列职责：

"To examine, in the light of the relevant provisions of this Agreement and of (name of any other covered Agreement cited by the parties to the dispute), the matter referred to the DSB by (name of party) in document... and to make such findings as will assist the DSB in making the recommendations or in giving the rulings provided for in this Agreement. ”“按照本协议及（争端当事方援引的其他协议名称）的有关规定，审查由（当事方名称）以文件形式提交给争端解决机构的争议事项，调查事实，以此帮助争端解决机构依据本协议提出建议或进行裁决。”

In the case of a dispute in which provisions both of this Agreement and of one or more other Agreements listed in Appendix 1 of the Dispute Settlement Understanding are invoked by one of the parties to the dispute, paragraph 3 shall apply only to those parts of the panel report concerning the interpretation and application of this Agreement. 争端当事方的一方援引本协议和《争端解决谅解》附录一所列的一个或多个协议时，本条第三款的规定只适用于专家组报告中有关本协议的解释及适用部分。

5. Panels established by the DSB to examine disputes under this Agreement shall include persons qualified in the area of government procurement. 争端解决机构设立的负责审查属于本协议约束争端的各专家组，应包括在政府采购领域合格人员。

6. Every effort shall be made to accelerate the proceedings to the greatest extent possible. Notwithstanding the provisions of paragraphs 8 and 9 of Article 12 of the Dispute Settlement Understanding, the panel shall attempt to provide its final report to the parties to the dispute not later than four months, and in case of delay not later than seven months, after the date on which the composition and terms of reference of the panel are agreed. Consequently, every effort shall be made to reduce also the periods foreseen in paragraph 1 of Article 20 and paragraph 4 of Article 21 of the Dispute Settlement Understanding by two months. Moreover, notwithstanding the provisions of paragraph 5 of Article 21 of the Dispute Settlement Understanding, the panel shall attempt to issue its decision, in case of a disagreement as to the existence or consistency with a covered Agreement of measures taken to comply with the recommendations and rulings, within 60 days. 应尽一切努力最大可能加快争端解决程序。尽管《争端解决谅解》的第十二条第八款和第九款作出了规定，专家组应自组成和赋予职责起 4 个月内，最迟不得超过 7 个月，向争端当事方提出最终报告。应尽力将争端解决谅解书第二十条第一款及二十一条第四款规定期限缩短 2 个月。另外，尽管争端解决谅解书的第二十一条第五款作出了规定，对当事方按建议或裁决采取的措施是否符合协议规定出现分歧时，专家组应在 60 天内作出决定。

7. Notwithstanding paragraph 2 of Article 22 of the Dispute Settlement Understanding, any dispute arising under any Agreement listed in Appendix 1 to the Dispute Settlement Understanding other than this Agreement shall not result in the suspension of concessions or other obligations under this Agreement, and any dispute arising under this Agreement shall not result in the suspension of concessions or other obligations under any other Agreement listed in the said Appendix 1. 尽管《争端解决谅解》第二十二条第二款作出了规定，除本协议外，由《争端解决谅解》附录一所列协议产生的争端，都不得中止依照本协议规定的特权或其他义务。同样，本协议产生的争端，也不得中止依据《争端解决谅解》附录一所列其他协议规定的特权或其他义务。

Article XXIII Exceptions to the Agreement 本协议例外

1. Nothing in this Agreement shall be construed to prevent any Party from taking any action or not disclosing any information which it considers necessary for the protection of its essential security interests relating to the procurement of arms, ammunition or war materials, or to procurement indispensable for national security or for national defence purposes. 本协议各项规定不得解释为禁止参加方为保护其根本安全利益，对武器、弹药或战争物资采购，或对国家安全或国防目的必要的采购，采取认为必要的行动或不公开资料。

2. Subject to the requirement that such measures are not applied in a manner which would constitute a means of arbitrary or unjustifiable discrimination between countries where the same conditions prevail or a disguised restriction on international trade, nothing in this Agreement shall be construed to prevent any Party from imposing or enforcing measures: necessary to protect public morals, order or safety, human, animal or plant life or health or intellectual property; or relating to the products or services of handicapped persons, of philanthropic institutions or of prison labour. 本协议各项规定不得解释为禁止参加方为保护公共道德、秩序或安全、人类及动植物生命或健康、知识产权的需要，或因保护残疾人、慈善机构或劳改人员生产的产品或服务的需要，采取或实施的措施。但这些措施不应成为对具有相同条件的国家作为武断或不合理歧视的手段，或者国际贸易的变相限制。

Article XXIV Final Provisions 最后条款

1. Acceptance and Entry into Force 接受与生效

This Agreement shall enter into force on 1 January 1996 for those governments[7] whose agreed coverage is contained in Annexes 1 through 5 of Appendix I of this Agreement and which have, by signature, accepted the Agreement on 15 April 1994 or have, by that date, signed the Agreement subject to ratification and subsequently ratified the Agreement before 1 January 1996. 本协议应于 1996 年 1 月 1 日对在本协议附录一附件一至附件五中已载明了适用范围，并于 1994 年 4 月 15 日签字接受本协议或在此日期之前签字等待 1996 年 1 月 1 日前批准的政府（注 8）生效。

2. Accession 加入

Any government which is a Member of the WTO, or prior to the date of entry into force of the WTO Agreement which is a contracting party to GATT 1947, and which is not a Party to this Agreement may accede to this Agreement on terms to be agreed between that government and the Parties. Accession shall take place by deposit with the Director-General of the WTO of an instrument of accession which states the terms so agreed. The Agreement shall enter into force for an acceding government on the 30th day following the date of its accession to the Agreement. 非本协议参加方的世界贸易组织参加方或在《建立 WTO 的协议》生效前为 1947 年关贸总协议参加方的政府，可以按与各参加方议定的条件，加入本协议。加入时，拟加入方政府应向世界贸易组织总干事提交载明议定条件的文件。在加入本协议 30 天后本协议对其生效。

3. Transitional Arrangements 过渡安排

(a) Hong Kong and Korea may delay application of the provisions of this Agreement, except Articles XXI and XXII, to a date not later than 1 January 1997. The commencement date of their application of the provisions, if prior to 1 January 1997, shall be notified to the Director-General of the WTO 30 days in advance. 除本协议第二十一条和第二十二条规定外，香港和韩国可推迟但不迟于 1997 年 1 月 1 日适用本协议。如在 1997 年 1 月 1 日前适用本协议，应提前 30 天将适用日期通知世界贸易组织总干事。

---

[7] For the purpose of this Agreement, the term "government" is deemed to include the competent authorities of the European Communities. 本协议所称政府，包括欧共体。

（b）During the period between the date of entry into force of this Agreement and the date of its application by Hong Kong, the rights and obligations between Hong Kong and all other Parties to this Agreement which were on 15 April 1994 Parties to the Agreement on Government Procurement done at Geneva on 12 April 1979 as amended on 2 February 1987（the "1988 Agreement"）shall be governed by the substantive⑧ provisions of the "1988 Agreement", including its Annexes as modified or rectified, which provisions are incorporated herein by reference for that purpose and shall remain in force until 31 December 1996. 在本协议生效至香港适用本协议期间，香港与1994年4月15日成为1979年4月12日在日内瓦签署，且于1987年2月2日修订的《政府采购守则》（简称《1988年守则》）参加方之间的权利和义务，应依照的《1988年守则》的实质性规定包括其修订后附件确定。这些实质规定为本协议的组成部分，有效期截止1996年12月31日。

（c）Between Parties to this Agreement which are also Parties to the 1988 Agreement, the rights and obligations of this Agreement shall supersede those under the 1988 Agreement. 同为本协议及《1988年守则》的参加方，其相互间的权利和义务，按本协议规定确定。

（d）Article XXII shall not enter into force until the date of entry into force of the WTO Agreement. Until such time, the provisions of Article VII of the 1988 Agreement shall apply to consultations and dispute settlement under this Agreement, which provisions are hereby incorporated in the Agreement by reference for that purpose. These provisions shall be applied under the auspices of the Committee under this Agreement. 本协议第二十二条到《建立WTO的协议》生效日起开始生效。在此之前，《1988年守则》第七条规定应适用本协议范围内的争端解决和磋商。该项规定为本协议的组成部分，并由本协议委员会监督实施。

（e）Prior to the date of entry into force of the WTO Agreement, references to WTO bodies shall be construed as referring to the corresponding GATT body and references to the Director-General of the WTO and to the WTO Secretariat shall be construed as references to, respectively, the Director-General to the CONTRACT-

⑧ All provisions of the "1988 Agreement" except the Preamble, Article VII and Article IX other than paragraphs 5（a）and（b）and paragraph 10. 实质性条款是指"1988年守则"中除了序言、第七条和第九条第五款（a）、（b）项和第十款以外的所有条款。

ING PARTIES to GATT 1947 and to the GATT Secretariat. 在《建立 WTO 的 协议》生效前，世界贸易组织的机构应理解为关贸总协议的相关机构，世界贸易组织的总干事和秘书处，分别为关贸总协议的总干事和秘书处。

4. Reservations 保留

Reservations may not be entered in respect of any of the provisions of this Agreement. 对本协议的任何规定不得提出保留。

5. National Legislation 国内立法

(a) Each government accepting or acceding to this Agreement shall ensure, not later than the date of entry into force of this Agreement for it, the conformity of its laws, regulations and administrative procedures, and the rules, procedures and practices applied by the entities contained in its lists annexed hereto, with the provisions of this Agreement. 接受或加入本协议的政府，应确保在不迟于本协议对其生效之日，其国内的法律、规章、行政程序及列入本协议附件的各采购实体的规则、程序与做法，均应符合本协议规定。

(b) Each Party shall inform the Committee of any changes in its laws and regulations relevant to this Agreement and in the administration of such laws and regulations. 各参加方与本协议有关的法律、规章及其执行，如有变更，应通知委员会。

6. Rectifications or Modifications 调整与变更

(a) Rectifications, transfers of an entity from one Annex to another or, in exceptional cases, other modifications relating to Appendices I through IV shall be notified to the Committee, along with information as to the likely consequences of the change for the mutually agreed coverage provided in this Agreement. If the rectifications, transfers or other modifications are of a purely formal or minor nature, they shall become effective provided there is no objection within 30 days. In other cases, the Chairman of the Committee shall promptly convene a meeting of the Committee. The Committee shall consider the proposal and any claim for compensatory adjustments, with a view to maintaining a balance of rights and obligations and a comparable level of mutually agreed coverage provided in this Agreement prior to such notification. In the event of agreement not being reached, the matter may be pursued in accordance with the provisions contained in Article XXII. 参加方在附件间调整或转移采购实体，或在特殊情况下，与本协议附录一至附录四有关的其他变更，均应通知委员会，并提供相关资料说明变更对本协议议定的适用范围可能带来的影响。如所作调整、转移或变更是形式上的或非实

质性的，在30天内如无异议即生效。在其他情况下，委员会主席应立即召集委员会会议。委员会应对调整提议及补偿性措施予以考虑，维护权利和义务间的平衡以及通知之前本协议议定的适用范围的对等性。如未达成协议，应按照本协议第二十二条规定处理。

(b) Where a Party wishes, in exercise of its rights, to withdraw an entity from Appendix I on the grounds that government control or influence over it has been effectively eliminated, that Party shall notify the Committee. Such modification shall become effective the day after the end of the following meeting of the Committee, provided that the meeting is no sooner than 30 days from the date of notification and no objection has been made. In the event of an objection, the matter may be pursued in accordance with the procedures on consultations and dispute settlement contained in Article XXII. In considering the proposed modification to Appendix I and any consequential compensatory adjustment, allowance shall be made for the market-opening effects of the removal of government control or influence. 参加方认为其政府已经有效消除了对某一采购实体的控制力或影响，希望行使权利将其从附录一中撤出，应通知委员会。此类变更应在随之召开的委员会会议结束后的次日起生效，条件是此次会议举行的日期不早于通知之日起30天之内，并且没有异议。如有异议，应按照本协议第二十二条规定有关磋商与争端解决程序处理。在审议有关修改附录一的建议及相应的补偿性调整措施时，应将消除政府控制或影响对市场开放产生的积极效果，作为主要考虑因素。

7. Reviews, Negotiations and Future Work 审议、谈判及未来工作

(a) The Committee shall review annually the implementation and operation of this Agreement taking into account the objectives thereof. The Committee shall annually inform the General Council of the WTO of developments during the periods covered by such reviews. 委员会应根据本协议的目的，每年对协议的实施及执行情况进行审议，并就审议期间的进展情况通知世界贸易组织总理事会。

(b) Not later than the end of the third year from the date of entry into force of this Agreement and periodically thereafter, the Parties thereto shall undertake further negotiations, with a view to improving this Agreement and achieving the greatest possible extension of its coverage among all Parties on the basis of mutual reciprocity, having regard to the provisions of Article V relating to developing countries. 本协议各参加方最迟应于本协议生效后第3年年底前以及其后定期地开展进一步谈判，在兼顾本协议第五条对有关发展中国家规定的情况下，完

善本协议，并在互惠基础上尽可能扩大适用范围。

（c）Parties shall seek to avoid introducing or prolonging discriminatory measures and practices which distort open procurement and shall, in the context of negotiations under subparagraph（b），seek to eliminate those which remain on the date of entry into force of this Agreement. 各参加方应尽力避免采取或延长扭曲公开采购的歧视性措施和做法，应依照本条第二款（b）项规定通过谈判，力争取消在本协议生效时依然存在措施和做法。

8. Information Technology 信息技术

With a view to ensuring that the Agreement does not constitute an unnecessary obstacle to technical progress, Parties shall consult regularly in the Committee regarding developments in the use of information technology in government procurement and shall, if necessary, negotiate modifications to the Agreement. These consultations shall in particular aim to ensure that the use of information technology promotes the aims of open, non-discriminatory and efficient government procurement through transparent procedures, that contracts covered under the Agreement are clearly identified and that all available information relating to a particular contract can be identified. When a Party intends to innovate, it shall endeavour to take into account the views expressed by other Parties regarding any potential problems. 为了确保本协议构成技术进步不必要的障碍，各参加方应定期大委员会会议上讨论有关政府采购在使用信息技术方面的进展情况，并在必要时谈判修改本协议。讨论目的是为了确保信息技术的应用以透明度方式促公开、非歧视及有效地实现政府采购目标。透明度是为了确保适用本协议的合同容易识别，有关特定合同的信息能够鉴别。如参加方拟作技术革新，应尽量考虑其他参加方就潜在问题提出的意见。

9. Amendments 修订

Parties may amend this Agreement having regard, inter alia, to the experience gained in its implementation. Such an amendment, once the Parties have concurred in accordance with the procedures established by the Committee, shall not enter into force for any Party until it has been accepted by such Party. 参加方应根据执行本协议的经验对本协议进行修订。修订内容按照委员会制定的程序经参加方同意后，对拒绝接受修改内容的参加方无效。

10. Withdrawal 退出

（a）Any Party may withdraw from this Agreement. The withdrawal shall take effect upon the expiration of 60 days from the date on which written notice of withdrawal is received by the Director-General of the WTO. Any Party may upon such notification request an immediate meeting of the Committee. 参加方可以退出本协议。在世界贸易组织总干事收到书面退出通知60天后，该退出请求生效。参加方提交通知时，可以请求立即召开委员会会议。

(b) If a Party to this Agreement does not become a Member of the WTO within one year of the date of entry into force of the WTO Agreement or ceases to be a Member of the WTO, it shall cease to be a Party to this Agreement with effect from the same date. 本协议的参加方在《建立WTO的协议》生效日后一年内，未成为世界贸易组织的会员，或停止其世界贸易组织会员资格，应在同日停止其本协议参加方资格。

11. Non-application of this Agreement between Particular Parties 特定参加方之间的例外

This Agreement shall not apply as between any two Parties if either of the Parties, at the time either accepts or accedes to this Agreement, does not consent to such application. 两方中的一方在另一方接受或加入本协议时，不同意本协议的相互适用，则本协议在此两参加方之间不适用。

12. Notes, Appendices and Annexes 注释、附录和附件

The Notes, Appendices and Annexes to this Agreement constitute an integral part thereof. 本协议注释、附录和附件为本协议不可分割的组成部分。

13. Secretariat 秘书处

This Agreement shall be serviced by the WTO Secretariat. 世界贸易组织秘书处负责本协议的有关工作。

14. Deposit 保存

This Agreement shall be deposited with the Director-General of the WTO, who shall promptly furnish to each Party a certified true copy of this Agreement, of each rectification or modification thereto pursuant to paragraph 6 and of each amendment thereto pursuant to paragraph 9, and a notification of each acceptance thereof or accession thereto pursuant to paragraphs 1 and 2 and of each withdrawal therefrom pursuant to paragraph 10 of this Article. 本协议交存于世界贸易组织总干事。总干事应及时向每个参加方提供经签证的本协议副本，本条第六款作出的调整或变更、第九款所作的修订内容，以及本条第一款和第二款的接受和加入通知、第十款的退出通知。

15. Registration 注册

This Agreement shall be registered in accordance with the provisions of Article

102 of the Charter of the United Nations. 本协议应根据《联合国宪章》第 102 条规定进行注册。

Done at Marrakesh this fifteenth day of April one thousand nine hundred and ninety-four in a single copy, in the English, French and Spanish languages, each text being authentic, except as otherwise specified with respect to the Appendices hereto. 1994 年 4 月 15 日于马拉喀什，正本一份，除本协议附录另有规定外，其英文、法文及西班牙文具有同等效力。

NOTES 注释

The terms "country" or "countries" as used in this Agreement, including the Appendices, are to be understood to include any separate customs territory Party to this Agreement. 本协议包括其附录中适用"国家"一词应理解为包括属本协议参加方的任何单独关税区。

In the case of a separate customs territory Party to this Agreement, where an expression in this Agreement is qualified by the term "national", such expression shall be read as pertaining to that customs territory, unless otherwise specified. 对于本协议的单独关税区参加方，如本协议的措辞被冠以"国家"一词，则此措辞应理解为与单独关税区有关，除非另有规定。

Article 1, paragraph 1 第一条第 1 款

Having regard to general policy considerations relating to tied aid, including the objective of developing countries with respect to the untying of such aid, this Agreement does not apply to procurement made in furtherance of tied aid to developing countries so long as it is practised by Parties. 注意到有关限制性援助的一般政策因素，包括发展中国家有关去除此种援助的限制性条件的目标，只要各参加方实行这种做法，本协议即不适用于为促进对发展中国家给予的限制性援助而进行的采购。

WTO《政府采购协议》(2012版)

Preamble 序言

Parties to this Agreement (hereinafter referred to as "Parties"), 本协议各参加方(以下简称"参加方"):

Recognizing the need for an effective multilateral framework for government procurement, with a view to achieving greater liberalization and expansion of, and improving the framework for, the conduct of international trade; 认识到需要就政府采购建立一个有效的多边框架, 以期实现国际贸易进一步自由化和扩大、改善国际贸易行为框架; *Recognizing* that measures regarding government procurement should not be prepared, adopted or applied so as to afford protection to domestic suppliers, goods or services, or to discriminate among foreign suppliers, goods or services; 认识到有关政府采购措施的制定、采纳或应用, 不应用于对本国供应商、货物或服务的保护, 或者对外国供应商、货物或服务造成歧视;

Recognizing that the integrity and predictability of government procurement systems are integral to the efficient and effective management of public resources, the performance of the Parties' economies and the functioning of the multilateral trading system; 认识到政府采购制度的完整性和可预见性, 对公共资源管理的效率和效力, 对参加方经济运行和发挥多边贸易体制功能都是必不可少的;

Recognizing that the procedural commitments under this Agreement should be sufficiently flexible to accommodate the specific circumstances of each Party; 认识到本协议下的程序性承诺, 应当在适应每一参加方特殊情况方面有充分的灵活性;

Recognizing the need to take into account the development, financial and trade needs of developing countries, in particular the least developed countries; 认识到应当考虑发展中国家特别是最不发达国家, 在发展、财政和贸易方面的需要;

Recognizing the importance of transparent measures regarding government procurement, of carrying out procurements in a transparent and impartial manner and of avoiding conflicts of interest and corrupt practices, in accordance with applicable international instruments, such as the United Nations Convention Against Corruption；认识到政府采购透明性措施的重要性，以透明和公正方式实施政府采购的重要性，按照《联合国反腐败公约》等可适用的国际文件避免利益冲突和腐败行为的重要性；

Recognizing the importance of using, and encouraging the use of, electronic means for procurement covered by this Agreement；认识到对本协议涵盖的采购，使用和鼓励使用电子手段的重要性；

Desiring to encourage acceptance of and accession to this Agreement by WTO Members not party to it；期待尚不是本协议参加方的世界贸易组织成员接受并加入本协议；

Having undertaken further negotiations in pursuance of these objectives；为实现上述目标将进行进一步谈判；

Hereby *agree* as follows：特此达成以下协议：

Article I　Definitions 定义

For purposes of this Agreement：就本协议而言：

（a）**commercial goods or services** means goods or services of a type generally sold or offered for sale in the commercial marketplace to, and customarily purchased by, nongovernmental buyers for non-governmental purposes；**商业性货物和服务**，是指一种在商业性市场上已普遍出售或待售的货物和服务，通常由非政府购买者为非政府目的买入；

（b）**Committee** means the Committee on Government Procurement established by Article XXI：1；**委员会**指的是根据第 21 条第 1 款成立的政府采购委员会；

（c）**construction service** means a service that has as its objective the realization by whatever means of civil or building works, based on Division 51 of the United Nations Provisional Central Product Classification（CPC）；**建筑服务**，是指一种根据《联合国暂行中央产品分类》（CPC）第 51 类，以任何土木或者建筑工程手段实现其目的的服务；

（d）**country** includes any separate customs territory that is a Party to this Agreement. In the case of a separate customs territory that is a Party to this Agreement, where an expression in this Agreement is qualified by the term "national", such expression shall be read as pertaining to that customs territory, unless otherwise specified; **国家，**包括作为本协议参加方的任何独立关税区。对于作为本协议参加方的独立关税区，在本协议中用“国家的”一词表述的，该表述应当被理解为与该关税区有关，除非另有规定；

(e) **days** means calendar days; **日**，是指日历日；

(f) **electronic auction** means an iterative process that involves the use of electronic means for the presentation by suppliers of either new prices, or new values for quantifiable non-price elements of the tender related to the evaluation criteria, or both, resulting in a ranking or reranking of tenders; **电子拍卖，**是指一种按标排序或重复排序过程，该过程通过电子手段展示投标供应商的最新报价或与评标有关的可量化的非价格因素折算的价值，或者兼有两者；

(g) **in writing** or **written** means any worded or numbered expression that can be read, reproduced and later communicated. It may include electronically transmitted and stored information; **以书面形式或者书面的**，是指以任何可阅读、复制和传播的文字措辞或数字记数的表达方式。可包括以电子方式传输和存储的信息；

(h) **limited tendering** means a procurement method whereby the procuring entity contacts a supplier or suppliers of its choice; **限制性招标，**是指采购实体与其选择的一个或数个供应商接触的采购方式；

(i) **measure** means any law, regulation, procedure, administrative guidance or practice, or any action of a procuring entity relating to a covered procurement; **措施，**是指与涵盖采购有关的任何法律、法规、程序、行政指南或者做法，或采购实体的任何行为；

(j) **multi-use list** means a list of suppliers that a procuring entity has determined satisfy the conditions for participation in that list, and that the procuring entity intends to use more than once; **常用清单，**是指一种供应商清单。清单中的供应商已经被采购实体确定符合列入清单的条件，采购实体有意多次使用该清单；

(k) **notice of intended procurement** means a notice published by a procuring entity inviting interested suppliers to submit a request for participation, a tender, or both; **意向采购公告，**是指由采购实体公布的公告，用以邀请有兴趣的供应商提交参加申请和投标书，或者两者兼有；

(l) **offset** means any condition or undertaking that encourages local development or improves a Party's balance-of-payments accounts, such as the use of domestic content, the licensing of technology, investment, countertrade and similar action or requirement; **补偿**，是指任何鼓励当地发展或者改善参加方收支平衡的条件或行为，例如使用本国成份、技术许可、投资、反向贸易和其他类似行为或要求；

(m) **open tendering** means a procurement method whereby all interested suppliers may submit a tender; **公开招标**，是指所有感兴趣的供应商都可以提交投标的采购方式；

(n) **person** means a natural person or a juridical person; **人**，是指自然人或者法人；

(o) **procuring entity** means an entity covered under a Party's Annex 1, 2 or 3 to Appendix I; **采购实体**，是指每一参加方附录 1 中附件 1、附件 2 和附件 3 涵盖的实体；

(p) **qualified supplier** means a supplier that a procuring entity recognizes as having satisfied the conditions for participation; **合格供应商**，是指采购实体确认其已经符合参加条件的供应商；

(q) **selective tendering** means a procurement method whereby only qualified suppliers are invited by the procuring entity to submit a tender; **选择性招标**，是指只有符合参加条件的供应商才能被采购实体邀请投标的采购方式；

(r) **services** includes construction services, unless otherwise specified; **服务**，包括建筑服务，除非另有规定；

(s) **standard** means a document approved by a recognized body that provides for common and repeated use, rules, guidelines or characteristics for goods or services, or related processes and production methods, with which compliance is not mandatory. It may also include or deal exclusively with terminology, symbols, packaging, marking or labelling requirements as they apply to a good, service, process or production method; **标准**，是指由公认机构批准的、非强制执行的、以通用或重复使用为目的的文件，该文件规定了货物、服务、工艺或生产方法的规则、指南或者特征。它也会包括或者专门关于将被应用到货物、服务、加工或者生产方法上的专有术语、符号、包装、标识或者标签要求；

(t) **supplier** means a person or group of persons that provides or could provide goods or services; and **供应商**，是指提供或能够提供货物或服务的人或者组织；

(u) **technical specification** means a tendering requirement that: **技术规格**，

是指以下招标要求：

（i） lays down the characteristics of goods or services to be procured, including quality, performance, safety and dimensions, or the processes and methods for their production or provision; or 规定将被采购的货物或服务的特征，包括质量、性能、安全性和体积，或者它们的生产或者供应的过程和方式；或者

（ii） addresses terminology, symbols, packaging, marking or labelling requirements, as they apply to a good or service. 说明将被应用到货物或者服务上的术语、符号、包装、标识或者标签要求。

Article II　Scope and Coverage 涵盖范围

Application of Agreement 协议的适用

1. This Agreement applies to any measure regarding covered procurement, whether or not it is conducted exclusively or partially by electronic means. 本协议适用于有关被涵盖采购的任何措施，无论被涵盖采购是否完全或者部分地使用电子手段进行。

2. For the purposes of this Agreement, covered procurement means procurement for governmental purposes: 就本协议而言，被涵盖采购是指为了政府目的而进行的以下采购：

（a） of goods, services, or any combination thereof: 货物、服务或者它们的任意组合：

（i） as specified in each Party's Appendix I; and 每一参加方在附录 1 中所列明的；以及

（ii） not procured with a view to commercial sale or resale, or for use in the production or supply of goods or services for commercial sale or resale; 不以商业销售或转售或用于供商业销售或转售的商品或服务的生产为目的进行的采购；

（b） by any contractual means, including purchase; lease; and rental or hire purchase, with or without an option to buy; 以任何合同手段进行的，包括购买、租赁和租购，无论是否享有购买选择权；

（c） for which the value, as estimated in accordance with paragraphs 6 through 8, equals or exceeds the relevant threshold specified in a Party's annexes to Appendix I, at the time of publication of a notice in accordance with Article VII; 依据第 6-8 款估算价值的，在按照第 7 条发布公告时等于或者超过附录 1 中列明的相关门槛价的；

（d）by a procuring entity; and 由采购实体进行的；以及

（e）that is not otherwise excluded from coverage in paragraph 3 or in a Party's Appendix I. 未经第3款或在一参加方附录1涵盖范围中排除的。

3. Except where provided otherwise in a Party's Appendix I, this Agreement does not apply to: 除了另行规定于一参加方附录1中的例外，本协议不适用于以下事项：

（a）the acquisition or rental of land, existing buildings, or other immovable property or the rights thereon; 土地、现有建筑物或者其他不动产及其权利的购买或者租赁；

（b）non-contractual agreements or any form of assistance that a Party provides, including cooperative agreements, grants, loans, equity infusions, guarantees, and fiscal incentives; 非契约协议或者一参加方提供的任何形式的援助，包括合作协议、补助、贷款、股份权益注入、担保和财政激励；

（c）the procurement or acquisition of fiscal agency or depository services, liquidation and management services for regulated financial institutions or services related to the sale, redemption and distribution of public debt, including loans and government bonds, notes and other securities; 财务代理或者储蓄服务、对受规制金融机构的清算和管理服务、有关公债销售、回购和发行服务的采购或者获得，包括贷款、政府债券、票据和其他有价证券；

（d）public employment contracts; 公共雇佣合同；

（e）procurement conducted: 从事的下列采购：

（i）for the specific purpose of providing international assistance, including development aid; 为了提供国际援助的特定目的，包括发展援助；

（ii）under the particular procedure or condition of an international agreement relating to the stationing of troops or relating to the joint implementation by the signatory countries of a project; 根据国际协议的特别程序或条件进行的，该国际协议涉及部队的驻扎，或者涉及签署国联合执行的项目；

（iii）under the particular procedure or condition of an international organization, or funded by international grants, loans, or other assistance where the applicable procedure or condition would be inconsistent with this Agreement. 根据国际组织的特别程序或条件进行的，或者使用国际援助、贷款或其他援助资金进行的，使用该资金采购适用的程序或条件与本协议不一致的；

4. Each Party shall specify the following information in its Appendix I annexes: 每一参加方应当在其附录1的附件中列明以下信息：

（a） in Annex 1, the central government entities whose procurement is covered by this Agreement；在附件 1 中，其采购为本协议涵盖的中央政府实体；

（b） in Annex 2, the sub-central government entities whose procurement is covered by this Agreement；在附件 2 中，其采购为本协议涵盖的次中央的政府实体；

（c） in Annex 3, all other entities whose procurement is covered by this Agreement；在附件 3 中，其采购为本协议涵盖的全部其他实体；

（d） in Annex 4, the goods covered by this Agreement；附件 4 中，为本协议涵盖的货物；

（e） in Annex 5, the services covered by this Agreement；在附件 5 中，为本协议涵盖的服务；

（f） in Annex 6, the construction services covered by this Agreement；and 在附件 6 中，为本协议涵盖的建筑工程服务；以及

（g） in Annex 7, any General Notes. 在附件 7 中，任何通用注释。

5. Where a procuring entity, in the context of covered procurement, requires persons not covered under a Party's annexes to Appendix I to procure in accordance with particular requirements, Article IV shall apply *mutatis mutandis* to such requirements. 已为本协议涵盖的采购实体，要求没有列入附录 1 的实体（含法人和自然人）按照特别程序进行采购的，应当将细节上做出必要修正后的第 4 条适用于该要求。

Valuation 估价

6. In estimating the value of a procurement for the purpose of ascertaining whether it is a covered procurement, a procuring entity shall：出于确定采购是否属于被涵盖的目的对采购价值进行估算时，采购实体应当做到：

（a） neither divide a procurement into separate procurements nor select or use a particular valuation method for estimating the value of a procurement with the intention of totally or partially excluding it from the application of this Agreement；and 既不得将一项采购分割为若干项采购，也不得选取或使用特殊方法估算价值从而全部或者部分地排除在本协议适用范围之外；且

（b） include the estimated maximum total value of the procurement over its entire duration, whether awarded to one or more suppliers, taking into account all forms of remuneration, including：无论授予一个或者一个以上供应商，被估算的采购最高总价值应当覆盖全部采购过程，并将任何形式的报酬计入在内，其中包括：

（i）premiums，fees，commissions，and interest；and 奖金、费用、佣金和利息；以及

（ii）where the procurement provides for the possibility of options，the total value of such options. 对于为实现期权条款的采购，期权购买纳入估算的采购最高总价值之中。

7. Where an individual requirement for a procurement results in the award of more than one contract，or in the award of contracts in separate parts（hereinafter referred to as "recurring contracts"），the calculation of the estimated maximum total value shall be based on：当一单项采购因特殊要求而授予一个以上合同时，或者分为若干部分授予合同（这里是指续签合同），估算最高总价值应当基于以下各项：

（a）the value of recurring contracts of the same type of good or service awarded during the preceding 12 months or the procuring entity's preceding fiscal year，adjusted，where possible，to take into account anticipated changes in the quantity or value of the good or service being procured over the following 12 months；or 在过去十二个月中或者在采购实体的前一个财政年度，授予的同类货物或服务的续签合同采购的价值，在可能的情况下，根据后来 12 个月将被采购的货物或服务的数量或价值的预期变化所进行的调整；

（b）the estimated value of recurring contracts of the same type of good or service to be awarded during the 12 months following the initial contract award or the procuring entity's fiscal year. 在紧随起始合同授予后或者采购实体的财政年度后的十二个月期间，授予的相同类型的货物或服务的续签合同采购的估算价值。

8. In the case of procurement by lease，rental or hire purchase of goods or services，or procurement for which a total price is not specified，the basis for valuation shall be：对于以租赁或者租购方式采购的货物或者服务，或者全价没有确定的采购，估价的根据应当是：

（a）in the case of a fixed-term contract：对于确定期限的合同：

（i）where the term of the contract is 12 months or less，the total estimated maximum value for its duration；or 为期 12 个月或者更短的合同，这一期间的最大总估价；或者

（ii）where the term of the contract exceeds 12 months，the total estimated maximum value，including any estimated residual value；为期超过 12 个月的合同，包括任何剩余估价的最大总估价；

（b） where the contract is for an indefinite period, the estimated monthly instalment multiplied by 48; and 对于无确定期限的合同，估算的每个月摊付额乘以48；以及

（c） where is it not certain whether the contract is to be a fixed-term contract, subparagraph（b）shall be used. 对于没有确定合同是否为一个确定期限的合同，适用上述（b）款。

Article III Exceptions to the Agreement 本协议的例外

1. Nothing in this Agreement shall be construed to prevent any Party from taking any action or not disclosing any information that it considers necessary for the protection of its essential security interests relating to the procurement of arms, ammunition or war materials, or to procurement indispensable for national security or for national defence purposes. 本协议不得解释为阻止任何参加方，在涉及武器、弹药或战争物资采购，或者涉及为国家安全或国防目的所需的采购方面，在其认为保护根本安全利益的必要情形下，采取任何行动或者保守任何信息秘密。

2. Subject to the requirement that such measures are not applied in a manner that would constitute a means of arbitrary or unjustifiable discrimination between Parties where the same conditions prevail or a disguised restriction on international trade, nothing in this Agreement shall be construed to prevent any Party from imposing or enforcing measures: 本协议不得解释为阻止任何一参加方采取或者实施以下措施，其条件是这些措施的使用方式，不得在条件相同的参加方之间构成不合理的歧视手段或者构成对国际贸易的隐蔽性限制：

（a） necessary to protect public morals, order, or safety; 为保护公共道德、秩序和安全所必需的措施；

（b） necessary to protect human, animal or plant life or health; 为保护人类、动物或者植物的生命或者健康所必需的措施；

（c） necessary to protect intellectual property; or 为保护知识产权所必需的措施；或者

（d） relating to goods or services of persons with disabilities, philanthropic institutions, or prison labour. 涉及残疾人、慈善机构或者监狱囚工提供的货物或者服务的措施。

Article IV General Principles 一般原则

Non-Discrimination 非歧视

1. With respect to any measure regarding covered procurement, each Party, including its procuring entities, shall accord immediately and unconditionally to the goods and services of any other Party and to the suppliers of any other Party offering the goods or services of any Party, treatment no less favourable than the treatment the Party, including its procuring entities, accords to: 对于有关被涵盖采购的任何措施，每一参加方，包括其采购实体，对于来自任何其他参加方的货物和服务，以及提供货物或者服务的任何其他参加方的供应商，应当立即和无条件地给予不低于该参加方（包括其采购实体）以下方面的待遇：

(a) domestic goods, services, and suppliers; and 本国货物、服务及其供应商；以及

(b) goods, services, and suppliers of any other Party. 来自任何其他参加方的货物、服务及其供应商。

2. With respect to any measure regarding covered procurement, a Party, including its procuring entities, shall not: 对于有关被涵盖采购的任何措施，一参加方，包括其采购实体，不得：

(a) treat a locally established supplier less favourably than another locally established supplier on the basis of degree of foreign affiliation or ownership; nor 基于对外国的附属程度和外国所有权程度而给予一当地设立的供应商低于对另一当地设立的供应商的待遇；

(b) discriminate against a locally established supplier on the basis that the goods or services offered by that supplier for a particular procurement are goods or services of any other Party. 因当地设立的供应商为某项采购提供的是来自于任何其他参加方的货物或服务，而对该当地设立的供应商进行歧视。

Use of Electronic Means 电子手段的使用

3. When conducting covered procurement by electronic means, a procuring entity shall: 以电子手段进行被涵盖的采购，采购实体应当：

(a) ensure that the procurement is conducted using information technology systems and software, including those related to authentication and encryption of information, that are generally available and interoperable with other generally available information technology systems and software; and 确保在进行采购中使

用的信息技术系统和软件，包括那些有关信息的可靠性证明和编码的信息技术系统和软件，是可以普遍获得的并且与其他可普遍获得的信息技术系统和软件相兼容；以及

(b) maintain mechanisms that ensure the integrity of requests for participation and tenders, including establishment of the time of receipt and the prevention of inappropriate access. 维持确保参加申请和投标诚实性的机制，包括确定接收时间和防止不当访问。

Conduct of Procurement 采购的进行

4. A procuring entity shall conduct covered procurement in a transparent and impartial manner that: 采购实体应当以透明和公正的方式进行被涵盖的采购，该方式：

(a) is consistent with this Agreement, using methods such as open tendering, selective tendering, and limited tendering; 应当与本协议一致，使用像公开招标、选择招标和有限招标那样的方式；

(b) avoids conflicts of interest; and 避免利益冲突；

(c) prevents corrupt practices. 防止腐败行为。

Rules of Origin 原产地规则

5. For purposes of covered procurement, a Party shall not apply rules of origin to goods or services imported from or supplied from another Party that are different from the rules of origin the Party applies at the same time in the normal course of trade to imports or supplies of the same goods or services from the same Party. 就本协议而言，各参加方对从其他参加方进口或提供的货物或者服务所适用的原产地规则，不得区别于在通常贸易过程中，同时从相同参加方进口或者提供的货物或者服务对该参加方所适用的原产地规则。

Offsets 补偿

6. With regard to covered procurement, a Party, including its procuring entities, shall not seek, take account of, impose, or enforce offsets. 对于被涵盖的采购，参加方（包括其采购实体），不得寻求、考虑、施加或者实施补偿。

Measures Not Specific to Procurement 非专门针对采购的措施

7. Paragraphs 1 and 2 shall not apply to: customs duties and charges of any kind imposed on, or in connection with, importation; the method of levying such duties and charges; other import regulations or formalities and measures affecting trade in services other than measures governing covered procurement. 第 1、2 款的规定不得适用于海关的关税和施加的任何收费，或者有关进口、收取相关

关税和费用的方法、其他进口的管制或手续，以及除涉及被涵盖采购以外的影响服务贸易的措施。

Article V Developing Countries 发展中国家

1. In negotiations on accession to, and in the implementation and administration of, this Agreement, the Parties shall give special consideration to the development, financial and trade needs and circumstances of developing countries and least developed countries (collectively referred to hereinafter as "developing countries", unless specifically identified otherwise), recognizing that these may differ significantly from country to country. As provided for in this Article and on request, the Parties shall accord special and differential treatment to: 在加入本协议的谈判和对本协议的贯彻执行中，各参加方应当对发展中国家和最不发达国家（以下统称为"发展中国家"，除非另有特别所指）的发展、财政和贸易需要及其条件情况给予特别考虑，并且承认这些方面因不同国家而可能存在巨大差异。根据本条规定并应请求，各参加方应当对以下国家给予特殊和差别待遇：

(a) least-developed countries; and 最不发达国家；以及

(b) any other developing country, where and to the extent that this special and differential treatment meets its development needs. 任何其他发展中国家，如果这种特殊和差别待遇符合其发展需要。

2. Upon accession by a developing country to this Agreement, each Party shall provide immediately to the goods, services and suppliers of that country the most favourable coverage that the Party provides under its annexes to Appendix I to any other Party to this Agreement, subject to any terms negotiated between the Party and the developing country in order to maintain an appropriate balance of opportunities under this Agreement. 一发展中国家一旦加入本协议，每一参加方应当立即向该国家的货物、服务及其供应商提供该参加方根据附录1提供给本协议的任何其他参加方的涵盖范围的最惠国待遇，并遵守该参加方与发展中国家之间为了保持本协议下机会的适当平衡、经过协商达成的任何条件。

3. Based on its development needs, and with the agreement of the Parties, a developing country may adopt or maintain one or more of the following transitional measures, during a transition period and in accordance with a schedule, set out in its relevant annexes to Appendix I, and applied in a manner that does not discrimi-

nate among the other Parties：基于其发展需要并得到各参加方的同意，一发展中国家可以在过渡期内按照附录 1 附件所列减让表，以不会在参加方之间造成歧视的方式，采取或者保留以下过渡措施的一项或者多项：

（a）a price preference programme, provided that the programme：价格优惠项目，如果该项目：

（i）provides a preference only for the part of the tender incorporating goods or services originating in the developing country applying the preference or goods or services originating in other developing countries in respect of which the developing country applying the preference has an obligation to provide national treatment under a preferential agreement, provided that where the other developing country is a Party to this Agreement, such treatment would be subject to any conditions set by the Committee；and 规定优惠只是给予包含源自正在适用优惠的发展中国家货物或服务的投标部分；或者包含源自其他发展中国家的货物或服务，该发展中国家正在适用优惠并有义务据优惠协议提供国民待遇；以及

（ii）is transparent, and the preference and its application in the procurement are clearly described in the notice of intended procurement；是透明的，优惠及其在采购中的应用已经在意向采购公告中做了明确规定；

（b）an offset, provided that any requirement for, or consideration of, the imposition of the offset is clearly stated in the notice of intended procurement；补偿，如果实行补偿的要求或者考虑已在意向采购公告中做了明确规定；

（c）the phased-in addition of specific entities or sectors；and 分阶段增加具体的实体或者部门；以及

（d）a threshold that is higher than its permanent threshold. 较其永久性门槛价更高的门槛价。

4. In negotiations on accession to this Agreement, the Parties may agree to the delayed application of any specific obligation in this Agreement, other than Article IV：1（b）, by the acceding developing country while that country implements the obligation. The implementation period shall be：在加入本协议的谈判中，各参加方可以同意申请加入的发展中国家推迟适用第 4 条第 1 款第 b 项以外的本协议任何具体义务，如果该国家完成了相关义务的实施。实施期应当是：

（a）for a least developed country, five years after its accession to this Agreement；and 对最不发达国家，为其加入本协议后的五年；

（b）for any other developing country, only the period necessary to implement the specific obligation and not to exceed three years. 对任何其他发展中国家，

只是为执行具体义务所必需的期间，但是不得超过三年。

5. Any developing country that has negotiated an implementation period for an obligation under paragraph 4 shall list in its Annex 7 to Appendix I the agreed implementation period, the specific obligation subject to the implementation period and any interim obligation with which it has agreed to comply during the implementation period. 一发展中国家得到允许在一个期间内实施上述第 4 款提到的义务，应当在附录 1 的附件 7 中就以下事项列出清单：实施期、实施期内的具体义务、同意在实施期内遵守的任何临时义务。

6. After this Agreement has entered into force for a developing country, the Committee, on request of the developing country, may: 本协议对一发展中国家生效后，应发展中国家请求委员会可以：

（a） extend the transition period for a measure adopted or maintained under paragraph 3 or any implementation period negotiated under paragraph 4; or 延长第 3 款允许的措施的过渡期，或者第 4 款允许的实施期；或者

（b） approve the adoption of a new transitional measure under paragraph 3, in special circumstances that were unforeseen during the accession process. 批准第 3 款允许的新过渡措施申请，如果出现了加入过程中没有预见的特殊情况。

7. A developing country that has negotiated a transitional measure under paragraph 3 or 6, an implementation period under paragraph 4 or any extension under paragraph 6 shall take such steps during the transition period or implementation period as may be necessary to ensure that it is in compliance with this Agreement at the end of any such period. The developing country shall promptly notify the Committee of each step. 因第 3 款或第 6 款规定的过渡措施或因第 4 款规定的实施期，或者根据第 6 款对它们的延长而获益的发展中国家，应当在过渡期或者实施期内采取确保在上述期间结束时本协议得到遵守所必需的步骤。该发展中国家应当将该步骤立即通知委员会。

8. The Parties shall give due consideration to any request by a developing country for technical cooperation and capacity building in relation to that country's accession to, or implementation of, this Agreement. 对于发展中国家提出的涉及该国家加入或者实施本协议的技术合作和能力建设要求，各参加方应当给予适当的考虑。

9. The Committee may develop procedures for the implementation of this Article. Such procedures may include provisions for voting on decisions relating to re-

quests under paragraph 6. 委员会可以为本条的实施制定程序。该程序可以包括就根据第 6 款提出的请求进行投票决定的规定。

10. The Committee shall review the operation and effectiveness of this Article every five years. 委员会应当每五年对本条的实施及其有效性进行审议。

Article VI Information on the Procurement System 关于采购制度的信息

1. Each Party shall 每一参加方应当：

(a) promptly publish any law, regulation, judicial decision, administrative ruling of general application, standard contract clause mandated by law or regulation and incorporated by reference in notices or tender documentation and procedure regarding covered procurement, and any modifications thereof, in an officially designated electronic or paper medium that is widely disseminated and remains readily accessible to the public; and 在官方指定的可广为传播并可为公众获得的电子或者纸质媒体上，及时公布任何法律、法规、司法判决和普遍适用的行政裁决、根据法律或法规制定并置于公告和招标文件中供引用的标准合同条款、涉及被涵盖采购的程序，以及上述各项的修改；并且

(b) provide an explanation thereof to any Party, on request. 应任何参加方的请求做出解释。

2. Each Party shall list: 每一参加方应当列明：

(a) in Appendix II, the electronic or paper media in which the Party publishes the information regarding the Party's procurement system as required by paragraph 1; 在附录 2 中，用于公布上述第一款要求的关于参加方采购制度信息的电子或者纸质媒体；

(b) in Appendix III, the electronic or paper media in which the Party publishes the notices required by Articles VII, IX: 7, and XVI: 2; and 在附录 3 中，用于公布第 7 条、第 9 条第 7 款、第 16 条第 2 款要求的公告的电子或者纸质媒体；

(c) in Appendix IV, the website address or addresses where the Party publishes: 在附录 4 中，参加方公布下述内容的网址或者地址：

(i) its procurement statistics pursuant to Article XVI: 5; 根据第 16 条第 5 款的采购统计数据；

(ii) its notices concerning awarded contracts pursuant to Article XVI: 6. 根据第 16 条第 6 款的已授予合同的公告。

3. Each Party shall promptly notify the Committee of any modification to the Party's information listed in Appendix II, III, or IV. 对于在附录 2、附录 3 和附录 4 列明的参加方信息的修改，每一参加方应当及时通知委员会。

Article VII Notices 公告

Notice of Intended Procurement 意向采购公告

1. For each covered procurement, a procuring entity shall publish a notice of intended procurement in the appropriate paper or electronic medium listed in Appendix III, except in the circumstances described in Article XIII. Such medium shall be widely disseminated and such notices shall remain readily accessible to the public, at least until expiration of the time-period indicated in the notice. The notices shall: 对于每一涵盖采购，除第 13 条规定情形外，一采购实体应当在附录 3 列明的适当纸质或者电子媒体上公布意向采购公告。该媒体应当是广为传播的，该公告应当可为公众取得，至少保留到公告所示期间结束。公告应当：

(a) for procuring entities covered under Annex 1, be accessible by electronic means free of charge through a single point of access, for at least any minimum period of time specified in Appendix III; and 对于附件 1 中的采购实体，应当可以通过电子手段，至少在附录 3 规定的最短期间内通过单一访问点免费获得；以及

(b) for procuring entities covered under Annex 2 or 3, where accessible by electronic means, be provided, at least, through links in a gateway electronic site that is accessible free of charge. 对于附件 2 和附件 3 中的采购实体，如可使用电子手段获得，至少可以通过网站链接电子站点免费获得。

Parties, including their procuring entities covered under Annex 2 or 3, are encouraged to publish their notices by electronic means free of charge through a single point of access. 鼓励参加方，包括附件 2 和附件 3 中的采购实体，使用免费的电子手段通过单一访问点公布其公告。

2. Except as otherwise provided in this Agreement, each notice of intended procurement shall include: 除本协议另有规定，每一意向采购公告都应当包括：

(a) the name and address of the procuring entity and other information necessary to contact the procuring entity and obtain all relevant documents relating to the procurement, and their cost and terms of payment, if any; 采购实体的名称、地址、联系采购实体和取得有关采购文件所必需的其他信息，如果需要付费

的话，还应当包括取得这些文件的成本费用和付款条件；

(b) a description of the procurement, including the nature and the quantity of the goods or services to be procured or, where the quantity is not known, the estimated quantity; 对于采购的描述，包括将采购的货物或服务的性质和数量，或者估算量如不能明确数量时；

(c) for recurring contracts, an estimate, if possible, of the timing of subsequent notices of intended procurement; 对于预计可能续签的合同，意向采购的后续公告的预计时间；

(d) a description of any options; 对于选择的描述；

(e) the time-frame for delivery of goods or services or the duration of the contract; 交付货物或服务的时限，或者合同的延续期间；

(f) the procurement method that will be used and whether it will involve negotiation or electronic auction; 将采用的采购方式，以及它是否引入谈判和电子拍卖；

(g) where applicable, the address and any final date for the submission of requests for participation in the procurement; 如可行，提交参加采购申请的地址和截止日；

(h) the address and the final date for the submission of tenders; 提交投标文件的地址和截止日；

(i) the language or languages in which tenders or requests for participation may be submitted, if they may be submitted in a language other than an official language of the Party of the procuring entity; 有关语言要求，如果提交投标文件或者采购申请必须使用一种或多种语言且该语言不同于参加方及其采购实体官方语言；

(j) a list and brief description of any conditions for participation of suppliers, including any requirements for specific documents or certifications to be provided by suppliers in connection therewith, unless such requirements are included in tender documentation that is made available to all interested suppliers at the same time as the notice of intended procurement; 对供应商参加条件的清单和简要介绍，包括供应商必须提交的相关具体文件或证件，除非此类要求已经包含在招标文件之中，该招标文件在意向采购公告发布的同时可以为所有有兴趣的供应商获得；

(k) where, pursuant to Article IX, a procuring entity intends to select a limited number of qualified suppliers to be invited to tender, the criteria that will be used to select them and, where applicable, any limitation on the number of suppliers that will be permitted to tender; and 在采购实体根据第 9 条意图选择和邀请有限数量合格供应商参加投标情形下，用于选择供应商的标准；在可行时，包括允许参加投标的供应商数量的限制；以及

(l) an indication that the procurement is covered by this Agreement. 关于本协议已经涵盖该采购的提示。

Summary Notice 简易通知

3. For each case of intended procurement, a procuring entity shall publish a summary notice that is readily accessible, at the same time as the publication of the notice of intended procurement, in one of the WTO languages. The summary notice shall contain at least the following information: 针对每个意向采购项目，采购实体都应当在公布意向采购公告时，使用一种 WTO 官方语言发布简易通知。该通知至少应当包括以下信息：

(a) the subject-matter of the procurement; 采购对象；

(b) the final date for the submission of tenders or, where applicable, any final date for the submission of requests for participation in the procurement or for inclusion on a multi-use list; and 提交投标的截止日期，或提交参加采购申请或者纳入常用清单申请的截止日期（如适用）；以及

(c) the address from which documents relating to the procurement may be requested. 可申请获得有关采购文件的地址。

Notice of Planned Procurement 计划采购公告

4. Procuring entities are encouraged to publish in the appropriate paper or electronic medium listed in Appendix III as early as possible in each fiscal year a notice regarding their future procurement plans (hereinafter referred to as "notice of planned procurement"). The notice of planned procurement should include the subject-matter of the procurement and the planned date of the publication of the notice of intended procurement. 鼓励采购实体以附录 3 中列明的适当纸质或者电子媒体，尽早发布每一财政年度内有关未来采购计划的公告（以下简称"计划采购公告"）。计划采购公告应包括采购主要事项和招标公告计划刊登时间。

5. A procuring entity covered under Annex 2 or 3 may use a notice of planned procurement as a notice of intended procurement provided that the notice of planned procurement includes as much of the information referred to in paragraph 2 as is available to the entity and a statement that interested suppliers should express

their interest in the procurement to the procuring entity. 附件2或附件3中的采购实体，可以使用计划采购公告作为意向采购公告，条件是该计划公告尽量多包含本条第2款规定的信息，并声明有兴趣供应商应当向实体表示参加采购兴趣。

Article VIII Conditions for Participation 参加条件

1. A procuring entity shall limit any conditions for participation in a procurement to those that are essential to ensure that a supplier has the legal and financial capacities and the commercial and technical abilities to undertake the relevant procurement. 采购实体应规定参与采购条件，以保证供应商履行合同所必须具备的法律和财务资格，以及商业和技术能力。

2. In establishing the conditions for participation, a procuring entity: 在确定供应商参与采购条件时，采购实体：

(a) shall not impose the condition that, in order for a supplier to participate in a procurement, the supplier has previously been awarded one or more contracts by a procuring entity of a given Party; and 不得为了让某一供应商参加采购，设定条件要求供应商曾经在某一特定参加方的采购中被授予一个或多个合同；且

(b) may require relevant prior experience where essential to meet the requirements of the procurement. 如果以前的相关经历对满足采购要求是至关重要的，则可以提出这一要求。

3. In assessing whether a supplier satisfies the conditions for participation, a procuring entity: 在评估供应商是否满足投标条件时，采购实体：

(a) shall evaluate the financial capacity and the commercial and technical abilities of a supplier on the basis of that supplier's business activities both inside and outside the territory of the Party of the procuring entity; and 应当根据供应商在采购实体所在参加方领土内外业务活动，评估供应商的财务、商业和技术能力；且

(b) shall base its evaluation on the conditions that the procuring entity has specified in advance in notices or tender documentation. 评估应当基于采购实体事先的公告或招标文件中的规定。

4. Where there is supporting evidence, a Party, including its procuring entities, may exclude a supplier on grounds such as: 在有证据支持时，参加方，包括其采购实体，可以基于以下理由排除供应商：

（a） bankruptcy 破产；

（b） false declarations 虚假陈述；

（c） significant or persistent deficiencies in performance of any substantive requirement or obligation under a prior contract or contracts 在实施一个或者多个前合同规定的实质要求和义务时，有严重和持续的缺陷；

（d） final judgments in respect of serious crimes or other serious offences 最终裁决确定其有严重犯罪和其他严重违法行为；

（e） professional misconduct or acts or omissions that adversely reflect upon the commercial integrity of the supplier; or 渎职、商业不端行为或不作为；或

（f） failure to pay taxes 没有缴纳税款。

Article IX　Qualification of Suppliers 供应商资格

Registration Systems and Qualification Procedures 注册系统和资格取得程序

1. A Party, including its procuring entities, may maintain a supplier registration system under which interested suppliers are required to register and provide certain information. 一参加方，包括其采购实体，可以设立一供应商注册系统，要求兴趣供应商在此注册并提供有关信息。

2. Each Party shall ensure that: 每一参加方应当确保：

（a） its procuring entities make efforts to minimize differences in their qualification procedures; and 其采购实体致力于减少资格审查程序中的差异性；以及

（b） where its procuring entities maintain registration systems, the entities make efforts to minimize differences in their registration systems. 在其采购实体设立了注册系统情形下，这些实体致力于减少注册系统之间的差异性。

3. A Party, including its procuring entities, shall not adopt or apply any registration system or qualification procedure with the purpose or the effect of creating unnecessary obstacles to the participation of suppliers of another Party in its procurement. 一参加方，包括其采购实体，不应采取或者运用注册系统或资格审查程序，从而造成对外国供应商参与采购制造不必要障碍的目的和效果。

Selective Tendering 选择性招标

4. Where a procuring entity intends to use selective tendering, the entity shall 在一采购实体意图使用选择性招标的情形下，该实体应当：

（a） include in the notice of intended procurement at least the information specified in Article VII：2 (a), (b), (f), (g), (j), (k) and (l) and invite suppliers to submit a request for participation; and 在意向采购公告中至少应当包括第7条第2款第（a）（b）（f）（g）（j）（k）（l）项规定的信息，并邀请具备资格的供应商提交参加申请；以及

(b) provide, by the commencement of the time-period for tendering, at least the information in Article VII：2 (c), (d), (e), (h) and (i) to the qualified suppliers that it notifies as specified in Article XI：3 (b). 在投标期开始时，至少向具备资格的供应商提供第7条第2款第（c）（d）（e）（h）（i）项规定的信息，并按照第11条第3款第（b）项规定进行通知。

5. A procuring entity shall allow all qualified suppliers to participate in a particular procurement, unless the procuring entity states in the notice of intended procurement any limitation on the number of suppliers that will be permitted to tender and the criteria for selecting the limited number of suppliers. 采购实体应当确认符合参加特定采购条件的国内供应商和其他参加方供应商为合格供应商，除非采购实体在意向采购公告中说明了对允许参加投标供应商的数量限制和选择有限数量供应商的标准。

6. Where the tender documentation is not made publicly available from the date of publication of the notice referred to in paragraph 4, a procuring entity shall ensure that those documents are made available at the same time to all the qualified suppliers selected in accordance with paragraph 5. 如果招标文件不能从上述第4款所指的公告发布之日起公开获得，那么采购实体应当确保按照上述第5款选择的合格供应商能够同时获得这些文件。

Multi-Use Lists 常用清单

7. A procuring entity may maintain a multi-use list of suppliers, provided that a notice inviting interested suppliers to apply for inclusion on the list is：采购实体可以设立一个供应商的常用清单，只要邀请兴趣供应商申请进入该清单的公告是：

(a) published annually; and 每年公布的；并且

(b) where published by electronic means, made available continuously, 如果用电子手段公布的，则应使之可持续获得，

in the appropriate medium listed in AppendixIII. 置于附录3列明的适当媒体之中。

8. The notice provided for in paragraph 7 shall include：上述第7款规定的公告应当包括：

(a) a description of the goods or services, or categories thereof, for which the list may be used; 对货物或服务的描述，或者清单使用的货物或服务的类别；

(b) the conditions for participation to be satisfied by suppliers for inclusion on the list and the methods that the procuring entity will use to verify that a supplier satisfies the conditions; 供应商列入清单的资格条件，以及采购实体判断供应商资格的方法；

(c) the name and address of the procuring entity and other information necessary to contact the entity and obtain all relevant documents relating to the list; 采购实体的名称和地址，联系实体和得到与清单有关的文件所必需的其他信息；

(d) the period of validity of the list and the means for its renewal or termination, or where the period of validity is not provided, an indication of the method by which notice will be given of the termination of use of the list; and 清单的有效期和其更新或终止的方法，或当没有规定有效期时，关于终止清单的公告方法的提示；以及

(e) an indication that the list may be used for procurement covered by this Agreement. 清单将用于本协议涵盖采购的提示。

9. Notwithstanding paragraph 7, where a multi-use list will be valid for three years or less, a procuring entity may publish the notice referred to in paragraph 7 only once, at the beginning of the period of validity of the list, provided that the notice: 尽管根据第 7 款常用清单有效期为三年或三年以下，采购实体应当在清单有效期开始时公布第 7 款下的公告，如果该公告：

(a) states the period of validity and that further notices will not be published; and 提到了有效期限，并不再作进一步公告；以及

(b) is published by electronic means and is made available continuously during the period of its validity. 用电子手段公布，在其有效期可以持续地获得。

10. A procuring entity shall allow suppliers to apply at any time for inclusion on a multi-use list and shall include on the list all qualified suppliers within a reasonably short time. 采购实体应当允许供应商在任何时候提出纳入常用清单的申请，并且在合理的较短时间内将合格的供应商纳入清单。

11. Where a supplier that is not included on a multi-use list submits a request for participation in a procurement based on a multi-use list and all required docu-

ments, within the timeperiod provided for in Article XI: 2, a procuring entity shall examine the request. The procuring entity shall not exclude the supplier from consideration in respect of the procurement on the grounds that the entity has insufficient time to examine the request, unless, in exceptional cases, due to the complexity of the procurement, the entity is not able to complete the examination of the request within the time-period allowed for the submission of tenders. 未列入常用清单的供应商在第 11 条第 2 款规定的期间内，要求参加基于常用清单和相关文件的采购，采购实体应当对该请求进行审议。采购实体不应当以其没有足够时间审议为由，拒绝考虑该供应商参加采购，除非在例外情况下由于采购的复杂性，该实体不能在允许提交投标的期间内完成对请求的审议。

Annexes 2 and 3 Entities 列入附件 2 和附件 3 的实体

12. A procuring entity covered under Annex 2 or 3 may use a notice inviting suppliers to apply for inclusion on a multi-use list as a notice of intended procurement, provided that: 列入附件 2 和附件 3 的实体，可以使用邀请供应商申请纳入常用清单的公告作为意向采购公告，但条件是：

(a) the notice is published in accordance with paragraph 7 and includes the information required under paragraph 8, as much of the information required under Article VII: 2 as is available and a statement that it constitutes a notice of intended procurement or that only the suppliers on the multi use list will receive further notices of procurement covered by the multi-use list; and 该公告是按照本条第 7 款公布，且包括了尽量达到第 7 条第 2 款规定信息量的本条第 8 款下的信息，以及该公告构成意向采购公告的声明，或者只有常用清单上的供应商才能得到常用清单涵盖的采购的进一步通知的声明；以及

(b) the entity promptly provides to suppliers that have expressed an interest in a given procurement to the entity, sufficient information to permit them to assess their interest in the procurement, including all remaining information required in Article VII: 2, to the extent such information is available. 对于已经向采购实体表示对某一采购有兴趣的供应商，采购实体应当尽快提供能够使他们评估其采购兴趣的充分信息，包括第 12 条第 2 款要求的全部既有信息并可以获得。

13. A procuring entity covered under Annex 2 or 3 may allow a supplier that has applied for inclusion on a multi-use list in accordance with paragraph 10 to tender in a given procurement, where there is sufficient time for the procuring entity to examine whether the supplier satisfies the conditions for participation. 如果采购实体有充分的时间审议供应商是否满足参加条件，附件 2 和附件 3 下的实

体可以允许已经按照第 10 款申请列入常用清单的供应商参加某项投标。

Information on Procuring Entity Decisions 关于采购实体决定的信息

14. A procuring entity shall promptly inform any supplier that submits a request for participation in a procurement or application for inclusion on a multi-use list of the procuring entity's decision with respect to the request or application. 对于提交参加申请或者提交列入常用清单申请的供应商，采购实体应迅速根据要求或申请，及时向他们告知采购实体的决定。

15. Where a procuring entity rejects a supplier's request for participation in a procurement or application for inclusion on a multi-use list, ceases to recognize a supplier as qualified, or removes a supplier from a multi-use list, the entity shall promptly inform the supplier and, on request of the supplier, promptly provide the supplier with a written explanation of the reasons for its decision. 当采购实体驳回供应商的参加采购或列入常用清单的申请，停止承认供应商的资格或将供应商清除出常用清单，该实体应当及时告知该供应商，并根据供应商的请求及时向其提供决定理由的书面解释。

Article X Technical Specifications and Tender Documentation 技术规格和招标文件

Technical Specifications 技术规格

1. A procuring entity shall not prepare, adopt or apply any technical specification or prescribe any conformity assessment procedure with the purpose or the effect of creating unnecessary obstacles to international trade. 采购实体不得以对国际贸易造成不必要障碍为目的或产生此种效果，制定、采用或适用任何技术法规或规定任何合格评定程序。

2. In prescribing the technical specifications for the goods or services being procured, a procuring entity shall, where appropriate: 在规定将采购的货物或服务技术规格时，采购实体在适当情形下应当:

(a) set out the technical specification in terms of performance and functional requirements, rather than design or descriptive characteristics; and 根据性能或功能要求列出技术规格要求，而不是根据设计或描述性特征；以及

(b) base the technical specification on international standards, where such exist; otherwise, on national technical regulations, recognized national standards or building codes. 如果有国际标准的话，技术规格应当基于该国际标准；否则应当基于国家技术法规、公认的国家标准或者建筑规格。

3. Where design or descriptive characteristics are used in the technical specifications, a procuring entity should indicate, where appropriate, that it will consider tenders of equivalent goods or services that demonstrably fulfil the requirements of the procurement by including words such as "or equivalent" in the tender documentation. 技术规格使用了设计或描述性特征，采购实体应当在适当情形下提示，将在招标文件中使用包括“或相当于”那样的措辞，考虑能够达到采购要求的相当货物或服务的投标。

4. A procuring entity shall not prescribe technical specifications that require or refer to a particular trademark or trade name, patent, copyright, design, type, specific origin, producer or supplier, unless there is no other sufficiently precise or intelligible way of describing the procurement requirements and provided that, in such cases, the entity includes words such as "or equivalent" in the tender documentation. 采购实体规定技术规格，不得要求或者指向一个特有的商标或商号、专利、版权、设计、型号、具体产地、制造商或供应商，除非没有其他足够准确或者易懂的方式描述采购要求，如果出现这种情形，实体应当在其招标文件中使用“或相当于”之类的措辞。

5. A procuring entity shall not seek or accept, in a manner that would have the effect of precluding competition, advice that may be used in the preparation or adoption of any technical specification for a specific procurement from a person that may have a commercial interest in the procurement. 采购实体不得以产生排斥竞争效果的方式，寻求或接受来自可能在采购中有商业利益的人士提出的，将被用于拟制或采用一特定采购技术规格的建议。

6. For greater certainty, a Party, including its procuring entities, may, in accordance with this Article, prepare, adopt or apply technical specifications to promote the conservation of natural resources or protect the environment. 为了达到更高确定性，参加方，包括其采购实体，根据本条可以制定、采用和执行促进自然资源保护和环境保护的技术规格。

Tender Documentation 招标文件

7. A procuring entity shall make available to suppliers tender documentation that includes all information necessary to permit suppliers to prepare and submit responsive tenders. Unless already provided in the notice of intended procurement, such documentation shall include a complete description of: 采购实体应当向供应商提供招标文件，该文件包含使供应商准备和提交响应招标所必需的全部信息。除了在意向采购公告中已经提供的以外，该文件应当包含对下述事项

的完整描述：

（a）the procurement, including the nature and the quantity of the goods or services to be procured or, where the quantity is not known, the estimated quantity and any requirements to be fulfilled, including any technical specifications, conformity assessment certification, plans, drawings or instructional materials；包含以下内容的采购：将要采购的货物或服务的性质和数量，数量不明的提供估算量，以及应当达到的各种要求，包含技术规格，合格评定标书，计划，草图或者说明材料；

（b）any conditions for participation of suppliers, including a list of information and documents that suppliers are required to submit in connection with the conditions for participation；供应商参加的条件，包含要求供应商提交的相关信息和文件清单；

（c）all evaluation criteria the entity will apply in the awarding of the contract, and, except where price is the sole criterion, the relative importance of such criteria；授予合同考虑的全部评标标准，以及除了价格为唯一标准的情形外，该标准的相对重要性；

（d）where the procuring entity will conduct the procurement by electronic means, any authentication and encryption requirements or other requirements related to the submission of information by electronic means；采购实体使用电子手段进行采购的，关于任何认证和加密要求或以电子方式接收信息相关的其他要求；

（e）where the procuring entity will hold an electronic auction, the rules, including identification of the elements of the tender related to the evaluation criteria, on which the auction will be conducted；采购实体举行电子拍卖的，关于进行拍卖的规则，包括涉及评标标准的竞标因素认定；

（f）where there will be a public opening of tenders, the date, time and place for the opening and, where appropriate, the persons authorized to be present；进行公开开标的，关于开标日期、时间和地点，以及在适当情形下授权出席的人员；

（g）any other terms or conditions, including terms of payment and any limitation on the means by which tenders may be submitted, such as whether on paper or by electronic means; and 其他条款和条件，包括支付方式和提交投标手段的限制，例如用纸质或者电子手段；以及

（h）any dates for the delivery of goods or the supply of services. 交付货物

或者提供服务的日期。

8. In establishing any date for the delivery of goods or the supply of services being procured, a procuring entity shall take into account such factors as the complexity of the procurement, the extent of subcontracting anticipated and the realistic time required for production, de-stocking and transport of goods from the point of supply or for supply of services. 在确定采购的货物或服务的交付日期时，采购实体应当考虑诸如采购复杂性的因素、转包的预期程度、生产、贮藏和从交付地点运输货物所要求的实际时间，或者提供服务要求的实际时间。

9. The evaluation criteria set out in the notice of intended procurement or tender documentation may include, among others, price and other cost factors, quality, technical merit, environmental characteristics and terms of delivery. 在公告或招标文件中规定的评价准则，应当包括价格和其他成本因素、质量、技术优势、环境特征和交付条件。

10. A procuring entity shall promptly: 采购实体应当及时地：

(a) make available tender documentation to ensure that interested suppliers have sufficient time to submit responsive tenders; 使招标文件可以获得，以确保兴趣供应商有充分时间提交符合要求的投标书；

(b) provide, on request, the tender documentation to any interested supplier; and 应请求将招标文件提供给任何有兴趣的供应商；以及

(c) reply to any reasonable request for relevant information by any interested or participating supplier, provided that such information does not give that supplier an advantage over other suppliers. 回答任何兴趣供应商或参加供应商提出的有关相关信息的合理要求，条件是该信息不会给予该供应商超越其他供应商的优势。

Modifications 修改

11. Where, prior to the award of a contract, a procuring entity modifies the criteria or requirements set out in the notice of intended procurement or tender documentation provided to participating suppliers, or amends or reissues a notice or tender documentation, it shall transmit in writing all such modifications or amended or re-issued notice or tender documentation: 在授予合同以前采购实体对规定在公告和招标文件中并已经提交给参加供应商的准则或者技术要求进行修改，或者修正或重发公告或者招标文件，该采购实体应当将修改、修正或者重发公告或者招标文件以书面方式送达给：

(a) to all suppliers that are participating at the time of the modification, amendment or re-issuance, where such suppliers are known to the entity, and in all other cases, in the same manner as the original information was made available; and 如能知悉，应发给在该信息被修正、修改或重发时正在参加的全部供应商；其他情况下，应当采用送达原来信息的相同方式；以及

（b） in adequate time to allow such suppliers to modify and re-submit amended tenders, as appropriate. 在适当情形下，给予该供应商充足的时间修改和重新提交修正后的投标。

Article XI Time-Periods 时限

General 总则

1. A procuring entity shall, consistent with its own reasonable needs, provide sufficient time for suppliers to prepare and submit requests for participation and responsive tenders, taking into account such factors as: 采购实体在保持其合理需要的情形下，应当给予供应商充足的时间准备和提交参加申请和响应投标，并考虑如下因素：

（a） the nature and complexity of the procurement; 采购的性质和复杂性；

（b） the extent of subcontracting anticipated; and 预期的分包程度；以及

（c） the time for transmitting tenders from foreign as well as domestic points where electronic means are not used. 在不使用电子方式的情况下，自国外和国内各地邮寄投标书所需的正常时间。

Such time-periods, including any extension of the time-periods, shall be common for all interested or participating suppliers. 该期间，包括其延长期，应当对于所有感兴趣的供应商或者投标供应商都是一视同仁的。

Deadlines 等标期

2. A procuring entity that uses selective tendering shall establish that the final date for the submission of requests for participation shall not, in principle, be less than 25 days from the date of publication of the notice of intended procurement. Where a state of urgency duly substantiated by the procuring entity renders this time-period impracticable, the time-period may be reduced to not less than 10 days. 使用选择招标的供应商应当确定，对提交参加申请的等标期从意向采购公告发布之日起原则上不得少于 25 天。如采购实体能合理证明因紧急事态致使这一时限不可行的，该期间可以减至不少于 10 天。

3. Except as provided for in paragraphs 4, 5, 7 and 8 a procuring entity shall establish that the final date for the submission of tenders shall not be less than 40

days from the date on which：除了本条第 4、5、7、8 款规定的例外，采购实体应当确定投标的等标期不少于 40 天，其起算日期如下：

（a） in the case of open tendering, the notice of intended procurement is published; or 公开招标的，是意向采购公告的公布之日；或者

（b） in the case of selective tendering, the entity notifies suppliers that they will be invited to submit tenders, whether or not it uses a multi-use list. 选择招标的，是实体告知供应商他们将被邀请投标之日，无论是否使用常用清单。

4. A procuring entity may reduce the time-period for tendering set out in paragraph 3 to not less than 10 days where：有下述情形的，采购实体可以将上述第 3 款规定的等标期减至不少于 10 天：

（a） the procuring entity has published a notice of planned procurement as described in Article VII：4 at least 40 days and not more than 12 months in advance of the publication of the notice of intended procurement, and the notice of planned procurement contains：采购实体根据第 7 条第 4 款公布的计划采购公告不少于 40 天，在公布意向采购公告前不超过 12 个月，而且计划采购公告包含：

（i） a description of the procurement; 对采购的描述；

（ii） the approximate final dates for the submission of tenders or requests for participation; 提交投标或者参加申请的大致终止日；

（iii） a statement that interested suppliers should express their interest in the procurement to the procuring entity; 关于兴趣供应商应当向采购实体表示兴趣的声明；

（iv） the address from which documents relating to the procurement may be obtained; and 获得有关采购文件的地址；以及

（v） as much of the information that is required under Article VII：2 for the notice of intended procurement, as is available; 尽量提供第 12 条第 2 款规定的意向采购公告信息；

（b） the procuring entity, for recurring contracts, indicates in an initial notice of intended procurement that subsequent notices will provide time-periods for tendering based on this paragraph; or 对于添购性质的采购，采购实体在最初的意向采购公告中提示，随后发布的公告将规定基于本款的等标期。

（c） a state of urgency duly substantiated by the procuring entity renders the time-period for tendering established in accordance with paragraph 3 impracticable. 采购实体适当地证明因紧急事态导致该等标期不可行。

5. A procuring entity may reduce the time-period for tendering established in accordance with paragraph 3 by five days for each one of the following circumstances：对于出现下述情况之一，采购实体可以将第 3 款规定的等标期减少五天：

（a） the notice of intended procurement is published by electronic means；电子手段公布的意向采购公告；

（b） all the tender documentation is made available by electronic means from the date of the publication of the notice of intended procurement；and 从意向采购公告公布之日起全部招标文件都可以通过电子手段获得；以及

（c） the tenders can be received by electronic means by the procuring entity. 采购实体可以通过电子手段接收投标。

6. The use of paragraph 5, in conjunction with paragraph 4, shall in no case result in the reduction of the time-period for tendering established in accordance with paragraph 3 to less than 10 days from the date on which the notice of intended procurement is published. 与第 4 款关联使用的第 5 款，不应导致第 3 款所列等标期自意向采购公告公布之日起少于 10 天。

7. Notwithstanding any other provision in this Article, where a procuring entity purchases commercial goods or services, or any combination thereof, it may reduce the time-period for tendering established in accordance with paragraph 3 to not less than 13 days, provided that it publishes by electronic means, at the same time, both the notice of intended procurement and the tender documentation. In addition, where the entity accepts tenders for commercial goods or services by electronic means, it may reduce the time-period established in accordance with paragraph 3 to not less than 10 days. 尽管本条规定了其他期间，采购实体购买了商业性货物或者服务的，应当将第 3 款规定的等标期减少至不低于 13 天，如果他在以电子手段同时公布了意向采购公告和招标文件的话。该实体以电子手段接受了对商业性货物或服务的投标的，可以将第 3 款规定的等标期减少至不低于 10 天。

8. Where a procuring entity covered under Annex 2 or 3 has selected all or a limited number of qualified suppliers, the time-period for tendering may be fixed by mutual agreement between the procuring entity and the selected suppliers. In the absence of agreement, the period shall not be less than 10 days. 附件 2 或附件 3 上的采购实体选择了全部或有限数量合格供应商的，可以通过采购实体与中选供应商之间的协议确定等标期。没有协议的，其等标期不得低于

10天。

Article XII Negotiation 谈判

1. A Party may provide for its procuring entities to conduct negotiations: 在下列情形下，参加方可以允许其采购实体进行谈判：

(a) where the entity has indicated its intent to conduct negotiations in the notice of intended procurement required under Article VII: 2; or 采购实体已经在第7条第2款要求的意向采购公告中提到这种打算的采购；

(b) where it appears from the evaluation that no tender is obviously the most advantageous in terms of the specific evaluation criteria set out in the notice of intended procurement or tender documentation. 从评估情况看，在公告或招标文件规定的具体评估标准上，没有一个供应商明显具有最佳优势。

2. A procuring entity shall: 采购实体应当：

(a) ensure that any elimination of suppliers participating in negotiations is carried out in accordance with the evaluation criteria set out in the notice of intended procurement or tender documentation; and 确保依照公告或招标文件规定的评价标准，进行对参加谈判供应商的淘汰；以及

(b) where negotiations are concluded, provide a common deadline for the remaining participating suppliers to submit any new or revised tenders. 谈判进入最后阶段，对剩余参加供应商提交的新的或经修改的投标，规定共同的最后截止期限。

Article XIII Limited Tendering 有限招标

1. Provided that it does not use this provision for the purpose of avoiding competition among suppliers or in a manner that discriminates against suppliers of any other Party or protects domestic suppliers, a procuring entity may use limited tendering and may choose not to apply Articles VII through IX, X (paragraphs 7 through 11), XI, XII, XIV and XV only under any of the following circumstances: 如果不将本条款用于避免供应商之间的竞争或者作为歧视来自其他参加方供应商或者保护国内供应商的方式，那么只是在下述情形，采购实体可以使用有限招标，并且可以选择不适用第7条到第9条、第10条第7至11款、第11条、第12条、第14条和第15条：

(a) where: 当：

(i) no tenders were submitted or no suppliers requested participation ; 没有

投标或没有申请参加的供应商；

（ii） no tenders that conform to the essential requirements of the tender documentation were submitted；没有符合招标文件基本要求的投标；

（iii） no suppliers satisfied the conditions for participation；or 没有满足参加条件的供应商；或者

（iv） the tenders submitted have been collusive ，provided that the requirements of the tender documentation are not substantially modified；当关于投标文件的要求没有实质性修改时，提交的投标是串标共谋的；

（b） where the goods or services can be supplied only by a particular supplier and no reasonable alternative or substitute goods or services exist for any of the following reasons：由于以下原因之一，货物或服务只能由一个特定供应商提供，并且不存在货物或者服务的合理选择或替代：

（i） the requirement is for a work of art；要求是艺术作品；

（ii） the protection of patents，copyrights or other exclusive rights；or 保护专利、版权或其他专有权；或者

（iii） due to an absence of competition for technical reasons；因为技术原因而缺乏竞争；

（c） for additional deliveries by the original supplier of goods or services that were not included in the initial procurement where a change of supplier for such additional goods or services：由原供应商补充提供的，没有包括在原采购之中的货物或服务，其条件是：

（i） cannot be made for economic or technical reasons such as requirements of interchangeability or interoperability with existing equipment，software，services or installations procured under the initial procurement；and 由于经济和技术原因不能为补充货物或服务更换供应商，诸如与在原采购中取得的现有设备、软件、服务或者安装的互通性或共用性要求；以及

（ii） would cause significant inconvenience or substantial duplication of costs for the procuring entity；这种分离将导致严重的不便，或者造成采购实体成本的实质性成倍增加；

（d） insofar as is strictly necessary where，for reasons of extreme urgency brought about by events unforeseeable by the procuring entity，the goods or services could not be obtained in time using open tendering or selective tendering；以下情形下产生的严格必要性：由于采购实体不可预见事件引起的极端紧急状况，使用公开招标或者选择招标不能及时获得货物或服务；

(e) for goods purchased on a commodity market; 在商品市场上采购的货物;

(f) where a procuring entity procures a prototype or a first good or service that is developed at its request in the course of, and for, a particular contract for research, experiment, study or original development. Original development of a first good or service may include limited production or supply in order to incorporate the results of field testing and to demonstrate that the good or service is suitable for production or supply in quantity to acceptable quality standards, but does not include quantity production or supply to establish commercial viability or to recover research and development costs; 采购实体购置的原型样品或者首个货物或服务，它们的开发是根据特定合同要求为了研究、实验、学习或者初始开发进行的。首个货物或者服务的初始开发可以包含有限的生产或者供应，目的是体现实地试验结果并展现按照可接受质量标准适合于批量生产或供应该货物或者服务，但是不包括为建立商业生存性或者收回研究和开发成本进行的成批生产或供应;

(g) for purchases made under exceptionally advantageous conditions that only arise in the very short term in the case of unusual disposals such as those arising from liquidation, receivership or bankruptcy, but not for routine purchases from regular suppliers; or 对于由于财产清算、财务清算或破产产生的不寻常的处理等只在非常短的时间内出现的特别有利的条件下进行的采购，但不是自正常供应商处的例行采购; 或

(h) where a contract is awarded to a winner of a design contest provided that: 向设计竞赛取胜者授予合同的情形，如果:

(i) the contest has been organized in a manner that is consistent with the principles of this Agreement, in particular relating to the publication of a notice of intended procurement; and 组织竞赛的方式与本协议的原则相一致，特别是在涉及意向采购公告的公布方面; 以及

(ii) the participants are judged by an independent jury with a view to a design contract being awarded to a winner. 由一个独立的评审团对参加者进行评判，以期将设计合同授予比赛获胜者。

2. A procuring entity shall prepare a report in writing on each contract awarded under paragraph 1. The report shall include the name of the procuring entity, the value and kind of goods or services procured and a statement indicating the circumstances and conditions described in paragraph 1 that justified the use of limited

tendering. 对于根据上述第 1 款授予的合同，采购实体应当写出书面报告。每一个报告应当包括采购实体的名称，采购的货物或服务的价值和种类，以及一个提示第 1 款中规定的情形和条件以证明使用有限招标是合适的声明。

Article XIV Electronic Auctions 电子拍卖

Where a procuring entity intends to conduct a covered procurement using an electronic auction, the entity shall provide each participant, before commencing the electronic auction, with: 采购实体意图使用电子拍卖进行纳入涵盖范围的采购，该实体应当在开始电子拍卖前将以下内容提供给每一个参加者：

(a) the automatic evaluation method, including the mathematical formula, that is based on the evaluation criteria set out in the tender documentation and that will be used in the automatic ranking or re-ranking during the auction; 基于招标文件中所列评估标准并将在拍卖过程中自动排序或重新排序中使用的自动评估方法，包括数学公式；

(b) the results of any initial evaluation of the elements of its tender where the contract is to be awarded on the basis of the most advantageous tender; and 在合同授予最具优势的竞标者前提下，对竞标因素的最初评价结果；以及

(c) any other relevant information relating to the conduct of the auction. 有关拍卖活动的其他相关信息。

Article XV Treatment of Tenders and Contract Awards 投标书的处理和合同授予

Treatment of Tenders 投标书的处理

1. A procuring entity shall receive, open and treat all tenders under procedures that guarantee the fairness and impartiality of the procurement process, and the confidentiality of tenders. 采购实体应当按照程序受标、开标和处理所有投标，该程序保障采购过程的公平和公正，保障投标的秘密性。

2. A procuring entity shall not penalize any supplier whose tender is received after the time specified for receiving tenders if the delay is due solely to mishandling on the part of the procuring entity. 由于采购实体方面工作不当造成延误，致使在规定的投标期截止后才接到投标的，采购实体不得对供应商进行惩罚。

3. Where a procuring entity provides a supplier with an opportunity to correct unintentional errors of form between the opening of tenders and the awarding of the

contract, the procuring entity shall provide the same opportunity to all participating suppliers. 在开标至授予合同期间，采购实体给供应商提供机会更正形式上的非故意错误的，采购实体应当向所有参加供应商提供相同的机会。

Awarding of Contracts 合同授予

4. To be considered for an award, a tender shall be submitted in writing and shall, at the time of opening, comply with the essential requirements set out in the notices and tender documentation and be from a supplier that satisfies the conditions for participation. 授予合同应当考虑的是，投标必须以书面形式，必须在开标时符合公告和招标文件的基本要求，必须是由满足参加条件的供应商提交的。

5. Unless a procuring entity determines that it is not in the public interest to award a contract, the entity shall award the contract to the supplier that the entity has determined to be capable of fulfilling the terms of the contract and that, based solely on the evaluation criteria specified in the notices and tender documentation, has submitted: 除非采购实体确定授予合同不符合公共利益，采购实体应当将合同授予这样的供应商：采购实体已经确定他完全具备履约能力，并只是根据公告和招标文件规定的评价标准，供应商提交了：

(a) the most advantageous tender; or 最有利标；或者

(b) where price is the sole criterion, the lowest price. 价格为唯一标准的，最低价格。

6. Where a procuring entity receives a tender with a price that is abnormally lower than the prices in other tenders submitted, it may verify with the supplier that it satisfies the conditions for participation and is capable of fulfilling the terms of the contract. 收到价格异常低于其他投标价格的投标，采购实体可以核实供应商是否符合参加条件和是否具备完成合同规定的能力。

7. A procuring entity shall not use options, cancel a procurement or modify awarded contracts in a manner that circumvents the obligations under this Agreement. 采购实体不得以规避本协议义务的方式，使用期权条款、取消采购或者修改已经授予的合同。

Article XVI Transparency of Procurement Information 采购信息的透明

Information Provided to Suppliers 提供给供应商的信息

1. A procuring entity shall promptly inform participating suppliers of the

entity's contract award decisions and, on the request of a supplier, shall do so in writing. Subject to paragraphs 2 and 3 of Article XVII, a procuring entity shall, on request, provide an unsuccessful supplier with an explanation of the reasons why the entity did not select its tender and the relative advantages of the successful supplier's tender. 采购实体应当将实体的合同授予决定立刻告知参加供应商，并且应要求以书面形式通知。根据第 17 条第 2 和 3 款，采购实体应当向提出请求的落选供应商做出解释，说明实体没有选择其投标的理由和中标供应商投标的相对优势。

Publication of Award Information 授予信息的公布

2. Not later than 72 days after the award of each contract covered by this Agreement, a procuring entity shall publish a notice in the appropriate paper or electronic medium listed in Appendix III. Where the entity publishes the notice only in an electronic medium, the information shall remain readily accessible for a reasonable period of time. The notice shall include at least the following information: 本协议涵盖的每一合同授予后不迟于 72 天，采购实体应当在附录 3 列明的适当纸质或者电子媒体上发布公告。只是使用电子媒体的，该信息应当保留合理的期间以供人们获取。公告至少应当包括以下信息：

(a) a description of the goods or services procured; 对已采购的货物或服务的描述；

(b) the name and address of the procuring entity; 采购实体的名称和地址；

(c) the name and address of the successful supplier; 中标供应商的名称和地址；

(d) the value of the successful tender or the highest and lowest offers taken into account in the award of the contract; 中标的投标价值或者授予合同时考虑的最高和最低报价；

(e) the date of award; and 授予日期；以及

(f) the type of procurement method used, and in cases where limited tendering was used in accordance with Article XIII, a description of the circumstances justifying the use of limited tendering. 使用的采购方式的类型，以及按照第 13 条使用了有限招标的，描述能够证明使用有限招标确属适当的情形。

Maintenance of Documentation, Reports, and Electronic Traceability 文件、报告和可查踪电子资料的保存

3. Each procuring entity shall, for a period of at least three years from the

award of the contract maintain：在合同授予后的至少三年内期间，每一采购实体应当保存：

（a） the documentation and reports of tendering procedures and contract awards relating to covered procurement, including the reports required under Article XIII; and 竞标程序的文件和报告，以及有关被涵盖采购的合同授予，包括第 13 条要求的各种报告；以及

（b） data that ensure the appropriate traceability of the conduct of covered procurement by electronic means. 确保使用电子手段进行被涵盖采购的适当可追溯性的数据。

Collection and Report of Statistics 统计数据的收集和报告

4. Each Party shall collect and report to the Committee statistics on its contracts covered by this Agreement. Each report shall cover one year and be submitted within two years of the end of the reporting period, and shall contain：每一个参加方应当就本协议涵盖的合同，进行统计数据的收集并向委员会提出报告。一年为一报告期，报告期结束后的两年内提交报告，报告应当包含的内容是：

（a） for Annex 1 procuring entities：对于附件 1 的实体；

（i） the number and total value, for all such entities, of contracts covered by this Agreement；对全部该类实体而言，本协议涵盖的合同件数和总价值；

（ii） the number and total value of all contracts covered by this Agreement awarded by each such entity, broken down by categories of goods and services according to an internationally recognized uniform classification system; and 按照国际公认的统一分类制度对货物或服务的分类，为本协议涵盖和该类实体授予的所有合同的件数和总价值；以及

（iii） the number and total value of all contracts covered by this Agreement awarded by each such entity under limited tendering；为本协议涵盖由每一该类实体使用有限招标方式授予的合同件数和总价值；

（b） for Annex 2 and 3 procuring entities, the number and total value of contracts covered by this Agreement awarded by all such entities, broken down by Annex; and 对于附件 2 和附件 3 的实体，按照附件的分类，为本协议涵盖并由该类实体授予的合同件数和总价值；以及

（c） estimates for the data required under subparagraphs（a）and（b）, with an explanation of the methodology used to develop the estimates, where it is not feasible to provide the data. 难以提供上述数据的，第 a 项和第 b 项要求的信

息估计数，以及对估计所用方法的解释。

5. Where a Party publishes its statistics on an official website, in a manner that is consistent with the requirements of paragraph 4, the Party may substitute a notification to the Committee of the website address for the submission of the data under paragraph 4, with any instructions necessary to access and use such statistics. 一参加方在官方网站公布了他的统计数据的，该参加方可以用该网站地址的通告替代提交上述第4款规定的数据，并且按照第4款的要求对取得和使用这些数据给予必要的指导说明。

6. Where a Party requires notices concerning awarded contracts, pursuant to paragraph 2, to be published electronically and where such notices are accessible to the public through a single database in a form permitting analysis of the covered contracts, the Party may substitute a notification to the Committee of the website address for the submission of the data under paragraph 4, with any instructions necessary to access and use such data. 参加方要求关于已授予合同的公告按照第2款用电子方式公布，使用涵盖合同的分析格式，公众可以通过单独数据库获得的，那么该参加方可以用网站地址的通告代替提交第4款要求的数据，并给予获得和使用该数据的必要指导说明。

Article XVII Disclosure of Information 信息披露

Provision of Information to Parties 向各个参加方提供的信息

1. On request of any other Party, a Party shall provide promptly any information necessary to determine whether a procurement was conducted fairly, impartially and in accordance with this Agreement, including information on the characteristics and relative advantages of the successful tender. In cases where release of the information would prejudice competition in future tenders, the Party that receives the information shall not disclose it to any supplier, except after consulting with, and obtaining the agreement of, the Party that provided the information. 根据其他参加方的要求，参加方应当及时提供对于判断采购是否公平、公正和遵照本协议进行所必要的信息，包括中标投标的特点和相对优势的信息。信息的发布将对未来投标竞争造成损害的，接收该信息的参加方不得向任何供应商泄露该信息，除非与提供信息的参加方协商并达成一致。

Non-Disclosure of Information 信息的保密

2. Notwithstanding any other provision of this Agreement, a Party, including its procuring entities, shall not provide to any particular supplier information that

might prejudice fair competition between suppliers. 尽管本协议其他条款已经规定这里仍需提到的是，参加方，包括其采购实体，不得向某一特定供应商提供将会损害供应商之间竞争的信息。

3. Nothing in this Agreement shall be construed to require a Party, including its procuring entities, authorities and review bodies, to disclose confidential information where disclosure: 不得将本协议的任何条款解释为要求参加方，包括其采购实体、主管机关和审查机构，泄露将导致下述后果的本协议规定的秘密信息：

(a) would impede law enforcement; 将妨害执法的；

(b) might prejudice fair competition between suppliers; 会损害供应商之间公平竞争的；

(c) would prejudice the legitimate commercial interests of particular persons, including the protection of intellectual property; or 将损害特定人合法商业利益的，包括对知识产权的保护；或者

(d) would otherwise be contrary to the public interest. 将在其他方面违背公共利益的。

Article XVIII Domestic Review Procedures
对供应商投诉的国内审查程序

1. Each Party shall provide a timely, effective, transparent and non-discriminatory administrative or judicial review procedure through which a supplier may challenge: 每一参加方应当提供及时、有效、透明和非歧视的行政或司法程序，通过该程序供应商可以就以下事项提出投诉：

(a) a breach of the Agreement; or 对本协议的违反；或者

(b) where the supplier does not have a right to challenge directly a breach of the Agreement under the domestic law of a Party, a failure to comply with a Party's measures implementing this Agreement, 根据参加方国内法律供应商无权直接对本协议的违反提出投诉的，参加方执行本协议的措施没有得到遵守，

arising in the context of a covered procurement, in which the supplier has, or has had, an interest. The procedural rules for all challenges shall be in writing and made generally available. 上述事项产生于供应商拥有或者曾经拥有利益的涵盖采购之中。适于所有投诉的程序规则，应当是书面的并可以普遍获得。

2. In the event of a complaint by a supplier, arising in the context of covered procurement in which the supplier has, or has had, an interest, that there has

been a breach or a failure as referred to in paragraph 1, the Party of the procuring entity conducting the procurement shall encourage the entity and the supplier to seek resolution of the complaint through consultations. The entity shall accord impartial and timely consideration to any such complaint in a manner that is not prejudicial to the supplier's participation in ongoing or future procurement or its right to seek corrective measures under the administrative or judicial review procedure. 如果供应商提起的申诉，产生于供应商拥有或者曾经拥有利益的涵盖采购中，采购中存在着对本协议的违反，或者根据参加方国内法律供应商无权直接对本协议的违反提出投诉，参加方执行本协议的措施没有得到遵守，每一参加方应当鼓励采购实体和供应商通过协商寻求申诉的解决办法。采购实体应当对该申诉给予公正和及时的考虑，所采取的方式不得损害供应商对正在进行或者未来采购的参加，也不得损害其通过行政或司法审查程序寻求改正措施的权利。

3. Each supplier shall be allowed a sufficient period of time to prepare and submit a challenge, which in no case shall be less than 10 days from the time when the basis of the challenge became known or reasonably should have become known to the supplier. 每一供应商应当得到充足的期间准备和提交投诉，该期间无论如何不得少于 10 天，起算于供应商应知或已知投诉的依据之时。

4. Each Party shall establish or designate at least one impartial administrative or judicial authority that is independent of its procuring entities to receive and review a challenge by a supplier arising in the context of a covered procurement. 每一参加方应当建立或者指定至少一个独立于采购实体的公正的行政或司法主管机关，接受并审查供应商在一涵盖采购过程中产生的投诉。

5. Where a body other than an authority referred to in paragraph 4 initially reviews a challenge, the Party shall ensure that the supplier may appeal the initial decision to an impartial administrative or judicial authority that is independent of the procuring entity whose procurement is the subject of the challenge. 上述第 4 款所指主管机关以外的机构对投诉进行初次审理的，参加方应当确保供应商可以对初审决定向一个公正的行政或司法主管机关提起上诉，该主管机关独立于其采购是投诉对象的采购实体。

6. Each Party shall ensure that a review body that is not a court shall have its decision subject to judicial review or have procedures that provide that: 每一参加方应确保审查机构如不是法院，应当接受司法审查，或者应当具备以下内容的程序：

(a) the procuring entity shall respond in writing to the challenge and disclose all relevant documents to the review body; 采购实体应当以书面形式对投诉做出答复，并向审查机构披露相关文件；

(b) the participants to the proceedings (hereinafter referred to as "participants") shall have the right to be heard prior to a decision of the review body being made on the challenge; 审查机构对投诉做出决定前，审查程序的参加人应当有权得到听证；

(c) the participants shall have the right to be represented and accompanied; 参加人应当有权委托代表出席或者陪同出席；

(d) the participants shall have access to all proceedings; 参加人应当参与全部审查过程；

(e) the participants shall, have the right to request that the proceedings take place in public and that witnesses may be presented; and 参加人应当有权，要求审查过程公开进行和邀请证人出席；并且

(f) the review body shall make its decisions or recommendations in a timely fashion, in writing, and shall include an explanation of the basis for each decision or recommendation. 审查机构应当以及时和书面的方式提供有关供应商投诉的决定或建议，并有对每一决定或建议根据的解释。

7. Each Party shall adopt or maintain procedures that provide for: 每一参加方应当引入或者保持具有以下内容的程序：

(a) rapid interim measures to preserve the supplier's opportunity to participate in the procurement. Such interim measures may result in suspension of the procurement process. The procedures may provide that overriding adverse consequences for the interests concerned, including the public interest, may be taken into account when deciding whether such measures should be applied. Just cause for not acting shall be provided in writing; and 为保持供应商参加采购机会的临时快速措施。该快速措施可以导致采购活动的中止。该程序可以规定在决定是否适用该措施时，应当考虑对相关利益造成的重大不利后果，包括公共利益。对不采取行动的原因，应当提供书面说明；以及

(b) where a review body has determined that there has been a breach or a failure as referred to in paragraph 1, corrective action or compensation for the loss or damages suffered, which may be limited to either the costs for the preparation of the tender or the costs relating to the challenge, or both. 纠正的行动或者对遭受的损失或者损害的赔偿，它们可以限于准备投标的成本或者有关投诉的成

本，或者包括两者，如果审查机构确定存在对本协议的违反，或者根据参加方国内法律供应商无权直接对本协议的违反提出投诉，采购实体没有遵守参加方执行本协议的措施的话。

Article XIX Modifications and Rectifications to Coverage 涵盖范围的修改和调整

Notification of Proposed Modification 修改提议的通知

1. A Party shall notify the Committee of any proposed rectification, transfer of an entity from one annex to another, withdrawal of an entity or other modification of its annexes to Appendix I (any of which is hereinafter referred to as "modification"). The Party proposing the modification (hereinafter referred to as "modifying Party") shall include in the notification: 参加方应当将下述事项通知委员会：任何调整提议，将一实体从一个附件转移到另一个附件，一实体的撤消，或者附录 1 中的其他修改（这些事项在本条中统称为"修改"）。修改提议的参加方（"修改方"）应当在通知中包括：

(a) for any proposed withdrawal of an entity from its annexes to Appendix I in exercise of its rights on the grounds that government control or influence over the entity's covered procurement has been effectively eliminated, evidence of such elimination; or 对附录 1 中实体的撤消提议，行使其权利所依据的理由是政府对涵盖采购实体的控制和影响已经有效地消除，以及该消除的证据；或者

(b) for any other proposed modification, information as to the likely consequences of the change for the mutually agreed coverage provided for in this Agreement. 对其他事项的修改提议，有关改变对规定于本协议的相互议定的涵盖范围造成可能后果的信息。

Objection to Notification 对通知的异议

2. Any Party whose rights under this Agreement may be affected by a proposed modification notified under paragraph 1 may notify the Committee of any objection to the proposed modification. Such objections shall be made within 45 days from the date of the circulation to the Parties of the notification, and shall set out reasons for the objection. 根据第 1 款发出通知的修改提议影响了一参加方本协议下的权利，该参加方可以将异议通知委员会。该异议应当走向各参加方散发通知之日起 45 天内做出，并应当说明理由。

Consultations 磋商

3. The modifying Party and any Party making an objection (hereinafter re-

ferred to as "objecting Party") shall make every attempt to resolve the objection through consultations. In such consultations, the modifying and objecting Parties shall consider the proposed modification: 提出修改的参加方和提出异议的参加方（"异议方"）应当尽一切努力通过协商解决该异议。在协商中，修改方和异议方应当考虑修改提议中的以下事项：

(a) in the case of a notification under paragraph 1 (a), in accordance with any indicative criteria adopted pursuant to paragraph 8 (b), indicating the effective elimination of government control or influence over an entity's covered procurement; and 对于第1款第a项下的通知，表明按照第8款（c）采用的明确标准，政府对涵盖采购实体的控制和影响已经有效地消除；以及

(b) in the case of a notification under paragraph 1 (b), in accordance with any criteria adopted pursuant to paragraph 8 (c), relating to the level of compensatory adjustments to be offered for modifications, with a view to maintaining a balance of rights and obligations and a comparable level of mutually agreed coverage provided in this Agreement. 对于第1款第b项下的通知，按照第8款第（c）项采用的标准，在为修改提出的补偿调整水平方面，保持权利义务的平衡和规定于本协议中经相互议定的可比涵盖水平。

Revised Modification 修正后的修改

4. Where the modifying Party and any objecting Party resolve the objection through consultations, and the modifying Party revises its proposed modification as a result of those consultations, the modifying Party shall notify the Committee in accordance with paragraph 1, and any such revised modification shall only be effective after fulfilling the requirements of this Article. 修改方和异议方通过协商解决了异议，并且作为协商结果修改方修正了修改提议的，修改方应当按照第1款通知委员会，并且只有在履行了本条要求后该经过修正的修改才能取得效力。

Implementation of Modifications 修改的执行

5. A proposed modification shall become effective only where: 只有具备以下条件修改提议才能取得效力：

(a) no Party submits to the Committee a written objection to the proposed modification within 45 days from the date of circulation of the notification of the proposed modification under paragraph 1; 从根据第1款向各个参加方散发通知之日起45天内，没有任何参加方向委员会提交对修改提议的书面异议；

(b) all objecting Parties have notified the Committee that they withdraw their objections to the proposed modification; or 全部异议参加方已经通知委员会，他们撤回对修改提议的异议；或者

（c） 150 days from the date of circulation of the notification of the proposed modification under paragraph 1 have elapsed, and the modifying Party has informed the Committee in writing of its intention to implement the modification. 从根据第 1 款散发修改提议的通知之日起已经过去 150 天，并且修改方已经将其执行修改的意向告知委员会。

Withdrawal of Substantially Equivalent Coverage 实质相等的涵盖范围的撤销

6. Where a modification becomes effective pursuant to paragraph 5 （c）, any objecting Party may withdraw substantially equivalent coverage. Notwithstanding Article IV: 1 （b）, a withdrawal pursuant to this paragraph may be implemented solely with respect to the modifying Party. Any objecting Party shall inform the Committee in writing of any such withdrawal at least 30 days before the withdrawal becomes effective. A withdrawal pursuant to this paragraph shall be consistent with any criteria relating to the level of compensatory adjustment adopted by the Committee pursuant to paragraph 8 （c）. 按照上述第 5 款第 c 项修改取得效力后，异议方可以撤销大致相当的涵盖范围。尽管已有第 4 条第 1 款第 b 项的规定，根据本款进行的撤销，只有由于修改方的原因才能付诸实施。至少不迟于撤销生效前 30 天，异议方应当将该撤销通知委员会。本款下的撤销应当与委员会根据第 8 款（c）采用的补偿调整水平有关的任何标准相一致。

Arbitration Procedures to Facilitate Resolution of Objections 便利解决异议的仲裁程序

7. Where the Committee has adopted arbitration procedures to facilitate the resolution of objections pursuant to paragraph 8, a modifying or any objecting Party may invoke the arbitration procedures within 120 days of circulation of the notification of the proposed modification: 如果委员会按照第 8 款通过了便利解决异议的仲裁程序，修改方和异议方应当在散发修改提议通知的 120 天以内，提起仲裁程序：

（a） Where no Party has invoked the arbitration procedures within the time-period: 如果在上述期间内任何一方都没有提起仲裁程序的话，

（i） notwithstanding paragraph 5 （c）, the proposed modification shall become effective where 130 days from the date of circulation of the notification of the proposed modification under paragraph 1 have elapsed, and the modifying Party has informed the Committee in writing of its intention to implement the modification; and 尽管有第5款第c项的规定，从根据第1款散发修改提议的通知之日起已经过去130天，并且修改方已经将其执行修改的意向告知委员会，修改提议应当取得效力；并且

(ii) no objecting Party may withdraw coverage pursuant to paragraph 6. 异议方不得依据第6款撤销涵盖范围。

(b) Where a modifying Party or objecting Party has invoked the arbitration procedures: 如果修改方或者异议方提起仲裁程序的话，

(i) notwithstanding paragraph 5 (c), the proposed modification shall not become effective before the completion of the arbitration procedures; 尽管有第5款第c项的规定，在仲裁程序完成以前，修改提议不得生效；

(ii) any objecting Party that intends to enforce a right to compensation, or to withdraw substantially equivalent coverage pursuant to paragraph 6, shall participate in the arbitration proceedings; 意图行使取得补偿权或者按照第6款撤回大致相当涵盖的异议方，应当参加仲裁程序；

(iii) a modifying Party should comply with the results of the arbitration procedures in making any modification effective pursuant to paragraph 5 (c); and 在按照第5款第c项使修改取得效力的努力中，修改方应当遵守仲裁程序的结果；以及

(iv) where a modifying Party does not comply with the results of the arbitration procedures in making any modification effective pursuant to paragraph 5 (c), any objecting Party may withdraw substantially equivalent coverage pursuant to paragraph 6, provided that any such withdrawal is consistent with the result of the arbitration procedures. 如果在按照第5款第c项使修改取得效力的努力中，修改方不遵守仲裁程序的结果，异议方可以按照第6款撤销大致相当的涵盖范围，但条件是任何此种撤销符合仲裁程序的结果。

Committee Responsibilities 委员会的职责

8. The Committee shall adopt: 委员会应当通过：

(a) arbitration procedures to facilitate resolution of objections under paragraph 2; 根据第2款便利解决异议分歧的仲裁程序；

(b) indicative criteria that demonstrate the effective elimination of government control or influence over an entity's covered procurement; and 表明政府对实体涵盖采购的控制和影响已经有效消除的指标性标准；

(c) criteria for determining the level of compensatory adjustment to be offered for modifications made pursuant to paragraph 1 (b) and of substantially equivalent coverage under paragraph 6. 如何确定为根据第1款第b项的修改而提出补偿调整水平的具体标准，以及如何确定第6款下的大致相当涵盖范围的具体标准。

Article XX Consultations and Dispute Settlement 磋商和争端解决

1. Each Party shall accord sympathetic consideration to and shall afford adequate opportunity for consultation regarding any representation made by another Party with respect to any matter affecting the operation of this Agreement. 对于一参加方做出的有关影响本协议实施的任何表现，每一参加方都应给予友善考虑和充分磋商机会。

2. Where any Party considers that any benefit accruing to it, directly or indirectly, under this Agreement is being nullified or impaired, or that the attainment of any objective of this Agreement is being impeded as the result of: 如果参加方认为根据本协议直接或者间接取得的收益正在消失或者正在受到的损害，或者认为由于下列原因阻碍本协议任何目标的实现：

(a) the failure of another Party or Parties to carry out its obligations under this Agreement; or 其他一个或者数个参加方没有履行本协议规定的义务；或者

(b) the application by another Party or Parties of any measure, whether or not it conflicts with the provisions of this Agreement, 另一个或多个参加方实施无论是否违背本协议规定的任何措施，

it may, with a view to reaching a mutually satisfactory solution to the matter, have recourse to the provisions of the Understanding on Rules and Procedures Governing the Settlement of Disputes (hereinafter referred to as "the Dispute Settlement Understanding"). 则该参加方为达成关于该事项的双方满意的解决方法，可援引《关于争端解决规则与程序的谅解》(下称《争端解决谅解》)。

3. The Dispute Settlement Understanding shall apply to consultations and the settlement of disputes under this Agreement, with the exception that, notwithstanding paragraph 3 of Article 22 of the Dispute Settlement Understanding, any dispute arising under any Agreement listed in Appendix 1 to the Dispute Settlement Understanding other than this Agreement shall not result in the suspension of concessions or other obligations under this Agreement, and any dispute arising under this

Agreement shall not result in the suspension of concessions or other obligations under any other Agreement listed in Appendix 1 of the Dispute Settlement Understanding.《争端解决谅解》适用于本协议下的磋商和争端解决，但下列情况除外，即尽管有《争端解决谅解》第22条第3款的规定，《争端解决谅解》附录1列明的本协议以外其他协议下产生的争端，不得导致停止本协议下的减让或者其他义务，并且，本协议下产生的争端不得导致停止《争端解决谅解》附录1列明的其他协议下减让或者其他义务。

Article XXI Institutions 机构

Committee on Government Procurement 政府采购委员会

1. There shall be a Committee on Government Procurement composed of representatives from each of the Parties. This Committee shall elect its own Chairman and shall meet as necessary, but not less than once a year, for the purpose of affording Parties the opportunity to consult on any matters relating to the operation of this Agreement or the furtherance of its objectives, and to carry out such other responsibilities as may be assigned to it by the Parties. 应当建立一个由每一个参加方代表组成的政府采购委员会。该委员会应当选举他们自己的主席，并且应当在必要时举行会议，但一年不得少于一次，目的是向参加方提供机会协商有关本协议的运行或者其目标的推进事宜，以及执行由各参加方赋予的其他职责。

2. The Committee may establish working parties or other subsidiary bodies that shall carry out such functions as may be given to them by the Committee. 委员会可以设立工作组或者其他下属机构，以执行委员会给予他们的任务。

3. The Committee shall annually 委员会应当每年：

(a) review the implementation and operation of this Agreement; and 审议本协议的执行和运行；以及

(b) inform the General Council of its activities, pursuant to Article IV: 8 of the Marrakesh Agreement Establishing the World Trade Organization (hereinafter referred to as "WTO Agreement"), and of developments relating to the implementation and operation of this Agreement. 根据《马拉喀什建立世界贸易组织协定（WTO协定）》第4条第8款，向世界贸易组织总理事会通报本协议执行和运行的进展。

Observers 观察员

4. Any WTO Member that is not a Party to this Agreement shall be entitled to

participate in the Committee as an observer by submitting a written notice to the Committee. Any WTO observer may submit a written request to the Committee to participate in the Committee as an observer, and may be accorded observer status by the Committee. 任何不是本协议参加方的世界贸易组织成员，在向秘书处提出书面通知后，都有权作为观察员参加委员会。任何世界贸易组织观察员，在向秘书处提交书面申请后都可以作为观察员参加委员会，并可以由委员会授予其观察员地位。

Article XXII Final Provisions 最后规定

Acceptance and Entry into Force 接受和生效

1. This Agreement shall enter into force on 1 January 1996 for those governments[⑨] whose agreed coverage is contained in the Annexes of Appendix I of this Agreement, and which have, by signature, accepted the Agreement on 15 April 1994, or have, by that date, signed the Agreement subject to ratification and have subsequently ratified the Agreement before 1 January 1996. 对于那些在 1994 年 4 月 15 日签署接受协议（或在 1996 年 1 月 1 日前经相关批准程序后签署协议）并在附录一有关附件中承诺涵盖范围的政府而言，本协议应于 1996 年 1 月 1 日生效。

Accession 加入

2. Any Member of the WTO may accede to this Agreement on terms to be agreed between that Member and the Parties, with such terms stated in a decision of the Committee. Accession shall take place by deposit with the Director-General of the WTO of an instrument of accession that states the terms so agreed. This Agreement shall enter into force for a Member acceding to it on the 30th day following the deposit of its instrument of accession. 任何 WTO 成员可根据其与各参加方议定的条件加入本协议。加入时应向 WTO 总干事递交关于议定条件的加入书。在递交加入书后 30 天，本协议对加入方生效。

Reservations 保留

3. No Party may enter a reservation in respect of any provision of this Agreement. 任何参加方不得对本协议的任何条款提出保留。

---

⑨ For the purpose of this Agreement, the term "government" is deemed to include the competent authorities of the European Union. 就本协议而言，“政府”一词对欧盟来说指欧盟整体。

Domestic Legislation 国内立法

4. Each Party shall ensure, not later than the date of entry into force of this Agreement for it, the conformity of its laws, regulations and administrative procedures, and the rules, procedures and practices applied by its procuring entities, with the provisions of this Agreement. 每一参加方应保证，在不迟于本协议对其生效之日，使其法律、法规、管理程序及其采购实体所适用的规则、程序和做法符合本协议的规定。

5. Each Party shall inform the Committee of any changes to its laws and regulations relevant to this Agreement and in the administration of such laws and regulations. 每一参加方应将其与本协议有关的法律和法规的任何变更以及此类法律和法规的管理方面的任何变更通知委员会。

Future Negotiations and Future Work Programmes 未来谈判和工作计划

6. Each Party shall seek to avoid introducing or continuing discriminatory measures that distort open procurement. 每一参加方应争取避免采用或继续采用扭曲公开采购的歧视性措施。

7. Not later than the end of three years from the date of entry into force of the Protocol Amending the Agreement on Government Procurement, adopted on 30 March 2012, and periodically thereafter, the Parties shall undertake further negotiations, with a view to improving this Agreement, progressively reducing and eliminating discriminatory measures, and achieving the greatest possible extension of its coverage among all Parties on the basis of mutual reciprocity, taking into consideration the needs of developing countries. 不迟于本协议生效之日起（于＊日签署）及此后定期，参加方应进行进一步谈判，以期改进本协议，并尽最大可能在所有参加方之间实行本协议适用范围的扩大，同时考虑到发展中国家的需要。

8. (a) The Committee shall undertake further work to facilitate the implementation of this Agreement and the negotiations provided for in paragraph 7, through the adoption of work programmes for the following items: 委员会应通过采纳以下工作计划进一步开展工作，促进本协议的实施和第7款所提的谈判：

(i) the treatment of small and medium-sized enterprises; 中小企业问题；

(ii) the collection and dissemination of statistical data; 数据收集和公布；

(iii) the treatment of sustainable procurement; 可持续性采购问题；

(iv) exclusions and restrictions in Parties' Annexes; and 参加方附件所列的

例外和限制；

（v） safety standards in international procurement. 国际采购中的安全标准。

（b） The Committee：委员会：

（i） may adopt a decision that contains a list of work programmes on additional items, which may be reviewed and updated periodically; and 委员会可以通过一项决议，决议中包含一份附加项目的工作清单，该清单将定期接受审议和更新；

（ii） shall adopt a decision setting out the work to be undertaken on each particular work programme under subparagraph （a） and any work programme adopted under subparagraph （b）（i）. 委员会应通过一项决议，对（a）款和（b）（i）款下特定工作计划作出安排。

9. Following the conclusion of the work programme to harmonize rules of origin for goods being undertaken under the Agreement on Rules of Origin in Annex 1A to the WTO Agreement and negotiations regarding trade in services, the Parties shall take the results of that work programme and those negotiations into account in amending Article IV：5, as appropriate. 在根据《建立世界贸易组织协定》附件1A 所列《原产地规则协定》进行的有关协调货物原产地规则的工作计划及关于服务贸易的谈判结束后，各参加方在修正第4条第5款时应酌情考虑该工作计划和这些谈判的结果。

10. Not later than the end of the fifth year from the date of entry into force of the Protocol – Amending the Agreement on Government Procurement, the Committee shall examine the applicability of Article XX：2（b）. 不迟于本协议生效之日起第5年年末，委员会应审查第20条第2（b）款的适用性。

Amendments 修正

11. The Parties may amend this Agreement. A decision to adopt an amendment and to submit it for acceptance by the Parties shall be taken by consensus. An amendment shall enter into force：各参加方可修正本协议。关于修正协议的决定应经参加方一致同意。一项修正应在以下情况下生效：

（a） except as provided for in subparagraph （b）, in respect of those Parties that accept it, upon acceptance by two thirds of the Parties and thereafter for each other Party upon acceptance by it; 除非（b）项所列情形，当三分之二的参加方同意修正时，对这些同意修正的参加方生效，并在此后对同意修正的每一其他参加方生效；

（b） for all Parties upon acceptance by two thirds of the Parties if it is an amendment that the Committee, by consensus, has determined to be of a nature that would not alter the rights and obligations of the Parties. 经委员会一致同意认为一项修正不改变参加方权利和义务时，三分之二参加方同意即对所有参加方生效。

Withdrawal 退出

12. Any Party may withdraw from this Agreement. The withdrawal shall take effect upon the expiration of 60 days from the date the Director-General of the WTO receives written notice of the withdrawal. Any Party may, upon such notification, request an immediate meeting of the Committee. 任何参加方均可退出本协议。该退出应在 WTO 总干事收到书面退出通知之日起 60 天期满后生效。任何参加方在收到此类通知后，可请求立即召开委员会会议。

13. Where a Party to this Agreement ceases to be a Member of the WTO, it shall cease to be a Party to this Agreement with effect on the date on which it ceases to be a Member of the WTO. 如本协议一参加方不再为 WTO 成员，则该参加方应自不再为 WTO 成员的同日起不再为本协议的参加方。

Non-application of this Agreement between Particular Parties 本协议在特定参加方之间的不适用

14. This Agreement shall not apply as between any two Parties where either Party, at the time either Party accepts or accedes to this Agreement, does not consent to such application. 任何参加方，如在自己或任何参加方接受或加入本协议时，不同意在彼此之间适用本协议，则本协议不在该两参加方之间适用。

Appendices 附录

15. The Appendices to this Agreement constitute an integral part thereof. 本协议的附录为本协议的组成部分。

Secretariat 秘书处

16. This Agreement shall be serviced by the WTO Secretariat. 本协议由 WTO 秘书处提供服务。

Deposit 交存

17. This Agreement shall be deposited with the Director-General of the WTO, who shall promptly furnish to each Party a certified true copy of this Agreement, of each rectification or modification thereto pursuant to Article XIX and of each amendment pursuant to paragraph 11, and a notification of each accession thereto pursuant to paragraph 2 and of each withdrawal pursuant to paragraphs 12 or 13.

本协议应交存 WTO 总干事。总干事应迅速向每一参加方提供一份本协议经核证的副本、根据第 19 条进行的每一项更正或修改的副本、根据第 11 款进行的每一项修正的副本，以及根据第 2 款所作每一加入和根据第 12 或 13 款所做每一退出的通知。

Registration 登记

18. This Agreement shall be registered in accordance with the provisions of Article 102 of the Charter of the United Nations. 本协议应依照《联合国宪章》第 102 条的规定予以登记。

（二）法律法规

中华人民共和国招标投标法

（第九届全国人民代表大会常务委员会第十一次会议通过 1999年8月30日）

目 录

第一章 总 则

第一条 为了规范招标投标活动，保护国家利益、社会公共利益和招标投标活动当事人的合法权益，提高经济效益，保证项目质量，制定本法。

第二条 在中华人民共和国境内进行招标投标活动，适用本法。

第三条 在中华人民共和国境内进行下列工程建设项目包括项目的勘察、设计、施工、监理以及与工程建设有关的重要设备、材料等的采购，必须进行招标：

（一）大型基础设施、公用事业等关系社会公共利益、公众安全的项目；

（二）全部或者部分使用国有资金投资或者国家融资的项目；

（三）使用国际组织或者外国政府贷款、援助资金的项目。

前款所列项目的具体范围和规模标准，由国务院发展计划部门会同国务院有关部门制订，报国务院批准。

法律或者国务院对必须进行招标的其他项目的范围有规定的，依照其规定。

第四条 任何单位和个人不得将依法必须进行招标的项目化整为零或者以其他任何方式规避招标。

第五条 招标投标活动应当遵循公开、公平、公正和诚实信用的原则。

第六条 依法必须进行招标的项目，其招标投标活动不受地区或者部门的限制。任何单位和个人不得违法限制或者排斥本地区、本系统以外的法人或者其他组织参加投标，不得以任何方式非法干涉招标投标活动。

第七条 招标投标活动及其当事人应当接受依法实施的监督。

有关行政监督部门依法对招标投标活动实施监督，依法查处招标投标活动中的违法行为。

对招标投标活动的行政监督及有关部门的具体职权划分，由国务院规定。

第二章 招　　标

第八条 招标人是依照本法规定提出招标项目、进行招标的法人或者其他组织。

第九条 招标项目按照国家有关规定需要履行项目审批手续的，应当先履行审批手续，取得批准。

招标人应当有进行招标项目的相应资金或者资金来源已经落实，并应当在招标文件中如实载明。

第十条 招标分为公开招标和邀请招标。

公开招标，是指招标人以招标公告的方式邀请不特定的法人或者其他组织投标。

邀请招标，是指招标人以投标邀请书的方式邀请特定的法人或者其他组织投标。

第十一条 国务院发展计划部门确定的国家重点项目和省、自治区、直辖市人民政府确定的地方重点项目不适宜公开招标的，经国务院发展计划部门或者省、自治区、直辖市人民政府批准，可以进行邀请招标。

第十二条 招标人有权自行选择招标代理机构，委托其办理招标事宜。任何单位和个人不得以任何方式为招标人指定招标代理机构。

招标人具有编制招标文件和组织评标能力的，可以自行办理招标事宜。任何单位和个人不得强制其委托招标代理机构办理招标事宜。

依法必须进行招标的项目，招标人自行办理招标事宜的，应当向有关行政监督部门备案。

第十三条 招标代理机构是依法设立、从事招标代理业务并提供相关服务的社会中介组织。

招标代理机构应当具备下列条件：

（一）有从事招标代理业务的营业场所和相应资金；

（二）有能够编制招标文件和组织评标的相应专业力量；

（三）有符合本法第三十七条第三款规定条件、可以作为评标委员会成员人选的技术、经济等方面的专家库。

第十四条 从事工程建设项目招标代理业务的招标代理机构，其资格由国务院或者省、自治区、直辖市人民政府的建设行政主管部门认定。具体办法由国务院建设行政主管部门会同国务院有关部门制定。从事其他招标代理业务的招标代理机构，其资格认定的主管部门由国务院规定。

招标代理机构与行政机关和其他国家机关不得存在隶属关系或者其他利益关系。

第十五条 招标代理机构应当在招标人委托的范围内办理招标事宜，并遵守本法关于招标人的规定。

第十六条 招标人采用公开招标方式的，应当发布招标公告。依法必须进行招标的项目的招标公告，应当通过国家指定的报刊、信息网络或者其他媒介发布。

招标公告应当载明招标人的名称和地址、招标项目的性质、数量、实施地点和时间以及获取招标文件的办法等事项。

第十七条 招标人采用邀请招标方式的，应当向三个以上具备承担招标项目的能力、资信良好的特定的法人或者其他组织发出投标邀请书。

投标邀请书应当载明本法第十六条第二款规定的事项。

第十八条 招标人可以根据招标项目本身的要求，在招标公告或者投标邀请书中，要求潜在投标人提供有关资质证明文件和业绩情况，并对潜在投标人进行资格审查；国家对投标人的资格条件有规定的，依照其规定。

招标人不得以不合理的条件限制或者排斥潜在投标人，不得对潜在投标人实行歧视待遇。

第十九条 招标人应当根据招标项目的特点和需要编制招标文件。招标文件应当包括招标项目的技术要求、对投标人资格审查的标准、投标报价要求和评标标准等所有实质性要求和条件以及拟签订合同的主要条款。

国家对招标项目的技术、标准有规定的，招标人应当按照其规定在招标文件中提出相应要求。

招标项目需要划分标段、确定工期的，招标人应当合理划分标段、确定工期，并在招标文件中载明。

第二十条 招标文件不得要求或者标明特定的生产供应者以及含有倾向或者排斥潜在投标人的其他内容。

第二十一条 招标人根据招标项目的具体情况，可以组织潜在投标人踏勘项目现场。

第二十二条 招标人不得向他人透露已获取招标文件的潜在投标人的名称、数量以及可能影响公平竞争的有关招标投标的其他情况。

招标人设有标底的，标底必须保密。

第二十三条 招标人对已发出的招标文件进行必要的澄清或者修改的，应当在招标文件要求提交投标文件截止时间至少十五日前，以书面形式通知所有招标文件收受人。该澄清或者修改的内容为招标文件的组成部分。

第二十四条 招标人应当确定投标人编制投标文件所需要的合理时间；但是，依法必须进行招标的项目，自招标文件开始发出之日起至投标人提交投标文件截止之日止，最短不得少于二十日。

第三章　投　　标

第二十五条 投标人是响应招标、参加投标竞争的法人或者其他组织。

依法招标的科研项目允许个人参加投标的，投标的个人适用本法有关投标人的规定。

第二十六条 投标人应当具备承担招标项目的能力；国家有关规定对投标人资格条件或者招标文件对投标人资格条件有规定的，投标人应当具备规定的资格条件。

第二十七条 投标人应当按照招标文件的要求编制投标文件。投标文件应当对招标文件提出的实质性要求和条件作出响应。

招标项目属于建设施工的，投标文件的内容应当包括拟派出的项目负责人与主要技术人员的简历、业绩和拟用于完成招标项目的机械设备等。

第二十八条 投标人应当在招标文件要求提交投标文件的截止时间前，将投标文件送达投标地点。招标人收到投标文件后，应当签收保存，不得开启。投标人少于三个的，招标人应当依照本法重新招标。

在招标文件要求提交投标文件的截止时间后送达的投标文件，招标人应当拒收。

第二十九条 投标人在招标文件要求提交投标文件的截止时间前，可以补充、修改或者撤回已提交的投标文件，并书面通知招标人。补充、修改的内容为投标文件的组成部分。

第三十条 投标人根据招标文件载明的项目实际情况，拟在中标后将中标项目的部分非主体、非关键性工作进行分包的，应当在投标文件中载明。

第三十一条 两个以上法人或者其他组织可以组成一个联合体，以一个投标人的身份共同投标。

联合体各方均应当具备承担招标项目的相应能力；国家有关规定或者招标文件对投标人资格条件有规定的，联合体各方均应当具备规定的相应资格条件。由同一专业的单位组成的联合体，按照资质等级较低的单位确定资质等级。

联合体各方应当签订共同投标协议，明确约定各方拟承担的工作和责任，并将共同投标协议连同投标文件一并提交招标人。联合体中标的，联合体各方应当共同与招标人签订合同，就中标项目向招标人承担连带责任。

招标人不得强制投标人组成联合体共同投标，不得限制投标人之间的竞争。

第三十二条 投标人不得相互串通投标报价，不得排挤其他投标人的公平竞争，损害招标人或者其他投标人的合法权益。

投标人不得与招标人串通投标，损害国家利益、社会公共利益或者他人的合法权益。

禁止投标人以向招标人或者评标委员会成员行贿的手段谋取中标。

第三十三条 投标人不得以低于成本的报价竞标，也不得以他人名义投标或者以其他方式弄虚作假，骗取中标。

第四章 开标、评标和中标

第三十四条 开标应当在招标文件确定的提交投标文件截止时间的同一时间公开进行；开标地点应当为招标文件中预先确定的地点。

第三十五条 开标由招标人主持，邀请所有投标人参加。

第三十六条 开标时，由投标人或者其推选的代表检查投标文件的密封情况，也可以由招标人委托的公证机构检查并公证；经确认无误后，由工作人员当众拆封，宣读投标人名称、投标价格和投标文件的其他主要内容。

招标人在招标文件要求提交投标文件的截止时间前收到的所有投标文件，开标时都应当当众予以拆封、宣读。

开标过程应当记录，并存档备查。

第三十七条 评标由招标人依法组建的评标委员会负责。

依法必须进行招标的项目，其评标委员会由招标人的代表和有关技术、经济等方面的专家组成，成员人数为五人以上单数，其中技术、经济等方面的专家不得少于成员总数的三分之二。

前款专家应当从事相关领域工作满八年并具有高级职称或者具有同等专业水平，由招标人从国务院有关部门或者省、自治区、直辖市人民政府有关部门提供的专家名册或者招标代理机构的专家库内的相关专业的专家名单中确定；一般招标项目可以采取随机抽取方式，特殊招标项目可以由招标人直接确定。

与投标人有利害关系的人不得进入相关项目的评标委员会；已经进入的应当更换。

评标委员会成员的名单在中标结果确定前应当保密。

第三十八条 招标人应当采取必要的措施，保证评标在严格保密的情况下进行。

任何单位和个人不得非法干预、影响评标的过程和结果。

第三十九条 评标委员会可以要求投标人对投标文件中含义不明确的内容作必要的澄清或者说明，但是澄清或者说明不得超出投标文件的范围或者改变投标文件的实质性内容。

第四十条 评标委员会应当按照招标文件确定的评标标准和方法，对投标文件进行评审和比较；设有标底的，应当参考标底。评标委员会完成评标后，应当向招标人提出书面评标报告，并推荐合格的中标候选人。

招标人根据评标委员会提出的书面评标报告和推荐的中标候选人确定中标人。招标人也可以授权评标委员会直接确定中标人。

国务院对特定招标项目的评标有特别规定的，从其规定。

第四十一条 中标人的投标应当符合下列条件之一：

（一）能够最大限度地满足招标文件中规定的各项综合评价标准；

（二）能够满足招标文件的实质性要求，并且经评审的投标价格最低；但是投标价格低于成本的除外。

第四十二条 评标委员会经评审，认为所有投标都不符合招标文件要求的，可以否决所有投标。

依法必须进行招标的项目的所有投标被否决的，招标人应当依照本法重新招标。

第四十三条 在确定中标人前，招标人不得与投标人就投标价格、投标方案等实质性内容进行谈判。

第四十四条 评标委员会成员应当客观、公正地履行职务，遵守职业道德，对所提出的评审意见承担个人责任。

评标委员会成员不得私下接触投标人，不得收受投标人的财物或者其他好处。

评标委员会成员和参与评标的有关工作人员不得透露对投标文件的评审和比较、中标候选人的推荐情况以及与评标有关的其他情况。

第四十五条 中标人确定后，招标人应当向中标人发出中标通知书，并同时将中标结果通知所有未中标的投标人。

中标通知书对招标人和中标人具有法律效力。中标通知书发出后，招标人改变中标结果的，或者中标人放弃中标项目的，应当依法承担法律责任。

第四十六条 招标人和中标人应当自中标通知书发出之日起三十日内，按照招标文件和中标人的投标文件订立书面合同。招标人和中标人不得再行订立背离合同实质性内容的其他协议。

招标文件要求中标人提交履约保证金的，中标人应当提交。

第四十七条 依法必须进行招标的项目，招标人应当自确定中标人之日起十五日内，向有关行政监督部门提交招标投标情况的书面报告。

第四十八条 中标人应当按照合同约定履行义务，完成中标项目。中标人不得向他人转让中标项目，也不得将中标项目肢解后分别向他人转让。

中标人按照合同约定或者经招标人同意，可以将中标项目的部分非主体、非关键性工作分包给他人完成。接受分包的人应当具备相应的资格条件，并不得再次分包。

中标人应当就分包项目向招标人负责，接受分包的人就分包项目承担连带责任。

第五章 法律责任

第四十九条 违反本法规定，必须进行招标的项目而不招标的，将必须进行招标的项目化整为零或者以其他任何方式规避招标的，责令限期改正，可以处项目合同金额千分之五以上千分之十以下的罚款；对全部或者部分使用国有资金的项目，可以暂停项目执行或者暂停资金拨付；对单位直接负责的主管人员和其他直接责任人员依法给予处分。

第五十条 招标代理机构违反本法规定，泄露应当保密的与招标投标活动有关的情况和资料的，或者与招标人、投标人串通损害国家利益、社会公共利益或者他人合法权益的，处五万元以上二十五万元以下的罚款，对单位直接负责的主管人员和其他直接责任人员处单位罚款数额百分之五以上百分之十以下的罚款；有违法所得的，并处没收违法所得；情节严重的，暂停直至取消招标代理资格；构成犯罪的，依法追究刑事责任。给他人造成损失的，依法承担赔偿责任。

前款所列行为影响中标结果的，中标无效。

第五十一条 招标人以不合理的条件限制或者排斥潜在投标人的，对潜在投标人实行歧视待遇的，强制要求投标人组成联合体共同投标的，或者限制投标人之间竞争的，责令改正，可以处一万元以上五万元以下的罚款。

第五十二条 依法必须进行招标的项目的招标人向他人透露已获取招标文件的潜在投标人的名称、数量或者可能影响公平竞争的有关招标投标的其他情况的，或者泄露标底的，给予警告，可以并处一万元以上十万元以下的罚款；对单位直接负责的主管人员和其他直接责任人员依法给予处分；构成犯罪的，依法追究刑事责任。

前款所列行为影响中标结果的，中标无效。

第五十三条 投标人相互串通投标或者与招标人串通投标的，投标人以向招标人或者评标委员会成员行贿的手段谋取中标的，中标无效，处中标项目金额千分之五以上千分之十以下的罚款，对单位直接负责的主管人员和其他直接责任人员处单位罚款数额百分之五以上百分之十以下的罚款；有违法所得的，并处没收违法所得；情节严重的，取消其一年至二年内参加依法必须进行招标的项目的投标资格并予以公告，直至由工商行政管理机关吊销营业执照；构成犯罪的，依法追究刑事责任。给他人造成损失的，依法承担赔偿责任。

第五十四条 投标人以他人名义投标或者以其他方式弄虚作假，骗取中标的，中标无效，给招标人造成损失的，依法承担赔偿责任；构成犯罪的，依法追究刑事责任。

依法必须进行招标的项目的投标人有前款所列行为尚未构成犯罪的，处中标项目金额千分之五以上千分之十以下的罚款，对单位直接负责的主管人员和其他直接责任人员处单位罚款数额百分之五以上百分之十以下的罚款；有违法所得的，并处没收违法所得；情节严重的，取消其一年至三年内参加依法必须进行招标的项目的投标资格并予以公告，直至由工商行政管理机关吊销营业执照。

第五十五条 依法必须进行招标的项目，招标人违反本法规定，与投标人就投标价格、投标方案等实质性内容进行谈判的，给予警告，对单位直接负责的主管人员和其他直接责任人员依法给予处分。

前款所列行为影响中标结果的，中标无效。

第五十六条 评标委员会成员收受投标人的财物或者其他好处的，评标委员会成员或者参加评标的有关工作人员向他人透露对投标文件的评审和比较、中标候选人的推荐以及与评标有关的其他情况的，给予警告，没收收受的财物，可以并处三千元以上五万元以下的罚款，对有所列违法行为的评标委员会成员取消担任评标委员会成员的资格，不得再参加任何依法必须进行招标的项目的评标；构成犯罪的，依法追究刑事责任。

第五十七条 招标人在评标委员会依法推荐的中标候选人以外确定中标人的，依法必须进行招标的项目在所有投标被评标委员会否决后自行确定中标人的，中标无效。责令改正，可以处中标项目金额千分之五以上千分之十以下的罚款；对单位直接负责的主管人员和其他直接责任人员依法给予处分。

第五十八条 中标人将中标项目转让给他人的，将中标项目肢解后分别转让给他人的，违反本法规定将中标项目的部分主体、关键性工作分包给他人的，或者分包人再次分包的，转让、分包无效，处转让、分包项目金额千分之五以上千分之十以下的罚款；有违法所得的，并处没收违法所得；可以责令停业整顿；情节严重的，由工商行政管理机关吊销营业执照。

第五十九条 招标人与中标人不按照招标文件和中标人的投标文件订立合同的，或者招标人、中标人订立背离合同实质性内容的协议的，责令改正；可以处中标项目金额千分之五以上千分之十以下的罚款。

第六十条 中标人不履行与招标人订立的合同的，履约保证金不予退还，给招标人造成的损失超过履约保证金数额的，还应当对超过部分予以赔偿；没有提交履约保证金的，应当对招标人的损失承担赔偿责任。

中标人不按照与招标人订立的合同履行义务，情节严重的，取消其二年至五年内参加依法必须进行招标的项目的投标资格并予以公告，直至由工商行政管理机关吊销营业执照。

因不可抗力不能履行合同的，不适用前两款规定。

第六十一条 本章规定的行政处罚，由国务院规定的有关行政监督部门决定。本法已对实施行政处罚的机关作出规定的除外。

第六十二条 任何单位违反本法规定，限制或者排斥本地区、本系统以外的法人或者其他组织参加投标的，为招标人指定招标代理机构的，强制招标人委托招标代理机构办理招标事宜的，或者以其他方式干涉招标投标活动的，责令改正；对单位直接负责的主管人员和其他直接责任人员依法给予警告、记过、记大过的处分，情节较重的，依法给予降级、撤职、开除的处分。

个人利用职权进行前款违法行为的，依照前款规定追究责任。

第六十三条 对招标投标活动依法负有行政监督职责的国家机关工作人员徇私舞弊、滥用职权或者玩忽职守，构成犯罪的，依法追究刑事责任；不构成犯罪的，依法给予行政处分。

第六十四条 依法必须进行招标的项目违反本法规定，中标无效的，应当依照本法规定的中标条件从其余投标人中重新确定中标人或者依照本法重新进行招标。

第六章 附 则

第六十五条 投标人和其他利害关系人认为招标投标活动不符合本法有关规定的，有权向招标人提出异议或者依法向有关行政监督部门投诉。

第六十六条 涉及国家安全、国家秘密、抢险救灾或者属于利用扶贫资金实行以工代赈、需要使用农民工等特殊情况，不适宜进行招标的项目，按照国家有关规定可以不进行招标。

第六十七条 使用国际组织或者外国政府贷款、援助资金的项目进行招标，贷款方、资金提供方对招标投标的具体条件和程序有不同规定的，可以适用其规定，但违背中华人民共和国的社会公共利益的除外。

第六十八条 本法自2000年1月1日起施行。

中华人民共和国招标投标法实施条例

（国务院第183次常务会议通过 2011年11月30日）

第一章 总 则

第一条 为了规范招标投标活动，根据《中华人民共和国招标投标法》（以下简称招标投标法），制定本条例。

第二条 招标投标法第三条所称工程建设项目，是指工程以及与工程建设有关的货物、服务。

前款所称工程，是指建设工程，包括建筑物和构筑物的新建、改建、扩建及其相关的装修、拆除、修缮等；所称与工程建设有关的货物，是指构成工程不可分割的组成部分，且为实现工程基本功能所必需的设备、材料等；所称与工程建设有关的服务，是指为完成工程所需的勘察、设计、监理等服务。

第三条 依法必须进行招标的工程建设项目的具体范围和规模标准，由国务院发展改革部门会同国务院有关部门制订，报国务院批准后公布施行。

第四条 国务院发展改革部门指导和协调全国招标投标工作，对国家重大建设项目的工程招标投标活动实施监督检查。国务院工业和信息化、住房城乡建设、交通运输、铁道、水利、商务等部门，按照规定的职责分工对有关招标投标活动实施监督。

县级以上地方人民政府发展改革部门指导和协调本行政区域的招标投标工作。县级以上地方人民政府有关部门按照规定的职责分工，对招标投标活动实施监督，依法查处招标投标活动中的违法行为。县级以上地方人民政府对其所属部门有关招标投标活动的监督职责分工另有规定的，从其规定。

财政部门依法对实行招标投标的政府采购工程建设项目的预算执行情况和政府采购政策执行情况实施监督。

监察机关依法对与招标投标活动有关的监察对象实施监察。

第五条 设区的市级以上地方人民政府可以根据实际需要，建立统一规范的招标投标交易场所，为招标投标活动提供服务。招标投标交易场所不得与行政监督部门存在隶属关系，不得以营利为目的。

国家鼓励利用信息网络进行电子招标投标。

第六条 禁止国家工作人员以任何方式非法干涉招标投标活动。

第二章 招 标

第七条 按照国家有关规定需要履行项目审批、核准手续的依法必须进行招标的项目，其招标范围、招标方式、招标组织形式应当报项目审批、核准部门审批、核准。项目审批、核准部门应当及时将审批、核准确定的招标范围、招标方式、招标组织形式通报有关行政监督部门。

第八条 国有资金占控股或者主导地位的依法必须进行招标的项目，应当公开招标；但有下列情形之一的，可以邀请招标：

（一）技术复杂、有特殊要求或者受自然环境限制，只有少量潜在投标人可供选择；

（二）采用公开招标方式的费用占项目合同金额的比例过大。

有前款第二项所列情形，属于本条例第七条规定的项目，由项目审批、核准部门在审批、核准项目时作出认定；其他项目由招标人申请有关行政监督部门作出认定。

第九条 除招标投标法第六十六条规定的可以不进行招标的特殊情况外，有下列情形之一的，可以不进行招标：

（一）需要采用不可替代的专利或者专有技术；

（二）采购人依法能够自行建设、生产或者提供；

（三）已通过招标方式选定的特许经营项目投资人依法能够自行建设、生产或者提供；

（四）需要向原中标人采购工程、货物或者服务，否则将影响施工或者功能配套要求；

（五）国家规定的其他特殊情形。

招标人为适用前款规定弄虚作假的，属于招标投标法第四条规定的规避招标。

第十条 招标投标法第十二条第二款规定的招标人具有编制招标文件和组织评标能力，是指招标人具有与招标项目规模和复杂程度相适应的技术、经济等方面的专业人员。

第十一条 招标代理机构的资格依照法律和国务院的规定由有关部门认定。

国务院住房城乡建设、商务、发展改革、工业和信息化等部门，按照规定的职责分工对招标代理机构依法实施监督管理。

第十二条 招标代理机构应当拥有一定数量的取得招标职业资格的专业

人员。取得招标职业资格的具体办法由国务院人力资源社会保障部门会同国务院发展改革部门制定。

第十三条 招标代理机构在其资格许可和招标人委托的范围内开展招标代理业务，任何单位和个人不得非法干涉。

招标代理机构代理招标业务，应当遵守招标投标法和本条例关于招标人的规定。招标代理机构不得在所代理的招标项目中投标或者代理投标，也不得为所代理的招标项目的投标人提供咨询。

招标代理机构不得涂改、出租、出借、转让资格证书。

第十四条 招标人应当与被委托的招标代理机构签订书面委托合同，合同约定的收费标准应当符合国家有关规定。

第十五条 公开招标的项目，应当依照招标投标法和本条例的规定发布招标公告、编制招标文件。

招标人采用资格预审办法对潜在投标人进行资格审查的，应当发布资格预审公告、编制资格预审文件。

依法必须进行招标的项目的资格预审公告和招标公告，应当在国务院发展改革部门依法指定的媒介发布。在不同媒介发布的同一招标项目的资格预审公告或者招标公告的内容应当一致。指定媒介发布依法必须进行招标的项目的境内资格预审公告、招标公告，不得收取费用。

编制依法必须进行招标的项目的资格预审文件和招标文件，应当使用国务院发展改革部门会同有关行政监督部门制定的标准文本。

第十六条 招标人应当按照资格预审公告、招标公告或者投标邀请书规定的时间、地点发售资格预审文件或者招标文件。资格预审文件或者招标文件的发售期不得少于5日。

招标人发售资格预审文件、招标文件收取的费用应当限于补偿印刷、邮寄的成本支出，不得以营利为目的。

第十七条 招标人应当合理确定提交资格预审申请文件的时间。依法必须进行招标的项目提交资格预审申请文件的时间，自资格预审文件停止发售之日起不得少于5日。

第十八条 资格预审应当按照资格预审文件载明的标准和方法进行。

国有资金占控股或者主导地位的依法必须进行招标的项目，招标人应当组建资格审查委员会审查资格预审申请文件。资格审查委员会及其成员应当遵守招标投标法和本条例有关评标委员会及其成员的规定。

第十九条 资格预审结束后，招标人应当及时向资格预审申请人发出资格预审结果通知书。未通过资格预审的申请人不具有投标资格。

通过资格预审的申请人少于3个的，应当重新招标。

第二十条 招标人采用资格后审办法对投标人进行资格审查的，应当在开标后由评标委员会按照招标文件规定的标准和方法对投标人的资格进行审查。

第二十一条 招标人可以对已发出的资格预审文件或者招标文件进行必要的澄清或者修改。澄清或者修改的内容可能影响资格预审申请文件或者投标文件编制的，招标人应当在提交资格预审申请文件截止时间至少3日前，或者投标截止时间至少15日前，以书面形式通知所有获取资格预审文件或者招标文件的潜在投标人；不足3日或者15日的，招标人应当顺延提交资格预审申请文件或者投标文件的截止时间。

第二十二条 潜在投标人或者其他利害关系人对资格预审文件有异议的，应当在提交资格预审申请文件截止时间2日前提出；对招标文件有异议的，应当在投标截止时间10日前提出。招标人应当自收到异议之日起3日内作出答复；作出答复前，应当暂停招标投标活动。

第二十三条 招标人编制的资格预审文件、招标文件的内容违反法律、行政法规的强制性规定，违反公开、公平、公正和诚实信用原则，影响资格预审结果或者潜在投标人投标的，依法必须进行招标的项目的招标人应当在修改资格预审文件或者招标文件后重新招标。

第二十四条 招标人对招标项目划分标段的，应当遵守招标投标法的有关规定，不得利用划分标段限制或者排斥潜在投标人。依法必须进行招标的项目的招标人不得利用划分标段规避招标。

第二十五条 招标人应当在招标文件中载明投标有效期。投标有效期从提交投标文件的截止之日起算。

第二十六条 招标人在招标文件中要求投标人提交投标保证金的，投标保证金不得超过招标项目估算价的2%。投标保证金有效期应当与投标有效期一致。

依法必须进行招标的项目的境内投标单位，以现金或者支票形式提交的投标保证金应当从其基本账户转出。

招标人不得挪用投标保证金。

第二十七条 招标人可以自行决定是否编制标底。一个招标项目只能有一个标底。标底必须保密。

接受委托编制标底的中介机构不得参加受托编制标底项目的投标，也不得为该项目的投标人编制投标文件或者提供咨询。

招标人设有最高投标限价的，应当在招标文件中明确最高投标限价或者最高投标限价的计算方法。招标人不得规定最低投标限价。

第二十八条 招标人不得组织单个或者部分潜在投标人踏勘项目现场。

第二十九条 招标人可以依法对工程以及与工程建设有关的货物、服务全部或者部分实行总承包招标。以暂估价形式包括在总承包范围内的工程、货物、服务属于依法必须进行招标的项目范围且达到国家规定规模标准的，应当依法进行招标。

前款所称暂估价，是指总承包招标时不能确定价格而由招标人在招标文件中暂时估定的工程、货物、服务的金额。

第三十条 对技术复杂或者无法精确拟定技术规格的项目，招标人可以分两阶段进行招标。

第一阶段，投标人按照招标公告或者投标邀请书的要求提交不带报价的技术建议，招标人根据投标人提交的技术建议确定技术标准和要求，编制招标文件。

第二阶段，招标人向在第一阶段提交技术建议的投标人提供招标文件，投标人按照招标文件的要求提交包括最终技术方案和投标报价的投标文件。

招标人要求投标人提交投标保证金的，应当在第二阶段提出。

第三十一条 招标人终止招标的，应当及时发布公告，或者以书面形式通知被邀请的或者已经获取资格预审文件、招标文件的潜在投标人。已经发售资格预审文件、招标文件或者已经收取投标保证金的，招标人应当及时退还所收取的资格预审文件、招标文件的费用，以及所收取的投标保证金及银行同期存款利息。

第三十二条 招标人不得以不合理的条件限制、排斥潜在投标人或者投标人。

招标人有下列行为之一的，属于以不合理条件限制、排斥潜在投标人或者投标人：

（一）就同一招标项目向潜在投标人或者投标人提供有差别的项目信息；

（二）设定的资格、技术、商务条件与招标项目的具体特点和实际需要不相适应或者与合同履行无关；

（三）依法必须进行招标的项目以特定行政区域或者特定行业的业绩、奖项作为加分条件或者中标条件；

（四）对潜在投标人或者投标人采取不同的资格审查或者评标标准；

（五）限定或者指定特定的专利、商标、品牌、原产地或者供应商；

（六）依法必须进行招标的项目非法限定潜在投标人或者投标人的所有

制形式或者组织形式；

（七）以其他不合理条件限制、排斥潜在投标人或者投标人。

第三章　投　　标

第三十三条　投标人参加依法必须进行招标的项目的投标，不受地区或者部门的限制，任何单位和个人不得非法干涉。

第三十四条　与招标人存在利害关系可能影响招标公正性的法人、其他组织或者个人，不得参加投标。

单位负责人为同一人或者存在控股、管理关系的不同单位，不得参加同一标段投标或者未划分标段的同一招标项目投标。

违反前两款规定的，相关投标均无效。

第三十五条　投标人撤回已提交的投标文件，应当在投标截止时间前书面通知招标人。招标人已收取投标保证金的，应当自收到投标人书面撤回通知之日起5日内退还。

投标截止后投标人撤销投标文件的，招标人可以不退还投标保证金。

第三十六条　未通过资格预审的申请人提交的投标文件，以及逾期送达或者不按照招标文件要求密封的投标文件，招标人应当拒收。

招标人应当如实记载投标文件的送达时间和密封情况，并存档备查。

第三十七条　招标人应当在资格预审公告、招标公告或者投标邀请书中载明是否接受联合体投标。

招标人接受联合体投标并进行资格预审的，联合体应当在提交资格预审申请文件前组成。资格预审后联合体增减、更换成员的，其投标无效。

联合体各方在同一招标项目中以自己名义单独投标或者参加其他联合体投标的，相关投标均无效。

第三十八条　投标人发生合并、分立、破产等重大变化的，应当及时书面告知招标人。投标人不再具备资格预审文件、招标文件规定的资格条件或者其投标影响招标公正性的，其投标无效。

第三十九条　禁止投标人相互串通投标。

有下列情形之一的，属于投标人相互串通投标：

（一）投标人之间协商投标报价等投标文件的实质性内容；

（二）投标人之间约定中标人；

（三）投标人之间约定部分投标人放弃投标或者中标；

（四）属于同一集团、协会、商会等组织成员的投标人按照该组织要求协同投标；

（五）投标人之间为谋取中标或者排斥特定投标人而采取的其他联合行动。

第四十条 有下列情形之一的，视为投标人相互串通投标：

（一）不同投标人的投标文件由同一单位或者个人编制；

（二）不同投标人委托同一单位或者个人办理投标事宜；

（三）不同投标人的投标文件载明的项目管理成员为同一人；

（四）不同投标人的投标文件异常一致或者投标报价呈规律性差异；

（五）不同投标人的投标文件相互混装；

（六）不同投标人的投标保证金从同一单位或者个人的账户转出。

第四十一条 禁止招标人与投标人串通投标。

有下列情形之一的，属于招标人与投标人串通投标：

（一）招标人在开标前开启投标文件并将有关信息泄露给其他投标人；

（二）招标人直接或者间接向投标人泄露标底、评标委员会成员等信息；

（三）招标人明示或者暗示投标人压低或者抬高投标报价；

（四）招标人授意投标人撤换、修改投标文件；

（五）招标人明示或者暗示投标人为特定投标人中标提供方便；

（六）招标人与投标人为谋求特定投标人中标而采取的其他串通行为。

第四十二条 使用通过受让或者租借等方式获取的资格、资质证书投标的，属于招标投标法第三十三条规定的以他人名义投标。

投标人有下列情形之一的，属于招标投标法第三十三条规定的以其他方式弄虚作假的行为：

（一）使用伪造、变造的许可证件；

（二）提供虚假的财务状况或者业绩；

（三）提供虚假的项目负责人或者主要技术人员简历、劳动关系证明；

（四）提供虚假的信用状况；

（五）其他弄虚作假的行为。

第四十三条 提交资格预审申请文件的申请人应当遵守招标投标法和本条例有关投标人的规定。

第四章 开标、评标和中标

第四十四条 招标人应当按照招标文件规定的时间、地点开标。

投标人少于3个的，不得开标；招标人应当重新招标。

投标人对开标有异议的，应当在开标现场提出，招标人应当当场作出答复，并制作记录。

第四十五条 国家实行统一的评标专家专业分类标准和管理办法。具体标准和办法由国务院发展改革部门会同国务院有关部门制定。

省级人民政府和国务院有关部门应当组建综合评标专家库。

第四十六条 除招标投标法第三十七条第三款规定的特殊招标项目外，依法必须进行招标的项目，其评标委员会的专家成员应当从评标专家库内相关专业的专家名单中以随机抽取方式确定。任何单位和个人不得以明示、暗示等任何方式指定或者变相指定参加评标委员会的专家成员。

依法必须进行招标的项目的招标人非因招标投标法和本条例规定的事由，不得更换依法确定的评标委员会成员。更换评标委员会的专家成员应当依照前款规定进行。

评标委员会成员与投标人有利害关系的，应当主动回避。

有关行政监督部门应当按照规定的职责分工，对评标委员会成员的确定方式、评标专家的抽取和评标活动进行监督。行政监督部门的工作人员不得担任本部门负责监督项目的评标委员会成员。

第四十七条 招标投标法第三十七条第三款所称特殊招标项目，是指技术复杂、专业性强或者国家有特殊要求，采取随机抽取方式确定的专家难以保证胜任评标工作的项目。

第四十八条 招标人应当向评标委员会提供评标所必需的信息，但不得明示或者暗示其倾向或者排斥特定投标人。

招标人应当根据项目规模和技术复杂程度等因素合理确定评标时间。超过三分之一的评标委员会成员认为评标时间不够的，招标人应当适当延长。

评标过程中，评标委员会成员有回避事由、擅离职守或者因健康等原因不能继续评标的，应当及时更换。被更换的评标委员会成员作出的评审结论无效，由更换后的评标委员会成员重新进行评审。

第四十九条 评标委员会成员应当依照招标投标法和本条例的规定，按照招标文件规定的评标标准和方法，客观、公正地对投标文件提出评审意见。招标文件没有规定的评标标准和方法不得作为评标的依据。

评标委员会成员不得私下接触投标人，不得收受投标人给予的财物或者其他好处，不得向招标人征询确定中标人的意向，不得接受任何单位或者个人明示或者暗示提出的倾向或者排斥特定投标人的要求，不得有其他不客观、不公正履行职务的行为。

第五十条 招标项目设有标底的，招标人应当在开标时公布。标底只能作为评标的参考，不得以投标报价是否接近标底作为中标条件，也不得以投标报价超过标底上下浮动范围作为否决投标的条件。

第五十一条 有下列情形之一的，评标委员会应当否决其投标：

（一）投标文件未经投标单位盖章和单位负责人签字；

（二）投标联合体没有提交共同投标协议；

（三）投标人不符合国家或者招标文件规定的资格条件；

（四）同一投标人提交两个以上不同的投标文件或者投标报价，但招标文件要求提交备选投标的除外；

（五）投标报价低于成本或者高于招标文件设定的最高投标限价；

（六）投标文件没有对招标文件的实质性要求和条件作出响应；

（七）投标人有串通投标、弄虚作假、行贿等违法行为。

第五十二条 投标文件中有含义不明确的内容、明显文字或者计算错误，评标委员会认为需要投标人作出必要澄清、说明的，应当书面通知该投标人。投标人的澄清、说明应当采用书面形式，并不得超出投标文件的范围或者改变投标文件的实质性内容。

评标委员会不得暗示或者诱导投标人作出澄清、说明，不得接受投标人主动提出的澄清、说明。

第五十三条 评标完成后，评标委员会应当向招标人提交书面评标报告和中标候选人名单。中标候选人应当不超过3个，并标明排序。

评标报告应当由评标委员会全体成员签字。对评标结果有不同意见的评标委员会成员应当以书面形式说明其不同意见和理由，评标报告应当注明该不同意见。评标委员会成员拒绝在评标报告上签字又不书面说明其不同意见和理由的，视为同意评标结果。

第五十四条 依法必须进行招标的项目，招标人应当自收到评标报告之日起3日内公示中标候选人，公示期不得少于3日。

投标人或者其他利害关系人对依法必须进行招标的项目的评标结果有异议的，应当在中标候选人公示期间提出。招标人应当自收到异议之日起3日内作出答复；作出答复前，应当暂停招标投标活动。

第五十五条 国有资金占控股或者主导地位的依法必须进行招标的项目，招标人应当确定排名第一的中标候选人为中标人。排名第一的中标候选人放弃中标、因不可抗力不能履行合同、不按照招标文件要求提交履约保证金，或者被查实存在影响中标结果的违法行为等情形，不符合中标条件的，招标人可以按照评标委员会提出的中标候选人名单排序依次确定其他中标候选人为中标人，也可以重新招标。

第五十六条 中标候选人的经营、财务状况发生较大变化或者存在违法行为，招标人认为可能影响其履约能力的，应当在发出中标通知书前由原评标委员会按照招标文件规定的标准和方法审查确认。

第五十七条 招标人和中标人应当依照招标投标法和本条例的规定签订书面合同，合同的标的、价款、质量、履行期限等主要条款应当与招标文件和中标人的投标文件的内容一致。招标人和中标人不得再行订立背离合同实质性内容的其他协议。

招标人最迟应当在书面合同签订后5日内向中标人和未中标的投标人退还投标保证金及银行同期存款利息。

第五十八条 招标文件要求中标人提交履约保证金的，中标人应当按照招标文件的要求提交。履约保证金不得超过中标合同金额的10%。

第五十九条 中标人应当按照合同约定履行义务，完成中标项目。中标人不得向他人转让中标项目，也不得将中标项目肢解后分别向他人转让。

中标人按照合同约定或者经招标人同意，可以将中标项目的部分非主体、非关键性工作分包给他人完成。接受分包的人应当具备相应的资格条件，并不得再次分包。

中标人应当就分包项目向招标人负责，接受分包的人就分包项目承担连带责任。

第五章 投诉与处理

第六十条 投标人或者其他利害关系人认为招标投标活动不符合法律、行政法规规定的，可以自知道或者应当知道之日起10日内向有关行政监督部门投诉。投诉应当有明确的请求和必要的证明材料。

就本条例第二十二条、第四十四条、第五十四条规定事项投诉的，应当先向招标人提出异议，异议答复期间不计算在前款规定的期限内。

第六十一条 投诉人就同一事项向两个以上有权受理的行政监督部门投诉的，由最先收到投诉的行政监督部门负责处理。

行政监督部门应当自收到投诉之日起3个工作日内决定是否受理投诉，并自受理投诉之日起30个工作日内作出书面处理决定；需要检验、检测、鉴定、专家评审的，所需时间不计算在内。

投诉人捏造事实、伪造材料或者以非法手段取得证明材料进行投诉的，行政监督部门应当予以驳回。

第六十二条 行政监督部门处理投诉，有权查阅、复制有关文件、资料，调查有关情况，相关单位和人员应当予以配合。必要时，行政监督部门可以责令暂停招标投标活动。

行政监督部门的工作人员对监督检查过程中知悉的国家秘密、商业秘密，应当依法予以保密。

第六章　法律责任

第六十三条　招标人有下列限制或者排斥潜在投标人行为之一的，由有关行政监督部门依照招标投标法第五十一条的规定处罚：

（一）依法应当公开招标的项目不按照规定在指定媒介发布资格预审公告或者招标公告；

（二）在不同媒介发布的同一招标项目的资格预审公告或者招标公告的内容不一致，影响潜在投标人申请资格预审或者投标。

依法必须进行招标的项目的招标人不按照规定发布资格预审公告或者招标公告，构成规避招标的，依照招标投标法第四十九条的规定处罚。

第六十四条　招标人有下列情形之一的，由有关行政监督部门责令改正，可以处10万元以下的罚款：

（一）依法应当公开招标而采用邀请招标；

（二）招标文件、资格预审文件的发售、澄清、修改的时限，或者确定的提交资格预审申请文件、投标文件的时限不符合招标投标法和本条例规定；

（三）接受未通过资格预审的单位或者个人参加投标；

（四）接受应当拒收的投标文件。

招标人有前款第一项、第三项、第四项所列行为之一的，对单位直接负责的主管人员和其他直接责任人员依法给予处分。

第六十五条　招标代理机构在所代理的招标项目中投标、代理投标或者向该项目投标人提供咨询的，接受委托编制标底的中介机构参加受托编制标底项目的投标或者为该项目的投标人编制投标文件、提供咨询的，依照招标投标法第五十条的规定追究法律责任。

第六十六条　招标人超过本条例规定的比例收取投标保证金、履约保证金或者不按照规定退还投标保证金及银行同期存款利息的，由有关行政监督部门责令改正，可以处5万元以下的罚款；给他人造成损失的，依法承担赔偿责任。

第六十七条　投标人相互串通投标或者与招标人串通投标的，投标人向招标人或者评标委员会成员行贿谋取中标的，中标无效；构成犯罪的，依法追究刑事责任；尚不构成犯罪的，依照招标投标法第五十三条的规定处罚。投标人未中标的，对单位的罚款金额按照招标项目合同金额依照招标投标法规定的比例计算。

投标人有下列行为之一的，属于招标投标法第五十三条规定的情节严重行为，由有关行政监督部门取消其1年至2年内参加依法必须进行招标的项目的投标资格：

（一）以行贿谋取中标；

（二）3年内2次以上串通投标；

（三）串通投标行为损害招标人、其他投标人或者国家、集体、公民的合法利益，造成直接经济损失30万元以上；

（四）其他串通投标情节严重的行为。

投标人自本条第二款规定的处罚执行期限届满之日起3年内又有该款所列违法行为之一的，或者串通投标、以行贿谋取中标情节特别严重的，由工商行政管理机关吊销营业执照。

法律、行政法规对串通投标报价行为的处罚另有规定的，从其规定。

第六十八条 投标人以他人名义投标或者以其他方式弄虚作假骗取中标的，中标无效；构成犯罪的，依法追究刑事责任；尚不构成犯罪的，依照招标投标法第五十四条的规定处罚。依法必须进行招标的项目的投标人未中标的，对单位的罚款金额按照招标项目合同金额依照招标投标法规定的比例计算。

投标人有下列行为之一的，属于招标投标法第五十四条规定的情节严重行为，由有关行政监督部门取消其1年至3年内参加依法必须进行招标的项目的投标资格：

（一）伪造、变造资格、资质证书或者其他许可证件骗取中标；

（二）3年内2次以上使用他人名义投标；

（三）弄虚作假骗取中标给招标人造成直接经济损失30万元以上；

（四）其他弄虚作假骗取中标情节严重的行为。

投标人自本条第二款规定的处罚执行期限届满之日起3年内又有该款所列违法行为之一的，或者弄虚作假骗取中标情节特别严重的，由工商行政管理机关吊销营业执照。

第六十九条 出让或者出租资格、资质证书供他人投标的，依照法律、行政法规的规定给予行政处罚；构成犯罪的，依法追究刑事责任。

第七十条 依法必须进行招标的项目的招标人不按照规定组建评标委员会，或者确定、更换评标委员会成员违反招标投标法和本条例规定的，由有关行政监督部门责令改正，可以处10万元以下的罚款，对单位直接负责的主管人员和其他直接责任人员依法给予处分；违法确定或者更换的评标委员会成员作出的评审结论无效，依法重新进行评审。

国家工作人员以任何方式非法干涉选取评标委员会成员的，依照本条例第八十一条的规定追究法律责任。

第七十一条 评标委员会成员有下列行为之一的，由有关行政监督部门责令改正；情节严重的，禁止其在一定期限内参加依法必须进行招标的项目的评标；情节特别严重的，取消其担任评标委员会成员的资格：

（一）应当回避而不回避；

（二）擅离职守；

（三）不按照招标文件规定的评标标准和方法评标；

（四）私下接触投标人；

（五）向招标人征询确定中标人的意向或者接受任何单位或者个人明示或者暗示提出的倾向或者排斥特定投标人的要求；

（六）对依法应当否决的投标不提出否决意见；

（七）暗示或者诱导投标人作出澄清、说明或者接受投标人主动提出的澄清、说明；

（八）其他不客观、不公正履行职务的行为。

第七十二条 评标委员会成员收受投标人的财物或者其他好处的，没收收受的财物，处3000元以上5万元以下的罚款，取消担任评标委员会成员的资格，不得再参加依法必须进行招标的项目的评标；构成犯罪的，依法追究刑事责任。

第七十三条 依法必须进行招标的项目的招标人有下列情形之一的，由有关行政监督部门责令改正，可以处中标项目金额10‰以下的罚款；给他人造成损失的，依法承担赔偿责任；对单位直接负责的主管人员和其他直接责任人员依法给予处分：

（一）无正当理由不发出中标通知书；

（二）不按照规定确定中标人；

（三）中标通知书发出后无正当理由改变中标结果；

（四）无正当理由不与中标人订立合同；

（五）在订立合同时向中标人提出附加条件。

第七十四条 中标人无正当理由不与招标人订立合同，在签订合同时向招标人提出附加条件，或者不按照招标文件要求提交履约保证金的，取消其中标资格，投标保证金不予退还。对依法必须进行招标的项目的中标人，由有关行政监督部门责令改正，可以处中标项目金额10‰以下的罚款。

第七十五条 招标人和中标人不按照招标文件和中标人的投标文件订立

合同，合同的主要条款与招标文件、中标人的投标文件的内容不一致，或者招标人、中标人订立背离合同实质性内容的协议的，由有关行政监督部门责令改正，可以处中标项目金额5‰以上10‰以下的罚款。

第七十六条 中标人将中标项目转让给他人的，将中标项目肢解后分别转让给他人的，违反招标投标法和本条例规定将中标项目的部分主体、关键性工作分包给他人的，或者分包人再次分包的，转让、分包无效，处转让、分包项目金额5‰以上10‰以下的罚款；有违法所得的，并处没收违法所得；可以责令停业整顿；情节严重的，由工商行政管理机关吊销营业执照。

第七十七条 投标人或者其他利害关系人捏造事实、伪造材料或者以非法手段取得证明材料进行投诉，给他人造成损失的，依法承担赔偿责任。

招标人不按照规定对异议作出答复，继续进行招标投标活动的，由有关行政监督部门责令改正，拒不改正或者不能改正并影响中标结果的，依照本条例第八十二条的规定处理。

第七十八条 取得招标职业资格的专业人员违反国家有关规定办理招标业务的，责令改正，给予警告；情节严重的，暂停一定期限内从事招标业务；情节特别严重的，取消招标职业资格。

第七十九条 国家建立招标投标信用制度。有关行政监督部门应当依法公告对招标人、招标代理机构、投标人、评标委员会成员等当事人违法行为的行政处理决定。

第八十条 项目审批、核准部门不依法审批、核准项目招标范围、招标方式、招标组织形式的，对单位直接负责的主管人员和其他直接责任人员依法给予处分。

有关行政监督部门不依法履行职责，对违反招标投标法和本条例规定的行为不依法查处，或者不按照规定处理投诉、不依法公告对招标投标当事人违法行为的行政处理决定的，对直接负责的主管人员和其他直接责任人员依法给予处分。

项目审批、核准部门和有关行政监督部门的工作人员徇私舞弊、滥用职权、玩忽职守，构成犯罪的，依法追究刑事责任。

第八十一条 国家工作人员利用职务便利，以直接或者间接、明示或者暗示等任何方式非法干涉招标投标活动，有下列情形之一的，依法给予记过或者记大过处分；情节严重的，依法给予降级或者撤职处分；情节特别严重的，依法给予开除处分；构成犯罪的，依法追究刑事责任：

（一）要求对依法必须进行招标的项目不招标，或者要求对依法应当公开招标的项目不公开招标；

（二）要求评标委员会成员或者招标人以其指定的投标人作为中标候选人或者中标人，或者以其他方式非法干涉评标活动，影响中标结果；

（三）以其他方式非法干涉招标投标活动。

第八十二条 依法必须进行招标的项目的招标投标活动违反招标投标法和本条例的规定，对中标结果造成实质性影响，且不能采取补救措施予以纠正的，招标、投标、中标无效，应当依法重新招标或者评标。

第七章 附 则

第八十三条 招标投标协会按照依法制定的章程开展活动，加强行业自律和服务。

第八十四条 政府采购的法律、行政法规对政府采购货物、服务的招标投标另有规定的，从其规定。

第八十五条 本条例自2012年2月1日起施行。

中华人民共和国行政处罚法

（第八届全国人民代表大会第四次会议通过 1996年3月17日）

目 录

第一章 总 则

第一条 为了规范行政处罚的设定和实施，保障和监督行政机关有效实施行政管理，维护公共利益和社会秩序，保护公民、法人或者其他组织的合法权益，根据宪法，制定本法。

第二条 行政处罚的设定和实施，适用本法。

第三条 公民、法人或者其他组织违反行政管理秩序的行为，应当给予行政处罚的，依照本法由法律、法规或者规章规定，并由行政机关依照本法规定的程序实施。

没有法定依据或者不遵守法定程序的，行政处罚无效。

第四条 行政处罚遵循公正、公开的原则。

设定和实施行政处罚必须以事实为依据，与违法行为的事实、性质、情节以及社会危害程度相当。

对违法行为给予行政处罚的规定必须公布；未经公布的，不得作为行政处罚的依据。

第五条 实施行政处罚，纠正违法行为，应当坚持处罚与教育相结合，教育公民、法人或者其他组织自觉守法。

第六条 公民、法人或者其他组织对行政机关所给予的行政处罚，享有陈述权、申辩权；对行政处罚不服的，有权依法申请行政复议或者提起行政诉讼。

公民、法人或者其他组织因行政机关违法给予行政处罚受到损害的，有权依法提出赔偿要求。

第七条 公民、法人或者其他组织因违法受到行政处罚，其违法行为对他人造成损害的，应当依法承担民事责任。

违法行为构成犯罪，应当依法追究刑事责任，不得以行政处罚代替刑事处罚。

第二章 行政处罚的种类和设定

第八条 行政处罚的种类：

（一）警告；

（二）罚款；

（三）没收违法所得、没收非法财物；

（四）责令停产停业；

（五）暂扣或者吊销许可证、暂扣或者吊销执照；

（六）行政拘留；

（七）法律、行政法规规定的其他行政处罚。

第九条 法律可以设定各种行政处罚。

限制人身自由的行政处罚，只能由法律设定。

第十条 行政法规可以设定除限制人身自由以外的行政处罚。

法律对违法行为已经作出行政处罚规定，行政法规需要作出具体规定的，必须在法律规定的给予行政处罚的行为、种类和幅度的范围内规定。

第十一条 地方性法规可以设定除限制人身自由、吊销企业营业执照以外的行政处罚。

法律、行政法规对违法行为已经作出行政处罚规定，地方性法规需要作出具体规定的，必须在法律、行政法规规定的给予行政处罚的行为、种类和幅度的范围内规定。

第十二条 国务院部、委员会制定的规章可以在法律、行政法规规定的给予行政处罚的行为、种类和幅度的范围内作出具体规定。

尚未制定法律、行政法规的，前款规定的国务院部、委员会制定的规章对违反行政管理秩序的行为，可以设定警告或者一定数量罚款的行政处罚。罚款的限额由国务院规定。

国务院可以授权具有行政处罚权的直属机构依照本条第一款、第二款的规定，规定行政处罚。

第十三条 省、自治区、直辖市人民政府和省、自治区人民政府所在地的市人民政府以及经国务院批准的较大的市人民政府制定的规章可以在法律、法规规定的给予行政处罚的行为、种类和幅度的范围内作出具体规定。

尚未制定法律、法规的，前款规定的人民政府制定的规章对违反行政管理秩序的行为，可以设定警告或者一定数量罚款的行政处罚。罚款的限额由省、自治区、直辖市人民代表大会常务委员会规定。

第十四条 除本法第九条、第十条、第十一条、第十二条以及第十三条的规定外，其他规范性文件不得设定行政处罚。

第三章 行政处罚的实施机关

第十五条 行政处罚由具有行政处罚权的行政机关在法定职权范围内实施。

第十六条 国务院或者经国务院授权的省、自治区、直辖市人民政府可以决定一个行政机关行使有关行政机关的行政处罚权，但限制人身自由的行政处罚权只能由公安机关行使。

第十七条 法律、法规授权的具有管理公共事务职能的组织可以在法定授权范围内实施行政处罚。

第十八条 行政机关依照法律、法规或者规章的规定，可以在其法定权限内委托符合本法第十九条规定条件的组织实施行政处罚。行政机关不得委托其他组织或者个人实施行政处罚。

委托行政机关对受委托的组织实施行政处罚的行为应当负责监督，并对该行为的后果承担法律责任。

受委托组织在委托范围内，以委托行政机关名义实施行政处罚；不得再委托其他任何组织或者个人实施行政处罚。

第十九条 受委托组织必须符合以下条件：

（一）依法成立的管理公共事务的事业组织；

（二）具有熟悉有关法律、法规、规章和业务的工作人员；

（三）对违法行为需要进行技术检查或者技术鉴定的，应当有条件组织进行相应的技术检查或者技术鉴定。

第四章 行政处罚的管辖和适用

第二十条 行政处罚由违法行为发生地的县级以上地方人民政府具有行

政处罚权的行政机关管辖。法律、行政法规另有规定的除外。

第二十一条 对管辖发生争议的，报请共同的上一级行政机关指定管辖。

第二十二条 违法行为构成犯罪的，行政机关必须将案件移送司法机关，依法追究刑事责任。

第二十三条 行政机关实施行政处罚时，应当责令当事人改正或者限期改正违法行为。

第二十四条 对当事人的同一个违法行为，不得给予两次以上罚款的行政处罚。

第二十五条 不满十四周岁的人有违法行为的，不予行政处罚，责令监护人加以管教；已满十四周岁不满十八周岁的人有违法行为的，从轻或者减轻行政处罚。

第二十六条 精神病人在不能辨认或者不能控制自己行为时有违法行为的，不予行政处罚，但应当责令其监护人严加看管和治疗。间歇性精神病人在精神正常时有违法行为的，应当给予行政处罚。

第二十七条 当事人有下列情形之一的，应当依法从轻或者减轻行政处罚：

（一）主动消除或者减轻违法行为危害后果的；

（二）受他人胁迫有违法行为的；

（三）配合行政机关查处违法行为有立功表现的；

（四）其他依法从轻或者减轻行政处罚的。

违法行为轻微并及时纠正，没有造成危害后果的，不予行政处罚。

第二十八条 违法行为构成犯罪，人民法院判处拘役或者有期徒刑时，行政机关已经给予当事人行政拘留的，应当依法折抵相应刑期。

违法行为构成犯罪，人民法院判处罚金时，行政机关已经给予当事人罚款的，应当折抵相应罚金。

第二十九条 违法行为在二年内未被发现的，不再给予行政处罚。法律另有规定的除外。

前款规定的期限，从违法行为发生之日起计算；违法行为有连续或者继续状态的，从行为终了之日起计算。

第五章 行政处罚的决定

第三十条 公民、法人或者其他组织违反行政管理秩序的行为，依法应当给予行政处罚的，行政机关必须查明事实；违法事实不清的，不得给予行政处罚。

第三十一条 行政机关在作出行政处罚决定之前，应当告知当事人作出行政处罚决定的事实、理由及依据，并告知当事人依法享有的权利。

第三十二条 当事人有权进行陈述和申辩。行政机关必须充分听取当事人的意见，对当事人提出的事实、理由和证据，应当进行复核；当事人提出的事实、理由或者证据成立的，行政机关应当采纳。

行政机关不得因当事人申辩而加重处罚。

第一节 简易程序

第三十三条 违法事实确凿并有法定依据，对公民处以五十元以下、对法人或者其他组织处以一千元以下罚款或者警告的行政处罚的，可以当场作出行政处罚决定。当事人应当依照本法第四十六条、第四十七条、第四十八条的规定履行行政处罚决定。

第三十四条 执法人员当场作出行政处罚决定的，应当向当事人出示执法身份证件，填写预定格式、编有号码的行政处罚决定书。行政处罚决定书应当当场交付当事人。

前款规定的行政处罚决定书应当载明当事人的违法行为、行政处罚依据、罚款数额、时间、地点以及行政机关名称，并由执法人员签名或者盖章。

执法人员当场作出的行政处罚决定，必须报所属行政机关备案。

第三十五条 当事人对当场作出的行政处罚决定不服的，可以依法申请行政复议或者提起行政诉讼。

第二节 一般程序

第三十六条 除本法第三十三条规定的可以当场作出的行政处罚外，行政机关发现公民、法人或者其他组织有依法应当给予行政处罚的行为的，必须全面、客观、公正地调查，收集有关证据；必要时，依照法律、法规的规定，可以进行检查。

第三十七条 行政机关在调查或者进行检查时，执法人员不得少于两人，并应当向当事人或者有关人员出示证件。当事人或者有关人员应当如实回答询问，并协助调查或者检查，不得阻挠。询问或者检查应当制作笔录。

行政机关在收集证据时，可以采取抽样取证的方法；在证据可能灭失或者以后难以取得的情况下，经行政机关负责人批准，可以先行登记保存，并应当在七日内及时做出处理决定，在此期间，当事人或者有关人员不得销毁或者转移证据。

执法人员与当事人有直接利害关系的，应当回避。

第三十八条 调查终结，行政机关负责人应当对调查结果进行审查，根据不同情况，分别作出如下决定：

（一）确有应受行政处罚的违法行为的，根据情节轻重及具体情况，作出行政处罚决定；

（二）违法行为轻微，依法可以不予行政处罚的，不予行政处罚；

（三）违法事实不能成立的，不得给予行政处罚；

（四）违法行为已构成犯罪的，移送司法机关。

对情节复杂或者重大违法行为给予较重的行政处罚，行政机关的负责人应当集体讨论决定。

第三十九条 行政机关依照本法第三十八条的规定给予行政处罚，应当制作行政处罚决定书。行政处罚决定书应当载明下列事项：

（一）当事人的姓名或者名称、地址；

（二）违反法律、法规或者规章的事实和证据；

（三）行政处罚的种类和依据；

（四）行政处罚的履行方式和期限；

（五）不服行政处罚决定，申请行政复议或者提起行政诉讼的途径和期限；

（六）作出行政处罚决定的行政机关名称和作出决定的日期。

行政处罚决定书必须盖有作出行政处罚决定的行政机关的印章。

第四十条 行政处罚决定书应当在宣告后当场交付当事人；当事人不在场的，行政机关应当在七日内依照民事诉讼法的有关规定，将行政处罚决定书送达当事人。

第四十一条 行政机关及其执法人员在作出行政处罚决定之前，不依照本法第三十一条、第三十二条的规定向当事人告知给予行政处罚的事实、理由和依据，或者拒绝听取当事人的陈述、申辩，行政处罚决定不能成立；当事人放弃陈述或者申辩权利的除外。

第三节 听证程序

第四十二条 行政机关作出责令停产停业、吊销许可证或者执照、较大数额罚款等行政处罚决定之前，应当告知当事人有要求举行听证的权利；当事人要求听证的，行政机关应当组织听证。当事人不承担行政机关组织听证的费用。听证依照以下程序组织：

（一）当事人要求听证的，应当在行政机关告知后三日内提出；

（二）行政机关应当在听证的七日前，通知当事人举行听证的时间、地点；

（三）除涉及国家秘密、商业秘密或者个人隐私外，听证公开举行；

（四）听证由行政机关指定的非本案调查人员主持；当事人认为主持人与本案有直接利害关系的，有权申请回避；

（五）当事人可以亲自参加听证，也可以委托一至二人代理；

（六）举行听证时，调查人员提出当事人违法的事实、证据和行政处罚建议；当事人进行申辩和质证；

（七）听证应当制作笔录；笔录应当交当事人审核无误后签字或者盖章。

当事人对限制人身自由的行政处罚有异议的，依照治安管理处罚条例有关规定执行。

第四十三条 听证结束后，行政机关依照本法第三十八条的规定，作出决定。

第六章 行政处罚的执行

第四十四条 行政处罚决定依法作出后，当事人应当在行政处罚决定的期限内，予以履行。

第四十五条 当事人对行政处罚决定不服申请行政复议或者提起行政诉讼的，行政处罚不停止执行，法律另有规定的除外。

第四十六条 作出罚款决定的行政机关应当与收缴罚款的机构分离。

除依照本法第四十七条、第四十八条的规定当场收缴的罚款外，作出行政处罚决定的行政机关及其执法人员不得自行收缴罚款。

当事人应当自收到行政处罚决定书之日起十五日内，到指定的银行缴纳罚款。银行应当收受罚款，并将罚款直接上缴国库。

第四十七条 依照本法第三十三条的规定当场作出行政处罚决定，有下列情形之一的，执法人员可以当场收缴罚款：

（一）依法给予二十元以下的罚款的；

（二）不当场收缴事后难以执行的。

第四十八条 在边远、水上、交通不便地区，行政机关及其执法人员依照本法第三十三条、第三十八条的规定作出罚款决定后，当事人向指定的银行缴纳罚款确有困难，经当事人提出，行政机关及其执法人员可以当场收缴罚款。

第四十九条 行政机关及其执法人员当场收缴罚款的，必须向当事人出具省、自治区、直辖市财政部门统一制发的罚款收据；不出具财政部门统一制发的罚款收据的，当事人有权拒绝缴纳罚款。

第五十条 执法人员当场收缴的罚款，应当自收缴罚款之日起二日内，交至行政机关；在水上当场收缴的罚款，应当自抵岸之日起二日内交至行政机关；行政机关应当在二日内将罚款缴付指定的银行。

第五十一条 当事人逾期不履行行政处罚决定的，作出行政处罚决定的行政机关可以采取下列措施：

（一）到期不缴纳罚款的，每日按罚款数额的百分之三加处罚款；

（二）根据法律规定，将查封、扣押的财物拍卖或者将冻结的存款划拨抵缴罚款；

（三）申请人民法院强制执行。

第五十二条 当事人确有经济困难，需要延期或者分期缴纳罚款的，经当事人申请和行政机关批准，可以暂缓或者分期缴纳。

第五十三条 除依法应当予以销毁的物品外，依法没收的非法财物必须按照国家规定公开拍卖或者按照国家有关规定处理。

罚款、没收违法所得或者没收非法财物拍卖的款项，必须全部上缴国库，任何行政机关或者个人不得以任何形式截留、私分或者变相私分；财政部门不得以任何形式向作出行政处罚决定的行政机关返还罚款、没收的违法所得或者返还没收非法财物的拍卖款项。

第五十四条 行政机关应当建立健全对行政处罚的监督制度。县级以上人民政府应当加强对行政处罚的监督检查。

公民、法人或者其他组织对行政机关作出的行政处罚，有权申诉或者检举；行政机关应当认真审查，发现行政处罚有错误的，应当主动改正。

第七章 法律责任

第五十五条 行政机关实施行政处罚，有下列情形之一的，由上级行政机关或者有关部门责令改正，可以对直接负责的主管人员和其他直接责任人员依法给予行政处分：

（一）没有法定的行政处罚依据的；

（二）擅自改变行政处罚种类、幅度的；

（三）违反法定的行政处罚程序的；

（四）违反本法第十八条关于委托处罚的规定的。

第五十六条 行政机关对当事人进行处罚不使用罚款、没收财物单据或者使用非法定部门制发的罚款、没收财物单据的，当事人有权拒绝处罚，并有权予以检举。上级行政机关或者有关部门对使用的非法单据予以收缴销毁，对直接负责的主管人员和其他直接责任人员依法给予行政处分。

第五十七条 行政机关违反本法第四十六条的规定自行收缴罚款的，财政部门违反本法第五十三条的规定向行政机关返还罚款或者拍卖款项的，由上级行政机关或者有关部门责令改正，对直接负责的主管人员和其他直接责任人员依法给予行政处分。

第五十八条 行政机关将罚款、没收的违法所得或者财物截留、私分或者变相私分的，由财政部门或者有关部门予以追缴，对直接负责的主管人员和其他直接责任人员依法给予行政处分；情节严重构成犯罪的，依法追究刑事责任。

执法人员利用职务上的便利，索取或者收受他人财物、收缴罚款据为己有，构成犯罪的，依法追究刑事责任；情节轻微不构成犯罪的，依法给予行政处分。

第五十九条 行政机关使用或者损毁扣押的财物，对当事人造成损失的，应当依法予以赔偿，对直接负责的主管人员和其他直接责任人员依法给予行政处分。

第六十条 行政机关违法实行检查措施或者执行措施，给公民人身或者财产造成损害、给法人或者其他组织造成损失的，应当依法予以赔偿，对直接负责的主管人员和其他直接责任人员依法给予行政处分；情节严重构成犯罪的，依法追究刑事责任。

第六十一条 行政机关为牟取本单位私利，对应当依法移交司法机关追究刑事责任的不移交，以行政处罚代替刑罚，由上级行政机关或者有关部门责令纠正；拒不纠正的，对直接负责的主管人员给予行政处分；徇私舞弊、包庇纵容违法行为的，比照刑法第一百八十八条的规定追究刑事责任。

第六十二条 执法人员玩忽职守，对应当予以制止和处罚的违法行为不予制止、处罚，致使公民、法人或者其他组织的合法权益、公共利益和社会秩序遭受损害的，对直接负责的主管人员和其他直接责任人员依法给予行政处分；情节严重构成犯罪的，依法追究刑事责任。

第八章　附　　则

第六十三条 本法第四十六条罚款决定与罚款收缴分离的规定，由国务院制定具体实施办法。

第六十四条 本法自 1996 年 10 月 1 日起施行。

本法公布前制定的法规和规章关于行政处罚的规定与本法不符合的，应当自本法公布之日起，依照本法规定予以修订，在 1997 年 12 月 31 日前修订完毕。

附：

刑法有关条文

第一百八十八条 司法工作人员徇私舞弊，对明知是无罪的人而使他受追诉、对明知是有罪的人而故意包庇不使他受追诉，或者故意颠倒黑白做枉法裁判的，处五年以下有期徒刑、拘役或者剥夺政治权利；情节特别严重的，处五年以上有期徒刑。

中华人民共和国行政复议法

（第九届全国人民代表大会常务委员会第九次会议通过　1999年4月29日）

目　　录

第一章　总　　则

第一条　为了防止和纠正违法的或者不当的具体行政行为，保护公民、法人和其他组织的合法权益，保障和监督行政机关依法行使职权，根据宪法，制定本法。

第二条　公民、法人或者其他组织认为具体行政行为侵犯其合法权益，向行政机关提出行政复议申请，行政机关受理行政复议申请、作出行政复议决定，适用本法。

第三条　依照本法履行行政复议职责的行政机关是行政复议机关。行政复议机关负责法制工作的机构具体办理行政复议事项，履行下列职责：

（一）受理行政复议申请；

（二）向有关组织和人员调查取证，查阅文件和资料；

（三）审查申请行政复议的具体行政行为是否合法与适当，拟订行政复议决定；

（四）处理或者转送对本法第七条所列有关规定的审查申请；

（五）对行政机关违反本法规定的行为依照规定的权限和程序提出处理建议；

（六）办理因不服行政复议决定提起行政诉讼的应诉事项；

（七）法律、法规规定的其他职责。

第四条 行政复议机关履行行政复议职责，应当遵循合法、公正、公开、及时、便民的原则，坚持有错必纠，保障法律、法规的正确实施。

第五条 公民、法人或者其他组织对行政复议决定不服的，可以依照行政诉讼法的规定向人民法院提起行政诉讼，但是法律规定行政复议决定为最终裁决的除外。

第二章 行政复议范围

第六条 有下列情形之一的，公民、法人或者其他组织可以依照本法申请行政复议：

（一）对行政机关作出的警告、罚款、没收违法所得、没收非法财物、责令停产停业、暂扣或者吊销许可证、暂扣或者吊销执照、行政拘留等行政处罚决定不服的；

（二）对行政机关作出的限制人身自由或者查封、扣押、冻结财产等行政强制措施决定不服的；

（三）对行政机关作出的有关许可证、执照、资质证、资格证等证书变更、中止、撤销的决定不服的；

（四）对行政机关作出的关于确认土地、矿藏、水流、森林、山岭、草原、荒地、滩涂、海域等自然资源的所有权或者使用权的决定不服的；

（五）认为行政机关侵犯合法的经营自主权的；

（六）认为行政机关变更或者废止农业承包合同，侵犯其合法权益的；

（七）认为行政机关违法集资、征收财物、摊派费用或者违法要求履行其他义务的；

（八）认为符合法定条件，申请行政机关颁发许可证、执照、资质证、资格证等证书，或者申请行政机关审批、登记有关事项，行政机关没有依法办理的；

（九）申请行政机关履行保护人身权利、财产权利、受教育权利的法定职责，行政机关没有依法履行的；

（十）申请行政机关依法发放抚恤金、社会保险金或者最低生活保障费，行政机关没有依法发放的；

（十一）认为行政机关的其他具体行政行为侵犯其合法权益的。

第七条 公民、法人或者其他组织认为行政机关的具体行政行为所依据的下列规定不合法，在对具体行政行为申请行政复议时，可以一并向行政复议机关提出对该规定的审查申请：

（一）国务院部门的规定；

（二）县级以上地方各级人民政府及其工作部门的规定；

（三）乡、镇人民政府的规定。

前款所列规定不含国务院部、委员会规章和地方人民政府规章。规章的审查依照法律、行政法规办理。

第八条 不服行政机关作出的行政处分或者其他人事处理决定的，依照有关法律、行政法规的规定提出申诉。

不服行政机关对民事纠纷作出的调解或者其他处理，依法申请仲裁或者向人民法院提起诉讼。

第三章 行政复议申请

第九条 公民、法人或者其他组织认为具体行政行为侵犯其合法权益的，可以自知道该具体行政行为之日起六十日内提出行政复议申请；但是法律规定的申请期限超过六十日的除外。

因不可抗力或者其他正当理由耽误法定申请期限的，申请期限自障碍消除之日起继续计算。

第十条 依照本法申请行政复议的公民、法人或者其他组织是申请人。

有权申请行政复议的公民死亡的，其近亲属可以申请行政复议。有权申请行政复议的公民为无民事行为能力人或者限制民事行为能力人的，其法定代理人可以代为申请行政复议。有权申请行政复议的法人或者其他组织终止的，承受其权利的法人或者其他组织可以申请行政复议。

同申请行政复议的具体行政行为有利害关系的其他公民、法人或者其他组织，可以作为第三人参加行政复议。

公民、法人或者其他组织对行政机关的具体行政行为不服申请行政复议的，作出具体行政行为的行政机关是被申请人。

申请人、第三人可以委托代理人代为参加行政复议。

第十一条 申请人申请行政复议，可以书面申请，也可以口头申请；口头申请的，行政复议机关应当当场记录申请人的基本情况、行政复议请求、申请行政复议的主要事实、理由和时间。

第十二条 对县级以上地方各级人民政府工作部门的具体行政行为不服的，由申请人选择，可以向该部门的本级人民政府申请行政复议，也可以向上一级主管部门申请行政复议。

对海关、金融、国税、外汇管理等实行垂直领导的行政机关和国家安全机关的具体行政行为不服的，向上一级主管部门申请行政复议。

第十三条 对地方各级人民政府的具体行政行为不服的，向上一级地方人民政府申请行政复议。

对省、自治区人民政府依法设立的派出机关所属的县级地方人民政府的具体行政行为不服的，向该派出机关申请行政复议。

第十四条 对国务院部门或者省、自治区、直辖市人民政府的具体行政行为不服的，向作出该具体行政行为的国务院部门或者省、自治区、直辖市人民政府申请行政复议。对行政复议决定不服的，可以向人民法院提起行政诉讼；也可以向国务院申请裁决，国务院依照本法的规定作出最终裁决。

第十五条 对本法第十二条、第十三条、第十四条规定以外的其他行政机关、组织的具体行政行为不服的，按照下列规定申请行政复议：

（一）对县级以上地方人民政府依法设立的派出机关的具体行政行为不服的，向设立该派出机关的人民政府申请行政复议；

（二）对政府工作部门依法设立的派出机构依照法律、法规或者规章规定，以自己的名义作出的具体行政行为不服的，向设立该派出机构的部门或者该部门的本级地方人民政府申请行政复议；

（三）对法律、法规授权的组织的具体行政行为不服的，分别向直接管理该组织的地方人民政府、地方人民政府工作部门或者国务院部门申请行政复议；

（四）对两个或者两个以上行政机关以共同的名义作出的具体行政行为不服的，向其共同上一级行政机关申请行政复议；

（五）对被撤销的行政机关在撤销前所作出的具体行政行为不服的，向继续行使其职权的行政机关的上一级行政机关申请行政复议。

有前款所列情形之一的，申请人也可以向具体行政行为发生地的县级地方人民政府提出行政复议申请，由接受申请的县级地方人民政府依照本法第十八条的规定办理。

第十六条 公民、法人或者其他组织申请行政复议，行政复议机关已经依法受理的，或者法律、法规规定应当先向行政复议机关申请行政复议、对行政复议决定不服再向人民法院提起行政诉讼的，在法定行政复议期限内不得向人民法院提起行政诉讼。

公民、法人或者其他组织向人民法院提起行政诉讼，人民法院已经依法受理的，不得申请行政复议。

第四章 行政复议受理

第十七条 行政复议机关收到行政复议申请后，应当在五日内进行审查，对不符合本法规定的行政复议申请，决定不予受理，并书面告知申请人；对符合本法规定，但是不属于本机关受理的行政复议申请，应当告知申请人向有关行政复议机关提出。

除前款规定外，行政复议申请自行政复议机关负责法制工作的机构收到之日起即为受理。

第十八条 依照本法第十五条第二款的规定接受行政复议申请的县级地方人民政府，对依照本法第十五条第一款的规定属于其他行政复议机关受理的行政复议申请，应当自接到该行政复议申请之日起七日内，转送有关行政复议机关，并告知申请人。接受转送的行政复议机关应当依照本法第十七条的规定办理。

第十九条 法律、法规规定应当先向行政复议机关申请行政复议、对行政复议决定不服再向人民法院提起行政诉讼的，行政复议机关决定不予受理或者受理后超过行政复议期限不作答复的，公民、法人或者其他组织可以自收到不予受理决定书之日起或者行政复议期满之日起十五日内，依法向人民法院提起行政诉讼。

第二十条 公民、法人或者其他组织依法提出行政复议申请，行政复议机关无正当理由不予受理的，上级行政机关应当责令其受理；必要时，上级行政机关也可以直接受理。

第二十一条 行政复议期间具体行政行为不停止执行；但是，有下列情形之一的，可以停止执行：

（一）被申请人认为需要停止执行的；

（二）行政复议机关认为需要停止执行的；

（三）申请人申请停止执行，行政复议机关认为其要求合理，决定停止执行的；

（四）法律规定停止执行的。

第五章 行政复议决定

第二十二条 行政复议原则上采取书面审查的办法，但是申请人提出要求或者行政复议机关负责法制工作的机构认为有必要时，可以向有关组织和人员调查情况，听取申请人、被申请人和第三人的意见。

第二十三条 行政复议机关负责法制工作的机构应当自行政复议申请受理之日起七日内，将行政复议申请书副本或者行政复议申请笔录复印件发送被申请人。被申请人应当自收到申请书副本或者申请笔录复印件之日起十日内，提出书面答复，并提交当初作出具体行政行为的证据、依据和其他有关材料。

申请人、第三人可以查阅被申请人提出的书面答复、作出具体行政行为的证据、依据和其他有关材料，除涉及国家秘密、商业秘密或者个人隐私外，行政复议机关不得拒绝。

第二十四条 在行政复议过程中，被申请人不得自行向申请人和其他有关组织或者个人收集证据。

第二十五条 行政复议决定做出前，申请人要求撤回行政复议申请的，经说明理由，可以撤回；撤回行政复议申请的，行政复议终止。

第二十六条 申请人在申请行政复议时，一并提出对本法第七条所列有关规定的审查申请的，行政复议机关对该规定有权处理的，应当在三十日内依法处理；无权处理的，应当在七日内按照法定程序转送有权处理的行政机关依法处理，有权处理的行政机关应当在六十日内依法处理。处理期间，中止对具体行政行为的审查。

第二十七条 行政复议机关在对被申请人作出的具体行政行为进行审查时，认为其依据不合法，本机关有权处理的，应当在三十日内依法处理；无权处理的，应当在七日内按照法定程序转送有权处理的国家机关依法处理。处理期间，中止对具体行政行为的审查。

第二十八条 行政复议机关负责法制工作的机构应当对被申请人作出的具体行政行为进行审查，提出意见，经行政复议机关的负责人同意或者集体讨论通过后，按照下列规定作出行政复议决定：

（一）具体行政行为认定事实清楚，证据确凿，适用依据正确，程序合法，内容适当的，决定维持；

（二）被申请人不履行法定职责的，决定其在一定期限内履行；

（三）具体行政行为有下列情形之一的，决定撤销、变更或者确认该具体行政行为违法；决定撤销或者确认该具体行政行为违法的，可以责令被申请人在一定期限内重新作出具体行政行为：

1. 主要事实不清、证据不足的；
2. 适用依据错误的；
3. 违反法定程序的；
4. 超越或者滥用职权的；
5. 具体行政行为明显不当的。

（四）被申请人不按照本法第二十三条的规定提出书面答复、提交当初作出具体行政行为的证据、依据和其他有关材料的，视为该具体行政行为没有证据、依据，决定撤销该具体行政行为。

行政复议机关责令被申请人重新作出具体行政行为的，被申请人不得以同一事实和理由作出与原具体行政行为相同或者基本相同的具体行政行为。

第二十九条 申请人在申请行政复议时可以一并提出行政赔偿请求，行政复议机关对符合国家赔偿法的有关规定应当给予赔偿的，在决定撤销、变更具体行政行为或者确认具体行政行为违法时，应当同时决定被申请人依法给予赔偿。

申请人在申请行政复议时没有提出行政赔偿请求的，行政复议机关在依法决定撤销或者变更罚款，撤销违法集资、没收财物、征收财物、摊派费用以及对财产的查封、扣押、冻结等具体行政行为时，应当同时责令被申请人返还财产，解除对财产的查封、扣押、冻结措施，或者赔偿相应的价款。

第三十条 公民、法人或者其他组织认为行政机关的具体行政行为侵犯其已经依法取得的土地、矿藏、水流、森林、山岭、草原、荒地、滩涂、海域等自然资源的所有权或者使用权的，应当先申请行政复议；对行政复议决定不服的，可以依法向人民法院提起行政诉讼。

根据国务院或者省、自治区、直辖市人民政府对行政区划的勘定、调整或者征用土地的决定，省、自治区、直辖市人民政府确认土地、矿藏、水流、森林、山岭、草原、荒地、滩涂、海域等自然资源的所有权或者使用权的行政复议决定为最终裁决。

第三十一条 行政复议机关应当自受理申请之日起六十日内作出行政复议决定；但是法律规定的行政复议期限少于六十日的除外。情况复杂，不能在规定期限内作出行政复议决定的，经行政复议机关的负责人批准，可以适当延长，并告知申请人和被申请人；但是延长期限最多不超过三十日。

行政复议机关作出行政复议决定，应当制作行政复议决定书，并加盖印章。

行政复议决定书一经送达，即发生法律效力。

第三十二条 被申请人应当履行行政复议决定。

被申请人不履行或者无正当理由拖延履行行政复议决定的，行政复议机关或者有关上级行政机关应当责令其限期履行。

第三十三条 申请人逾期不起诉又不履行行政复议决定的，或者不履行最终裁决的行政复议决定的，按照下列规定分别处理：

（一）维持具体行政行为的行政复议决定，由作出具体行政行为的行政机关依法强制执行，或者申请人民法院强制执行；

（二）变更具体行政行为的行政复议决定，由行政复议机关依法强制执行，或者申请人民法院强制执行。

第六章　法律责任

第三十四条　行政复议机关违反本法规定，无正当理由不予受理依法提出的行政复议申请或者不按照规定转送行政复议申请的，或者在法定期限内不作出行政复议决定的，对直接负责的主管人员和其他直接责任人员依法给予警告、记过、记大过的行政处分；经责令受理仍不受理或者不按照规定转送行政复议申请，造成严重后果的，依法给予降级、撤职、开除的行政处分。

第三十五条　行政复议机关工作人员在行政复议活动中，徇私舞弊或者有其他渎职、失职行为的，依法给予警告、记过、记大过的行政处分；情节严重的，依法给予降级、撤职、开除的行政处分；构成犯罪的，依法追究刑事责任。

第三十六条　被申请人违反本法规定，不提出书面答复或者不提交作出具体行政行为的证据、依据和其他有关材料，或者阻挠、变相阻挠公民、法人或者其他组织依法申请行政复议的，对直接负责的主管人员和其他直接责任人员依法给予警告、记过、记大过的行政处分；进行报复陷害的，依法给予降级、撤职、开除的行政处分；构成犯罪的，依法追究刑事责任。

第三十七条　被申请人不履行或者无正当理由拖延履行行政复议决定的，对直接负责的主管人员和其他直接责任人员依法给予警告、记过、记大过的行政处分；经责令履行仍拒不履行的，依法给予降级、撤职、开除的行政处分。

第三十八条　行政复议机关负责法制工作的机构发现有无正当理由不予受理行政复议申请、不按照规定期限作出行政复议决定、徇私舞弊、对申请人打击报复或者不履行行政复议决定等情形的，应当向有关行政机关提出建议，有关行政机关应当依照本法和有关法律、行政法规的规定作出处理。

第七章　附　　则

第三十九条　行政复议机关受理行政复议申请，不得向申请人收取任何费用。行政复议活动所需经费，应当列入本机关的行政经费，由本级财政予以保障。

第四十条　行政复议期间的计算和行政复议文书的送达，依照民事诉讼法关于期间、送达的规定执行。

本法关于行政复议期间有关“五日”、“七日”的规定是指工作日，不含节假日。

第四十一条 外国人、无国籍人、外国组织在中华人民共和国境内申请行政复议，适用本法。

第四十二条 本法施行前公布的法律有关行政复议的规定与本法的规定不一致的，以本法的规定为准。

第四十三条 本法自1999年10月1日起施行。1990年12月24日国务院发布、1994年10月9日国务院修订发布的《行政复议条例》同时废止。

中华人民共和国行政许可法

（第十届全国人民代表大会常务委员会第四次会议通过　2003年8月27日）

第一章　总　　则

第一条　为了规范行政许可的设定和实施，保护公民、法人和其他组织的合法权益，维护公共利益和社会秩序，保障和监督行政机关有效实施行政管理，根据宪法，制定本法。

第二条　本法所称行政许可，是指行政机关根据公民、法人或者其他组织的申请，经依法审查，准予其从事特定活动的行为。

第三条　行政许可的设定和实施，适用本法。

有关行政机关对其他机关或者对其直接管理的事业单位的人事、财务、外事等事项的审批，不适用本法。

第四条　设定和实施行政许可，应当依照法定的权限、范围、条件和程序。

第五条　设定和实施行政许可，应当遵循公开、公平、公正的原则。

有关行政许可的规定应当公布；未经公布的，不得作为实施行政许可的依据。行政许可的实施和结果，除涉及国家秘密、商业秘密或者个人隐私的外，应当公开。

符合法定条件、标准的，申请人有依法取得行政许可的平等权利，行政机关不得歧视。

第六条　实施行政许可，应当遵循便民的原则，提高办事效率，提供优质服务。

第七条　公民、法人或者其他组织对行政机关实施行政许可，享有陈述权、申辩权；有权依法申请行政复议或者提起行政诉讼；其合法权益因行政机关违法实施行政许可受到损害的，有权依法要求赔偿。

第八条　公民、法人或者其他组织依法取得的行政许可受法律保护，行政机关不得擅自改变已经生效的行政许可。

行政许可所依据的法律、法规、规章修改或者废止，或者准予行政许可所依据的客观情况发生重大变化的，为了公共利益的需要，行政机关可以依法变更或者撤回已经生效的行政许可。由此给公民、法人或者其他组织造成财产损失的，行政机关应当依法给予补偿。

第九条 依法取得的行政许可，除法律、法规规定依照法定条件和程序可以转让的外，不得转让。

第十条 县级以上人民政府应当建立健全对行政机关实施行政许可的监督制度，加强对行政机关实施行政许可的监督检查。

行政机关应当对公民、法人或者其他组织从事行政许可事项的活动实施有效监督。

第二章 行政许可的设定

第十一条 设定行政许可，应当遵循经济和社会发展规律，有利于发挥公民、法人或者其他组织的积极性、主动性，维护公共利益和社会秩序，促进经济、社会和生态环境协调发展。

第十二条 下列事项可以设定行政许可：

（一）直接涉及国家安全、公共安全、经济宏观调控、生态环境保护以及直接关系人身健康、生命财产安全等特定活动，需要按照法定条件予以批准的事项；

（二）有限自然资源开发利用、公共资源配置以及直接关系公共利益的特定行业的市场准入等，需要赋予特定权利的事项；

（三）提供公众服务并且直接关系公共利益的职业、行业，需要确定具备特殊信誉、特殊条件或者特殊技能等资格、资质的事项；

（四）直接关系公共安全、人身健康、生命财产安全的重要设备、设施、产品、物品，需要按照技术标准、技术规范，通过检验、检测、检疫等方式进行审定的事项；

（五）企业或者其他组织的设立等，需要确定主体资格的事项；

（六）法律、行政法规规定可以设定行政许可的其他事项。

第十三条 本法第十二条所列事项，通过下列方式能够予以规范的，可以不设行政许可：

（一）公民、法人或者其他组织能够自主决定的；

（二）市场竞争机制能够有效调节的；

（三）行业组织或者中介机构能够自律管理的；

（四）行政机关采用事后监督等其他行政管理方式能够解决的。

第十四条 本法第十二条所列事项，法律可以设定行政许可。尚未制定法律的，行政法规可以设定行政许可。

必要时，国务院可以采用发布决定的方式设定行政许可。实施后，除临时性行政许可事项外，国务院应当及时提请全国人民代表大会及其常务委员会制定法律，或者自行制定行政法规。

第十五条 本法第十二条所列事项，尚未制定法律、行政法规的，地方性法规可以设定行政许可；尚未制定法律、行政法规和地方性法规的，因行政管理的需要，确需立即实施行政许可的，省、自治区、直辖市人民政府规章可以设定临时性的行政许可。临时性的行政许可实施满一年需要继续实施的，应当提请本级人民代表大会及其常务委员会制定地方性法规。

地方性法规和省、自治区、直辖市人民政府规章，不得设定应当由国家统一确定的公民、法人或者其他组织的资格、资质的行政许可；不得设定企业或者其他组织的设立登记及其前置性行政许可。其设定的行政许可，不得限制其他地区的个人或者企业到本地区从事生产经营和提供服务，不得限制其他地区的商品进入本地区市场。

第十六条 行政法规可以在法律设定的行政许可事项范围内，对实施该行政许可作出具体规定。

地方性法规可以在法律、行政法规设定的行政许可事项范围内，对实施该行政许可作出具体规定。

规章可以在上位法设定的行政许可事项范围内，对实施该行政许可作出具体规定。

法规、规章对实施上位法设定的行政许可作出的具体规定，不得增设行政许可；对行政许可条件作出的具体规定，不得增设违反上位法的其他条件。

第十七条 除本法第十四条、第十五条规定的外，其他规范性文件一律不得设定行政许可。

第十八条 设定行政许可，应当规定行政许可的实施机关、条件、程序、期限。

第十九条 起草法律草案、法规草案和省、自治区、直辖市人民政府规章草案，拟设定行政许可的，起草单位应当采取听证会、论证会等形式听取意见，并向制定机关说明设定该行政许可的必要性、对经济和社会可能产生的影响以及听取和采纳意见的情况。

第二十条 行政许可的设定机关应当定期对其设定的行政许可进行评价；对已设定的行政许可，认为通过本法第十三条所列方式能够解决的，应当对设定该行政许可的规定及时予以修改或者废止。

行政许可的实施机关可以对已设定的行政许可的实施情况及存在的必要性适时进行评价，并将意见报告该行政许可的设定机关。

公民、法人或者其他组织可以向行政许可的设定机关和实施机关就行政许可的设定和实施提出意见和建议。

第二十一条 省、自治区、直辖市人民政府对行政法规设定的有关经济事务的行政许可，根据本行政区域经济和社会发展情况，认为通过本法第十三条所列方式能够解决的，报国务院批准后，可以在本行政区域内停止实施该行政许可。

第三章 行政许可的实施机关

第二十二条 行政许可由具有行政许可权的行政机关在其法定职权范围内实施。

第二十三条 法律、法规授权的具有管理公共事务职能的组织，在法定授权范围内，以自己的名义实施行政许可。被授权的组织适用本法有关行政机关的规定。

第二十四条 行政机关在其法定职权范围内，依照法律、法规、规章的规定，可以委托其他行政机关实施行政许可。委托机关应当将受委托行政机关和受委托实施行政许可的内容予以公告。

委托行政机关对受委托行政机关实施行政许可的行为应当负责监督，并对该行为的后果承担法律责任。

受委托行政机关在委托范围内，以委托行政机关名义实施行政许可；不得再委托其他组织或者个人实施行政许可。

第二十五条 经国务院批准，省、自治区、直辖市人民政府根据精简、统一、效能的原则，可以决定一个行政机关行使有关行政机关的行政许可权。

第二十六条 行政许可需要行政机关内设的多个机构办理的，该行政机关应当确定一个机构统一受理行政许可申请，统一送达行政许可决定。

行政许可依法由地方人民政府两个以上部门分别实施的，本级人民政府可以确定一个部门受理行政许可申请并转告有关部门分别提出意见后统一办理，或者组织有关部门联合办理、集中办理。

第二十七条 行政机关实施行政许可，不得向申请人提出购买指定商品、接受有偿服务等不正当要求。

行政机关工作人员办理行政许可，不得索取或者收受申请人的财物，不得谋取其他利益。

第二十八条 对直接关系公共安全、人身健康、生命财产安全的设备、设施、产品、物品的检验、检测、检疫，除法律、行政法规规定由行政机关实施的外，应当逐步由符合法定条件的专业技术组织实施。专业技术组织及其有关人员对所实施的检验、检测、检疫结论承担法律责任。

第四章 行政许可的实施程序

第一节 申请与受理

第二十九条 公民、法人或者其他组织从事特定活动，依法需要取得行政许可的，应当向行政机关提出申请。申请书需要采用格式文本的，行政机关应当向申请人提供行政许可申请书格式文本。申请书格式文本中不得包含与申请行政许可事项没有直接关系的内容。

申请人可以委托代理人提出行政许可申请。但是，依法应当由申请人到行政机关办公场所提出行政许可申请的除外。

行政许可申请可以通过信函、电报、电传、传真、电子数据交换和电子邮件等方式提出。

第三十条 行政机关应当将法律、法规、规章规定的有关行政许可的事项、依据、条件、数量、程序、期限以及需要提交的全部材料的目录和申请书示范文本等在办公场所公示。

申请人要求行政机关对公示内容予以说明、解释的，行政机关应当说明、解释，提供准确、可靠的信息。

第三十一条 申请人申请行政许可，应当如实向行政机关提交有关材料和反映真实情况，并对其申请材料实质内容的真实性负责。行政机关不得要求申请人提交与其申请的行政许可事项无关的技术资料和其他材料。

第三十二条 行政机关对申请人提出的行政许可申请，应当根据下列情况分别作出处理：

（一）申请事项依法不需要取得行政许可的，应当即时告知申请人不受理；

（二）申请事项依法不属于本行政机关职权范围的，应当即时作出不予受理的决定，并告知申请人向有关行政机关申请；

（三）申请材料存在可以当场更正的错误的，应当允许申请人当场更正；

（四）申请材料不齐全或者不符合法定形式的，应当当场或者在五日内一次告知申请人需要补正的全部内容，逾期不告知的，自收到申请材料之日起即为受理；

（五）申请事项属于本行政机关职权范围，申请材料齐全、符合法定形式，或者申请人按照本行政机关的要求提交全部补正申请材料的，应当受理行政许可申请。

行政机关受理或者不予受理行政许可申请，应当出具加盖本行政机关专用印章和注明日期的书面凭证。

第三十三条 行政机关应当建立和完善有关制度，推行电子政务，在行政机关的网站上公布行政许可事项，方便申请人采取数据电文等方式提出行政许可申请；应当与其他行政机关共享有关行政许可信息，提高办事效率。

第二节 审查与决定

第三十四条 行政机关应当对申请人提交的申请材料进行审查。

申请人提交的申请材料齐全、符合法定形式，行政机关能够当场作出决定的，应当当场作出书面的行政许可决定。

根据法定条件和程序，需要对申请材料的实质内容进行核实的，行政机关应当指派两名以上工作人员进行核查。

第三十五条 依法应当先经下级行政机关审查后报上级行政机关决定的行政许可，下级行政机关应当在法定期限内将初步审查意见和全部申请材料直接报送上级行政机关。上级行政机关不得要求申请人重复提供申请材料。

第三十六条 行政机关对行政许可申请进行审查时，发现行政许可事项直接关系他人重大利益的，应当告知该利害关系人。申请人、利害关系人有权进行陈述和申辩。行政机关应当听取申请人、利害关系人的意见。

第三十七条 行政机关对行政许可申请进行审查后，除当场作出行政许可决定的外，应当在法定期限内按照规定程序作出行政许可决定。

第三十八条 申请人的申请符合法定条件、标准的，行政机关应当依法作出准予行政许可的书面决定。

行政机关依法作出不予行政许可的书面决定的，应当说明理由，并告知申请人享有依法申请行政复议或者提起行政诉讼的权利。

第三十九条 行政机关作出准予行政许可的决定，需要颁发行政许可证件的，应当向申请人颁发加盖本行政机关印章的下列行政许可证件：

（一）许可证、执照或者其他许可证书；

（二）资格证、资质证或者其他合格证书；

（三）行政机关的批准文件或者证明文件；

（四）法律、法规规定的其他行政许可证件。

行政机关实施检验、检测、检疫的，可以在检验、检测、检疫合格的设备、设施、产品、物品上加贴标签或者加盖检验、检测、检疫印章。

第四十条 行政机关作出的准予行政许可决定，应当予以公开，公众有权查阅。

第四十一条 法律、行政法规设定的行政许可，其适用范围没有地域限制的，申请人取得的行政许可在全国范围内有效。

第三节 期 限

第四十二条 除可以当场作出行政许可决定的外，行政机关应当自受理行政许可申请之日起二十日内作出行政许可决定。二十日内不能作出决定的，经本行政机关负责人批准，可以延长十日，并应当将延长期限的理由告知申请人。但是，法律、法规另有规定的，依照其规定。

依照本法第二十六条的规定，行政许可采取统一办理或者联合办理、集中办理的，办理的时间不得超过四十五日；四十五日内不能办结的，经本级人民政府负责人批准，可以延长十五日，并应当将延长期限的理由告知申请人。

第四十三条 依法应当先经下级行政机关审查后报上级行政机关决定的行政许可，下级行政机关应当自其受理行政许可申请之日起二十日内审查完毕。但是，法律、法规另有规定的，依照其规定。

第四十四条 行政机关作出准予行政许可的决定，应当自作出决定之日起十日内向申请人颁发、送达行政许可证件，或者加贴标签、加盖检验、检测、检疫印章。

第四十五条 行政机关作出行政许可决定，依法需要听证、招标、拍卖、检验、检测、检疫、鉴定和专家评审的，所需时间不计算在本节规定的期限内。行政机关应当将所需时间书面告知申请人。

第四节 听 证

第四十六条 法律、法规、规章规定实施行政许可应当听证的事项，或者行政机关认为需要听证的其他涉及公共利益的重大行政许可事项，行政机关应当向社会公告，并举行听证。

第四十七条 行政许可直接涉及申请人与他人之间重大利益关系的，行政机关在作出行政许可决定前，应当告知申请人、利害关系人享有要求听证的权利；申请人、利害关系人在被告知听证权利之日起五日内提出听证申请的，行政机关应当在二十日内组织听证。

申请人、利害关系人不承担行政机关组织听证的费用。

第四十八条 听证按照下列程序进行：

（一）行政机关应当于举行听证的七日前将举行听证的时间、地点通知申请人、利害关系人，必要时予以公告；

（二）听证应当公开举行；

（三）行政机关应当指定审查该行政许可申请的工作人员以外的人员为听证主持人，申请人、利害关系人认为主持人与该行政许可事项有直接利害关系的，有权申请回避；

（四）举行听证时，审查该行政许可申请的工作人员应当提供审查意见的证据、理由，申请人、利害关系人可以提出证据，并进行申辩和质证；

（五）听证应当制作笔录，听证笔录应当交听证参加人确认无误后签字或者盖章。

行政机关应当根据听证笔录，作出行政许可决定。

第五节 变更与延续

第四十九条 被许可人要求变更行政许可事项的，应当向作出行政许可决定的行政机关提出申请；符合法定条件、标准的，行政机关应当依法办理变更手续。

第五十条 被许可人需要延续依法取得的行政许可的有效期的，应当在该行政许可有效期届满三十日前向作出行政许可决定的行政机关提出申请。但是，法律、法规、规章另有规定的，依照其规定。

行政机关应当根据被许可人的申请，在该行政许可有效期届满前作出是否准予延续的决定；逾期未作决定的，视为准予延续。

第六节 特别规定

第五十一条 实施行政许可的程序，本节有规定的，适用本节规定；本节没有规定的，适用本章其他有关规定。

第五十二条 国务院实施行政许可的程序，适用有关法律、行政法规的规定。

第五十三条 实施本法第十二条第二项所列事项的行政许可的，行政机关应当通过招标、拍卖等公平竞争的方式作出决定。但是，法律、行政法规另有规定的，依照其规定。

行政机关通过招标、拍卖等方式作出行政许可决定的具体程序，依照有关法律、行政法规的规定。

行政机关按照招标、拍卖程序确定中标人、买受人后，应当作出准予行政许可的决定，并依法向中标人、买受人颁发行政许可证件。

行政机关违反本条规定，不采用招标、拍卖方式，或者违反招标、拍卖程序，损害申请人合法权益的，申请人可以依法申请行政复议或者提起行政诉讼。

第五十四条 实施本法第十二条第三项所列事项的行政许可，赋予公民特定资格，依法应当举行国家考试的，行政机关根据考试成绩和其他法定条件作出行政许可决定；赋予法人或者其他组织特定的资格、资质的，行政机关根据申请人的专业人员构成、技术条件、经营业绩和管理水平等的考核结果作出行政许可决定。但是，法律、行政法规另有规定的，依照其规定。

公民特定资格的考试依法由行政机关或者行业组织实施，公开举行。行政机关或者行业组织应当事先公布资格考试的报名条件、报考办法、考试科目以及考试大纲。但是，不得组织强制性的资格考试的考前培训，不得指定教材或者其他助考材料。

第五十五条 实施本法第十二条第四项所列事项的行政许可的，应当按照技术标准、技术规范依法进行检验、检测、检疫，行政机关根据检验、检测、检疫的结果作出行政许可决定。

行政机关实施检验、检测、检疫，应当自受理申请之日起五日内指派两名以上工作人员按照技术标准、技术规范进行检验、检测、检疫。不需要对检验、检测、检疫结果作进一步技术分析即可认定设备、设施、产品、物品是否符合技术标准、技术规范的，行政机关应当当场作出行政许可决定。

行政机关根据检验、检测、检疫结果，作出不予行政许可决定的，应当书面说明不予行政许可所依据的技术标准、技术规范。

第五十六条 实施本法第十二条第五项所列事项的行政许可，申请人提交的申请材料齐全、符合法定形式的，行政机关应当当场予以登记。需要对申请材料的实质内容进行核实的，行政机关依照本法第三十四条第三款的规定办理。

第五十七条 有数量限制的行政许可，两个或者两个以上申请人的申请均符合法定条件、标准的，行政机关应当根据受理行政许可申请的先后顺序作出准予行政许可的决定。但是，法律、行政法规另有规定的，依照其规定。

第五章 行政许可的费用

第五十八条 行政机关实施行政许可和对行政许可事项进行监督检查，不得收取任何费用。但是，法律、行政法规另有规定的，依照其规定。

行政机关提供行政许可申请书格式文本，不得收费。

行政机关实施行政许可所需经费应当列入本行政机关的预算，由本级财政予以保障，按照批准的预算予以核拨。

第五十九条 行政机关实施行政许可，依照法律、行政法规收取费用的，应当按照公布的法定项目和标准收费；所收取的费用必须全部上缴国库，任何机关或者个人不得以任何形式截留、挪用、私分或者变相私分。财政部门不得以任何形式向行政机关返还或者变相返还实施行政许可所收取的费用。

第六章 监督检查

第六十条 上级行政机关应当加强对下级行政机关实施行政许可的监督检查，及时纠正行政许可实施中的违法行为。

第六十一条 行政机关应当建立健全监督制度，通过核查反映被许可人从事行政许可事项活动情况的有关材料，履行监督责任。

行政机关依法对被许可人从事行政许可事项的活动进行监督检查时，应当将监督检查的情况和处理结果予以记录，由监督检查人员签字后归档。公众有权查阅行政机关监督检查记录。

行政机关应当创造条件，实现与被许可人、其他有关行政机关的计算机档案系统互联，核查被许可人从事行政许可事项活动情况。

第六十二条 行政机关可以对被许可人生产经营的产品依法进行抽样检查、检验、检测，对其生产经营场所依法进行实地检查。检查时，行政机关可以依法查阅或者要求被许可人报送有关材料；被许可人应当如实提供有关情况和材料。

行政机关根据法律、行政法规的规定，对直接关系公共安全、人身健康、生命财产安全的重要设备、设施进行定期检验。对检验合格的，行政机关应当发给相应的证明文件。

第六十三条 行政机关实施监督检查，不得妨碍被许可人正常的生产经营活动，不得索取或者收受被许可人的财物，不得谋取其他利益。

第六十四条 被许可人在作出行政许可决定的行政机关管辖区域外违法从事行政许可事项活动的，违法行为发生地的行政机关应当依法将被许可人的违法事实、处理结果抄告作出行政许可决定的行政机关。

第六十五条 个人和组织发现违法从事行政许可事项的活动，有权向行政机关举报，行政机关应当及时核实、处理。

第六十六条 被许可人未依法履行开发利用自然资源义务或者未依法

履行利用公共资源义务的，行政机关应当责令限期改正；被许可人在规定期限内不改正的，行政机关应当依照有关法律、行政法规的规定予以处理。

第六十七条 取得直接关系公共利益的特定行业的市场准入行政许可的被许可人，应当按照国家规定的服务标准、资费标准和行政机关依法规定的条件，向用户提供安全、方便、稳定和价格合理的服务，并履行普遍服务的义务；未经作出行政许可决定的行政机关批准，不得擅自停业、歇业。

被许可人不履行前款规定的义务的，行政机关应当责令限期改正，或者依法采取有效措施督促其履行义务。

第六十八条 对直接关系公共安全、人身健康、生命财产安全的重要设备、设施，行政机关应当督促设计、建造、安装和使用单位建立相应的自检制度。

行政机关在监督检查时，发现直接关系公共安全、人身健康、生命财产安全的重要设备、设施存在安全隐患的，应当责令停止建造、安装和使用，并责令设计、建造、安装和使用单位立即改正。

第六十九条 有下列情形之一的，作出行政许可决定的行政机关或者其上级行政机关，根据利害关系人的请求或者依据职权，可以撤销行政许可：

（一）行政机关工作人员滥用职权、玩忽职守作出准予行政许可决定的；

（二）超越法定职权作出准予行政许可决定的；

（三）违反法定程序作出准予行政许可决定的；

（四）对不具备申请资格或者不符合法定条件的申请人准予行政许可的；

（五）依法可以撤销行政许可的其他情形。

被许可人以欺骗、贿赂等不正当手段取得行政许可的，应当予以撤销。

依照前两款的规定撤销行政许可，可能对公共利益造成重大损害的，不予撤销。

依照本条第一款的规定撤销行政许可，被许可人的合法权益受到损害的，行政机关应当依法给予赔偿。依照本条第二款的规定撤销行政许可的，被许可人基于行政许可取得的利益不受保护。

第七十条 有下列情形之一的，行政机关应当依法办理有关行政许可的注销手续：

（一）行政许可有效期届满未延续的；

（二）赋予公民特定资格的行政许可，该公民死亡或者丧失行为能力的；

（三）法人或者其他组织依法终止的；

（四）行政许可依法被撤销、撤回，或者行政许可证件依法被吊销的；

（五）因不可抗力导致行政许可事项无法实施的；

（六）法律、法规规定的应当注销行政许可的其他情形。

第七章 法律责任

第七十一条 违反本法第十七条规定设定的行政许可，有关机关应当责令设定该行政许可的机关改正，或者依法予以撤销。

第七十二条 行政机关及其工作人员违反本法的规定，有下列情形之一的，由其上级行政机关或者监察机关责令改正；情节严重的，对直接负责的主管人员和其他直接责任人员依法给予行政处分：

（一）对符合法定条件的行政许可申请不予受理的；

（二）不在办公场所公示依法应当公示的材料的；

（三）在受理、审查、决定行政许可过程中，未向申请人、利害关系人履行法定告知义务的；

（四）申请人提交的申请材料不齐全、不符合法定形式，不一次告知申请人必须补正的全部内容的；

（五）未依法说明不受理行政许可申请或者不予行政许可的理由的；

（六）依法应当举行听证而不举行听证的。

第七十三条 行政机关工作人员办理行政许可、实施监督检查，索取或者收受他人财物或者谋取其他利益，构成犯罪的，依法追究刑事责任；尚不构成犯罪的，依法给予行政处分。

第七十四条 行政机关实施行政许可，有下列情形之一的，由其上级行政机关或者监察机关责令改正，对直接负责的主管人员和其他直接责任人员依法给予行政处分；构成犯罪的，依法追究刑事责任：

（一）对不符合法定条件的申请人准予行政许可或者超越法定职权作出准予行政许可决定的；

（二）对符合法定条件的申请人不予行政许可或者不在法定期限内作出准予行政许可决定的；

（三）依法应当根据招标、拍卖结果或者考试成绩择优作出准予行政许可决定，未经招标、拍卖或者考试，或者不根据招标、拍卖结果或者考试成绩择优作出准予行政许可决定的。

第七十五条 行政机关实施行政许可，擅自收费或者不按照法定项目和标准收费的，由其上级行政机关或者监察机关责令退还非法收取的费用；对直接负责的主管人员和其他直接责任人员依法给予行政处分。

截留、挪用、私分或者变相私分实施行政许可依法收取的费用的，予以追缴；对直接负责的主管人员和其他直接责任人员依法给予行政处分；构成犯罪的，依法追究刑事责任。

第七十六条 行政机关违法实施行政许可，给当事人的合法权益造成损害的，应当依照国家赔偿法的规定给予赔偿。

第七十七条 行政机关不依法履行监督职责或者监督不力，造成严重后果的，由其上级行政机关或者监察机关责令改正，对直接负责的主管人员和其他直接责任人员依法给予行政处分；构成犯罪的，依法追究刑事责任。

第七十八条 行政许可申请人隐瞒有关情况或者提供虚假材料申请行政许可的，行政机关不予受理或者不予行政许可，并给予警告；行政许可申请属于直接关系公共安全、人身健康、生命财产安全事项的，申请人在一年内不得再次申请该行政许可。

第七十九条 被许可人以欺骗、贿赂等不正当手段取得行政许可的，行政机关应当依法给予行政处罚；取得的行政许可属于直接关系公共安全、人身健康、生命财产安全事项的，申请人在三年内不得再次申请该行政许可；构成犯罪的，依法追究刑事责任。

第八十条 被许可人有下列行为之一的，行政机关应当依法给予行政处罚；构成犯罪的，依法追究刑事责任：

（一）涂改、倒卖、出租、出借行政许可证件，或者以其他形式非法转让行政许可的；

（二）超越行政许可范围进行活动的；

（三）向负责监督检查的行政机关隐瞒有关情况、提供虚假材料或者拒绝提供反映其活动情况的真实材料的；

（四）法律、法规、规章规定的其他违法行为。

第八十一条 公民、法人或者其他组织未经行政许可，擅自从事依法应当取得行政许可的活动的，行政机关应当依法采取措施予以制止，并依法给予行政处罚；构成犯罪的，依法追究刑事责任。

第八章 附 则

第八十二条 本法规定的行政机关实施行政许可的期限以工作日计算，不含法定节假日。

第八十三条 本法自 2004 年 7 月 1 日起施行。

本法施行前有关行政许可的规定，制定机关应当依照本法规定予以清理；不符合本法规定的，自本法施行之日起停止执行。

中华人民共和国合同法

（第九届全国人民代表大会第二次会议通过　1999 年 3 月 15 日）

总　　则

第一章　一般规定

第一条　为了保护合同当事人的合法权益，维护社会经济秩序，促进社会主义现代化建设，制定本法。

第二条　本法所称合同是平等主体的自然人、法人、其他组织之间设立、变更、终止民事权利义务关系的协议。

婚姻、收养、监护等有关身份关系的协议，适用其他法律的规定。

第三条　合同当事人的法律地位平等，一方不得将自己的意志强加给另一方。

第四条　当事人依法享有自愿订立合同的权利，任何单位和个人不得非法干预。

第五条　当事人应当遵循公平原则确定各方的权利和义务。

第六条　当事人行使权利、履行义务应当遵循诚实信用原则。

第七条　当事人订立、履行合同，应当遵守法律、行政法规，尊重社会公德，不得扰乱社会经济秩序，损害社会公共利益。

第八条　依法成立的合同，对当事人具有法律约束力。当事人应当按照约定履行自己的义务，不得擅自变更或者解除合同。

依法成立的合同，受法律保护。

第二章　合同的订立

第九条　当事人订立合同，应当具有相应的民事权利能力和民事行为能力。

当事人依法可以委托代理人订立合同。

第十条　当事人订立合同，有书面形式、口头形式和其他形式。

法律、行政法规规定采用书面形式的，应当采用书面形式。当事人约定采用书面形式的，应当采用书面形式。

第十一条 书面形式是指合同书、信件和数据电文（包括电报、电传、传真、电子数据交换和电子邮件）等可以有形地表现所载内容的形式。

第十二条 合同的内容由当事人约定，一般包括以下条款：

（一）当事人的名称或者姓名和住所；

（二）标的；

（三）数量；

（四）质量；

（五）价款或者报酬；

（六）履行期限、地点和方式；

（七）违约责任；

（八）解决争议的方法。

当事人可以参照各类合同的示范文本订立合同。

第十三条 当事人订立合同，采取要约、承诺方式。

第十四条 要约是希望和他人订立合同的意思表示，该意思表示应当符合下列规定：

（一）内容具体确定；

（二）表明经受要约人承诺，要约人即受该意思表示约束。

第十五条 要约邀请是希望他人向自己发出要约的意思表示。寄送的价目表、拍卖公告、招标公告、招股说明书、商业广告等为要约邀请。

商业广告的内容符合要约规定的，视为要约。

第十六条 要约到达受要约人时生效。

采用数据电文形式订立合同，收件人指定特定系统接收数据电文的，该数据电文进入该特定系统的时间，视为到达时间；未指定特定系统的，该数据电文进入收件人的任何系统的首次时间，视为到达时间。

第十七条 要约可以撤回。撤回要约的通知应当在要约到达受要约人之前或者与要约同时到达受要约人。

第十八条 要约可以撤销。撤销要约的通知应当在受要约人发出承诺通知之前到达受要约人。

第十九条 有下列情形之一的，要约不得撤销：

（一）要约人确定了承诺期限或者以其他形式明示要约不可撤销；

（二）受要约人有理由认为要约是不可撤销的，并已经为履行合同作了准备工作。

第二十条 有下列情形之一的，要约失效：

（一）拒绝要约的通知到达要约人；

（二）要约人依法撤销要约；

（三）承诺期限届满，受要约人未作出承诺；

（四）受要约人对要约的内容作出实质性变更。

第二十一条 承诺是受要约人同意要约的意思表示。

第二十二条 承诺应当以通知的方式作出，但根据交易习惯或者要约表明可以通过行为作出承诺的除外。

第二十三条 承诺应当在要约确定的期限内到达要约人。

要约没有确定承诺期限的，承诺应当依照下列规定到达：

（一）要约以对话方式作出的，应当即时作出承诺，但当事人另有约定的除外；

（二）要约以非对话方式作出的，承诺应当在合理期限内到达。

第二十四条 要约以信件或者电报作出的，承诺期限自信件载明的日期或者电报交发之日开始计算。信件未载明日期的，自投寄该信件的邮戳日期开始计算。要约以电话、传真等快速通讯方式作出的，承诺期限自要约到达受要约人时开始计算。

第二十五条 承诺生效时合同成立。

第二十六条 承诺通知到达要约人时生效。承诺不需要通知的，根据交易习惯或者要约的要求作出承诺的行为时生效。

采用数据电文形式订立合同的，承诺到达的时间适用本法第十六条第二款的规定。

第二十七条 承诺可以撤回。撤回承诺的通知应当在承诺通知到达要约人之前或者与承诺通知同时到达要约人。

第二十八条 受要约人超过承诺期限发出承诺的，除要约人及时通知受要约人该承诺有效的以外，为新要约。

第二十九条 受要约人在承诺期限内发出承诺，按照通常情形能够及时到达要约人，但因其他原因承诺到达要约人时超过承诺期限的，除要约人及时通知受要约人因承诺超过期限不接受该承诺的以外，该承诺有效。

第三十条 承诺的内容应当与要约的内容一致。受要约人对要约的内容作出实质性变更的，为新要约。有关合同标的、数量、质量、价款或者报酬、履行期限、履行地点和方式、违约责任和解决争议方法等的变更，是对要约内容的实质性变更。

第三十一条 承诺对要约的内容作出非实质性变更的，除要约人及时表示反对或者要约表明承诺不得对要约的内容作出任何变更的以外，该承诺有效，合同的内容以承诺的内容为准。

第三十二条 当事人采用合同书形式订立合同的，自双方当事人签字或者盖章时合同成立。

第三十三条 当事人采用信件、数据电文等形式订立合同的，可以在合同成立之前要求签订确认书。签订确认书时合同成立。

第三十四条 承诺生效的地点为合同成立的地点。

采用数据电文形式订立合同的，收件人的主营业地为合同成立的地点；没有主营业地的，其经常居住地为合同成立的地点。当事人另有约定的，按照其约定。

第三十五条 当事人采用合同书形式订立合同的，双方当事人签字或者盖章的地点为合同成立的地点。

第三十六条 法律、行政法规规定或者当事人约定采用书面形式订立合同，当事人未采用书面形式但一方已经履行主要义务，对方接受的，该合同成立。

第三十七条 采用合同书形式订立合同，在签字或者盖章之前，当事人一方已经履行主要义务，对方接受的，该合同成立。

第三十八条 国家根据需要下达指令性任务或者国家订货任务的，有关法人、其他组织之间应当依照有关法律、行政法规规定的权利和义务订立合同。

第三十九条 采用格式条款订立合同的，提供格式条款的一方应当遵循公平原则确定当事人之间的权利和义务，并采取合理的方式提请对方注意免除或者限制其责任的条款，按照对方的要求，对该条款予以说明。

格式条款是当事人为了重复使用而预先拟定，并在订立合同时未与对方协商的条款。

第四十条 格式条款具有本法第五十二条和第五十三条规定情形的，或者提供格式条款一方免除其责任、加重对方责任、排除对方主要权利的，该条款无效。

第四十一条 对格式条款的理解发生争议的，应当按照通常理解予以解释。对格式条款有两种以上解释的，应当作出不利于提供格式条款一方的解释。格式条款和非格式条款不一致的，应当采用非格式条款。

第四十二条 当事人在订立合同过程中有下列情形之一，给对方造成损失的，应当承担损害赔偿责任：

（一）假借订立合同，恶意进行磋商；

（二）故意隐瞒与订立合同有关的重要事实或者提供虚假情况；

（三）有其他违背诚实信用原则的行为。

第四十三条 当事人在订立合同过程中知悉的商业秘密，无论合同是否成立，不得泄露或者不正当地使用。泄露或者不正当地使用该商业秘密给对方造成损失的，应当承担损害赔偿责任。

第三章 合同的效力

第四十四条 依法成立的合同，自成立时生效。

法律、行政法规规定应当办理批准、登记等手续生效的，依照其规定。

第四十五条 当事人对合同的效力可以约定附条件。附生效条件的合同，自条件成就时生效。附解除条件的合同，自条件成就时失效。

当事人为自己的利益不正当地阻止条件成就的，视为条件已成就；不正当地促成条件成就的，视为条件不成就。

第四十六条 当事人对合同的效力可以约定附期限。附生效期限的合同，自期限届至时生效。附终止期限的合同，自期限届满时失效。

第四十七条 限制民事行为能力人订立的合同，经法定代理人追认后，该合同有效，但纯获利益的合同或者与其年龄、智力、精神健康状况相适应而订立的合同，不必经法定代理人追认。

相对人可以催告法定代理人在一个月内予以追认。法定代理人未作表示的，视为拒绝追认。合同被追认之前，善意相对人有撤销的权利。撤销应当以通知的方式作出。

第四十八条 行为人没有代理权、超越代理权或者代理权终止后以被代理人名义订立的合同，未经被代理人追认，对被代理人不发生效力，由行为人承担责任。

相对人可以催告被代理人在一个月内予以追认。被代理人未作表示的，视为拒绝追认。合同被追认之前，善意相对人有撤销的权利。撤销应当以通知的方式作出。

第四十九条 行为人没有代理权、超越代理权或者代理权终止后以被代理人名义订立合同，相对人有理由相信行为人有代理权的，该代理行为有效。

第五十条 法人或者其他组织的法定代表人、负责人超越权限订立的合同，除相对人知道或者应当知道其超越权限的以外，该代表行为有效。

第五十一条 无处分权的人处分他人财产，经权利人追认或者无处分权的人订立合同后取得处分权的，该合同有效。

第五十二条 有下列情形之一的，合同无效：

（一）一方以欺诈、胁迫的手段订立合同，损害国家利益；

（二）恶意串通，损害国家、集体或者第三人利益；

（三）以合法形式掩盖非法目的；

（四）损害社会公共利益；

（五）违反法律、行政法规的强制性规定。

第五十三条 合同中的下列免责条款无效：

（一）造成对方人身伤害的；

（二）因故意或者重大过失造成对方财产损失的。

第五十四条 下列合同，当事人一方有权请求人民法院或者仲裁机构变更或者撤销：

（一）因重大误解订立的；

（二）在订立合同时显失公平的。

一方以欺诈、胁迫的手段或者乘人之危，使对方在违背真实意思的情况下订立的合同，受损害方有权请求人民法院或者仲裁机构变更或者撤销。

当事人请求变更的，人民法院或者仲裁机构不得撤销。

第五十五条 有下列情形之一的，撤销权消灭：

（一）具有撤销权的当事人自知道或者应当知道撤销事由之日起一年内没有行使撤销权；

（二）具有撤销权的当事人知道撤销事由后明确表示或者以自己的行为放弃撤销权。

第五十六条 无效的合同或者被撤销的合同自始没有法律约束力。合同部分无效，不影响其他部分效力的，其他部分仍然有效。

第五十七条 合同无效、被撤销或者终止的，不影响合同中独立存在的有关解决争议方法的条款的效力。

第五十八条 合同无效或者被撤销后，因该合同取得的财产，应当予以返还；不能返还或者没有必要返还的，应当折价补偿。有过错的一方应当赔偿对方因此所受到的损失，双方都有过错的，应当各自承担相应的责任。

第五十九条 当事人恶意串通，损害国家、集体或者第三人利益的，因此取得的财产收归国家所有或者返还集体、第三人。

第四章　合同的履行

第六十条 当事人应当按照约定全面履行自己的义务。

当事人应当遵循诚实信用原则，根据合同的性质、目的和交易习惯履行通知、协助、保密等义务。

第六十一条 合同生效后，当事人就质量、价款或者报酬、履行地点等内容没有约定或者约定不明确的，可以协议补充；不能达成补充协议的，按照合同有关条款或者交易习惯确定。

第六十二条 当事人就有关合同内容约定不明确，依照本法第六十一条的规定仍不能确定的，适用下列规定：

（一）质量要求不明确的，按照国家标准、行业标准履行；没有国家标准、行业标准的，按照通常标准或者符合合同目的的特定标准履行。

（二）价款或者报酬不明确的，按照订立合同时履行地的市场价格履行；依法应当执行政府定价或者政府指导价的，按照规定履行。

（三）履行地点不明确，给付货币的，在接受货币一方所在地履行；交付不动产的，在不动产所在地履行；其他标的，在履行义务一方所在地履行。

（四）履行期限不明确的，债务人可以随时履行，债权人也可以随时要求履行，但应当给对方必要的准备时间。

（五）履行方式不明确的，按照有利于实现合同目的的方式履行。

（六）履行费用的负担不明确的，由履行义务一方负担。

第六十三条 执行政府定价或者政府指导价的，在合同约定的交付期限内政府价格调整时，按照交付时的价格计价。逾期交付标的物的，遇价格上涨时，按照原价格执行；价格下降时，按照新价格执行。逾期提取标的物或者逾期付款的，遇价格上涨时，按照新价格执行；价格下降时，按照原价格执行。

第六十四条 当事人约定由债务人向第三人履行债务的，债务人未向第三人履行债务或者履行债务不符合约定，应当向债权人承担违约责任。

第六十五条 当事人约定由第三人向债权人履行债务的，第三人不履行债务或者履行债务不符合约定，债务人应当向债权人承担违约责任。

第六十六条 当事人互负债务，没有先后履行顺序的，应当同时履行。一方在对方履行之前有权拒绝其履行要求。一方在对方履行债务不符合约定时，有权拒绝其相应的履行要求。

第六十七条 当事人互负债务，有先后履行顺序，先履行一方未履行的，后履行一方有权拒绝其履行要求。先履行一方履行债务不符合约定的，后履行一方有权拒绝其相应的履行要求。

第六十八条 应当先履行债务的当事人，有确切证据证明对方有下列情形之一的，可以中止履行：

（一）经营状况严重恶化；

（二）转移财产、抽逃资金，以逃避债务；

（三）丧失商业信誉；

（四）有丧失或者可能丧失履行债务能力的其他情形。

当事人没有确切证据中止履行的，应当承担违约责任。

第六十九条 当事人依照本法第六十八条的规定中止履行的，应当及时通知对方。对方提供适当担保时，应当恢复履行。中止履行后，对方在合理期限内未恢复履行能力并且未提供适当担保的，中止履行的一方可以解除合同。

第七十条 债权人分立、合并或者变更住所没有通知债务人，致使履行债务发生困难的，债务人可以中止履行或者将标的物提存。

第七十一条 债权人可以拒绝债务人提前履行债务，但提前履行不损害债权人利益的除外。

债务人提前履行债务给债权人增加的费用，由债务人负担。

第七十二条 债权人可以拒绝债务人部分履行债务，但部分履行不损害债权人利益的除外。

债务人部分履行债务给债权人增加的费用，由债务人负担。

第七十三条 因债务人怠于行使其到期债权，对债权人造成损害的，债权人可以向人民法院请求以自己的名义代位行使债务人的债权，但该债权专属于债务人自身的除外。

代位权的行使范围以债权人的债权为限。债权人行使代位权的必要费用，由债务人负担。

第七十四条 因债务人放弃其到期债权或者无偿转让财产，对债权人造成损害的，债权人可以请求人民法院撤销债务人的行为。债务人以明显不合理的低价转让财产，对债权人造成损害，并且受让人知道该情形的，债权人也可以请求人民法院撤销债务人的行为。

撤销权的行使范围以债权人的债权为限。债权人行使撤销权的必要费用，由债务人负担。

第七十五条 撤销权自债权人知道或者应当知道撤销事由之日起一年内行使。自债务人的行为发生之日起五年内没有行使撤销权的，该撤销权消灭。

第七十六条 合同生效后，当事人不得因姓名、名称的变更或者法定代表人、负责人、承办人的变动而不履行合同义务。

第五章　合同的变更和转让

第七十七条 当事人协商一致，可以变更合同。

法律、行政法规规定变更合同应当办理批准、登记等手续的，依照其规定。

第七十八条 当事人对合同变更的内容约定不明确的，推定为未变更。

第七十九条 债权人可以将合同的权利全部或者部分转让给第三人，但有下列情形之一的除外：

（一）根据合同性质不得转让；

（二）按照当事人约定不得转让；

（三）依照法律规定不得转让。

第八十条 债权人转让权利的，应当通知债务人。未经通知，该转让对债务人不发生效力。

债权人转让权利的通知不得撤销，但经受让人同意的除外。

第八十一条 债权人转让权利的，受让人取得与债权有关的从权利，但该从权利专属于债权人自身的除外。

第八十二条 债务人接到债权转让通知后，债务人对让与人的抗辩，可以向受让人主张。

第八十三条 债务人接到债权转让通知时，债务人对让与人享有债权，并且债务人的债权先于转让的债权到期或者同时到期的，债务人可以向受让人主张抵销。

第八十四条 债务人将合同的义务全部或者部分转移给第三人的，应当经债权人同意。

第八十五条 债务人转移义务的，新债务人可以主张原债务人对债权人的抗辩。

第八十六条 债务人转移义务的，新债务人应当承担与主债务有关的从债务，但该从债务专属于原债务人自身的除外。

第八十七条 法律、行政法规规定转让权利或者转移义务应当办理批准、登记等手续的，依照其规定。

第八十八条 当事人一方经对方同意，可以将自己在合同中的权利和义务一并转让给第三人。

第八十九条 权利和义务一并转让的，适用本法第七十九条、第八十一条至第八十三条、第八十五条至第八十七条的规定。

第九十条 当事人订立合同后合并的，由合并后的法人或者其他组织行使合同权利，履行合同义务。当事人订立合同后分立的，除债权人和债务人另有约定的以外，由分立的法人或者其他组织对合同的权利和义务享有连带债权，承担连带债务。

第六章 合同的权利义务终止

第九十一条 有下列情形之一的，合同的权利义务终止：

（一）债务已经按照约定履行；

（二）合同解除；

（三）债务相互抵销；

（四）债务人依法将标的物提存；

（五）债权人免除债务；

（六）债权债务同归于一人；

（七）法律规定或者当事人约定终止的其他情形。

第九十二条 合同的权利义务终止后，当事人应当遵循诚实信用原则，根据交易习惯履行通知、协助、保密等义务。

第九十三条 当事人协商一致，可以解除合同。

当事人可以约定一方解除合同的条件。解除合同的条件成就时，解除权人可以解除合同。

第九十四条 有下列情形之一的，当事人可以解除合同：

（一）因不可抗力致使不能实现合同目的；

（二）在履行期限届满之前，当事人一方明确表示或者以自己的行为表明不履行主要债务；

（三）当事人一方迟延履行主要债务，经催告后在合理期限内仍未履行；

（四）当事人一方迟延履行债务或者有其他违约行为致使不能实现合同目的；

（五）法律规定的其他情形。

第九十五条 法律规定或者当事人约定解除权行使期限，期限届满当事人不行使的，该权利消灭。

法律没有规定或者当事人没有约定解除权行使期限，经对方催告后在合理期限内不行使的，该权利消灭。

第九十六条 当事人一方依照本法第九十三条第二款、第九十四条的规定主张解除合同的，应当通知对方。合同自通知到达对方时解除。对方有异议的，可以请求人民法院或者仲裁机构确认解除合同的效力。

法律、行政法规规定解除合同应当办理批准、登记等手续的，依照其规定。

第九十七条 合同解除后，尚未履行的，终止履行；已经履行的，根据履行情况和合同性质，当事人可以要求恢复原状、采取其他补救措施，并有权要求赔偿损失。

第九十八条 合同的权利义务终止，不影响合同中结算和清理条款的效力。

第九十九条 当事人互负到期债务，该债务的标的物种类、品质相同的，任何一方可以将自己的债务与对方的债务抵销，但依照法律规定或者按照合同性质不得抵销的除外。

当事人主张抵销的，应当通知对方。通知自到达对方时生效。抵销不得附条件或者附期限。

第一百条 当事人互负债务，标的物种类、品质不相同的，经双方协商一致，也可以抵销。

第一百零一条 有下列情形之一，难以履行债务的，债务人可以将标的物提存：

（一）债权人无正当理由拒绝受领；

（二）债权人下落不明；

（三）债权人死亡未确定继承人或者丧失民事行为能力未确定监护人；

（四）法律规定的其他情形。

标的物不适于提存或者提存费用过高的，债务人依法可以拍卖或者变卖标的物，提存所得的价款。

第一百零二条 标的物提存后，除债权人下落不明的以外，债务人应当及时通知债权人或者债权人的继承人、监护人。

第一百零三条 标的物提存后，毁损、灭失的风险由债权人承担。提存期间，标的物的孳息归债权人所有。提存费用由债权人负担。

第一百零四条 债权人可以随时领取提存物，但债权人对债务人负有到期债务的，在债权人未履行债务或者提供担保之前，提存部门根据债务人的要求应当拒绝其领取提存物。

债权人领取提存物的权利，自提存之日起五年内不行使而消灭，提存物扣除提存费用后归国家所有。

第一百零五条 债权人免除债务人部分或者全部债务的，合同的权利义务部分或者全部终止。

第一百零六条 债权和债务同归于一人的，合同的权利义务终止，但涉及第三人利益的除外。

第七章　违约责任

第一百零七条　当事人一方不履行合同义务或者履行合同义务不符合约定的，应当承担继续履行、采取补救措施或者赔偿损失等违约责任。

第一百零八条　当事人一方明确表示或者以自己的行为表明不履行合同义务的，对方可以在履行期限届满之前要求其承担违约责任。

第一百零九条　当事人一方未支付价款或者报酬的，对方可以要求其支付价款或者报酬。

第一百一十条　当事人一方不履行非金钱债务或者履行非金钱债务不符合约定的，对方可以要求履行，但有下列情形之一的除外：

（一）法律上或者事实上不能履行；

（二）债务的标的不适于强制履行或者履行费用过高；

（三）债权人在合理期限内未要求履行。

第一百一十一条　质量不符合约定的，应当按照当事人的约定承担违约责任。对违约责任没有约定或者约定不明确，依照本法第六十一条的规定仍不能确定的，受损害方根据标的的性质以及损失的大小，可以合理选择要求对方承担修理、更换、重作、退货、减少价款或者报酬等违约责任。

第一百一十二条　当事人一方不履行合同义务或者履行合同义务不符合约定的，在履行义务或者采取补救措施后，对方还有其他损失的，应当赔偿损失。

第一百一十三条　当事人一方不履行合同义务或者履行合同义务不符合约定，给对方造成损失的，损失赔偿额应当相当于因违约所造成的损失，包括合同履行后可以获得的利益，但不得超过违反合同一方订立合同时预见到或者应当预见到的因违反合同可能造成的损失。

经营者对消费者提供商品或者服务有欺诈行为的，依照《中华人民共和国消费者权益保护法》的规定承担损害赔偿责任。

第一百一十四条　当事人可以约定一方违约时应当根据违约情况向对方支付一定数额的违约金，也可以约定因违约产生的损失赔偿额的计算方法。

约定的违约金低于造成的损失的，当事人可以请求人民法院或者仲裁机构予以增加；约定的违约金过分高于造成的损失的，当事人可以请求人民法院或者仲裁机构予以适当减少。

当事人就迟延履行约定违约金的，违约方支付违约金后，还应当履行债务。

第一百一十五条　当事人可以依照《中华人民共和国担保法》约定一

方向对方给付定金作为债权的担保。债务人履行债务后，定金应当抵作价款或者收回。给付定金的一方不履行约定的债务的，无权要求返还定金；收受定金的一方不履行约定的债务的，应当双倍返还定金。

第一百一十六条 当事人既约定违约金，又约定定金的，一方违约时，对方可以选择适用违约金或者定金条款。

第一百一十七条 因不可抗力不能履行合同的，根据不可抗力的影响，部分或者全部免除责任，但法律另有规定的除外。当事人迟延履行后发生不可抗力的，不能免除责任。

本法所称不可抗力，是指不能预见、不能避免并不能克服的客观情况。

第一百一十八条 当事人一方因不可抗力不能履行合同的，应当及时通知对方，以减轻可能给对方造成的损失，并应当在合理期限内提供证明。

第一百一十九条 当事人一方违约后，对方应当采取适当措施防止损失的扩大；没有采取适当措施致使损失扩大的，不得就扩大的损失要求赔偿。

当事人因防止损失扩大而支出的合理费用，由违约方承担。

第一百二十条 当事人双方都违反合同的，应当各自承担相应的责任。

第一百二十一条 当事人一方因第三人的原因造成违约的，应当向对方承担违约责任。当事人一方和第三人之间的纠纷，依照法律规定或者按照约定解决。

第一百二十二条 因当事人一方的违约行为，侵害对方人身、财产权益的，受损害方有权选择依照本法要求其承担违约责任或者依照其他法律要求其承担侵权责任。

第八章 其他规定

第一百二十三条 其他法律对合同另有规定的，依照其规定。

第一百二十四条 本法分则或者其他法律没有明文规定的合同，适用本法总则的规定，并可以参照本法分则或者其他法律最相类似的规定。

第一百二十五条 当事人对合同条款的理解有争议的，应当按照合同所使用的词句、合同的有关条款、合同的目的、交易习惯以及诚实信用原则，确定该条款的真实意思。

合同文本采用两种以上文字订立并约定具有同等效力的，对各文本使用的词句推定具有相同含义。各文本使用的词句不一致的，应当根据合同的目的予以解释。

第一百二十六条 涉外合同的当事人可以选择处理合同争议所适用的法律，但法律另有规定的除外。涉外合同的当事人没有选择的，适用与合同有最密切联系的国家的法律。

在中华人民共和国境内履行的中外合资经营企业合同、中外合作经营企业合同、中外合作勘探开发自然资源合同，适用中华人民共和国法律。

第一百二十七条 工商行政管理部门和其他有关行政主管部门在各自的职权范围内，依照法律、行政法规的规定，对利用合同危害国家利益、社会公共利益的违法行为，负责监督处理；构成犯罪的，依法追究刑事责任。

第一百二十八条 当事人可以通过和解或者调解解决合同争议。

当事人不愿和解、调解或者和解、调解不成的，可以根据仲裁协议向仲裁机构申请仲裁。涉外合同的当事人可以根据仲裁协议向中国仲裁机构或者其他仲裁机构申请仲裁。当事人没有订立仲裁协议或者仲裁协议无效的，可以向人民法院起诉。当事人应当履行发生法律效力的判决、仲裁裁决、调解书；拒不履行的，对方可以请求人民法院执行。

第一百二十九条 因国际货物买卖合同和技术进出口合同争议提起诉讼或者申请仲裁的期限为四年，自当事人知道或者应当知道其权利受到侵害之日起计算。因其他合同争议提起诉讼或者申请仲裁的期限，依照有关法律的规定。

分　　则

第九章　买卖合同

第一百三十条 买卖合同是出卖人转移标的物的所有权于买受人，买受人支付价款的合同。

第一百三十一条 买卖合同的内容除依照本法第十二条的规定以外，还可以包括包装方式、检验标准和方法、结算方式、合同使用的文字及其效力等条款。

第一百三十二条 出卖的标的物，应当属于出卖人所有或者出卖人有权处分。

法律、行政法规禁止或者限制转让的标的物，依照其规定。

第一百三十三条 标的物的所有权自标的物交付时起转移，但法律另有规定或者当事人另有约定的除外。

第一百三十四条 当事人可以在买卖合同中约定买受人未履行支付价款或者其他义务的，标的物的所有权属于出卖人。

第一百三十五条 出卖人应当履行向买受人交付标的物或者交付提取标的物的单证，并转移标的物所有权的义务。

第一百三十六条 出卖人应当按照约定或者交易习惯向买受人交付提取标的物单证以外的有关单证和资料。

第一百三十七条 出卖具有知识产权的计算机软件等标的物的，除法律另有规定或者当事人另有约定的以外，该标的物的知识产权不属于买受人。

第一百三十八条 出卖人应当按照约定的期限交付标的物。约定交付期间的，出卖人可以在该交付期间内的任何时间交付。

第一百三十九条 当事人没有约定标的物的交付期限或者约定不明确的，适用本法第六十一条、第六十二条第四项的规定。

第一百四十条 标的物在订立合同之前已为买受人占有的，合同生效的时间为交付时间。

第一百四十一条 出卖人应当按照约定的地点交付标的物。

当事人没有约定交付地点或者约定不明确，依照本法第六十一条的规定仍不能确定的，适用下列规定：

（一）标的物需要运输的，出卖人应当将标的物交付给第一承运人以运交给买受人；

（二）标的物不需要运输，出卖人和买受人订立合同时知道标的物在某一地点的，出卖人应当在该地点交付标的物；不知道标的物在某一地点的，应当在出卖人订立合同时的营业地交付标的物。

第一百四十二条 标的物毁损、灭失的风险，在标的物交付之前由出卖人承担，交付之后由买受人承担，但法律另有规定或者当事人另有约定的除外。

第一百四十三条 因买受人的原因致使标的物不能按照约定的期限交付的，买受人应当自违反约定之日起承担标的物毁损、灭失的风险。

第一百四十四条 出卖人出卖交由承运人运输的在途标的物，除当事人另有约定的以外，毁损、灭失的风险自合同成立时起由买受人承担。

第一百四十五条 当事人没有约定交付地点或者约定不明确，依照本法第一百四十一条第二款第一项的规定标的物需要运输的，出卖人将标的物交付给第一承运人后，标的物毁损、灭失的风险由买受人承担。

第一百四十六条 出卖人按照约定或者依照本法第一百四十一条第二款第二项的规定将标的物置于交付地点，买受人违反约定没有收取的，标的物毁损、灭失的风险自违反约定之日起由买受人承担。

第一百四十七条 出卖人按照约定未交付有关标的物的单证和资料的，不影响标的物毁损、灭失风险的转移。

第一百四十八条 因标的物质量不符合质量要求，致使不能实现合同目的的，买受人可以拒绝接受标的物或者解除合同。买受人拒绝接受标的物或者解除合同的，标的物毁损、灭失的风险由出卖人承担。

第一百四十九条 标的物毁损、灭失的风险由买受人承担的，不影响因出卖人履行债务不符合约定，买受人要求其承担违约责任的权利。

第一百五十条 出卖人就交付的标的物，负有保证第三人不得向买受人主张任何权利的义务，但法律另有规定的除外。

第一百五十一条 买受人订立合同时知道或者应当知道第三人对买卖的标的物享有权利的，出卖人不承担本法第一百五十条规定的义务。

第一百五十二条 买受人有确切证据证明第三人可能就标的物主张权利的，可以中止支付相应的价款，但出卖人提供适当担保的除外。

第一百五十三条 出卖人应当按照约定的质量要求交付标的物。出卖人提供有关标的物质量说明的，交付的标的物应当符合该说明的质量要求。

第一百五十四条 当事人对标的物的质量要求没有约定或者约定不明确，依照本法第六十一条的规定仍不能确定的，适用本法第六十二条第一项的规定。

第一百五十五条 出卖人交付的标的物不符合质量要求的，买受人可以依照本法第一百一十一条的规定要求承担违约责任。

第一百五十六条 出卖人应当按照约定的包装方式交付标的物。对包装方式没有约定或者约定不明确，依照本法第六十一条的规定仍不能确定的，应当按照通用的方式包装，没有通用方式的，应当采取足以保护标的物的包装方式。

第一百五十七条 买受人收到标的物时应当在约定的检验期间内检验。没有约定检验期间的，应当及时检验。

第一百五十八条 当事人约定检验期间的，买受人应当在检验期间内将标的物的数量或者质量不符合约定的情形通知出卖人。买受人怠于通知的，视为标的物的数量或者质量符合约定。

当事人没有约定检验期间的，买受人应当在发现或者应当发现标的物的数量或者质量不符合约定的合理期间内通知出卖人。买受人在合理期间内未通知或者自标的物收到之日起两年内未通知出卖人的，视为标的物的数量或者质量符合约定，但对标的物有质量保证期的，适用质量保证期，不适用该两年的规定。

出卖人知道或者应当知道提供的标的物不符合约定的，买受人不受前两款规定的通知时间的限制。

第一百五十九条 买受人应当按照约定的数额支付价款。对价款没有约定或者约定不明确的，适用本法第六十一条、第六十二条第二项的规定。

第一百六十条 买受人应当按照约定的地点支付价款。对支付地点没有约定或者约定不明确，依照本法第六十一条的规定仍不能确定的，买受人应当在出卖人的营业地支付，但约定支付价款以交付标的物或者交付提取标的物单证为条件的，在交付标的物或者交付提取标的物单证的所在地支付。

第一百六十一条 买受人应当按照约定的时间支付价款。对支付时间没有约定或者约定不明确，依照本法第六十一条的规定仍不能确定的，买受人应当在收到标的物或者提取标的物单证的同时支付。

第一百六十二条 出卖人多交标的物的，买受人可以接收或者拒绝接收多交的部分。买受人接收多交部分的，按照合同的价格支付价款；买受人拒绝接收多交部分的，应当及时通知出卖人。

第一百六十三条 标的物在交付之前产生的孳息，归出卖人所有，交付之后产生的孳息，归买受人所有。

第一百六十四条 因标的物的主物不符合约定而解除合同的，解除合同的效力及于从物。因标的物的从物不符合约定被解除的，解除的效力不及于主物。

第一百六十五条 标的物为数物，其中一物不符合约定的，买受人可以就该物解除，但该物与他物分离使标的物的价值显受损害的，当事人可以就数物解除合同。

第一百六十六条 出卖人分批交付标的物的，出卖人对其中一批标的物不交付或者交付不符合约定，致使该批标的物不能实现合同目的的，买受人可以就该批标的物解除。

出卖人不交付其中一批标的物或者交付不符合约定，致使今后其他各批标的物的交付不能实现合同目的的，买受人可以就该批以及今后其他各批标的物解除。

买受人如果就其中一批标的物解除，该批标的物与其他各批标的物相互依存的，可以就已经交付和未交付的各批标的物解除。

第一百六十七条 分期付款的买受人未支付到期价款的金额达到全部价款的五分之一的，出卖人可以要求买受人支付全部价款或者解除合同。

出卖人解除合同的，可以向买受人要求支付该标的物的使用费。

第一百六十八条 凭样品买卖的当事人应当封存样品，并可以对样品质量予以说明。出卖人交付的标的物应当与样品及其说明的质量相同。

第一百六十九条 凭样品买卖的买受人不知道样品有隐蔽瑕疵的，即使交付的标的物与样品相同，出卖人交付的标的物的质量仍然应当符合同种物的通常标准。

第一百七十条 试用买卖的当事人可以约定标的物的试用期间。对试用期间没有约定或者约定不明确，依照本法第六十一条的规定仍不能确定的，由出卖人确定。

第一百七十一条 试用买卖的买受人在试用期内可以购买标的物，也可以拒绝购买。试用期间届满，买受人对是否购买标的物未作表示的，视为购买。

第一百七十二条 招标投标买卖的当事人的权利和义务以及招标投标程序等，依照有关法律、行政法规的规定。

第一百七十三条 拍卖的当事人的权利和义务以及拍卖程序等，依照有关法律、行政法规的规定。

第一百七十四条 法律对其他有偿合同有规定的，依照其规定；没有规定的，参照买卖合同的有关规定。

第一百七十五条 当事人约定易货交易，转移标的物的所有权的，参照买卖合同的有关规定。

第十章 供用电、水、气、热力合同

第一百七十六条 供用电合同是供电人向用电人供电，用电人支付电费的合同。

第一百七十七条 供用电合同的内容包括供电的方式、质量、时间，用电容量、地址、性质，计量方式，电价、电费的结算方式，供用电设施的维护责任等条款。

第一百七十八条 供用电合同的履行地点，按照当事人约定；当事人没有约定或者约定不明确的，供电设施的产权分界处为履行地点。

第一百七十九条 供电人应当按照国家规定的供电质量标准和约定安全供电。供电人未按照国家规定的供电质量标准和约定安全供电，造成用电人损失的，应当承担损害赔偿责任。

第一百八十条 供电人因供电设施计划检修、临时检修、依法限电或者用电人违法用电等原因，需要中断供电时，应当按照国家有关规定事先通知用电人。未事先通知用电人中断供电，造成用电人损失的，应当承担损害赔偿责任。

第一百八十一条 因自然灾害等原因断电，供电人应当按照国家有关规定及时抢修。未及时抢修，造成用电人损失的，应当承担损害赔偿责任。

第一百八十二条 用电人应当按照国家有关规定和当事人的约定及时交

付电费。用电人逾期不交付电费的，应当按照约定支付违约金。经催告用电人在合理期限内仍不交付电费和违约金的，供电人可以按照国家规定的程序中止供电。

第一百八十三条 用电人应当按照国家有关规定和当事人的约定安全用电。用电人未按照国家有关规定和当事人的约定安全用电，造成供电人损失的，应当承担损害赔偿责任。

第一百八十四条 供用水、供用气、供用热力合同，参照供用电合同的有关规定。

第十一章 赠与合同

第一百八十五条 赠与合同是赠与人将自己的财产无偿给予受赠人，受赠人表示接受赠与的合同。

第一百八十六条 赠与人在赠与财产的权利转移之前可以撤销赠与。

具有救灾、扶贫等社会公益、道德义务性质的赠与合同或者经过公证的赠与合同，不适用前款规定。

第一百八十七条 赠与的财产依法需要办理登记等手续的，应当办理有关手续。

第一百八十八条 具有救灾、扶贫等社会公益、道德义务性质的赠与合同或者经过公证的赠与合同，赠与人不交付赠与的财产的，受赠人可以要求交付。

第一百八十九条 因赠与人故意或者重大过失致使赠与的财产毁损、灭失的，赠与人应当承担损害赔偿责任。

第一百九十条 赠与可以附义务。

赠与附义务的，受赠人应当按照约定履行义务。

第一百九十一条 赠与的财产有瑕疵的，赠与人不承担责任。附义务的赠与，赠与的财产有瑕疵的，赠与人在附义务的限度内承担与出卖人相同的责任。

赠与人故意不告知瑕疵或者保证无瑕疵，造成受赠人损失的，应当承担损害赔偿责任。

第一百九十二条 受赠人有下列情形之一的，赠与人可以撤销赠与：

（一）严重侵害赠与人或者赠与人的近亲属；

（二）对赠与人有扶养义务而不履行；

（三）不履行赠与合同约定的义务。

赠与人的撤销权，自知道或者应当知道撤销原因之日起一年内行使。

第一百九十三条 因受赠人的违法行为致使赠与人死亡或者丧失民事行为能力的，赠与人的继承人或者法定代理人可以撤销赠与。

赠与人的继承人或者法定代理人的撤销权，自知道或者应当知道撤销原因之日起六个月内行使。

第一百九十四条 撤销权人撤销赠与的，可以向受赠人要求返还赠与的财产。

第一百九十五条 赠与人的经济状况显著恶化，严重影响其生产经营或者家庭生活的，可以不再履行赠与义务。

第十二章 借款合同

第一百九十六条 借款合同是借款人向贷款人借款，到期返还借款并支付利息的合同。

第一百九十七条 借款合同采用书面形式，但自然人之间借款另有约定的除外。

借款合同的内容包括借款种类、币种、用途、数额、利率、期限和还款方式等条款。

第一百九十八条 订立借款合同，贷款人可以要求借款人提供担保。担保依照《中华人民共和国担保法》的规定。

第一百九十九条 订立借款合同，借款人应当按照贷款人的要求提供与借款有关的业务活动和财务状况的真实情况。

第二百条 借款的利息不得预先在本金中扣除。利息预先在本金中扣除的，应当按照实际借款数额返还借款并计算利息。

第二百零一条 贷款人未按照约定的日期、数额提供借款，造成借款人损失的，应当赔偿损失。

借款人未按照约定的日期、数额收取借款的，应当按照约定的日期、数额支付利息。

第二百零二条 贷款人按照约定可以检查、监督借款的使用情况。借款人应当按照约定向贷款人定期提供有关财务会计报表等资料。

第二百零三条 借款人未按照约定的借款用途使用借款的，贷款人可以停止发放借款、提前收回借款或者解除合同。

第二百零四条 办理贷款业务的金融机构贷款的利率，应当按照中国人民银行规定的贷款利率的上下限确定。

第二百零五条 借款人应当按照约定的期限支付利息。对支付利息的期限没有约定或者约定不明确，依照本法第六十一条的规定仍不能确定，借款期间不满一年的，应当在返还借款时一并支付；借款期间一年以上的，应当在每届满一年时支付，剩余期间不满一年的，应当在返还借款时一并支付。

第二百零六条 借款人应当按照约定的期限返还借款。对借款期限没有约定或者约定不明确，依照本法第六十一条的规定仍不能确定的，借款人可以随时返还；贷款人可以催告借款人在合理期限内返还。

第二百零七条 借款人未按照约定的期限返还借款的，应当按照约定或者国家有关规定支付逾期利息。

第二百零八条 借款人提前偿还借款的，除当事人另有约定的以外，应当按照实际借款的期间计算利息。

第二百零九条 借款人可以在还款期限届满之前向贷款人申请展期。贷款人同意的，可以展期。

第二百一十条 自然人之间的借款合同，自贷款人提供借款时生效。

第二百一十一条 自然人之间的借款合同对支付利息没有约定或者约定不明确的，视为不支付利息。

自然人之间的借款合同约定支付利息的，借款的利率不得违反国家有关限制借款利率的规定。

第十三章 租赁合同

第二百一十二条 租赁合同是出租人将租赁物交付承租人使用、收益，承租人支付租金的合同。

第二百一十三条 租赁合同的内容包括租赁物的名称、数量、用途、租赁期限、租金及其支付期限和方式、租赁物维修等条款。

第二百一十四条 租赁期限不得超过二十年。超过二十年的，超过部分无效。

租赁期间届满，当事人可以续订租赁合同，但约定的租赁期限自续订之日起不得超过二十年。

第二百一十五条 租赁期限六个月以上的，应当采用书面形式。当事人未采用书面形式的，视为不定期租赁。

第二百一十六条 出租人应当按照约定将租赁物交付承租人，并在租赁期间保持租赁物符合约定的用途。

第二百一十七条 承租人应当按照约定的方法使用租赁物。对租赁物的使用方法没有约定或者约定不明确，依照本法第六十一条的规定仍不能确定的，应当按照租赁物的性质使用。

第二百一十八条 承租人按照约定的方法或者租赁物的性质使用租赁

物，致使租赁物受到损耗的，不承担损害赔偿责任。

第二百一十九条 承租人未按照约定的方法或者租赁物的性质使用租赁物，致使租赁物受到损失的，出租人可以解除合同并要求赔偿损失。

第二百二十条 出租人应当履行租赁物的维修义务，但当事人另有约定的除外。

第二百二十一条 承租人在租赁物需要维修时可以要求出租人在合理期限内维修。出租人未履行维修义务的，承租人可以自行维修，维修费用由出租人负担。因维修租赁物影响承租人使用的，应当相应减少租金或者延长租期。

第二百二十二条 承租人应当妥善保管租赁物，因保管不善造成租赁物毁损、灭失的，应当承担损害赔偿责任。

第二百二十三条 承租人经出租人同意，可以对租赁物进行改善或者增设他物。

承租人未经出租人同意，对租赁物进行改善或者增设他物的，出租人可以要求承租人恢复原状或者赔偿损失。

第二百二十四条 承租人经出租人同意，可以将租赁物转租给第三人。承租人转租的，承租人与出租人之间的租赁合同继续有效，第三人对租赁物造成损失的，承租人应当赔偿损失。

承租人未经出租人同意转租的，出租人可以解除合同。

第二百二十五条 在租赁期间因占有、使用租赁物获得的收益，归承租人所有，但当事人另有约定的除外。

第二百二十六条 承租人应当按照约定的期限支付租金。对支付期限没有约定或者约定不明确，依照本法第六十一条的规定仍不能确定，租赁期间不满一年的，应当在租赁期间届满时支付；租赁期间一年以上的，应当在每届满一年时支付，剩余期间不满一年的，应当在租赁期间届满时支付。

第二百二十七条 承租人无正当理由未支付或者迟延支付租金的，出租人可以要求承租人在合理期限内支付。承租人逾期不支付的，出租人可以解除合同。

第二百二十八条 因第三人主张权利，致使承租人不能对租赁物使用、收益的，承租人可以要求减少租金或者不支付租金。

第三人主张权利的，承租人应当及时通知出租人。

第二百二十九条 租赁物在租赁期间发生所有权变动的，不影响租赁合同的效力。

第二百三十条 出租人出卖租赁房屋的，应当在出卖之前的合理期限内通知承租人，承租人享有以同等条件优先购买的权利。

第二百三十一条 因不可归责于承租人的事由，致使租赁物部分或者全部毁损、灭失的，承租人可以要求减少租金或者不支付租金；因租赁物部分或者全部毁损、灭失，致使不能实现合同目的的，承租人可以解除合同。

第二百三十二条 当事人对租赁期限没有约定或者约定不明确，依照本法第六十一条的规定仍不能确定的，视为不定期租赁。当事人可以随时解除合同，但出租人解除合同应当在合理期限之前通知承租人。

第二百三十三条 租赁物危及承租人的安全或者健康的，即使承租人订立合同时明知该租赁物质量不合格，承租人仍然可以随时解除合同。

第二百三十四条 承租人在房屋租赁期间死亡的，与其生前共同居住的人可以按照原租赁合同租赁该房屋。

第二百三十五条 租赁期间届满，承租人应当返还租赁物。返还的租赁物应当符合按照约定或者租赁物的性质使用后的状态。

第二百三十六条 租赁期间届满，承租人继续使用租赁物，出租人没有提出异议的，原租赁合同继续有效，但租赁期限为不定期。

第十四章　融资租赁合同

第二百三十七条 融资租赁合同是出租人根据承租人对出卖人、租赁物的选择，向出卖人购买租赁物，提供给承租人使用，承租人支付租金的合同。

第二百三十八条 融资租赁合同的内容包括租赁物名称、数量、规格、技术性能、检验方法、租赁期限、租金构成及其支付期限和方式、币种、租赁期间届满租赁物的归属等条款。

融资租赁合同应当采用书面形式。

第二百三十九条 出租人根据承租人对出卖人、租赁物的选择订立的买卖合同，出卖人应当按照约定向承租人交付标的物，承租人享有与受领标的物有关的买受人的权利。

第二百四十条 出租人、出卖人、承租人可以约定，出卖人不履行买卖合同义务的，由承租人行使索赔的权利。承租人行使索赔权利的，出租人应当协助。

第二百四十一条 出租人根据承租人对出卖人、租赁物的选择订立的买卖合同，未经承租人同意，出租人不得变更与承租人有关的合同内容。

第二百四十二条 出租人享有租赁物的所有权。承租人破产的，租赁物不属于破产财产。

第二百四十三条 融资租赁合同的租金，除当事人另有约定的以外，应当根据购买租赁物的大部分或者全部成本以及出租人的合理利润确定。

第二百四十四条 租赁物不符合约定或者不符合使用目的的，出租人不承担责任，但承租人依赖出租人的技能确定租赁物或者出租人干预选择租赁物的除外。

第二百四十五条 出租人应当保证承租人对租赁物的占有和使用。

第二百四十六条 承租人占有租赁物期间，租赁物造成第三人的人身伤害或者财产损害的，出租人不承担责任。

第二百四十七条 承租人应当妥善保管、使用租赁物。

承租人应当履行占有租赁物期间的维修义务。

第二百四十八条 承租人应当按照约定支付租金。承租人经催告后在合理期限内仍不支付租金的，出租人可以要求支付全部租金；也可以解除合同，收回租赁物。

第二百四十九条 当事人约定租赁期间届满租赁物归承租人所有，承租人已经支付大部分租金，但无力支付剩余租金，出租人因此解除合同收回租赁物的，收回的租赁物的价值超过承租人欠付的租金以及其他费用的，承租人可以要求部分返还。

第二百五十条 出租人和承租人可以约定租赁期间届满租赁物的归属。对租赁物的归属没有约定或者约定不明确，依照本法第六十一条的规定仍不能确定的，租赁物的所有权归出租人。

第十五章　承揽合同

第二百五十一条 承揽合同是承揽人按照定作人的要求完成工作，交付工作成果，定作人给付报酬的合同。

承揽包括加工、定作、修理、复制、测试、检验等工作。

第二百五十二条 承揽合同的内容包括承揽的标的、数量、质量、报酬、承揽方式、材料的提供、履行期限、验收标准和方法等条款。

第二百五十三条 承揽人应当以自己的设备、技术和劳力，完成主要工作，但当事人另有约定的除外。

承揽人将其承揽的主要工作交由第三人完成的，应当就该第三人完成的工作成果向定作人负责；未经定作人同意的，定作人也可以解除合同。

第二百五十四条 承揽人可以将其承揽的辅助工作交由第三人完成。承揽人将其承揽的辅助工作交由第三人完成的，应当就该第三人完成的工作成果向定作人负责。

第二百五十五条 承揽人提供材料的，承揽人应当按照约定选用材料，并接受定作人检验。

第二百五十六条 定作人提供材料的，定作人应当按照约定提供材料。承揽人对定作人提供的材料，应当及时检验，发现不符合约定时，应当及时通知定作人更换、补齐或者采取其他补救措施。

承揽人不得擅自更换定作人提供的材料，不得更换不需要修理的零部件。

第二百五十七条 承揽人发现定作人提供的图纸或者技术要求不合理的，应当及时通知定作人。因定作人怠于答复等原因造成承揽人损失的，应当赔偿损失。

第二百五十八条 定作人中途变更承揽工作的要求，造成承揽人损失的，应当赔偿损失。

第二百五十九条 承揽工作需要定作人协助的，定作人有协助的义务。

定作人不履行协助义务致使承揽工作不能完成的，承揽人可以催告定作人在合理期限内履行义务，并可以顺延履行期限；定作人逾期不履行的，承揽人可以解除合同。

第二百六十条 承揽人在工作期间，应当接受定作人必要的监督检验。定作人不得因监督检验妨碍承揽人的正常工作。

第二百六十一条 承揽人完成工作的，应当向定作人交付工作成果，并提交必要的技术资料和有关质量证明。定作人应当验收该工作成果。

第二百六十二条 承揽人交付的工作成果不符合质量要求的，定作人可以要求承揽人承担修理、重作、减少报酬、赔偿损失等违约责任。

第二百六十三条 定作人应当按照约定的期限支付报酬。对支付报酬的期限没有约定或者约定不明确，依照本法第六十一条的规定仍不能确定的，定作人应当在承揽人交付工作成果时支付；工作成果部分交付的，定作人应当相应支付。

第二百六十四条 定作人未向承揽人支付报酬或者材料费等价款的，承揽人对完成的工作成果享有留置权，但当事人另有约定的除外。

第二百六十五条 承揽人应当妥善保管定作人提供的材料以及完成的工作成果，因保管不善造成毁损、灭失的，应当承担损害赔偿责任。

第二百六十六条 承揽人应当按照定作人的要求保守秘密，未经定作人许可，不得留存复制品或者技术资料。

第二百六十七条 共同承揽人对定作人承担连带责任，但当事人另有约定的除外。

第二百六十八条 定作人可以随时解除承揽合同，造成承揽人损失的，应当赔偿损失。

第十六章 建设工程合同

第二百六十九条 建设工程合同是承包人进行工程建设，发包人支付价款的合同。

建设工程合同包括工程勘察、设计、施工合同。

第二百七十条 建设工程合同应当采用书面形式。

第二百七十一条 建设工程的招标投标活动，应当依照有关法律的规定公开、公平、公正进行。

第二百七十二条 发包人可以与总承包人订立建设工程合同，也可以分别与勘察人、设计人、施工人订立勘察、设计、施工承包合同。发包人不得将应当由一个承包人完成的建设工程肢解成若干部分发包给几个承包人。

总承包人或者勘察、设计、施工承包人经发包人同意，可以将自己承包的部分工作交由第三人完成。第三人就其完成的工作成果与总承包人或者勘察、设计、施工承包人向发包人承担连带责任。承包人不得将其承包的全部建设工程转包给第三人或者将其承包的全部建设工程肢解以后以分包的名义分别转包给第三人。

禁止承包人将工程分包给不具备相应资质条件的单位。禁止分包单位将其承包的工程再分包。建设工程主体结构的施工必须由承包人自行完成。

第二百七十三条 国家重大建设工程合同，应当按照国家规定的程序和国家批准的投资计划、可行性研究报告等文件订立。

第二百七十四条 勘察、设计合同的内容包括提交有关基础资料和文件（包括概预算）的期限、质量要求、费用以及其他协作条件等条款。

第二百七十五条 施工合同的内容包括工程范围、建设工期、中间交工工程的开工和竣工时间、工程质量、工程造价、技术资料交付时间、材料和设备供应责任、拨款和结算、竣工验收、质量保修范围和质量保证期、双方相互协作等条款。

第二百七十六条 建设工程实行监理的，发包人应当与监理人采用书面形式订立委托监理合同。发包人与监理人的权利和义务以及法律责任，应当依照本法委托合同以及其他有关法律、行政法规的规定。

第二百七十七条 发包人在不妨碍承包人正常作业的情况下，可以随时对作业进度、质量进行检查。

第二百七十八条 隐蔽工程在隐蔽以前，承包人应当通知发包人检查。发包人没有及时检查的，承包人可以顺延工程日期，并有权要求赔偿停工、窝工等损失。

第二百七十九条 建设工程竣工后，发包人应当根据施工图纸及说明书、国家颁发的施工验收规范和质量检验标准及时进行验收。验收合格的，发包人应当按照约定支付价款，并接收该建设工程。

建设工程竣工经验收合格后，方可交付使用；未经验收或者验收不合格的，不得交付使用。

第二百八十条 勘察、设计的质量不符合要求或者未按照期限提交勘察、设计文件拖延工期，造成发包人损失的，勘察人、设计人应当继续完善勘察、设计，减收或者免收勘察、设计费并赔偿损失。

第二百八十一条 因施工人的原因致使建设工程质量不符合约定的，发包人有权要求施工人在合理期限内无偿修理或者返工、改建。经过修理或者返工、改建后，造成逾期交付的，施工人应当承担违约责任。

第二百八十二条 因承包人的原因致使建设工程在合理使用期限内造成人身和财产损害的，承包人应当承担损害赔偿责任。

第二百八十三条 发包人未按照约定的时间和要求提供原材料、设备、场地、资金、技术资料的，承包人可以顺延工程日期，并有权要求赔偿停工、窝工等损失。

第二百八十四条 因发包人的原因致使工程中途停建、缓建的，发包人应当采取措施弥补或者减少损失，赔偿承包人因此造成的停工、窝工、倒运、机械设备调迁、材料和构件积压等损失和实际费用。

第二百八十五条 因发包人变更计划，提供的资料不准确，或者未按照期限提供必需的勘察、设计工作条件而造成勘察、设计的返工、停工或者修改设计，发包人应当按照勘察人、设计人实际消耗的工作量增付费用。

第二百八十六条 发包人未按照约定支付价款的，承包人可以催告发包人在合理期限内支付价款。发包人逾期不支付的，除按照建设工程的性质不宜折价、拍卖的以外，承包人可以与发包人协议将该工程折价，也可以申请人民法院将该工程依法拍卖。建设工程的价款就该工程折价或者拍卖的价款优先受偿。

第二百八十七条 本章没有规定的，适用承揽合同的有关规定。

第十七章 运输合同

第一节 一般规定

第二百八十八条 运输合同是承运人将旅客或者货物从起运地点运输到约定地点，旅客、托运人或者收货人支付票款或者运输费用的合同。

第二百八十九条 从事公共运输的承运人不得拒绝旅客、托运人通常、合理的运输要求。

第二百九十条 承运人应当在约定期间或者合理期间内将旅客、货物安全运输到约定地点。

第二百九十一条 承运人应当按照约定的或者通常的运输路线将旅客、货物运输到约定地点。

第二百九十二条 旅客、托运人或者收货人应当支付票款或者运输费用。承运人未按照约定路线或者通常路线运输增加票款或者运输费用的，旅客、托运人或者收货人可以拒绝支付增加部分的票款或者运输费用。

第二节 客运合同

第二百九十三条 客运合同自承运人向旅客交付客票时成立，但当事人另有约定或者另有交易习惯的除外。

第二百九十四条 旅客应当持有效客票乘运。旅客无票乘运、超程乘运、越级乘运或者持失效客票乘运的，应当补交票款，承运人可以按照规定加收票款。旅客不交付票款的，承运人可以拒绝运输。

第二百九十五条 旅客因自己的原因不能按照客票记载的时间乘坐的，应当在约定的时间内办理退票或者变更手续。逾期办理的，承运人可以不退票款，并不再承担运输义务。

第二百九十六条 旅客在运输中应当按照约定的限量携带行李。超过限量携带行李的，应当办理托运手续。

第二百九十七条 旅客不得随身携带或者在行李中夹带易燃、易爆、有毒、有腐蚀性、有放射性以及有可能危及运输工具上人身和财产安全的危险物品或者其他违禁物品。

旅客违反前款规定的，承运人可以将违禁物品卸下、销毁或者送交有关部门。旅客坚持携带或者夹带违禁物品的，承运人应当拒绝运输。

第二百九十八条 承运人应当向旅客及时告知有关不能正常运输的重要事由和安全运输应当注意的事项。

第二百九十九条 承运人应当按照客票载明的时间和班次运输旅客。承运人迟延运输的，应当根据旅客的要求安排改乘其他班次或者退票。

第三百条 承运人擅自变更运输工具而降低服务标准的，应当根据旅客的要求退票或者减收票款；提高服务标准的，不应当加收票款。

第三百零一条 承运人在运输过程中，应当尽力救助患有急病、分娩、遇险的旅客。

第三百零二条 承运人应当对运输过程中旅客的伤亡承担损害赔偿责任，但伤亡是旅客自身健康原因造成的或者承运人证明伤亡是旅客故意、重大过失造成的除外。

前款规定适用于按照规定免票、持优待票或者经承运人许可搭乘的无票旅客。

第三百零三条 在运输过程中旅客自带物品毁损、灭失，承运人有过错的，应当承担损害赔偿责任。

旅客托运的行李毁损、灭失的，适用货物运输的有关规定。

第三节 货运合同

第三百零四条 托运人办理货物运输，应当向承运人准确表明收货人的名称或者姓名或者凭指示的收货人，货物的名称、性质、重量、数量，收货地点等有关货物运输的必要情况。

因托运人申报不实或者遗漏重要情况，造成承运人损失的，托运人应当承担损害赔偿责任。

第三百零五条 货物运输需要办理审批、检验等手续的，托运人应当将办理完有关手续的文件提交承运人。

第三百零六条 托运人应当按照约定的方式包装货物。对包装方式没有约定或者约定不明确的，适用本法第一百五十六条的规定。

托运人违反前款规定的，承运人可以拒绝运输。

第三百零七条 托运人托运易燃、易爆、有毒、有腐蚀性、有放射性等危险物品的，应当按照国家有关危险物品运输的规定对危险物品妥善包装，作出危险物标志和标签，并将有关危险物品的名称、性质和防范措施的书面材料提交承运人。

托运人违反前款规定的，承运人可以拒绝运输，也可以采取相应措施以避免损失的发生，因此产生的费用由托运人承担。

第三百零八条 在承运人将货物交付收货人之前，托运人可以要求承运人中止运输、返还货物、变更到达地或者将货物交给其他收货人，但应当赔偿承运人因此受到的损失。

第三百零九条 货物运输到达后，承运人知道收货人的，应当及时通知收货人，收货人应当及时提货。收货人逾期提货的，应当向承运人支付保管费等费用。

第三百一十条 收货人提货时应当按照约定的期限检验货物。对检验货物的期限没有约定或者约定不明确，依照本法第六十一条的规定仍不能确定的，应当在合理期限内检验货物。收货人在约定的期限或者合理期限内对货物的数量、毁损等未提出异议的，视为承运人已经按照运输单证的记载交付的初步证据。

第三百一十一条 承运人对运输过程中货物的毁损、灭失承担损害赔偿责任，但承运人证明货物的毁损、灭失是因不可抗力、货物本身的自然性质或者合理损耗以及托运人、收货人的过错造成的，不承担损害赔偿责任。

第三百一十二条 货物的毁损、灭失的赔偿额，当事人有约定的，按照其约定；没有约定或者约定不明确，依照本法第六十一条的规定仍不能确定的，按照交付或者应当交付时货物到达地的市场价格计算。法律、行政法规对赔偿额的计算方法和赔偿限额另有规定的，依照其规定。

第三百一十三条 两个以上承运人以同一运输方式联运的，与托运人订立合同的承运人应当对全程运输承担责任。损失发生在某一运输区段的，与托运人订立合同的承运人和该区段的承运人承担连带责任。

第三百一十四条 货物在运输过程中因不可抗力灭失，未收取运费的，承运人不得要求支付运费；已收取运费的，托运人可以要求返还。

第三百一十五条 托运人或者收货人不支付运费、保管费以及其他运输费用的，承运人对相应的运输货物享有留置权，但当事人另有约定的除外。

第三百一十六条 收货人不明或者收货人无正当理由拒绝受领货物的，依照本法第一百零一条的规定，承运人可以提存货物。

第四节　多式联运合同

第三百一十七条 多式联运经营人负责履行或者组织履行多式联运合同，对全程运输享有承运人的权利，承担承运人的义务。

第三百一十八条 多式联运经营人可以与参加多式联运的各区段承运人就多式联运合同的各区段运输约定相互之间的责任，但该约定不影响多式联运经营人对全程运输承担的义务。

第三百一十九条 多式联运经营人收到托运人交付的货物时，应当签发多式联运单据。按照托运人的要求，多式联运单据可以是可转让单据，也可以是不可转让单据。

第三百二十条 因托运人托运货物时的过错造成多式联运经营人损失的，即使托运人已经转让多式联运单据，托运人仍然应当承担损害赔偿责任。

第三百二十一条 货物的毁损、灭失发生于多式联运的某一运输区段的，多式联运经营人的赔偿责任和责任限额，适用调整该区段运输方式的有关法律规定。货物毁损、灭失发生的运输区段不能确定的，依照本章规定承担损害赔偿责任。

第十八章 技术合同

第一节 一般规定

第三百二十二条 技术合同是当事人就技术开发、转让、咨询或者服务订立的确立相互之间权利和义务的合同。

第三百二十三条 订立技术合同，应当有利于科学技术的进步，加速科学技术成果的转化、应用和推广。

第三百二十四条 技术合同的内容由当事人约定，一般包括以下条款：

（一）项目名称；

（二）标的的内容、范围和要求；

（三）履行的计划、进度、期限、地点、地域和方式；

（四）技术情报和资料的保密；

（五）风险责任的承担；

（六）技术成果的归属和收益的分成办法；

（七）验收标准和方法；

（八）价款、报酬或者使用费及其支付方式；

（九）违约金或者损失赔偿的计算方法；

（十）解决争议的方法；

（十一）名词和术语的解释。

与履行合同有关的技术背景资料、可行性论证和技术评价报告、项目任务书和计划书、技术标准、技术规范、原始设计和工艺文件，以及其他技术文档，按照当事人的约定可以作为合同的组成部分。

技术合同涉及专利的，应当注明发明创造的名称、专利申请人和专利权人、申请日期、申请号、专利号以及专利权的有效期限。

第三百二十五条 技术合同价款、报酬或者使用费的支付方式由当事人约定，可以采取一次总算、一次总付或者一次总算、分期支付，也可以采取提成支付或者提成支付附加预付入门费的方式。

约定提成支付的，可以按照产品价格、实施专利和使用技术秘密后新增的产值、利润或者产品销售额的一定比例提成，也可以按照约定的其他方式计算。提成支付的比例可以采取固定比例、逐年递增比例或者逐年递减比例。

约定提成支付的，当事人应当在合同中约定查阅有关会计账目的办法。

第三百二十六条 职务技术成果的使用权、转让权属于法人或者其他组织的，法人或者其他组织可以就该项职务技术成果订立技术合同。法人或者其他组织应当从使用和转让该项职务技术成果所取得的收益中提取一定比例，对完成该项职务技术成果的个人给予奖励或者报酬。法人或者其他组织订立技术合同转让职务技术成果时，职务技术成果的完成人享有以同等条件优先受让的权利。

职务技术成果是执行法人或者其他组织的工作任务，或者主要是利用法人或者其他组织的物质技术条件所完成的技术成果。

第三百二十七条 非职务技术成果的使用权、转让权属于完成技术成果的个人，完成技术成果的个人可以就该项非职务技术成果订立技术合同。

第三百二十八条 完成技术成果的个人有在有关技术成果文件上写明自己是技术成果完成者的权利和取得荣誉证书、奖励的权利。

第三百二十九条 非法垄断技术、妨碍技术进步或者侵害他人技术成果的技术合同无效。

第二节 技术开发合同

第三百三十条 技术开发合同是指当事人之间就新技术、新产品、新工艺或者新材料及其系统的研究开发所订立的合同。

技术开发合同包括委托开发合同和合作开发合同。

技术开发合同应当采用书面形式。

当事人之间就具有产业应用价值的科技成果实施转化订立的合同，参照技术开发合同的规定。

第三百三十一条 委托开发合同的委托人应当按照约定支付研究开发经费和报酬；提供技术资料、原始数据；完成协作事项；接受研究开发成果。

第三百三十二条 委托开发合同的研究开发人应当按照约定制定和实施研究开发计划；合理使用研究开发经费；按期完成研究开发工作，交付研究开发成果，提供有关的技术资料和必要的技术指导，帮助委托人掌握研究开发成果。

第三百三十三条 委托人违反约定造成研究开发工作停滞、延误或者失败的，应当承担违约责任。

第三百三十四条 研究开发人违反约定造成研究开发工作停滞、延误或者失败的，应当承担违约责任。

第三百三十五条 合作开发合同的当事人应当按照约定进行投资，包括以技术进行投资；分工参与研究开发工作；协作配合研究开发工作。

第三百三十六条 合作开发合同的当事人违反约定造成研究开发工作停滞、延误或者失败的，应当承担违约责任。

第三百三十七条 因作为技术开发合同标的的技术已经由他人公开，致使技术开发合同的履行没有意义的，当事人可以解除合同。

第三百三十八条 在技术开发合同履行过程中，因出现无法克服的技术困难，致使研究开发失败或者部分失败的，该风险责任由当事人约定。没有约定或者约定不明确，依照本法第六十一条的规定仍不能确定的，风险责任由当事人合理分担。

当事人一方发现前款规定的可能致使研究开发失败或者部分失败的情形时，应当及时通知另一方并采取适当措施减少损失。没有及时通知并采取适当措施，致使损失扩大的，应当就扩大的损失承担责任。

第三百三十九条 委托开发完成的发明创造，除当事人另有约定的以外，申请专利的权利属于研究开发人。研究开发人取得专利权的，委托人可以免费实施该专利。

研究开发人转让专利申请权的，委托人享有以同等条件优先受让的权利。

第三百四十条 合作开发完成的发明创造，除当事人另有约定的以外，申请专利的权利属于合作开发的当事人共有。当事人一方转让其共有的专利申请权的，其他各方享有以同等条件优先受让的权利。

合作开发的当事人一方声明放弃其共有的专利申请权的，可以由另一方单独申请或者由其他各方共同申请。申请人取得专利权的，放弃专利申请权的一方可以免费实施该专利。

合作开发的当事人一方不同意申请专利的，另一方或者其他各方不得申请专利。

第三百四十一条 委托开发或者合作开发完成的技术秘密成果的使用权、转让权以及利益的分配办法，由当事人约定。没有约定或者约定不明确，依照本法第六十一条的规定仍不能确定的，当事人均有使用和转让的权利，但委托开发的研究开发人不得在向委托人交付研究开发成果之前，将研究开发成果转让给第三人。

第三节 技术转让合同

第三百四十二条 技术转让合同包括专利权转让、专利申请权转让、技术秘密转让、专利实施许可合同。

技术转让合同应当采用书面形式。

第三百四十三条 技术转让合同可以约定让与人和受让人实施专利或者使用技术秘密的范围，但不得限制技术竞争和技术发展。

第三百四十四条 专利实施许可合同只在该专利权的存续期间内有效。专利权有效期限届满或者专利权被宣布无效的，专利权人不得就该专利与他人订立专利实施许可合同。

第三百四十五条 专利实施许可合同的让与人应当按照约定许可受让人实施专利，交付实施专利有关的技术资料，提供必要的技术指导。

第三百四十六条 专利实施许可合同的受让人应当按照约定实施专利，不得许可约定以外的第三人实施该专利；并按照约定支付使用费。

第三百四十七条 技术秘密转让合同的让与人应当按照约定提供技术资料，进行技术指导，保证技术的实用性、可靠性，承担保密义务。

第三百四十八条 技术秘密转让合同的受让人应当按照约定使用技术，支付使用费，承担保密义务。

第三百四十九条 技术转让合同的让与人应当保证自己是所提供的技术的合法拥有者，并保证所提供的技术完整、无误、有效，能够达到约定的目标。

第三百五十条 技术转让合同的受让人应当按照约定的范围和期限，对让与人提供的技术中尚未公开的秘密部分，承担保密义务。

第三百五十一条 让与人未按照约定转让技术的，应当返还部分或者全部使用费，并应当承担违约责任；实施专利或者使用技术秘密超越约定的范围的，违反约定擅自许可第三人实施该项专利或者使用该项技术秘密的，应当停止违约行为，承担违约责任；违反约定的保密义务的，应当承担违约责任。

第三百五十二条 受让人未按照约定支付使用费的，应当补交使用费并按照约定支付违约金；不补交使用费或者支付违约金的，应当停止实施专利或者使用技术秘密，交还技术资料，承担违约责任；实施专利或者使用技术秘密超越约定的范围的，未经让与人同意擅自许可第三人实施该专利或者使用该技术秘密的，应当停止违约行为，承担违约责任；违反约定的保密义务的，应当承担违约责任。

第三百五十三条 受让人按照约定实施专利、使用技术秘密侵害他人合法权益的，由让与人承担责任，但当事人另有约定的除外。

第三百五十四条 当事人可以按照互利的原则，在技术转让合同中约定实施专利、使用技术秘密后续改进的技术成果的分享办法。没有约定或者约定不明确，依照本法第六十一条的规定仍不能确定的，一方后续改进的技术成果，其他各方无权分享。

第三百五十五条 法律、行政法规对技术进出口合同或者专利、专利申请合同另有规定的，依照其规定。

第四节 技术咨询合同和技术服务合同

第三百五十六条 技术咨询合同包括就特定技术项目提供可行性论证、技术预测、专题技术调查、分析评价报告等合同。

技术服务合同是指当事人一方以技术知识为另一方解决特定技术问题所订立的合同，不包括建设工程合同和承揽合同。

第三百五十七条 技术咨询合同的委托人应当按照约定阐明咨询的问题，提供技术背景材料及有关技术资料、数据；接受受托人的工作成果，支付报酬。

第三百五十八条 技术咨询合同的受托人应当按照约定的期限完成咨询报告或者解答问题；提出的咨询报告应当达到约定的要求。

第三百五十九条 技术咨询合同的委托人未按照约定提供必要的资料和数据，影响工作进度和质量，不接受或者逾期接受工作成果的，支付的报酬不得追回，未支付的报酬应当支付。

技术咨询合同的受托人未按期提出咨询报告或者提出的咨询报告不符合约定的，应当承担减收或者免收报酬等违约责任。

技术咨询合同的委托人按照受托人符合约定要求的咨询报告和意见作出决策所造成的损失，由委托人承担，但当事人另有约定的除外。

第三百六十条 技术服务合同的委托人应当按照约定提供工作条件，完成配合事项；接受工作成果并支付报酬。

第三百六十一条 技术服务合同的受托人应当按照约定完成服务项目，解决技术问题，保证工作质量，并传授解决技术问题的知识。

第三百六十二条 技术服务合同的委托人不履行合同义务或者履行合同

义务不符合约定，影响工作进度和质量，不接受或者逾期接受工作成果的，支付的报酬不得追回，未支付的报酬应当支付。

技术服务合同的受托人未按照合同约定完成服务工作的，应当承担免收报酬等违约责任。

第三百六十三条 在技术咨询合同、技术服务合同履行过程中，受托人利用委托人提供的技术资料和工作条件完成的新的技术成果，属于受托人。委托人利用受托人的工作成果完成的新的技术成果，属于委托人。当事人另有约定的，按照其约定。

第三百六十四条 法律、行政法规对技术中介合同、技术培训合同另有规定的，依照其规定。

第十九章 保管合同

第三百六十五条 保管合同是保管人保管寄存人交付的保管物，并返还该物的合同。

第三百六十六条 寄存人应当按照约定向保管人支付保管费。

当事人对保管费没有约定或者约定不明确，依照本法第六十一条的规定仍不能确定的，保管是无偿的。

第三百六十七条 保管合同自保管物交付时成立，但当事人另有约定的除外。

第三百六十八条 寄存人向保管人交付保管物的，保管人应当给付保管凭证，但另有交易习惯的除外。

第三百六十九条 保管人应当妥善保管保管物。

当事人可以约定保管场所或者方法。除紧急情况或者为了维护寄存人利益的以外，不得擅自改变保管场所或者方法。

第三百七十条 寄存人交付的保管物有瑕疵或者按照保管物的性质需要采取特殊保管措施的，寄存人应当将有关情况告知保管人。寄存人未告知，致使保管物受损失的，保管人不承担损害赔偿责任；保管人因此受损失的，除保管人知道或者应当知道并且未采取补救措施的以外，寄存人应当承担损害赔偿责任。

第三百七十一条 保管人不得将保管物转交第三人保管，但当事人另有约定的除外。

保管人违反前款规定，将保管物转交第三人保管，对保管物造成损失的，应当承担损害赔偿责任。

第三百七十二条 保管人不得使用或者许可第三人使用保管物，但当事人另有约定的除外。

第三百七十三条 第三人对保管物主张权利的，除依法对保管物采取保全或者执行的以外，保管人应当履行向寄存人返还保管物的义务。

第三人对保管人提起诉讼或者对保管物申请扣押的，保管人应当及时通知寄存人。

第三百七十四条 保管期间，因保管人保管不善造成保管物毁损、灭失的，保管人应当承担损害赔偿责任，但保管是无偿的，保管人证明自己没有重大过失的，不承担损害赔偿责任。

第三百七十五条 寄存人寄存货币、有价证券或者其他贵重物品的，应当向保管人声明，由保管人验收或者封存。寄存人未声明的，该物品毁损、灭失后，保管人可以按照一般物品予以赔偿。

第三百七十六条 寄存人可以随时领取保管物。

当事人对保管期间没有约定或者约定不明确的，保管人可以随时要求寄存人领取保管物；约定保管期间的，保管人无特别事由，不得要求寄存人提前领取保管物。

第三百七十七条 保管期间届满或者寄存人提前领取保管物的，保管人应当将原物及其孳息归还寄存人。

第三百七十八条 保管人保管货币的，可以返还相同种类、数量的货币。保管其他可替代物的，可以按照约定返还相同种类、品质、数量的物品。

第三百七十九条 有偿的保管合同，寄存人应当按照约定的期限向保管人支付保管费。

当事人对支付期限没有约定或者约定不明确，依照本法第六十一条的规定仍不能确定的，应当在领取保管物的同时支付。

第三百八十条 寄存人未按照约定支付保管费以及其他费用的，保管人对保管物享有留置权，但当事人另有约定的除外。

第二十章 仓储合同

第三百八十一条 仓储合同是保管人储存存货人交付的仓储物，存货人支付仓储费的合同。

第三百八十二条 仓储合同自成立时生效。

第三百八十三条 储存易燃、易爆、有毒、有腐蚀性、有放射性等危险物品或者易变质物品，存货人应当说明该物品的性质，提供有关资料。

存货人违反前款规定的，保管人可以拒收仓储物，也可以采取相应措施以避免损失的发生，因此产生的费用由存货人承担。

保管人储存易燃、易爆、有毒、有腐蚀性、有放射性等危险物品的，应当具备相应的保管条件。

第三百八十四条 保管人应当按照约定对入库仓储物进行验收。保管人验收时发现入库仓储物与约定不符合的，应当及时通知存货人。保管人验收后，发生仓储物的品种、数量、质量不符合约定的，保管人应当承担损害赔偿责任。

第三百八十五条 存货人交付仓储物的，保管人应当给付仓单。

第三百八十六条 保管人应当在仓单上签字或者盖章。仓单包括下列事项：

（一）存货人的名称或者姓名和住所；

（二）仓储物的品种、数量、质量、包装、件数和标记；

（三）仓储物的损耗标准；

（四）储存场所；

（五）储存期间；

（六）仓储费；

（七）仓储物已经办理保险的，其保险金额、期间以及保险人的名称；

（八）填发人、填发地和填发日期。

第三百八十七条 仓单是提取仓储物的凭证。存货人或者仓单持有人在仓单上背书并经保管人签字或者盖章的，可以转让提取仓储物的权利。

第三百八十八条 保管人根据存货人或者仓单持有人的要求，应当同意其检查仓储物或者提取样品。

第三百八十九条 保管人对入库仓储物发现有变质或者其他损坏的，应当及时通知存货人或者仓单持有人。

第三百九十条 保管人对入库仓储物发现有变质或者其他损坏，危及其他仓储物的安全和正常保管的，应当催告存货人或者仓单持有人作出必要的处置。因情况紧急，保管人可以作出必要的处置，但事后应当将该情况及时通知存货人或者仓单持有人。

第三百九十一条 当事人对储存期间没有约定或者约定不明确的，存货人或者仓单持有人可以随时提取仓储物，保管人也可以随时要求存货人或者仓单持有人提取仓储物，但应当给予必要的准备时间。

第三百九十二条 储存期间届满，存货人或者仓单持有人应当凭仓单提取仓储物。存货人或者仓单持有人逾期提取的，应当加收仓储费；提前提取的，不减收仓储费。

第三百九十三条 储存期间届满，存货人或者仓单持有人不提取仓储物的，保管人可以催告其在合理期限内提取，逾期不提取的，保管人可以提存仓储物。

第三百九十四条 储存期间，因保管人保管不善造成仓储物毁损、灭失的，保管人应当承担损害赔偿责任。因仓储物的性质、包装不符合约定或者超过有效储存期造成仓储物变质、损坏的，保管人不承担损害赔偿责任。

第三百九十五条 本章没有规定的，适用保管合同的有关规定。

第二十一章 委托合同

第三百九十六条 委托合同是委托人和受托人约定，由受托人处理委托人事务的合同。

第三百九十七条 委托人可以特别委托受托人处理一项或者数项事务，也可以概括委托受托人处理一切事务。

第三百九十八条 委托人应当预付处理委托事务的费用。受托人为处理委托事务垫付的必要费用，委托人应当偿还该费用及其利息。

第三百九十九条 受托人应当按照委托人的指示处理委托事务。需要变更委托人指示的，应当经委托人同意；因情况紧急，难以和委托人取得联系的，受托人应当妥善处理委托事务，但事后应当将该情况及时报告委托人。

第四百条 受托人应当亲自处理委托事务。经委托人同意，受托人可以转委托。转委托经同意的，委托人可以就委托事务直接指示转委托的第三人，受托人仅就第三人的选任及其对第三人的指示承担责任。转委托未经同意的，受托人应当对转委托的第三人的行为承担责任，但在紧急情况下受托人为维护委托人的利益需要转委托的除外。

第四百零一条 受托人应当按照委托人的要求，报告委托事务的处理情况。委托合同终止时，受托人应当报告委托事务的结果。

第四百零二条 受托人以自己的名义，在委托人的授权范围内与第三人订立的合同，第三人在订立合同时知道受托人与委托人之间的代理关系的，该合同直接约束委托人和第三人，但有确切证据证明该合同只约束受托人和第三人的除外。

第四百零三条 受托人以自己的名义与第三人订立合同时，第三人不知道受托人与委托人之间的代理关系的，受托人因第三人的原因对委托人不履行义务，受托人应当向委托人披露第三人，委托人因此可以行使受托人对第三人的权利，但第三人与受托人订立合同时如果知道该委托人就不会订立合同的除外。

受托人因委托人的原因对第三人不履行义务，受托人应当向第三人披露委托人，第三人因此可以选择受托人或者委托人作为相对人主张其权利，但第三人不得变更选定的相对人。

委托人行使受托人对第三人的权利的，第三人可以向委托人主张其对受托人的抗辩。第三人选定委托人作为其相对人的，委托人可以向第三人主张其对受托人的抗辩以及受托人对第三人的抗辩。

第四百零四条 受托人处理委托事务取得的财产，应当转交给委托人。

第四百零五条 受托人完成委托事务的，委托人应当向其支付报酬。因不可归责于受托人的事由，委托合同解除或者委托事务不能完成的，委托人应当向受托人支付相应的报酬。当事人另有约定的，按照其约定。

第四百零六条 有偿的委托合同，因受托人的过错给委托人造成损失的，委托人可以要求赔偿损失。无偿的委托合同，因受托人的故意或者重大过失给委托人造成损失的，委托人可以要求赔偿损失。

受托人超越权限给委托人造成损失的，应当赔偿损失。

第四百零七条 受托人处理委托事务时，因不可归责于自己的事由受到损失的，可以向委托人要求赔偿损失。

第四百零八条 委托人经受托人同意，可以在受托人之外委托第三人处理委托事务。因此给受托人造成损失的，受托人可以向委托人要求赔偿损失。

第四百零九条 两个以上的受托人共同处理委托事务的，对委托人承担连带责任。

第四百一十条 委托人或者受托人可以随时解除委托合同。因解除合同给对方造成损失的，除不可归责于该当事人的事由以外，应当赔偿损失。

第四百一十一条 委托人或者受托人死亡、丧失民事行为能力或者破产的，委托合同终止，但当事人另有约定或者根据委托事务的性质不宜终止的除外。

第四百一十二条 因委托人死亡、丧失民事行为能力或者破产，致使委托合同终止将损害委托人利益的，在委托人的继承人、法定代理人或者清算组织承受委托事务之前，受托人应当继续处理委托事务。

第四百一十三条 因受托人死亡、丧失民事行为能力或者破产，致使委托合同终止的，受托人的继承人、法定代理人或者清算组织应当及时通知委托人。因委托合同终止将损害委托人利益的，在委托人作出善后处理之前，受托人的继承人、法定代理人或者清算组织应当采取必要措施。

第二十二章　行纪合同

第四百一十四条　行纪合同是行纪人以自己的名义为委托人从事贸易活动，委托人支付报酬的合同。

第四百一十五条　行纪人处理委托事务支出的费用，由行纪人负担，但当事人另有约定的除外。

第四百一十六条　行纪人占有委托物的，应当妥善保管委托物。

第四百一十七条　委托物交付给行纪人时有瑕疵或者容易腐烂、变质的，经委托人同意，行纪人可以处分该物；和委托人不能及时取得联系的，行纪人可以合理处分。

第四百一十八条　行纪人低于委托人指定的价格卖出或者高于委托人指定的价格买入的，应当经委托人同意。未经委托人同意，行纪人补偿其差额的，该买卖对委托人发生效力。

行纪人高于委托人指定的价格卖出或者低于委托人指定的价格买入的，可以按照约定增加报酬。没有约定或者约定不明确，依照本法第六十一条的规定仍不能确定的，该利益属于委托人。

委托人对价格有特别指示的，行纪人不得违背该指示卖出或者买入。

第四百一十九条　行纪人卖出或者买入具有市场定价的商品，除委托人有相反的意思表示的以外，行纪人自己可以作为买受人或者出卖人。

行纪人有前款规定情形的，仍然可以要求委托人支付报酬。

第四百二十条　行纪人按照约定买入委托物，委托人应当及时受领。经行纪人催告，委托人无正当理由拒绝受领的，行纪人依照本法第一百零一条的规定可以提存委托物。

委托物不能卖出或者委托人撤回出卖，经行纪人催告，委托人不取回或者不处分该物的，行纪人依照本法第一百零一条的规定可以提存委托物。

第四百二十一条　行纪人与第三人订立合同的，行纪人对该合同直接享有权利、承担义务。

第三人不履行义务致使委托人受到损害的，行纪人应当承担损害赔偿责任，但行纪人与委托人另有约定的除外。

第四百二十二条　行纪人完成或者部分完成委托事务的，委托人应当向其支付相应的报酬。委托人逾期不支付报酬的，行纪人对委托物享有留置权，但当事人另有约定的除外。

第四百二十三条　本章没有规定的，适用委托合同的有关规定。

第二十三章　居间合同

第四百二十四条　居间合同是居间人向委托人报告订立合同的机会或者提供订立合同的媒介服务，委托人支付报酬的合同。

第四百二十五条　居间人应当就有关订立合同的事项向委托人如实报告。

居间人故意隐瞒与订立合同有关的重要事实或者提供虚假情况，损害委托人利益的，不得要求支付报酬并应当承担损害赔偿责任。

第四百二十六条　居间人促成合同成立的，委托人应当按照约定支付报酬。对居间人的报酬没有约定或者约定不明确，依照本法第六十一条的规定仍不能确定的，根据居间人的劳务合理确定。因居间人提供订立合同的媒介服务而促成合同成立的，由该合同的当事人平均负担居间人的报酬。

居间人促成合同成立的，居间活动的费用，由居间人负担。

第四百二十七条　居间人未促成合同成立的，不得要求支付报酬，但可以要求委托人支付从事居间活动支出的必要费用。

附　　则

第四百二十八条　本法自1999年10月1日起施行，《中华人民共和国经济合同法》、《中华人民共和国涉外经济合同法》、《中华人民共和国技术合同法》同时废止。

中华人民共和国反不正当竞争法

（第八届全国人民代表大会常务委员会
第三次会议通过 1993年9月2日）

目 录

第一章 总 则

第一条 为保障社会主义市场经济健康发展，鼓励和保护公平竞争，制止不正当竞争行为，保护经营者和消费者的合法权益，制定本法。

第二条 经营者在市场交易中，应当遵循自愿、平等、公平、诚实信用的原则，遵守公认的商业道德。

本法所称的不正当竞争，是指经营者违反本法规定，损害其他经营者的合法权益，扰乱社会经济秩序的行为。

本法所称的经营者，是指从事商品经营或者营利性服务（以下所称商品包括服务）的法人、其他经济组织和个人。

第三条 各级人民政府应当采取措施，制止不正当竞争行为，为公平竞争创造良好的环境和条件。

县级以上人民政府工商行政管理部门对不正当竞争行为进行监督检查；法律、行政法规规定由其他部门监督检查的，依照其规定。

第四条 国家鼓励、支持和保护一切组织和个人对不正当竞争行为进行社会监督。

国家机关工作人员不得支持、包庇不正当竞争行为。

第二章 不正当竞争行为

第五条 经营者不得采用下列不正当手段从事市场交易，损害竞争对手：

（一）假冒他人的注册商标；

（二）擅自使用知名商品特有的名称、包装、装潢，或者使用与知名商品近似的名称、包装、装潢，造成和他人的知名商品相混淆，使购买者误认为是该知名商品；

（三）擅自使用他人的企业名称或者姓名，引人误认为是他人的商品；

（四）在商品上伪造或者冒用认证标志、名优标志等质量标志，伪造产地，对商品质量做引人误解的虚假表示。

第六条 公用企业或者其他依法具有独占地位的经营者，不得限定他人购买其指定的经营者的商品，以排挤其他经营者的公平竞争。

第七条 政府及其所属部门不得滥用行政权力，限定他人购买其指定的经营者的商品，限制其他经营者正当的经营活动。

政府及其所属部门不得滥用行政权力，限制外地商品进入本地市场，或者本地商品流向外地市场。

第八条 经营者不得采用财物或者其他手段进行贿赂以销售或者购买商品。在账外暗中给予对方单位或者个人回扣的，以行贿论处；对方单位或者个人在账外暗中收受回扣的，以受贿论处。

经营者销售或者购买商品，可以以明示方式给对方折扣，可以给中间人佣金。经营者给对方折扣、给中间人佣金的，必须如实入账。接受折扣、佣金的经营者必须如实入账。

第九条 经营者不得利用广告或者其他方法，对商品的质量、制作成分、性能、用途、生产者、有效期限、产地等作引人误解的虚假宣传。

广告的经营者不得在明知或者应知的情况下，代理、设计、制作、发布虚假广告。

第十条 经营者不得采用下列手段侵犯商业秘密：

（一）以盗窃、利诱、胁迫或者其他不正当手段获取权利人的商业秘密；

（二）披露、使用或者允许他人使用以前项手段获取的权利人的商业秘密；

（三）违反约定或者违反权利人有关保守商业秘密的要求，披露、使用或者允许他人使用其所掌握的商业秘密。

第三人明知或者应知前款所列违法行为，获取、使用或者披露他人的商业秘密，视为侵犯商业秘密。

本条所称的商业秘密，是指不为公众所知悉、能为权利人带来经济利益、具有实用性并经权利人采取保密措施的技术信息和经营信息。

第十一条 经营者不得以排挤竞争对手为目的，以低于成本的价格销售商品。有下列情形之一的，不属于不正当竞争行为：

（一）销售鲜活商品；

（二）处理有效期限即将到期的商品或者其他积压的商品；

（三）季节性降价；

（四）因清偿债务、转产、歇业降价销售商品。

第十二条 经营者销售商品，不得违背购买者的意愿搭售商品或者附加其他不合理的条件。

第十三条 经营者不得从事下列有奖销售：

（一）采用谎称有奖或者故意让内定人员中奖的欺骗方式进行有奖销售；

（二）利用有奖销售的手段推销质次价高的商品；

（三）抽奖式的有奖销售，最高奖的金额超过五千元。

第十四条 经营者不得捏造、散布虚伪事实，损害竞争对手的商业信誉、商品声誉。

第十五条 投标者不得串通投标，抬高标价或者压低标价。

投标者和招标者不得相互勾结，以排挤竞争对手的公平竞争。

第三章 监督检查

第十六条 县级以上监督检查部门对不正当竞争行为，可以进行监督检查。

第十七条 监督检查部门在监督检查不正当竞争行为时，有权行使下列职权：

（一）按照规定程序询问被检查的经营者、利害关系人、证明人，并要求提供证明材料或者与不正当竞争行为有关的其他资料；

（二）查询、复制与不正当竞争行为有关的协议、账册、单据、文件、记录、业务函电和其他资料；

（三）检查与本法第五条规定的不正当竞争行为有关的财物，必要时可以责令被检查的经营者说明该商品的来源和数量，暂停销售，听候检查，不得转移、隐匿、销毁该财物。

第十八条 监督检查部门工作人员监督检查不正当竞争行为时，应当出示检查证件。

第十九条 监督检查部门在监督检查不正当竞争行为时，被检查的经营者、利害关系人和证明人应当如实提供有关资料或者情况。

第四章 法律责任

第二十条 经营者违反本法规定，给被侵害的经营者造成损害的，应当承担损害赔偿责任，被侵害的经营者的损失难以计算的，赔偿额为侵权人在侵权期间因侵权所获得的利润；并应当承担被侵害的经营者因调查该经营者侵害其合法权益的不正当竞争行为所支付的合理费用。

被侵害的经营者的合法权益受到不正当竞争行为损害的，可以向人民法院提起诉讼。

第二十一条 经营者假冒他人的注册商标，擅自使用他人的企业名称或者姓名，伪造或者冒用认证标志、名优标志等质量标志，伪造产地，对商品质量作引人误解的虚假表示的，依照《中华人民共和国商标法》、《中华人民共和国产品质量法》的规定处罚。

经营者擅自使用知名商品特有的名称、包装、装潢，或者使用与知名商品近似的名称、包装、装潢，造成和他人的知名商品相混淆，使购买者误认为是该知名商品的，监督检查部门应当责令停止违法行为，没收违法所得，可以根据情节处以违法所得一倍以上三倍以下的罚款；情节严重的，可以吊销营业执照；销售伪劣商品，构成犯罪的，依法追究刑事责任。

第二十二条 经营者采用财物或者其他手段进行贿赂以销售或者购买商品，构成犯罪的，依法追究刑事责任；不构成犯罪的，监督检查部门可以根据情节处以一万元以上二十万元以下的罚款，有违法所得的，予以没收。

第二十三条 公用企业或者其他依法具有独占地位的经营者，限定他人购买其指定的经营者的商品，以排挤其他经营者的公平竞争的，省级或者设区的市的监督检查部门应当责令停止违法行为，可以根据情节处以五万元以上二十万元以下的罚款。被指定的经营者借此销售质次价高商品或者滥收费用的，监督检查部门应当没收违法所得，可以根据情节处以违法所得一倍以上三倍以下的罚款。

第二十四条 经营者利用广告或者其他方法，对商品作引人误解的虚假宣传的，监督检查部门应当责令停止违法行为，消除影响，可以根据情节处以一万元以上二十万元以下的罚款。

广告的经营者，在明知或者应知的情况下，代理、设计、制作、发布虚假广告的，监督检查部门应当责令停止违法行为，没收违法所得，并依法处以罚款。

第二十五条 违反本法第十条规定侵犯商业秘密的，监督检查部门应当责令停止违法行为，可以根据情节处以一万元以上二十万元以下的罚款。

第二十六条 经营者违反本法第十三条规定进行有奖销售的，监督检查部门应当责令停止违法行为，可以根据情节处以一万元以上十万元以下的罚款。

第二十七条 投标者串通投标，抬高标价或者压低标价；投标者和招标者相互勾结，以排挤竞争对手的公平竞争的，其中标无效。监督检查部门可以根据情节处以一万元以上二十万元以下的罚款。

第二十八条 经营者有违反被责令暂停销售，不得转移、隐匿、销毁与不正当竞争行为有关的财物的行为的，监督检查部门可以根据情节处以被销售、转移、隐匿、销毁财物的价款的一倍以上三倍以下的罚款。

第二十九条 当事人对监督检查部门作出的处罚决定不服的，可以自收到处罚决定之日起十五日内向上一级主管机关申请复议；对复议决定不服的，可以自收到复议决定书之日起十五日内向人民法院提起诉讼；也可以直接向人民法院提起诉讼。

第三十条 政府及其所属部门违反本法第七条规定，限定他人购买其指定的经营者的商品、限制其他经营者正当的经营活动，或者限制商品在地区之间正常流通的，由上级机关责令其改正；情节严重的，由同级或者上级机关对直接责任人员给予行政处分。被指定的经营者借此销售质次价高商品或者滥收费用的，监督检查部门应当没收违法所得，可以根据情节处以违法所得一倍以上三倍以下的罚款。

第三十一条 监督检查不正当竞争行为的国家机关工作人员滥用职权、玩忽职守，构成犯罪的，依法追究刑事责任；不构成犯罪的，给予行政处分。

第三十二条 监督检查不正当竞争行为的国家机关工作人员徇私舞弊，对明知有违反本法规定构成犯罪的经营者故意包庇不使他受追诉的，依法追究刑事责任。

第五章 附 则

第三十三条 本法自 1993 年 12 月 1 日起施行。

（三）部门规章制度

工程建设项目货物招标投标办法

国家发展改革委　建设部　铁道部　交通部　信息产业部
水利部　民用航空总局　第27号令

为了规范工程建设项目的货物招标投标活动，保护国家利益、社会公共利益和招标投标活动当事人的合法权益，保证工程质量，提高投资效益，根据《中华人民共和国招标投标法》和国务院有关部门的职责分工，国家发展改革委、建设部、铁道部、交通部、信息产业部、水利部、中国民用航空总局审议通过了《工程建设项目货物招标投标办法》，现予发布，自2005年3月1日起施行。

二〇〇五年一月十八日

附件：

工程建设项目货物招标投标办法

第一章　总　　则

第一条　为规范工程建设项目的货物招标投标活动，保护国家利益、社会公共利益和招标投标活动当事人的合法权益，保证工程质量，提高投资效益，根据《中华人民共和国招标投标法》和国务院有关部门的职责分工，制定本办法。

第二条　本办法适用于在中华人民共和国境内依法必须进行招标的工程建设项目货物招标投标活动。

前款所称货物，是指与工程建设项目有关的重要设备、材料等。

第三条　工程建设项目符合《工程建设项目招标范围和规模标准规定》（原国家计委令第3号）规定的范围和标准的，必须通过招标选择货物供应单位。

任何单位和个人不得将依法必须进行招标的项目化整为零或者以其他任何方式规避招标。

第四条　工程建设项目货物招标投标活动应当遵循公开、公平、公正和诚实信用的原则。货物招标投标活动不受地区或者部门的限制。

第五条　工程建设项目货物招标投标活动，依法由招标人负责。

工程建设项目招标人对项目实行总承包招标时，未包括在总承包范围内的货物达到国家规定规模标准的，应当由工程建设项目招标人依法组织招标。

工程建设项目招标人对项目实行总承包招标时，以暂估价形式包括在总承包范围内的货物达到国家规定规模标准的，应当由总承包中标人和工程建设项目招标人共同依法组织招标。双方当事人的风险和责任承担由合同约定。

工程建设项目招标人或者总承包中标人可委托依法取得资质的招标代理机构承办招标代理业务。招标代理服务收费实行政府指导价。招标代理服务费用应当由招标人支付；招标人、招标代理机构与投标人另有约定的，从其约定。

第六条　各级发展改革、建设、铁道、交通、信息产业、水利、民航等部门依照国务院和地方各级人民政府关于工程建设项目行政监督的职责分工，对工程建设项目中所包括的货物招标投标活动实施监督，依法查处货物招标投标活动中的违法行为。

第二章 招　　标

第七条 工程建设项目招标人是依法提出招标项目、进行招标的法人或者其他组织。本办法第五条第三款总承包中标人共同招标时，也为招标人。

第八条 依法必须招标的工程建设项目，应当具备下列条件才能进行货物招标：

（一）招标人已经依法成立；

（二）按照国家有关规定应当履行项目审批、核准或者备案手续的，已经审批、核准或者备案；

（三）有相应资金或者资金来源已经落实；

（四）能够提出货物的使用与技术要求。

第九条 依法必须进行招标的工程建设项目，按国家有关投资项目审批管理规定，凡应报送项目审批部门审批的，招标人应当在报送的可行性研究报告中将货物招标范围、招标方式（公开招标或邀请招标）、招标组织形式（自行招标或委托招标）等有关招标内容报项目审批部门核准。项目审批部门应当将核准招标内容的意见抄送有关行政监督部门。

企业投资项目申请政府安排财政性资金的，前款招标内容由资金申请报告审批部门依法在批复中确定。

第十条 货物招标分为公开招标和邀请招标。

第十一条 国务院发展改革部门确定的国家重点建设项目和各省、自治区、直辖市人民政府确定的地方重点建设项目，其货物采购应当公开招标；有下列情形之一的，经批准可以进行邀请招标：

（一）货物技术复杂或有特殊要求，只有少量几家潜在投标人可供选择的；

（二）涉及国家安全、国家秘密或者抢险救灾，适宜招标但不宜公开招标的；

（三）拟公开招标的费用与拟公开招标的节资相比，得不偿失的；

（四）法律、行政法规规定不宜公开招标的。

国家重点建设项目货物的邀请招标，应当经国务院发展改革部门批准；地方重点建设项目货物的邀请招标，应当经省、自治区、直辖市人民政府批准。

第十二条 采用公开招标方式的，招标人应当发布招标公告。依法必须进行货物招标的招标公告，应当在国家指定的报刊或者信息网络上发布。

采用邀请招标方式的，招标人应当向三家以上具备货物供应的能力、资信良好的特定的法人或者其他组织发出投标邀请书。

第十三条 招标公告或者投标邀请书应当载明下列内容：

（一）招标人的名称和地址；

（二）招标货物的名称、数量、技术规格、资金来源；

（三）交货的地点和时间；

（四）获取招标文件或者资格预审文件的地点和时间；

（五）对招标文件或者资格预审文件收取的费用；

（六）提交资格预审申请书或者投标文件的地点和截止日期；

（七）对投标人的资格要求。

第十四条 招标人应当按招标公告或者投标邀请书规定的时间、地点发出招标文件或者资格预审文件。自招标文件或者资格预审文件发出之日起至停止发出之日止，最短不得少于5个工作日。

招标人发出的招标文件或者资格预审文件应当加盖印章。招标人可以通过信息网络或者其他媒介发布招标文件，通过信息网络或者其他媒介发布的招标文件与书面招标文件具有同等法律效力，出现不一致时以书面招标文件为准，但法律、行政法规或者招标文件另有规定的除外。

对招标文件或者资格预审文件的收费应当合理，不得以营利为目的。

除不可抗力原因外，招标文件或者资格预审文件发出后，不予退还；招标人在发布招标公告、发出投标邀请书后或者发出招标文件或资格预审文件后不得擅自终止招标。因不可抗力原因造成招标终止的，投标人有权要求退回招标文件并收回购买招标文件的费用。

第十五条 招标人可以根据招标货物的特点和需要，对潜在投标人或者投标人进行资格审查；法律、行政法规对潜在投标人或者投标人的资格条件有规定的，依照其规定。

第十六条 资格审查分为资格预审和资格后审。

资格预审，是指招标人出售招标文件或者发出投标邀请书前对潜在投标人进行的资格审查。资格预审一般适用于潜在投标人较多或者大型、技术复杂货物的公开招标，以及需要公开选择潜在投标人的邀请招标。

资格后审，是指在开标后对投标人进行的资格审查。资格后审一般在评标过程中的初步评审开始时进行。

第十七条 采取资格预审的，招标人应当发布资格预审公告。资格预审公告适用本办法第十二条、第十三条有关招标公告的规定。

第十八条 资格预审文件一般包括下列内容：

（一）资格预审邀请书；

（二）申请人须知；

（三）资格要求；

（四）其他业绩要求；

（五）资格审查标准和方法；

（六）资格预审结果的通知方式。

第十九条 采取资格预审的，招标人应当在资格预审文件中详细规定资格审查的标准和方法；采取资格后审的，招标人应当在招标文件中详细规定资格审查的标准和方法。

招标人在进行资格审查时，不得改变或补充载明的资格审查标准和方法或者以没有载明的资格审查标准和方法对潜在投标人或者投标人进行资格审查。

第二十条 经资格预审后，招标人应当向资格预审合格的潜在投标人发出资格预审合格通知书，告知获取招标文件的时间、地点和方法，并同时向资格预审不合格的潜在投标人告知资格预审结果。资格预审合格的潜在投标人不足三个的，招标人应当重新进行资格预审。

对资格后审不合格的投标人，评标委员会应当对其投标作废标处理。

第二十一条 招标文件一般包括下列内容：

（一）投标邀请书；

（二）投标人须知；

（三）投标文件格式；

（四）技术规格、参数及其他要求；

（五）评标标准和方法；

（六）合同主要条款。

招标人应当在招标文件中规定实质性要求和条件，说明不满足其中任何一项实质性要求和条件的投标将被拒绝，并用醒目的方式标明；没有标明的要求和条件在评标时不得作为实质性要求和条件。对于非实质性要求和条件，应规定允许偏差的最大范围、最高项数，以及对这些偏差进行调整的方法。

国家对招标货物的技术、标准、质量等有特殊要求的，招标人应当在招标文件中提出相应特殊要求，并将其作为实质性要求和条件。

第二十二条 招标货物需要划分标包的，招标人应合理划分标包，确定各标包的交货期，并在招标文件中如实载明。

第二十三条 招标人允许中标人对非主体货物进行分包的，应当在招标文件中载明。主要设备或者供货合同的主要部分不得要求或者允许分包。

除招标文件要求不得改变标准货物的供应商外，中标人经招标人同意改变标准货物的供应商的，不应视为转包和违法分包。

第二十四条 招标人可以要求投标人在提交符合招标文件规定要求的投标文件外，提交备选投标方案，但应当在招标文件中作出说明。不符合中标条件的投标人的备选投标方案不予考虑。

第二十五条 招标文件规定的各项技术规格应当符合国家技术法规的规定。

招标文件中规定的各项技术规格均不得要求或标明某一特定的专利技术、商标、名称、设计、原产地或供应者等，不得含有倾向或者排斥潜在投标人的其他内容。如果必须引用某一供应者的技术规格才能准确或清楚地说明拟招标货物的技术规格时，则应当在参照后面加上“或相当于”的字样。

第二十六条 招标文件应当明确规定评标时包含价格在内的所有评标因素，以及据此进行评估的方法。

在评标过程中，不得改变招标文件中规定的评标标准、方法和中标条件。

第二十七条 招标人可以在招标文件中要求投标人以自己的名义提交投标保证金。投标保证金除现金外，可以是银行出具的银行保函、保兑支票、银行汇票或现金支票，也可以是招标人认可的其他合法担保形式。

投标保证金一般不得超过投标总价的百分之二，但最高不得超过八十万元人民币。投标保证金有效期应当与投标有效期一致。

投标人应当按照招标文件要求的方式和金额，在提交投标文件截止之日前将投标保证金提交给招标人或其招标代理机构。

投标人不按招标文件要求提交投标保证金的，该投标文件作废标处理。

第二十八条 招标文件应当规定一个适当的投标有效期，以保证招标人有足够的时间完成评标和与中标人签订合同。投标有效期从招标文件规定的提交投标文件截止之日起计算。

在原投标有效期结束前，出现特殊情况的，招标人可以书面形式要求所有投标人延长投标有效期。投标人同意延长的，不得要求或被允许修改其投标文件的实质性内容，但应当相应延长其投标保证金的有效期；投标人拒绝延长的，其投标失效，但投标人有权收回其投标保证金。

同意延长投标有效期的投标人少于三个的，招标人应当重新招标。

第二十九条 对于潜在投标人在阅读招标文件中提出的疑问，招标人应当以书面形式、投标预备会方式或者通过电子网络解答，但需同时将解答以书面方式通知所有购买招标文件的潜在投标人。该解答的内容为招标文件的组成部分。

除招标文件明确要求外，出席投标预备会不是强制性的，由潜在投标人自行决定，并自行承担由此可能产生的风险。

第三十条 招标人应当确定投标人编制投标文件所需的合理时间。依法必须进行招标的货物，自招标文件开始发出之日起至投标人提交投标文件截止之日止，最短不得少于二十日。

第三十一条 对无法精确拟定其技术规格的货物，招标人可以采用两阶段招标程序。

在第一阶段，招标人可以首先要求潜在投标人提交技术建议，详细阐明货物的技术规格、质量和其他特性。招标人可以与投标人就其建议的内容进行协商和讨论，达成一个统一的技术规格后编制招标文件。

在第二阶段，招标人应当向第一阶段提交了技术建议的投标人提供包含统一技术规格的正式招标文件，投标人根据正式招标文件的要求提交包括价格在内的最后投标文件。

第三章 投　　标

第三十二条 投标人是响应招标、参加投标竞争的法人或者其他组织。

法定代表人为同一个人的两个及两个以上法人，母公司、全资子公司及其控股公司，都不得在同一货物招标中同时投标。

一个制造商对同一品牌同一型号的货物，仅能委托一个代理商参加投标，否则应作废标处理。

第三十三条 投标人应当按照招标文件的要求编制投标文件。投标文件应当对招标文件提出的实质性要求和条件作出响应。投标文件一般包括下列内容：

（一）投标函；

（二）投标一览表；

（三）技术性能参数的详细描述；

（四）商务和技术偏差表；

（五）投标保证金；

（六）有关资格证明文件；

（七）招标文件要求的其他内容。

投标人根据招标文件载明的货物实际情况，拟在中标后将供货合同中的非主要部分进行分包的，应当在投标文件中载明。

第三十四条 投标人应当在招标文件要求提交投标文件的截止时间前，将投标文件密封送达招标文件中规定的地点。招标人收到投标文件后，应当向投标人出具标明签收人和签收时间的凭证，在开标前任何单位和个人不得开启投标文件。

招标人不得接受以电报、电传、传真以及电子邮件方式提交的投标文件及投标文件的修改文件。

在招标文件要求提交投标文件的截止时间后送达的投标文件，为无效的投标文件，招标人应当拒收，并将其原封不动地退回投标人。

提交投标文件的投标人少于三个的，招标人应当依法重新招标。重新招标后投标人仍少于三个的，必须招标的工程建设项目，报有关行政监督部门备案后可以不再进行招标，或者对两家合格投标人进行开标和评标。

第三十五条 投标人在招标文件要求提交投标文件的截止时间前，可以补充、修改、替代或者撤回已提交的投标文件，并书面通知招标人。补充、修改的内容为投标文件的组成部分。

第三十六条 在提交投标文件截止时间后，投标人不得补充、修改、替代或者撤回其投标文件。投标人补充、修改、替代投标文件的，招标人不予接受；投标人撤回投标文件的，其投标保证金将被没收。

第三十七条 招标人应妥善保管好已接收的投标文件、修改或撤回通知、备选投标方案等投标资料，并严格保密。

第三十八条 两个以上法人或者其他组织可以组成一个联合体，以一个投标人的身份共同投标。

联合体各方签订共同投标协议后，不得再以自己名义单独投标，也不得组成或参加其他联合体在同一项目中投标；否则作废标处理。

第三十九条 联合体各方应当在招标人进行资格预审时，向招标人提出组成联合体的申请。没有提出联合体申请的，资格预审完成后，不得组成联合体投标。

招标人不得强制资格预审合格的投标人组成联合体。

第四章 开标、评标和定标

第四十条 开标应当在招标文件确定的提交投标文件截止时间的同一时间公开进行；开标地点应当为招标文件中确定的地点。

投标人或其授权代表有权出席开标会，也可以自主决定不参加开标会。

第四十一条 投标文件有下列情形之一的，招标人不予受理：

（一）逾期送达的或者未送达指定地点的；

（二）未按招标文件要求密封的。

投标文件有下列情形之一的，由评标委员会初审后按废标处理：

（一）无单位盖章并无法定代表人或法定代表人授权的代理人签字或盖章的；

（二）无法定代表人出具的授权委托书的；

（三）未按规定的格式填写，内容不全或关键字迹模糊、无法辨认的；

（四）投标人递交两份或多份内容不同的投标文件，或在一份投标文件中对同一招标货物报有两个或多个报价，且未声明哪一个为最终报价的，按招标文件规定提交备选投标方案的除外；

（五）投标人名称或组织结构与资格预审时不一致且未提供有效证明的；

（六）投标有效期不满足招标文件要求的；

（七）未按招标文件要求提交投标保证金的；

（八）联合体投标未附联合体各方共同投标协议的；

（九）招标文件明确规定可以废标的其他情形。

评标委员会对所有投标作废标处理的，或者评标委员会对一部分投标作废标处理后其他有效投标不足三个使得投标明显缺乏竞争，决定否决全部投标的，招标人应当重新招标。

第四十二条 评标委员会可以书面方式要求投标人对投标文件中含义不明确、对同类问题表述不一致或者有明显文字和计算错误的内容作必要的澄清、说明或补正。评标委员会不得向投标人提出带有暗示性或诱导性的问题，或向其明确投标文件中的遗漏和错误。

第四十三条 投标文件不响应招标文件的实质性要求和条件的，评标委员会应当作废标处理，并不允许投标人通过修正或撤销其不符合要求的差异或保留，使之成为具有响应性的投标。

第四十四条 技术简单或技术规格、性能、制作工艺要求统一的货物，一般采用经评审的最低投标价法进行评标。技术复杂或技术规格、性能、制作工艺要求难以统一的货物，一般采用综合评估法进行评标。

最低投标价不得低于成本。

第四十五条 符合招标文件要求且评标价最低或综合评分最高而被推荐为中标候选人的投标人，其所提交的备选投标方案方可予以考虑。

第四十六条 评标委员会完成评标后，应向招标人提出书面评标报告。

评标报告由评标委员会全体成员签字。

第四十七条 评标委员会在书面评标报告中推荐的中标候选人应当限定在一至三人，并标明排列顺序。招标人应当接受评标委员会推荐的中标候选人，不得在评标委员会推荐的中标候选人之外确定中标人。

评标委员会提出书面评标报告后，招标人一般应当在十五日内确定中标人，但最迟应当在投标有效期结束日三十个工作日前确定。

第四十八条 使用国有资金投资或者国家融资的项目，招标人应当确定排名第一的中标候选人为中标人。排名第一的中标候选人放弃中标、因不可抗力提出不能履行合同，或者招标文件规定应当提交履约保证金而在规定的期限内未能提交的，招标人可以确定排名第二的中标候选人为中标人。

排名第二的中标候选人因前款规定的同样原因不能签订合同的，招标人可以确定排名第三的中标候选人为中标人。

招标人可以授权评标委员会直接确定中标人。

国务院对中标人的确定另有规定的，从其规定。

第四十九条 招标人不得向中标人提出压低报价、增加配件或者售后服务量以及其他超出招标文件规定的违背中标人意愿的要求，以此作为发出中标通知书和签订合同的条件。

第五十条 中标通知书对招标人和中标人具有法律效力。中标通知书发出后，招标人改变中标结果的，或者中标人放弃中标项目的，应当依法承担法律责任。

中标通知书由招标人发出，也可以委托其招标代理机构发出。

第五十一条 招标人和中标人应当自中标通知书发出之日起三十日内，按照招标文件和中标人的投标文件订立书面合同。招标人和中标人不得再行订立背离合同实质性内容的其他协议。

招标文件要求中标人提交履约保证金或者其他形式履约担保的，中标人应当提交；拒绝提交的，视为放弃中标项目。招标人要求中标人提供履约保证金或其他形式履约担保的，招标人应当同时向中标人提供货物款支付担保。

履约保证金金额一般为中标合同价的10%以内，招标人不得擅自提高履约保证金。

第五十二条 招标人与中标人签订合同后五个工作日内，应当向中标人和未中标的投标人一次性退还投标保证金。

第五十三条 必须审批的工程建设项目，货物合同价格应当控制在批准的概算投资范围内；确需超出范围的，应当在中标合同签订前，报原项目审批部门审查同意。项目审批部门应当根据招标的实际情况，及时做出批准或者不予批准的决定；项目审批部门不予批准的，招标人应当自行平衡超出的概算。

第五十四条 依法必须进行货物招标的项目，招标人应当自确定中标人之日起十五日内，向有关行政监督部门提交招标投标情况的书面报告。

前款所称书面报告至少应包括下列内容：

（一）招标货物基本情况；

（二）招标方式和发布招标公告或者资格预审公告的媒介；

（三）招标文件中投标人须知、技术条款、评标标准和方法、合同主要条款等内容；

（四）评标委员会的组成和评标报告；

（五）中标结果。

第五章 罚 则

第五十五条 招标人或者招标代理机构有下列情形之一的，有关行政监督部门责令其限期改正，根据情节可处三万元以下的罚款：

（一）未在规定的媒介发布招标公告的；

（二）不符合规定条件或虽符合条件而未经批准，擅自进行邀请招标或不招标的；

（三）依法必须招标的货物，自招标文件开始发出之日起至提交投标文件截止之日止，少于二十日的；

（四）应当公开招标而不公开招标的；

（五）不具备招标条件而进行招标的；

（六）应当履行核准手续而未履行的；

（七）未按审批部门核准内容进行招标的；

（八）在提交投标文件截止时间后接收投标文件的；

（九）投标人数量不符合法定要求不重新招标的；

（十）非因不可抗力原因，在发布招标公告、发出投标邀请书或者发售资格预审文件或招标文件后终止招标的。

具有前款情形之一，且情节严重的，应当依法重新招标。

第五十六条 招标人以不合理的条件限制或者排斥资格预审合格的潜在投标人参加投标，对潜在投标人实行歧视待遇的，强制要求投标人组成联合体共同投标的，或者限制投标人之间竞争的，责令改正，可以处一万元以上五万元以下的罚款。

第五十七条 评标过程有下列情况之一，且影响评标结果的，有关行政监督部门可处三万元以下的罚款：

（一）使用招标文件没有确定的评标标准和方法的；

（二）评标标准和方法含有倾向或者排斥投标人的内容，妨碍或者限制投标人之间公平竞争；

（三）应当回避担任评标委员会成员的人参与评标的；

（四）评标委员会的组建及人员组成不符合法定要求的；

（五）评标委员会及其成员在评标过程中有违法违规、显失公正行为的。

具有前款情形之一的，应当依法重新进行评标或者重新进行招标。

第五十八条 招标人不按规定期限确定中标人的，或者中标通知书发出后，改变中标结果的，无正当理由不与中标人签订合同的，或者在签订合同时向中标人提出附加条件或者更改合同实质性内容的，有关行政监督部门给予警告，责令改正，根据情节可处三万元以下的罚款；造成中标人损失的，并应当赔偿损失。

中标通知书发出后，中标人放弃中标项目的，无正当理由不与招标人签订合同的，在签订合同时向招标人提出附加条件或者更改合同实质性内容的，或者拒不提交所要求的履约保证金的，招标人可取消其中标资格，并没收其投标保证金；给招标人的损失超过投标保证金数额的，中标人应当对超过部分予以赔偿；没有提交投标保证金的，应当对招标人的损失承担赔偿责任。

第五十九条 招标人不履行与中标人订立的合同的，应当双倍返还中标人的履约保证金；给中标人造成的损失超过返还的履约保证金的，还应当对超过部分予以赔偿；没有提交履约保证金的，应当对中标人的损失承担赔偿责任。

因不可抗力不能履行合同的，不适用前款规定。

第六十条 中标无效的，发出的中标通知书和签订的合同自始没有法律约束力，但不影响合同中独立存在的有关解决争议方法的条款的效力。

第六章 附 则

第六十一条 不属于工程建设项目，但属于固定资产投资的货物招标投标活动，参照本办法执行。

第六十二条 使用国际组织或者外国政府贷款、援助资金的项目进行招标，贷款方、资金提供方对货物招标投标活动的条件和程序有不同规定的，可以适用其规定，但违背中华人民共和国社会公共利益的除外。

第六十三条 本办法由国家发展和改革委员会会同有关部门负责解释。

第六十四条 本办法自 2005 年 3 月 1 日起施行。

工程建设项目勘察设计招标投标办法

国家发展改革委　建设部　铁道部　交通部
信息产业部　水利部　民用航空总局
国家广播电影电视总局　第2号令

为规范工程建设项目勘察设计招标投标活动，提高经济效益，保证工程质量，依据《中华人民共和国招标投标法》，特制定《工程建设项目勘察设计招标投标办法》，现予以发布，自2003年8月1日起施行。

二〇〇三年六月十二日

附件：

工程建设项目勘察设计招标投标办法

第一章　总　　则

第一条　为规范工程建设项目勘察设计招标投标活动，提高投资效益，保证工程质量，根据《中华人民共和国招标投标法》制定本办法。

第二条　在中华人民共和国境内进行工程建设项目勘察设计招标投标活动，适用本办法。

第三条　工程建设项目符合《工程建设项目招标范围和规模标准规定》（国家计委第3号令）规定的范围和标准的，必须依据本办法进行招标。

任何单位和个人不得将依法必须进行招标的项目化整为零或者以其他任何方式规避招标。

第四条　按照国家规定需要政府审批的项目，有下列情形之一的，经批准，项目的勘察设计可以不进行招标：

（一）涉及国家安全、国家秘密的；

（二）抢险救灾的；

（三）主要工艺、技术采用特定专利或者专有技术的；

（四）技术复杂或专业性强，能够满足条件的勘察设计单位少于三家，不能形成有效竞争的；

（五）已建成项目需要改、扩建或者技术改造，由其他单位进行设计影响项目功能配套性的。

第五条　勘察设计招标工作由招标人负责。任何单位和个人不得以任何方式非法干涉招标投标活动。

第六条　各级发展计划、经贸、建设、铁道、交通、信息产业（通信、电子）、水利、民航、广电等部门依照《国务院办公厅印发国务院有关部门实施招标投标活动行政监督的职责分工意见的通知》（国办发［2000］34号）和各地规定的职责分工，对工程建设项目勘察设计招标投标活动实施监督，依法查处招标投标活动中的违法行为。

第二章 招　　标

第七条 招标人可以依据工程建设项目的不同特点，实行勘察设计一次性总体招标；也可以在保证项目完整性、连续性的前提下，按照技术要求实行分段或分项招标。

招标人不得利用前款规定将依法必须进行招标的项目化整为零，或者以其他任何方式规避招标。

第八条 依法必须招标的工程建设项目，招标人可以对项目的勘察、设计、施工以及与工程建设有关的重要设备、材料的采购，实行总承包招标。

第九条 依法必须进行勘察设计招标的工程建设项目，在招标时应当具备下列条件：

（一）按照国家有关规定需要履行项目审批手续的，已履行审批手续，取得批准。

（二）勘察设计所需资金已经落实。

（三）所必需的勘察设计基础资料已经收集完成。

（四）法律法规规定的其他条件。

第十条 工程建设项目勘察设计招标分为公开招标和邀请招标。

全部使用国有资金投资或者国有资金投资占控股或者主导地位的工程建设项目，以及国务院发展和改革部门确定的国家重点项目和省、自治区、直辖市人民政府确定的地方重点项目，除符合本办法第十一条规定条件并依法获得批准外，应当公开招标。

第十一条 依法必须进行勘察设计招标的工程建设项目，在下列情况下可以进行邀请招标：

（一）项目的技术性、专业性较强，或者环境资源条件特殊，符合条件的潜在投标人数量有限的；

（二）如采用公开招标，所需费用占工程建设项目总投资的比例过大的；

（三）建设条件受自然因素限制，如采用公开招标，将影响项目实施时机的。

招标人采用邀请招标方式的，应保证有三个以上具备承担招标项目勘察设计的能力，并具有相应资质的特定法人或者其他组织参加投标。

第十二条 招标人应当按招标公告或者投标邀请书规定的时间、地点出售招标文件或者资格预审文件。自招标文件或者资格预审文件出售之日起至停止出售之日止，最短不得少于五个工作日。

第十三条 进行资格预审的，招标人只向资格预审合格的潜在投标人发售招标文件，并同时向资格预审不合格的潜在投标人告知资格预审结果。

第十四条 凡是资格预审合格的潜在投标人都应被允许参加投标。

招标人不得以抽签、摇号等不合理条件限制或者排斥资格预审合格的潜在投标人参加投标。

第十五条 招标人应当根据招标项目的特点和需要编制招标文件。

勘察设计招标文件应当包括下列内容：

（一）投标须知；

（二）投标文件格式及主要合同条款；

（三）项目说明书，包括资金来源情况；

（四）勘察设计范围，对勘察设计进度、阶段和深度要求；

（五）勘察设计基础资料；

（六）勘察设计费用支付方式，对未中标人是否给予补偿及补偿标准；

（七）投标报价要求；

（八）对投标人资格审查的标准；

（九）评标标准和方法；

（十）投标有效期。

投标有效期，是招标文件中规定的投标文件有效期，从提交投标文件截止日起计算。

对招标文件的收费应仅限于补偿编制及印刷方面的成本支出，招标人不得通过出售招标文件谋取利益。

第十六条 招标人负责提供与招标项目有关的基础资料，并保证所提供资料的真实性、完整性。涉及国家秘密的除外。

第十七条 对于潜在投标人在阅读招标文件和现场踏勘中提出的疑问，招标人可以书面形式或召开投标预备会的方式解答，但需同时将解答以书面方式通知所有招标文件收受人。该解答的内容为招标文件的组成部分。

第十八条 招标人可以要求投标人在提交符合招标文件规定要求的投标文件外，提交备选投标文件，但应当在招标文件中做出说明，并提出相应的评审和比较办法。

第十九条 招标人应当确定潜在投标人编制投标文件所需要的合理时间。

依法必须进行勘察设计招标的项目，自招标文件开始发出之日起至投标人提交投标文件截止之日止，最短不得少于二十日。

第二十条 除不可抗力原因外，招标人在发布招标公告或者发出投标邀请书后不得终止招标，也不得在出售招标文件后终止招标。

第三章 投 标

第二十一条 投标人是响应招标、参加投标竞争的法人或者其他组织。

在其本国注册登记，从事建筑、工程服务的国外设计企业参加投标的，必须符合中华人民共和国缔结或者参加的国际条约、协定中所作的市场准入承诺以及有关勘察设计市场准入的管理规定。

投标人应当符合国家规定的资质条件。

第二十二条 投标人应当按照招标文件的要求编制投标文件。投标文件中的勘察设计收费报价，应当符合国务院价格主管部门制定的工程勘察设计收费标准。

第二十三条 投标人在投标文件有关技术方案和要求中不得指定与工程建设项目有关的重要设备、材料的生产供应者，或者含有倾向或者排斥特定生产供应者的内容。

第二十四条 招标文件要求投标人提交投标保证金的，保证金数额一般不超过勘察设计费投标报价的百分之二，最多不超过十万元人民币。

第二十五条 在提交投标文件截止时间后到招标文件规定的投标有效期终止之前，投标人不得补充、修改或者撤回其投标文件，否则其投标保证金将被没收。评标委员会要求对投标文件作必要澄清或者说明的除外。

第二十六条 投标人在投标截止时间前提交的投标文件，补充、修改或撤回投标文件的通知，备选投标文件等，都必须加盖所在单位公章，并且由其法定代表人或授权代表签字。

招标人在接收上述材料时，应检查其密封或签章是否完好，并向投标人出具标明签收人和签收时间的回执。

第二十七条 以联合体形式投标的，联合体各方应签订共同投标协议，连同投标文件一并提交招标人。

联合体各方不得再单独以自己名义，或者参加另外的联合体投同一个标。

第二十八条 联合体中标的，应指定牵头人或代表，授权其代表所有联合体成员与招标人签订合同，负责整个合同实施阶段的协调工作。但是，需要向招标人提交由所有联合体成员法定代表人签署的授权委托书。

第二十九条 投标人不得以他人名义投标，也不得利用伪造、转让、无效或者租借的资质证书参加投标，或者以任何方式请其他单位在自己编制的投标文件代为签字盖章，损害国家利益、社会公共利益和招标人的合法权益。

第三十条 投标人不得通过故意压低投资额、降低施工技术要求、减少占地面积，或者缩短工期等手段弄虚作假，骗取中标。

第四章 开标、评标和中标

第三十一条 开标应当在招标文件确定的提交投标文件截止时间的同一时间公开进行；除不可抗力原因外，招标人不得以任何理由拖延开标，或者拒绝开标。

第三十二条 评标工作由评标委员会负责。评标委员会的组成方式及要求，按《中华人民共和国招标投标法》及《评标委员会和评标方法暂行规定》（国家计委等七部委联合第 12 号令）的有关规定执行。

第三十三条 勘察设计评标一般采取综合评估法进行。评标委员会应当按照招标文件确定的评标标准和方法，结合经批准的项目建议书、可行性研究报告或者上阶段设计批复文件，对投标人的业绩、信誉和勘察设计人员的能力以及勘察设计方案的优劣进行综合评定。

招标文件中没有规定的标准和方法，不得作为评标的依据。

第三十四条 评标委员会可以要求投标人对其技术文件进行必要的说明或介绍，但不得提出带有暗示性或诱导性的问题，也不得明确指出其投标文件中的遗漏和错误。

第三十五条 根据招标文件的规定，允许投标人投备选标的，评标委员会可以对中标人所提交的备选标进行评审，以决定是否采纳备选标。不符合中标条件的投标人的备选标不予考虑。

第三十六条 投标文件有下列情况之一的，应作废标处理或被否决：

（一）未按要求密封；

（二）未加盖投标人公章，也未经法定代表人或者其授权代表签字；

（三）投标报价不符合国家颁布的勘察设计取费标准，或者低于成本恶性竞争的；

（四）未响应招标文件的实质性要求和条件的；

（五）以联合体形式投标，未向招标人提交共同投标协议的。

第三十七条 投标人有下列情况之一的，其投标应作废标处理或被否决：

（一）未按招标文件要求提供投标保证金；

（二）与其他投标人相互串通报价，或者与招标人串通投标的；

（三）以他人名义投标，或者以其他方式弄虚作假；

（四）以向招标人或者评标委员会成员行贿的手段谋取中标的；

（五）联合体通过资格预审后在组成上发生变化，含有未经过资格预审或者资格预审不合格的法人或者其他组织；

（六）投标文件中标明的投标人与资格预审的申请人在名称和组织结构上存在实质性差别的。

第三十八条 评标委员会完成评标后，应当向招标人提出书面评标报告，推荐合格的中标候选人。

评标报告的内容应当符合《评标委员会和评标方法暂行规定》第四十二条的规定。但是，评标委员会决定否决所有投标的，应在评标报告中详细说明理由。

第三十九条 评标委员会推荐的中标候选人应当限定在一至三人，并标明排列顺序。

能够最大限度地满足招标文件中规定的各项综合评价标准的投标人，应当推荐为中标候选人。

第四十条 使用国有资金投资或国家融资的工程建设项目，招标人一般应当确定排名第一的中标候选人为中标人。

排名第一的中标候选人放弃中标、因不可抗力提出不能履行合同，或者招标文件规定应当提交履约保证金而在规定的期限内未能提交的，招标人可以确定排名第二的中标候选人为中标人。

排名第二的中标候选人因前款规定的同样原因不能签订合同的，招标人可以确定排名第三的中标候选人为中标人。

第四十一条 招标人应在接到评标委员会的书面评标报告后十五日内，根据评标委员会的推荐结果确定中标人，或者授权评标委员会直接确定中标人。

第四十二条 招标人和中标人应当自中标通知书发出之日起三十日内，按照招标文件和中标人的投标文件订立书面合同。

中标人履行合同应当遵守《合同法》以及《建设工程勘察设计管理条例》中勘察设计文件编制实施的有关规定。

第四十三条 招标人不得以压低勘察设计费、增加工作量、缩短勘察设计周期等作为发出中标通知书的条件，也不得与中标人再行订立背离合同实质性内容的其他协议。

第四十四条 招标人与中标人签订合同后五个工作日内，应当向中标人和未中标人一次性退还投标保证金。招标文件中规定给予未中标人经济补偿的，也应在此期限内一并给付。

招标文件要求中标人提交履约保证金的，中标人应当提交；经中标人同意，可将其投标保证金抵作履约保证金。

第四十五条 招标人应当在将中标结果通知所有未中标人后七个工作日内，逐一返还未中标人的投标文件。

招标人或者中标人采用其他未中标人投标文件中技术方案的，应当征得未中标人的书面同意，并支付合理的使用费。

第四十六条 评标定标工作应当在投标有效期结束日三十个工作日前完成，不能如期完成的，招标人应当通知所有投标人延长投标有效期。

同意延长投标有效期的投标人应当相应延长其投标担保的有效期，但不得修改投标文件的实质性内容。

拒绝延长投标有效期的投标人有权收回投标保证金。招标文件中规定给予未中标人补偿的，拒绝延长的投标人有权获得补偿。

第四十七条 依法必须进行勘察设计招标的项目，招标人应当在确定中标人之日起十五日内，向有关行政监督部门提交招标投标情况的书面报告。

书面报告一般应包括以下内容：

（一）招标项目基本情况；

（二）投标人情况；

（三）评标委员会成员名单；

（四）开标情况；

（五）评标标准和方法；

（六）废标情况；

（七）评标委员会推荐的经排序的中标候选人名单；

（八）中标结果；

（九）未确定排名第一的中标候选人为中标人的原因；

（十）其他需说明的问题。

第四十八条 在下列情况下，招标人应当依照本办法重新招标：

（一）资格预审合格的潜在投标人不足三个的；

（二）在投标截止时间前提交投标文件的投标人少于三个的；

（三）所有投标均被作废标处理或被否决的；

（四）评标委员会否决不合格投标或者界定为废标后，因有效投标不足三个使得投标明显缺乏竞争，评标委员会决定否决全部投标的；

（五）根据第四十六条规定，同意延长投标有效期的投标人少于三个的。

第四十九条 招标人重新招标后，发生本办法第四十八条情形之一的，属于按照国家规定需要政府审批的项目，报经原项目审批部门批准后可以不再进行招标；其他工程建设项目，招标人可自行决定不再进行招标。

第五章　罚　　则

第五十条　依法必须进行勘察设计招标的项目，招标人有下列情况之一的，责令改正，可以并处一万元以上三万元以下罚款；情节严重的，招标无效：

（一）不具备招标条件而进行招标的；

（二）应当公开招标而不公开招标的；

（三）应当发布招标公告而不发布的；

（四）不在指定媒介发布依法必须招标项目的招标公告的；

（五）未经批准采用邀请招标方式的；

（六）自招标文件或者资格预审文件出售之日起至停止出售之日止，时间少于五个工作日的；

（七）自招标文件开始发出之日起至提交投标文件截止之日止，时间少于二十日的；

（八）非因不可抗力原因，在发布招标公告、发出投标邀请书或者发售资格预审文件或招标文件后终止招标的。

第五十一条　以联合体形式投标的，联合体成员又以自己名义单独投标，或者参加其他联合体投同一个标的，责令改正，可以并处一万元以上三万元以下罚款。

第五十二条　依法必须进行招标的项目的投标人以他人名义投标，利用伪造、转让、租借、无效的资质证书参加投标，或者请其他单位在自己编制的投标文件上代为签字盖章，弄虚作假，骗取中标的，中标无效。尚未构成犯罪的，处中标项目金额千分之五以上千分之十以下的罚款，对单位直接负责的主管人员和其他直接责任人员处单位罚款数额百分之五以上百分之十以下的罚款；有违法所得的，并处没收违法所得；情节严重的，取消其一年至三年内参加依法必须进行招标的项目的投标资格并予以公告，直至由工商行政管理机关吊销营业执照。

第五十三条　招标人以抽签、摇号等不合理的条件限制或者排斥资格预审合格的潜在投标人参加投标，对潜在投标人实行歧视待遇的，强制要求投标人组成联合体共同投标的，或者限制投标人之间竞争的，责令改正，可以处一万元以上五万元以下的罚款。

第五十四条　评标过程有下列情况之一的，评标无效，应当依法重新进行评标或者重新进行招标，可以并处三万元以下的罚款：

（一）使用招标文件没有确定的评标标准和方法的；

（二）评标标准和方法含有倾向或者排斥投标人的内容，妨碍或者限制投标人之间竞争，且影响评标结果的；

（三）应当回避担任评标委员会成员的人参与评标的；

（四）评标委员会的组建及人员组成不符合法定要求的；

（五）评标委员会及其成员在评标过程中有违法行为，且影响评标结果的。

第五十五条 下列情况属于招标人与中标人不按照招标文件和中标人的投标文件订立合同，责令改正，可以处中标项目金额千分之五以上千分之十以下的罚款：

（一）招标人以压低勘察设计费、增加工作量、缩短勘察设计周期等作为发出中标通知书的条件；

（二）招标人无正当理由不与中标人订立合同的；

（三）招标人向中标人提出超出招标文件中主要合同条款的附加条件，以此作为签订合同的前提条件；

（四）中标人无正当理由不与招标人签订合同的；

（五）中标人向招标人提出超出其投标文件中主要条款的附加条件，以此作为签订合同的前提条件；

（六）中标人拒不按照要求提交履约保证金的。

因不可抗力造成上述情况的，不适用前款规定。

第五十六条 本办法对违法行为及其处罚措施未做规定的，依据《中华人民共和国招标投标法》和有关法律、行政法规的规定执行。

第六章 附 则

第五十七条 使用国际组织或者外国政府贷款、援助资金的项目进行招标，贷款方、资金提供方对工程勘察设计招标投标的条件和程序另有规定的，可以适用其规定，但违背中华人民共和国社会公共利益的除外。

第五十八条 本办法发布之前有关勘察设计招标投标的规定与本办法不一致的，以本办法为准。法律或者行政法规另有规定的，从其规定。

第五十九条 本办法由国家发展和改革委员会会同有关部门负责解释。

第六十条 本办法自 2003 年 8 月 1 日起施行。

工程建设项目施工招标投标办法

国家计委　建设部　铁道部　交通部　信息产业部
水利部　民用航空总局　第30号令

为了规范工程建设项目施工招标投标活动，根据《中华人民共和国招标投标法》和国务院有关部门的职责分工，国家计委、建设部、铁道部、交通部、信息产业部、水利部、中国民用航空总局审议通过了《工程建设项目施工招标投标办法》，现予发布，自2003年5月1日起施行。

二〇〇三年三月八日

附件：

工程建设项目施工招标投标办法

第一章 总 则

第一条 为规范工程建设项目施工（以下简称工程施工）招标投标活动，根据《中华人民共和国招标投标法》和国务院有关部门的职责分工，制定本办法。

第二条 在中华人民共和国境内进行工程施工招标投标活动，适用本办法。

第三条 工程建设项目符合《工程建设项目招标范围和规模标准规定》（国家计委第3号令）规定的范围和标准的，必须通过招标选择施工单位。

任何单位和个人不得将依法必须进行招标的项目化整为零或者以其他任何方式规避招标。

第四条 工程施工招标投标活动应当遵循公开、公平、公正和诚实信用的原则。

第五条 工程施工招标投标活动，依法由招标人负责。任何单位和个人不得以任何方式非法干涉工程施工招标投标活动。

施工招标投标活动不受地区或者部门的限制。

第六条 各级发展计划、经贸、建设、铁道、交通、信息产业、水利、外经贸、民航等部门依照《国务院办公厅印发国务院有关部门实施招标投标活动行政监督的职责分工意见的通知》（国办发［2000］34号）和各地规定的职责分工，对工程施工招标投标活动实施监督，依法查处工程施工招标投标活动中的违法行为。

第二章 招 标

第七条 工程施工招标人是依法提出施工招标项目、进行招标的法人或者其他组织。

第八条 依法必须招标的工程建设项目，应当具备下列条件才能进行施工招标：

（一）招标人已经依法成立；

（二）初步设计及概算应当履行审批手续的，已经批准；

（三）招标范围、招标方式和招标组织形式等应当履行核准手续的，已经核准；

（四）有相应资金或资金来源已经落实；

（五）有招标所需的设计图纸及技术资料。

第九条 工程施工招标分为公开招标和邀请招标。

第十条 依法必须进行施工招标的工程建设项目，按工程建设项目审批管理规定，凡应报送项目审批部门审批的，招标人必须在报送的可行性研究报告中将招标范围、招标方式、招标组织形式等有关招标内容报项目审批部门核准。

第十一条 国务院发展计划部门确定的国家重点建设项目和各省、自治区、直辖市人民政府确定的地方重点建设项目，以及全部使用国有资金投资或者国有资金投资占控股或者主导地位的工程建设项目，应当公开招标；有下列情形之一的，经批准可以进行邀请招标：

（一）项目技术复杂或有特殊要求，只有少量几家潜在投标人可供选择的；

（二）受自然地域环境限制的；

（三）涉及国家安全、国家秘密或者抢险救灾，适宜招标但不宜公开招标的；

（四）拟公开招标的费用与项目的价值相比，不值得的；

（五）法律、法规规定不宜公开招标的。

国家重点建设项目的邀请招标，应当经国务院发展计划部门批准；地方重点建设项目的邀请招标，应当经各省、自治区、直辖市人民政府批准。

全部使用国有资金投资或者国有资金投资占控股或者主导地位的并需要审批的工程建设项目的邀请招标，应当经项目审批部门批准，但项目审批部门只审批立项的，由有关行政监督部门审批。

第十二条 需要审批的工程建设项目，有下列情形之一的，由本办法第十一条规定的审批部门批准，可以不进行施工招标：

（一）涉及国家安全、国家秘密或者抢险救灾而不适宜招标的；

（二）属于利用扶贫资金实行以工代赈需要使用农民工的；

（三）施工主要技术采用特定的专利或者专有技术的；

（四）施工企业自建自用的工程，且该施工企业资质等级符合工程要求的；

（五）在建工程追加的附属小型工程或者主体加层工程，原中标人仍具备承包能力的；

（六）法律、行政法规规定的其他情形。

不需要审批但依法必须招标的工程建设项目，有前款规定情形之一的，可以不进行施工招标。

第十三条 采用公开招标方式的，招标人应当发布招标公告，邀请不特定的法人或者其他组织投标。依法必须进行施工招标项目的招标公告，应当在国家指定的报刊和信息网络上发布。

采用邀请招标方式的，招标人应当向三家以上具备承担施工招标项目的能力、资信良好的特定的法人或者其他组织发出投标邀请书。

第十四条 招标公告或者投标邀请书应当至少载明下列内容：

（一）招标人的名称和地址；

（二）招标项目的内容、规模、资金来源；

（三）招标项目的实施地点和工期；

（四）获取招标文件或者资格预审文件的地点和时间；

（五）对招标文件或者资格预审文件收取的费用；

（六）对投标人的资质等级的要求。

第十五条 招标人应当按招标公告或者投标邀请书规定的时间、地点出售招标文件或资格预审文件。自招标文件或者资格预审文件出售之日起至停止出售之日止，最短不得少于五个工作日。

招标人可以通过信息网络或者其他媒介发布招标文件，通过信息网络或者其他媒介发布的招标文件与书面招标文件具有同等法律效力，但出现不一致时以书面招标文件为准。招标人应当保持书面招标文件原始正本的完好。

对招标文件或者资格预审文件的收费应当合理，不得以营利为目的。对于所附的设计文件，招标人可以向投标人酌收押金；对于开标后投标人退还设计文件的，招标人应当向投标人退还押金。

招标文件或者资格预审文件售出后，不予退还。招标人在发布招标公告、发出投标邀请书后或者售出招标文件或资格预审文件后不得擅自终止招标。

第十六条 招标人可以根据招标项目本身的特点和需要，要求潜在投标人或者投标人提供满足其资格要求的文件，对潜在投标人或者投标人进行资格审查；法律、行政法规对潜在投标人或者投标人的资格条件有规定的，依照其规定。

第十七条 资格审查分为资格预审和资格后审。

资格预审，是指在投标前对潜在投标人进行的资格审查。

资格后审，是指在开标后对投标人进行的资格审查。

进行资格预审的，一般不再进行资格后审，但招标文件另有规定的除外。

第十八条 采取资格预审的，招标人可以发布资格预审公告。资格预审公告适用本办法第十三条、第十四条有关招标公告的规定。

采取资格预审的，招标人应当在资格预审文件中载明资格预审的条件、标准和方法；采取资格后审的，招标人应当在招标文件中载明对投标人资格要求的条件、标准和方法。

招标人不得改变载明的资格条件或者以没有载明的资格条件对潜在投标人或者投标人进行资格审查。

第十九条 经资格预审后，招标人应当向资格预审合格的潜在投标人发出资格预审合格通知书，告知获取招标文件的时间、地点和方法，并同时向资格预审不合格的潜在投标人告知资格预审结果。资格预审不合格的潜在投标人不得参加投标。

经资格后审不合格的投标人的投标应作废标处理。

第二十条 资格审查应主要审查潜在投标人或者投标人是否符合下列条件：

（一）具有独立订立合同的权利；

（二）具有履行合同的能力，包括专业、技术资格和能力，资金、设备和其他物质设施状况，管理能力，经验、信誉和相应的从业人员；

（三）没有处于被责令停业，投标资格被取消，财产被接管、冻结，破产状态；

（四）在最近三年内没有骗取中标和严重违约及重大工程质量问题；

（五）法律、行政法规规定的其他资格条件。

资格审查时，招标人不得以不合理的条件限制、排斥潜在投标人或者投标人，不得对潜在投标人或者投标人实行歧视待遇。任何单位和个人不得以行政手段或者其他不合理方式限制投标人的数量。

第二十一条 招标人符合法律规定的自行招标条件的，可以自行办理招标事宜。任何单位和个人不得强制其委托招标代理机构办理招标事宜。

第二十二条 招标代理机构应当在招标人委托的范围内承担招标事宜。招标代理机构可以在其资格等级范围内承担下列招标事宜：

（一）拟订招标方案，编制和出售招标文件、资格预审文件；

（二）审查投标人资格；

（三）编制标底；

（四）组织投标人踏勘现场；

（五）组织开标、评标，协助招标人定标；

（六）草拟合同；

（七）招标人委托的其他事项。

招标代理机构不得无权代理、越权代理，不得明知委托事项违法而进行代理。

招标代理机构不得接受同一招标项目的投标代理和投标咨询业务；未经招标人同意，不得转让招标代理业务。

第二十三条 工程招标代理机构与招标人应当签订书面委托合同，并按双方约定的标准收取代理费；国家对收费标准有规定的，依照其规定。

第二十四条 招标人根据施工招标项目的特点和需要编制招标文件。招标文件一般包括下列内容：

（一）投标邀请书；

（二）投标人须知；

（三）合同主要条款；

（四）投标文件格式；

（五）采用工程量清单招标的，应当提供工程量清单；

（六）技术条款；

（七）设计图纸；

（八）评标标准和方法；

（九）投标辅助材料。

招标人应当在招标文件中规定实质性要求和条件，并用醒目的方式标明。

第二十五条 招标人可以要求投标人在提交符合招标文件规定要求的投标文件外，提交备选投标方案，但应当在招标文件中作出说明，并提出相应的评审和比较办法。

第二十六条 招标文件规定的各项技术标准应符合国家强制性标准。

招标文件中规定的各项技术标准均不得要求或标明某一特定的专利、商标、名称、设计、原产地或生产供应者，不得含有倾向或者排斥潜在投标人的其他内容。如果必须引用某一生产供应者的技术标准才能准确或清楚地说明拟招标项目的技术标准时，则应当在参照后面加上“或相当于”的字样。

第二十七条 施工招标项目需要划分标段、确定工期的，招标人应当合理划分标段、确定工期，并在招标文件中载明。对工程技术上紧密相联、不可分割的单位工程不得分割标段。

招标人不得以不合理的标段或工期限制或者排斥潜在投标人或者投

标人。

第二十八条 招标文件应当明确规定评标时除价格以外的所有评标因素，以及如何将这些因素量化或者据以进行评估。

在评标过程中，不得改变招标文件中规定的评标标准、方法和中标条件。

第二十九条 招标文件应当规定一个适当的投标有效期，以保证招标人有足够的时间完成评标和与中标人签订合同。投标有效期从投标人提交投标文件截止之日起计算。

在原投标有效期结束前，出现特殊情况的，招标人可以书面形式要求所有投标人延长投标有效期。投标人同意延长的，不得要求或被允许修改其投标文件的实质性内容，但应当相应延长其投标保证金的有效期；投标人拒绝延长的，其投标失效，但投标人有权收回其投标保证金。因延长投标有效期造成投标人损失的，招标人应当给予补偿，但因不可抗力需要延长投标有效期的除外。

第三十条 施工招标项目工期超过十二个月的，招标文件中可以规定工程造价指数体系、价格调整因素和调整方法。

第三十一条 招标人应当确定投标人编制投标文件所需要的合理时间；但是，依法必须进行招标的项目，自招标文件开始发出之日起至投标人提交投标文件截止之日止，最短不得少于二十日。

第三十二条 招标人根据招标项目的具体情况，可以组织潜在投标人踏勘项目现场，向其介绍工程场地和相关环境的有关情况。潜在投标人依据招标人介绍情况作出的判断和决策，由投标人自行负责。

招标人不得单独或者分别组织任何一个投标人进行现场踏勘。

第三十三条 对于潜在投标人在阅读招标文件和现场踏勘中提出的疑问，招标人可以书面形式或召开投标预备会的方式解答，但需同时将解答以书面方式通知所有购买招标文件的潜在投标人。该解答的内容为招标文件的组成部分。

第三十四条 招标人可根据项目特点决定是否编制标底。编制标底的，标底编制过程和标底必须保密。

招标项目编制标底的，应根据批准的初步设计、投资概算，依据有关计价办法，参照有关工程定额，结合市场供求状况，综合考虑投资、工期和质量等方面的因素合理确定。

标底由招标人自行编制或委托中介机构编制。一个工程只能编制一个标底。

任何单位和个人不得强制招标人编制或报审标底，或干预其确定标底。

招标项目可以不设标底，进行无标底招标。

第三章　投　　标

第三十五条　投标人是响应招标、参加投标竞争的法人或者其他组织。招标人的任何不具独立法人资格的附属机构（单位），或者为招标项目的前期准备或者监理工作提供设计、咨询服务的任何法人及其任何附属机构（单位），都无资格参加该招标项目的投标。

第三十六条　投标人应当按照招标文件的要求编制投标文件。投标文件应当对招标文件提出的实质性要求和条件作出响应。

投标文件一般包括下列内容：

（一）投标函；

（二）投标报价；

（三）施工组织设计；

（四）商务和技术偏差表。

投标人根据招标文件载明的项目实际情况，拟在中标后将中标项目的部分非主体、非关键性工作进行分包的，应当在投标文件中载明。

第三十七条　招标人可以在招标文件中要求投标人提交投标保证金。投标保证金除现金外，可以是银行出具的银行保函、保兑支票、银行汇票或现金支票。

投标保证金一般不得超过投标总价的百分之二，但最高不得超过八十万元人民币。投标保证金有效期应当超出投标有效期三十天。

投标人应当按照招标文件要求的方式和金额，将投标保证金随投标文件提交给招标人。

投标人不按招标文件要求提交投标保证金的，该投标文件将被拒绝，作废标处理。

第三十八条　投标人应当在招标文件要求提交投标文件的截止时间前，将投标文件密封送达投标地点。招标人收到投标文件后，应当向投标人出具标明签收人和签收时间的凭证，在开标前任何单位和个人不得开启投标文件。

在招标文件要求提交投标文件的截止时间后送达的投标文件，为无效的投标文件，招标人应当拒收。

提交投标文件的投标人少于三个的，招标人应当依法重新招标。重新招标后投标人仍少于三个的，属于必须审批的工程建设项目，报经原审批部门批准后可以不再进行招标；其他工程建设项目，招标人可自行决定不再进行招标。

第三十九条 投标人在招标文件要求提交投标文件的截止时间前，可以补充、修改、替代或者撤回已提交的投标文件，并书面通知招标人。补充、修改的内容为投标文件的组成部分。

第四十条 在提交投标文件截止时间后到招标文件规定的投标有效期终止之前，投标人不得补充、修改、替代或者撤回其投标文件。投标人补充、修改、替代投标文件的，招标人不予接受；投标人撤回投标文件的，其投标保证金将被没收。

第四十一条 在开标前，招标人应妥善保管好已接收的投标文件、修改或撤回通知、备选投标方案等投标资料。

第四十二条 两个以上法人或者其他组织可以组成一个联合体，以一个投标人的身份共同投标。

联合体各方签订共同投标协议后，不得再以自己名义单独投标，也不得组成新的联合体或参加其他联合体在同一项目中投标。

第四十三条 联合体参加资格预审并获通过的，其组成的任何变化都必须在提交投标文件截止之日前征得招标人的同意。如果变化后的联合体削弱了竞争，含有事先未经过资格预审或者资格预审不合格的法人或者其他组织，或者使联合体的资质降到资格预审文件中规定的最低标准以下，招标人有权拒绝。

第四十四条 联合体各方必须指定牵头人，授权其代表所有联合体成员负责投标和合同实施阶段的主办、协调工作，并应当向招标人提交由所有联合体成员法定代表人签署的授权书。

第四十五条 联合体投标的，应当以联合体各方或者联合体中牵头人的名义提交投标保证金。以联合体中牵头人名义提交的投标保证金，对联合体各成员具有约束力。

第四十六条 下列行为均属投标人串通投标报价：

（一）投标人之间相互约定抬高或压低投标报价；

（二）投标人之间相互约定，在招标项目中分别以高、中、低价位报价；

（三）投标人之间先进行内部竞价，内定中标人，然后再参加投标；

（四）投标人之间其他串通投标报价的行为。

第四十七条 下列行为均属招标人与投标人串通投标：

（一）招标人在开标前开启投标文件，并将投标情况告知其他投标人，或者协助投标人撤换投标文件，更改报价；

（二）招标人向投标人泄露标底；

（三）招标人与投标人商定，投标时压低或抬高标价，中标后再给投标人或招标人额外补偿；

（四）招标人预先内定中标人；

（五）其他串通投标行为。

第四十八条 投标人不得以他人名义投标。

前款所称以他人名义投标，指投标人挂靠其他施工单位，或从其他单位通过转让或租借的方式获取资格或资质证书，或者由其他单位及其法定代表人在自己编制的投标文件上加盖印章和签字等行为。

第四章 开标、评标和定标

第四十九条 开标应当在招标文件确定的提交投标文件截止时间的同一时间公开进行；开标地点应当为招标文件中确定的地点。

第五十条 投标文件有下列情形之一的，招标人不予受理：

（一）逾期送达的或者未送达指定地点的；

（二）未按招标文件要求密封的。

投标文件有下列情形之一的，由评标委员会初审后按废标处理：

（一）无单位盖章并无法定代表人或法定代表人授权的代理人签字或盖章的；

（二）未按规定的格式填写，内容不全或关键字迹模糊、无法辨认的；

（三）投标人递交两份或多份内容不同的投标文件，或在一份投标文件中对同一招标项目报有两个或多个报价，且未声明哪一个有效，按招标文件规定提交备选投标方案的除外；

（四）投标人名称或组织结构与资格预审时不一致的；

（五）未按招标文件要求提交投标保证金的；

（六）联合体投标未附联合体各方共同投标协议的。

第五十一条 评标委员会可以书面方式要求投标人对投标文件中含义不明确、对同类问题表述不一致或者有明显文字和计算错误的内容作必要的澄清、说明或补正。评标委员会不得向投标人提出带有暗示性或诱导性的问题，或向其明确投标文件中的遗漏和错误。

第五十二条 投标文件不响应招标文件的实质性要求和条件的，招标人应当拒绝，并不允许投标人通过修正或撤销其不符合要求的差异或保留，使之成为具有响应性的投标。

第五十三条 评标委员会在对实质上响应招标文件要求的投标进行报价评估时，除招标文件另有约定外，应当按下述原则进行修正：

（一）用数字表示的数额与用文字表示的数额不一致时，以文字数额为准；

（二）单价与工程量的乘积与总价之间不一致时，以单价为准。若单价有明显的小数点错位，应以总价为准，并修改单价。

按前款规定调整后的报价经投标人确认后产生约束力。

投标文件中没有列入的价格和优惠条件在评标时不予考虑。

第五十四条 对于投标人提交的优越于招标文件中技术标准的备选投标方案所产生的附加收益，不得考虑进评标价中。符合招标文件的基本技术要求且评标价最低或综合评分最高的投标人，其所提交的备选方案方可予以考虑。

第五十五条 招标人设有标底的，标底在评标中应当作为参考，但不得作为评标的唯一依据。

第五十六条 评标委员会完成评标后，应向招标人提出书面评标报告。评标报告由评标委员会全体成员签字。

评标委员会提出书面评标报告后，招标人一般应当在十五日内确定中标人，但最迟应当在投标有效期结束日三十个工作日前确定。

中标通知书由招标人发出。

第五十七条 评标委员会推荐的中标候选人应当限定在一至三人，并标明排列顺序。招标人应当接受评标委员会推荐的中标候选人，不得在评标委员会推荐的中标候选人之外确定中标人。

第五十八条 依法必须进行招标的项目，招标人应当确定排名第一的中标候选人为中标人。排名第一的中标候选人放弃中标、因不可抗力提出不能履行合同，或者招标文件规定应当提交履约保证金而在规定的期限内未能提交的，招标人可以确定排名第二的中标候选人为中标人。

排名第二的中标候选人因前款规定的同样原因不能签订合同的，招标人可以确定排名第三的中标候选人为中标人。

招标人可以授权评标委员会直接确定中标人。

国务院对中标人的确定另有规定的，从其规定。

第五十九条 招标人不得向中标人提出压低报价、增加工作量、缩短工期或其他违背中标人意愿的要求，以此作为发出中标通知书和签订合同的条件。

第六十条 中标通知书对招标人和中标人具有法律效力。中标通知书发出后，招标人改变中标结果的，或者中标人放弃中标项目的，应当依法承担法律责任。

第六十一条 招标人全部或者部分使用非中标单位投标文件中的技术成果或技术方案时，需征得其书面同意，并给予一定的经济补偿。

第六十二条 招标人和中标人应当自中标通知书发出之日起三十日内，按照招标文件和中标人的投标文件订立书面合同。招标人和中标人不得再行订立背离合同实质性内容的其他协议。

招标文件要求中标人提交履约保证金或者其他形式履约担保的，中标人应当提交；拒绝提交的，视为放弃中标项目。招标人要求中标人提供履约保证金或其他形式履约担保的，招标人应当同时向中标人提供工程款支付担保。

招标人不得擅自提高履约保证金，不得强制要求中标人垫付中标项目建设资金。

第六十三条 招标人与中标人签订合同后五个工作日内，应当向未中标的投标人退还投标保证金。

第六十四条 合同中确定的建设规模、建设标准、建设内容、合同价格应当控制在批准的初步设计及概算文件范围内；确需超出规定范围的，应当在中标合同签订前，报原项目审批部门审查同意。凡应报经审查而未报的，在初步设计及概算调整时，原项目审批部门一律不予承认。

第六十五条 依法必须进行施工招标的项目，招标人应当自发出中标通知书之日起十五日内，向有关行政监督部门提交招标投标情况的书面报告。

前款所称书面报告至少应包括下列内容：

（一）招标范围；

（二）招标方式和发布招标公告的媒介；

（三）招标文件中投标人须知、技术条款、评标标准和方法、合同主要条款等内容；

（四）评标委员会的组成和评标报告；

（五）中标结果。

第六十六条 招标人不得直接指定分包人。

第六十七条 对于不具备分包条件或者不符合分包规定的，招标人有权在签订合同或者中标人提出分包要求时予以拒绝。发现中标人转包或违法分包时，可要求其改正；拒不改正的，可终止合同，并报请有关行政监督部门查处。

监理人员和有关行政部门发现中标人违反合同约定进行转包或违法分包

的，应当要求中标人改正，或者告知招标人要求其改正；对于拒不改正的，应当报请有关行政监督部门查处。

第五章　法律责任

第六十八条　依法必须进行招标的项目而不招标的，将必须进行招标的项目化整为零或者以其他任何方式规避招标的，有关行政监督部门责令限期改正，可以处项目合同金额千分之五以上千分之十以下的罚款；对全部或者部分使用国有资金的项目，项目审批部门可以暂停项目执行或者暂停资金拨付；对单位直接负责的主管人员和其他直接责任人员依法给予处分。

第六十九条　招标代理机构违法泄露应当保密的与招标投标活动有关的情况和资料的，或者与招标人、投标人串通损害国家利益、社会公共利益或者他人合法权益的，由有关行政监督部门处五万元以上二十五万元以下罚款，对单位直接负责的主管人员和其他直接责任人员处单位罚款数额百分之五以上百分之十以下罚款；有违法所得的，并处没收违法所得；情节严重的，有关行政监督部门可停止其一定时期内参与相关领域的招标代理业务，资格认定部门可暂停直至取消招标代理资格；构成犯罪的，由司法部门依法追究刑事责任。给他人造成损失的，依法承担赔偿责任。

前款所列行为影响中标结果，并且中标人为前款所列行为的受益人的，中标无效。

第七十条　招标人以不合理的条件限制或者排斥潜在投标人的，对潜在投标人实行歧视待遇的，强制要求投标人组成联合体共同投标的，或者限制投标人之间竞争的，有关行政监督部门责令改正，可处一万元以上五万元以下罚款。

第七十一条　依法必须进行招标项目的招标人向他人透露已获取招标文件的潜在投标人的名称、数量或者可能影响公平竞争的有关招标投标的其他情况的，或者泄露标底的，有关行政监督部门给予警告，可以并处一万元以上十万元以下的罚款；对单位直接负责的主管人员和其他直接责任人员依法给予处分；构成犯罪的，依法追究刑事责任。

前款所列行为影响中标结果，并且中标人为前款所列行为的受益人的，中标无效。

第七十二条　招标人在发布招标公告、发出投标邀请书或者售出招标文件或资格预审文件后终止招标的，除有正当理由外，有关行政监督部门给予警告，根据情节可处三万元以下的罚款；给潜在投标人或者投标人造成损失的，并应当赔偿损失。

第七十三条 招标人或者招标代理机构有下列情形之一的，有关行政监督部门责令其限期改正，根据情节可处三万元以下的罚款；情节严重的，招标无效：

（一）未在指定的媒介发布招标公告的；

（二）邀请招标不依法发出投标邀请书的；

（三）自招标文件或资格预审文件出售之日起至停止出售之日止，少于五个工作日的；

（四）依法必须招标的项目，自招标文件开始发出之日起至提交投标文件截止之日止，少于二十日的；

（五）应当公开招标而不公开招标的；

（六）不具备招标条件而进行招标的；

（七）应当履行核准手续而未履行的；

（八）不按项目审批部门核准内容进行招标的；

（九）在提交投标文件截止时间后接收投标文件的；

（十）投标人数量不符合法定要求不重新招标的。

被认定为招标无效的，应当重新招标。

第七十四条 投标人相互串通投标或者与招标人串通投标的，投标人以向招标人或者评标委员会成员行贿的手段谋取中标的，中标无效，由有关行政监督部门处中标项目金额千分之五以上千分之十以下的罚款，对单位直接负责的主管人员和其他直接责任人员处单位罚款数额百分之五以上百分之十以下的罚款；有违法所得的，并处没收违法所得；情节严重的，取消其一至二年的投标资格，并予以公告，直至由工商行政管理机关吊销营业执照；构成犯罪的，依法追究刑事责任。给他人造成损失的，依法承担赔偿责任。

第七十五条 投标人以他人名义投标或者以其他方式弄虚作假，骗取中标的，中标无效，给招标人造成损失的，依法承担赔偿责任；构成犯罪的，依法追究刑事责任。

依法必须进行招标项目的投标人有前款所列行为尚未构成犯罪的，有关行政监督部门处中标项目金额千分之五以上千分之十以下的罚款，对单位直接负责的主管人员和其他直接责任人员处单位罚款数额百分之五以上百分之十以下的罚款；有违法所得的，并处没收违法所得；情节严重的，取消其一至三年投标资格，并予以公告，直至由工商行政管理机关吊销营业执照。

第七十六条 依法必须进行招标的项目，招标人违法与投标人就投标价格、投标方案等实质性内容进行谈判的，有关行政监督部门给予警告，对单位直接负责的主管人员和其他直接责任人员依法给予处分。

前款所列行为影响中标结果的，中标无效。

第七十七条 评标委员会成员收受投标人的财物或者其他好处的，评标委员会成员或者参加评标的有关工作人员向他人透露对投标文件的评审和比较、中标候选人的推荐以及与评标有关的其他情况的，有关行政监督部门给予警告，没收收受的财物，可以并处三千元以上五万元以下的罚款，对有所列违法行为的评标委员会成员取消担任评标委员会成员的资格并予以公告，不得再参加任何招标项目的评标；构成犯罪的，依法追究刑事责任。

第七十八条 评标委员会成员在评标过程中擅离职守，影响评标程序正常进行，或者在评标过程中不能客观公正地履行职责的，有关行政监督部门给予警告；情节严重的，取消担任评标委员会成员的资格，不得再参加任何招标项目的评标，并处一万元以下的罚款。

第七十九条 评标过程有下列情况之一的，评标无效，应当依法重新进行评标或者重新进行招标，有关行政监督部门可处三万元以下的罚款：

（一）使用招标文件没有确定的评标标准和方法的；

（二）评标标准和方法含有倾向或者排斥投标人的内容，妨碍或者限制投标人之间竞争，且影响评标结果的；

（三）应当回避担任评标委员会成员的人参与评标的；

（四）评标委员会的组建及人员组成不符合法定要求的；

（五）评标委员会及其成员在评标过程中有违法行为，且影响评标结果的。

第八十条 招标人在评标委员会依法推荐的中标候选人以外确定中标人的，依法必须进行招标的项目在所有投标被评标委员会否决后自行确定中标人的，中标无效。有关行政监督部门责令改正，可以处中标项目金额千分之五以上千分之十以下的罚款；对单位直接负责的主管人员和其他直接责任人员依法给予处分。

第八十一条 招标人不按规定期限确定中标人的，或者中标通知书发出后，改变中标结果的，无正当理由不与中标人签订合同的，或者在签订合同时向中标人提出附加条件或者更改合同实质性内容的，有关行政监督部门给予警告，责令改正，根据情节可处三万元以下的罚款；造成中标人损失的，并应当赔偿损失。

中标通知书发出后，中标人放弃中标项目的，无正当理由不与招标人签订合同的，在签订合同时向招标人提出附加条件或者更改合同实质性内容的，或者拒不提交所要求的履约保证金的，招标人可取消其中标资格，并没收其投标保证金；给招标人的损失超过投标保证金数额的，中标人应当对超过部分予以赔偿；没有提交投标保证金的，应当对招标人的损失承担赔偿责任。

第八十二条 中标人将中标项目转让给他人的，将中标项目肢解后分别转让给他人的，违法将中标项目的部分主体、关键性工作分包给他人的，或者分包人再次分包的，转让、分包无效，有关行政监督部门处转让、分包项目金额千分之五以上千分之十以下的罚款；有违法所得的，并处没收违法所得；可以责令停业整顿；情节严重的，由工商行政管理机关吊销营业执照。

第八十三条 招标人与中标人不按照招标文件和中标人的投标文件订立合同的，招标人、中标人订立背离合同实质性内容的协议的，或者招标人擅自提高履约保证金或强制要求中标人垫付中标项目建设资金的，有关行政监督部门责令改正；可以处中标项目金额千分之五以上千分之十以下的罚款。

第八十四条 中标人不履行与招标人订立的合同的，履约保证金不予退还，给招标人造成的损失超过履约保证金数额的，还应当对超过部分予以赔偿；没有提交履约保证金的，应当对招标人的损失承担赔偿责任。

中标人不按照与招标人订立的合同履行义务，情节严重的，有关行政监督部门取消其二至五年参加招标项目的投标资格并予以公告，直至由工商行政管理机关吊销营业执照。

因不可抗力不能履行合同的，不适用前两款规定。

第八十五条 招标人不履行与中标人订立的合同的，应当双倍返还中标人的履约保证金；给中标人造成的损失超过返还的履约保证金的，还应当对超过部分予以赔偿；没有提交履约保证金的，应当对中标人的损失承担赔偿责任。

因不可抗力不能履行合同的，不适用前款规定。

第八十六条 依法必须进行施工招标的项目违反法律规定，中标无效的，应当依照法律规定的中标条件从其余投标人中重新确定中标人或者依法重新进行招标。

中标无效的，发出的中标通知书和签订的合同自始没有法律约束力，但不影响合同中独立存在的有关解决争议方法的条款的效力。

第八十七条 任何单位违法限制或者排斥本地区、本系统以外的法人或者其他组织参加投标的，为招标人指定招标代理机构的，强制招标人委托招标代理机构办理招标事宜的，或者以其他方式干涉招标投标活动的，有关行政监督部门责令改正；对单位直接负责的主管人员和其他直接责任人员依法给予警告、记过、记大过的处分，情节较重的，依法给予降级、撤职、开除的处分。

个人利用职权进行前款违法行为的，依照前款规定追究责任。

第八十八条 对招标投标活动依法负有行政监督职责的国家机关工作人员徇私舞弊、滥用职权或者玩忽职守，构成犯罪的，依法追究刑事责任；不构成犯罪的，依法给予行政处分。

第八十九条 任何单位和个人对工程建设项目施工招标投标过程中发生的违法行为，有权向项目审批部门或者有关行政监督部门投诉或举报。

第六章 附 则

第九十条 使用国际组织或者外国政府贷款、援助资金的项目进行招标，贷款方、资金提供方对工程施工招标投标活动的条件和程序有不同规定的，可以适用其规定，但违背中华人民共和国社会公共利益的除外。

第九十一条 本办法由国家发展计划委员会会同有关部门负责解释。

第九十二条 本办法自 2003 年 5 月 1 日起施行。

建筑工程设计招标投标管理办法

建设部第82号令

《建筑工程设计招标投标管理办法》已于2000年10月8日经第31次部常务会议通过，现予发布，自发布之日起施行。

二○○○年十月十八日

附件：

建筑工程设计招标投标管理办法

第一条 为规范建筑工程设计市场，优化建筑工程设计，促进设计质量的提高，根据《中华人民共和国招标投标法》，制定本办法。

第二条 符合《工程建设项目招标范围和规模标准规定》的各类房屋建筑工程，其设计招标设标适用本办法。

第三条 建筑工程的设计，采用特定专利技术、专有技术，或者建筑艺术造型有特殊要求的，经有关部门批准，可以直接发包。

第四条 国务院建设行政主管部门负责全国建筑工程设计招标投标的监督管理。

县级以上地方人民政府建设行政主管部门负责本行政区域内建筑工程设计招标投标的监督管理。

第五条 建筑工程设计招标依法可以公开招标或者邀请招标。

第六条 招标人具备下列条件的，可以自行组织招标：

（一）有与招标项目工程规模及复杂程度相适应的工程技术、工程造价、财务和工程管理人员，具备组织编写招标文件的能力；

（二）有组织评标的能力。

招标人不具备前款规定条件的，应当委托具有相应资格的招标代理机构进行招标。

第七条 依法必须招标的建筑工程项目，招标人自行组织招标的，应当在发布招标公告或者发出招标邀请书 15 日前，持有关材料到县级以上地方人民政府建设行政主管部门备案；招标人委托招标代理机构进行招标的，招标人应当在委托合同签订后 15 日内，持有关材料到县级以上地方人民政府建设行政主管部门备案。

备案机关应当在接受备案之日起 5 日内进行审核，发现招标人不具备自行招标条件、代理机构无相应资格、招标前期条件不具备、招标公告或者招标邀请书有重大瑕疵的，可以责令招标人暂时停止招标活动。

备案机关逾期未提出异议的，招标人可以实施招标活动。

第八条 公开招标的，招标人应当发布招标公告。邀请招标的，招标人应当向三个以上设计单位发出招标邀请书。

招标公告或者招标邀请书应当载明招标人名称和地址、招标项目的基本要求、投标人的资质要求以及获取招标文件的办法等事项。

第九条 招标文件应当包括以下内容：

（一）工程名称、地址、占地面积、建筑面积等；

（二）已批准的项目建议书或者可行性研究报告；

（三）工程经济技术要求；

（四）城市规划管理部门确定的规划控制条件和用地红线图；

（五）可供参考的工程地质、水文地质、工程测量等建设场地勘察成果报告；

（六）供水、供电、供气、供热、环保、市政道路等方面的基础资料；

（七）招标文件答疑、踏勘现场的时间和地点；

（八）投标文件编制要求及评标原则；

（九）投标文件送达的截止时间；

（十）拟签订合同的主要条款；

（十一）未中标方案的补偿办法。

第十条 招标文件一经发出，招标人不得随意变更。确需进行必要的澄清或者修改，应当在提交投标文件截止日期 15 日前，书面通知所有招标文件收受人。

第十一条 招标人要求投标人提交投标文件的时限为：特级和一级建筑工程不少于 45 日；二级以下建筑工程不少于 30 日；进行概念设计招标的，不少于 20 日。

第十二条 投标人应当具有与招标项目相适应的工程设计资质。

境外设计单位参加国内建筑工程设计投标的，应当经省、自治区、直辖市人民政府建设行政主管部门批准。

第十三条 投标人应当按照招标文件、建筑方案设计文件编制规定的要求编制投标文件；进行概念设计招标的，应当按照招标文件要求编制投标文件。

投标文件应当由具有相应资格的注册建筑师签章，加盖单位公章。

第十四条 评标由评标委员会负责。

评标委员会由招标人代表和有关专家组成。评标委员会人数一般为五人以上单数，其中技术方面的专家不得少于成员总数的三分之二。

投标人或者与投标人有利害关系的人员不得参加评标委员会。

第十五条 国务院建设行政主管部门，省、自治区、直辖市人民政府建设行政主管部门应当建立建筑工程设计评标专家库。

第十六条 有下列情形之一的，投标文件作废：

（一）投标文件未经密封的；

（二）无相应资格的注册建筑师签字的；

（三）无投标人公章的；

（四）注册建筑师受聘单位与投标人不符的。

第十七条 评标委员会应当在符合城市规划、消防、节能、环保的前提下，按照招标文件的要求，对投标设计方案的经济、技术、功能和造型等进行比选、评价，确定符合招标文件要求的最优设计方案。

第十八条 评标委员会应当在评标完成后，向招标人提出书面评标报告。

采用公开招标方式的，评标委员会应当向招标人推荐 2～3 个中标候选方案。

采用邀请招标方式的，评标委员会应当向招标人推荐 1～2 个中标候选方案。

第十九条 招标人根据评标委员会的书面评标报告和推荐的中标候选方案，结合投标人的技术力量和业绩确定中标方案。

招标人也可以委托评标委员会直接确定中标方案。

招标人认为评标委员会推荐的所有候选方案均不能最大限度满足招标文件规定要求的，应当依法重新招标。

第二十条 招标人应当在中标方案确定之日起 7 日内，向中标人发出中标通知，并将中标结果通知所有未中标人。

第二十一条 依法必须进行招标的项目，招标人应当在中标方案确定之日起 15 日内，向县级以上地方人民政府建设行政主管部门提交招标投标情况的书面报告。

第二十二条 对达到招标文件规定要求的未中标方案，公开招标的，招标人应当在招标公告中明确是否给予未中标单位经济补偿及补偿金额；邀请招标的，应当给予未中标单位经济补偿，补偿金额应当在招标邀请书中明确。

第二十三条 招标人应当在中标通知书发出之日起 30 日内与中标人签订工程设计合同。确需另择设计单位承担施工图设计的，应当在招标公告或招标邀请书中明确。

第二十四条 招标人、中标人使用未中标方案的，应当征得提交方案的投标人同意并付给使用费。

第二十五条 依法必须招标的建筑工程项目，招标人自行组织招标的，未在发布招标公告或招标邀请书15日前到县级以上地方人民政府建设行政主管部门备案，或者委托招标代理机构进行招标的，招标人未在委托合同签订后15日内到县级以上地方人民政府建设行政主管部门备案的，由县级以上地方人民政府建设行政主管部门责令改正，并可处以一万元以上三万元以下罚款。

第二十六条 招标人未在中标方案确定之日起15日内，向县级以上地方人民政府建设行政主管部门提交招标投标情况的书面报告的，由县级以上地方人民政府建设行政主管部门责令改正，并可处以一万元以上三万元以下的罚款。

第二十七条 招标人将必须进行设计招标的项目不招标的，或将必须进行招标的项目化整为零或者以其他方式规避招标的，由县级以上地方人民政府建设行政主管部门责令其限期改正，并可处以项目合同金额千分之五以上千分之十以下的罚款。

第二十八条 招标代理机构有下列行为之一的，由省、自治区、直辖市地方人民政府建设行政主管部门处五万元以上二十五万元以下的罚款；有违法所得的，并处没收违法所得；情节严重的，由国务院建设行政主管部门或者省、自治区、直辖市地方人民政府建设行政主管部门暂停直至取消代理机构资格；构成犯罪的，依法追究刑事责任。给他人造成损失的，依法承担赔偿责任：

（一）在开标前泄漏应当保密的与招标有关的情况和资料的；

（二）与招标人或者投标人串通损害国家利益、社会公众利益或投标人利益的。

前款所列行为影响中标结果的，中标结果无效。

第二十九条 投标人相互串通投标，或者以向招标人、评标委员会成员行贿的手段谋取中标的，中标无效，由县级以上地方人民政府建设行政主管部门处中标项目金额千分之五以上千分之十以下的罚款；情节严重的，取消其一至二年内参加依法必须进行招标的工程项目设计招标的投标资格，并予以公告。

第三十条 评标委员会成员收受投标人财物或其他好处，或者向他人透露投标方案评审有关情况的，由县级以上地方人民政府建设行政主管部门给予警告，没收收受财物，并可处以三千元以上五万元以下的罚款。

评标委员会成员有前款所列行为的，由国务院建设行政主管部门或者省、自治区、直辖市人民政府建设行政主管部门取消担任评标委员会成员的资格，不得再参加任何依法进行的建筑工程设计招投标的评标，构成犯罪的，依法追究刑事责任。

第三十一条 建设行政主管部门或者有关职能部门的工作人员徇私舞弊、滥用职权，干预正常招标投标活动的，由所在单位给予行政处分；构成犯罪的，依法追究刑事责任。

第三十二条 省、自治区、直辖市人民政府建设行政主管部门，可以根据本办法制定实施细则。

第三十三条 城市市政公用工程设计招标投标参照本办法执行。

第三十四条 本办法由国务院建设行政主管部门解释。

第三十五条 本办法自发布之日起施行。

房屋建筑和市政基础设施工程施工招标投标管理办法

建设部第89号令

《房屋建筑和市政基础设施工程施工招标投标管理办法》已于二〇〇一年五月三十一日经第四十三次部常务会议讨论通过，现予发布，自发布之日起施行。

二〇〇一年六月一日

附件：

房屋建筑和市政基础设施工程施工招标投标管理办法

目　录

第一章　总　则

第一条　为了规范房屋建筑和市政基础设施工程施工招标投标活动，维护招标投标当事人的合法权益，依据《中华人民共和国建筑法》、《中华人民共和国招标投标法》等法律、行政法规，制定本办法。

第二条　在中华人民共和国境内从事房屋建筑和市政基础设施工程施工招标投标活动，实施对房屋建筑和市政基础设施工程施工招标投标活动的监督管理，适用本办法。

本办法所称房屋建筑工程，是指各类房屋建筑及其附属设施和与其配套的线路、管道、设备安装工程及室内外装修工程。

本办法所称市政基础设施工程，是指城市道路、公共交通、供水、排水、燃气、热力、园林、环卫、污水处理、垃圾处理、防洪、地下公共设施及附属设施的土建、管道、设备安装工程。

第三条　房屋建筑和市政基础设施工程（以下简称工程）的施工单项合同估算价在200万元人民币以上，或者项目总投资在3000万元人民币以上的，必须进行招标。

省、自治区、直辖市人民政府建设行政主管部门报经同级人民政府批准，可以根据实际情况，规定本地区必须进行工程施工招标的具体范围和规模标准，但不得缩小本办法确定的必须进行施工招标的范围。

第四条 国务院建设行政主管部门负责全国工程施工招标投标活动的监督管理。

县级以上地方人民政府建设行政主管部门负责本行政区域内工程施工招标投标活动的监督管理。具体的监督管理工作，可以委托工程招标投标监督管理机构负责实施。

第五条 任何单位和个人不得违反法律、行政法规规定，限制或者排斥本地区、本系统以外的法人或者其他组织参加投标，不得以任何方式非法干涉施工招标投标活动。

第六条 施工招标投标活动及其当事人应当依法接受监督。

建设行政主管部门依法对施工招标投标活动实施监督，查处施工招标投标活动中的违法行为。

第二章 招 标

第七条 工程施工招标由招标人依法组织实施。招标人不得以不合理条件限制或者排斥潜在投标人，不得对潜在投标人实行歧视待遇，不得对潜在投标人提出与招标工程实际要求不符的过高的资质等级要求和其他要求。

第八条 工程施工招标应当具备下列条件：

（一）按照国家有关规定需要履行项目审批手续的，已经履行审批手续；

（二）工程资金或者资金来源已经落实；

（三）有满足施工招标需要的设计文件及其他技术资料；

（四）法律、法规、规章规定的其他条件。

第九条 工程施工招标分为公开招标和邀请招标。

依法必须进行施工招标的工程，全部使用国有资金投资或者国有资金投资占控股或者主导地位的，应当公开招标，但经国家计委或者省、自治区、直辖市人民政府依法批准可以进行邀请招标的重点建设项目除外；其他工程可以实行邀请招标。

第十条 工程有下列情形之一的，经县级以上地方人民政府建设行政主管部门批准，可以不进行施工招标：

（一）停建或者缓建后恢复建设的单位工程，且承包人未发生变更的；

（二）施工企业自建自用的工程，且该施工企业资质等级符合工程要求的；

（三）在建工程追加的附属小型工程或者主体加层工程，且承包人未发生变更的；

（四）法律、法规、规章规定的其他情形。

第十一条 依法必须进行施工招标的工程，招标人自行办理施工招标事宜的，应当具有编制招标文件和组织评标的能力：

（一）有专门的施工招标组织机构；

（二）有与工程规模、复杂程度相适应并具有同类工程施工招标经验、熟悉有关工程施工招标法律法规的工程技术、概预算及工程管理的专业人员。

不具备上述条件的，招标人应当委托具有相应资格的工程招标代理机构代理施工招标。

第十二条 招标人自行办理施工招标事宜的，应当在发布招标公告或者发出投标邀请书的5日前，向工程所在地县级以上地方人民政府建设行政主管部门备案，并报送下列材料：

（一）按照国家有关规定办理审批手续的各项批准文件；

（二）本办法第十一条所列条件的证明材料，包括专业技术人员的名单、职称证书或者执业资格证书及其工作经历的证明材料；

（三）法律、法规、规章规定的其他材料。

招标人不具备自行办理施工招标事宜条件的，建设行政主管部门应当自收到备案材料之日起5日内责令招标人停止自行办理施工招标事宜。

第十三条 全部使用国有资金投资或者国有资金投资占控股或者主导地位，依法必须进行施工招标的工程项目，应当进入有形建筑市场进行招标投标活动。

政府有关管理机关可以在有形建筑市场集中办理有关手续，并依法实施监督。

第十四条 依法必须进行施工公开招标的工程项目，应当在国家或者地方指定的报刊、信息网络或者其他媒介上发布招标公告，并同时在中国工程建设和建筑业信息网上发布招标公告。

招标公告应当载明招标人的名称和地址，招标工程的性质、规模、地点以及获取招标文件的办法等事项。

第十五条 招标人采用邀请招标方式的，应当向3个以上符合资质条件的施工企业发出投标邀请书。

投标邀请书应当载明本办法第十四条第二款规定的事项。

第十六条 招标人可以根据招标工程的需要，对投标申请人进行资格预审，也可以委托工程招标代理机构对投标申请人进行资格预审。实行资格预审的招标工程，招标人应当在招标公告或者投标邀请书中载明资格预审的条件和获取资格预审文件的办法。

资格预审文件一般应当包括资格预审申请书格式、申请人须知，以及需要投标申请人提供的企业资质、业绩、技术装备、财务状况和拟派出的项目经理与主要技术人员的简历、业绩等证明材料。

第十七条 经资格预审后，招标人应当向资格预审合格的投标申请人发出资格预审合格通知书，告知获取招标文件的时间、地点和方法，并同时向资格预审不合格的投标申请人告知资格预审结果。

在资格预审合格的投标申请人过多时，可以由招标人从中选择不少于7家资格预审合格的投标申请人。

第十八条 招标人应当根据招标工程的特点和需要，自行或者委托工程招标代理机构编制招标文件。招标文件应当包括下列内容：

（一）投标须知，包括工程概况，招标范围，资格审查条件，工程资金来源或者落实情况（包括银行出具的资金证明），标段划分，工期要求，质量标准，现场踏勘和答疑安排，投标文件编制、提交、修改、撤回的要求，投标报价要求，投标有效期，开标的时间和地点，评标的方法和标准等；

（二）招标工程的技术要求和设计文件；

（三）采用工程量清单招标的，应当提供工程量清单；

（四）投标函的格式及附录；

（五）拟签订合同的主要条款；

（六）要求投标人提交的其他材料。

第十九条 依法必须进行施工招标的工程，招标人应当在招标文件发出的同时，将招标文件报工程所在地的县级以上地方人民政府建设行政主管部门备案。建设行政主管部门发现招标文件有违反法律、法规内容的，应当责令招标人改正。

第二十条 招标人对已发出的招标文件进行必要的澄清或者修改的，应当在招标文件要求提交投标文件截止时间至少15日前，以书面形式通知所有招标文件收受人，并同时报工程所在地的县级以上地方人民政府建设行政主管部门备案。该澄清或者修改的内容为招标文件的组成部分。

第二十一条 招标人设有标底的，应当依据国家规定的工程量计算规则及招标文件规定的计价方法和要求编制标底，并在开标前保密。一个招标工程只能编制一个标底。

第二十二条 招标人对于发出的招标文件可以酌收工本费。其中的设计文件，招标人可以酌收押金。对于开标后将设计文件退还的，招标人应当退还押金。

第三章　投　　标

第二十三条　施工招标的投标人是响应施工招标、参与投标竞争的施工企业。

投标人应当具备相应的施工企业资质，并在工程业绩、技术能力、项目经理资格条件、财务状况等方面满足招标文件提出的要求。

第二十四条　投标人对招标文件有疑问需要澄清的，应当以书面形式向招标人提出。

第二十五条　投标人应当按照招标文件的要求编制投标文件，对招标文件提出的实质性要求和条件作出响应。

招标文件允许投标人提供备选标的，投标人可以按照招标文件的要求提交替代方案，并作出相应报价作备选标。

第二十六条　投标文件应当包括下列内容：

（一）投标函；

（二）施工组织设计或者施工方案；

（三）投标报价；

（四）招标文件要求提供的其他材料。

第二十七条　招标人可以在招标文件中要求投标人提交投标担保。投标担保可以采用投标保函或者投标保证金的方式。投标保证金可以使用支票、银行汇票等，一般不得超过投标总价的2%，最高不得超过50万元。

投标人应当按照招标文件要求的方式和金额，将投标保函或者投标保证金随投标文件提交招标人。

第二十八条　投标人应当在招标文件要求提交投标文件的截止时间前，将投标文件密封送达投标地点。招标人收到投标文件后，应当向投标人出具标明签收人和签收时间的凭证，并妥善保存投标文件。在开标前，任何单位和个人均不得开启投标文件。在招标文件要求提交投标文件的截止时间后送达的投标文件，为无效的投标文件，招标人应当拒收。

提交投标文件的投标人少于3个的，招标人应当依法重新招标。

第二十九条　投标人在招标文件要求提交投标文件的截止时间前，可以补充、修改或者撤回已提交的投标文件。补充、修改的内容为投标文件的组成部分，并应当按照本办法第二十八条第一款的规定送达、签收和保管。在招标文件要求提交投标文件的截止时间后送达的补充或者修改的内容无效。

第三十条　两个以上施工企业可以组成一个联合体，签订共同投标协议，以一个投标人的身份共同投标。联合体各方均应当具备承担招标工程的相应资质条件。相同专业的施工企业组成的联合体，按照资质等级低的施工企业的业务许可范围承揽工程。

招标人不得强制投标人组成联合体共同投标，不得限制投标人之间的竞争。

第三十一条 投标人不得相互串通投标，不得排挤其他投标人的公平竞争，损害招标人或者其他投标人的合法权益。

投标人不得与招标人串通投标，损害国家利益、社会公共利益或者他人的合法权益。

禁止投标人以向招标人或者评标委员会成员行贿的手段谋取中标。

第三十二条 投标人不得以低于其企业成本的报价竞标，不得以他人名义投标或者以其他方式弄虚作假，骗取中标。

第四章 开标、评标和中标

第三十三条 开标应当在招标文件确定的提交投标文件截止时间的同一时间公开进行；开标地点应当为招标文件中预先确定的地点。

第三十四条 开标由招标人主持，邀请所有投标人参加。开标应当按照下列规定进行：

由投标人或者其推选的代表检查投标文件的密封情况，也可以由招标人委托的公证机构进行检查并公证。经确认无误后，由有关工作人员当众拆封，宣读投标人名称、投标价格和投标文件的其他主要内容。

招标人在招标文件要求提交投标文件的截止时间前收到的所有投标文件，开标时都应当当众予以拆封、宣读。

开标过程应当记录，并存档备查。

第三十五条 在开标时，投标文件出现下列情形之一的，应当作为无效投标文件，不得进入评标：

（一）投标文件未按照招标文件的要求予以密封的；

（二）投标文件中的投标函未加盖投标人的企业及企业法定代表人印章的，或者企业法定代表人委托代理人没有合法、有效的委托书（原件）及委托代理人印章的；

（三）投标文件的关键内容字迹模糊、无法辨认的；

（四）投标人未按照招标文件的要求提供投标保函或者投标保证金的；

（五）组成联合体投标的，投标文件未附联合体各方共同投标协议的。

第三十六条 评标由招标人依法组建的评标委员会负责。

依法必须进行施工招标的工程，其评标委员会由招标人的代表和有关技术、经济等方面的专家组成，成员人数为5人以上单数，其中招标人、招标代理机构以外的技术、经济等方面专家不得少于成员总数的三分之二。评标委员会的专家成员，应当由招标人从建设行政主管部门及其他有关政府部门确定的专家名册或者工程招标代理机构的专家库内相关专业的专家名单中确定。确定专家成员一般应当采取随机抽取的方式。

与投标人有利害关系的人不得进入相关工程的评标委员会。评标委员会成员的名单在中标结果确定前应当保密。

第三十七条 建设行政主管部门的专家名册应当拥有一定数量规模并符合法定资格条件的专家。省、自治区、直辖市人民政府建设行政主管部门可以将专家数量少的地区的专家名册予以合并或者实行专家名册计算机联网。

建设行政主管部门应当对进入专家名册的专家组织有关法律和业务培训，对其评标能力、廉洁公正等进行综合评估，及时取消不称职或者违法违规人员的评标专家资格。被取消评标专家资格的人员，不得再参加任何评标活动。

第三十八条 评标委员会应当按照招标文件确定的评标标准和方法，对投标文件进行评审和比较，并对评标结果签字确认；设有标底的，应当参考标底。

第三十九条 评标委员会可以用书面形式要求投标人对投标文件中含义不明确的内容作必要的澄清或者说明。投标人应当采用书面形式进行澄清或者说明，其澄清或者说明不得超出投标文件的范围或者改变投标文件的实质性内容。

第四十条 评标委员会经评审，认为所有投标文件都不符合招标文件要求的，可以否决所有投标。

依法必须进行施工招标工程的所有投标被否决的，招标人应当依法重新招标。

第四十一条 评标可以采用综合评估法、经评审的最低投标价法或者法律法规允许的其他评标方法。

采用综合评估法的，应当对投标文件提出的工程质量、施工工期、投标价格、施工组织设计或者施工方案、投标人及项目经理业绩等，能否最大限度地满足招标文件中规定的各项要求和评价标准进行评审和比较。以评分方式进行评估的，对于各种评比奖项不得额外计分。

采用经评审的最低投标价法的，应当在投标文件能够满足招标文件实质性要求的投标人中，评审出投标价格最低的投标人，但投标价格低于其企业成本的除外。

第四十二条 评标委员会完成评标后，应当向招标人提出书面评标报告，阐明评标委员会对各投标文件的评审和比较意见，并按照招标文件中规定的评标方法，推荐不超过3名有排序的合格的中标候选人。招标人根据评标委员会提出的书面评标报告和推荐的中标候选人确定中标人。

使用国有资金投资或者国家融资的工程项目，招标人应当按照中标候选人的排序确定中标人。当确定中标的中标候选人放弃中标或者因不可抗力提出不能履行合同的，招标人可以依序确定其他中标候选人为中标人。

招标人也可以授权评标委员会直接确定中标人。

第四十三条 有下列情形之一的，评标委员会可以要求投标人作出书面说明并提供相关材料：

（一）设有标底的，投标报价低于标底合理幅度的；

（二）不设标底的，投标报价明显低于其他投标报价，有可能低于其企业成本的。

经评标委员会论证，认定该投标人的报价低于其企业成本的，不能推荐为中标候选人或者中标人。

第四十四条 招标人应当在投标有效期截止时限30日前确定中标人。投标有效期应当在招标文件中载明。

第四十五条 依法必须进行施工招标的工程，招标人应当自确定中标人之日起15日内，向工程所在地的县级以上地方人民政府建设行政主管部门提交施工招标投标情况的书面报告。书面报告应当包括下列内容：

（一）施工招标投标的基本情况，包括施工招标范围、施工招标方式、资格审查、开评标过程和确定中标人的方式及理由等。

（二）相关的文件资料，包括招标公告或者投标邀请书、投标报名表、资格预审文件、招标文件、评标委员会的评标报告（设有标底的，应当附标底）、中标人的投标文件。委托工程招标代理的，还应当附工程施工招标代理委托合同。

前款第二项中已按照本办法的规定办理了备案的文件资料，不再重复提交。

第四十六条 建设行政主管部门自收到书面报告之日起5日内未通知招标人在招标投标活动中有违法行为的，招标人可以向中标人发出中标通知书，并将中标结果通知所有未中标的投标人。

第四十七条 招标人和中标人应当自中标通知书发出之日起30日内，按照招标文件和中标人的投标文件订立书面合同；招标人和中标人不得再行订立背离合同实质性内容的其他协议。订立书面合同后7日内，中标人应当将合同送县级以上工程所在地的建设行政主管部门备案。

中标人不与招标人订立合同的，投标保证金不予退还并取消其中标资格，给招标人造成的损失超过投标保证金数额的，应当对超过部分予以赔偿；没有提交投标保证金的，应当对招标人的损失承担赔偿责任。

招标人无正当理由不与中标人签订合同，给中标人造成损失的，招标人应当给予赔偿。

第四十八条 招标文件要求中标人提交履约担保的，中标人应当提交。招标人应当同时向中标人提供工程款支付担保。

第五章 罚 则

第四十九条 有违反《招标投标法》行为的，县级以上地方人民政府建设行政主管部门应当按照《招标投标法》的规定予以处罚。

第五十条 招标投标活动中有《招标投标法》规定中标无效情形的，由县级以上地方人民政府建设行政主管部门宣布中标无效，责令重新组织招标，并依法追究有关责任人责任。

第五十一条 应当招标未招标的，应当公开招标未公开招标的，县级以上地方人民政府建设行政主管部门应当责令改正，拒不改正的，不得颁发施工许可证。

第五十二条 招标人不具备自行办理施工招标事宜条件而自行招标的，县级以上地方人民政府建设行政主管部门应当责令改正，处 1 万元以下的罚款。

第五十三条 评标委员会的组成不符合法律、法规规定的，县级以上地方人民政府建设行政主管部门应当责令招标人重新组织评标委员会。招标人拒不改正的，不得颁发施工许可证。

第五十四条 招标人未向建设行政主管部门提交施工招标投标情况书面报告的，县级以上地方人民政府建设行政主管部门应当责令改正；在未提交施工招标投标情况书面报告前，建设行政主管部门不予颁发施工许可证。

第六章 附 则

第五十五条 工程施工专业分包、劳务分包采用招标方式的，参照本办法执行。

第五十六条 招标文件或者投标文件使用两种以上语言文字的，必须有一种是中文；如对不同文本的解释发生异议的，以中文文本为准。用文字表示的金额与数字表示的金额不一致的，以文字表示的金额为准。

第五十七条 涉及国家安全、国家秘密、抢险救灾或者属于利用扶贫资金实行以工代赈、需要使用农民工等特殊情况，不适宜进行施工招标的工程，按照国家有关规定可以不进行施工招标。

第五十八条 使用国际组织或者外国政府贷款、援助资金的工程进行施工招标，贷款方、资金提供方对招标投标的具体条件和程序有不同规定的，可以适用其规定，但违背中华人民共和国的社会公共利益的除外。

第五十九条 本办法由国务院建设行政主管部门负责解释。

第六十条 本办法自发布之日起施行。1992 年 12 月 30 日建设部颁布的《工程建设施工招标投标管理办法》（建设部令第 23 号）同时废止。

机电产品国际招标投标实施办法

商务部第13号令

《机电产品国际招标投标实施办法》已于2004年9月23日经由中华人民共和国商务部第十一次部长办公会修订通过，现将修订后的《机电产品国际招标投标实施办法》公布，自公布之日起30日后施行。

二〇〇四年十一月一日

附件：

机电产品国际招标投标实施办法

目　　录

第一章　总　　则

第一条　为了规范机电产品国际招标投标活动，保护国家利益、社会公共利益和招标投标活动当事人的合法权益，提高经济效益和资金使用率，保证招标投标质量和产品质量，建立公开、公平、公正、诚信、择优的国际招标投标竞争机制和评标原则，根据《中华人民共和国招标投标法》（以下称《招标投标法》）等法律法规以及国务院对有关部门实施招标投标活动行政监督的职责分工，制定本办法。

第二条　在中华人民共和国境内进行机电产品国际招标投标活动，适用本办法。

第三条　商务部是机电产品国际招标投标的国家行政主管部门，负责监督和协调全国机电产品的国际招标投标工作，制定相关规定；根据国家有关规定，调整、公布机电产品国际招标范围；审定国际招标机构资格；承担国家评标委员会日常工作。

各省、自治区、直辖市、计划单列市、各部门机电产品进出口管理机构（以下简称“主管部门”）依据本办法负责监督、协调本地区、本部门的机电产品国际招标投标活动。

第四条 机电产品国际招标投标一般应采用公开招标的方式进行；根据法律、行政法规的规定，不适宜公开招标的，可以采取邀请招标，采用邀请招标方式的项目应当向商务部备案，邀请招标应当按照本办法规定的操作程序进行。

机电产品国际采购应当采用国际招标的方式进行；已经明确采购产品的原产地在国内的，可以采用国内招标的方式进行。应当通过国际招标方式采购的，不得以国内招标或其他方式规避国际招标。

第五条 国家评标委员会负责国际金融组织贷款项目国际招标投标工作的监督和检查，协调解决招标投标过程中的有关问题，审核评标结果并下发《国家评标委员会评标结果通知》，保证招标投标活动符合公开、公平、公正的原则。

第六条 商务部指定专门的招标网站（以下简称“招标网”）为机电产品国际招标业务提供网络服务。机电产品国际招标应当在招标网上完成招标项目建档、招标文件备案、招标公告发布、评审专家抽取、评标结果公示、质疑处理等招标业务的相关程序。

第七条 本办法所称招标人，是指因使用需要提出通过国际招标方式采购机电产品的国家机关、企业、事业法人或其他组织。

本办法所称招标机构，是指满足一定条件，经向商务部申请，取得国际招标资格，从事机电产品国际招标代理服务业务的企业法人。

本办法所称投标人，是指响应招标文件的要求并参与投标的国内、外法人或者其他组织。

第二章 招标范围

第八条 下列机电产品的采购必须进行国际招标：

（一）关系社会公共利益、公众安全的基础设施、公用事业等项目中进行国际采购的机电产品，具体范围见附件 1；

（二）全部或者部分使用国有资金投资项目中进行国际采购的机电产品；

（三）全部或者部分使用国家融资项目中进行国际采购的机电产品；

（四）使用国际金融组织或者外国政府贷款、援助资金（以下简称国外贷款）项目中进行国际采购的机电产品；

（五）政府采购项目中进行国际采购的机电产品；

（六）其他依照法律、行政法规的规定需要国际招标采购的机电产品。

第九条 第八条所列招标范围中，属下列情况之一的，可以不进行国际招标：

（一）国（境）外赠送或无偿援助的机电产品；

（二）供生产配套用的零件及部件；

（三）旧机电产品；

（四）一次采购产品合同估算价格在100万元人民币以下的；

（五）外商投资企业投资总额内进口的机电产品；

（六）供生产企业及科研机构研究开发用的样品样机；

（七）国务院确定的特殊产品或者特定行业以及为应对国家重大突发事件需要的机电产品；

（八）产品生产商优惠供货时，优惠金额超过产品合同估算价格50%的机电产品；

（九）供生产企业生产需要的专用模具；

（十）供产品维修用的零件及部件；

（十一）根据法律、行政法规的规定，其他不适宜进行国际招标采购的机电产品。

第三章　评审专家

第十条 商务部在招标网建立国家、地方两级专家库，并对专家库内的专家实行动态管理，对专家进行培训及实时调整。

第十一条 机电产品国际招标活动中所需专家必须由招标机构及业主在招标网上从国家、地方两级专家库中采用随机抽取的方式产生。招标机构及业主不得无故废弃随机抽取的专家，抽取到的专家因客观原因不能参加招标项目评审工作的，应当以书面形式回复招标机构。招标机构收到回复后应当在网上注明原因并重新随机抽取专家。抽取专家次数超过三次的，应当报相应主管部门备案后，重新随机抽取专家。

第十二条 专家进入专家库应当由本人提出申请，经主管部门或招标机构推荐。被推荐的专家需填写“机电产品国际招标评审专家推荐表”并经推荐单位签章提交招标网，同时报商务部备案。

专家应具备以下基本条件：

（一）热爱招标事业，积极参加招标的评审活动；

（二）熟悉国家有关招标投标的法律、法规、政策；

（三）有良好的政治素质和职业道德，遵纪守法；

（四）具有大学本科或同等以上学力；

（五）具有高级技术、经济职称或同等专业水平，并从事相关领域八年以上。从事高新技术领域工作的专家以上条件可适当放宽；

（六）熟悉本专业领域国内外技术水平和发展动向。

符合前款条件的专家，具备以下条件之一，可推荐入选国家级专家库：

（一）具有教授级职称的；

（二）近五年承担过国家大型项目招标评审工作的；

（三）享受国家津贴的；

（四）获得过国家级科学奖励的。

第十三条 专家应当按规定履行以下职责：

（一）承担机电产品国际招标中招标文件的审核工作；

（二）承担评标委员会的评标工作，评标专家应当分别填写评标意见并对所提意见承担责任；

（三）参加对质疑问题的审议工作；

（四）向有关部门反映招标项目评审过程中的问题，提出意见和建议。

专家对所评审的机电产品国际招标内容负责，并承担相应的责任。

第十四条 随机抽取专家人数为实际所需专家人数。一次委托招标金额在 500 万美元及以上的国际招标项目，所需专家的二分之一以上应从国家级专家库中抽取。

对于同一招标项目编号下同一包，每位专家只能参加其招标文件审核和评标两项工作中的一项。凡与该招标项目或投标人及其制造商有利害关系的外聘专家，招标机构不得确定其为被选专家，且需要重新抽取。

第十五条 专家受聘参与机电产品国际招标评审工作时应遵守以下工作守则：

（一）认真贯彻执行国家有关招标投标的法律、法规和政策；

（二）恪守职责，严守秘密，廉洁自律；

（三）客观、公正、公平地参与招标评审工作；

（四）与招标项目或投标人及其制造商有利害关系的应主动回避。

第十六条 在抽取专家时，如专家库中的专家数量不足以满足所需专家人数，不足部分可由招标机构和招标人自行推荐，但应当按照有关规定将符合条件的专家推荐表提交招标网补充进入国家或地方专家库，再随机抽取所需要的专家人数。

第十七条 专家库中的行业或专业分类如未包括招标项目所属分类，招标机构可向招标网提出增加分类的申请，招标网可将推荐的专家转入新增分类。

第十八条 专家名单一经抽取确定，必须严格保密。如有泄密，除追究当事人责任外，还应当报相应的主管部门并重新在专家库中抽取专家。如果泄密对招标评标产生影响，原招标文件或评标结果无效。

第十九条 专家受聘承担的具体项目评审工作结束后，主管部门或招标机构应对专家的能力、水平、履行职责等方面进行评价，评价结果分为优秀、称职和不称职，评价结果在招标网备案。

第四章 招标文件

第二十条 招标人根据所需机电产品的商务和技术要求自行编制招标文件或委托招标机构、咨询服务机构编制招标文件。招标文件主要包括下列内容：

（一）投标邀请书；

（二）投标人须知；

（三）招标产品的名称、数量、技术规格；

（四）合同条款；

（五）合同格式；

（六）附件：

1. 投标书格式；
2. 开标一览表；
3. 投标分项报价表；
4. 产品说明一览表；
5. 技术规格偏离表；
6. 商务条款偏离表；
7. 投标保证金保函格式；
8. 法定代表人授权书格式；
9. 资格证明格式；
10. 履约保证金保函格式；
11. 预付款银行保函格式；
12. 信用证样本；
13. 其他所需资料。

第二十一条 除本办法第二十条规定的内容外，招标文件还应包括对投标人和制造商的业绩要求和评标依据。

对招标文件中的重要商务和技术条款（参数）要加注星号（“*”），并注明若不满足任何一条带星号（“*”）的条款（参数）将导致废标。

评标依据除构成废标的重要商务和技术条款（参数）外，还应包括：一般商务和技术条款（参数）中允许偏离的最大范围、最高项数，以及在允许偏离范围和条款数内进行评标价格调整的计算方法，一般参数的偏离加价一般为0.5%，最高不得超过1%。

招标文件不得设立歧视性条款或不合理的要求排斥潜在的投标人。

第二十二条 机电产品国际招标一般采用最低评标价法进行评标。因特殊原因，需要使用综合评价法（即打分法）进行评标的招标项目，其招标文件必须详细规定各项商务要求和技术参数的评分方法和标准，并通过招标网向商务部备案。所有评分方法和标准应当作为招标文件不可分割的一部分并对投标人公开。

第二十三条 招标文件制定后，招标机构应当将招标文件送评审专家组审核，并通过招标网报送相应的主管部门备案。承担招标文件审核的评审专家组应由三名以上单数组成。

招标机构将招标文件送评审专家组审核时，只注明招标编号，不得注明招标人和项目名称。

第二十四条 评审专家组在审核招标文件时，主要审核商务、技术条款是否存在歧视性条款或不合理的条件及招标文件编制内容是否构成三个以上潜在投标人参与竞争，并将审核意见填入专家审核招标文件意见表（见附件2）。

第二十五条 招标文件经评审专家组审核后，招标机构应当将招标文件的所有审核意见及招标文件最终修改部分的内容通过招标网报送相应的主管部门备案，同时将评审专家组审核意见的原始资料以及招标机构的意见报送相应的主管部门备案。招标机构的意见应当包括是否采纳专家意见的详细理由。

主管部门在收到上述备案资料三日内通过招标网函复招标机构，如需协调可适当延长时间。

第二十六条 招标机构根据招标人的要求，需对已经发售的招标文件进行修改的，应当在开标日十五日前，通过招标网将修改的内容及理由报相应主管部门备案。招标机构将修改的内容以书面形式通知所有招标文件收受人，该修改内容为招标文件的组成部分。

第五章 招标投标

第二十七条 招标人或招标机构在收到招标文件备案复函后，除应在国家指定的媒体以及招标网上发布招标公告外，也可同时在其他媒体上刊登招标公告。

招标文件的公告期即招标文件的发售期，自招标文件公告之日起至投标截止日止，不得少于二十日，对大型设备或成套设备不得少于五十日。

第二十八条 投标人应当根据招标文件要求编制投标文件，并根据自己的商务能力、技术水平对招标文件提出的要求和条件逐条标明满足与否。对带星号（“*”）的技术参数必须在投标文件中提供技术支持资料，未提供的，评标时不予认可。

第二十九条 如果投标人认为已公开发售的招标文件含有歧视性条款或不合理的要求，应当在开标日五日以前以书面形式向相应的主管部门提出异议，同时提交相应的证明资料。

对投标人所提问题，招标机构或主管部门应当在开标前进行处理并将处理结果通知相应的投标人。

第三十条 投标人在规定投标截止时间前，应当在招标网免费注册，并将投标文件送达投标地点。投标人可以在规定投标截止时间前对已提交的投标文件进行补充、修改或撤回。补充、修改的内容应当作为投标文件的组成部分。投标人不得在投标截止时间后对投标文件进行补充、修改。

第三十一条 当投标截止时间到达时，投标人少于三个的应停止开标，并依照本办法重新组织招标。

两家以上投标人的投标产品为同一家制造商或集成商生产的，按一家投标人计算。对两家以上集成商使用同一家制造商产品作为其集成产品一部分的，按不同集成商计算。

第三十二条 招标机构应当按照招标公告规定的时间、地点进行开标。开标时，应当邀请招标人、投标人及有关人员参加。

投标人的投标方案、投标声明（价格变更或其他声明）都要在开标时一并唱出，否则在评标时不予承认。投标总价中不得包含招标文件要求以外的产品或服务，否则，在评标时不予核减。

招标人或招标机构应在开标时制作开标记录，并在开标后两日内通过招标网备案。

第六章 评 标

第三十三条 评标由依照本办法组建的评标委员会负责。评标委员会由具有高级职称或同等专业水平的技术、经济等相关领域专家、招标人和招标机构代表等五人以上单数组成，其中技术、经济等方面专家人数不得少于成员总数的三分之二。

开标前，招标机构及任何人不得向评标专家透露其即将参与的评标项目内容及招标人和投标人有关的情况。

第三十四条 评标委员会成员名单在评标结果公示前必须保密。招标人和招标机构应当采取措施保证评标工作在严格保密的情况下进行。在评标工作中，任何单位和个人不得干预、影响评标过程和结果。

第三十五条 评标委员会应严格按照招标文件规定的商务、技术条款对投标文件进行评审，招标文件中没有规定的任何标准不得作为评标依据，法律、行政法规另有规定的除外。评标委员会的每位成员在评标结束时，必须分别填写评标委员会成员评标意见表（见附件3），评标意见表是评标报告必不可少的一部分。

采用最低评标价法评标的，在商务、技术条款均满足招标文件要求时，评标价格最低者为推荐中标人；采用综合评价法评标的，综合得分最高者为推荐中标人。

第三十六条 在商务评标过程中，有下列情况之一者，应予废标，不再进行技术评标：

（一）投标人未提交投标保证金或保证金金额不足、保函有效期不足、投标保证金形式或出具投标保函的银行不符合招标文件要求的；

（二）投标文件未按照要求逐页签字的；

（三）投标人及其制造商与招标人、招标机构有利害关系的；

（四）投标人的投标书、资格证明未提供或不符合招标文件要求的；

（五）投标文件无法定代表人签字，或签字人无法定代表人有效授权书的；

（六）投标人业绩不满足招标文件要求的；

（七）投标有效期不足的；

（八）投标文件符合招标文件中规定废标的其他商务条款的。

除本办法另有规定外，前款所列文件应当提供原件，并且在开标后不得澄清、后补，否则将导致废标。

第三十七条 技术评标过程中，有下列情况之一者，应予废标：

（一）投标文件不满足招标文件技术规格中加注星号（“*”）的主要参数要求或加注星号（“*”）的主要参数无技术资料支持的；

（二）投标文件技术规格中一般参数超出允许偏离的最大范围或最高项数的；

（三）投标文件技术规格中的响应与事实情况不符或虚假投标的；

（四）投标人复制招标文件的技术规格相关部分内容作为其投标文件中

一部分的。

第三十八条 采用最低评标价法评标时，价格评标按下列原则进行：

（一）按招标文件中的评标依据进行评标。计算评标价格时，对需要进行价格调整的部分，要依据招标文件和投标文件的内容加以调整并说明；

（二）投标人应当根据招标文件要求和产品技术要求列出供货产品清单和分项报价，如有缺漏项，评标时须将其他有效标中该项的最高价计入其评标总价；

（三）除国外贷款项目外，计算评标总价时，以货物到达招标人指定交货地点为依据。国外产品为CIF价+进口环节税+国内运输、保险费等；国内产品为出厂价（含增值税）+国内运输、保险费等；

（四）如果招标文件允许以多种货币投标，在进行价格评标时，应当以开标当日中国银行公布的卖出价统一转换成美元。

第三十九条 投标人应当提供在开标日前三个月内由其开立基本账户的银行开具的银行资信证明的原件或复印件。

对投标文件中含义不明确的内容，可要求投标人进行澄清，但不得改变投标文件的实质性内容。澄清要通过书面方式在评标委员会规定的时间内提交。澄清后满足要求的按有效投标接受。

第四十条 按规定必须进行资格预审的项目，对已通过资格预审的投标人不能在资格后审时以资格不合格将其废标，但在招标周期内该投标人的资格发生了实质性变化不再满足原有资格要求的除外。

不需进行资格预审的项目，对符合性检查、商务评标合格的投标人不能再因其资格不合格将其商务废标，但在招标周期内该投标人的资格发生了实质性变化不再满足原有资格要求的除外。

第七章　公示及质疑

第四十一条 在评标结束后，招标机构应当在招标网进行评标结果公示，公示期为七日。

招标机构应按商务、技术和价格评议三个方面对每一位投标人的不中标理由在《评标结果公示表》中分别填写。填写的内容必须明确说明招标文件的要求和投标人的响应内容。《评标结果公示表》中的内容包括“推荐中标人及制造商名称”、“评标价格”和“不中标理由”等，应当与评标报告一致。

评标结果公示为一次性公示，凡未公示的不中标理由不再作为废标或不中标的依据，因商务废标而没有参加技术评议的投标人的技术偏离问题除外。

第四十二条 招标机构应在评标结果公示期内，将评标报告（见附件4）送至相应的主管部门备案。

第四十三条 评标结果进行公示后，招标机构应当应投标人的要求解释公示结果。

第四十四条 各方当事人可以通过招标网查看评标结果公示的内容。

第四十五条 投标人如对评标结果有异议，可以在公示期内在网上向相应的主管部门提出质疑。投标人应首先在公示期内在招标网在线填写《评标结果质疑表》，并在公示期内及结束后三日内，将由投标人法定代表人或法定代表人的授权人签字或签章的《评标结果质疑表》及相关资料送达相应的主管部门方为有效。

投标人也可在评标结果公示期内先向招标机构提出书面异议意见，招标机构收到投标人书面异议意见后，应当在公示期结束前给予书面或口头答复。如投标人未得到招标机构的答复或对答复结果仍有异议的，可在公示期内在网上向相应的主管部门提出质疑。

第四十六条 投标人可对以下方面进行质疑：

（一）招标程序的合法性；

（二）评标结果的合法性；

（三）评标委员会组成人员的合法性；

（四）投标人认为其不中标理由不充分的。

质疑人应保证其提出质疑内容及相应证明材料的真实性及来源的合法性，并承担相应的法律责任。经核实属提供虚假质疑的，主管部门可以对质疑人提出警告；提供虚假质疑、情节严重及影响该招标项目工程进度，对工程造成损失的，主管部门可对其进行警告并予以公告。

第四十七条 有下列情况之一的质疑，不予受理：

（一）由非投标人提出的质疑；

（二）质疑函件无合法投标人签字或签章的质疑；

（三）未按本办法提供相应证明材料的质疑；

（四）质疑函件为虚假情况的质疑；

（五）未在规定时间内将质疑函件送达主管部门的质疑；

（六）未在公示期内在招标网上提出的质疑。

第四十八条 质疑人按程序在网上提出质疑后，招标机构应当对质疑的内容逐项进行核实，并在公示期结束后三日内，将对投标人质疑的书面解释报送相应的主管部门。其中，对受到质疑的重大问题，应由招标机构组织评标委员会成员或受评标委员会的委托进行书面解释。

第四十九条 主管部门在受理质疑后，经核实，如评标过程存在以下问题之一的，应当责成招标机构组织重新评标：

（一）未按本办法的规定进行评标的；

（二）专家抽取或组成不符合本办法有关规定的；

（三）招标机构对投标人质疑的内容无法提供充分解释和说明的；

（四）其他违反《招标投标法》和本办法的行为。

重新评标的专家应从国家级专家库中重新随机抽取，国家级专家不足时，可由地方级专家库中补充，但国家级专家不得少于三分之二，参加重新评标的专家人数不得少于前一次参与评标的专家人数。重新评标的评标结果需报送相应的主管部门备案。

第五十条 质疑处理结果根据情况可分为维持原评标结果、变更中标人和招标无效三种。

主管部门对质疑的处理意见一经做出立即生效并进行公示结果公告。

第五十一条 投标人如对主管部门做出的处理意见仍有异议，可依法提起行政复议或行政诉讼。

第五十二条 在公示期内评标结果若无质疑，公示期结束后该评标结果自动生效并进行公示结果公告。

第五十三条 各主管部门、招标机构应当建立真实完整的质疑处理档案，并按照法定年限妥善保存原始正本投标文件及相关资料。

第八章 中　　标

第五十四条 对于依法必须招标的项目，主管部门应当在公示结果公告后三日内通过招标网出具《评标结果备案通知》。招标机构凭《评标结果备案通知》向中标人发出中标通知书，并将结果在网上通知其他投标人。

使用国外贷款的项目，主管部门应当在公示结果公告后三日内通过招标网出具《评标结果通知》。招标机构凭《评标结果通知》，向贷款方报送评标报告，获其批准后向中标人发出中标通知书。

第五十五条 中标通知书发出后，不得擅自更改中标结果。如因特殊原因需要变更的，应当重新组织评标，并报相应的主管部门备案。

第五十六条 中标产品来自国外或港、澳、台地区的，由招标人按照国家有关规定办理进口手续。

第五十七条 招标人和中标人应当自中标通知书发出之日起三十日内，按照招标文件和投标文件签订供货合同。招标人或中标人不得无故拒绝或拖延与另一方签订合同。

第九章　法律责任

第五十八条　招标人对必须进行招标的项目不招标或化整为零以及以其他任何方式规避国际招标的，责令其限期改正；有下列行为之一的，应给予警告；该行为影响到评标结果的公正性的，当次招标无效：

（一）与投标人相互串通、搞虚假招标投标的；

（二）修正、更改已经备案的招标文件未报相应主管部门备案的；

（三）招标活动开始后，在评标结果生效之前与投标人就投标价格、投标方案等实质性内容进行谈判或签订供货合同的；

（四）以不正当手段干扰招标、投标和评标工作的；

（五）拒不接受已经生效的评标结果的；

（六）招标人不履行与中标人签订的供货合同的；

（七）泄漏应当保密的与招标投标活动有关情况和内容的；

（八）其他违反《招标投标法》和本办法的行为。

第五十九条　投标人有下列行为之一的，当次投标无效，并予以警告；情节严重的，依照《招标投标法》的有关规定，取消其一年至二年内参加依法必须进行招标项目的投标资格并予以公告：

（一）与招标人相互串通、搞虚假招标投标的；

（二）以不正当手段干扰招标、评标工作的；

（三）评标结果生效之前与招标人签订供货合同的；

（四）投标文件及澄清资料与事实不符，虚假投标的；

（五）在质疑过程中，提供虚假证明材料的；

（六）投标人之间相互串通、哄抬标价或暗推中标人的；

（七）中标的投标人未按投标文件与招标人签订合同或提供的产品不符合投标文件的；

（八）其他违反《招标投标法》和本办法的行为。

前款所列行为影响到整个招标的公正性的，当次招标无效。

第六十条　招标机构有下列行为之一的，予以警告；情节严重的，依照《招标投标法》的有关规定，暂停或取消其招标资格；该行为影响到整个招标公正性的，当次招标无效：

（一）泄漏应当保密的与招标投标活动有关情况和资料的；

（二）未按本办法评标规则评标或者评标结果不真实反映招标文件、投标文件实际情况的；

（三）与招标人、投标人相互串通、搞虚假招标投标的；

（四）修正、更改已经备案的招标文件未报相应主管部门备案的；

（五）擅自变更中标结果的；

（六）未报相应的主管部门备案，擅自使用综合评价法的；

（七）在招标网上公示的内容与评标报告不符的；

（八）其他违反《中华人民共和国招标投标法》和本办法的行为。

第六十一条 受聘专家在评审过程中有下列行为之一的，依照《招标投标法》的有关规定，将被从专家库名单中除名，同时在招标网上予以公告：

（一）弄虚作假，谋取私利的；

（二）泄漏与评审活动有关情况和资料的；

（三）与投标人、招标人、招标机构串通的；

（四）在评标时未写出明确书面意见的；

（五）一年内两次被评价为不称职的；

（六）其他违反《招标投标法》和本办法的行为。

第六十二条 参加国际招标的各方当事人的违法、违规行为给他人造成损失的，承担赔偿责任；所需承担的经济处罚依照《招标投标法》进行。

第十章 附 则

第六十三条 评标过程中如遇重大意见分歧时，可向相应的主管部门进行咨询。

第六十四条 各主管部门发现国际招标项目中可能存在违反法律、法规和本办法的行为的，可以参照本办法第七章的规定在公示期内对该项目提出质疑。

第六十五条 使用国际组织或者外国政府贷款、援助资金进行机电产品国际招标的，应当严格按照本办法的有关规定执行。如果贷款方、资金提供方对招标投标的具体条件和程序有不同规定的，可以适用其规定，但违背中华人民共和国的国家安全或社会公共利益的除外。

第六十六条 在国际招标过程中，有下列情况之一的，经向相应的主管部门备案，招标人可以重新组织招标：

（一）经评标，没有实质上满足招标文件商务、技术要求的投标人的；

（二）招标人的采购计划发生重大变更的；

（三）当次招标被相应主管部门宣布无效的。

除前款所列情况外，招标人不得擅自决定重新招标。

第六十七条 本办法所称“日”为日历日，期限的最后一日是国家法定节假日的，顺延到节假日后的次日为期限的最后一日。

第六十八条 本办法由商务部负责解释。

第六十九条 本办法自发布之日起三十日后施行。自本办法施行之日起，原《机电产品国际招标投标实施办法》、《关于在“中国国际招标网”开展国际招标业务的通知》、《机电产品国际招标评标结果公示及质疑投诉办法（试行）》、《机电产品国际招标评审专家聘用管理办法》、《机电产品国际招投标评审专家网上随机抽取办法》同时废止。

附1：机电产品国际招标范围

附2：（招标机构名称）专家审核招标文件意见表

附3：（招标机构名称）评标委员会成员评标意见表

附4：评标报告

附 1：

机电产品国际招标范围

一、发电、输变电项目

01　蒸汽锅炉、过热水锅炉及辅助设备

02　汽、水轮机

03　交流发电机及发电机组

04　全封闭组合式高压开关装置

05　电力变压器

06　六氟化硫断路器

07　自动断路器

08　互感器

二、公路、港口、城市交通项目

09　摊铺机

10　沥青混凝土搅拌站

11　平地机

12　推土机

13　压路机

14　装载机

15　起重机

16　集装箱正面吊

17　装、卸船机

18　多用途门机

19　自动售票、验票系统

20　牵引车（汽车牵引车除外）

三、矿山、冶金项目

21　铲运机

22　矿用电铲

23　连续运料输送机

24　凿岩机械

25　连铸机

26　冷、热轧机

27　大型减速机

四、建材、楼宇项目

28　水泥生产设备

29　水泥混凝土搅拌站

30　楼宇中央空调系统

31　电梯、自动扶梯

32　楼宇自控系统

33　消防、报警系统

五、纺织项目

34　圆网印花机

35　精梳机

36　片梭织机

37　精梳联合机

38　自动络筒机

39　平网印花机

40　整经机

41　剑杆织机

42　喷气、喷水织机

六、机械加工项目

43　冷室压铸机

44　三座标测量机

45　数控电加工机床

46　等离子、火焰切割机

47　加工中心及数控车床

48　镗铣床、内外圆磨床

49　压力机

50　通用模具

七、石油、化工项目

51　轮胎外胎硫化、成型机

52　密闭式橡胶炼胶机

53　氨、尿素合成塔

54　塑料或橡胶用注模或压模

55　分散型工业过程控制系统

56　塑料、橡胶挤出机

57 X射线探伤机

八、轻工、环保项目

58 纸浆、纸及纸板生产设备

59 瓦楞纸板（箱）生产设备

60 纸浆、纸或纸板制品模制成型机器

61 塑料中空、压延成型机

62 胶印机

63 饮料及液体食品灌装设备（含酒类）

64 紧凑型节能灯管生产线

65 净水、污水、污泥处理设备

66 垃圾焚烧处理设备

67 离心通风机

九、医疗卫生项目

68 X射线断层检查仪（CT）

69 直线加速器

70 超声波诊断仪

71 X射线诊断装置（含DR）

72 单光子发射计算机断层扫描装置（ECT）

73 伽玛刀

74 核磁共振成像装置（MRI）

十、广播、通讯、电子项目

75 用户环路载波设备

76 光通信传输设备（含DWDM、SDH）

77 微波传输设备

78 光纤通信及性能测试仪

79 大、中、小型计算机及配套设备

附 2：

（招标机构名称）

专家审核招标文件意见表

<table>
<tr><td colspan="2">招标编号：</td><td>产品类别：</td></tr>
<tr><td colspan="2">招标项目负责人：</td><td>职　　务：</td></tr>
<tr><td colspan="2">联系电话：</td><td>传　　真：</td></tr>
<tr><td colspan="2">专家姓名：</td><td>工作单位：</td></tr>
<tr><td colspan="2">联系电话：</td><td>传　　真：</td></tr>
<tr><td>审核的产品清单</td><td colspan="2">是否有三家以上制造商满足该招标文件的要求</td></tr>
<tr><td></td><td colspan="2"></td></tr>
<tr><td></td><td colspan="2"></td></tr>
<tr><td></td><td colspan="2"></td></tr>
<tr><td></td><td colspan="2"></td></tr>
<tr><td>对招标文件的其他修改意见</td><td colspan="2"></td></tr>
<tr><td colspan="2">专家签字：</td><td>签字日期：</td></tr>
</table>

注：本页不够可加附页，并请专家逐页签字。

附 3：

（招标机构名称）

评标委员会成员评标意见表

招标编号：	项目名称：
评委姓名：	工作单位：
职务或职称：	所从事行业：
联系电话：	传　　真：
审核的产品清单：	
推荐中标人及主要理由	
其他投标人不中标的主要理由	
评委签字：	签字日期：

注：1. 此表必须由评标委员会的每位成员填写，并作为评标报告必不可少的一部分。

2. 本页不够可加附页，并请评委逐页签字。

附 4：

评　标　报　告

招标编号：______________________________

项目名称：______________________________

贷款编号：______________________________

招 标 人：______________________________

招标机构：______________________________

________年________月________日

一、项目简介（自述）

二、招标过程简介

本次招标采购于______年______月______日在中国国际招标网及______年______月______日在______________刊物上登载招标公告，于______月______日开始发售招标文件。共有______家厂商购买了招标文件，其中中国厂商______家（港、澳、台地区______家），国外厂商______家，详见招标文件购买记录。

投标截止日期为______月______日______时。______月______日______时在______________开标，有______家中国厂商（港、澳、台地区______家）和______家国外厂商投标。开标一览表详见表1。

三、评标过程

按评标程序，详细叙述并填写表2、3、4、5。

1. 符合性检查；
2. 商务评议；
3. 技术评议；
4. 价格评议；
5. 资格后审。

四、评标结果

经评议，______________的投标产品在商务上和技术上均满足招标文件要求，评标价格最低，且通过资格审核，评标委员会建议由______________中标，中标金额为______________万美元。

以上意见报请备案。

招标人（盖章）　　　　招标机构（盖章）

______年______月______日　　　　______年______月______日

表 1

开标一览表

招标编号/包号：

序号	投标人	国家或地区	制造商	国家或地区	报价方式	币种	开标价格	投标声明	投标保证金	交货期	到货口岸	备注

注：1. 按开标顺序填写。

2. 开标价格即开标时原始唱标价。

3. 投标保证金按投标人所报，可填写金额数，也可填写百分比。

表 2 **符合性检查表**

招标编号/包号：

序号	内容 \ 投标人				
1	投标书				
2	投标保证金				
3	法定代表人授权书				
4	资格证明文件				
5	技术文件				
6	投标分项报价表				
7	结论				

注：1. 投标文件由法定代表人代表签署时，无需提供法定代表人授权书。制造商直接投标无须提供厂家授权书。

2. 表中 1～6 项只需填写“有”或“无”。

3. 在结论栏中填写“合格”或“不合格”。

表 3

商务评议表

招标编号/包号：

评议内容		招标文件要求 \ 投标人			
投标人的合格性		（见投标人须知 2.2）			
投标的有效性	是否由法定代表人或授权代表签署				
	是否逐页小签				
投标有效期					
投标保证金	金额				
	有效期				
	格式（采用投标保函时）				
资格证明文件	资格声明				
	制造厂家资格声明				
	作为代理的贸易公司的资格声明（如适用）				
	制造商授权书（如适用）				
	证书				
	银行资信证明				
经营范围					
业绩					
交货期					
质量保证期					
付款条件和方式					
适用法律					
仲裁					
其他					
结论					

注：1. 仅对“符合性检查”合格者进行商务评议。

2. 在结论栏中填写“合格”或“不合格”。

表 4

技术参数比较表

招标编号/包号/品目号：　　　　产品名称：　　　　招标文件要求数量：

投标人/国家或地区									
制造商/国家或地区									
型号									
数量									
招标文件要求		技术参数	评议	技术参数	评议	技术参数	评议	技术参数	评议
主要参数									
一般参数									
结　论									

注：1. 仅对“商务评议”合格者进行评议。
2. “评议”栏中填写“接受”或“不接受”。
3. “结论”栏中填写“合格”或“不合格”。
4. 凡有一项主要参数不接受者，其结论即为“不合格”。
5. 凡一般参数超出允许偏离最大范围或最高项数的，其结论即为“不合格”。

表 5

评标价格比较表

招标编号/包号：

投标人/国家或地区					
制造商/国家或地区					
开标价格					
投标报价	开标价格				
	算术修正值				
	算术修正后的投标价格				
	投标声明（折扣或升、降价）				
	投标总价（原币值）				
	投标总价构成	设备价			
		备件及专用工具价			
		技术服务及培训费			
	汇率				
	投标总价（折合美元）				
价格调整	供货范围偏离				
	技术偏离				
	商务偏离				
	其他				
	调整总和				
国内运保费					
进口环节税					
评标价格					
评标价格排序					

注：1. 仅对“技术评议”合格者进行价格比较。

2. 评标价格等于“投标总价”、“调整总和”、“国内运保费”和“进口环节税”之和。

表 6

授标建议

招标编号/包号：

货物名称、数量	
中标商名称	
中标商地址	
制造商名称	
制造商地址	
投标价格	

中央投资项目招标代理机构资格认定管理办法

国家发改委［2005］第36号

为了加强中央投资项目招标代理机构的资格认定，规范中央投资项目招标代理活动，依据《中华人民共和国招标投标法》、《中华人民共和国行政许可法》、《国务院关于投资体制改革的决定》和《国家发展改革委保留的行政审批项目确认书》，特制定《中央投资项目招标代理机构资格认定管理办法》，现予发布，自2005年11月1日起施行。

附件：中央投资项目招标代理机构资格认定管理办法

二〇〇五年九月十九日

附件：

中央投资项目招标代理机构资格认定管理办法

第一章 总 则

第一条 为了提高政府投资效益，规范中央投资项目的招标投标行为，提高招标代理机构的服务质量，从源头上防止腐败现象，根据《中华人民共和国招标投标法》、《中华人民共和国行政许可法》、《国务院关于投资体制改革的决定》、《国家发展改革委保留的行政审批项目确认书》以及其他相关法律法规，制定本办法。

第二条 凡在中华人民共和国境内从事中央投资项目招标代理业务的招标代理机构，应按照本办法进行资格认定。

第三条 本办法所称中央投资项目，是指全部或部分使用中央预算内投资资金（含国债）、专项建设基金、国家主权外债资金和其他中央财政性投资资金的固定资产投资项目。

使用国家主权外债资金的中央投资项目，国际金融机构或贷款国政府对项目招标与采购有要求的，从其规定。

第四条 本办法所称招标代理业务，包括受招标人委托，从事项目业主招标、专业化项目管理单位招标、政府投资规划编制单位招标，以及中央投资项目的勘察、可行性研究、设计、设备、材料、施工、监理、保险等方面的招标代理业务。

第五条 国家发展和改革委员会是中央投资项目招标代理机构资格认定的管理部门，依据《招标投标法》和相关法规，对招标代理机构进行资格认定和监督。

第六条 获得商务部颁发的机电产品国际招标机构资格的招标代理机构，可从事中央投资项目的机电产品国际招标代理业务。

依据《政府采购法》从事政府采购货物和服务招标的采购代理机构，其资格认定与管理办法由有关部门另行制定，不适用于本办法。

第二章 资格申请

第七条 中央投资项目招标代理机构资格分为甲级和乙级。

甲级资格的招标代理机构可以从事所有中央投资项目的招标代理业务。

乙级资格的招标代理机构只能从事总投资 2 亿元人民币及以下的中央投资项目的招标代理业务。

第八条 申请中央投资项目招标代理资格的机构应具备下列条件：

（一）是依法设立的社会中介组织，具有独立企业法人资格；

（二）与行政机关和其他国家机关没有行政隶属关系或其他利益关系；

（三）有固定的营业场所和开展中央投资项目招标代理业务所需设施及办公条件；

（四）有健全的组织机构和内部管理规章制度；

（五）具备编制招标文件和组织评标的相应专业力量；

（六）建立有一定规模的评标专家库；

（七）近 3 年内机构没有因违反《招标投标法》及有关管理规定，受到相关管理部门暂停资格以上处罚；

（八）近 3 年内机构主要负责人没有因违反《招标投标法》及有关管理规定受到刑事处罚；

（九）国家发展和改革委员会规定的其他条件。

第九条 申请甲级招标代理机构资格的机构，除具备本办法第八条规定条件外，还应具备以下条件：

（一）注册资金不少于 800 万元人民币；

（二）招标专业人员不少于 50 人；

（三）招标专业人员中，具有中级及中级以上职称的技术人员不少于 70%；

（四）评标专家库专家人数在 800 人以上；

（五）开展招标代理业务 5 年以上；

（六）近 5 年从事过的招标代理项目个数在 300 个以上，中标金额累计在 50 亿元人民币（以中标通知书为依据，下同）以上。

第十条 申请乙级招标代理机构资格的机构，除具备本办法第八条规定条件外，还应具备以下条件：

（一）注册资金不少于 300 万元人民币；

（二）招标从业人员不少于 30 人；

（三）招标从业人员中，具备中级及中级以上职称的技术人员不少于 60%；

（四）评标专家库专家人数在 500 人以上；

（五）开展招标代理业务 3 年以上；

（六）近 3 年从事过的招标代理项目个数在 100 个以上，中标金额累计在15亿元人民币以上。

第十一条 开展招标代理业务不足3年的招标代理机构，具备第八条和第十条第（一）、（二）、（三）、（四）项条件的，可申请中央投资项目招标代理机构预备资格。获得预备资格后，可从事总投资1亿元人民币及以下的中央投资项目的招标代理业务。

第十二条 国家发展和改革委员会定期进行中央投资项目招标代理机构资格认定工作。相关资格受理的通知、要求和申请材料格式文本等将提前公布，以保证申请人有足够时间准备申请材料。

第十三条 申请中央投资项目招标代理机构资格的机构，应按要求报送以下材料：

（一）中央投资项目招标代理机构资格申请书；

（二）企业法人营业执照副本复印件（加盖原登记机关确认章）；

（三）公司章程；

（四）企业机构设置情况表；

（五）企业人员基本情况；

（六）招标业绩；

（七）所申报招标业绩的中标通知书；

（八）评标专家库人员名单；

（九）其他相关文件。

第十四条 申请中央投资项目招标代理机构资格的材料，应报送企业注册所在地的省级发展和改革委员会进行初审。初审机关按有关规定对申请材料进行审查，提出初审意见，报送国家发展和改革委员会。

第十五条 国家发展和改革委员会组织专家委员会，对经过省级发展和改革委员会初审的资格申请材料进行评审。通过评审的，授予中央投资项目招标代理机构资格。

国家发展和改革委员会在评定结果确定后10日内，向获得中央投资项目招标代理机构资格的机构颁发资格证书，同时将结果向社会公布。

第十六条 中央投资项目招标代理机构资格证书有效期为3年。招标代理机构需要延续资格证书有效期的，应当在证书有效期届满30日前向国家发展和改革委员会提出申请。

第十七条 国家发展和改革委员会定期进行中央投资项目招标代理机构资格升级的评审工作。乙级和预备级招标代理机构在初次取得中央投资项目招标代理机构资格1年以后，具备高一级别条件的，可在当年招标机构资格申请受理时，按规定提出升级申请。

第十八条 有以下情形之一的招标代理机构，暂不授予中央投资项目招标代理机构资格：

（一）不具备本办法规定的相关条件的；

（二）未按要求提供真实完整资料的；

（三）在招标代理业务中有违反法律法规的行为，已被司法机关立案审查或近3年内受到有关管理部门暂停资格以上处罚的。

第十九条 中央投资项目招标代理机构变更机构名称、地址、更换法定代表人的，应向国家发展和改革委员会申请更换资格证书。

中央投资项目招标代理机构在组织机构发生分立、合并等重大变化时，应按照本办法，向国家发展和改革委员会重新提出资格申请。

第三章 监督管理

第二十条 中央投资项目招标代理机构，应按照《招标投标法》及国家对中央投资项目的有关管理规定，接受招标人委托，从事招标代理业务，按国家有关规定收取招标代理服务费。

第二十一条 中央投资项目招标代理机构，应严格执行招标投标、投资管理等有关制度规定，自觉接受政府、社会监督，维护招标投标各方的合法权益，保障社会公共利益，承担有关保密义务。

第二十二条 中央投资项目招标代理机构，应在中央投资项目招标工作结束、发出中标通知书后15日内，向国家发展和改革委员会报送《中央投资项目招标情况报告》。

国家发展和改革委员会依据项目招标情况报告，不定期地对招标项目进行抽查。

第二十三条 国家发展和改革委员会负责接受有关中央投资项目招标代理机构资格的质疑和投诉。

第二十四条 国家发展和改革委员会每年组织专家委员会，依据项目招标情况报告、质疑和投诉记录以及招标项目业绩情况等，对中央投资项目招标代理机构进行年度资格检查。连续2年年检不合格的，予以降级处理直至取消招标代理资格。

有下列情况之一的，为年检不合格：

（一）年度中有严重违规行为；

（二）未能按时合规报送《中央投资项目招标情况报告》和年检材料；

（三）甲级招标机构年度招标业绩达不到10亿元人民币；

（四）乙级招标机构年度招标业绩达不到5亿元人民币。

第四章 罚 则

第二十五条 在资格申请过程中弄虚作假的招标代理机构，正在申请和审核过程中的，取消其申请；已经取得资格的，取消其资格。

第二十六条 在资格年检过程中报送虚假材料的招标代理机构，视情节轻重给予暂停或取消资格的处罚。

第二十七条 采用委托招标方式的中央投资项目，没有委托具备相应资格的招标代理机构办理招标事宜的，中标结果无效。

中央投资项目招标代理机构超越本办法规定范围从事招标代理业务的，给予暂停资格的处罚。

第二十八条 中央投资项目招标代理机构出借、转让、涂改资格证书的，给予取消资格的处罚。

第二十九条 中央投资项目招标代理机构在招标代理业务中有以下行为的，国家发展和改革委员会将视情节轻重，给予警告、暂停资格、取消资格的处罚：

（一）泄露应当保密的与招标代理业务有关的情况和资料；

（二）与招标人、投标人相互串通损害国家、社会公共利益或他人合法权益；

（三）与投标人就投标价格、投标方案等实质性内容进行谈判；

（四）擅自修改招标文件、投标报价、中标通知书。

因上述行为影响中标结果的，中标结果无效。

第三十条 招标代理机构有下列行为之一的，国家发展和改革委员会责令改正，视情节轻重给予警告处分，并可处以一定数额的罚款。对于第五项行为可处以 1 万元以上 5 万元以下罚款，其他行为可处以 1 万元以下罚款。

（一）不在指定媒体上发布招标公告；

（二）招标文件或资格预审文件发售时限不符合有关规定；

（三）评标委员会组成和专家结构不符合有关规定；

（四）投标人数量不符合法定要求不重新招标；

（五）以不合理条件限制或排斥潜在投标人、对潜在投标人实行歧视待遇或限制投标人之间的竞争；

（六）未按要求上报《中央投资项目招标情况报告》；

（七）其他违反法律法规和有关规定的行为。

第三十一条 对于招标代理机构的处罚结果将在国家发展和改革委员会网站上及时向社会公布。

因招标代理机构的违法违规行为给他人造成损失的，依法承担赔偿责任；构成犯罪的，依法移送司法机关追究刑事责任。

第五章　附　　则

第三十二条　本办法由国家发展和改革委员会负责解释。

第三十三条　本办法自 2005 年 11 月 1 日起施行。

招标投标部际协调机制暂行办法

发改法规［2005］1282号

第一条 为贯彻落实《国务院办公厅关于进一步规范招投标活动的若干意见》（国办发［2004］56号）和《国务院办公厅印发国务院有关部门实施招标投标活动行政监督的职责分工意见的通知》（国办发［2000］34号），加强各有关部门沟通联系，依法共同做好招标投标行政监督工作，特制定本办法。

第二条 建立招标投标部际协调机制旨在：

（一）促进招标投标行政法规、部门规章及政策规定的统一，形成合力，依法正确履行行政监督职责；

（二）及时、有效地解决招标投标行政监督过程中存在的突出矛盾和问题，促进招标投标活动规范有序进行。

第三条 招标投标部际协调机制由国家发展改革委、监察部、财政部、建设部、铁道部、交通部、信息产业部、水利部、商务部、民航总局、国务院法制办共11个部门组成。

国家发展改革委为招标投标部际协调机制牵头单位。

第四条 招标投标部际协调机制的主要职责范围：

（一）分析全国招标投标市场发展形势和招标投标法律、行政法规和部门规章执行情况，商讨规范涉及多个部门招标投标活动的工作计划和对策建议；

（二）协调各有关部门和地方政府实施招标投标行政监督过程中发生的矛盾和分歧；

（三）通报招标投标工作信息，交流有关材料、文件；

（四）加强部门之间在制订招标投标行政法规、部门规章、规范性文件以及范本文件时的协调和衔接；

（五）加强部门之间以及部门和地方政府之间在招标投标投诉处理、执法活动方面的沟通；

（六）组织开展招标投标工作联合检查和调研；

（七）研究涉及全国招标投标工作的其他重要事项；

（八）研究需呈报国务院的涉及多个部门招标投标活动的重大事项。

上述职责范围，不包括政府采购的货物、服务招标投标，出口商品配额招标投标，以及标的在境外的对外经济合作项目和对外援助项目的招标投标。

第五条 招标投标部际协调机制采取定期联席会议的形式。国家发展改革委、监察部、财政部、建设部、铁道部、交通部、信息产业部、水利部、商务部、民航总局、国务院法制办各指定一名或两名司局长为联席会议成员。

第六条 招标投标部际联席会议每年召开一次例会，一般安排在每年7月。会议由国家发展改革委分管副主任召集并主持。必要时，联席会议成员单位可以提议召开会议。根据工作需要，可邀请相关单位参加会议。每次会议具体议程及议题，由国家发展改革委与联席会议成员会商确定并发文通知。

第七条 招标投标部际联席会议按照“集体讨论、协商一致”的原则形成部际联席会议纪要，明确会议议定事项，经成员单位同意后印发。遇重大问题，各成员应及时请示本部门领导。

第八条 招标投标部际联席会议各成员在会前应主动研究有关工作，认真准备材料，按时参加会议。

会议结束后，各成员应及时向本部门领导报告，并根据会议纪要精神，按照职能分工组织落实。

第九条 招标投标部际联席会议下设联络员工作小组，由各成员单位指定一名或两名相关司局的处长组成，负责对工作中遇到的问题和拟提交部际联席会议讨论的内容进行预备性讨论和协商。

第十条 联络员工作小组每半年召开一次例会。因工作需要或成员单位要求，可召开联络员工作小组临时会议。

第十一条 招标投标部际联席会议成员和联络员名单，经由各部门研究确定后另行印发。

第十二条 各有关行政监督部门依据法律和国务院规定的职责分工，制定相应的招标投标管理办法。

招标投标部际协调机制成员单位在制定涉及多个部门招标投标活动的部门规章、综合性政策、规范性文件和范本文件时，应当充分协商。

各行业和专业普遍适用的招标投标规则，由国家发展改革委会同部际协调机制成员单位共同起草并颁布实施；其他涉及招标投标的文件，由相关主管部门根据不同情况采取会签或者其他方式征求意见后印发。对在制定招标投标文件过程中存在的分歧，由国家发展改革委牵头，各方充分协商，也可提请招标投标部际联席会议研究处理。

第十三条 招标投标部际协调机制在国家发展改革委法规司设立办公室，负责办理部际协调机制的日常事务，具体职责是：

（一）汇总拟提请部际联席会议讨论的议题；

（二）组织联络员工作小组会议；

（三）筹备部际联席会议；

（四）草拟和印发部际联席会议纪要；

（五）向成员单位和有关方面提供部际联席会议公共信息；

（六）办理部际联席会议交办的其他事项。

第十四条 本办法由国家发展改革委商有关部门解释，自 2005 年 9 月 1 日起施行。

二〇〇五年七月十四日

关于规范工程建设项目决策行为和招标投标活动的指导意见

中治工发［2009］3号

各省、自治区、直辖市、新疆生产建设兵团治理工作建设领域突出问题工作领导小组，中央和国家机关各部门：

为贯彻落实中共中央办公厅、国务院办公厅印发的《关于开展工程建设领域突出问题专项治理工作的意见》，按照《工程建设领域突出问题专项治理工作实施方案》的部署，国家发改委会同有关部门制定了《规范工程建设项目决策行为和招标投标活动指导意见》，已经中央治理工作建设领域突出问题工作领导小组同意。现印发你们，请认真贯彻执行。

中央治理工程建设领域突出问题工作领导小组
二〇〇九年九月二十八日

根据中共中央办公厅、国务院办公厅《关于开展工程建设领域突出问题专项治理工作的意见》（中办发［2009］27号）、《工程建设领域突出问题专项治理工作实施方案》（中治工发［2009］2号）和全国工程建设领域突出问题专项治理工作电视电话会议精神，现就规范工程建设项目决策行为和招标投标活动提出以下指导意见。

一、工作目标

以政府投资和使用国有资金项目为重点，用2年左右的时间，对2008年以来规模以上的投资项目进行全面排查。坚持标本兼治、重在治本的原则，坚持集中治理与加强日常监管相结合，着重解决工程建设领域存在的未批先建、违规审批以及决策失误造成重大损失等突出问题，着重解决规避招标、虚假招标、围标串标、评标不公等突出问题，推进体制机制制度创新，促进项目规划和审批公开透明，促进招标投标活动的公开、公平、公正，建立规范的工程建设市场体系。

二、具体措施和责任单位

（一）工程建设项目决策行为

1. 加强项目建设程序的监管。严格执行投资项目审批、核准、备案管理程序，规范项目决策。根据《国务院关于投资体制改革的决定》（国发［2004］20号，以下简称《投资体制改革决定》）及有关法律法规和政策规定，严格执行项目审批、核准、备案等规定，按照国家产业政策、发展建设规划、市场准入标准、土地使用、环境影响评价及三同时验收等方面的要求严格审查，加强监管，全面清理。（国家发展改革委、环境保护部、住房城乡建设部、工业和信息化部、交通运输部、铁道部、水利部、商务部、电监会、国土资源部、财政部）

2. 科学合理确定项目建设规模，严格执行有关工程造价和建设标准的规定。严格执行《建筑法》、《投资体制改革决定》、《国务院办公厅关于加强和规范新开工项目管理的通知》（国办发［2007］64号）等规定，认真落实强制性建设标准、施工许可证制度、开工报告制度。严格执行《国家发展改革委关于加强中央预算内投资项目概算调整管理的通知》（发改投资［2009］1550号）等有关规定，加强项目概算管理。（国家发展改革委、住房城乡建设部、工业和信息化部、交通运输部、铁道部、水利部）

3. 在审批（核准）项目时加强节能评估审查，严格执行环境影响评价制度，强化对环境影响评价审批的监管。严格按照《节约能源法》、《环境保护法》、《环境影响评价法》、《国务院关于加强节能工作的决定》、《投资体制改革决定》、《公共机构节能条例》、《民用建筑节能条例》以及有关规定的要求，在审批、核准项目时必须进行节能审查和环境影响评价审批，未进行、未通过节能审查和环境影响评价审批的项目一律不得审批、核准和开工建设。（国家发展改革委、环境保护部、住房城乡建设部）

4. 在审批（核准）项目时加强土地管理。按照《土地管理法》和有关要求，严格用地预审，对农用地转用和土地征收要严格审批。对于不符合产业政策和供地政策的项目，以及应当审批、核准和备案的项目但未办理审批、核准和备案手续的项目，严禁办理土地使用相关手续，未获得土地使用证书的项目不得擅自开工建设。对已经审批的项目建设用地，严禁变更其用途。严禁在项目建设时“以租代征”。（国土资源部、国家发展改革委）

5. 尽快出台《政府投资条例》。2009 年底前上报国务院后，争取尽快出台。明确政府投资的资金来源、投资方式、决策程序、年度计划等内容，进一步健全完善科学的政府投资决策、建设和监督管理制度，并为违法行为的处罚和违法责任追究提供法律依据。（国家发展改革委）

6. 积极推动《企业投资项目核准和备案管理条例》的起草工作，争取在 2010 年上报国务院。该条例将进一步规范企业投资项目核准和备案行为，设定对违法行为的行政处罚种类和措施，推动我国企业投资项目管理制度改革，进一步贯彻落实《行政许可法》和《投资体制改革决定》。（国家发展改革委）

7. 推行专家评议和论证制度、公示制度。按照《投资体制改革决定》的要求，对特别重大的项目实行专家评议制度。推进政府投资项目公示制度，政府投资项目一般要经过符合资质要求的咨询中介机构的评估论证，咨询机构要引入竞争规则。推进政府投资项目公示制度。（国家发展改革委）

8. 根据《政府信息公开条例》及其他信息公开相关规定，向社会公示建设项目信息，明确审批流程，及时公布审批结果，接受社会监督。（国家发展改革委、环境保护部、住房城乡建设部、工业和信息化部、交通运输部、铁道部、水利部、商务部、国土资源部、财政部）

9. 推行责任追究制度。尽快出台《政府投资条例》、《企业投资项目核准和备案条例》，提高责任追究的针对性和科学性。对于投资项目审批（核准）、工程咨询、勘察、设计、施工、监理等部门和单位违反法律法规给国家造成重大损失的，要依法追究有关责任人的责任。（国家发展改革委、监察部、住房城乡建设部、工业和信息化部、交通运输部、铁道部、水利部）

（二）规范招标投标活动

1. 根据《招标投标法》和《建设项目可行性研究报告增加招标内容以及核准招标事项暂行规定》（国家发展计划委员会令第 9 号）和《国家发展改革委办公厅关于办理工程建设项目审批（核准）时核准招标内容的意见的通知》（发改法规［2005］824 号）的规定，在审批（核准）建设项目可行性研究报告、项目申请报告或资金申请报告时，严格核准招标范围、招标方式和招标组织形式，确保依法必须招标的项目全部实行招标。（国家发展改革委）

2. 推动《招标投标法实施条例》尽早颁布实施。2009 年 9 月通过法制办门户网站向社会公开征求意见，并通过召开座谈会、实地调研等方式，听取招投标市场主体、中介机构、地方政府招标投标行政监管部门、法制工作机构及有关专家的意见，争取 2010 年一季度提交国务院常务会议审议。（法制办、国家发展改革委）

3. 继续做好《标准施工招标资格预审文件》和《标准施工招标文件》贯彻实施工作。2009 年 12 月前，启动简明标准文件、生产设备和设计－施工标准文件、设计采购施工标准文件编制工作，2010 年底前以部门联合规章发布。（国家发展改革委、工业和信息化部、财政部、住房和城乡建设部、交通运输部、铁道部、水利部）

4. 推行电子招标投标。研究起草电子招标投标政策办法和技术标准，广泛征求各方面意见后尽快发布。（国家发展改革委、商务部、工业和信息化部、住房和城乡建设部、交通运输部、铁道部、水利部）

5. 抓紧研究起草《建筑市场管理条例》。推动《建筑市场管理条例》起草、调研和论证工作，争取 2010 年报送国务院法制办，做好出台前的征求意见和修改论证工作。（住房和城乡建设部、法制办）

6. 加强对工程建设项目勘察、设计的管理，规范设计变更。健全勘察设计管理制度，重点加强对勘察设计的经济、技术、功能的比选和评价，防止简单以价格竞标的评标行为。（住房和城乡建设部、国家发展改革委、工业和信息化部、交通运输部、铁道部、水利部、商务部、财政部）

7. 推进建立统一规范的工程建设有形市场。组织调研，广泛征求招投标市场主体、中介机构、地方政府招标投标行政监管部门意见，研究提出建立统一规范的工程建设有形市场工作思路和步骤，逐步整合利用好各类有形建筑和建设市场资源。（国家发展改革委、住房和城乡建设部、监察部、工业和信息化部、交通运输部、铁道部、水利部、法制办）

8. 发挥招标投标部际联席会议机制作用。健全招投标法规文件制定事前协商机制和事后审查机制。加强工作情况交流，建立招投标统计制度。健全招标投标行政监督机制和举报投诉处理机制，健全招投标违纪违法线索处理和案件查处协作机制，及时有效查处工程建设项目招投标活动中的违纪违法案件。（国家发展改革委、工业和信息化部、住房和城乡建设部、交通运输部、铁道部、水利部、商务部、财政部、监察部、法制办、国资委、工商总局）

9. 抓紧落实招标投标违法行为记录公告制度。尚未建立招标投标违法行为记录公告平台的部门，按照《招标投标违法行为记录公告暂行办法》要求尽快建立；各有关部门在2009年底前对招标投标违法行为记录公告平台建立和运行情况进行自查。完善招投标市场信用记录，逐步实现信息的互联互通和互认共用。（国家发展改革委、工业和信息化部、住房和城乡建设部、交通运输部、铁道部、水利部、商务部、财政部、监察部）

10. 完善招标代理机构准入管理，建立和完善招标代理机构动态监管和市场清退机制。监督指导行业协会加强行业自律，规范市场主体行为。颁布实施全国统一的评标专家分类标准和专家管理办法。加强公共服务平台建设，组建国家综合评标专家库。加强行业评标专家培训，改革和完善评标办法。（国家发展改革委、工业和信息化部、住房和城乡建设部、交通运输部、铁道部、水利部、商务部、财政部、工商总局）

三、自查标准

各责任单位自查从2009年9月底开始，2010年3月结束。要制定检查方案，采取现场检查、召开座谈会等形式，按照自查标准，组织开展自查，并形成总结报告，于2010年3月底前报中央专项治理工程建设领域突出问题工作领导小组。各有关建设单位也要结合自查标准，对项目进行全面自查，分析突出问题，提出整改措施。

（一）自查内容

1. 规范工程建设项目决策行为

重点检查工程建设项目决策行为中的有关内容。具体包括：

（1）项目审批（核准）程序方面。是否存在未经审批、核准或备案进行建设问题；是否存在越权审批或核准问题；是否存在以备案代替核准问题；是否存在未通过用地预审和环境影响评价审批，但已审批或核准问题；是否存在“分拆审批（核准）”等其他问题；是否存在违反产业政策问题；

是否存在违反发展建设规划问题；是否存在违反市场准入标准问题。

（2）项目建设方面。是否科学合理确定项目建设规模，严格执行有关工程造价和建设标准的规定；是否严格执行《建筑法》、《投资体制改革决定》、《国务院办公厅关于加强和规范新开工项目管理的通知》（国办发［2007］64号）等规定，落实施工许可证制度、开工报告制度；是否严格执行《国家发展改革委关于加强中央预算内投资项目概算调整管理的通知》（发改投资［2009］1550号）的规定，加强项目概算管理。

（3）环评和节能方面。是否按照《节约能源法》、《环境保护法》、《国务院关于加强节能工作的决定》以及有关规定的要求，在审批、核准项目时进行了节能评估和环境影响评价审批；是否存在未进行、未通过节能评估和环境影响评价审批就开工建设的情况；是否存在越权审批环境影响评价文件问题；是否存在未按环境保护分类管理名录要求审批环境影响报告书或报告表问题；是否存在应备案而未备案，但已通过环境影响评价审批等其他问题。

（4）土地审批方面。是否存在越权审批建设用地问题；是否存在未办理农用地转用和土地征收审批问题；是否存在越权批准农用地转用和土地征收，特别是越权批准占用耕地和基本农田问题；是否存在对不符合产业政策和供地政策的项目批准土地问题；是否存在应审批、核准和备案的项目未办理审批、核准和备案手续，但已办理土地使用相关手续问题；是否存在“以租代征”等其他问题。

（5）信息公开方面。根据《政府信息公开条例》及其他信息公开相关规定，是否存在应向社会公示建设项目信息而未公开的情况；是否存在应向社会公开有关投资管理程序和审批流程而未向社会公开的情况；是否存在未及时向社会公开应该公开的审批结果的情况。

（6）责任追究方面。是否存在违反项目建设程序审批（核准）投资项目给国家造成重大损失的情况；有关咨询评估机构在咨询评估时是否存在弄虚作假或者评估结论意见严重失实的情况；有关勘察、设计等单位，是否存在违反法律法规、严重失职给国家造成重大损失的情况。

2. 规范招投标活动

重点检查招投标活动中执行《招标投标法》及配套法规、规章的情况。具体包括：

（1）依法实施行政监督情况。招投标投诉举报处理机制是否健全；违法行为记录公告平台是否建立，是否依法公告违法行为记录；是否依照《政府信息公开条例》及有关规定，积极推进招标投标信息公开；是否存在领导干部利用职权违反规定干预和插手建设工程招投标活动的情形；是否存在阻挠、干预外地投标人进入本地市场，或者对阻挠、干预外地投标人进入本地市场的行为纵容、包庇，限制公平竞争等情形；围标串标治理情况；招投标体制机制制度方面存在哪些不足。

（2）严格执行依法必须招标制度情况。达到国家规定范围和规模标准的建设工程勘察设计、施工、监理、重要设备和主要材料采购是否严格执行了招投标制；依法必须进行招标的工程建设项目是否严格核准其招标事项；国家重大建设项目是否依法采购自主创新产品；依法必须招标的工程建设项目招标公告，是否严格按照《招标投标法》规定在国家或省、自治区、直辖市人民政府指定的媒介发布；是否存在要挟、暗示投标人在中标后分包部分工程给本地区、本系统承包商、供货商的情况；投标人是否存在挂靠有资质或高资质单位并以其名义投标，或者从其他单位租借资质证书等行为；中标后，投标人是否转包，项目分包是否限定在非主体、非关键工作，分包单位是否具有相应资质；是否有另行订立背离中标合同实质性内容的其他协议。有形建筑市场是否依法办理招投标事宜，是否存在乱收费等违法违规行为。

（3）保证评标活动公正性情况。评标委员会的组建是否依据法定条件，是否严格执行回避制度；评标标准和方法是否在招标文件中公开载明，在评标过程中是否存在随意改变评标标准和方法的情况；依法必须招标项目推荐的中标候选人是否限定在一至三人，并标明顺序；使用国有资金投资或者国家融资项目中标人的确定是否严格执行了有关特别规定；评标专家是否存在收受投标人财物或者其他好处，透露对投标文件的评审和比较、中标候选人的推荐情况、与评标有关的其他事项等情况；对评标专家在评标活动中的违法违规行为是否依法给予查处。

（4）规范招标代理机构行为情况。招标代理机构是否与行政主管部门脱钩，是否存在隶属关系或者其他利益关系；是否存在违反《招标投标法》和《行政许可法》规定，设立和认定招标代理机构资格的行为；对违法违规的招标代理机构是否依法给予处理。

（5）招投标规章和规范性文件清理情况。规章和规范性文件是否存在非法设定投标许可、资质验证、注册登记等与《招标投标法》和《行政许可法》相抵触的规定和要求；是否存在通过设定歧视性资质要求、评标标准或者不依法发布招标信息等方式，限制或者排斥其他潜在投标人的规定；是否存在以获得本系统、本地区奖项作为评标加分条件或者中标条件的情况。

外国政府贷款采购工作管理办法

财金［2009］157号

第一章　总　　则

第一条　为了加强外国政府贷款项下采购工作的管理，规范采购行为，保证采购质量，合理、有效地使用贷款资金，根据《国际金融组织和外国政府贷款赠款管理办法》（财政部令第38号）和《外国政府贷款管理规定》（财金［2008］176号），制定本办法。

第二条　外国政府贷款（以下简称贷款）项下的采购（以下简称贷款采购）工作适用本办法。

第三条　贷款采购应当遵守国家法律法规、贷款法律文件和本办法，遵循公开透明原则、公平竞争原则、公正原则和诚实信用原则。

前款所称贷款法律文件包括政府协议和贷款协议。

第四条　本办法有关用语的含义与财政部令第38号和财金［2008］176号文件规定一致。

第二章　机构职责

第五条　财政部负责制定贷款采购的工作原则和相关政策，制定贷款采购管理制度，对贷款采购工作进行指导、协调、监督和管理。

第六条　省级财政部门按照国家法律法规、贷款法律文件和本办法，对本地区贷款采购工作进行指导、协调、监督和管理；监督贷款采购工作的真实性和合法性。

第七条　项目单位应当按照国家法律法规、贷款法律文件和本办法，组织实施贷款项目，开展贷款采购和合同执行工作；保证采购内容与可行性研究报告等批复以及经贷款方确定的采购清单一致；严格执行采购合同，如实验收货物并负责维护、管理与有效使用；保证贷款采购内容的真实性。

第八条　采购公司受债务人或项目单位委托并在其协助下，依照国家法律法规、贷款法律文件、本办法和委托代理协议等有关规定，开展贷款采购和合同执行工作；保证贷款采购程序和合同执行的合法性和真实性。

第九条　转贷银行负责审核有关采购单据与合同的一致性，并按照贷款法律文件和本办法办理贷款资金的提取和支付等工作。

日元贷款项目的贷款资金提取和支付工作由贷款协议规定的支付结算银行负责。

第十条 有关单位及个人均应就贷款采购工作中的违法违规情况及时向省级财政部门和财政部反映。

第三章 招 标

第十一条 贷款采购应采用公开招标方式。贷款法律文件另有规定的，从其规定。

第十二条 项目单位负责将经批准的可行性研究报告和采购清单等报省级财政部门、转贷银行和采购公司备案。采购清单如需变更或调整，项目单位应当履行审批手续，并经省级财政部门报财政部备案。

贷款法律文件规定采购清单需经贷款方审批的，需办理相关手续。

第十三条 项目单位和采购公司依据采购清单并结合项目实施进度共同制定采购计划，并报送省级财政部门备案。

第十四条 项目单位和采购公司应当在贷款项目经国务院有关部门批准或在贷款协议生效后开展贷款采购的招标工作。贷款法律文件另有规定的，从其规定。

第十五条 项目单位和采购公司共同编制招标文件。其中，项目单位负责招标文件技术部分（中英文），采购公司负责商务部分（中英文）并将技术和商务部分汇编成完整的招标文件。

第十六条 招标文件经项目单位确认后，由采购公司报国内有关部门审批或备案（省级财政部门有要求的，应报送其审批或备案）。贷款法律文件另有规定的，招标文件应当报送贷款方审批或备案。

第十七条 项目单位和采购公司应当依据国内有关法规和贷款法律文件规定共同编写招标公告，并由采购公司通过规定媒介发布。贷款法律文件另有规定的，招标公告应当报送贷款方审批或备案。

第十八条 采购公司根据招标公告规定的时间和地点发售招标文件。

第十九条 招标文件需要澄清或修改的，应当按照规定重新办理审批或备案手续后，由采购公司负责通知所有购买招标文件的潜在投标人。

第四章 评 标

第二十条 评标由采购公司依法组建的评标委员会负责。采购公司应当对评标程序的合法性和合规性负责。

第二十一条 评标委员会对评标结果负责。评标委员会成员应当客观、公正地履行职务，遵守职业道德，对所提出的评审意见承担个人责任。

第二十二条 评标委员会应当按照招标文件确定的评标标准和方法，对投标文件进行评审。国家法律法规以及贷款法律文件另有规定的，从其规定。

第二十三条 评标委员会完成评标后，应当提出书面评标意见，并推荐合格的中标候选人。

第二十四条 项目单位和采购公司根据评标委员会的意见共同编制评标报告，按规定报送国家有关主管部门审批，并按有关省级财政部门的要求报其备案。贷款法律文件另有规定的，评标报告应当报送贷款方审批或备案。

第二十五条 投标人、贷款方或国家有关部门对评标结果提出质疑的，采购公司应当负责组织、协调项目单位和评标委员会共同对质疑做出妥善处理和答复。

第二十六条 对违背国家法律法规和有关招标采购规定的行为，采购公司应当及时予以制止和纠正，暂停评标活动，并向省级财政部门和财政部报告。

第五章 合同签订

第二十七条 评标结果生效后，项目单位和采购公司应当按照招标文件和中标人的投标文件共同与中标人进行合同谈判并签订合同。合同内容应当与招标文件和投标文件相关内容一致，不得有实质性内容变更。

第二十八条 采购公司根据贷款法律文件规定将合同报贷款方审批或备案。需经财政部对外提交的，采购公司应通过财政部向贷款方提交。

第二十九条 合同签订后，采购公司将合同要点（包括合同号、签署日期、买方、卖方、合同金额和币种、采购内容、支付条款等）报送财政部，并抄送项目所在地省级财政部门。

第三十条 合同变更或调整（如数量、型号、规格、价格等发生变化），采购公司和项目单位应当报财政部或国家有关部门以及贷款方办理审批或备案手续，并抄送项目所在地省级财政部门和转贷银行。

第六章 合同执行与监督

第三十一条 合同有关各方共同负责合同执行工作，中标人应当严格履行合同的约定，确保供货内容与合同规定相一致。合同执行过程中，如发生争议和纠纷，有关方应当按照合同约定予以解决。

第三十二条 项目单位应当如实签署货物签收证明和验收证明。工程合同，应当出具监理单位的报告或建设部门或行业主管单位的竣工证明。进口货物提单、发票和装箱单，国内货物签收证明、验收证明，工程合同的监理报告、验工计价证明或竣工证明等应当作为合同的付款凭证。

第三十三条 对可直接从贷款方提取贷款资金的项目（如采用特别账户支付方式的项目）、一类贷款项目以及省级财政部门提出审核单据要求的项目，支付单据应当由省级财政部门依据合同进行审核。

信用证方式支付的合同，可采取事后审核支付单据的方法，但采购公司应当事前将开证申请书或信用证修改申请书报省级财政部门审核。

第三十四条 负责审核合同支付的省级财政部门，应当在收到采购公司提交的付款单据或付款申请、开证申请书或信用证修改申请书后的10个工作日内出具审核意见，逾期视为审核同意。

第三十五条 采购公司、转贷银行和支付银行应当根据合同的约定，本着单单相符、单证相符的原则进行审核，并根据贷款法律文件和本办法办理支付手续。

第三十六条 省级财政部门应当对贷款项目合同执行进行监督与管理，定期或不定期进行现场检查；对可直接从贷款方提取贷款资金的项目，应当对贷款资金提取到国内后的支付情况进行监督和管理。

第三十七条 财政部或经财政部委托的中介机构可对贷款项目的采购工作进行监督和检查。采购当事人应当如实反映情况，提供有关材料。

第三十八条 国务院有关部门或贷款法律文件要求审计贷款项目采购支付情况的，债务人和项目单位应当接受审计，对审计机构的工作予以配合。

第七章 罚　　则

第三十九条 对违反有关法律法规、贷款法律文件和本办法进行贷款采购的单位和个人，除依照《财政违法行为处罚处分条例》（国务院令第427号）以及相关法律、法规规定处罚外，财政部可视情况采取通报批评、限期整改、取消相关资质等措施。

第四十条 项目单位违反有关法律法规、贷款法律文件和本办法的，财政部可予以通报批评、暂停贷款资金的提取和支付、加速未到期贷款债务的偿还、取消贷款使用资格。

第四十一条 采购公司违反有关法律法规、贷款法律文件和本办法的，财政部可予以通报批评、限期改正、暂停和取消贷款项目采购代理资格；可建议债务人或项目单位终止委托代理业务，并按规定另行选定其他采购公司。

采购公司一年内两次受到财政部通报批评的，财政部可予以暂停新贷款项目采购代理资格一年或以上。采购公司参与虚假采购或谋取不正当利益的，财政部可取消其贷款项目采购代理资格。

第四十二条 转贷银行违反有关法律法规、贷款法律文件和本办法的，财政部可予以通报批评、暂停或取消参与贷款转贷业务资格。

第四十三条 省级财政部门对采购工作监督管理不力的，财政部可予以通报批评、限期整改，或在有关问题得到妥善处理前暂停新项目安排。

第四十四条 投标人、中标人、供货商、承包商等违反国家相关法律法规、贷款法律文件和本办法的，财政部可予以通报批评、限期整改、暂停或取消参与贷款采购工作资格。财政部可建立不良行为记录名单制度，列入名单的机构、单位或个人将不得参与贷款采购工作。

第四十五条 评标委员会及其成员违反有关法律法规、贷款法律文件和本办法的，财政部可予以通报批评、暂停和取消参与贷款采购工作资格。

第八章 附 则

第四十六条 属于政府采购项目的贷款采购，应当遵照《中华人民共和国政府采购法》执行。

第四十七条 国务院有关部门以及中央管理企业贷款的采购工作管理，参照本办法执行。

第四十八条 经贷款方批准，贷款项目的采购采用非公开招标方式采购的，参照本办法有关规定执行。

第四十九条 省级财政部门可根据本办法和其他有关规定制定具体实施办法或细则。

第五十条 本办法自2010年1月1日起施行。

二〇〇九年十二月四日

国际金融组织和外国政府贷款投资项目管理暂行办法

国家发改委第 28 号令

《国际金融组织和外国政府贷款投资项目管理暂行办法》业经国家发展和改革委员会主任办公会讨论通过，现予以发布，自 2005 年 3 月 1 日起施行。

二〇〇五年二月二十八日

附件：

国际金融组织和外国政府贷款投资项目管理暂行办法

第一章 总 则

第一条 为加强国际金融组织和外国政府贷款（以下简称国外贷款）投资项目管理，提高国外贷款使用效益，根据《国务院关于投资体制改革的决定》和国家有关外债管理规定，制定本办法。

第二条 借用世界银行、亚洲开发银行、国际农业发展基金会等国际金融组织贷款和外国政府贷款及与贷款混合使用的赠款、联合融资等投资项目的管理，适用本办法。

第三条 境内企业、机构、团体均可申请借用国外贷款。

第四条 国外贷款属于国家主权外债，按照政府投资资金进行管理。国外贷款主要用于公益性和公共基础设施建设，保护和改善生态环境，促进欠发达地区经济和社会发展。

第二章 国外贷款备选项目规划

第五条 国外贷款备选项目规划是项目对外开展工作的依据。借用国外贷款的项目必须纳入国外贷款备选项目规划。

未纳入国外贷款备选项目规划的项目，国务院各有关部门、地方各级政府和项目用款单位不得向国际金融组织或外国政府等国外贷款机构正式提出贷款申请。

第六条 国务院发展改革部门按照国民经济和社会发展规划、产业政策、外债管理及国外贷款使用原则和要求，编制国外贷款备选项目规划，并据此制定、下达年度项目签约计划。

世界银行、亚洲开发银行贷款和日本政府日元贷款备选项目规划由国务院发展改革部门提出，商国务院财政部门后报国务院批准。

第七条 国务院行业主管部门、省级发展改革部门、计划单列企业集团和中央管理企业向国务院发展改革部门申报纳入国外贷款规划的备选项目。

国务院行业主管部门申报的项目，由地方政府安排配套资金、承担贷款偿还责任或提供贷款担保的，应当同时出具省级发展改革部门及有关部门意见。

第八条 申报纳入国外贷款规划的备选项目材料包括以下内容：

（一）项目简要情况；

（二）项目建设必要性；

（三）拟申请借用国外贷款的类别或国别；

（四）贷款金额及用途；

（五）贷款偿还责任。

第九条 已纳入国际金融组织贷款、日本政府日元贷款备选项目规划的项目，如需调整贷款来源或撤销贷款的，应当将调整内容按照本办法第七条规定的程序报国务院发展改革部门。

纳入其他外国政府贷款备选项目规划的项目，如需调整贷款来源的，应当将调整内容在项目资金申请报告审批阶段一并报批。

第十条 原批准使用其他资金的项目，拟申请转用国外贷款；或已批准使用国外贷款的项目，拟申请转用其他资金的，应当按照本办法第七条规定的程序报国务院发展改革部门。

第十一条 国务院发展改革部门、省级发展改革部门参与项目的有关对外工作，指导和督促国外贷款规划及年度项目签约计划的落实。

第十二条 纳入国外贷款备选项目规划的项目，应当区别不同情况履行审批、核准或备案手续：

（一）由中央统借统还的项目，按照中央政府直接投资项目进行管理，其项目建议书、可行性研究报告由国务院发展改革部门审批或审核后报国务院审批。

（二）由省级政府负责偿还或提供还款担保的项目，按照省级政府直接投资项目进行管理，其项目审批权限，按国务院及国务院发展改革部门的有关规定执行。除应当报国务院及国务院发展改革部门审批的项目外，其他项目的可行性研究报告均由省级发展改革部门审批，审批权限不得下放。

（三）由项目用款单位自行偿还且不需政府担保的项目，参照《政府核准的投资项目目录》规定办理：凡《政府核准的投资项目目录》所列的项目，其项目申请报告分别由省级发展改革部门、国务院发展改革部门核准，或由国务院发展改革部门审核后报国务院核准；《政府核准的投资项目目录》之外的项目，报项目所在地省级发展改革部门备案。

第三章 项目资金申请报告

第十三条 项目纳入国外贷款备选项目规划并完成审批、核准或备案手续后，项目用款单位须向所在地省级发展改革部门提出项目资金申请报告。

项目资金申请报告由省级发展改革部门初审后，报国务院发展改革部门审批。

国务院行业主管部门、计划单列企业集团和中央管理企业的项目资金申请报告，直接报国务院发展改革部门审批。

第十四条 由国务院及国务院发展改革部门审批的项目可行性研究报告，可行性研究报告中应当包括项目资金申请报告内容，不再单独审批项目资金申请报告。

第十五条 项目资金申请报告应当具备以下内容：

（一）项目概况，包括项目建设规模及内容、总投资、资本金、国外贷款及其他资金、项目业主、项目执行机构、项目建设期；

（二）国外贷款来源及条件，包括国外贷款机构或贷款国别、还款期、宽限期、利率、承诺费等；

（三）项目对外工作进展情况；

（四）贷款使用范围，包括贷款用于土建、设备、材料、咨询和培训等的资金安排；

（五）设备和材料采购清单及采购方式，包括主要设备和材料规格、数量、单价；

（六）经济分析和财务评价结论；

（七）贷款偿还及担保责任、还款资金来源及还款计划。

第十六条 项目资金申请报告应当附以下文件：

（一）项目批准文件（项目可行性研究报告批准文件、项目申请报告核准文件或项目备案文件）。

（二）国际金融组织和日本国际协力银行贷款项目，提供国外贷款机构对项目的评估报告。

（三）国务院行业主管部门提出项目资金申请报告时，如项目需地方政府安排配套资金、承担贷款偿还责任或提供贷款担保的，出具省级发展改革部门及有关部门意见。

（四）申请使用限制性采购的国外贷款项目，出具对国外贷款条件、国内外采购比例、设备价格等比选结果报告。

第十七条 国务院发展改革部门审批项目资金申请报告的条件是：

（一）符合国家利用国外贷款的政策及使用规定；

（二）符合国外贷款备选项目规划；

（三）项目已按规定履行审批、核准或备案手续；

（四）国外贷款偿还和担保责任明确，还款资金来源及还款计划落实；

（五）国外贷款机构对项目贷款已初步承诺。

第十八条 项目资金申请报告批准后，项目建设内容、贷款金额及用途等发生变化的，须按本办法第十三条规定的程序将调整方案报国务院发展改革部门批准。

第十九条 国务院及国务院发展改革部门对项目可行性研究报告或资金申请报告的批准文件，是对外谈判、签约和对内办理转贷生效、外债登记、招标采购和免税手续的依据。

第二十条 未经国务院及国务院发展改革部门审批可行性研究报告或资金申请报告的项目，有关部门和单位不得对外签署贷款协定、协议和合同，外汇管理、税务、海关等部门及银行不予办理相关手续。

第二十一条 项目资金申请报告自批准之日起两年内，项目未签订国外贷款转贷协议的，该批准文件自动失效。

第四章 项目实施管理

第二十二条 国务院发展改革部门、省级发展改革部门指导和协调项目实施工作，监督有关招投标活动。

第二十三条 国外贷款项目出现余款时，项目用款单位应当及时办理有关余款取消手续，并按本办法第十三条规定的程序抄报国务院发展改革部门。

如将余款继续用于完善原项目建设的，应当参照项目资金申请报告的要求，编制余款使用方案，并按本办法第十三条规定的程序报国务院发展改革部门批准。

第二十四条 负责将国外贷款进行转贷的转贷机构，应当根据国务院及国务院发展改革部门对项目可行性研究报告或资金申请报告的批准文件，对项目的国外贷款进行转贷，并于每年六月底和十二月底向国务院发展改革部门报送国外贷款支付和偿还情况。

由各级政府负责偿还国外贷款或提供还款担保的项目，转贷机构原则上应当按贷款方提供的贷款条件进行转贷。如以规避外债风险为目的需对上述项目转贷条件进行调整的，转贷机构应当事先征得国务院发展改革部门同意。

第二十五条 项目用款单位要依法履行国外贷款偿还责任，及时进行外债登记，加强国外贷款债务风险管理。

项目用款单位要建立项目信息反馈制度，并于每年六月底和十二月底向批准项目的发展改革部门提交项目进度报告。

第二十六条 国务院发展改革部门应当对项目实施情况和省级发展改革部门批准及管理项目情况进行监督检查，并对查实的问题提出处理意见。

第二十七条 为确保对外还款，防止逃废债务，尚未偿还全部国外贷款的项目用款单位，在进行资产重组、产权变更或破产申请前，应当事先征得转贷机构对剩余债务偿还安排的书面认可，落实还贷责任，并将有关结果抄报国务院发展改革部门。

第五章 附 则

第二十八条 省级发展改革部门依据本办法的规定，制定相应的管理办法。

第二十九条 本办法由国家发展改革委负责解释。

第三十条 本办法自二〇〇五年三月一日起施行。此前有关国外贷款投资项目管理的规章和其他规范性文件，与本办法不一致的，按本办法规定执行。

关于开展工程建设领域突出问题专项治理工作的意见

中办发［2009］27号

中共中央办公厅、国务院办公厅近日印发了《关于开展工程建设领域突出问题专项治理工作的意见》，并发出通知，要求各地区各部门结合实际认真贯彻执行。《关于开展工程建设领域突出问题专项治理工作的意见》全文如下：

为认真贯彻落实《中共中央关于印发〈建立健全惩治和预防腐败体系2008－2012年工作规划〉的通知》（中发［2008］9号）的有关要求，规范工程建设领域市场交易行为和领导干部从政行为，维护社会主义市场经济秩序，促进反腐倡廉建设，现就开展工程建设领域突出问题专项治理工作提出如下意见。

一、治理工作的重要性和紧迫性

近年来，各地区各部门采取有效措施，认真治理工程建设领域中存在的问题，工程建设市场不断健全，监管体制日益完善，钱权交易、商业贿赂等腐败现象滋生蔓延的势头得到了一定程度的遏制。但是，必须清醒地看到，我国工程建设领域依然存在许多突出问题。一是一些领导干部利用职权插手干预工程建设，索贿受贿；二是一些部门违法违规决策上马项目和审批规划，违法违规审批和出让土地，擅自改变土地用途、提高建筑容积率；三是一些招标人和投标人规避招标、虚假招标，围标串标，转包和违法分包；四是一些招标代理机构违规操作，有的专家评标不公正；五是一些单位在工程建设过程中违规征地拆迁、损害群众利益、破坏生态环境、质量和安全责任不落实；六是一些地方违背科学决策、民主决策的原则，乱上项目，存在劳民伤财的“形象工程”、脱离实际的“政绩工程”和威胁人民生命财产安全的“豆腐渣”工程。上述这些问题严重损害公共利益，影响党群干群关系，破坏社会主义市场经济秩序，妨碍科学发展和社会和谐稳定，人民群众反映强烈。为此，中央决定，用2年左右的时间，集中开展工程建设领域突出问题专项治理工作。

各地区各部门要充分认识开展工程建设领域突出问题专项治理工作的重要性和紧迫性，切实采取措施，加大治理力度，维护公平竞争的市场原则，推动以完善惩治和预防腐败体系为重点的反腐倡廉建设深入开展，促进工程建设项目高效、安全、廉洁运行，保证中央关于扩大内需促进经济平稳较快发展政策措施的贯彻落实，维护人民群众的根本利益，促进科学发展，保持社会和谐稳定。

二、治理工作的总体要求、主要任务和阶段性目标

（一）总体要求

高举中国特色社会主义伟大旗帜，以邓小平理论和“三个代表”重要思想为指导，深入贯彻落实科学发展观，全面贯彻落实党的十七大精神，紧紧围绕扩大内需、加快发展方式转变和结构调整、深化重点领域和关键环节改革、改善民生、促进和谐等任务，以政府投资和使用国有资金的项目为重点，以改革创新、科学务实的精神，坚持围绕中心、统筹协调，标本兼治、惩防并举，坚持集中治理与加强日常监管相结合，着力解决工程建设领域存在的突出问题，切实维护人民群众的根本利益，为经济社会又好又快发展提供坚强保证。

（二）主要任务

进一步规范招标投标活动，促进招标投标市场健康发展；进一步落实经营性土地使用权和矿业权招标拍卖挂牌出让制度，规范市场交易行为；进一步推进决策和规划管理工作公开透明，确保规划和项目审批依法实施；进一步加强监督管理，确保行政行为、市场行为更加规范；进一步深化有关体制机制制度改革，建立规范的工程建设市场体系；进一步落实工程建设质量和安全责任制，确保建设安全。

（三）阶段性目标

工程建设领域市场交易活动依法透明运行，统一规范的工程建设有形市场建立健全，互联互通的诚信体系初步建立，法律法规制度比较完善，相关改革不断深化，工程建设健康有序发展的长效机制基本形成，领导干部违法违规插手干预工程建设的行为受到严肃查处，腐败现象易发多发的势头得到进一步遏制。

三、治理工作的重点和主要措施

（一）认真进行排查，找准突出问题

深入开展自查。各地区各有关部门要对照有关法律法规和政策规定，认真查找项目决策、城乡规划审批、项目核准、土地审批和出让、环境评价、勘察设计和工程招标投标、征地拆迁、物资采购、资金拨付和使用、施工监理、工程质量、工程建设实施等重点部位和关键环节存在的突出问题。要紧密结合实际，认真开展自查，摸清存在问题的底数，掌握涉及问题单位和人员的基本情况。

深刻分析原因。针对发现的问题和隐患，从主观认识、法规制度、权力制约、行政监管、市场环境等方面，分析产生的根源，查找存在的漏洞和薄弱环节，提出改进的措施和办法，明确治理工作的目标和责任要求，增强治理工作的科学性、预见性和实效性。

严肃自查纪律。对不认真自查的地方和部门，要加强督导；对拒不自查、掩盖问题或弄虚作假的，要严肃处理。对自查出的违纪问题，要根据情节轻重、影响大小等作出处理。对虽有问题但能主动认识和纠正的，可以按照有关规定从轻、减轻或免予处分。各地区各部门要将自查情况书面报告中央治理工程建设领域突出问题工作领导小组。领导小组适时对自查情况进行重点检查。

（二）加大监管力度，增强监管效果

突出监管重点。着重加强项目建设程序的监管，严格执行投资项目审批、核准、备案管理程序，规范项目决策，科学确定项目规模、工程造价和标准，认真落实开工报告制度、施工许可证制度和安全生产许可证制度，确保工程项目审批和建设依法合规、公开透明运行。着重加强对招标投标活动的监管，规范招标方式确定、招标文件编制、资格审查、标段划分、评标定标、招标代理等行为，改进和完善评标办法，确保招标投标活动公开、公平、公正。着重加强土地、矿产供应及开发利用情况的监管，完善土地及矿业权审批、供应、使用等管理的综合监管平台。着重加强控制性详细规划制定和实施监管，严格控制性详细规划的制定和修改程序。着重加强项目建设实施过程监管，严格依法征地拆迁，坚持合理工期、合理标价、合理标段，严格合同订立和履约，规范设计变更，科学组织施工，加强资金管理，控制建设成本，禁止转包和违法分包。着重加强工程质量与安全监管，落实工程

质量和安全生产领导责任制，进一步完善质量与安全管理法规制度，明确质量标准，细化安全措施，强化施工监理，防止重、特大质量与安全事故的发生。

落实监管职责。各级政府要加强对工程建设项目全过程的监管，认真履行对政府投资项目的立项审批、项目管理、资金使用和实施效果等方面的职责。发展改革、工业和信息化、财政、国土资源、环境保护、住房城乡建设、安全监管等有关部门要依照有关法律法规，认真履行对项目决策、资金安排和管理、土地及矿业权审批和出让、节能评估审查、环境影响评价、城乡规划审批、安全生产等环节的行政管理职责。发展改革、工业和信息化、住房城乡建设、交通运输、铁道、水利、电监等部门要按照职责分工，重点做好对工程建设项目的监管。财政、审计部门要重点做好对政府投资项目资金和国有企业投资项目资金的监管，确保资金规范、高效、安全、廉洁使用。对因监管不力、行政不作为和乱作为以及行政过失等失职渎职行为造成重大损失的，要严肃追究责任单位领导和有关人员的责任。

创新监管方式。充分发挥招标投标部际联席会议机制作用，健全招标投标行政监督机制。建立健全相关制度，加强对招标投标从业机构和人员的规范管理。加大工程建设项目行政执法力度。组织实施对政府重大投资项目的跟踪审计。积极推进项目标准化、精细化、规范化和扁平化管理。发挥工程监理机构的专业监督作用，加强工程建设质量和安全生产的过程监管。推行管理骨干基本固定、劳务用工相对灵活、职责明确、高效运作的劳务管理模式。充分发挥新闻媒体的作用，加强对工程建设领域的舆论监督和社会监督。

（三）深化体制改革，创新机制制度

加快改革步伐。加强重大项目决策管理，推行专家评议和论证制度、公示和责任追究制度。发布招标投标法实施条例，抓紧研究起草政府投资条例、建筑市场管理条例。继续做好《标准施工招标资格预审文件》、《标准施工招标文件》贯彻实施工作，加快编制完成行业标准文件，实现招标投标规则统一。不断深化国库集中支付制度改革，加强工程项目政府采购管理。科学编制、严格实施土地利用总体规划，严格土地用途管制，严格土地使用权、矿业权出让审批管理。制定控制性详细规划编制审批管理办法，规范自由裁量权行使。严格执行国家有关法律法规，提高法律法规的执行力和落实度。

加强市场建设。按照政府建立、规范管理、公共服务、公平交易的原则，坚持政事分开、政企分开，打破地区封锁和行业垄断，整合和利用好各类有形建筑和建设市场资源，建立健全统一规范的工程建设有形市场，为工程交易提供场所，为交易各方提供服务，为信息发布提供平台，为政府监管提供条件。按规定必须招标的工程建设项目要实行统一进场、集中交易、行业监管、行政监察。建立健全统一规范的土地、矿业权等要素市场，大力推进土地市场、矿业权市场建设，探索显化土地使用权和矿业权转让市场的有效形式，规范土地使用权和矿业权市场交易行为。充分利用网络技术等现代科技手段，积极推行电子化招标投标。加强评标专家库管理，提高专家的职业道德水平。制定全国统一的评标专家分类标准和专家管理办法。加强中介组织管理，严格土地使用权、矿业权价格评估的监管，规范招标代理行为。

健全诚信体系。完善工程建设领域信誉评价、项目考核、合同履约、黑名单等市场信用记录，整合有关部门和行业信用信息资源，建立综合性数据库。充分利用各种信息平台，逐步形成全国互联互通的工程建设领域诚信体系，实现全行业诚信信息共建共享，并将相关信用信息纳入全国统一的企业和个人征信系统。建立健全失信惩戒制度和守信激励制度，严格市场准入。

（四）加大办案力度，坚决惩治腐败

严肃查处违纪违法案件。要坚决查办工程建设领域的腐败案件，发现一起，查处一起，决不姑息。重点查办国家工作人员特别是领导干部利用职权插手干预城乡规划审批、招标投标、土地审批和出让以谋取私利甚至索贿受贿的大案要案。严厉查处违法违规审批立项，规避和虚假招标，非法批地，低价出让土地，擅自变更规划和设计、改变土地用途和提高容积率，严重侵害群众利益等违纪违法案件。坚决查处在工程项目规划、立项审批中因违反决策程序或决策失误而造成重大损失或恶劣影响的案件。依法查处生产安全责任事故，严肃追究有关领导人的责任。既要坚决惩处受贿行为，又要严厉惩处行贿行为。坚决杜绝瞒案不报、压案不查的行为。

积极拓宽案源渠道。充分发挥各级纪检监察、司法、审计等机关和部门信访举报系统的作用，形成有效的举报投诉网络，健全举报投诉处理机制。注重在审计、财政监察、项目稽察、执法监察、专项检查、案件调查和新闻媒体报道中发现案件线索，深挖工程质量问题和安全事故背后的腐败问题。

健全办案协调机制。各级纪检监察机关、司法机关、审计部门和金融机构等要加强协作配合，完善情况通报、案件线索移送、案件协查、信息共享机制，形成查办案件的合力。对涉嫌犯罪案件，要及时移送司法机关依法查处。充分发挥查办案件的治本功能，深入剖析大案要案，严肃开展警示教

育，认真查找体制机制制度方面存在的缺陷和漏洞，做到查处一起案件，教育一批干部，完善一套制度。

四、加强对治理工作的组织领导

成立中央治理工程建设领域突出问题工作领导小组，由中央纪委牵头，最高人民检察院、国家发展改革委、工业和信息化部、公安部、监察部、财政部、国土资源部、环境保护部、住房城乡建设部、交通运输部、铁道部、水利部、中国人民银行、审计署、国务院国资委、工商总局、安全监管总局、国务院法制办、电监会等为成员单位。领导小组下设办公室，承担日常工作。各地区各有关部门要切实加强领导，把治理工作作为一项重要任务列入工作日程，认真完成职责范围内的任务。各职能部门主要领导同志负总责，确定1名领导同志具体负责，落实责任分工。各级纪检监察机关要加强组织协调，会同有关部门作出总体部署，搞好任务分解，推动工作落实。各有关部门要及时沟通情况，加强协作配合，形成工作合力。

各地区各有关部门要结合实际，制定贯彻落实本意见的具体方案，确定治理重点，明确目标任务、工作进度、方式方法和时间要求。要深入排查问题、认真进行整改，完善体制机制制度，分阶段、有步骤地落实好专项治理工作的各项任务。中央治理工程建设领域突出问题工作领导小组适时组织对各地区各有关部门工作进展情况进行抽查。

各地区各有关部门要将专项治理工作与深入学习实践科学发展观活动相结合，着力解决影响和制约科学发展的突出问题以及党员干部党性党风党纪方面群众反映强烈的突出问题。要将专项治理工作与治理商业贿赂工作相结合，依法查处工程建设领域的商业贿赂案件，进一步规范市场秩序，维护公平竞争。要将专项治理工作与推进政务公开相结合，利用政府门户网站建立工程建设项目信息平台，向社会公示项目建设相关信息，明确审批流程，及时公布审批结果，实行行政审批电子监察。要将专项治理工作与纠正损害群众利益的不正之风相结合，大力加强部门和行业作风建设，着力解决工程建设领域侵害群众利益的突出问题。

各地区各有关部门要加强监督检查，开展分类指导，督促工作落实。要加强调查研究，注意解决苗头性、倾向性问题，总结经验，推动工作。对组织领导不到位、方法措施不得力、治理效果不明显的地方、部门和单位要提出整改要求，重点督查，限期整改，确保治理工作达到预期目标。

二〇〇九年七月九日

关于禁止串通招标投标行为的暂行规定

（国家工商行政管理局第82号令　1998年1月6日）

第一条　为了禁止串通招标投标行为，维护公平竞争，保护社会公共利益和经营者的合法权益，依据《中华人民共和国反不正当竞争法》（以下简称《反不正当竞争法》）的有关规定，制定本规定。

第二条　本规定适用于建设工程承包、成套设备或者其他商品的购买、企业承包经营和租赁经营、土地使用权出让、经营场所出租等领域进行招标投标中的串通招标投标行为。

本规定所称招标，是指招标者为购买商品或者让他人完成一定的工作，通过发布招标通知或者投标邀请书等形式，公布特定的标准和条件，公开或者书面邀请投标者投标，从中选择中标者的行为。实施招标行为的人为投标者，包括项目主办人和代理招标活动的中介机构。

本规定所称投标，是指投标者按照招标文件的要求，提出自己的报价及相应条件的行为。实施投标行为的人为投标者。

本规定所称串通招标投标，是指招标者与投标者之间或者投标者与投标者之间采用不正当手段，对招标投标事项进行串通，以排挤竞争对手或者损害招标者利益的行为。

第三条　投标者不得违反《反不正当竞争法》第十五条第一款的规定，实施下列串通投标行为：

（一）投标者之间相互约定，一致抬高或者压低投标报价；

（二）投标者之间相互约定，在招标项目中轮流以高价位或者低价位中标；

（三）投标者之间先进行内部竞价，内定中标人，然后再参加投标；

（四）投标者之间其他串通投标行为。

第四条　投标者和招标者不得违反《反不正当竞争法》第十五条第二款的规定，进行相互勾结，实施下列排挤竞争对手的公平竞争的行为：

（一）招标者在公开开标前，开启标书，并将投标情况告知其他投标者，或者协助投标者撤换标书，更改报价；

（二）招标者向投标者泄露标底；

（三）投标者与招标者商定，在招标投标时压低或者抬高标价，中标后再给投标者或者招标者额外补偿；

（四）招标者预先内定中标者，在确定中标者时以此决定取舍；

（五）招标者和投标者之间其他串通招标投标行为。

第五条 违反本规定第三条、第四条的规定，进行串通招标投标的，其中标无效。工商行政管理机关可以依照《反不正当竞争法》第二十七条的规定，根据情节处以一万元以上二十万元以下的罚款。构成犯罪的，移交司法机关依法追究刑事责任。

第六条 串通招标投标行为是共同违法行为，对参与串通招标投标的各个违法行为人，应当根据情节，分别按照本规定第五条规定的幅度予以行政处罚。

第七条 投标者或者招标者在串通招标投标时，同时有商业贿赂、侵犯商业秘密等违反工商行政管理法规行为的，对串通招标投标行为和其他违法行为应当一并处罚。

第八条 本规定自公布之日起施行。

关于进一步贯彻落实招标投标违法行为记录公告制度的通知

发改法规［2010］628号

各省、自治区、直辖市发展改革委、工业和信息化主管部门、通信管理局、监察厅、财政厅、住房城乡建设厅（建委、建设交通委）、交通厅、水利厅、商务主管部门、法制办、各铁路局、民航各地区管理局：

严格落实招标投标违法行为记录公告制度是工程建设领域突出问题专项治理工作的一项重要任务。《招标投标违法行为记录公告暂行办法》（发改法规［2008］1531号，以下简称《暂行办法》）自2009年1月1日颁布实施以来，各地认真贯彻落实，推进招标投标市场诚信建设取得积极成效。但是，总体进展尚不平衡，一些地方至今尚未建立公告，一些地方虽建立了公告平台却没有按照规定及时进行公告，影响了违法行为记录公告制度实施效果。为进一步贯彻落实中共中央办公厅、国务院办公厅《关于开展工程建设领域突出问题专项治理工作的意见》（中办发［2009］27号）、中央治理工程建设领域突出问题工作领导小组《工程建设领域突出问题专项治理工作实施方案》（中治工发［2009］2号）和《规范工程建设项目决策行为和招标投标活动指导意见》（中治工发［2009］3号）部署和要求，切实发挥招标投标违法行为记录公告制度的失信惩戒作用，促进招标投标市场信用体系建设，现将有关事项通知如下：

一、抓紧建立违法行为记录公告平台。2010年5月底前，各省级有关行政主管部门按照《暂行办法》要求，在本部门网站上建立招标投标违法行为记录公告平台，并做好公告平台维护和管理工作；已经建立的，进一步规范和完善公告平台，逐步实现互联互通、互认共用；条件成熟的建立统一的违法行为记录公告平台。要加强对市、县级招标投标违法行为记录公告平台建设的指导和督促，争取今年年底前，建立起国务院有关部门，以及省、市、县四级公告平台。结合开展工程工程建设领域突出问题专项治理工作，将招标投标违法行为记录公告平台制度落实与工程建设领域项目信息公开和诚信体系建设相结合，促进信息共享。

二、依法公告违法行为记录。各省级有关行政主管部门要以落实中央工程建设领域突出问题专项治理工作部署为契机，加大监督检查工作力度，按照规定的职责分工，严肃查处招标投标违法违规行为。对于依法应当公告的违法行为，应及时在公告平台上公告。严格按照《暂行办法》规定的程度和要求发布公告，确保公告准确和客观。各省级有关行政主管部门公告的招标投标违法行为行政处理决定，须按要求及时抄报相应国务院行政主管部门。国务院有关行政主管部门将选取一批典型案件进行公告，并加强对本系统违法行为记录公告工作的指导，建立系统公告记录信息通报制度。

三、加大招标投标失信惩戒力度。各地可以结合本地实际，进一步健全失信惩戒制度，将公告的招标投标违法行为记录作为招标代理机构资格认定、依法必须招标项目投标人资格审查、招标代理机构选择、中标人推荐和确定、评标委员会成员确定和评标专家考核等活动的重要依据。

各地要按照中央工程建设领域突出问题专项治理工作统一部署，采取有效措施，全面落实招标投标违法行为记录公告制度。2010 年上半年，国家发展改革委、监察部将会同国务院有关部门对各地贯彻落实情况进行监督检查，重点检查公告平台建立和运行情况。对没有建立公告平台，或者不按照规定及时公告违法行为记录的地方，要进行通报。

国家发展改革委　工业和信息化部
监察部　财政部
住房城乡建设部　交通运输部
铁道部　水利部
商务部　国务院法制办
二〇一〇年三月二十九日

国家重大建设项目招标投标监督暂行办法

国家计委第 18 号令

为了加强对国家重大建设项目招标投标活动的监督，保证招标投标活动依法进行，根据《中华人民共和国招标投标法》、《国务院办公厅印发国务院有关部门实施招标投标活动行政监督职责分工意见的通知》（国办发［2000］34 号）和《国家重大建设项目稽察办法》（国办发［2000］54 号、2000 年国家计委第 6 号令），特制定《国家重大建设项目招标投标监督暂行办法》，现予公布，并自 2002 年 2 月 1 日起施行。

二〇〇二年一月十日

附件：

国家重大建设项目招标投标监督暂行办法

第一条 为了加强国家重大建设项目招标投标活动的监督，保证招标投标活动依法进行，根据《中华人民共和国招标投标法》、《国务院办公厅印发国务院有关部门实施招标投标活动行政监督职责分工意见的通知》（国办发［2000］34号）和《国家重大建设项目稽察办法》（国办发［2000］54号、2000年国家计委第6号令），制定本办法。

第二条 国家计委根据国务院授权，负责组织国家重大建设项目稽察特派员及其助理（以下简称稽察人员），对国家重大建设项目的招标投标活动进行监督检查。

第三条 本办法所称国家重大建设项目，是指国家出资融资的，经国家计委审批或审核后报国务院审批的建设项目。

第四条 国家重大建设项目的招标范围、规模标准及评标方法，按《工程建设项目招标范围和规模标准规定》（2000年国家计委第3号令）、《评标委员会和评标方法暂行规定》（2001年国家计委、经贸委、建设部、铁道部、交通部、信息产业部、水利部第12号令）执行。

国家重大建设项目招标公告的发布，按《招标公告发布暂行办法》（2000年国家计委第4号令）执行。

依法必须招标的国家重大建设项目，必须在报送项目可行性研究报告中增加有关招标内容，具体办法按《建设项目可行性研究报告增加招标内容以及核准招标事项暂行规定》（2001年国家计委第9号令）执行。

招标人自行招标的，必须符合《工程建设项目自行招标试行办法》（2000年国家计委第5号令）有关规定。

第五条 招标人和中标人应按照《中华人民共和国招标投标法》和《中华人民共和国合同法》规定签订书面合同。合同中确定的建设标准、建设内容、合同价格必须控制在批准的设计及概算文件范围内。

除因不可抗力等情况导致项目无法执行或中标人不能履行合同外，任何单位和个人不得以其他任何理由将合同转让给他人，或要求中标人放弃合同。

第六条 通过招标节省的概算投资，不得擅自挪作他用。

第七条 任何单位和个人对国家重大建设项目招标投标过程中发生的违法行为，有权向国家计委投诉或举报。国家计委在收到投诉或举报后15个工作日内做出是否受理的决定。

对受理的投诉和举报，国家计委负责组织核查处理或者转请地方发展计划部门和有关部门依法查处。

第八条 稽察人员对国家重大建设项目的招标投标活动进行监督检查可以采取经常性稽察和专项性稽察的方式。经常性稽察方式是对建设项目所有招标投标活动进行全过程的跟踪监控；专项性稽察方式是对建设项目招标投标活动实施抽查。经常性稽察项目名单由国家计委确定。

第九条 列入经常性稽察的项目，招标人应当根据核准的招标事项编制招标文件，并在发售前15个工作日将招标文件、资格预审情况和时间安排及相关文件一式三份报国家计委备案。

招标人确定中标人后，应当在15个工作日内向国家计委提交招标投标情况报告。报告内容依照《评标委员会和评标方法暂行规定》（2001年国家计委、经贸委、建设部、铁道部、交通部、信息产业部、水利部第12号令）第四十二条规定执行。

第十条 稽察人员对国家重大建设项目贯彻执行国家有关招标投标的法律、法规、规章和政策情况以及招标投标活动进行监督检查，履行下列职责：

（一）监督检查招标投标当事人和其他行政监督部门有关招标投标的行为是否符合法律、法规规定的权限、程序。

（二）监督检查招标投标的有关文件、资料，对其合法性、真实性进行核实。

（三）监督检查资格预审、开标、评标、定标过程是否合法以及是否符合招标文件、资格审查文件规定，并可进行相关的调查核实。

（四）监督检查招标投标结果的执行情况。

第十一条 稽察人员对招标投标活动进行监督检查，可以采取下列方式：

（一）检查项目审批程序、资金拨付等资料和文件；

（二）检查招标公告、投标邀请书、招标文件、投标文件，核查投标单位的资质等级和资信等情况；

（三）监督开标、评标，并可以旁听与招标投标事项有关的重要会议；

（四）向招标人、投标人、招标代理机构、有关行政主管部门、招标公证机构调查了解情况，听取意见；

（五）审阅招标投标情况报告、合同及其有关文件；

（六）现场查验，调查、核实招标结果执行情况。

根据需要，可以联合国务院其他行政监督部门、地方发展计划部门开展工作，并可以聘请有关专业技术人员参加检查。

稽察人员在监督检查过程中不得泄漏知悉的保密事项，不得作为评标委员会成员直接参与评标。

第十二条 稽察人员与被监督单位的权力、义务，依照《国家重大建设项目稽察办法》（国办发［2000］54号、2000年国家计委第6号令）的有关规定执行。

第十三条 对招标投标活动监督检查中发现的招标人、招标代理机构、投标人、评标委员会成员和相关工作人员违反《中华人民共和国招标投标法》及相关配套法规、规章的，国家计委视情节依法给予以下处罚：

（一）警告。

（二）责令限期改正。

（三）罚款。

（四）没收违法所得。

（五）取消在一定时期参加国家重大建设项目投标、评标资格。

（六）暂停安排国家建设资金或暂停审批有关地区、部门建设项目。

第十四条 对需要暂停或取消招标代理资质、吊销营业执照、责令停业整顿、给予行政处分、依法追究刑事责任的，移交有关部门、地方人民政府或者司法机关处理。

第十五条 对国家重大建设项目招标投标过程中发生的各种违法行为进行处罚时，也可以依据职责分工由国家计委会同有关部门共同实施。

重大处理决定，应当报国务院批准。

第十六条 国家计委和有关部门做出处罚之前，应告知当事人。当事人对处罚有异议的，国家计委及其他有关行政监督部门应予核实。

对处罚决定不服的，可以依法申请复议。

第十七条 各省、自治区、直辖市人民政府发展计划部门可依据《中华人民共和国招标投标法》及相关法规、规章，结合当地实际，参照本办法制定本地区招标投标监督办法。

第十八条 本办法由国家计委负责解释。

第十九条 本办法自2002年2月1日起施行。

关于印发简明标准施工招标文件和标准设计施工总承包招标文件的通知

发改法规［2011］3018号

国务院各部门、各直属机构，各省、自治区、直辖市及计划单列市、副省级省会城市、新疆生产建设兵团发展改革委、工业和信息化主管部门、通信管理局、财政厅（局）、住房城乡建设厅（建委、局）、交通厅（局）、水利厅（局）、广播影视局，各铁路局、各铁路公司（筹备组），民航各地区管理局：

为落实中央关于建立工程建设领域突出问题专项治理长效机制的要求，进一步完善招标文件编制规则，提高招标文件编制质量，促进招标投标活动的公开、公平和公正，国家发展改革委会同工业和信息化部、财政部、住房和城乡建设部、交通运输部、铁道部、水利部、广电总局、中国民用航空局，编制了《简明标准施工招标文件》和《标准设计施工总承包招标文件》（以下如无特别说明，统一简称为《标准文件》）。现将《标准文件》印发你们，并就有关事项通知如下：

一、适用范围

依法必须进行招标的工程建设项目，工期不超过12个月、技术相对简单、且设计和施工不是由同一承包人承担的小型项目，其施工招标文件应当根据《简明标准施工招标文件》编制；设计施工一体化的总承包项目，其招标文件应当根据《标准设计施工总承包招标文件》编制。

工程建设项目，是指工程以及与工程建设有关的货物和服务。工程，是指建设工程，包括建筑物和构筑物的新建、改建、扩建及其相关的装修、拆除、修缮等。与工程建设有关的货物，是指构成工程不可分割的组成部分，且为实现工程基本功能所必需的设备、材料等。与工程建设有关的服务，是指为完成工程所需的勘察、设计、监理等。

二、应当不加修改地引用《标准文件》的内容

《标准文件》中的“投标人须知”（投标人须知前附表和其他附表除外）、“评标办法”（评标办法前附表除外）、“通用合同条款”，应当不加修

改地引用。

三、行业主管部门可以作出的补充规定

国务院有关行业主管部门可根据本行业招标特点和管理需要，对《简明标准施工招标文件》中的“专用合同条款”、“工程量清单”、“图纸”、“技术标准和要求”，《标准设计施工总承包招标文件》中的“专用合同条款”、“发包人要求”、“发包人提供的资料和条件”作出具体规定。其中，“专用合同条款”可对“通用合同条款”进行补充、细化，但除“通用合同条款”明确规定可以作出不同约定外，“专用合同条款”补充和细化的内容不得与“通用合同条款”相抵触，否则抵触内容无效。

四、招标人可以补充、细化和修改的内容

“投标人须知前附表”用于进一步明确“投标人须知”正文中的未尽事宜，招标人或者招标代理机构应结合招标项目具体特点和实际需要编制和填写，但不得与“投标人须知”正文内容相抵触，否则抵触内容无效。

“评标办法前附表”用于明确评标的方法、因素、标准和程序。招标人应根据招标项目具体特点和实际需要，详细列明全部审查或评审因素、标准，没有列明的因素和标准不得作为资格审查或者评标的依据。

招标人或者招标代理机构可根据招标项目的具体特点和实际需要，在“专用合同条款”中对《标准文件》中的“通用合同条款”进行补充、细化和修改，但不得违反法律、行政法规的强制性规定，以及平等、自愿、公平和诚实信用原则，否则相关内容无效。

五、实施时间、解释及修改

《标准文件》自 2012 年 5 月 1 日起实施。因出现新情况，需要对《标准文件》不加修改地引用的内容作出解释或修改的，由国家发展改革委会同国务院有关部门作出解释或修改。该解释和修改与《标准文件》具有同等效力。

请各级人民政府有关部门认真组织好《标准文件》的贯彻落实，及时总结经验和发现问题。各地在实施《标准文件》中的经验和问题，向上级主管部门报告；国务院各部门汇总本部门的经验和问题，报国家发展改革委。

特此通知。

二〇一一年十二月二十日

金融企业国有资产转让管理办法

财政部第54号令

第一章　总　　则

第一条　为了规范金融企业国有资产转让行为，加强国有资产交易的监督管理，维护国有资产出资人的合法权益，防止国有资产流失，根据有关法律、行政法规，制定本办法。

第二条　本办法所称金融企业国有资产，是指各级人民政府及其授权投资主体对金融企业各种形式的出资所形成的权益。

本办法所称金融企业，包括所有获得金融业务许可证的企业和金融控股（集团）公司。

第三条　县级以上人民政府财政部门（以下简称财政部门）和县级以上人民政府或者财政部门授权投资主体转让所持金融企业国有资产，国有及国有控股金融企业（以下统称转让方）转让所持国有资产给境内外法人、自然人或者其他组织（以下统称受让方），适用本办法。

第四条　金融企业国有资产转让应当遵守法律、行政法规和产业政策规定。

第五条　金融企业国有资产转让包括非上市企业国有产权转让和上市公司国有股份转让。

金融企业国有资产转让以通过产权交易机构、证券交易系统交易为主要方式。符合本办法规定条件的，可以采取直接协议方式转让金融企业国有资产。

第六条　拟转让的金融企业国有资产权属关系应当明晰。权属关系不明确或者存在权属纠纷以及法律、行政法规和国家有关政策规定禁止转让的金融企业国有资产不得转让。

转让已经设立担保物权的金融企业国有资产，应当符合《中华人民共和国物权法》、《中华人民共和国担保法》等有关法律、行政法规的规定。

第七条　金融企业国有资产转让按照统一政策、分级管理的原则，由财政部门负责监督管理。财政部门转让金融企业国有资产，应当报本级人民政府批准。政府授权投资主体转让金融企业国有资产，应当报本级财政部门批准。

金融企业国有资产转让过程中，涉及政府社会公共管理和金融行业监督管理事项的，应当根据国家规定，报经政府有关部门批准。

以境外投资人为受让方的，应当符合国家有关外商投资的监督管理规定，由转让方按照有关规定报经政府有关部门批准。

第八条 财政部门是金融企业国有资产转让的监督管理部门。

财政部负责制定金融企业国有资产转让监督管理制度，并对中央管理的金融企业及其子公司的国有资产转让工作实施监督管理。

地方县级以上财政部门对本级管理的金融企业及其子公司国有资产转让实施监督管理。

上级财政部门指导和监督下级财政部门的金融企业国有资产转让监督管理工作。

第九条 财政部门对金融企业国有资产转让履行下列监督管理职责：

（一）决定或者批准金融企业国有资产转让事项，审核重大资产转让事项并报本级人民政府批准；

（二）确定承办金融企业国有资产交易业务的产权交易机构备选名单；

（三）负责金融企业国有资产转让情况的监督检查工作；

（四）负责金融企业国有资产转让信息的收集、汇总、分析和上报工作；

（五）本级人民政府授权的其他职责。

第十条 国有及国有控股金融企业在境内外依法设立子公司或者向企业投资的，由该国有及国有控股金融企业按本办法规定负责所设立子公司和投资企业的国有资产的转让工作，并履行下列职责：

（一）按照本办法及国家有关规定，制定企业所属分支机构、子公司的国有资产转让管理办法和工作程序，并报本级财政部门备案；

（二）研究资产转让行为是否有利于促进企业的持续发展；

（三）审议所属一级子公司的资产转让事项，监督一级子公司以下的资产转让事项；

（四）向财政部门、相关金融监督管理部门和其他有关部门报告有关资产转让情况。

第二章 非上市企业国有产权转让

第十一条 非上市企业国有产权的转让应当在依法设立的省级以上（含省级，下同）产权交易机构公开进行，不受地区、行业、出资或者隶属关系的限制。

第十二条 国有及国有控股金融企业转让一级子公司的产权，应当报财政部门审批。除国家明确规定需要报国务院批准外，中央管理的国有及国有控股金融企业转让一级子公司的产权应当报财政部审批；地方管理的金融企业国有资产转让的审批权限，由省级财政部门确定。

国有及国有控股金融企业一级子公司（省级分公司或者分行、金融资产管理公司办事处）转让所持子公司产权，由控股（集团）公司审批。其中，涉及重要行业、重点子公司的重大国有产权转让，或者导致转让标的企业所持金融企业或者其他重点子公司控股权转移的，应当报财政部门审批。

第十三条 转让方应当制定转让方案，并按照内部决策程序交股东会或者股东大会、董事会或者其他决策部门审议，形成书面决议。

转让方案包括转让标的企业产权的基本情况、转让行为的论证情况、产权转让公告以及其他主要内容。

转让标的企业涉及职工安置问题的，应当按照国家有关规定办理职工安置工作。

第十四条 转让方应当依照国家有关规定，委托资产评估机构对转让标的企业的整体价值进行评估。

第十五条 非上市企业国有产权转让需要报财政部门审批的，转让方应当在进场交易前报送以下材料：

（一）产权转让的申请书，包括转让原因，是否进场交易等内容；

（二）产权转让方案及内部决策文件；

（三）转让方基本情况及上一年度经会计师事务所审计的财务会计报告；

（四）转让标的企业基本情况、当期财务会计报告和最近一期经会计师事务所审计的财务会计报告；

（五）转让方和转让标的企业国有资产产权证明文件；

（六）转让标的企业资产评估核准或者备案文件；

（七）拟选择的产权交易机构；

（八）意向受让方应当具备的基本条件、支付方式；

（九）律师事务所出具的法律意见书；

（十）财政部门认为必要的其他文件。

转让金融企业产权的，应当对是否符合相关金融监督管理部门的规定进行说明。

第十六条 从事金融企业国有产权交易活动的产权交易机构，应当符合下列基本条件：

（一）遵守有关法律、法规、规章；

（二）具备相应的交易场所、信息发布渠道和专业人员，能够满足金融企业国有产权交易活动的需要；

（三）具有健全的内部管理制度，产权交易操作规范；

（四）能够履行产权交易机构的职责，依法审查产权交易主体的资格和条件；

（五）连续3年没有违法、违规记录；

（六）按照国家有关规定公开披露产权交易信息，并能够按要求及时向省级以上财政部门报告场内金融企业国有产权交易情况。

第十七条 转让方在确定进场交易的产权交易机构后，应当委托该产权交易机构在省级以上公开发行的经济或者金融类报刊和产权交易机构的网站上刊登产权转让公告，公开披露有关非上市企业产权转让信息，征集意向受让方。

产权转让公告期不得少于20个工作日。

第十八条 转让方披露的非上市企业产权转让信息应当包括下列内容：

（一）转让标的企业的基本情况；

（二）转让标的企业的产权构成情况；

（三）产权转让行为的内部决策情况；

（四）转让标的企业最近一期经会计师事务所审计的主要财务指标数据；

（五）转让标的企业资产评估核准或者备案情况；

（六）受让方应当具备的基本条件；

（七）其他需要披露的事项。

需要按本办法办理审批手续的，还应当披露产权转让行为的批准情况。

第十九条 意向受让方一般应当具备下列条件：

（一）具有良好的财务状况和支付能力；

（二）具有良好的商业信用；

（三）受让方为自然人的，应当具有完全民事行为能力；

（四）国家规定的其他条件。

在不违反相关监督管理要求和公平竞争原则下，转让方可以对意向受让方的资质、商业信誉、行业准入、资产规模、经营情况、财务状况、管理能力等提出具体要求。

第二十条 在产权交易过程中，首次挂牌价格不得低于经核准或者备案的资产评估结果。

首次挂牌未能征集到意向受让方的，转让方可以根据转让标的企业情况确定新的挂牌价格并重新公告。如新的挂牌价格低于资产评估结果的90%，应当重新报批。

第二十一条 经公开征集，产生2个以上（含2个）意向受让方时，转让方应当会同产权交易机构共同对意向受让方进行资格审核，根据转让标的企业的具体情况采取拍卖、招投标或者国家规定的其他公开竞价方式实施产权交易。

采取拍卖方式转让非上市企业产权的，应当按照《中华人民共和国拍卖法》及其他有关规定组织实施。

采取招投标方式转让非上市企业产权的，应当按照《中华人民共和国招标投标法》及其他有关规定组织实施。

第二十二条 经产权交易机构公开征集只产生1个符合条件的意向受让方时，产权转让可以采取场内协议转让方式进行，但转让价格不得低于挂牌价格。

采取场内协议转让方式的，转让方应当与受让方进行充分协商，依法妥善处理转让中所涉及的相关事项后，签订产权转让协议（合同，下同）。

第二十三条 确定受让方后，转让方应当与受让方签订产权转让协议。

转让协议应当包括下列内容：

（一）转让与受让双方的名称与住所；

（二）转让标的企业产权的基本情况；

（三）转让方式、转让价格、价款支付时间和方式及付款条件；

（四）产权交割事项；

（五）转让涉及的有关税费负担；

（六）协议争议的解决方式；

（七）协议各方的违约责任；

（八）协议变更和解除的条件；

（九）转让和受让双方认为必要的其他条款。

第二十四条 转让方应当按照产权转让协议的约定及时收取产权转让的全部价款，转让价款原则上应当采取货币性资产一次性收取。如金额较大、一次付清确有困难的，可以约定分期付款方式，但分期付款期限不得超过1年。

采用分期付款方式的，受让方首期付款不得低于总价款的30%，并在协议生效之日起5个工作日内支付；其余款项应当办理合法的价款支付保全手续，并按同期金融机构基准贷款利率向转让方支付分期付款期间利息。在全部转让价款支付完毕前或者未办理价款支付保全手续前，转让方不得申请办理国有产权登记和工商变更登记手续。

受让方以非货币性资产支付产权转让价款的，转让方应当按照有关规定委托资产评估机构进行资产评估，确定非货币性资产的价值。

第二十五条 财政部门应当对转让方报送的材料进行认真审核，确定是否批准相关产权转让事项。

转让事项经批准后，如转让和受让双方调整产权转让比例或者产权转让方案有重大变化，造成与批准事项不符的，应当按照规定程序重新报批。

第二十六条 非上市企业产权转让过程中涉及国有土地（海域）使用权、探矿权、采矿权的，应当按照国家有关规定另行办理相关手续。

第二十七条 非上市企业产权转让完成后，转让和受让双方应当凭产权交易机构出具的产权交易凭证，按照国家有关规定及时办理相关国有产权登记手续。

第三章 上市公司国有股份转让

第二十八条 转让上市金融企业国有股份和金融企业转让上市公司国有股份应当通过依法设立的证券交易系统进行。

第二十九条 转让方应当根据有关规定，办理上市公司股份转让的信息披露事项。

第三十条 转让方为上市公司控股股东，应当将股份转让方案报财政部门审批后实施。

涉及国民经济关键行业的，应当得到相关部门的批准。

第三十一条 转让方为上市公司参股股东，在1个完整会计年度内累计净转让股份（累计减持股份扣除累计增持股份后的余额，下同）比例未达到上市公司总股本5%的，由转让方按照内部决策程序决定，并在每年1月10日前将上一年度转让上市公司股份的情况报财政部门；达到或者超过上市公司总股本5%的，应当事先将转让方案报财政部门批准后实施。

第三十二条 转让方转让上市公司国有股份需要报财政部门审批的，报送材料应当包括：

（一）转让上市公司股份的申请书，包括转让原因、转让股份数量、持股成本、转让价格确定等内容；

（二）上市公司股份转让方案和内部决策文件；

（三）转让方基本情况及上一年度经会计师事务所审计的财务会计

报告；

（四）上市公司基本情况及最近一期年度财务会计报告和经会计师事务所审计的财务会计报告；

（五）转让上市公司股份对公司控制权、公司股价和资本市场的影响；

（六）财政部门规定的其他文件。

财政部门应当对转让方报送的材料进行认真审核，确定是否同意上市公司股份转让事项。

第三十三条 转让方采取大宗交易方式转让上市公司股份的，股份转让价格不得低于该上市公司股票当天交易的加权平均价格；当日无成交的，不得低于前1个交易日的加权平均价格。

第三十四条 上市公司股份转让完成后，转让方应当按照国家有关规定及时办理国有产权登记手续。

第四章 国有资产直接协议转让

第三十五条 有下列情况之一，经国务院批准或者财政部门批准，转让方可以采取直接协议转让方式转让非上市企业国有产权和上市公司国有股份。

（一）国家有关规定对受让方有特殊要求；

（二）控股（集团）公司进行内部资产重组；

（三）其他特殊原因。

拟采取直接协议转让方式对控股（集团）公司内部进行资产重组的，中央管理的金融企业一级子公司的产权转让工作由财政部负责；一级以下子公司的产权转让由控股（集团）公司负责，其中：拟直接协议转让控股上市公司股份的，应当将转让方案报财政部审批。

第三十六条 转让方采用直接协议方式转让非上市企业产权的，应当按照本办法第十三条、第十四条、第十五条、第二十三条和第二十四条的规定，组织转让方案制定、资产评估、审核材料报送、转让协议签署和转让价款收取等项工作。

第三十七条 非上市企业产权直接协议转让的价格不得低于经核准或者备案的资产评估结果。

国有金融企业在实施内部资产重组过程中，拟采取直接协议方式转让产权、且转让方和受让方为控股（集团）公司所属独资子公司的，可以不对转让标的企业进行整体评估，但转让价格不得低于最近一期经审计确认的净资产值。

第三十八条 财政部门对金融企业以直接协议转让形式转让非上市企业产权的审核按照本办法第二十五条规定执行。

第三十九条 转让方拟直接协议转让上市公司股份的，应当按照内部决策程序交股东大会、董事会或者其他决策部门进行审议，形成书面决议，并及时报告财政部门。

转让方应当将拟直接协议转让股份的信息书面告知上市公司，由上市公司依法向社会公众进行提示性公告，公告中应当注明，本次股份拟直接协议转让事项应当经财政部门审批。

第四十条 转让方直接协议转让上市公司股份，应当向财政部门提交下列材料：

（一）协议转让上市公司股份的申请书，包括转让原因、转让股份数量、持股成本等内容；

（二）协议转让上市公司股份的内部决策文件及可行性研究报告；

（三）拟公开发布的股份协议转让信息内容；

（四）财政部门规定的其他文件。

第四十一条 财政部门收到转让方提交的直接协议转让上市公司股份材料后，应当认真进行审核，确定是否批准协议转让事项，并在15个工作日内予以答复。

转让方收到财政部门出具的意见后2个工作日内，应当书面告知上市公司，由上市公司依法公开披露国有股东拟直接协议转让上市公司股份的信息。

第四十二条 转让方直接协议转让上市公司股份信息应当包括以下内容：

（一）转让股份数量及所涉及的上市公司名称及基本情况；

（二）受让方应当具备的资格条件；

（三）受让方递交受让申请的截止日期；

（四）财政部门和相关部门的批复意见。

第四十三条 具有下列情形之一的，经财政部门批准后，转让方可以不披露上市公司股份协议转让信息：

（一）国民经济关键行业、领域中对受让方有特殊要求的；

（二）转让方作为国有控股股东，为实施国有资源整合或者资产重组，在控股公司或者集团企业内部进行协议转让的；

（三）上市公司连续2年亏损并存在退市风险或者严重财务危机，受让方提出重大资产重组计划及具体时间表的；

（四）上市公司回购股份涉及转让方所持股份的。

第四十四条 转让方作为上市公司控股股东，拟采取直接协议转让方式转让股份并失去控股权的，应当聘请具有相应资质的专业中介机构担任财务顾问和法律顾问，并提出书面意见。财务顾问和法律顾问应当具有良好的信誉及近3年内无重大违法违规记录。转让方认为必要时，可委托具有证券评估资格的资产评估机构对转让标的资产进行评估。

第四十五条 转让方直接协议转让上市公司股份的，转让价格应当按照上市公司股份转让信息公告日（经批准不须公开股份转让信息的，以股份转让协议签署日为准）前30个交易日每日加权平均价格的加权平均价格或者前1个交易日加权平均价格孰高的原则确定。

转让方作为上市公司国有控股股东，为实施国有资源整合或者资产重组，在内部进行协议转让，且拥有的上市公司权益并不因此减少的，转让价格应当根据上市公司最近一期经审计的净资产、净资产收益率、市盈率等因素合理协商确定。

第四十六条 受让上市公司股份后，受让方拥有上市公司实际控制权的，应当具备以下条件：

（一）具有法人资格；

（二）设立3年以上，最近2年连续盈利且无重大违法违规行为；

（三）具有促进上市公司持续发展和改善上市公司法人治理结构的能力。

第四十七条 受让方确定后，转让方应当及时与受让方签署股份转让协议。

转让协议应当包括但不限于以下内容：

（一）转让方、上市公司、受让方企业名称、法定代表人姓名及住所；

（二）转让方持股数量、拟转让股份数量及价格；

（三）转让方、受让方的权利和义务；

（四）股份转让价款支付方式及期限；

（五）股份登记过户条件；

（六）协议变更和解除条件；

（七）协议争议解决方式；

（八）协议各方的违约责任；

（九）协议生效条件。

第四十八条 上市公司股份的转让方为国有及国有控股金融企业的，转让方在确定受让方后，应当及时向财政部门报送以下材料：

（一）转让方案的实施及选择受让方的有关情况；

（二）上一年度经会计师事务所审计的财务会计报告；

（三）受让方基本情况、公司章程及最近一期经会计师事务所审计的财务会计报告；

（四）上市公司基本情况、最近一期中期财务会计报告及经会计师事务所审计年度财务会计报告；

（五）股份转让协议及股份转让价格的定价说明；

（六）受让方与国有股东、上市公司之间在最近 12 个月内股权转让、资产置换、投资等重大情况及债权债务情况；

（七）律师事务所出具的法律意见书；

（八）转让上市公司股份对公司股价和资本市场的影响；

（九）财政部门规定的其他文件。

第四十九条 财政部门应当对转让方报送的材料进行认真审核，并出具股份转让批复文件。

第五十条 转让方应当按照本办法第二十四条的规定，收取转让价款，并按照国家有关规定及时办理相关国有产权登记手续。

第五章　法律责任

第五十一条 金融企业国有资产转让过程中出现下列情形之一的，财政部门可以要求转让方立即中止或者终止资产转让活动：

（一）未按本办法有关规定在产权交易机构中进行交易的；

（二）转让方不履行相应的内部决策程序、批准程序或者超越权限，或者未按规定报经财政部门和相关部门审批，擅自转让资产的；

（三）转让方、转让标的企业故意隐匿应当纳入评估范围的资产，或者向中介机构提供虚假会计资料，导致审计、评估结果失真，以及未经审计、评估，造成国有资产流失的；

（四）转让方与受让方串通，低价转让国有资产，造成国有资产流失的；

（五）转让方未按规定落实转让标的企业的债权债务，非法转移债权或者逃避债务清偿责任的；以金融企业国有资产作为担保的，转让该部分资产时，未经担保债权人同意的；

（六）受让方采取欺诈、隐瞒等手段影响转让方的选择以及资产转让协议签订的；

（七）受让方在产权转让竞价过程中，恶意串通压低价格，造成国有资产流失的。

第五十二条 转让方、转让标的企业有本办法第五十一条规定的情形，由财政部门给予警告，并建议有关部门对负有直接责任的人员和其他直接责任人员给予行政处分；造成国有资产损失的，应当建议有关部门依法追究金融企业董事、监事、高级管理人员的责任；由于受让方的责任造成国有资产流失的，受让方应当依法赔偿转让方的经济损失。涉嫌犯罪的，应当移送司法机关。

第五十三条 会计师事务所、资产评估机构、律师事务所、财务顾问机构等社会中介机构在国有资产转让的审计、评估、法律和咨询服务中违规执业的，财政部门应当向其行业主管部门通报有关情况，建议依法给予相应处理。

第五十四条 产权交易机构在金融企业国有资产交易中弄虚作假或者玩忽职守，损害国家利益或者交易双方合法权益的，财政部门可以停止其从事金融企业国有资产交易的相关业务，建议有关部门依法追究产权交易机构及直接责任人员的责任。

第五十五条 金融企业国有资产转让批准机构及其有关人员违反法律、行政法规及本办法规定，造成国有资产流失的，由有关部门依法给予纪律处分；涉嫌犯罪的，移送司法机关。

第六章 附 则

第五十六条 省、自治区、直辖市、计划单列市的财政厅（局）可以根据本办法，制定本地区金融企业国有资产转让管理实施办法，并报财政部备案。

第五十七条 国有及国有控股金融企业因依法行使债权或者担保物权，而受偿于债务人、担保人或者第三人的非上市企业产权转让，比照本办法第二章在产权交易机构进行。

国有及国有控股金融企业因依法行使债权或者担保物权，而受偿于债务人、担保人或者第三人的上市公司股份转让，比照本办法第三章的规定在证券交易系统中进行。

第五十八条 国有及国有控股金融企业持有的国有资产涉及诉讼的，根据人民法院具有法律效力的文件，办理相关转让手续。

第五十九条 国有及国有控股的证券公司、基金管理公司、资产管理公司、信托公司和保险资产管理公司等金融企业出售其所持有的以自营为目的的上市公司股份按照相关规定办理。

第六十条 金融资产管理公司转让不良资产和债转股股权资产的，国家相关政策另有规定的，从其规定。

本办法所称金融资产管理公司，是指中国华融资产管理公司、中国长城资产管理公司、中国东方资产管理公司和中国信达资产管理公司。

第六十一条 中国人民银行总行所属企业、中国投资有限责任公司（含中央汇金投资有限责任公司）、信用担保公司以及其他金融类企业的国有资产转让监督管理工作，比照本办法执行。

第六十二条 本办法自2009年5月1日起施行。

二〇〇九年三月十七日

医疗机构药品集中采购工作规范

卫规财发［2010］64号

第一章　总则

第一条　为进一步规范药品集中采购工作，明确药品集中采购当事人的行为规范，依据有关法律法规，制定本规范。

第二条　本规范适用于参加医疗机构药品集中采购活动的药品集中采购机构、医疗机构和药品生产经营企业。

第三条　县级及县级以上人民政府、国有企业（含国有控股企业）等举办的非营利性医疗机构必须参加医疗机构药品集中采购工作。鼓励其他医疗机构参加药品集中采购活动。

第四条　实行以政府主导、以省（区、市）为单位的医疗机构网上药品集中采购工作。医疗机构和药品生产经营企业购销药品必须通过各省（区、市）政府建立的非营利性药品集中采购平台开展采购，实行统一组织、统一平台和统一监管。执行国家基本药物政策药品的采购规范性文件另行制定。

第五条　医疗机构药品集中采购必须坚持质量优先、价格合理的原则，做好药品的评价工作。

第六条　坚持公开、公平、公正的原则，确保不同地区、不同所有制的药品生产经营企业平等参与，公平竞争，禁止任何形式的地方保护。

第七条　药品集中采购机构、医疗机构和药品生产经营企业等各方当事人，在医疗机构药品集中采购活动中享有平等权利并承担相应义务。

第八条　依照本规范必须进行集中采购的药品，有下列情形之一的，不实行集中采购：

（一）因战争、自然灾害等，需进行紧急采购的；

（二）发生重大疫情、重大事故等，需进行紧急采购的；

（三）卫生部和省级人民政府认定的其他情形。

第二章　药品集中采购机构

第九条　各省（区、市）人民政府负责成立由相关部门组成的药品集中采购工作领导机构、管理机构和工作机构，建立非营利性药品集中采购平台。

第十条 药品集中采购工作领导机构由省（区、市）人民政府分管领导牵头，卫生、纠风、发展改革（物价）、财政、监察、工商行政管理、食品药品监督管理等部门组成。药品集中采购工作领导机构负责制定本省（区、市）医疗机构药品集中采购工作的实施意见和监督管理办法，并监督执行，研究药品集中采购工作的重大问题，协调并督促各部门按照各自职责做好集中采购相关工作。

第十一条 卫生行政部门牵头组织药品集中采购工作，汇总并提出本地区有关医疗机构集中采购药品的品种、规格和数量，负责对医疗机构执行集中采购结果和履行采购合同情况进行监督检查。

第十二条 纠风、监察部门负责对药品集中采购工作的监督，受理有关药品集中采购的检举和投诉，对违纪违规行为及时进行调查处理。具体办法另行制定。

第十三条 价格管理部门负责对企业递交的价格文件、按集中采购价格和规定加价政策确定的集中采购药品零售价格进行审核，并对价格执行情况进行监督检查。

第十四条 工商行政管理部门负责对参加药品集中采购的药品生产经营企业提供的营业执照信息进行核对，对药品集中采购过程中的不正当竞争行为进行调查处理。

第十五条 食品药品监督管理部门负责对参加药品集中采购的药品生产经营企业及其申报药品的资质及有关证明文件进行审核，对入围药品的质量进行监督检查，提供药品质量和药品生产经营企业不良记录等信息，加大对明显低于成本投标药品质量的监督检查力度。

第十六条 财政部门负责安排药品集中采购工作所需必要的工作经费。

第十七条 药品集中采购工作管理机构设在卫生行政部门，要明确承办日常事务的处室。纠风、物价、药监等相关部门可确定专人参加管理机构工作，具体组成由各省（区、市）确定。其主要职责是制定规则、组织管理、监督检查。

（一）按照药品集中采购工作领导机构的要求，编制采购目录，确定采购方式；

（二）组织、协调、推动全省（区、市）的药品集中采购工作；

（三）依据实施意见制定实施细则、工作制度、工作程序和工作纪律等，并组织实施；

（四）组建并管理全省（区、市）药品集中采购专家库；

（五）指导、管理并监督集中采购工作机构按照规定程序，公开、公平、公正地开展药品集中采购工作；

（六）指导并监督各市（地）集中采购管理部门开展集中采购相关工作，加强对各市（地）执行情况的督促检查，将各项指标完成情况作为对市（地）目标考核的重要内容；

（七）审核药品集中采购工作机构报送的采购文件及集中采购结果等；

（八）组织对医疗机构和药品生产经营企业的履约情况进行监督检查；

（九）负责调查、处理相关投诉和举报；

（十）在集中采购工作结束后15个工作日内，将集中采购结果上传至卫生部全国药品集中采购信息交流平台；

（十一）向药品集中采购工作领导机构负责并报告工作；

（十二）承办药品集中采购工作领导机构交办的其他事项。

第十八条 药品集中采购工作机构原则上设在卫生行政部门，也可根据本地实际依托政府采购工作机构，接受药品集中采购工作管理机构的领导，负责全省（区、市）药品集中采购工作的具体实施。其主要职责是具体操作、提供服务、维护平台。

（一）依据实施细则，编制药品集中采购工作文件（须使用国家药品编码），报药品集中采购工作管理机构审核并公布；

（二）受理企业及药品相关资质证明文件、工商资质证明材料和价格文件等，并提请有关部门进行审核；

（三）具体协助组织实施药品评价、品种遴选等工作；

（四）提请药品集中采购工作管理机构审定并公告集中采购结果；

（五）组织医疗机构与药品生产经营企业按集中采购结果签订药品购销合同，并协助药品集中采购工作管理机构监督合同的执行；

（六）负责本省（区、市）医疗机构药品集中采购平台的技术管理、网络安全、数据和设备的维护，提供相关的服务和技术支持；

（七）为医疗机构和药品生产经营企业提供咨询服务；

（八）定期统计分析本省（区、市）医疗机构和药品生产经营企业网上药品采购、配送、回款情况，做好网上监控；

（九）及时维护和管理药品生产经营企业及集中采购药品的基础信息；

（十）根据食品药品监督管理部门提供的药品质量、药品不良反应、企业不良记录等信息，按规定及时作出相应处理；

（十一）及时报送药品集中采购工作管理机构要求的信息和统计资料，组织相关的业务技术培训；

（十二）协助调查和处理相关申投诉和举报；

（十三）向本省（区、市）药品集中采购工作管理机构负责并报告工作；

（十四）承办药品集中采购工作管理机构交办的其他事项。

第十九条 药品集中采购平台是政府建立的非营利性药品集中采购、监督管理平台。政府拥有平台的所有权和使用权。采购平台要做到安全可靠、功能完善、数据齐全、监管严密。采购平台设置在药品集中采购工作机构内，不得单独设置。

第二十条 药品集中采购平台应当具备以下功能：

（一）进行药品集中采购各个环节、各类信息的公示；

（二）开展网上药品评价；

（三）提供药品采购载体和网络技术支持；

（四）向采购双方提供与集中采购相关的信息查询和服务；

（五）准确汇总动态采购数据和统计分析数据；

（六）实现网上采购动态监管；

（七）药品集中采购工作管理机构的其他要求。

第二十一条 市（地）、县级人民政府负责本级药品集中采购的监督管理工作。

（一）建立健全药品集中采购工作的管理体制，确定专门人员、落实工作经费；

（二）负责组织本辖区内医疗机构与药品生产经营企业按照互惠互利的原则签订购销合同；

（三）加强对本辖区内医疗机构药品集中采购的指导、督促、现场检查和处理；

（四）负责收集上报本地区医疗机构集中采购药品的相关信息；

（五）承办上级药品集中采购工作领导机构和管理机构交办的其他事项。

第三章 制度建设

第二十二条 药品集中采购工作领导机构组成部门要按照职责分工，认真履行职能，及时沟通联系，主动协调配合，不得相互推诿，共同推动药品集中采购工作。

第二十三条 药品集中采购工作管理机构和工作机构要加强自身建设，为医疗机构和药品生产经营企业提供服务。

第二十四条 健全和完善各项规章制度。建立健全药品集中采购工作领导机构工作制度、联席会议制度和药品集中采购工作管理机构、工作机构的监督管理制度和关键岗位定期轮换制度。

第二十五条 建立药品集中采购各环节特别是关键环节的工作流程、监督制度和多重复核制度，使每个环节和程序都处于监督之下。

第二十六条 加强药品集中采购网络管理，建立药品集中采购平台监督管理的各项规章制度，落实责任制，确保网络数据的安全。

第二十七条 加强对药品集中采购工作人员的廉洁自律教育和日常管理。严肃工作纪律，严禁以权谋私。参加药品集中采购工作的所有工作人员，不得以任何理由和方式收取生产经营企业的财物或牟取其他不正当利益；不得进行任何形式的违规操作；不得参加任何医药企业、社会团体以任何名义组织的有关药品采购管理的活动和成立的相关组织；不得从事代理药品销售。

第二十八条 药品集中采购工作管理机构要设立举报电话、开通电子邮箱等并向社会公布，保证医疗机构、药品生产经营企业以及社会公众对工作人员履行职责的情况进行监督。

第四章 医疗机构

第二十九条 医疗机构应当按照卫生行政部门规定建立药物与治疗学委员会（组）。医院药物与治疗学委员会（组）要根据有关规定，在省级集中采购入围药品目录范围内组织遴选本院使用的药品目录。

第三十条 医疗机构必须通过政府建立的非营利性药品集中采购平台采购药品。

第三十一条 医疗机构应当在规定时间内，根据本单位的药品使用目录，编制采购计划，签订采购合同，明确采购品种和数量。

第三十二条 医疗机构原则上不得购买药品集中采购入围药品目录外的药品。有特殊需要的，须经省级药品集中采购工作管理机构审批同意。

第三十三条 医疗机构应当执行价格主管部门公布的集中采购药品零售价格。

第三十四条 医疗机构应当按照不低于上年度药品实际使用量的80%，向省级药品集中采购工作管理部门申报当年采购数量。

第三十五条 医疗机构应当严格按照《合同法》的规定签订药品购销合同，明确品种、规格、数量、价格、回款时间、履约方式、违约责任等内容，合同周期一般至少一年。合同采购数量应当与医疗机构上报的计划采购数量相符。如合同采购数量不能满足临床用药需要，可以签订追加合同。有条件的省（区、市）可同时签订电子合同备查，接受社会和有关部门监督。

第三十六条 医疗机构按照合同购销药品，不得进行“二次议价”。严格对药品采购发票进行审核，防止标外采购、违价采购或从非规定渠道采购药品。

第三十七条 医疗机构应当严格按照合同约定的时间回款，回款时间从货到之日起最长不超过60天。无正当理由未按合同规定时间回款的，应当支付一定比例的违约金，具体由省级药品集中采购工作管理机构确定。

第三十八条 医疗机构在药品集中采购活动中，不得有下列行为：

（一）不参加药品集中采购活动，或以其他任何方式规避集中采购活动；

（二）提供虚假的药品采购历史资料；

（三）不按照规定要求同药品生产经营企业签订药品购销合同；

（四）不按购销合同采购药品，擅自采购非入围药品替代入围药品，不按时结算货款或者其他不履行合同义务的行为；

（五）药品购销合同签订后，再同企业订立背离合同实质性内容的其他协议，牟取其他不正当利益；

（六）不执行价格主管部门制定的集中采购药品零售价格；

（七）不按照规定向卫生行政部门报送集中采购履约情况报表；

（八）其他违反法律法规的行为。

第五章 药品生产经营企业

第三十九条 药品集中采购实行药品生产企业直接投标。药品生产企业设立的仅销售本公司产品的商业公司、境外产品国内总代理可视同生产企业。集团公司所属全资及控股子公司的产品参加投标的，应当允许以集团公司名义进行，并提供相应证明材料。

药品生产企业必须委托本企业的工作人员，持法人委托书在内的生产企业证明文件等材料办理相关集中采购手续。对委托其他企业人员（或个人）办理集中采购相关手续的，由此而产生的一切法律责任由生产企业承担。

第四十条 参加药品集中采购活动的药品生产经营企业应当具备以下基本条件：

（一）药品生产经营企业必须依法取得相应的资质证书，参加集中采购的产品必须具备相应的资质证书；

（二）信誉良好；

（三）具有履行合同必须具备的药品供应保障能力；

（四）参加集中采购活动近两年内，在生产或经营活动中无严重违法违规记录；

（五）法律法规规定的其他条件。

各省（区、市）不得以不合理的条件加大企业负担，对生产经营企业实行差别待遇或者歧视。

第四十一条 参加药品集中采购活动的生产企业应当按照集中采购文件的要求，按时提供真实、有效、合法的委托书、药品和企业资质证明文件及保证供应承诺函，在药品集中采购平台上如实申报相关信息。

第四十二条 负责配送的药品生产经营企业应当具备在药品集中采购平台上进行销售的条件，按规定和要求进行订单确认、备货、配送，保证上网医疗机构的用药需要。

第四十三条 药品生产经营企业必须提供合法生产的药品，并按照药品购销合同规定的通用名、剂型、规格、包装、品牌、价格和效期等及时供货，不得提供集中采购入围药品目录外的药品。药品生产经营企业未按合同生产、供应药品的，应当支付一定比例的违约金，具体由省级药品集中采购工作管理机构确定。

第四十四条 集中采购药品的配送费用包含在集中采购价格之内。

第四十五条 入围药品可以由生产企业直接配送，也可以委托药品经营企业配送。生产企业委托配送的，应当充分考虑配送企业的实际配送能力和配送业绩以及医疗机构对其服务质量、服务信誉的认同程度等。

第四十六条 原则上每种药品只允许委托配送一次，但在一个地区可以委托多家进行配送。如果被委托企业不能直接完成配送任务，可再委托另一家药品经营企业配送，并报省级药品集中采购工作管理机构备案，但不得提高药品的采购价格。

第四十七条 药品生产经营企业在药品集中采购活动中，不得有下列行为：

（一）进行虚假宣传、商业贿赂等不正当竞争行为；

（二）以低于成本的价格恶意投标，扰乱市场秩序；

（三）相互串通报价，妨碍公平竞争；

（四）向集中采购机构、医疗机构或者个人行贿，牟取不正当利益；

（五）提供虚假证明文件，或者以其他方式弄虚作假；

（六）在规定期限内不签订药品购销合同或者不履行合同义务；

（七）其他违反法律法规及有关规定的行为。

第六章　药品集中采购目录和采购方式

第四十八条　各省（区、市）集中采购管理机构负责编制本行政区域内医疗机构药品集中采购目录。

纳入目录的药品均使用通用名，并应当包括该通用名下的相关剂型、规格。

第四十九条　国家实行特殊管理的麻醉药品和第一类精神药品不纳入药品集中采购目录。第二类精神药品、医疗放射药品、医疗毒性药品、原料药、中药材和中药饮片等药品可不纳入药品集中采购目录。

医疗机构使用上述药品以外的其他药品必须全部纳入集中采购目录。

第五十条　对纳入集中采购目录的药品，实行公开招标、邀请招标和直接采购等方式进行采购。各省（区、市）可结合实际情况，确定药品集中采购方式。

公开招标，是指以招标公告的方式，邀请不特定的药品生产企业投标的采购方式。

邀请招标，是指以投标邀请书的方式，邀请特定的药品生产企业投标的采购方式。

直接采购，是指医疗机构按照价格部门规定的价格或历史成交价格直接向符合资质的药品生产企业购买药品的采购方式。

第五十一条　对通过公开招标采购能够成交的药品，原则上不得进行邀请招标采购。对采购量较小、潜在投标人较少或者无投标的，可以进行邀请招标采购。部分廉价常用药，经多次集中采购价格已基本稳定，可以进行直接采购。直接采购具体品种和办法由省级药品集中采购工作管理机构确定。

第七章　药品集中采购程序

第五十二条　药品集中采购主要按以下程序实施：

（一）制定药品集中采购实施细则和集中采购文件等，并公开征求意见；

（二）发布药品集中采购公告和集中采购文件；

（三）接受企业咨询，企业准备并提交相关资质证明文件，企业同时提供国家食品药品监督管理局为所申报药品赋予的编码；

（四）相关部门对企业递交的材料进行审核；

（五）公示审核结果，接受企业咨询和申诉，并及时回复；

（六）组织药品评价和遴选，确定入围企业及其产品；

（七）将集中采购结果报药品集中采购工作管理机构审核；

（八）对药品集中采购结果进行公示；

（九）受理企业申诉并及时处理；

（十）价格主管部门按照集中采购价格审核入围药品零售价格；

（十一）公布入围品种、药品采购价格及零售价格；

（十二）医疗机构确认纳入本单位药品购销合同的品种及采购数量；

（十三）医疗机构与药品生产企业或受委托的药品经营企业签订药品购销合同并开展采购活动。

第五十三条 药品集中采购文件主要包括集中采购药品目录（范围）、药品评价办法、企业应当提交的资质证明文件、药品配送方法、网上药品采购与使用原则、药品质量要求、采购工作监督等内容。

第五十四条 药品集中采购公告应当通过网络或报刊等媒介发布。公告应当载明药品集中采购工作机构、地址、采购范围以及获取集中采购文件的办法等。

第五十五条 省级药品集中采购工作机构应当合理确定药品生产企业准备资质证明文件和网上申报所需要的时间。自公告发布之日起至提交资质证明文件的截止之日止，原则上不得少于15个工作日。

第五十六条 药品生产企业应当按照公告要求，在截止时间前将申报文件送达指定地点。在截止时间前，可以补充、修改或者撤回已提交的申报文件。补充修改的内容为申报文件的组成部分。

第五十七条 药品生产企业必须如实在药品集中采购平台上申报企业和药品的资质证明材料，并提交纸质资质证明材料。网上申报信息与递交的纸质资质证明材料必须一致，不一致的以递交的纸质材料为准。相关部门审核通过的材料，提交药品集中采购工作机构，作为实施集中采购的依据。

第五十八条 资质审核完成后，在药品集中采购平台上公示，并接受企业咨询和书面申诉，公示期一般不少于3个工作日。

第五十九条 对企业的书面申诉，药品集中采购工作机构应当做好登记、回执、分类汇总，提请相关部门按照有关规定处理，并将有关情况报送管理机构。对合理的申诉要及时予以采信。对于实施细则中不能解决的问题，应当提交药品集中采购工作管理机构或组织专家进行研究，处理及研究结果应当及时回复。

第六十条 药品集中采购的周期原则上不少于一年。对在采购期内新上市的产品，可建立增补或备案采购流程，具体由各省（区、市）药品集中采购管理部门确定。

第六十一条 价格主管部门应当在药品集中采购价格上报后的20个工作日内，审核集中采购品种的零售价格并向社会公布。

医疗机构自价格主管部门公布药品零售价格之日起，30个工作日内执行新的采购价格和零售价格。

第八章 药品集中采购评价方法

第六十二条 药品评价可参考价格主管部门按质论价的原则进行。按照上述原则评价药品时，不同类别药品之间价格可有合理的差别。

第六十三条 建立科学的药品集中采购评价方法。

（一）坚持“质量优先、价格合理”的原则，科学开展药品评价；

（二）加大质量分权重，并考虑临床疗效、质量和科技水平等因素；

（三）鼓励药品研发创新，药品价格要有利于促进企业提高创新力，研究开发新产品和新技术；

（四）以循证原则综合评价药品的质量、价格、服务和信誉等，择优选择入围药品；

（五）坚持为满足各级各类医疗机构临床用药需要服务，充分考虑各级各类医疗机构的用药差异，满足人民群众多样化的用药需求。

第六十四条 在确定入围率时，应当全面分析投标品种数量，并考虑本地社会经济发展差异，以及本省（区、市）地域范围等因素。评审时，应当充分考虑临床常用剂型规格和合理用药的需要。

第六十五条 集中采购时应当充分考虑药品的临床疗效、药品的质量和科技水平，对申报药品实行综合评价。

（一）综合评价要素应当包括药品质量、药品价格、服务和信誉等。将每个评价要素量化为若干个评价指标并形成指标体系，根据各项指标的重要程度进行百分制定量加权。

（二）评价要素量化后形成的指标体系，应当全面反映医疗机构对药品集中采购的要求，对社会和企业公开。

综合评价的指标体系按照以上要求由各省（区、市）药品集中采购工作管理机构确定。

第六十六条 综合评价时，确定评分权重应当遵循以下原则：

（一）质量要素实际权重一般不应当低于总分的50%；

（二）价格要素实际权重不应当低于总分的30%；

（三）服务和信誉要素实际权重应当不超过总分权重的20%。

在以上评价中，主观分权重不超过总分的25%。

第六十七条 根据药品集中采购的方式，按照国家差比价规则确定药品集中采购价格。各省（区、市）要制定并公布确定药品集中采购价格的标准、方法和程序，整个过程应当公开、透明，接受各方监督。

第九章 专家库建设和管理

第六十八条 建立药品集中采购专家库，并按照专业实行分类管理。

专家库应当包括药学和不同级别医疗机构的医学专家等。医学专家包括临床医学各学科及亚专业的专家，药学专家包括西药学、中药学和药品管理专家。

进入专家库的专家应当具备以下基本条件：

（一）熟悉国家有关法律、法规、政策；

（二）有良好的政治素质和职业道德，遵纪守法；

（三）具有大学本科或同等以上学历；

（四）具有副高级专业技术职称或同等专业水平，并从事相关领域工作三年以上；

（五）熟悉本专业领域国内外技术水平和发展动向。

第六十九条 专家库专家承担药品集中采购评标、议价和对企业申诉的讨论等工作。专家应当客观公正地履行职责，遵守职业道德，对所提出的评审意见负责，并承担相应的责任。

评审意见应当以药品疗效和安全性为依据，并记录在案，严禁以专家个人意愿确定入围品种。专家不得私下接触企业，不得收受企业的财物或者其他好处。

第七十条 根据药品的类别，由药品集中采购工作管理机构从专家库中按照专家类别随机抽取产生，并组成专家委员会。药学和医学专家原则上按照3：2的比例确定，同时考虑不同级别医疗机构的专家参与。

从抽取专家到开始工作的时间一般不得超过24小时。在抽取专家的同时，应当抽取足够数量的备选专家，在专家因故缺席时及时予以替补。

专家名单一经抽取确定，必须严格保密。如有泄密，除追究当事人责任外，应当报告监督机构并重新在专家库中抽取专家。

第七十一条 实行公开招标采购的专家委员会人数应当为13人以上单数，实行邀请招标和直接采购的专家委员会人数应当为7人以上单数。

第七十二条 专家委员会的专家不得参加与本人有利害关系的项目评标。如与药品生产经营企业有利害关系的专家应当主动申请回避。有下列情形之一的应当回避：

（一）专家在药品生产经营企业任职、兼职或者持有股份的；

（二）专家任职单位与药品生产经营企业为同一法人代表的；

（三）专家近亲属在药品生产经营企业担任领导职务的；

（四）有其他利害关系，可能影响公正参与药品集中采购工作的。

专家知晓本人与药品生产经营企业存在利害关系但不主动回避的，药品集中采购工作管理机构应当取消其专家资格，通报专家所在单位，且当次评审结果无效。

第七十三条 药品集中采购监督部门应当采取必要措施，保证评标过程在严格保密的情况下进行。任何单位和个人不得非法干预、影响评标的过程和结果。

第十章 监督管理与申诉

第七十四条 药品集中采购工作管理机构要通过药品集中采购平台提供的网上监管系统，对采购双方的购销行为实行实时监控，对医疗机构采购药品的品种、数量、价格、加价率、回款、使用和药品生产经营企业参与投标、配送等情况进行动态监管。定期或不定期现场检查分析医疗机构实际药品采购、使用和回款情况，并与网上采购情况进行对比分析，使药品采购全过程公开透明、真实有效。

第七十五条 各级卫生行政部门对医疗机构药品集中采购的执行情况实行定期考核，纳入目标管理及医疗机构等级评审和复查工作中，并向社会公布，接受社会监督。

第七十六条 建立药品生产经营企业不良记录公示制度。对在药品购销活动中存在的不正当竞争、商业贿赂行为，以及提供虚假、过期资质证明材料、不按合同提供药品的行为进行不良记录公示，规范企业行为。

第七十七条 建立健全信息安全保障措施、管理制度和突发事件应急预案，确保网上药品集中采购数据安全和完整。严格遵守保密制度，杜绝涉密文件、资料、数据在平台上运行。设定专人负责，严格权限管理。严格密码、口令管理。建立严格的数据备份制度，数据保存期限不得少于3年。

第七十八条 建立健全企业申诉机制，通过多种渠道听取企业意见，及时解决企业合理诉求，不断改进和完善药品集中采购办法。制定企业申诉、受理管理办法和程序。

建立专人接待和接受企业书面申诉、多部门专人定期负责处理企业申诉机制。按照申诉内容，如有必要的，由药品集中采购管理机构分层分类随机抽取专家进行讨论。企业当面陈述理由，专家现场讨论投票，可邀请人大代表、政协委员和消费者代表全程参与和监督。

第十一章 不良记录管理

第七十九条 实行药品生产经营企业不良记录动态管理制度。药品生产经营企业有下列行为之一的，列入不良记录并网上公示，取消该企业所有产品的入围资格，药品集中采购管理机构自取消之日起两年内不得接受其任何产品集中采购申请，全省（区、市）医疗机构两年内不得以任何形式采购其产品，原签订的购销合同终止。

（一）经执法执纪机关认定，在药品购销活动中存在商业贿赂行为的；

（二）提供虚假、无效文件的；

（三）以其他方式弄虚作假，骗取入围的。

第八十条 药品生产经营企业有下列行为之一的，列入不良记录并网上公示，取消该企业所有产品的入围资格，药品集中采购管理机构自取消之日起两年内不得接受其任何产品集中采购申请，全省（区、市）医疗机构两年内不得以任何形式采购其产品，原签订的购销合同终止。

（一）以低于成本的价格恶意投标，扰乱市场秩序的；

（二）对入围产品擅自涨价或变相涨价的；

（三）不配送或不按时配送入围药品，造成医疗机构临床用药短缺的；

（四）经医疗机构验收确认，配送的药品规格、包装与入围规格、包装不一致并不同意更换的；

（五）以其他非入围药品取代入围药品进行配送的；

（六）药品集中采购工作管理机构规定的其他情形。

第八十一条 医疗机构有下列行为之一的，除追究当事人的责任外，视其情节追究主管领导的责任。涉嫌犯罪的，移交司法机关依法处理。

（一）不参加药品集中采购活动，以其他任何方式规避集中采购活动的；

（二）提供虚假的药品采购历史资料的；

（三）不按照规定同药品企业签订药品购销合同的；

（四）不按购销合同采购药品，擅自采购非入围药品替代入围药品，不按时结算货款或者其他不履行合同义务的行为的；

（五）药品购销合同签订后，再同企业订立背离合同实质性内容的其他协议，牟取其他不正当利益的；

（六）不执行价格主管部门审核的集中采购药品临时零售价的；

（七）收受药品生产经营企业钱物或其他利益的；

（八）其他违反法律法规的行为。

第十二章　附　　则

第八十二条　军队、武警部队医疗机构药品集中采购办法，由中国人民解放军卫生主管部门制定。

第八十三条　本规范由卫生部会同相关部门负责解释。

第八十四条　本规范自发布之日起施行。《医疗机构药品集中招标采购工作规范（试行）》（卫规财发［2001］308 号）同时废止。以前所发药品集中采购文件与本规范不一致的，按照本规范规定执行。

二〇一〇年七月七日

国土资源部　监察部　关于进一步落实工业用地出让制度的通知

国土资发［2009］101号

各省、自治区、直辖市国土资源厅（国土环境资源厅、国土资源局、国土资源和房屋管理局、规划和国土资源管理局）、监察厅（局），副省级城市国土资源行政主管部门、监察局，新疆生产建设兵团国土资源局、监察局，各派驻地方的国家土地督察局：

针对当前国内经济形势和工业用地供应中存在的突出问题，为落实党中央、国务院关于保增长、扩内需、促进经济平稳较快发展的重大决策，更大程度地发挥土地政策调控作用，现就进一步完善工业用地出让制度通知如下。

一、明确政策，合理选择工业用地招标拍卖挂牌出让方式

工业项目行业门类多，对产业政策、环保标准、产业布局结构和生产技术水平要求高。各地要在坚持工业用地招标拍卖挂牌出让制度的基础上，充分考虑工业用地的特点，合理选择出让方式，进一步细化政策措施。

（一）各地要严格执行工业用地招标拍卖挂牌制度，凡属于农用地转用和土地征收审批后由政府供应的工业用地，政府收回、收购国有土地使用权后重新供应的工业用地，必须采取招标拍卖挂牌方式公开确定土地价格和土地使用权人。

（二）各市、县国土资源行政主管部门应当依据年度土地利用计划、国家产业政策、土地供应政策、本地区社会经济发展目标、土地市场状况和土地供应潜力等，科学编制土地出让计划，明确工业用地的供应规模、功能布局和供应时序，经批准的出让计划要及时向社会公布。各地要支持中小企业发展，在土地出让计划中要安排一定比例的土地用于中小企业开发利用，特别是建设多层标准厂房。

（三）为充分了解工业用地需求，合理安排出让进度和出让规模，各地要大力推进工业用地预申请制度，加快制定工业用地预申请政策措施和操作程序。对列入市、县土地出让计划的工业用地，要及时将具备出让条件地块

的位置、面积、产业要求、使用年限、土地使用条件（功能分区）等信息向社会发布，接受用地申请。单位和个人对拟出让的地块有使用意向，所承诺支付的土地价格和土地使用条件符合规定的，市、县国土资源行政主管部门应适时组织挂牌或拍卖出让活动。

（四）各地在工业用地出让中，应依据供地政策、土地用途、规划限制等具体因素，选择适宜的出让方式。对具有综合目标或特定社会、公益建设条件，土地用途受严格限制、仅有少数单位或个人可能有受让意向的工业用地，可以采取招标方式，按照综合条件最佳者得的原则确定受让人。也可以设定专项条件，采取挂牌、拍卖方式，按照价高者得的原则确定受让人。

采用上述方式出让工业用地的，必须严格审核把关，在签定出让合同前必须按规定时间将供地审批结果向社会公示，公示时间不少于10个工作日；供地后必须加强监管，改变用地条件的，要收回土地，追究责任。

（五）分期建设的工业项目，市、县国土资源行政主管部门可以通过竞单位面积地价的方式确定招标拍卖挂牌竞得人（中标人），一次签订国有土地使用权出让合同，支付土地出让价款，再按照土地使用标准分期供地。自出让合同签订之日起两年内，办理完供地手续。分期建设的工业项目，不得改变土地用途，不得兴建职工住房。改变土地用途用于商业、旅游、娱乐、商品住宅等经营性用途的，一律收回土地使用权重新招标拍卖挂牌出让。

二、严格限定协议范围，规范工业用地协议出让

各地要规范执行《招标拍卖挂牌出让国有建设用地使用权规定》（国土资源部令第39号）和《招标拍卖挂牌出让国有土地使用权规范》（国土资发［2006］114号），严格落实工业用地招标拍卖挂牌出让制度。依法不属于招标拍卖挂牌出让范围的工业用地，方可按照《协议出让国有土地使用权规范》（国土资发［2006］114号）规定的程序，办理协议出让。

（一）由于城市规划调整、经济形势发生变化、企业转型等原因，土地使用权人已依法取得的国有划拨工业用地补办出让、国有承租工业用地补办出让，符合规划并经依法批准，可以采取协议方式。

（二）政府实施城市规划进行旧城区改建，需要搬迁的工业项目符合国家产业政策的，经市、县国土资源行政主管部门审核并报市、县人民政府批准，收回原国有土地使用权，以协议出让或租赁方式为原土地使用权人重新安排工业用地。拟安置的工业项目用地应符合土地利用总体规划布局和城市规划功能分区要求，尽可能在确定的工业集中区安排工业用地。

（三）采矿、采石、采砂、盐田等地面生产和尾矿堆放用地，鼓励采取

租赁，也可协议方式出让。各地可在不高于法律规定的工业用地最高出让年限内，结合探矿权、采矿权出让年限，灵活确定采矿用地租赁和出让年限。

三、明确约定工业用地出让各方的权利义务，加强合同履约管理

（一）工业用地出让合同中要明确约定土地的交付时间、建设项目的开竣工时间。出让方应按照合同约定及时提供土地，督促用地者按期开工建设。受让人因非主观原因未按期开工、竣工的，应提前30日向出让人提出延建申请，经出让人同意，项目开竣工延期不得超过一年。

（二）工业用地出让期限内，受让人在符合规划、不改变土地用途的前提下增加容积率的，经核准，不再增收土地价款；需要改变土地用途的，必须取得出让人和市、县人民政府城市规划行政主管部门的同意，与出让人签订出让合同变更协议或者重新签订出让合同，由受让人按照批准改变时新土地使用条件下土地使用权市场价格与批准改变时原土地使用条件下剩余年期土地使用权市场价格的差额补缴出让金。出让合同或法律、法规、行政规定等明确改变土地用途应收回土地的，应当收回土地使用权，以招标拍卖挂牌方式重新出让。

四、强化执法监察，严格执行工业用地出让制度

（一）省级国土资源行政主管部门要继续严格落实《物权法》、《国务院关于加强土地调控有关问题的通知》（国发［2006］31号）和《国土资源部监察部关于落实工业用地招标拍卖挂牌出让制度有关问题的通知》（国土资发［2007］78号）等法律政策，结合当前经济形势和土地市场供求状况，积极研究解决本地区工业用地出让中的新情况、新问题，及时总结推广工业用地出让中的好做法、好经验，加大政策指导力度。省级监察机关要把对落实工业用地出让制度的监督检查作为一项日常工作，定期作出安排部署并组织实施，保证执法监察工作的效果。

（二）各级监察机关、国土资源行政主管部门要认真履行职责，严肃查处工业用地出让和转让中的违纪违法案件。对于应当采取出让而采用划拨方式或者应当招标拍卖挂牌出让而协议出让工业用地的；对低于国家规定的工业用地出让最低价标准出让工业用地的；对工业用地出让合同签订后，擅自批准调整土地用途的；对不符合转让条件违规转让工业用地的；对不按规定及时准确地在中国土地市场网和指定的场所、媒介发布工业用地出让公告和出让结果等信息的违法违规行为，要认真纠正和查处。特别对领导干部以任何形式违反规定干预和插手工业用地招标拍卖挂牌出让的，要坚决予以查

处。对领导干部在工业用地出让中违规违法造成重大损失或恶劣影响的，要实行问责。对于一些地方以扩大内需、促进经济增长为名在工业用地出让中违反供地政策、用地标准和国家产业政策，搭车用地、借机圈地的，要严肃处理。

地方各级国土资源行政主管部门、监察机关要结合工程建设领域突出问题专项治理工作，按照本《通知》要求，密切配合，认真做好工业用地出让工作，健全完善工业用地出让制度。监察部、国土资源部将根据各地的工作情况，适时组织联合检查。

中华人民共和国国土资源部　中华人民共和国监察部

二〇〇九年八月十日